新版

遊びの指導

乳・幼児編

公益財団法人
幼少年教育研究所
［編著］

同文書院

[編集代表]

関　章信　　　（公財）幼少年教育研究所理事長
　　　　　　　福島めばえ幼稚園園長

[企画]

関口　準　　　（公財）幼少年教育研究所理事
　　　　　　　東京福祉大学大学院教授
　　　　　　　明昭第一，第二幼稚園園長

峯　岩男　　　（公財）幼少年教育研究所理事
　　　　　　　ひさみ幼稚園園長
　　　　　　　立正大学非常勤講師

志村雄治　　　（公財）幼少年教育研究所理事
　　　　　　　白山幼稚園園長
　　　　　　　鎌倉女子大学非常勤講師

辻　澄枝　　　（公財）幼少年教育研究所理事
　　　　　　　元・聖徳大学幼児教育専門学校講師

兵頭恵子　　　（公財）幼少年教育研究所理事
　　　　　　　元・冨士見幼稚園主任

安見克夫　　　（公財）幼少年教育研究所理事
　　　　　　　東京成徳短期大学教授
　　　　　　　板橋富士見幼稚園園長

高橋かほる　　（公財）幼少年教育研究所理事
　　　　　　　聖徳大学准教授

柴崎正行　　　（公財）幼少年教育研究所理事
　　　　　　　大妻女子大学教授

小林研介　　　（公財）幼少年教育研究所理事
　　　　　　　呑竜幼稚園園長
　　　　　　　佐野短期大学非常勤講師

[編集委員]

兵頭恵子　　　前掲
【総括】

鈴木　隆　　　（公財）幼少年教育研究所評議員
【健康・運動】　立教女学院短期大学教授
　　　　　　　同上附属幼稚園天使園園長

大澤　力　　　（公財）幼少年教育研究所評議員
【自然・環境】　東京家政大学教授

米野苑子　　　（公財）幼少年教育研究所監事
【造形】　　　元・立正大学教授

安見克夫　　　前掲
【言葉】

田澤里喜　　　（公財）幼少年教育研究所研究員
【音楽】　　　玉川大学助教
　　　　　　　東一の江幼稚園教務主任

小川哲也　　　（公財）幼少年教育研究所評議員
【コンピュータ】川崎ふたば幼稚園園長

柴崎正行　　　前掲
【障碍児の遊び】

はじめに

　遠く「遊び」を紐解くと，人類と祖先を同じくする類人猿においては，「鬼ごっこ」や「じゃれあい」などの「遊び」の見られることが，その野生種の生活群を観察している動物学者によって報告されています。
　人間の歴史においては，はやく古代エジプトで「綱引き」や「力くらべ」などで遊ぶヒトのすがたが壁画に描かれています。わが国では，絵巻物はもとより，平安時代の後白河法皇によって編まれた『梁塵秘抄』に，「遊びをせんとや生まれけむ　戯（たわむ）れせんとや生まれけむ　遊ぶ子どもの声きけば　我が身さえこそ動（ゆる）がるれ」とあります。また，オランダの歴史学者ホイジンガーは，その著『ホモ・ルーデンス』の中で，「人間は遊ぶ存在である」という有名な言葉を残しています。

　さて，教育者の間では，「子どもの遊びは，学びである」といいますが，これは教育実践上，なにかに直結した，すぐにどこかで役に立つ，といったことではありません。子どもの遊びは千差万別です。
　乳児の場合，おかれた環境に飽きることなく働きかけようとするのが遊びです。幼児の場合も同様で，足の発達によって自ら求める場所に出かけては，環境に関わろうとして遊ぶ姿が見られます。遊びとは，子どもの心を揺さぶるような多彩な経験の数々なのです。子ども達が遊びの中で出会う体験から，驚きと喜びを感じて，そこから新しい関心がめばえ，自ら探求していく態度につながるということです。遊びを通して，「なぜだろう」「どうして」と，不思議に思う事象に心を寄せたり，友達との間に葛藤を生じたりする中から，育ち学び合うことが，幼児期以降の学びや人間性の基礎を育むことにつながっていきます。
　我々大人にとっては，子どもの遊び興じる様子から，いまこの子は何を楽しんでいるのだろうか，と子どもの内面の充実に想像を巡らすことは，『梁塵秘抄』同様に，非常に刺激的な知的興奮に恵まれる一瞬であるともいえるでしょう。というのも，子どもは遊びを通して，身体的・心理的・知的に，そして人と関わることによって社会性など，多くのものを獲得しているのです。最新の脳科学では，手やからだを動かして遊んでいるそのときに，子どもの脳が活性化している，ということが証明されつつあります。

さて、このように子どもにとって、遊びが非常に大事であるにもかかわらず、現実に遊びを保証する環境はどうでしょうか。子どもの環境は「三間（仲間・空間・時間）」と言われますが、これら「三間」の減少により、子どもにとっての豊かな環境は消失し、遊びが伝承しにくい環境になっています。あらためて見渡せば、この「三間」を保証する場所こそが幼稚園・保育園である、といっても過言ではないでしょう。

　このようなことから今回、幼少年教育研究所では、保育現場での遊びの伝承を願い、保育者の智恵として、遊びのおもしろさや楽しさを伝えるべく、新版『遊びの指導』を編集しました。

　本書は、第1部の理論編と第2部の実践編による構成となっています。理論編では遊びと健康・運動・自然・言葉・造形活動・音楽・人間関係など、各分野との関係について展開し、また子どもの生活と遊びについて、子どもの視点と遊び、および保育との関係、障碍児と遊びなど、多様な視点からとらえています。子どもの発達と遊びについて詳しく述べてありますので、遊びそのものを系統立てて理解していくうえでも大きな助けとなることでしょう。

　実践編では発達年齢を軸とした縦断的事例、領域を軸とした横断的事例を柱としてまとめ、以下のような特色を持っています。

①幼稚園・保育園という現場を見据えたうえでの「遊び（身近な題材・身近な環境）」を提案。
②0～5歳児までの生活する子どもの、身体精神的発達に即応した「遊び」の提案。
③春夏秋冬それぞれの季節にふさわしい「遊び」の選択。
④とくに伝統を大事にした「遊び」を含む342項目、バリエーションを含めれば約1,000種類。

　したがって、保育を担当する現場の先生方はもちろん、これから保育者を目指す方々も、子どもの生活を豊かにする屋内外での遊びを網羅した本書をご活用いただいて、実践的に展開していただければ幸いです。

2009年　春

関　章信

新版 遊びの指導

乳・幼児編
目 次

【本書を利用される方へ】

1. 本書は，第1部の理論編と第2部の実践編によって構成されています。
2. 実践編では，保育の現場ですぐに役立つよう，「健康・運動」「自然・環境」「造形」「言葉」「音楽」「コンピュータ」「障碍児の遊び」の領域を軸として，数々の遊びを配列しています（❶参照）。
3. 掲載されている遊びは，全部で342項目，バリエーションを含めると約1,000種類にも及びます。
4. それぞれの季節にふさわしい遊びが選択できるよう，頁の両端に，「春」「夏」「秋」「冬」「通年」のインデックスが付けてあります（❷参照）。
5. 子どもの発達にあった遊びが選択できるよう，アイコンで該当年齢を表示しています（❸参照：濃い赤色の年齢が該当年齢ですが，薄い赤色の年齢でも，保育者の配慮や工夫によって行うことが可能です）。

［上記の季節や年齢は，目安として示したものです。地域の実状や子どもの発達にあわせて，ご利用ください。］

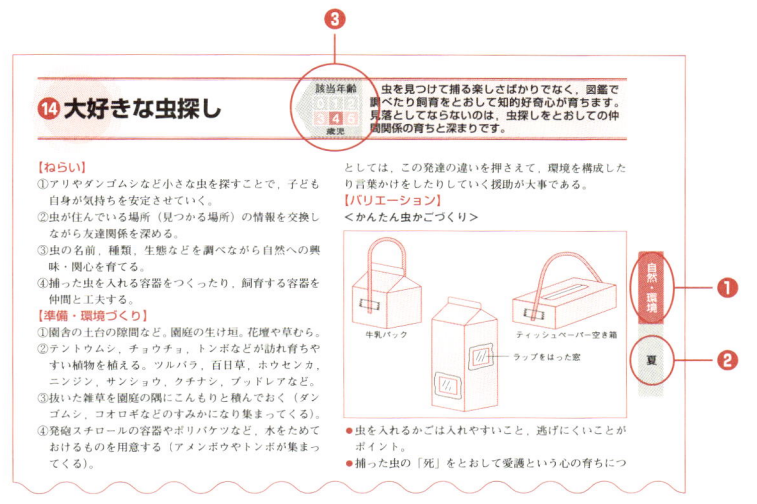

目　次

　はじめに ………………………………………………………………………………………………… i
　目　次 …………………………………………………………………………………………………… iii

第1部　理論編

- 遊びと健康・運動 …………………………………………………………………………………… 2
  　　東京学芸大学名誉教授　近藤 充夫
- 遊びと人間関係 ……………………………………………………………………………………… 4
  　　鶴見大学名誉教授　松樹 素道
- 遊びと環境・自然 …………………………………………………………………………………… 6
  　　電気通信大学名誉教授　滝沢 武久
- 遊びと言葉―「ことば遊び」を主に ……………………………………………………………… 8
  　　国立国語研究所名誉所員　村石 昭三
- 造形活動と遊び ……………………………………………………………………………………… 10
  　　十文字学園女子短期大学名誉教授　林 健造
- 遊びと音楽 …………………………………………………………………………………………… 12
  　　（元）東洋英和女子大学教授・育英短期大学教授・道灌山保育福祉専門学校講師　早川 史郎
- 遊びを子どもの視点から捉える …………………………………………………………………… 15
  　　東京福祉大学大学院教授・明昭第一，第二幼稚園園長　関口 凖
- 遊びと保育 …………………………………………………………………………………………… 17
  　　（元）川村学園女子大学教授　角尾 和子
- 遊びの環境と子どもの探求 ………………………………………………………………………… 19
  　　国立教育政策研究所名誉所員・（元）放送大学教授　永野 重史
- 遊びと怪我 …………………………………………………………………………………………… 21
  　　日本女子大学教授　岩崎 洋子
- 障碍児と遊び ………………………………………………………………………………………… 23
  　　大妻女子大学教授　柴崎正行（解説）◆じゅうじょうなかはら幼稚園教諭　植草祐美（事例提供）
- 「遊び」を評価する観点 …………………………………………………………………………… 25
  　　関西福祉大学学長　岸井 勇雄

エッセイ　理論から実践へ …………………………………………………………………… 27
- 仏教保育の旗の下に幼保一元化―改めて「家族」を考える― ……………………………… 27
  　　明福寺ルンビニー学園幼稚園園長　福井 豊信
- あるバッタ騒動―子ども達の生活圏について― ……………………………………………… 28
  　　初音丘幼稚園園長　渡邉 真一

第2部　実践編

■健康・運動 …………………………………………………………………………………… 31

◆春◆

1. 魔法のじゅうたん ………………………………………………………………………………… 32
   　　小鳩幼稚園園長　福澤 幹也
2. 色　鬼（いろおに）……………………………………………………………………………… 33
   　　東京純心女子大学専任講師　石沢 順子
3. みんな鬼 …………………………………………………………………………………………… 34
   　　立教女学院短期大学教授・附属幼稚園天使園園長　鈴木 隆
4. 肩たたきゲーム …………………………………………………………………………………… 35
   　　玉川大学准教授　宮崎 豊
5. 竜　巻 ……………………………………………………………………………………………… 36
   　　東京福祉大学短期大学部教授　溝口 武史
6. マット怪獣をやっつけろ！……………………………………………………………………… 37
   　　小鳩幼稚園園長　福澤 幹也
7. 鉄棒遊び …………………………………………………………………………………………… 38
   　　文教大学専任講師　高井 和夫
8. 遊びランド―遊具を使って― ………………………………………………………………… 39
   　　文教大学専任講師　高井 和夫
9. ゆりかご（マット遊び）………………………………………………………………………… 40
   　　文教大学専任講師　高井 和夫
10. 手つなぎ鬼 ……………………………………………………………………………………… 41
    　　明昭第一，第二幼稚園養護教諭　佐藤 孝良
11. 靴とり …………………………………………………………………………………………… 42
    　　明昭第一，第二幼稚園養護教諭　佐藤 孝良

⑫ どろけい ･･･ 43
　　東京純心女子大学専任講師　石沢 順子
⑬ とび降りる ･･･ 44
　　文教大学専任講師　高井 和夫
◆ 夏 ◆
⑭ 木　鬼（きおに）･･ 45
　　明昭第一，第二幼稚園養護教諭　佐藤 孝良
⑮ フルーツバスケット ･･･ 46
　　白山幼稚園園長　志村 雄治
⑯ 縄とび（基本形）･･･ 47
　　植竹幼稚園主事　福島 豊
⑰ 洗濯物ゴシゴシゲーム ･･ 48
　　立教女学院短期大学教授・附属幼稚園天使園園長　鈴木 隆
⑱ 郵便屋さん ･･ 49
　　植竹幼稚園主事　福島 豊
⑲ ジャンケン縮み ･･･ 50
　　宮澤 真理
⑳ お花が咲いた ･･ 51
　　宮澤 真理
㉑ モーターボート ･･･ 52
　　宮澤 真理
㉒ 缶蹴り ･･･ 53
　　江川幼稚園主事　石渡 宏之
◆ 秋 ◆
㉓ 赤ずきんちゃんごっこ ･･･ 54
　　立教女学院短期大学教授・附属幼稚園天使園園長　鈴木 隆
㉔ オオカミさん，いま何時？ ･･ 55
　　明昭第一，第二幼稚園養護教諭　佐藤 孝良
㉕ ボールとりゲーム ･･ 56
　　江川幼稚園主事　石渡 宏之
㉖ 高　鬼（たかおに）･･･ 57
　　江川幼稚園主事　石渡 宏之
㉗ ひょうたん鬼 ･･ 58
　　白山幼稚園園長　志村 雄治
㉘ しっぽ取り ･･ 59
　　まどか幼稚園園長　町山 芳夫
㉙ ドンジャンケン ･･･ 60
　　東京純心女子大学専任講師　石沢 順子
㉚ 中当てドッジボール ･･･ 61
　　植竹幼稚園主事　福島 豊
㉛ トンネル（くぐる）･･ 62
　　文教大学専任講師　高井 和夫
㉜ 新聞遊び ･･ 63
　　玉川大学准教授　宮崎 豊
㉝ ゴキブリ鬼 ･･ 64
　　立教女学院短期大学教授・附属幼稚園天使園園長　鈴木 隆
㉞ くっつき鬼（3人島鬼）･･･ 65
　　明昭第一，第二幼稚園養護教諭　佐藤 孝良
㉟ 開戦ドン ･･ 66
　　東京純心女子大学専任講師　石沢 順子
㊱ ネコとネズミ ･･ 67
　　東京純心女子大学専任講師　石沢 順子
㊲ 進化ジャンケン ･･･ 68
　　小鳩幼稚園園長　福澤 幹也
㊳ ドッジボール ･･･ 69
　　まどか幼稚園園長　町山 芳夫
㊴ リレー ･･･ 70
　　白山幼稚園園長　志村 雄治

㊵ ごろごろ …………………………………………………………………………………… 71
　　宮澤 真理
㊶ 落ちないように ………………………………………………………………………… 72
　　文教大学専任講師　高井 和夫
㊷ 腰縄引き ………………………………………………………………………………… 73
　　江川幼稚園主事　石渡 宏之
◆ 冬 ◆
㊸ ダルマさんがころんだ ………………………………………………………………… 74
　　東京純心女子大学専任講師　石沢 順子
㊹ 氷　鬼（こおりおに） ………………………………………………………………… 75
　　東京福祉大学短期大学部教授　溝口 武史
㊺ リスさんのひっこしゲーム …………………………………………………………… 76
　　玉川大学准教授　宮崎 豊
㊻ ハンカチ落とし ………………………………………………………………………… 77
　　白山幼稚園園長　志村 雄治
㊼ ことろ　ことろ ………………………………………………………………………… 78
　　まどか幼稚園園長　町山 芳夫
㊽ お手玉 …………………………………………………………………………………… 79
　　江川幼稚園主事　石渡 宏之
㊾ まりつき ………………………………………………………………………………… 80
　　江川幼稚園主事　石渡 宏之
㊿ 指相撲 …………………………………………………………………………………… 81
　　白山幼稚園園長　志村 雄治
◆ 通年 ◆
㊱ ボールころがし ………………………………………………………………………… 82
　　金沢ふたば保育園副施設長　鈴木 敦
㊲ 高い高い（受動的運動） ……………………………………………………………… 83
　　金沢ふたば保育園副施設長　鈴木 敦
㊳ 坂道のぼり─クマさん歩き─ ………………………………………………………… 84
　　金沢ふたば保育園副施設長　鈴木 敦
㊴ なにが入っているのかな ……………………………………………………………… 85
　　金沢ふたば保育園副施設長　鈴木 敦
㊽ ひっこし鬼 ……………………………………………………………………………… 86
　　明昭第一，第二幼稚園養護教諭　佐藤 孝良
㊾ ジャンケンぽんぽんゲーム …………………………………………………………… 87
　　立教女学院短期大学教授・附属幼稚園天使園園長　鈴木 隆
㊿ 変身歩き ………………………………………………………………………………… 88
　　宮澤 真理
㊼ 鬼ごっこ（鬼遊び） …………………………………………………………………… 89
　　文教大学専任講師　高井 和夫
㊽ からだ遊び（やまごやいっけん） …………………………………………………… 90
　　立教女学院短期大学教授・附属幼稚園天使園園長　鈴木 隆
㊿ ワン・ニャン・ブー …………………………………………………………………… 91
　　玉川大学准教授　宮崎 豊
㊱ 基地づくり ……………………………………………………………………………… 92
　　植竹幼稚園主事　福島 豊
㊲ 自動販売機 ……………………………………………………………………………… 93
　　東京福祉大学短期大学部教授　溝口 武史
㊳ 猛獣狩りに行こうよ！ ………………………………………………………………… 94
　　小鳩幼稚園園長　福澤 幹也
㊴ 王様ジャンケンゲーム ………………………………………………………………… 95
　　玉川大学准教授　宮崎 豊
㊵ 棒つかみ ………………………………………………………………………………… 96
　　玉川大学准教授　宮崎 豊
㊶ 大波小波 ………………………………………………………………………………… 97
　　植竹幼稚園主事　福島 豊
㊷ サッカー ………………………………………………………………………………… 98
　　小鳩幼稚園園長　福澤 幹也

❽ 引き相撲 ･･･ 99
　　江川幼稚園主事　石渡 宏之

■ 自然・環境 ･･･ 101
◆ 春 ◆
❶ 風と遊んで風を感じる ･･ 102
　　宮前幼稚園園長　亀ヶ谷 忠宏
❷ 野原で楽しむ草花つみ ･･ 103
　　前野保育園園長　曽根田 寛
❸ 花びら集めと花びら遊び ･･ 104
　　まこと幼稚園園長　佐々 昌樹
❹ オタマジャクシを飼う ･･ 105
　　みどりこ園園長　田中 真知子
❺ 花を生ける・アレンジする ･･ 106
　　まつぶし幼稚園園長　若盛 正城
❻ クヌギの雄花序（おかじょ）遊び ･･ 107
　　ひさみ幼稚園園長　峯 岩男
❼ ザリガニ釣り ･･ 108
　　中野幼稚園副園長　長瀬 薫
❽ カイコを飼って遊ぶ ･･ 109
　　みどりこ園園長　田中 真知子
❾ 稲をつくって食べる ･･ 110
　　子どもの園プラムハウス園長　田中 由利子
❿ 夏の草花遊び ･･ 111
　　ひさみ幼稚園園長　峯 岩男
⓫ 耳を澰まして，木の音を聞く ･･ 112
　　東京家政大学教授　大澤 力
◆ 夏 ◆
⓬ 水と遊んで，水を感じる ･･ 113
　　第一蒲田保育園　高崎 加奈
⓭ みんなで楽しむ洗濯遊び ･･ 114
　　宮前幼稚園園長　亀ヶ谷 忠宏
⓮ 大好きな虫探し ･･ 115
　　福島めばえ幼稚園園長　関 章信
⓯ 種から育てて遊ぶ ･･ 116
　　福島めばえ幼稚園園長　関 章信
⓰ カタツムリを飼って遊ぶ ･･ 117
　　前野保育園園長　曽根田 寛
⓱ 絞って混ぜて，草花の色水遊び ･･ 118
　　聖徳大学短期大学部准教授　落合 進
⓲ 時計を分解する ･･ 119
　　立花愛の園幼稚園園長　濱名 浩
⓳ おいしい梅シロップづくり ･･ 120
　　第一蒲田保育園　高崎 加奈
⓴ 川わたり冒険 ･･ 121
　　（元）磯部幼稚園副園長　豊田 順子
㉑ おいしく楽しいサラダパーティ ･･ 122
　　子どもの園プラムハウス園長　田中 由利子
㉒ 夜空を見上げて，星探し ･･ 123
　　十文字学園女子大学講師　二宮 穣
㉓ きれいでおもしろい草木染め ･･ 124
　　白梅幼稚園園長　橋本 希義
㉔ おもしろい石遊び ･･ 125
　　（元）磯部幼稚園副園長　豊田 順子
◆ 秋 ◆
㉕ みんなで楽しむ落ち葉集め ･･ 126
　　ひさみ幼稚園園長　峯 岩男
㉖ きれいな葉っぱのお皿づくり ･･ 127
　　十文字学園女子大学講師　二宮 穣

㉗ ひっつく実探し・くっつく実遊び･･･128
　　ひさみ幼稚園園長　峯 岩男
㉘ サツマイモのつる遊び･･129
　　（元）磯部幼稚園副園長　豊田 順子
㉙ 楽しいサツマイモ掘り･･130
　　わせだ幼稚園理事長　石田 高幸
㉚ みんなで暖か，落ち葉たき･･131
　　まこと幼稚園園長　佐々 昌樹
㉛ 木の実拾い・小枝集め･･132
　　まるやま幼稚園理事長　加藤 輝夫
㉜ おもしろオブジェづくり･･133
　　（元）磯部幼稚園副園長　豊田 順子
㉝ 木の実のアクセサリーづくり･･134
　　聖徳大学短期大学部准教授　落合 進
㉞ つくって食べるスイートポテト･･135
　　わせだ幼稚園理事長　石田 高幸
㉟ 自然物を使ったお弁当づくり･･136
　　ひさみ幼稚園園長　峯 岩男
㊱ いろいろ楽しい球根植え･･137
　　みどりこ園園長　田中 真知子
㊲ 五感を使う落ち葉のなかの宝探し･･138
　　ひさみ幼稚園園長　峯 岩男
㊳ こすり出す落ち葉の絵･･139
　　ひさみ幼稚園園長　峯 岩男
㊴ 保育室でできる水栽培･･140
　　みどりこ園園長　田中 真知子
◆ 冬 ◆
㊵ 春の芽さがし･･141
　　わせだ幼稚園理事長　石田 高幸
㊶ 外で元気に影踏み遊び･･142
　　聖徳大学短期大学部准教授　落合 進
㊷ 寒さを楽しむ氷づくり･･143
　　まつぶし幼稚園園長　若盛 正城
㊸ つくって遊ぶ影絵･･144
　　わせだ幼稚園理事長　石田 高幸
㊹ 霜柱をつくって遊ぶ･･145
　　立花愛の園幼稚園園長　濱名 浩
㊺ 雪のブロック工作･･146
　　東明幼稚園副園長　中村 正真
㊻ みんなで楽しむあぶり出し･･147
　　みどりこ園園長　田中 真知子
◆ 通年 ◆
㊼ みんなで一緒に楽しい散歩･･148
　　前野保育園園長　曽根田 寛
㊽ 小さな動物と遊ぶ･･149
　　前野保育園園長　曽根田 寛
㊾ 砂遊びと水遊び･･150
　　聖徳大学准教授　高橋 かほる
㊿ 泥だんごづくり･･151
　　ひさみ幼稚園園長　峯 岩男
㉑ 楽しい野菜づくり･･152
　　子どもの園プラムハウス園長　田中 由利子
㉒ シャボン玉を飛ばそう･･153
　　和光幼稚園主任　赤間 正子
㉓ 上手に隠して，すばやく探す棒隠し･･････････････････････････････････････154
　　東京家政大学教授　大澤 力
㉔ 大好きな木登り遊び･･155
　　ひさみ幼稚園園長　峯 岩男

(55) みんなで楽しむ探検ごっこ …… 156
東京家政大学教授　大澤 力
(56) 竹ポックリつくり …… 157
まつぶし幼稚園園長　若盛 正城
(57) 手づくり紙皿こま遊び …… 158
亀戸幼稚園　山内 加代子
(58) 花びらで遊ぶ花占い …… 159
和光幼稚園主任　赤間 正子

■造　形 …… 161
◈春◈
❶ 紙で遊ぶ―新聞紙遊び― …… 162
横浜隼人幼稚園園長　水越 美果
❷ お面遊び …… 163
宮前幼稚園教務主任　菊地 君江
❸ しゅっぱつしんこう―線遊び― …… 164
（元）市川市立信篤幼稚園　戸田 広美
❹ 小麦粉粘土遊び …… 165
聖徳大学准教授　高橋 かほる
❺ 手形スタンプ …… 166
相山女学園大学教授　磯部 錦司
❻ ローラー遊び …… 167
呑竜幼稚園園長　小林 研介
❼ 剣づくり …… 168
徳風幼稚園園長　水谷 田賀子
❽ ハンバーガーをつくって遊ぶ―切る・破る・まるめる・折るなどを生かして― …… 169
（元）立正大学教授　米野 苑子
❾ 飛ばして遊ぶもの …… 170
椙山女学園大学教授　磯部 錦司
❿ 鯉のぼり製作―折り紙や絵の具で遊ぶ― …… 171
新潟中央幼稚園園長　今湊 良敬
⓫ ビンゴゲーム―つくって遊ぼう― …… 172
（元）立正大学教授　米野 苑子
◈夏◈
⓬ シール遊び―サクランボの木をつくろう― …… 173
キンダー保育園園長　海和 宏子
⓭ 変身遊び …… 174
聖徳大学准教授　高橋 かほる
⓮ 魚つり―魚つりごっこに使うものをつくる― …… 175
宮前幼稚園教務主任　菊地 君江
⓯ ぬたくりフィンガーペインティング …… 176
徳風幼稚園園長　水谷 田賀子
⓰ スタンプ遊び …… 177
みどりこ園園長　田中 真知子
⓱ ボディーペインティング …… 178
宮久保幼稚園園長　吉原 正実
⓲ 絵の具遊び …… 179
まきば幼稚園園長　粕谷 多賀子
⓳ 和紙染め―染めて遊ぶ― …… 180
（元）富士見幼稚園主任　兵頭 恵子
⓴ 製作遊び（1人）―ふわふわクリームのケーキづくり― …… 181
東明幼稚園園長　中村 正真
㉑ 観察画“ピーマンを描こう” …… 182
福島めばえ幼稚園主任　伊藤 ちはる
㉒ デカルコマニー―合わせ絵を楽しむ― …… 183
椙山女学園大学教授　磯部 錦司
㉓ にじみ絵―どうなっていくのかな― …… 184
川口南幼稚園園長　新井 衣乃

㉔ 七夕の飾り……………………………………………………………………………………… 185
　　（元）市川市立信篤幼稚園　戸田 広美
㉕ プラネタリウムづくり……………………………………………………………………… 186
　　十文字学園女子大学講師　二宮 穣
㉖ 石で遊ぼう「○○みたい！」……………………………………………………………… 187
　　向南幼稚園園長　田中 泰行
㉗ 泥粘土で遊ぼう……………………………………………………………………………… 188
　　中瀬幼稚園園長　井口 佳子
㉘ 切り絵………………………………………………………………………………………… 189
　　横浜隼人幼稚園園長　水越 美果
◆ 秋 ◆
㉙ 新聞紙で遊ぼう……………………………………………………………………………… 190
　　川口南幼稚園園長　新井 衣乃
㉚ ブロック遊び………………………………………………………………………………… 191
　　椙山女学園大学教授　磯部 錦司
㉛ ドングリ遊び─つけて遊ぶ─……………………………………………………………… 192
　　中瀬幼稚園園長　井口 佳子
㉜ 何を入れて遊ぶ？…………………………………………………………………………… 193
　　（元）立正大学教授　米野 苑子
㉝ かなづちトントン遊び……………………………………………………………………… 194
　　（元）冨士見幼稚園主任　兵頭 恵子
㉞ 描いて遊ぶ─段ボール片にきれいな模様─……………………………………………… 195
　　中瀬幼稚園園長　井口 佳子
㉟ 立つものをつくろう………………………………………………………………………… 196
　　鴨居幼稚園園長　今井 恵子
㊱ 迷路ごっこ…………………………………………………………………………………… 197
　　あけぼの幼稚園園長　安家 周一
㊲ やきものづくり─七輪を使って─………………………………………………………… 198
　　ときわぎ幼稚園園長　村田 忠次郎
㊳ お話の絵……………………………………………………………………………………… 199
　　中瀬幼稚園園長　井口 佳子
㊴ 絵本づくり─つくって遊ぶ─……………………………………………………………… 200
　　（元）立正大学教授　米野 苑子
㊵ 段ボール遊び………………………………………………………………………………… 201
　　宮前幼稚園教務主任　菊地 君江
㊶ 縫いとり─糸と針で縫い遊び─…………………………………………………………… 202
　　（元）冨士見幼稚園主任　兵頭 恵子
㊷ ぬいぐるみつくり…………………………………………………………………………… 203
　　（元）冨士見幼稚園主任　兵頭 恵子
㊸ 模様遊び（木工遊び）……………………………………………………………………… 204
　　まきば幼稚園園長　粕谷 多賀子
㊹ お店屋さんごっこ…………………………………………………………………………… 205
　　呑竜幼稚園園長　小林 研介
㊺ お化け屋敷ごっこ…………………………………………………………………………… 206
　　宮前幼稚園教務主任　菊地 君江
㊻ 落ち葉遊び…………………………………………………………………………………… 207
　　みどりこ園長　田中 真知子
㊼ 森をつくろう………………………………………………………………………………… 208
　　鴨居幼稚園園長　今井 恵子
㊽ ステンドグラス─光を生かした飾り─…………………………………………………… 209
　　（元）立正大学教授　米野 苑子
㊾ 共同製作……………………………………………………………………………………… 210
　　福島めばえ幼稚園　田中 ゆかり
㊿ 紙版画─貼り絵感覚でつくって遊ぶ─…………………………………………………… 211
　　新潟中央幼稚園園長　今湊 良敬
◆ 冬 ◆
㉛ おひな様─つくって・飾って─…………………………………………………………… 212
　　久我山幼稚園園長　野上 秀子

㊾ カードづくり―送る・贈り合うカード― ··· 213
　　ルンビニ幼稚園副園長　イテル武田 抄子
㊿ ジャンボすごろく ··· 214
　　(元)冨士見幼稚園主任　兵頭 恵子
54 カレンダーづくり（共同製作） ·· 215
　　北川口幼稚園園長　後藤 光純
55 編み物 ··· 216
　　白梅幼稚園園長　橋本 希義
56 雪遊び―かまくらをつくって遊ぶ― ··· 217
　　キンダー保育園園長　海和 宏子
57 自分でつくった凧遊び ··· 218
　　聖徳大学准教授　高橋 かほる
58 スチレン版画―ためしてみよう― ··· 219
　　椙山女学園大学教授　磯部 錦司
59 あやとり―基本型で遊ぶ― ··· 220
　　八幡幼稚園　大場 直美
◆ 通年 ◆
60 壁面製作（持ち寄り製作） ··· 221
　　宮前幼稚園園長　亀ヶ谷 忠宏
61 素材（廃材）遊び ··· 222
　　宮前幼稚園園長　亀ヶ谷 忠宏
62 折り紙 ··· 223
　　福島めばえ幼稚園園長　関 章信
63 かぶったり着たりの紙遊び ··· 224
　　ルンビニ幼稚園副園長　イテル武田 抄子
64 ピザづくり，おいしそう！ ··· 225
　　向南幼稚園園長　田中 泰行
65 プレゼントづくり ··· 226
　　八幡幼稚園　下条 伊久枝

■ 言　葉 ·· 227
◆ 春 ◆
❶ ままごと遊び―お出かけごっこ― ··· 228
　　武蔵野市子ども協会　森下 久美子
❷ 劇場ごっこ ··· 229
　　鴨居幼稚園園長　今井 恵子
❸ おなべふ―指占い・名前占い― ·· 230
　　八幡.幼稚園園長　宮崎 芳枝
❹ 砂場遊び―ダムをつくる― ··· 231
　　昭和女子大学教授　横山 文樹
◆ 夏 ◆
❺ あっち向いてホイ ··· 232
　　東京成徳短期大学講師　武石 仁美
❻ ニックネームづくり―名前探しゲーム― ··· 233
　　白ばら幼稚園教頭　小林 良子
❼ 連想ゲーム―色や形などからの連想ゲーム遊び― ··· 234
　　板橋富士見幼稚園　澁澤 粒子
❽ 電話遊び ·· 235
　　玉川大学講師　鈴木 忠彦
❾ 替え歌づくり ·· 236
　　玉川大学講師　鈴木 忠彦
❿ アイウエオの言葉遊び ··· 237
　　東京成徳短期大学講師　武石 仁美
⓫ ペープサート ·· 238
　　文京学院大学ふじみ野幼稚園園長補佐　東 智子
⓬ パネルシアター ··· 239
　　東京成徳短期大学講師　武石 仁美

◆ 秋 ◆

⓭ 劇遊び「大きなカブ」·· 240
　　すみれ幼稚園園長　丸山 典子

⓮ 劇遊び「3匹のこぶた」·· 241
　　久我山幼稚園園長　野上 秀子

⓯ 文字ビンゴゲーム（音節遊び）··· 242
　　武蔵野市子ども協会　森下 久美子

⓰ 「あ」のつく人だあれ？··· 243
　　鴨居幼稚園園長　今井 恵子

⓱ 郵便屋さんごっこ··· 244
　　文京学院大学ふじみ野幼稚園園長補佐　東 智子

⓲ 宝探しゲーム・忍者ごっこ··· 245
　　幼児教育研究家　斉藤 二三子

⓳ となえ言葉·· 246
　　玉川大学講師　鈴木 忠彦

⓴ 文字で言葉をつくろう·· 247
　　武蔵野市子ども協会　森下 久美子

㉑ OHP遊び··· 248
　　文京学院大学ふじみ野幼稚園園長補佐　東 智子

㉒ お話から絵を描く··· 249
　　すみれ幼稚園園長　丸山 典子

㉓ オリエンテーリング　指示を聞いて探そう!!─この葉っぱはどの木の葉っぱ？─············· 250
　　聖徳大学教授　前 典子

㉔ 音節遊び··· 251
　　板橋富士見幼稚園主任　酒井 奈実

㉕ 反対言葉··· 252
　　白ばら幼稚園教頭　小林 良子

㉖ 紙芝居ごっこ··· 253
　　文京学院大学ふじみ野幼稚園園長補佐　東 智子

◆ 冬 ◆

㉗ 逆さ言葉遊び··· 254
　　板橋富士見幼稚園　澁澤 粒子

㉘ 学校ごっこ·· 255
　　久我山幼稚園園長　野上 秀子

㉙ お手紙ごっこ─手紙を書く・カードをつくる─·· 256
　　八幡幼稚園園長　宮崎 芳枝

㉚ カルタづくり··· 257
　　板橋富士見幼稚園　稲田 朋子 ◆ 八幡幼稚園　下条 伊久枝

㉛ 文字カード遊び·· 258
　　幼児教育研究家　斉藤 二三子

㉜ 福笑い遊び·· 259
　　白ばら幼稚園教頭　小林 良子

◆ 通年 ◆

㉝ 絵本の読み聞かせ··· 260
　　昭和女子大学教授　横山 文樹

㉞ みんなで楽しくおままごと··· 261
　　聖徳大学准教授　高橋 かほる

㉟ お姫様ごっこ··· 262
　　昭和女子大学教授　横山 文樹

㊱ 劇遊び「オオカミと7匹の子ヤギ」·· 263
　　すみれ幼稚園園長　丸山 典子

㊲ リズム打ち言葉遊び·· 264
　　白ばら幼稚園教頭　小林 良子

㊳ トントン何の音？··· 265
　　玉川大学講師　鈴木 忠彦

㊴ わらべうた遊び·· 266
　　玉川大学講師　鈴木 忠彦

㊵ 戦いごっこ・アニメのヒーロー··· 267
　　聖徳大学教授　前 典子

㊶ 宅配便ごっこ ……………………………………………………………………… 268
　　幼児教育研究家　斉藤 二三子
㊷ 4コマまんが―4コマのお話づくり― ………………………………………… 269
　　（元）冨士見幼稚園主任　兵頭 恵子
㊸ 絵本・図鑑っておもしろい …………………………………………………… 270
　　久我山幼稚園園長　野上 秀子
㊹ お話づくり ……………………………………………………………………… 271
　　福島めばえ幼稚園　伊藤 ちはる
㊺ サイコロ遊び（お話づくり） ………………………………………………… 272
　　すみれ幼稚園園長　丸山 典子
㊻ 伝言ゲーム（音の数いくつ） ………………………………………………… 273
　　北川口幼稚園園長　後藤 光純
㊼ 絵本づくり―「ぴいちゃんの物語」― ……………………………………… 274
　　久我山幼稚園園長　野上 秀子
㊽ 絵描き歌 ………………………………………………………………………… 275
　　八幡幼稚園園長　宮崎 芳枝
㊾ 名前遊び ………………………………………………………………………… 276
　　（元）越谷保育専門学校講師　野澤 令子
㊿ 「もし～だったら」遊び ……………………………………………………… 277
　　（元）越谷保育専門学校講師　野澤 令子
51 ナゾナゾ遊び …………………………………………………………………… 278
　　幼児教育研究家　斉藤 二三子
52 しりとり ………………………………………………………………………… 279
　　（元）越谷保育専門学校講師　野澤 令子
53 ジェスチャーゲーム―なにしているの― …………………………………… 280
　　幼児教育研究家　斉藤 二三子
54 素話を聞く―クモの糸― ……………………………………………………… 281
　　聖徳大学教授　前 典子
55 ニュースごっこ ………………………………………………………………… 282
　　板橋富士見幼稚園　五十嵐 千鶴
56 恐竜のこと知ってる？―いつの間にかカタカナ覚えちゃった― ………… 283
　　聖徳大学教授　前 典子
57 ABCぼく全部言えるよ！　わたし書ける！ ………………………………… 284
　　聖徳大学教授　前 典子
58 あのねノート …………………………………………………………………… 285
　　久我山幼稚園園長　野上 秀子

■音　楽 ……………………………………………………………………………… 287
◆春◆
❶ むっくりくまさん ……………………………………………………………… 288
　　ほうとく幼稚園副園長　生駒 恭子
❷ おべんとばこ …………………………………………………………………… 289
　　おおぞら幼稚園主任　佐久間 浩子
❸ 先生とお友達 …………………………………………………………………… 290
　　おおぞら幼稚園主任　佐久間 浩子
❹ おはなしゆびさん ……………………………………………………………… 291
　　西鎌倉幼稚園園長　福田 光葉
❺ まがりかど ……………………………………………………………………… 292
　　須賀白百合幼稚園副園長　姨杉 真由美
❻ おせんべ焼けたかな …………………………………………………………… 293
　　（元）木崎町幼稚園　谷 美希
❼ 大型バス（バスごっこ） ……………………………………………………… 294
　　ちぐさ幼稚園副園長　櫛渕 かりな
❽ ロンドン橋おちた ……………………………………………………………… 295
　　桔梗野幼稚園園長　田頭 初美
❾ あぶくたった …………………………………………………………………… 296
　　せんりひじり幼稚園園長　安達 譲
❿ あくしゅでこんにちは ………………………………………………………… 297
　　玉川大学助教・東一の江幼稚園教務主任　田澤 里喜

⑪ おはようクレヨン ･･･ 298
　　（元）木崎町幼稚園　谷 美希
⑫ 花いちもんめ ･･ 299
　　（元）木崎町幼稚園　谷 美希
⑬ 山小屋いっけん ･･ 300
　　ちぐさ幼稚園副園長　櫛渕 かりな
⑭ 小さな庭 ･･ 301
　　須賀白百合幼稚園副園長　甥杉 真由美
⑮ 竹の楽器づくり ･･ 302
　　（元）磯部幼稚園副園長　豊田 順子
⑯ アブラハムの子 ･･ 303
　　ほうとく幼稚園副園長　生駒 恭子
◆ 夏 ◆
⑰ 草　笛 ･･ 304
　　江川幼稚園主事　石渡 宏之
⑱ 牛乳パックのギター ･･ 305
　　柴又帝釈天附属ルンビニー幼稚園副園長　早崎 淳子
⑲ お寺の和尚さん―わらべうた― ･･ 306
　　俳優・歌手・手話通訳　古家 貴代美
⑳ かえるのがっしょう ･･ 307
　　俳優・歌手・手話通訳　古家 貴代美
㉑ 毛虫が三匹 ･･ 308
　　玉川大学助教・東一の江幼稚園教務主任　田澤 里喜
◆ 秋 ◆
㉒ 音遊び ･･ 309
　　ひさみ幼稚園園長　峯 岩男
㉓ げんこつやまのたぬきさん ･･ 310
　　須賀白百合幼稚園副園長　甥杉 真由美
㉔ 大きな栗の木の下で ･･ 311
　　柴又帝釈天附属ルンビニー幼稚園副園長　早崎 淳子
㉕ かごめかごめ ･･ 312
　　ちぐさ幼稚園園長　櫛渕 かりな
㉖ マラカスづくり ･･ 313
　　西鎌倉幼稚園園長　福田 光葉
㉗ ドングリマラカス ･･ 314
　　西鎌倉幼稚園園長　福田 光葉
㉘ なべなべそこぬけ ･･ 315
　　須賀白百合幼稚園副園長　甥杉 真由美
㉙ 空き缶・バケツ太鼓 ･･ 316
　　須賀白百合幼稚園副園長　甥杉 真由美
㉚ やきいもジャンケン ･･ 317
　　柴又帝釈天附属ルンビニー幼稚園副園長　早崎 淳子
㉛ 音づくり遊び ･･ 318
　　ほうとく幼稚園副園長　生駒 恭子
㉜ ずいずいずっころばし―わらべうた― ･･ 319
　　俳優・歌手・手話通訳　古家 貴代美
㉝ ダンス ･･ 320
　　玉川大学助教・東一の江幼稚園教務主任　田澤 里喜
㉞ 椅子とりゲーム ･･ 321
　　柴又帝釈天附属ルンビニー幼稚園副園長　早崎 淳子
㉟ ドングリ笛 ･･ 322
　　戸山幼稚園主任　小林 愛子
㊱ つばき笛 ･･ 323
　　戸山幼稚園主任　小林 愛子
㊲ アルプス一万尺 ･･ 324
　　戸山幼稚園主任　小林 愛子
㊳ 楽器を使ったゲーム遊び―宝物探し― ･･ 325
　　東京家政大学教授　細田 淳子

㊴ 合　奏 …… 326
東京家政大学教授　細田 淳子

◆冬◆

㊵ オオカミさん …… 327
ほうとく幼稚園副園長　生駒 恭子

㊶ ごんべさんの赤ちゃん―アメリカ民謡― …… 328
俳優・歌手・手話通訳　古家 貴代美

㊷ 音楽会ごっこ …… 329
戸山幼稚園主任　小林 愛子

㊸ お正月の餅つき …… 330
戸山幼稚園主任　小林 愛子

㊹ 好きな歌をうたう …… 331
ほうとく幼稚園副園長　生駒 恭子

◆通年◆

㊺ むすんでひらいて …… 332
桔梗野幼稚園園長　田頭 初美

㊻ いっぽんばし …… 333
桔梗野幼稚園園長　田頭 初美

㊼ リズム遊び―わらべうたで遊ぶ― …… 334
東京家政大学教授　細田 淳子

㊽ いとまきのうた …… 335
桔梗野幼稚園園長　田頭 初美

㊾ コブタヌキツネコ …… 336
おおぞら幼稚園主任　佐久間 浩子

㊿ いっぴきの野ねずみ …… 337
西鎌倉幼稚園園長　福田 光葉

(51) あたま・かた・ひざ・ポン …… 338
西鎌倉幼稚園園長　福田 光葉

(52) お誕生月なかま …… 339
玉川大学助教・東一の江幼稚園教務主任　田澤 里喜

(53) グーチョキパー …… 340
おおぞら幼稚園主任　佐久間 浩子

(54) 好きな音さがし …… 341
東京家政大学教授　細田 淳子

(55) にらめっこ …… 342
桔梗野幼稚園園長　田頭 初美

(56) ホルディア …… 343
柴又帝釈天附属ルンビニー幼稚園副園長　早崎 淳子

(57) ちゃつぼ …… 344
せんりひじり幼稚園園長　安達 譲

(58) とおりゃんせ …… 345
桔梗野幼稚園園長　田頭 初美

■コンピュータ …… 347

◆通年◆

❶ コンピュータでお絵描き …… 348
ひさみ幼稚園園長　峯 岩男

❷ コンピュータで紙芝居（個人） …… 349
川崎ふたば幼稚園園長　小川 哲也

❸ コンピュータ紙芝居づくり（グループ） …… 350
ひさみ幼稚園園長　峯 岩男

❹ コンピュータで共同絵画製作 …… 351
川崎ふたば幼稚園園長　小川 哲也

❺ デジカメで楽しむ …… 352
川崎ふたば幼稚園園長　小川 哲也

❻ デジカメ撮影画像をもとにお絵描きする …… 353
川崎ふたば幼稚園園長　小川 哲也

❼ メールごっこ …… 354
川崎ふたば幼稚園園長　小川 哲也

❽ 放送局ごっこ ··· 355
　　川崎ふたば幼稚園園長　小川 哲也
❾ 顕微鏡でいろいろなものを観察する ··· 356
　　川崎ふたば幼稚園園長　小川 哲也
❿ デジタル図鑑づくり ··· 357
　　川崎ふたば幼稚園園長　小川 哲也
⓫ 市販ソフトで遊ぶ ··· 358
　　川崎ふたば幼稚園園長　小川 哲也
⓬ 録音遊び ··· 359
　　川崎ふたば幼稚園園長　小川 哲也

■障碍児の遊び ·· 361
　◆夏◆
❶ フィンガーペインティング ··· 362
　　高崎健康福祉大学准教授　足立 里美
❷ 水遊び ··· 363
　　高崎健康福祉大学准教授　足立 里美
　◆通年◆
❸ お馬に乗ろう ··· 364
　　高崎健康福祉大学准教授　足立 里美
❹ ゆらゆらブランコ ··· 365
　　高崎健康福祉大学准教授　足立 里美
❺ いない・いないばぁ ··· 366
　　高崎健康福祉大学准教授　足立 里美
❻ ゴロゴロころがり遊び ··· 367
　　高崎健康福祉大学准教授　足立 里美
❼ 一緒に叩こう ··· 368
　　高崎健康福祉大学准教授　足立 里美
❽ はいはい追いかけっこ ··· 369
　　高崎健康福祉大学准教授　足立 里美
❾ ゆらゆら抱っこ ··· 370
　　高崎健康福祉大学准教授　足立 里美
❿ ボールでポイッ！ ··· 371
　　高崎健康福祉大学准教授　足立 里美
⓫ ぴょんぴょんとんで何になる？ ··· 372
　　高崎健康福祉大学准教授　足立 里美
⓬ 一本橋こちょこちょ ··· 373
　　高崎健康福祉大学准教授　足立 里美
⓭ トランポリンで遊ぼう ··· 374
　　高崎健康福祉大学准教授　足立 里美
⓮ キラキラ紙ふぶき ··· 375
　　高崎健康福祉大学准教授　足立 里美
⓯ 2人リレー ··· 376
　　高崎健康福祉大学准教授　足立 里美
⓰ こんなポーズできるかな？ ··· 377
　　高崎健康福祉大学准教授　足立 里美
⓱ どれに当たるかな？（的当てゲーム） ··· 378
　　高崎健康福祉大学准教授　足立 里美
⓲ くっつき鬼ごっこ ··· 379
　　高崎健康福祉大学准教授　足立 里美
⓳ バルーンで遊ぼう ··· 380
　　高崎健康福祉大学准教授　足立 里美
⓴ 手つなぎ鬼ごっこ ··· 381
　　高崎健康福祉大学准教授　足立 里美
㉑ 合図でぴったり止まれるかな？ ··· 382
　　高崎健康福祉大学准教授　足立 里美
㉒ 何の動物？ ··· 383
　　高崎健康福祉大学准教授　足立 里美
㉓ お買い物に出かけよう！ ··· 384
　　高崎健康福祉大学准教授　足立 里美

第 1 部
理 論 編

遊びと健康・運動

近藤充夫

1．子どもと遊び

　遊びは自発的で自由な活動である。子どもにとって，遊びは生活のなかでの重要な活動であり，知的な欲求を満足させる活動である。

　子どもは回りの環境に知的な興味・関心を持って接し，活動を展開しようとする。その活動が欲求を解消するものであれば活動は持続するし，満足しなければその活動をやめて他の活動を探し求めるものである。

　子どもの遊びは時代によって変化するものである。テレビが普及する以前の時代は，子ども自身が遊びをみつけ，遊び道具をつくって，自分達のルールで遊びを展開していったのであるが，テレビが普及した時代からは，大人がつくった器具で遊ぶようになり，遊び方（ルール）も与えられたなかで遊ぶというようなものが主流になってきた。

　山下俊郎の「児童心理学」（昭和28年版，光文社）の「児童の遊戯」の章に，昭和23（1948）年に当時の文部省の教材等調査課が，小学校2年生から6年生の子どもの行った帰宅後の遊びの調査結果が載せられている。それによると，小学生の遊びは，男児は鬼ごっこ，かくれんぼ，野球，魚取り，キャッチボールなど，女児はかくれんぼ，縄とび，まりつき，鬼ごっこ，ままごとなどがあげられている。

　山下はこの結果から，小学生の帰宅後の遊びの特徴として，次のように述べている。

(1) 身体的な遊びを主としたものであること。
(2) いろいろな遊び方があって，融通性に富んでいること。
(3) 集団的な遊びであって，遊びのグループのなかのそのメンバーがいろいろの役割を持って遊べること。
(4) 遊びのルールが一応の形式はあるが，めいめいがその枠内でかなり自由に行動する余地のあること。

　山下の子どもの遊びについてのこの見解は，古くからの子どもの遊びの特徴を的確に示しているものといえるが，現在のようにテレビが各家庭に普及するようになると，明らかにこの見解は外れてしまうのである。

　図は1997年にNHK放送文化研究所が行った「小学生の生活とテレビ'97」調査結果から，「夕食前の遊びの内容」を示したものである（白石信子，「小学生の生活とテレビ'97」調査から，放送研究と調査，1998，4月）。

　1997年と1987年と比較して示されているが，「テレビ」や「テレビゲーム」が多く，とくに「テレビゲーム」は

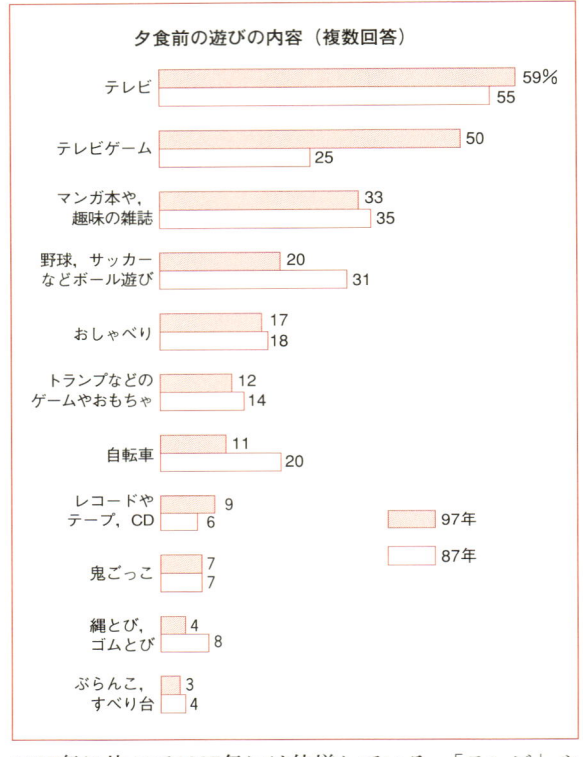

1987年に比べて1997年には倍増している。「テレビ」や「テレビゲーム」，「マンガ本や趣味の雑誌」などの家のなかでの遊びが増えているが，「野球，サッカーなどボール遊び」や「自転車」「鬼ごっこ」「縄とび，ゴムとび」など外の遊びは減ってきている。

　最近の子どもの遊びは，山下があげている「身体的な遊びを主としたもの」ではなくなっているし，「集団的遊びである」ことよりは「1人の遊び」になっているであろうし，「テレビゲーム」では「遊び方に融通性」はなく，「ルールの形式」に縛られる遊びになっているように思われる。

　このように，本来の子どもの遊びは自発性による自由で創造的な活動であったものが，自発性はあるが自由で創造的という面では，規制されている遊びになっているといえるし，とくに身体的活動が少ない遊びになっているということが問題になるといえるであろう。

2．幼児期の遊びと健康と体力・運動能力

　幼児期の健康は生涯の健康の基礎になるものである。健康な幼児とは次のようである。
(1) いつも幸福感が表れていること。
(2) 日常の生活の活動が無理なくできる体力があること。
(3) 食欲があり，とくに食べ物に好き嫌いがなく，楽しく食事ができること。
(4) とくに治療しなければならない病気がなく，姿勢が正しくたもたれていること。

　幼児期の健康の基盤は，早起きの習慣が身についていることであり，そこから望ましい生活習慣が身につき，健康な幼児が育つのである。とくに健康なからだは，活発にからだを動かして遊ぶことによって育つものであることを考えなければならないのである。

　最近の幼児期の遊びは小学生と同じように「テレビ」「テレビゲーム」に集中しているようである。「テレビゲーム」の出始めの頃（ファミコンとよんでいた）は幼児には難しいために，幼児はあまり遊んでいなかったが，最近は幼児も遊べるソフトが出てきて，幼児もよく遊ぶようになってきている。また，戸外に出て遊ぶには幼児の安全について不安を感じる保護者がいて，戸外に出さないようにしていることも見られるようである。

　東京都内の15の幼稚園と近県の11の幼稚園の園児について，冬季と夏季の生活リズムの調査による夕食までの遊びの情況は表のとおりである（鈴木康弘，「幼児の生活リズムについての検討―冬季と夏季の生活調査より―」東洋英和女学院大学　人文・社会科学論集，第17号）。

　夏季は外遊びが多くなるが，やはり家のなかでの遊びが多いことがわかる。

　杉原らの研究では，遊び場所が戸外と家のなかでは運動能力は戸外で遊ぶことが多い幼児が高いこと，また，戸外での遊び時間が長い幼児ほど運動能力が高いということである。また，全国の幼児の運動能力の調査結果では，1986年から低下しているままであるということである（杉原隆，幼児の運動能力発達の年次推移と運動能力発達に関与する環境要因の構造的分析，平成14〜15年度文部科学省科研費研究成果報告書，2004）。

　幼児の健康の面から考えると，いま問題になるのは体力の低下ということである。幼児期の体力の低下はこれからの子どもの体力の低下につながることを踏まえ，幼児期からの体力の向上を計らなければならないであろう。

3．幼児期の遊びと運動

　幼児期は，将来いろいろな動きを身につけるための基本になる動きを身につける時期である。将来身につけるいろいろな動きを「運動技能」という。運動技能は全身的な運動技能と手腕の運動技能とがある。全身的な運動技能は，スポーツの技能や全身を使う職業の技能や，舞踊や製作などの技能がある。ある年齢を過ぎると専門的に運動技能を学習するようになるが，幼児期は将来獲得する運動技能の基本になる技能を，遊びのなかで獲得していくのである。幼児期に獲得する運動技能を「基本運動の技能」という。たとえば「はしる」「とぶ」「なげる」「ぶらさがる」「のぼる」など動作を表すことばで説明される動きであり，いろいろな遊びのなかで必要に応じて身につけていく運動技能である。運動技能にはその技能獲得に必要な運動能力や体力があり，運動技能の獲得は体力の向上につながるのである。

　幼児期は特定の運動遊びに偏らず，いろいろな運動遊びに取り組むように指導することが望ましいといえる。サッカーやドッジボールをやったり，鉄棒や雲梯にぶらさがったり，鬼ごっこをしたりするなどである。

　できるだけ戸外での運動遊びに取り組むことを考えるとともに，自然の環境に出て，樹木や斜面などで遊ぶことも考えるとよい。

（東京学芸大学名誉教授）

夕食までの主な遊びについての冬季と夏季の比較
（主なもの2つ選択）

	1999年冬季		2000年夏季	
	人数	％	人数	％
テレビ	1,290	47.9	1,111	43.6
テレビゲーム	630	23.4	334	13.1
家のなかでの遊び（本，模型，パズル，工作など）	2,180	81.0	1,984	77.9
外での遊び（サッカー，鬼ごっこなど）	1,084	40.3	1,506	59.1

遊びと人間関係

松樹　素道

「幼児の遊びは，将来の人間を造る学習の母である」といえよう。

1．人間関係を考える

人は個人的存在であるとともに社会的存在で，生きるためには大地自然の営みや，環境（人，もの，ことなど）の力を借り，かかわりをもつことで生きていて，1人では生きられない存在である。辰見敏夫は人間関係の論文のなかで『人は社会に生まれ，社会に育てられ，その社会をよりよい方向に発展させていく存在である。というところに「人」の意義を見出すことができる。幼児から青年までの教育において，「社会」が重視されるのは当然のことである（中略）幼児期の子ども達には社会という言葉，そのなかに含まれている内容を理解するにはちょっときつすぎる感がある。そこで社会をつくり上げていく基礎になる人と人との結びつきを考え「人間関係」という言葉で社会に代えたと考えてよいであろう』とその受け止め方の基本的見解を述べている。さらに人とのかかわりを考えてみよう（傍点筆者）。

(1) みんなともに尊い「生命（いのち）」の持主

人はすべて父母を持ち，父母の結ばれた縁によって生命（いのち）を授かった。遠い先祖から代々1秒の空き間もなく受け継がれ授かったもので，1度失うと2度と戻らない「かけがえのない尊いもの」で，自分も他人も生まれながらに持ち合っており，たがいにこれを尊敬・尊重し合うことが大切である。相手を尊び大切に思う心＝礼儀，その心を行動をとおして表現する＝作法はこの意味から古来人々は大切に護り合ってきた。

(2) 共生，共存の現実受容

人は常に他者と相互に影響しあう対人関係のシステムで社会をつくり，働き，たがいに生活を潤おす繋（つな）がりで生きている。即ち「たがいの生命（人格）を認めともに生かし生かされ合う共生・共存の関係で社会に生きているのである。社会の一員となる者はこの自他共生・共存の現実を認め，理解受容するとの基本が必要大切となる。人間は1人では生きられないのだ。

(3) 人は「人とのかかわり」で育つ

人は誕生して人とかかわりながら成長する。失敗や成功の試行錯誤を繰り返しつつ人とかかわることで，共感・協力協調，受容，習慣形成その他，人として必要大切なものを学習し成長する。これが人間関係であり，やがて社会性を身につけ，人間（社会人）として成熟していくのである。

2．社会性を考える

発達・成熟させたい「社会性」について簡略に考えてみよう。

(1) 社会性の意味

社会性とは，幼児が自己中心性から抜け出て社会に適応していく際に用いられてきた言葉で，幼児教育では常識的用語となっておりその概念は少々曖昧で，普通以下3つの面から考えられている。

①社会化

幼児が人とかかわる相互作用をとおして，社会に適応したり文化や生活に適応できるようになっていく過程のことで，挨拶や言葉使い習慣形成の程度などが重視される。

②社会的（集団的）参加

他の子どもに関心を持ち一緒に遊んだり，協力したり，集団をつくったりして社会的・集団的生活に参加することで，友達と遊べるなどその参加の仕方や程度が重視される。

③人格特性（社会的行動の特質）

人格特性（パーソナリティー特性）は社会的行動の特質のことを指し，人格的発達面の社交的な，親しみやすい，明朗な，協調的な，など社会的適応をもたらす人格特性（社会的行動の特質）のことを重視される。

社会性はおよそこれら3つの面を重視して考えられるもので，これらはたがいに関連し作用し合って1つの纏（まと）まった姿で発達しながらそれぞれの意味の社会性を示していくもので，総じて社会性と呼んでいる。社会性は個人の人となり，価値観が社会的行動となってそのまま表出されるものなのである。

(2) 社会性の中心課題

社会性の発達成熟にはおよそ以下の2点が中心課題として考えられよう。

①社会的行動への価値観と習慣形成

● 価値観

社会的行動への価値観とは，社会に共通するものの見方や考え方のことで，平和な国家社会をつくり，みんなで幸せに生きるために「私には何ができるか」を考えて適応適切な行動を取る理解と態度の持ち方をいうのである。

● 習慣形成

習慣形成とは，生命を繋（つな）ぎ生きるために必要な基本的・個人的生活習慣及び他人と健全和やかに生活するために必要な社会的生活習慣を身につけることである。

②集団への参加の態度

集団（グループ）のなかで自分の役割を理解し，集団

の一員としての行動ができるか（つまり他人と和してうまくやれるか，遊べるか）という共同体に生きる感覚（自覚・責任・感謝・協力・協調など）集団とかかわるための対応行動の熟成を視点とするものである。

3．遊びをとおして育つ人間関係を考える

「幼児の生活は遊びである」。無限の可能性を持つ幼児が「遊び」の生活のなかで成長・発達への糧を獲得するのは計り知れないほど大きい。
- フレーベル（1782～1852）は「子どもの遊びは未来の全生活の子葉（蕾）である」
- マカレンコ（1888～1939）は「未来の活動家の教育は先ず第1に遊びのなかで行われる」
- モンテッソリー（1870～1962）は「子どもの遊びは作業である」等々遊びの効用性を重視する言葉を残している。

そこで遊びをとおして幼児の人間関係がどのように育っていくかについて述べてみよう。

①遊びをとおして自立心を培う

「人が人とのかかわりのなかで育つ」ことを考えると，それ以前に何が必要なのであろうか。それは"己が己であること"，すなわち子どもが自己を確認することである。子どもは遊びのなかで自己実現しながら自己を確認していくのである。砂場で遊ぶ子どもの姿を見ていると，繰り返し繰り返し穴を掘って遊んでいる。穴を掘りながら，頭のなかにイメージが浮かび，それを再現していく。そのなかで気づきがあり，発見をし，さらに創造性をかり立てながら再び穴を掘っていく。その繰り返しの遊びを行い，自分の考えや思い（思考）を実現していくなかで，子どもは楽しみや豊かな充足感を得ていく。遊びをとおして自己を確認し，己が己であるという自立心を育てていくのである。

②遊びをとおして習慣形成をする

子どもが遊びをとおして自己実現していくなかで，遊びの法則や心地よい遊びの仕方に気づいていく。砂場で遊んだ後はシャベルやバケツを片づけておくと次に遊ぶときにスムーズにいくこと。鬼ごっこをするときに役割がありルールがあることがおもしろさを増すことを理解する。それを繰り返すことにおいて，きまりの大切さを知りそれを守ろうとする力が育ち，遊びのなかで生活の習慣や人との関係のなかで必要な態度を養うのである。

③遊びをとおして社会性の育成助長に資する

子どもが遊び始めると必ずと言っていいほど他の子どもが集まってくる。そのなかで子ども同士が刺激を受けさらに遊びを発展させたり，喧嘩したりしながら相手の存在に気づきやがては理解していく。自分の思いを伝え，相手の思いに気づいたり，きまりの大切さや善悪に気づき，おたがいに折り合いのつけ方を知ったり，思い合い支え合い人に対する信頼感を育てているのである。

遊びの活動を充実・促進することは，人格を豊かに育む上からも重要な教育的意義を認めるものである。

4．人間関係を育てる遊びの環境づくりを考える

環境づくりは大切である。保育の現場は「幼児をして遊びに如何に没頭させるかが保育者の仕事である」とさえいわれ，遊びをとおして人間関係を育てる機会は多種多様にある。幼児と厚くかかわり影響力の高い人的環境となる養育者（保育者：著者注）の幼児へのかかわり方（環境づくりとなる）についてアルフレッド・アドラー（1870～1937，オーストリアの精神科医，アドラー学派創設者）の論旨を参考に供してみよう。

①養育者（両親，保育者）の養育態度

子どもの存在を尊敬し（対等な人とその存在），信頼関係を築き，民主的（専制的でなく）な対応で，支配・命令，干渉（いずれも過保護につながる）する態度をできるだけ控え，子どもの行動への共感・承認・勇気づけを与え，自信と意欲を持たせ，親（保育者：著者注）として生活のモデル的存在であること。

②自己選択の機会を多く与える

本来子どものなすべきことを取り上げず（自分のことは自分である），自己体験の増加を計り，不適切な行動の選択をすれば自然の結果としてその結末を自分で負う責任と自律性を大切にする。

③成就感を味わわせる

チャレンジ精神を大切にし，共感し，失敗することを認める（失敗をとがめず，失敗の原因を探求し，同じ失敗を繰り返さぬ対応と責任を考えさせる）。

④賞罰について

褒美目当ての学習は内的に興味を低下する。賞罰のために行動するようにならぬ配慮をし，初めはほめ言葉や賞を与えても，やがては不要になるよう自律的行動を促してゆく。

など，人的環境としてのかかわり方を示している。

5．保育は「人」なり

保育は人が人の子を「人として育つよう保護し育成する営み（傍点筆者）」である。これまでの内容やその他幅広い学理を土台に，活動が，具体的な保育の姿として導入展開されるのである。幼児にとってかけがえのない人的環境となる我々保育者は，「保育の主体は幼児である」ことをより確かなものにし，尊敬と信頼を持ち，豊かな愛情を注いで『2度と戻らない「今の保育」を大切に』本気で真剣・誠実に取り組む姿勢を持ち続けたい。「保育は人なり」。上手下手ではない。本気かどうかである。

総じて「遊びと人間関係の関連」を一口に表現する冒

険をあえてするならば「遊びは将来の人間を造る学習の母である」と結びたい。

（鶴見大学名誉教授）

遊びと環境・自然

滝沢　武久

　いま，戸外で子どもが遊んでいる姿を見かけることが少なくなった。大抵の子どもは1人で部屋のなかに閉じこもり，テレビゲームにかじりついて過ごしている。この現状を打破するためには何よりも，子どもが野外で楽しく遊べる場所を確保してやるべきだろう。

　そういう声が高まってきて，最近では人口の密集した地域でも，公園や遊園地が造られつつある。それらの多くは危険を遠ざけて，植物などの自然物を整然と植え込み，池を掘り，噴水をつくり，さらに子どものための遊び場には，すべり台やぶらんこなど，さまざまな遊具も設置している。

　この傾向は歓迎するべきことだが，そういう場所でも，子ども達が遊んでいるところを見かけることがあまり多くない。というのも，樹木や草花などの自然物はよく整備されていても，それらは大抵，柵などに囲まれていてそばに近寄ることはできないし，遊具などの施設は画一化したものが多く，子どもの探究心や冒険心を揺さぶるような環境ではないからである。

1．積極的にかかわることのできる環境

　では子どもは，どんな環境で喜んで遊びたがるのだろうか。

　それはまず第1に，自分のからだ全体を使ってものに働きかけることができる環境である。実際，子どもにとって楽しい遊びとは，感覚と運動を総動員しながらものにかかわることにより，今まで知らなかったことを知ったり，できなかったことができるようになったりする活動である。そういう遊びができる環境では，子どもは夢中になってそれに取り組む。

　自然物に対してもただ眺めるだけでなく，直接に触れたり操作したり利用したり加工したり遊んだりするとき，子どもの興味が大いにそそられる。子どもがこのように積極的に働きかけると，自然物がいろいろ変化するのを実際に体験できるからである。

　水面に小石を投げると，水面に輪ができてそれが広がる。砂で団子をつくるとき，水の湿り具合で固くなったりやわらかくなったりする。木の葉を水に浮かべて舟遊びをするとき，息の吹きつけ方を変えると，船の動き方が違ってくる。子どもはこのようにして自然物とかかわるなかで，次第にそれらの性質や仕組みに気づいていく。

　子どもが自然物のそういう仕組みに興味を持つのは，ただ自然物についての知識を得たいという動機からだけではなく，自然との触れ合いのなかで気づいた自然物の特徴やその変化のきまりを，遊びのなかに取り入れようとするためでもある。実際，いろいろな自然物の仕組みを見つけて，それを使いこなせるようになると，それをとり入れた遊びはいっそう楽しくなるし，もっといろいろなことを発見することともなる。その上，自然とのかかわりが深まれば，自然物をそのまま使って遊ぶだけでなく，遊びの目的に合わせて自然物をつくり変えたり，遊びを工夫したりするようにもなる。もちろん思いがけないことに出会って，当惑することもあるだろう。こういうとき，保育者はすぐにその解決の方法を教えてやりたくなるものだが，性急な指導は避けて，忍耐強く子どもの活動を見守ることが必要だ。子どもは自分なりに壊したり，つくったり，探したりして，いろいろと模索し，ついに発見に至ることがよくあるからである。確かに自然は簡単には解答を出してくれるものではないのだから，ときには疑問のままで終わることもあるかもしれない。にもかかわらず，その疑問は自分の体験から出てきたものである以上，多くの場合記憶として残り，その自然体験を積み重ねていくうちに，いつかは自分なりに解決できるときがくるに違いない。だから，保育者がすぐに解答を与えてしまうのは避けて，子どもが自力で自然物から解答を引き出す力をつけていくように援助することが大切なのである。

2．じっくり接することのできる環境

　遊びが子どもにとって楽しいものとなる第2の要件は，自然や自然物にじっくり接することのできる場面で活動することである。自然とかかわりながら遊ぶ時間をこま切れにしか与えないときには，子どもから自然のなかでの遊びの楽しさを奪うだけでなく，自然への愛着さえも断ち切ってしまうことにもなりかねない。

　一体，「愛着」という感情は，頻繁に人やものにかかわって，楽しい手ごたえのある体験をすることによって成立するものである。自然に対する愛着も，1日限りの遠足や短時間の遊びだけではできあがらない。繰り返し自然に接しそこで遊ぶなかで，自然になじみ，自然が好き

になっていく。自然のなかでたっぷり時間を取って活動するとき、自然に対する感受性も高まり、新たな発見をしたり、感動を味わったりすることができるからである。

その上、子どもが繰り返し自然に触れることによって、自然の多様性を実感する。川に小石を投げるとき、石の形や大きさによっても、その投げ方によっても、小石のとび方や水の波紋が違う。手で水を掬うとき、同じ水でも日陰の水と日向の水とでは、温度の違いを感じる。そういう自然のさまざまな姿を何度も体験すると、今度は自分で予測を立ててこれを確かめようとするし、その発見した事柄を、早速、遊びのなかで生かそうともする。こういう活動が子どもには楽しく、魅力的なのである。

要するに自然に触れ合う遊びは、子どもを生き生きとした活動へと誘うだけでなく、自然への感受性や関心を高め、自然認識の芽を育てる上でも有意義である。この点で注目されるのは、アメリカのJ.コーネルによって開発されたネイチャーゲームである。ここでは自然と触れ合う遊びが、100種類以上も提案されている。いずれも子どもが保育者と一緒に五感をとおして遊ぶことにより、自然に親しみ、自然に対する子どもの感性や興味を高め、自然のすばらしさや美しさを無理なく感得できるようになっている。

たとえば花、葉、木の実、石ころなどの自然物を採集する遊びでは、その色や大きさや形に着目して探したり、それらを分類したり、さらにその手触りや香りを感じ取って、同じ手触りや香りのものを自然のなかで発見したりする。あるいは、地面に対する感触を実感するために、それが足の裏から直接伝わってくる「裸足歩き」の遊びなども、提案されている。

確かに、失われた自然を子どもに取り戻してやり、そのなかで思う存分遊ぶことができるようにするには、このネイチャーゲームは有益な方法である。しかし昔の子ども達の遊びは、その多くがネイチャーゲームだった。春には野草を摘んで首飾りや冠をつくり、夏には水遊びや砂遊びに熱中し、秋には落ち葉や木の実を集めて人形づくりやブローチづくりを楽しみ、冬には氷滑りや雪合戦をして遊ぶ。このように、子どもは四季折々の季節感を満喫しながら、自然とかかわって思う存分遊んでいた。

野外で行われる伝承遊びも、季節感を感じさせるものが多かった。子どもは、凧揚げ、羽根つき、竹馬、竹トンボ、押しくらまんじゅう、かくれんぼ、草相撲などで遊びながらも、風、土、空などを含めた周囲の自然環境の状況をからだ全体で感じとっていたのである。こういう点でも現代にもう一度、伝承遊びが見直されることが必要だろう。

3．友達と一緒に活動できる環境

子どもが遊びの楽しさを味わえる第3の要件は、友達と一緒に活動できる環境である。実際、自然にかかわる楽しさは、仲間とかかわることによって増幅される。自然物に触れて遊ぶとき、友達に刺激されて、その自然物に対して多様な見方をするようになり、そのため自然物の仕組みの新たな一面を発見することもできる。その結果、それらを生かしてもっと楽しくもっと上手な遊び方をみんなで工夫するようになり、遊びを発展させていく。

その上、年齢の異なる子ども同士が一緒になって遊ぶときには、その遊びがいっそう楽しく感じられる。年少児は伝承遊びなど自分の知らない遊びの仕方やいろいろな知識を年長児から学べるし、年長児は自分の知っている知識を年少児に教えてやることに楽しさを味わう。昔は近所に住むさまざまな年齢の子ども達が「群れ」を組んで、知らない場所を探検したり、秘密基地をつくったり、ものを製作したり、ゲームをしたり、集団のなかでの自分の役割を果たしたりしながら、野外で思い切り遊んでいた。こうして協調性や社会性も身につけていったのである。

しかし現代の社会環境では、子どものそのような姿をみかけることがほとんどない。それだけに、以上のような要件を備えた環境の設定を強力に推進して、いまの子どもが失っている野外の遊びを回復してやることが必要である。

4．自然との接触の喜びを誘う指導のあり方

子どもが自然のなかで遊ぶことを楽しむようになるには、まず何よりも自然に親しみを感じるようになっていなければならない。このために欠かすことができないのが、自然に対する保護者や保育者の教育的配慮である。

保護者や保育者が日常さまざまな場面で、自然に対して目を見張り、自然物や自然現象の不思議さやすばらしさに感動する姿に、子どもが接することが多ければ、それだけ子どもも自然を敏感に感じ取るようになるにちがいない。こうして子どもが自然に対して強い関心を抱きつつ、自然に絶えず接しているうちに、自然への愛着心が身についていくのである。

子どもが身近な自然や自然物についての話を、保育者から聞く経験や、命あるものを保育者と一緒になって育てる経験を豊かに持つことによっても、自然への親しみが深まることとなるだろう。

そして何より大切なのは、自然に対して子どもを日常的に接することができるようにしてやることである。野外で育っている樹木、草花、虫などに親しむ機会、自然に恵まれた場所への散歩や遠足の機会など、多くの機会をとおして、子どもが自然との接触に喜びを味わうことのできるよう導いてやる工夫が望まれる。

（電気通信大学名誉教授）

遊びと言葉 ―「ことば遊び」を主に

村石　昭三

　「遊びと言葉」の項目内容を端的に示すものは，一般に「ことば遊び」の名で知られている。もっとも，これを総合的に領域「言葉」の保育内容をふまえて考えるならば，まずは日常生活のなかで見られる言葉にかかわる遊びがある。冗談やふざけなど，また，なぞなぞ，しゃれといった昔からの言語遊戯の流れがある。次に，領域「言葉」の活動・経験では絵本，紙芝居，童話などをなかだちにして，幼児が想像の世界に遊ぶのも「遊びと言葉」の内容に含まれると見てよい。しかし，最も直接的にその内容を示すものは「ことば遊び」の活動である。これは小・中・高等学校の国語教育へと続く，言葉の特徴やきまり，また文字に関する事項として音声，文字，語句，文・文章の指導につながるものであると見てよい。

　大人の社会に昔から伝播してきた言語遊戯とは別に，子ども向けのことば遊びの数々は昭和20（1945）年，日常の言語生活を豊かにする，ことばの学習活動として取り入れられるようになった。しかし，幼稚園，保育所の保育では，話をする，話を聞くことをとおして，正しい日本語の獲得を目指してきたものの，言葉を思考の道具と位置づけ，その道具としての日本語のしくみを気づかせることば遊びに注目するようになったのは，ようやく昭和40年代である。その後，思考に加え，イメージ，言語感覚を養うことにつながる遊びとして，ことば遊びに組織化が加えられた。筆者らの「ことば遊び研究会」が試みた，ことば遊びの体系化も，その流れを進めるためのものであった。

　参考までに，幼稚園教育要領，保育所保育指針の領域「言葉」を主にした保育のねらいや内容を見ると，とくに「ことば遊び」と言挙げした文言は見当らない。しかし，そのねらいや内容にある「保育士等と一緒にごっこ遊びなどをする中で，言葉のやり取りを楽しむ」「生活の中で言葉の楽しさや美しさに気づく」「自分のイメージを動きや言葉などで表現したり，演じて遊んだりする楽しさを味わう」「文字などで伝える楽しさを味わう」などは，ことば遊びの活動に添うものである。なお，『改訂　保育所保育要領1』では「4歳児の保育　3）言語（8）ことばあそび（しりとり，頭字あつめ，なぞなぞなど）やお話づくりをさせる」と挙げていることに注目する。

　ここで，改めて昔からのことば遊びの流れを評価した上で，筆者らの「ことば遊び研究会」が進めることば遊びの違いを挙げるならば，昔のことば遊びは，①"はぐらかし"の色合いが多かった。②ある特定のことば遊びに限られ，生活的な意味合いが強かった。③それぞれの遊びに系統性が乏しかった。④遊戯的な性格が強く，家庭や園で自然な形で行われた。⑤学習用の教材はとくに必要としなかった，とした。これに対して筆者らは，伝統的な生活の遊びという面を生かしつつ，日本語のしくみを気づかせ，言語感覚を養う保育の目標に添って，幼児期の発達に即した遊びを系統化して組織づけるようにつとめた。以下がその実践集のしくみである。

　この実践集のしくみについて，図に従って解説をする。①年齢の項は各実践集が対象にした生活年齢であり，0歳から6歳までの乳幼児の全範囲を含んでいる。②実践区分と中心の項は←→が実践の年齢範囲。○印はその範囲の中心を示している。各範囲は一部重複を伴いながら⑦実践集の4分冊，すなわち，低年齢から，（プチことば遊び集）（ジュニアことば遊び集）（セニアことば遊び集）（プレプリマことば遊び集）と対応している。

　次に各実践集の特徴は，便宜上，3段階に分かれる。③活動・目標の項は，その活動からの獲得目標を過程（→）で示している。0～2歳児対象では④具体的な実践例として，体遊び，手遊びなどがあり，主な活動は体の動きを伴い，そこから，体のリズム感を獲得し，やがて音のリズムの獲得へと進む。これが3歳児を主にした対象ではまねっこ，ごっこなど生活の遊びから，イメージを広げて，言葉のイメージへ。そして4，5歳児の対象では，ことば遊び，文字遊びから，言葉の仕組みに気づき，論理的な思考の基礎をつくることになる。こうして，言語教育の目標である「言葉に対する感覚を養う」ことについては，⑤言葉への感覚の項で，まずは体の動きを主にした遊びから動き（リズム）感覚を，次に生活の遊びからイメージ感覚を養った上で，日本語そのものを対象にした言葉の遊びから，言葉感覚の獲得へと進む。最後に，⑥人とのかかわりの項では，0～2歳児では，遊びは親と子，保育者と子どもの間でのスキンシップ・情愛のもとで展開し，3歳児を主にした遊びは，子ども同士の思い，イメージのやりとりから展開する。こうして4，5歳児を主にした対象では，子ども自身（わたし）ともう1人のわたしとの内言的対話によることば遊びが展開する。要するに，子どもの成長と言語発達に基づく「ことば遊び」の構図である。

　以上のことを受けて，各段階の留意点をあげるならば，0～2歳児対象では，ふだんの生活で見られる，親と子，保育者と子どもが体を動かして触れ合う"小さな遊び"

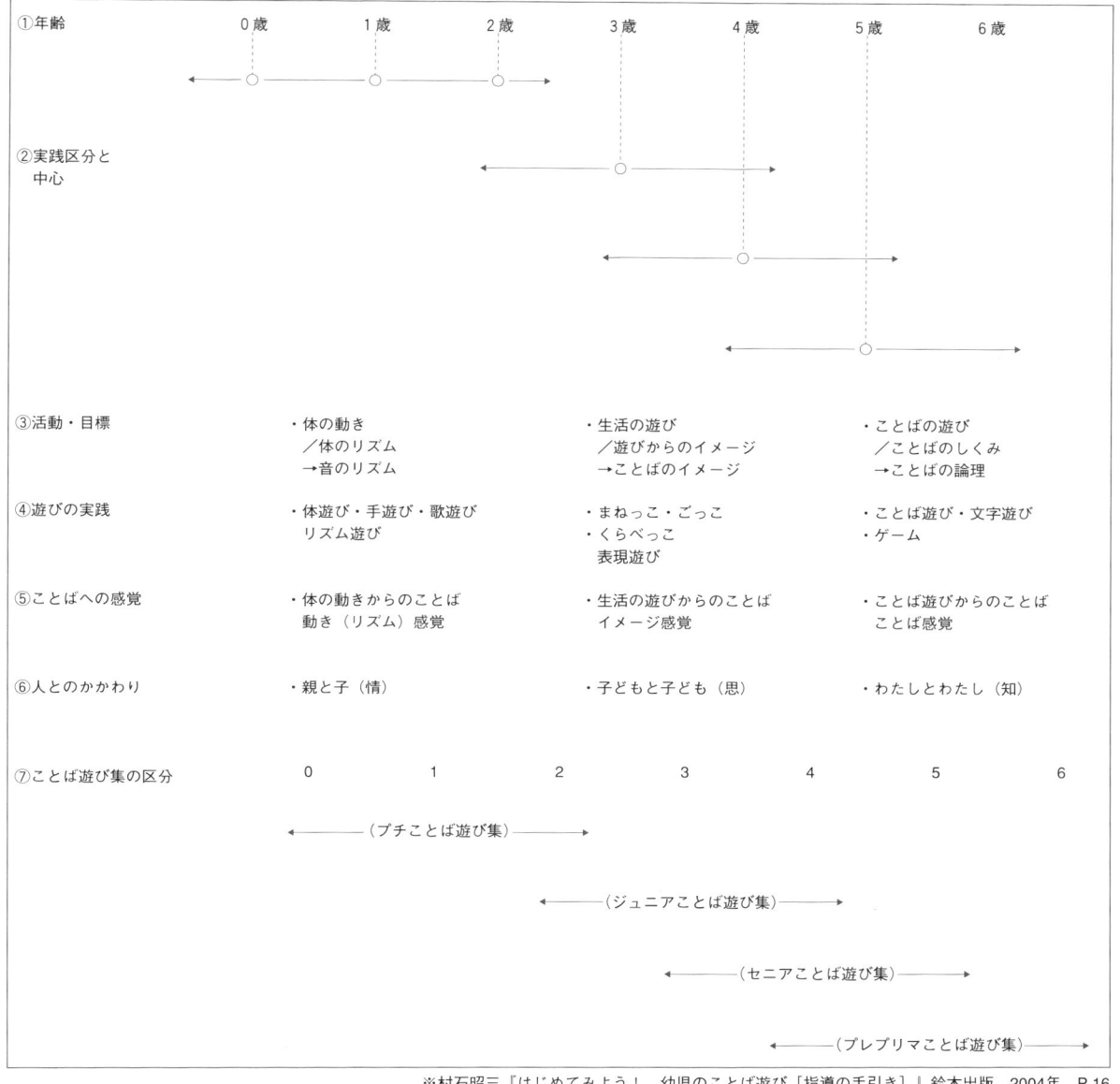

※村石昭三『はじめてみよう！ 幼児のことば遊び［指導の手引き］』鈴木出版 2004年 P.16

（例：おつむてんてん，高い高い，など）を中心に取り上げていく。3歳児を主にした対象では，ふだんの生活のなかの遊びからたくさんの語彙を習得していく時期である。友達との遊びをとおして，言葉を使う楽しさ，イメージの広がりを持つようにする。5歳児を主にした対象では，言葉や文字を使って論理的思考を高めるための遊びとして，ゲーム的な遊びとともに，知的な遊びも織りまぜて展開していくようにすることが望ましい，とする。

（国立国語研究所名誉所員）

[1] 全国保母会編『改訂 保育所保育要領』全国社会福祉協議会 昭和52年

造形活動と遊び

林　健造

1．幼児の遊びと分類

　幼児にとって遊びは生活それ自体，真面目なものである。遊びをとおして幼児は生活し成長する。遊びをとおして自己のパーソナリティを発達させ社会適応の能力を発達させていくものである。

　遊びとは何かとか，分類になるといろいろ問題も多い。ここではその代表的なものとして，ピアジェとカイヨワのものを基に造形遊びと結びつけて考えてみよう。

(1) ピアジェの分類

　ピアジェは遊びを「機能的遊び」（実践の遊び）と，「象徴的遊び」（シンボルの遊び）と「ルールのある遊び」（規則の遊び）とに分類している。

①機能的遊び

　最初に表れる乳幼児の反射的行動（吸う，声出し，足をふるなど）を基にし，新しい感覚運動を獲得するが，このような自ら獲得する感覚運動機能をあくまで機能的快楽のために行うのが機能的遊びであり，2歳頃を最盛期として次第に減少する。

②象徴的遊び

　ものが眼の前にないが，以前遊んだ経験などを頭のなかに浮かべる（心像）ことができるようになると，石をつかまえてお魚だといったり，小さい石をアメ玉だよと食べるふりをする。いわゆる「ごっこ」といわれるものと同様で，幼児の遊びの中心となるものである。

③ルールのある遊び

　象徴的遊びは，5，6歳以降，次第にルールのある遊びにその席をゆずる。これはかなり青年になってから迄をとおして遊びの主要な形式となる。それはこの遊びが社会化された遊戯的活動であるからだという。

(2) カイヨワの分類

　カイヨワは，「遊びと人間」のなかで，「いろいろな可能性を検討した後で，競争，偶然，模擬，めまい（眩暈）の4つの役割のどれが優勢であるかによって，遊びを以上の4つの主要項目に区分すること」を提案している。

　これらの基本類型にカイヨワは，アーゴン（ギリシャ語，競技），アレア（ラテン語，サイコロ遊び），ミミクリー（英語，物まね），イリンクス（ギリシャ語，渦巻）という名称を与え，これを「基本的カテゴリー」とした。

①アーゴンとアレア

● アーゴン（競争）

　必ず一定の資質（スピード，耐久力，強さ，技，器用さ）などを対象とする争い。

● アレア（偶然）は，アーゴンとは正反対に遊ぶ人からの力がまったく及ばない世界を基礎とし，相手に勝つより運に勝つ人といった方がよい。

②ミミクリーとイリンクス

● ミミクリー（模擬・擬態）

　幻想のなかに身をおき，架空の環境のなかでの活動である。子どもの場合は，シンボル的な遊び（象徴的遊び）という形式で現われる。

● イリンクス（めまい・眩暈）

　めまいの追求を基礎とする遊びである。

　以上の基本カテゴリー，つまり競争，運，模擬，めまいは単独でとは限らず組み合わせても起こるが，競争とめまいなどは結びつくことはない。

③パイディアとルドウス

　カイヨワは前記の4つに加えてパイディアとルドウスという一対の概念（騒ぎからルールへ）を入れている。遊びが発展してルールのあるものに発展するが，やはり遊びの源泉は根本的自由であると述べている。

　幼児期の遊びの分類もピアジェの機能的遊び，象徴的遊び，ルールのある遊びを横軸にし，カイヨワの「競争」「偶然」「模擬」「めまい」を縦軸に表を描き，実際の幼児の遊びの実体をあてはめていけば遊びの分類表ができよう。

2．造形活動と遊び

　幼児の造形活動は，10歳前後を境に大きく2分される特徴がある。幼稚園を主にする表現と小・中学校を主にする表現が大きく異なる特徴を持っている。これはまさに親子が同じ形で発達する哺乳類の形よりも，オタマジャクシからカエルに変わる両棲類の発達とよく似ていることに注目すべきである（図1）。したがって始めに，わが国幼児教育界の先達である坂元彦太郎氏の幼児の活動の諸相と発達とを独特の図で発表しているものを手がかりとしよう（図2）。

　棒磁石を横にしたような線上の一方の極を自己発現，一方を価値受容の極とし，その間にいろいろな幼児の諸

```
　　　　　　1歳　　知的レアリズム　　10歳　　視的レアリズム　　15歳
スクリブル
　　　　　　頭足人・基底線・レントゲン画　　陰影・遠近法
　　　　　　＊（知っていることを描く）　　＊（視るように描く）　（林）
　　　　　　　　　　　　　　　図1
```

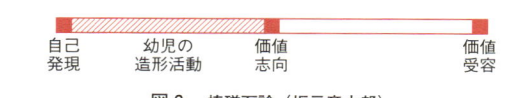

図2　棒磁石論（坂元彦太郎）

活動をはめていくというユニークな発想である。

自己発現とは、自分自身のなかにあるものを、自力で外に表す、たとえば幼児がとんだりはねたりして自然に遊んでいる姿をいう。これに対し、価値受容とは、大人によってつくられた文化財に接し、価値を受けながら自らを伸ばしていくような活動をいう。たとえばＴＶとか絵本をみて楽しむという活動を指す。

造形活動や音楽活動などは、自己発現と価値受容の中間に、価値志向という場を設け、いわゆる造形表現や音楽表現という活動はおよそこのあたりに位置するという。造形活動の全貌は、自己発現から価値受容までの幅広い活動であるが、好きな絵を描く活動から、外から与えられた課題や材料の制約のある活動に至るまでを含めて価値志向の活動であると述べている。

幼児の造形活動の実態は、ほとんどが遊びとして行われることが多い。幼児の遊びのなかでもとくに「造形遊び」のしめる幅は広い。

3．カイヨワと造形遊び

この幼児の造形遊びを、先述のカイヨワの遊び4種の分類、これに「解放と忍従」を加えた6分類に照合してみることは大いに意義のあることである。

（1）アーゴン（競争）

絵の場合は、算数と違って多答文化「答えが1つでない世界」であるので勝った負けたはみられないが、工作の分野になると粘土や積み木を高く積むとか、1枚の紙を誰がいちばん長い紙に切れたかを競い合うことにより、造形意欲をかり立てる場面はたくさん考えられる。

たとえば、図3のような色紙を上下からはさみを入れ誰がいちばん長いかを競うこの課題のおもしろさは、いちばん弱気で慎重な子どものほうが長くなるところがおもしろい。

（2）アレア（偶然）

幼児造形活動のほとんどはこの活動である。幼児は満1歳頃、いわゆる「立っち」（完全直立歩行）ができるようになり、前肢が手として独立して使えるようになると、盛んに母指対向性の特色を生かして手を使い、手の動きを痕跡の偶然の形に興味を示し、次第になぐりがきの行動をはじめる。粘土の塊も手で叩いているうちにおせんべいになったり、転がしているうちにお団子になったり。保育者のなにみたい？の誘導によって人や車や動

図3　カイヨワと造形遊び

絵の具による10歳以前の幼児のなぐりがき（スクリブル）―3歳頃―

物が次々生まれる喜びなどはすべてこの活動である。

このときのなぐりがき（スクリブル）でも、心が解放されている絵と、小さく不安感があり抑圧の多い絵の区別を見分ける視点は大事である。（写真参照）

（3）ミミクリー（模倣）

造形活動の狙いが1人ひとりの創造力の開発という視野からはこの模倣はさけたいのだが、しかしカイヨワのいうミミクリーは、他人の絵をまねることよりは、幻想のなかに身をおきその人や動物になりきる、いわば変身遊びが中心で、ごっこでママ役になったり、仮面をかぶり鬼になったりするのは子どもは大好きな遊びである。

最近の変わった現象では、ままごと遊びでパパやママのなり手がないという。結局いちばんなりたいものは、ワンちゃんやネコちゃんのようなペットだという。なんとも悲しい現代世相の反映であろうか。

（4）イリンクス（めまい）

幼児は軽いめまい現象を好む。高い高いやブランコは

その例。私も園長時代，4歳児が「園長先生」と手を広げてとんでくる。からだで受けとめると靴のまま膝から上ってきて私の腕を支え，グルリと1回転してとびおりる。これが10人も続くとフラフラする。担任の先生が「これグルリンパっていうんです」と解説してくれた。

(5) パイディア（解放）とルドウス（忍従）

カイヨワは後で，次のように対立した概念をつけ加えた。パイディアは自分の気ままにこれこそ遊びの不可欠動因で自由な遊び，絵のぬたくり，紙やぶき，フィンガーペインティングなどは好例である。反対にルドウスのほうはたとえば歯痛をがまんしている快感みたいに耐え忍ぶことによる遊びの楽しさである。

4．結び

以上をとおし，たしかにケン玉や，こま廻しのように何べんも飽きずに繰り返すことにより，より深い喜びを獲得する形は，とかく遊びが，パイディア（気まま）にのみ終始している多くの遊びの形に対し，むしろそれを鍛え，忍ぶことに耐え，本当の楽しさや，豊かさを体得することは，今日の保育の特に育成したい一側面として，造形活動のみならず見直すべき新しい角度であると思う。

（十文字学園女子短期大学名誉教授）

✢✢✢✢✢✢✢✢✢✢✢✢✢✢✢✢✢✢✢✢✢✢✢✢✢✢✢✢✢✢

遊びと音楽

早川　史郎

明治9（1876）年11月16日，お茶の水の東京女子師範学校のなかにわが国で最初の幼稚園が開設され，日本の幼児教育がはじまったそのとき，まだわが国には西洋音楽（楽譜の音楽）が移入されていなかった。最初の保姆である豊田芙雄・近藤濱らが，同年に刊行された「幼稚園」「幼稚園記」に述べられているフレーベルの保育を参考にし，宮内省の雅楽家の助けをかりてわらべうたや民謡と異なった「保育唱歌」をつくり，「唱歌遊戯」として保育にとり入れた。また明治8年，のちに日本の国楽を興すこととなった人物，愛知師範学校長伊沢修二もわらべうた「胡蝶」を使って遊戯をつくり，子ども達と遊び「蝶々」（ドイツ民謡・野村秋足）を生み出すきっかけとなった。この先人たちの進取の精神，試みの的確さそして幼児理解の深さに驚かされる。そのときから130年有余のあいだ幼児の音楽にかかわる活動はさまざまな変遷を遂げ今日に到っているが，ここでは「遊戯」すなわち子どもが遊び戯れる「音楽の遊び」に焦点を当ててみよう。

1．幼児の音楽教育の変遷

文部省音楽取調掛伊沢修二らが明治14（1881）年日本最初の音楽教科書「小学唱歌集」初編33曲を，次いで16年には第2編，17年には第3編を発行し西洋音階による唱歌教育をはじめた。明治20（1887）年には幼児向けのやさしい曲を抜粋して「幼稚園唱歌集」（29曲）を出版し，そのなかには今日でも歌われている「蝶々」「進めすすめ」（雀のお宿），「霞か雲か」，「うづまく水」（きらきら星），「蜜蜂」（ぶんぶんぶん）などが含まれていた。

明治32年6月「幼稚園保育及設備規定」が文部省令によって制定され，保育の項目は遊嬉・唱歌・談話および手技とするよう定められた。唱歌の教材は「保育唱歌」「幼稚園唱歌集」が用いられたが，文語体の難解な歌詞が多く，幼児に理解されにくいという批判が起こった。そこで幼稚園向きの言文一致唱歌「幼稚園唱歌」が滝廉太郎・東くめによって出版され，「水あそび」「鳩ぽっぽ」「お正月」などの口語体の唱歌が今日までうたい継がれるようになった。また田村虎蔵・納所弁次郎らによって「うさぎとかめ」「はなさかじじい」などのバラード唱歌がつくられ，幼稚園でも大いにうたわれた。当時の唱歌教育は保姆のうたうのをまねてうたう聴唱法をもって行われ，行進や遊戯・ダンスとも結びついていた。

明治44年から大正2年にかけて，文部省から美文調，文語体の歌詞をもつ「尋常小学唱歌集」が出され言文一致唱歌の流れを止めたが，折から興った自然主義，自由主義思潮が大正デモクラシーを生み，その流れのなかでの「赤い鳥」の童謡運動が幼児の音楽教育に大きな影響を及ぼした。

鈴木三重吉，西条八十，北原白秋，野口雨情，成田為

三、弘田龍太郎，山田耕筰，本居長世，梁田貞，中山晋平，佐々木すぐる，草川信などが活躍し幼児向けの童謡が発表され今日でも幼稚園や家庭で愛唱されている。

大正15年初めて幼稚園のための単独の法規「幼稚園令」が公布され，保育項目は遊戯・唱歌・観察・談話・手技などと定められたが内容については何も示されておらず，それぞれの園にまかされていた。昭和初期の唱歌保育は幼児にわかりやすい歌詞のものがうたわれ，それに遊戯がつくものが多かった。たとえば「靴が鳴る」「どんぐりころころ」「夕日」「むすんでひらいて」「夕やけこやけ」「蝶々」「汽車ポッポ」「出してひっこめて」などで遊んでいたと記録されている。

そのころから次第に戦時色が強まり，幼児の唱歌も軍国調となって昭和16（1941）年ついに太平洋戦争に突入し，昭和20（1945）年には終戦を迎えた。

昭和23（1948）年3月，保育要領―幼児教育の手びき―が出され，そのなかではじめて幼児期の身体的・知的・情緒的・社会的な発達の特質について述べられたのは特筆すべきことであった。しかし保育内容としてあげられた12項目のなかの「音楽」では，明らかに小学校教育からおろされた教科的要素が強く前面に押し出され，その前文に書かれた「幼児期の発達の特性」を生かしきれなかったのは残念であった。そしてそれに続く昭和31（1956）年，昭和39（1964）年の「幼稚園教育要領」音楽リズムにもその影響を残しながら，現場での実践に置き換えられていった。

2．音楽と遊び

これまで述べた130年の幼児の音楽活動の流れは，今まで日本人がふれたことがなかった西洋音楽を，教育の中心に据えたことによって生まれたさまざまな軋轢の上に構築されていった。すなわち楽譜の音楽の持つ厳格な規範性・特殊な創造性の上に成り立つ音楽美の探求こそ，教育の目的であったからに他ならない。それを満たすための音楽教育で組み立てられてきたさまざまな教育的メソード，表現技法はたしかに優れたものであった。しかしその成果を追求すればするほど，子どものなかは楽しさ，自由さ，驚き，遊ぶ気持ちが減衰していく側面があることもわかった。

新しい時代の幼稚園教育要領では，「幼児の自発的な活動としての遊びは心身の調和のとれた発達を培う重要な学習である」ととらえ，遊びをとおしての指導を中心としてねらいを総合的に達成されることが望ましいと述べている。すなわち，その時期にふさわしい生活を展開しながら幼児の主体的な活動を促していくことが大切であり，その主体性こそが遊びの本質であると考えている。

幼児の生活は遊びが中心であると言われる意味は，遊びが好奇心を旺盛にし，イマジネーションを高め，人とのかかわりを深め，創造性を刺激するなどのさまざまな要素で成り立っているからである。大人たちはもともと「遊び」と「学習」を対立した概念としてとらえてきたため，「遊びをとおしての指導」を素直に受け入れられない素地もあったが，音楽においての指導と遊びについて深く考えてみる必要にせまられる。以前から保育には「遊び」とつく活動が非常に多く幼児のどのような活動を「遊び」とみなすかは，保育者の重要な視点であり，奥深い保育観の上に立脚している。「○○遊び」という名前がつけられた遊びに引き入れていくこと自体が，すでに幼児の自発性・主体性を奪っている可能性もあるのだ。

3．「うた遊び」の分類

幼児期の音楽の遊びの中心は，歴史のなかで既に立証されているように，「遊戯」すなわちうたって動いて遊ぶことが中心となっている。それを現代的な言葉に直すと「うた遊び」と呼ぶのが適切であろう。「うた遊び」は，①遊びの形態，②遊びの内容，③音楽の種類の3つに分類することができる。しかしそれぞれの類は重なり合っているので，いずれかだけの遊びとして分類することはできない。保育現場で行われる実践例をこの分類法に当てはめて理解していただきたい。

❶遊びの形態による分類とその例曲
- 子どもを抱いたり膝にのせてする遊び
  ちょち　ちょち　あわわ（わらべうた）
- 1人遊び
  おべんとばこのうた（わらべうた）
- 2人遊び
  おてらのおしょうさん（わらべうた）
- 手をつなぐ遊び
  せっせっせ（わらべうた）
- 円になる遊び
  かごめかごめ（わらべうた）
- 列になる遊び
  はないちもんめ（わらべうた）
- 群や集団になる遊び
  おしくらまんじゅう（わらべうた）

❷遊びの内容による分類とその例曲
- 指遊び
  とうさんゆび　どこです（外国のうた）
  はちべえさんと　じゅうべえさん（わらべうた）
- 手遊び
  いとまきのうた（外国のうた）

げんこつやまのたぬきさん（わらべうた）
　　かわずの夜まわり（童謡）
● 手足などで拍子をとる遊び
　　てをたたきましょう（外国のうた）
　　あたま　かた　ひざぽん（外国のうた）
　　それ　はくしゅ（テレビのうた）
● からだの部位をさわったり打ったりする遊び
　　とんとんとん　ひげじいさん（童謡）
　　あがりめ　さがりめ（わらべうた）
● まねっこ遊び
　　あらどこだ（テレビのうた）
　　ペンとひきゃヒュー（わらべうた）
　　パンダ・うさぎ・コアラ（テレビのうた）
● 這ったり転がったりする遊び
　　いもむしごろごろ（わらべうた）
● 走ったりとんだりする遊び
　　ジェンカ（外国のうた）
　　イップ　ニップ　ジャンプ（テレビのうた）
● 鬼遊び
　　かりうどさん（わらべうた）
● ジャンケン遊び
　　やきいもグーチーパー（テレビのうた）
● 物をつかった遊び
　　くまさん　くまさん（わらべうた）
　　ぼうあそび（テレビのうた）
● 楽器の遊び
　　カスタネットでチャチャチャ（テレビのうた）
　　へい　タンブリン（テレビのうた）
● 絵描きうた
　　ぼうがいっぽんあったとさ（わらべうた）
　　ねこのめ（テレビのうた）
● 言葉・お話遊び
　　やおやのおみせ（外国のうた）
　　だいくのキツツキさん（外国のうた）
● 劇遊び
　　おおきなかぶ（テレビのうた）
● 踊る遊び
　　キャンプだホイ（テレビのうた）

❸ **音楽の種類による分類**
● わらべうた
● 外国のうた
● 童謡・唱歌
● テレビのうた

4．遊びにおける感性と表現

　現在保育現場で行われているさまざまな遊びは、幼児がだれの手も借りず自分だけでやっていく「純粋な遊び」と、そのまったく対極にある「遊び」という名はついているが保育者が計画的、組織的、意図的につくって遊ばせる活動との間をゆれ動いている。とくに音楽活動ほど指導性の強いものはない。遊びの本質を説く新しい幼児教育では、「指導」の要素がからむ音楽活動の内容にあまり言及せず「楽しさを味わう」という抽象的な表現に置き換えて「感性」の重要さを強調することになった。

　上述のような「うた遊び」が現実に行われる場合、幼児はその遊びをどのように受容するのであろうか。音楽は「伝達の文化」であり、人が音楽を獲得するためには誰かが表現したものを個それぞれの感覚器官で受けとめ、理解し記憶し感情にかえていくことからはじまる。その最初の表現者は保育者であり、以後の音楽活動の成否をにぎることは確実である。幼児は楽しそうなこと、おもしろそうなことを本能的に見抜く力をもっている。保育者の豊かな表現の刺激が幼児の心を動かし、やってみたいという意欲がふくらみ、言葉と音を記憶し模倣をくり返しながら自らの表現を完成させていく。すなわち幼児の表現する力は、外からの刺激を受けとめる「感性」こそが重要な鍵となり、それによって「音楽伝達の系(けい)」が満たされることになる。

　いま園のさまざまな活動のなかに占める「うた遊び」の量や有用性を無視することはできない。この遊ばせ方は重要な保育技術の1つとして保育者養成校でも力を入れていることからもわかる。しかしくり返し述べているように、幼児が自らの力でつくりあげる本当の「遊び」が生まれるために、保育者は何をどう伝えるか、それを受けとめる幼児の感ずる力を、どのような環境でどう育てていくかを真剣に考えなければならない。「うた遊び」が1日の保育の流れのなかで単なる時間かせぎや当たりの活動になっていないか、厳しく検証していく必要がある。

　そのことによってはじめて「うた遊び」の活動が子どもの感性を豊かにし、表現の力を広げる可能性を生み出すのではないだろうか。

（元東洋英和女子大学教授）
（育英短期大学教授）
（道灌山保育福祉専門学校講師）

遊びを子どもの視点から捉える

関口　準

1．はじめに

　遊びの意味概念は多様であり、歴史的に遊びの本質を明らかにする遊びの理論といわれる学説なども多様であり、多くの議論がなされている。

　それらは、拠って立つ背景、立場、思考、実践等々により、それぞれが主張し、その存在の意義があり、そのなかで遊びにかかわる要因、遊びの特性、遊びの価値、遊びの発達が論じられて、遊び以外の生活活動、仕事との関係の在り方などが議論されてきている。

　保育においては、いつの時代でも遊びは、保育内容の中核として位置づけられ、さまざまに実践が行われてきている。

　遊びは、子どもの権利であり、発達を進める主導的役割を果たすものである。外部から強制されるものではなく、自発的で能動的な、おもしろく楽しい活動である。遊びに夢中にとり組むことによって多くのことを学ぶ。遊びは、始めるのも終わるのも自由である。大人から見れば本物でない活動として捉えても、子どもにとっては本物の生活であり、活動であることが共通の認識として位置づけられているのではないだろうか。

2．子どもは遊びをどう捉えているのか

　登園して自分の洋服を着替えている年長児に、保育者が「遊んでいるの？」と問いかけると、子どもは「アソンデナイヨ」「コレカラアソビニイクノ」などと答える。

　子どもは、保育者がいつまでふざけて着替えないのかという指導と感じたからだろうか。それとも子どもは、遊びと遊び以外のことを意識して区別しているからか。

　少なくとも年長児になると、遊びと遊び以外のものとの区別を意識のレベルでもっていると考えられる。

　さらに子どもは、自分達の遊びと保育者の紹介する遊びとを区別している面がある。もちろん保育者の紹介する遊びも、子ども達が受け入れ、自分達の遊びに変容させ、自分達の遊びとして自発的に遊び、展開・発展していくこともある。保育者の紹介する遊びにおざなりにかかわり、もっとしたい、またやりたいという形にならずに終わってしまうこともある。

　私たちは、子どもの遊びを遊びという一般的な概念で捉えてしまうことでよいのだろうか。

　子どもの意識レベル、思いにもっと寄り添うような形にならないと、子どもにとっての本物の遊びに迫ることができないことに留意する必要がある。

3．遊びのなかでイメージを変容する

　初めから何らかの遊びの目的、テーマのようなものなどがある場合もあるが、何らかに触れ合い、触発されたり、偶然などから遊びに発展することもある。

　その際、子どもが持つ遊びの構成、進展などに伴う何らかのイメージがかかわってくることになる。

　共有のイメージを共有するためには、個々のイメージがどう持たれ、変容され、調整し合い、共有のイメージを紡ぎだすのかなどを保育者は捉えていなければいけない。

　イメージなり思いの変容する姿は、必ずしも言語化するとは限らない。動作、表情、態度などに表れる場合もあるであろう。

　子ども達の遊びの流れ、姿などから結果として捉えるようにもなることがある。それでも細部は見えない、見えにくい側面があることは否定できない。

　子どもとともに生活し、子どもの立場から捉えることができるなら、何とか迫ることができないこともないと考えられる。

　もし追求することができるなら、遊びのなかでさまざまな側面を捉えることが可能になり、遊びから学ぶ諸側面などにも、何らかの形で働きかけることができるようになるのではないのか。

　子ども理解には、子どもの内面に迫り、捉えることが求められている。その1つの手がかりとして、子どものイメージや思いに迫ることが期待されてくるであろう。

4．子どもは、人、もの、ことなどから情報を読みとり、遊びを構成したり、進展させる

　子どもの遊びは、身のまわりの人、もの、ことがらなどに触発されたり、そのなかに内包している情報などを読みとり、遊びとしてとりあげたり、遊びを進展させたりする。

　子どもは、人、もの、ことがらなどから何をどのように読みとり、捉えていくのだろうか。そしてそれらをどのように遊びのなかに取り入れながら、自分達の遊びに変容させていくのだろうか。

　人、もの、ことがらなどにより強く規制されることもないではないが、自分達なりのイメージから、偶然のできごとなどを含めてさまざまに変容させながら、遊びを創造し、遊び込んでいくようにもなる。

　そのことは、身のまわりにある人、もの、ことがらなどのなかに遊びのきっかけなり、要素、要因などが内在

していることを意味している。

人，もの，ことがらなどから子どもなりに，何をどのように読みとるのかの読みとり能力の把握と，遊びとしてどのようにとりあげ，進展させていくのかの〈遊びの構成能力〉，〈遊び力〉などが求められる。

身のまわりの人，もの，ことがらなどのなかにどのような遊びにかかわる情報，要因，要素などがあるのかに，保育者は着目する必要があるであろう。

5．遊びと遊び以外のものとの関係から

保育構造論として論ずることはともかく，子どもの生活には，遊びと遊び以外のものがあることが，前述のように子どもの意識レベルも含めて，認められるところである。

ここで遊び以外のものとは，子どもが自分の持ち物を整理したり，みんなの代わりに行う係や当番活動などを指している生活活動である。

子どもは，遊びと生活活動を1日のなかで営み，生活している。そしてそれらの生活が子どもの人格を形成していくのである。

さらに遊びのなかに，生活活動からの学びの力などが活かされていないのかどうか，逆に生活活動のなかに遊びでの学びの力などが活かされている面がないのかどうかということを考えてみよう。

両者には，相反するものが内在していることが認められる。しかし，両者が無関係に存在しているのだろうか。無関係といいきれるのだろうか。

生活活動のある部分を，生活活動とは別に自分達の遊びとしてとりあげ，遊んでいることもないわけではないのである。

遊びのなかでの学びの力として夢中になって取り組むとか，約束やルールを子どもなりに創って守るとか，一緒に力を合わせる等々のことが生活活動のなかに認められるのではないのか。

そのことは逆に生活活動としての学びの力が，遊びのなかにも生きていることにもなるであろう。

このようなことは，あまり論議されていないようではっきりしない面がある。これからの課題のひとつになるであろう。

さらに敷衍するなら，そのことは，将来的に大人になってからの仕事と遊びの問題にもつながっていくのではないかと考えられるのである。

6．遊び心をどう育てていくのか

遊びの指導という場合，遊びにより得られる教育的意義なり価値を前面に押し出してしまうと，遊びにならない恐れも考えられる。

教育的意義は，保育者として押さえ，捉える視点であっても，子ども自身はそのことを目的にして遊んでいるわけではないのである。

つまりは結果として，過程のなかで身につけていくことで，子どもはそのことを意識して遊んでいるのではないことに留意したい。

ところで，子どもにとってかなり厳しい課題なり作業を課していても，子どものなかには遊びとして捉えていることもないではない。

そこには，子どもなりの〈遊び心〉というようなものがあり，そのように受けとめ，対応したりするからである。

〈遊び心〉が，そのことを遊びに変えてしまうといったほうがよいだろう。

そのことにより，失敗したりすることもあるが，うまくいくこともあるのである。

大人の世界で，〈遊び心〉が，大きな発明なり，創造につながることもあるし，ある種の器械には，遊びがないと機能しなくなることさえあるのである。

遊びの教育的意義なり価値のなかに，〈遊び心〉といわれるようなものが果して考えられていただろうか。今後はこの視点を大切にしたいものである。

遊び心をどう定義するか，どう構成されているのかの吟味や論議も必要であるが，それらはこれからの課題として考えていくことが必要になろう。

なぜなら，この〈遊び心〉こそ，大人になっても生涯にわたって持ち続けることになるものだからである。

それは人間らしい人間になるためにも。

（東京福祉大学大学院教授　明昭第一，第二幼稚園園長）

遊びと保育

角尾　和子

1．コラボレートする遊びと保育
（1）遊びと保育は相互にかかわりあう

子どもをなかにはさんで，遊びと保育は相互にかかわりをもって，子どもの成長を助けている。この相互にかかわりをもちながら，子どもの発達に寄与していることの理解は，今の時代にことさら大切なことである。これを「コラボレートする遊びと保育」とよぶことにする。

まず赤ちゃんと養育する母親とのかかわりを見てみよう。赤ちゃんは，この世に生をうけたそのときから，誰に教えられたわけでもなく乳を飲むすべを知っている。乳を飲み，飲み足りると飲まずに遊びだす。母親は，赤ちゃんに乳を飲ませ，おむつを取り替え，話しかけ，クーイングに応じ「なんと可愛い子」と慈しみつつ一生懸命世話をする。なかなか眠りにつけない子どもを，疲労もいとわずに子守唄などうたいながら寝かしつける。

遊びは，子どもの自発にはじまる。遊びによってひとりで生活できるように発達し自立していく。その間に親は，子どもを慈しみ惜しみない愛情を注ぎ，子どもの自立を援け事柄の善悪を知らせる。

子どもは，自立のための基本的な生活習慣として食事・睡眠・排泄・衣服の着脱・清潔の5つの基本のほかに，善悪が自主的に判断できるように身につけることが求められる。これを子どもが自分の意志で身につけていくことが大事である。決して，大人が押しつけることによって，子どもの身につけさせようと構えてはならない。

遊びと保育が**コラボレートする**なかでそれが実現していくようでありたい。

一般に生活習慣の躾とよぶとき，子どもからは，押しつけられた感じがするだけでなく，子どもから忌避されることも間々ある。近年幼少時から保育施設で保育を受ける子どもの増加傾向がある。そこではともすると保育者側の視点で万事が進みかねない懸念がある。子ども自身，幼児期に身につけるべき基本を，親しい敬愛する大人との生活のなかで，適切に身につけさせたい。

そのために子どもが育つ環境に次の2つが，基礎となることが大切である。

- 愛情の交流が，保育する人と子どもとの間に行なわれ，子どもは周囲の人を信頼し敬愛するようになる。
- 生活習慣の基本が身につき，自立できたそのことを，子ども自身誇りに思うように，励まされて育つ。

付言すれば，愛情の交流に支えられて，子どもが自分から進んでそのようにしたい（手本として・言われるとおりに）と思うようになる。ここでの自己実現達成が「親をまねて」というその態度がこの時期に大事なことである。

（2）他者との関係について

子どもは社会のなかの1人の構成員である。ときには他者との対立や葛藤がある。それを自分で考え自分で解決するように成長していくことも，成長をめぐる大事な課題である。現実に親しい人から，子ども自身の要求と異なる要求を課されたとき，大好きな両親や親しい先生との対立に悩むことがあろう。そこで苦しみながら他者との共同生活の基本を学ぶのである。その際にも親しい人々との愛情の交流が支えになる。

2．遊びの発達の見通し
（1）保育カリキュラムの基礎づくり

日々保育する保育者にとって，子どもの発達の見通しを知っていることが大事である。遊びの変化をよく観察すると子どもの成長の姿が目に見えてくる。積み重ねると保育者が子どもの成長を見通す指標となるだろう。これが保育カリキュラム作成の基礎になるとよいと思う。

● **単純な探索する遊び**

遊びをとおして，子どもは自分のからだのこと，そのからだの機能を知っていく。それは，個別具体的なものであると同時に，他者との関係のなかで知っていくものである。…たとえば，乳を飲む─授乳する，抱かれる─抱く，ことば以前の発声─大人が「そうねワンワンよ」と応じる，目と目を合わせる，同じ方向を見る，そのほか…　また偶然に手がさわり音がした，それを再びその音を聞こうとして，やみくもに手足を動かして再現しようと試みる。そして自分の行動とその結果の関係を，試しながら知る。このように，探索的に活動してからだの諸機能を知る時期を「感覚運動的遊び」とも呼ぶ。

● **ごっこ遊び，なったツモリの遊び**

身近な人の行動をモデルにして，その行動を取り入れて遊ぶ。この時期，子どもによってはジッと観察する時間の長い子どもがいる。多くはジッと観察し必要な情報を蓄えてから，それを遊びに表現するタイプでもある。ちょっと見で簡単にやめさせてはならないと思う。観察して子どもなりの知識や情報を蓄えることは，この時期にどの子にとっても大切な過程であることも保育者は心得ていて欲しいと思う。

● 遊びが複雑になり，組織的になる

　探索的な遊びが場を変え，対象や形を変え，組みあわせを変えて，繰り返して見た目に複雑な遊びを展開する。加えて，子どもは頭のなかにいろいろの物や事柄を，具体的なイメージとして描けるようになり，遊びが高度な様相を見せる。単純な遊びのなかで培われた経験の積み重ねから，やがて子どもなりの課題や目標を見つけだす。さらに，小さいものでも課題が似よりのもの同士で，素朴な組織的な遊びを始めるようになる。このような場では，断片的なごっこが，イメージを共有しつつ，総合的で創造的な遊びになっていく。仲間と協力して，スケールの大きい遊びを，意欲的，創造的に楽しむこともする。

　イメージを共有化する過程では，子ども同士の意見の相違も起こり，意図の通じない部分でのけんかや葛藤も経験する。しかし，1人の遊びと違う多彩で流動する心踊る遊びの体験が葛藤を乗り越えていく。うまく展開しなければ，そこで中止もよし，やり直しもよしと，ゆったりと構えて子どもたちの活動の進み方を見守る，「待つ保育」が望まれる。

　なったふりをする，そのツモリのごっこ遊びなど，子どものイメージがはたらくとき「象徴遊び」とも呼ぶ。

　遊びの場は，子どもたちが自由に解放され，温かな雰囲気・慈しむ眼差しに見守られたものでありたいと思う。

(2) 芽生えを視る眼を磨く

　ここまで，遊びと生活・表裏一体の保育が正常に機能する場を想定して述べた。この保育法について，知的な教育について消極的であるとの指摘がある。別な視点からは遊んでばかりで，子どもは何を経験し，何を学んでいるかわからないとも，声高にいわれてきた。このことは，保育者側の説明不足もある。たとえば，ままごとをしている子どもが，テーブルにカップを置きながら，これはパパ，これはママと言いながら並べている。子どもはここで，数の概念の芽生えである，"1対1対応"の経験をしている。また共同で使う遊具を使いたい子どもが次々並び，先着順を知り，順番に並ぶ経験をする。これらは後に学ぶ教科算数等の芽生えの経験である。この他，新しい言葉を試して使ってみて反応をみて，自分のものになり語彙を増やしたりする。また，仲良しの友達の名前を，その持ち物に見つけて文字を読む，など，知的な学びの芽生えの機会を随所に見つけることができる。問題は，保育者がその機会を視る眼を磨くこと，それを公に説明する配慮が不足していることではないだろうか。

(3) 芽生え，育ちを話し合う

　ここで，子どもと保育の基本が変わり，幼児教育は，公教育としての性格が より明確になったことに触れる。すなわち，「2007（平成19）年改正された学校教育法に，幼稚園が学校として最初に位置づけられた。2008（平成20）年3月31日には 幼稚園教育要領が改訂告示され，同日改定の保育所保育指針も告示された」のである（告示の意味は大きい）。法改正は，幼保の連携，幼小の一貫教育等，今後，幼児教育は大幅に改革が行われてゆこうとしている。実践の場に求められているものの重点を述べることにする。先に述べたように芽生えの育ちは，遊びと生活がコラボレートする中に散見された。成長するにつれて，子どもは，遊び以外の事柄があることに気づいて行く。食事・就寝・きまり事・仕事その他である。保育者も遊びと切り離したいわゆる一斉保育・部分保育等の指導である。これが適切な保育・指導であろうか。幼小の接続，保幼の連携は指導方法・教育方法の研究なくしては成就しない。現場を守る人々が工夫し努力して達成すべき事柄であり決してこのようにやれと上から指示されるものではない。今後の課題である。現場の指導法研究については，気軽に始めることを勧めたい。たとえば，明日の活動，あるいは明日からの活動予定を話し合うとする。関係者（幼一保・幼一小）は円卓状の机のまわりに集まり，特定の指導の形式・方法にとらわれずに話し合うことから始めてはいかがだろうか。日をおいて繰り返すうちに芽生えを見つけ育つ姿に感動する話にもなってゆく。子どもの発達の筋道についても，素朴具体的な言葉で共通理解できるようになり，保育・教育を語る楽しさを共有できたときに一歩前進する。

（元川村学園女子大学教授）

遊びの環境と子どもの探求

永野　重史

1．遊びを組織する

　手元に『幼い子ども達の遊びを組織する』[1]という表題の洋書がある。30年ほど前に，ロンドンを中心として，イギリスの幼児教育を視察しに出かけたときに，「幼児学校における遊びの組織化」と題する研究が進められていたので買い求めたものだ。遊びを組織化する，という考え方が気に入った。「組織化」と言うと何やらコムズカシイ印象を受けるが，たとえば，「2人の女児が協同して作業をする」というようなことを挙げている。

　私が幼稚園の先生方に，好んで，お勧めするのは，分厚い合板に戸車をつけた物である。板の上に段ボールの空き箱を乗せると，子どもも乗れる乗り物になる。また，このような「乗り物」が目の前でできあがると，そのことが，子ども達の好奇心をかき立てる。戸車を取りつけるところを観察した子どものなかには，ねじ回し（スクリュードライバー）を使って，ねじ釘をとりつけることに興味を持つ者もいる。目につくねじ釘を取りはずすことに強い関心を持つ子どももいるから用心しなければならないが，見方を変えれば，そのくらい子ども達の好奇心は活性化するという訳だ。

　「遊びを組織化する」という指導を考える場合に，「○○遊び」と呼ばれるような，いかにも「遊びらしい活動」にこだわるのは決して好ましいことではない。子ども達は，もともと好奇心が強く，ねじ回しの使い方を知ると，いろいろと試してみるものだ。教室の1部を構成している戸にも「ねじ釘」が使用されていることを見つけて，早速，取りはずしをはじめる子どもも現われる。幼児にとって，「ねじ回し」という道具は，決して身近にある道具ではないだろう。だからこそ，それを用いて「ねじ」をはずしてみたくなるのである。

　本書のタイトルは「遊びの指導」であるが，「遊び」の中味は，あまり限定してしまうことなく，広い範囲の活動について考えてみることをお勧めしたい。たとえば，「ものをつくること」は，たいていのことが，幼児にとって「遊び」となる。先程，分厚い合板に戸車をつけた物の上に段ボールの空き箱を乗せて「乗り物」をつくることについて述べたが，段ボールの空き箱の底を抜いて，2つか3つ横に寝かせて並べれば，トンネルができあがる。並べる空き箱の数は，2つ，3つに限らなくてもよいのだが，あまり何個もつなげると，トンネルに入っている子どもは不安になる。箱が完全にはつながっていないので，途中で首を出して，外を見ることができるようにするのも，子ども達の「工夫」と見てよい。

2．色を混ぜる遊び

　水彩絵の具やポスター・カラーを使って，色を混ぜて遊ぶことも，もう少し幼児教育に取り入れられてよいのではないかと，私は考える。絵を描くことを目的とするのではなく，色を混ぜると，どんなことが起こるかを「実験」してみるのである。はじめは，赤い花を描き緑色の葉を描くというようなことでもよい。そのうちに，使った「色水」を小さな容器に入れてみる。混ぜる色の種類が多いと，黒っぽい水になってしまうが，それでよい。黒い水が気に入らなければ，もう1度，少ない数の色を混ぜて試してみる。要するに色水のいたずらである。庭に咲いている赤い花と青い花ををすりつぶして，どうなるか調べてもよい。葉も一緒にすりつぶしてもよいだろう。

　子どもが1人で試みて気づくことではないが，赤い花を水のなかですりつぶして，薄い赤い水ができたところに，石鹸をほんの少し水に溶かしたものを入れて，赤い花からつくったピンク色の水が薄い青に変化することを体験させるのもよい。ある幼稚園で，「お母さんに見せたいから，この水を持って帰る」と言い，帰り支度をしようとするのを見たことがある。それほどに感激するのである。赤い花の色水が，石鹸のアルカリに出会って青い色に変わるということは，幼児でも体験をとおして知ることができる。しかも，知って感激する。だが，小・中学校の教育では，このような感激を体験することは，ほとんどない，と言ってよいだろう。だからこそ，私は，幼児教育に期待するのである。「知識教育」ではなく，「体験教育」を，幼いころに味わって欲しいのである。

3．「自然の観察」という名の授業

　昭和16年頃の小学校教育といえば，いかにも古臭い授業をしていたと考える方が多いだろうが，決してそんなことはない。自然の観察を内容とする理科教育が，小学校1年から課せられたのである（それ以前は小学校4年から理科を学ばせていた）。「自然の観察」の設定理由として，次のような説明をしていた。

　「児童は就学以前，自然に興味を持っている。自然のなかで自然とともに遊び，自然に驚異を感じ，自然からいろいろなことを学びながら，経験を積み，生命を発展させている。これに対して何の考慮も払わなければ，児

童の自然物・製作物に対する興味を中断することになって，将来の発展の支障となる」では，この時期に何をしておかなければならないか。当時の文部省は，こう考えていた。「理科指導の目的を達成するには，自然に親しみ，自然を愛好し，自然に驚異の眼をみはる心が養われなくてはならない。生命愛育の念も理智の働きが著しい時期よりも前に，その基礎が養われなくてはならない。科学的に処理する躾（しつけ）も，この時期を逃しては，身につけることが容易でない。——このようなことを考えていたのである。

　昭和16年頃に，このような論議をしていたことを考慮すると，幼児期の教育に関しても，「遊び」という概念に寄りかかって，幼児の自発性を重んじているだけでよいのだろうか。……と言うのは，保育場面で発生する「問題」と，その「解決」という視点から，保育を丁寧に見つめ直してみることに，もう少し力をそそいでもよいのではないだろうか。

　1例をあげると，ポスター・カラーを使って，いろいろな色を混ぜているうちに，美しい色はなくなって，色水遊びが，結果として，黒水遊びになってしまったことはないだろうか。混色の結果，黒くなった水をもとにもどすことはむずかしいが，はじめからやり直して，2色を混ぜることから，もう一度試みてみることを勧めてはどうだろう。青と黄色を混ぜると何色になるか。赤と黄色ではどうか。赤い花びらからできた赤い水が，ごく少量の石鹸水で青く変色するのは，実は化学反応によるもので，絵を描くときに混色によって起こる現象とは，まったく別の現象なのだが，子ども達が，不思議だと感じてくれれば，子どもにとっては大事件なのである。「お母さんに見せたい」と思うのも無理はない。

　保育者が指導して，薄紙で「落下傘」をつくって飛ばすのを見たこともある。子ども達の家では，家族が喜んで遊んだという話だった。

　あみだくじも，手軽に遊べる。紙の縦方向に6本ほど線を書いておく。次に，隣り合った縦線をつなぐ，短い横線を，あちこちに書き入れる。これで準備は大体ととのった訳だが，縦線の下の方に，「当たり」の印として○を書く。遊び方は，縦線の上部から下に道をたどって降りていく（線のあとは残す）。降りていく途中で，横に曲れる道があったら，必ずそこで曲がる。これがルールのすべてである。遊びの役割を決めるときなどにも，このあみだくじは利用できる。当たり外れを占って遊ぶこともできるが，子どもにとっては，「曲がるべきところでは必ず曲がる」というルールに従って遊ぶことが知的な娯楽になる。

　私は，イギリスの学校をたずねて歩いたときに，日本の色紙をたくさん持っていった。日本の折り紙を教えてあげるつもりである。ところが，折り紙の評判がよすぎたので，黒板にあみだくじを書いて，「これからは，くじに当たった人に，賞として日本の折り紙をさしあげる」ということにした。おかげで，あみだくじも，折り紙もたいへん評判がよかった。

4．おわりに

　私に与えられた執筆項目は，「遊びとは何か」というものであった。カイヨワの有名な『遊びと人間』を読んでも面白くない課題である。そこで，「遊びの環境と子どもの探究」という題に変更させていただくことにした。昭和16年頃の話にふれたが，その時代は「科学する心」という言葉が流行し，「科学映画を見る会」を見に行き，講演を聞く，楽しい時代であった。その後，国際情勢は悪くなる一方だったので，「科学する心」の時代は，私のような老人にとって，なつかしい時代であった。理科的な話題になると，竹馬づくりの作業も含めて，生き生きした気分になったのである。スーザン・アイザックスによるモールティング・ハウス校における実験教育についても，説明したかったが遠慮した。講談社刊の『自然科学と教育』をお読みいただければ幸いであります。

（国立教育政策研究所名誉所員・元放送大学教授）

---

[1] "Structuring Play in the Early years at School" Ward Lock Educational社，1977年

遊びと怪我

岩崎　洋子

1．はじめに

子どもの怪我は，保育者の想像を超えた遊びが展開したり，普段見られない行動が突然，現れたりすることで起きることがあるが，保育者の注意により，未然に防ぐことができることも多い。怪我が起きてしまってからでは遅いので，日常，ハッとしたこと，ドキッとしたことを保育者同士が常に情報を交換して対策を考えたりすることが大切である。毎日，職員会議で「ハッと，ドキッと報告」という時間をつくり，それぞれの体験の情報を共有することで，事故を未然に防ぐ努力を行って効果をあげている園もある。遊びの充実には安全な環境が保障されていることが必要である。

2．子どもの事故

図1にあるように，1～4歳の例では1件の死亡事故に対しては40人の入院，3,600人が外来することから，その底辺である園や家庭でのみ処置された怪我は数知れないくらい多く，年間，約2名に1名は怪我による外科の外来をうけている。

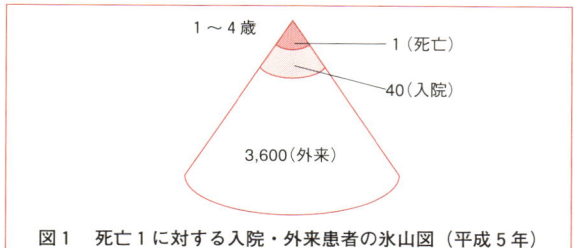

図1　死亡1に対する入院・外来患者の氷山図（平成5年）
田中哲朗：子どもの事故と防止①子どもの事故の現状と対象の必要性
小児科臨床49：915－925，1996

厚生労働省の［人口動態統計］によれば1歳～19歳まで，1985年から2005年までのすべての年齢で，不慮の事故による死因が第1位となっている。その内訳は表1に示すが，交通事故，水による事故が多いことがわかる。また性差があることが図2よりわかる。

図2　負傷における男女の割合
（「学校管理下の災害21」独立行政法人日本スポーツ振興センター，2008）

区分	0歳		1～4歳		5～9歳		10～14歳		15～19歳	
	死亡数	割合(%)	死亡数	割合(%)	死亡数	割合(%)	死亡数	割合(%)	死亡数	割合(%)
総数	174	100.0	236	100.0	230	100.0	150	100.0	615	100.0
交通事故	11	6.3	71	30.1	109	47.7	71	47.3	461	75.0
転倒・転落	7	4.0	21	8.9	8	3.5	14	9.3	33	5.4
煙，火および火災への曝露	6	3.4	37	15.7	22	9.6	14	9.3	15	2.4
不慮の溺死および溺水	9	5.2	56	23.7	61	26.5	25	16.7	49	8.0
不慮の窒息	133	76.4	39	16.5	15	6.5	11	7.3	23	3.7
その他	8	4.6	12	5.1	15	6.5	15	10.0	34	5.5

資料：厚生労働省「人口動態統計」2005
表1　年齢階級別，不慮の事故の死因別死亡数および割合（平成17年）

3．園内の事故の特徴
①保育室

図3に事故の発生場所を示した。幼稚園，保育所ともに，保育室などが多いのは，過ごす時間が長いことも考えられるが，保育室にあるものが多すぎたり，子どもの動線上に物があったり，机や椅子の角が鋭角であったりすることも原因と思われる。保育室を安全な環境にすることは，遊びを思い切り展開できることに繋がり，空間をつくること，転倒が予想される所に危険なものを置かないなど，保育者が常に配慮しなければならないことも多い。

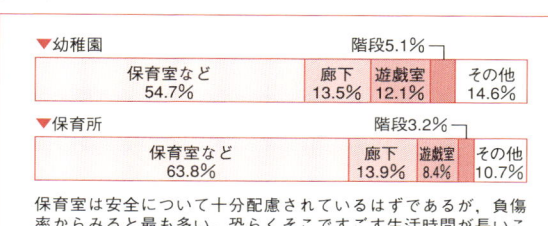

▼幼稚園　　　　　　　　　　　　　　階段5.1%
| 保育室など 54.7% | 廊下 13.5% | 遊戯室 12.1% | その他 14.6% |

▼保育所　　　　　　　　　　　　　　階段3.2%
| 保育室など 63.8% | 廊下 13.9% | 遊戯室 8.4% | その他 10.7% |

保育室は安全について十分配慮されているはずであるが，負傷率からみると最も多い。恐らくそこですごす生活時間が長いことと関係していると思われる。なお，園舎外では遊戯施設，運動場などでの負傷がほとんどである。

図3　負傷の発生場所（%）
（「学校管理下の災害21」独立行政法人日本スポーツ振興センター，2006）

②園舎外

運動遊具や固定遊具での事故も多く発生している。図4にどのような固定遊具での事故が多いのかを示した。設置率が高く，利用頻度の高い，すべり台，ブランコでの事故発生が多く，転倒，転落により怪我をすることが予想される。このような，転倒，転落が予想される高さのある遊具の周りは物を置かず，土のように落ちても衝

21

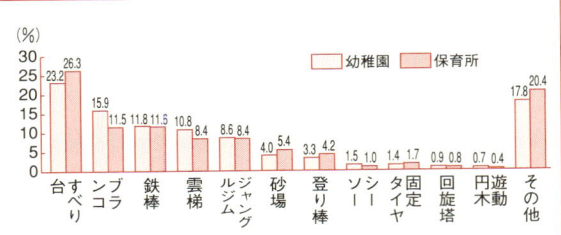

図4 体育・遊戯施設での負傷
（「学校管理下の災害21」独立行政法人日本スポーツ振興センター，2008）

すべり台、ブランコの負傷が多い。設置率が高いと同時に大勢の子どもがかかわることによりトラブルも生じやすい。高さのある遊具であり、転落すると頭から落ちやすく大怪我に結びつくことがあるので、周囲は土が望ましい。

撃の少ないものを下に敷く必要があり、下が固い素材のときには、マットなどを用いるのでもよい。

③負傷の種類と部位

図5から、挫傷、挫創（衝突や墜落などの鈍性の外力により生じる傷）などが55％近くを占め、次に骨折が多い。また、図6の負傷部位を見てみると、上半身に集中していることがわかる。これは幼児期の身体の特徴である頭部が大きく、重心が高い位置にあるため、転倒しやすいこと、また、転倒したときに、頭の重さを支える腕の力が未熟なため、頭や顔から落ちやすく、負傷部位の60％以上が頭、顔を負傷している。

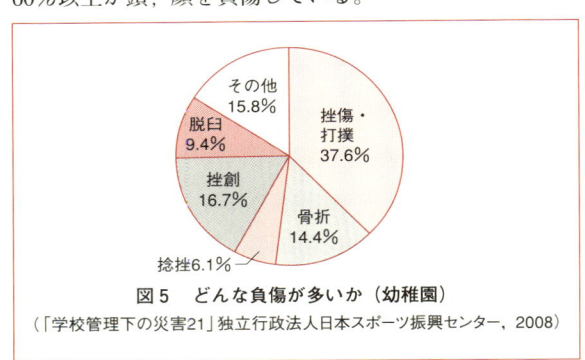

図5 どんな負傷が多いか（幼稚園）
（「学校管理下の災害21」独立行政法人日本スポーツ振興センター，2008）

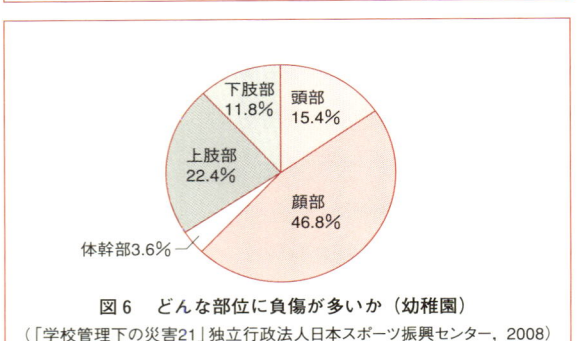

図6 どんな部位に負傷が多いか（幼稚園）
（「学校管理下の災害21」独立行政法人日本スポーツ振興センター，2008）

このように、幼児は転倒、転落しやすく、そのとき、怪我は上半身の顔、頭や腕や手を負傷しやすいことが予想されるので、高さのある場所や水のある所では保育者は十分幼児の行動を見守る必要がある。

④怪我の発生時間

図7の負傷の発生時間が登園直後に多く起こる理由として、登園直後は家庭から園の生活の切り替えが上手くいかず、事故が起きやすいといえる。また、活動が活溌になる時間帯の負傷や疲れが生じる時間帯での負傷が多い。最近は幼稚園も保育園も保育時間が長くなる傾向にあるので、長時間保育児の疲労も考慮しながらの保育を考える必要が生じている。

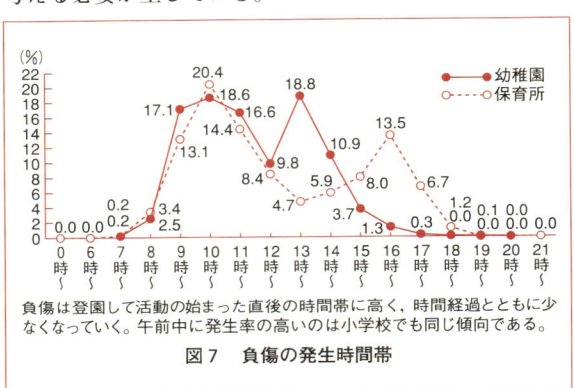

負傷は登園して活動の始まった直後の時間帯に高く、時間経過とともに少なくなっていく。午前中に発生率の高いのは小学校でも同じ傾向である。

図7 負傷の発生時間帯

4．安全指導

幼児が安全に生活するためには、安全管理（子どもを保護して安全な環境を準備をすること）と安全教育（安全な行動を身につけること）の両面から考える必要がある。英国の小児科医H．F．ディートリッヒは0歳児では100％安全管理が必要であるが、年齢とともに、安全教育を増やし、小学校入学までには自分で事故防止ができる力が備わるように安全教育を十分にすることの必要を述べている。年齢とともに行動範囲が拡がる幼児期は、潜在的な危険に対して、幼児なりの気づきや行動を身につけることが自己の安全を守ることに繋がっていくことになる。

図8として事故発生のメカニズムを示す。いろいろな要因が重なり事故が起きるので、個々の幼児に合った指導が必要となるが、幼児の特性を考えると、下記に示した指導が有効であるといわれている。①具体的場面で指導する、②繰り返し指導する、③一連の行動（たとえば信号機を見る、左右を見る、注意しながら素早く渡る）をひとつひとつ分けて指導する、④模倣（保育者の行動の模倣）を生かして指導する、⑤安全な行動をしたとき誉める、⑥落ち着いて行動できる環境を与えながら指導

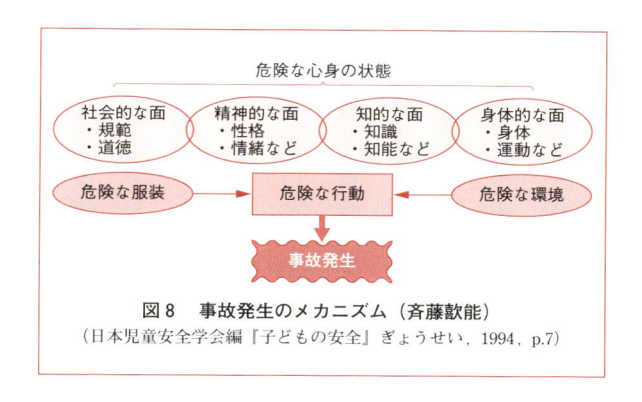

図8 事故発生のメカニズム（斉藤歓能）
（日本児童安全学会編『子どもの安全』ぎょうせい，1994, p.7）

する．怪我を度々する子どもの特徴として，情緒が不安定，運動能力が高い，または低い，知的能力が高い，または低い，社会性の発達が遅いなど発達のアンバランスの子どもが多いとの報告がある．怪我をしやすい子どもには，保育中，とくに注意を払い，個別な指導を行うことが必要となる．

怪我を恐れるあまり，制約やルールが多くなり遊びに魅力がなくならないようにするためには，保育者は環境を整備し，子どもの行動をいつも把握していることが大切であろう．

（日本女子大学教授）

✦✦✦✦✦✦✦✦✦✦✦✦✦✦✦✦✦✦✦✦✦✦✦✦✦✦✦✦✦✦✦✦

障碍児と遊び

柴崎正行・植草祐美
（解説）　　（事例提供）

1．障碍児の遊びをどうみるか

遊びは子どもが興味・関心を持ったことに自発的・主体的に取り組む行為である．その見方からすると，健常児の遊びと障碍児の遊びは本質的に同じであり，障碍児であろうと，健常児であろうと，その子どもが自ら起こした行為には，さまざまな思いが表されているものであろう．だが，実際の保育現場においては障碍児の遊びには理解されにくい要素があると言える．たとえば繰り返し同じことを行ったり，保育者が予測できないような物を玩具としたり，一般的な使い方で遊ばないなど，否定的に捉えられてしまうことも少なくない．遊びにかかわる大人がこのように否定的に見ることによって，障碍児の遊びの意味が理解しがたい行為になってしまうことがある．

本章では，障碍を有する子どもたちが，一見すると否定的に思える遊びをとおして，何を表現しているのか，その遊びの意味について事例から，具体的に考えてみることにする．

2．遊びをとおして表現していること
(1) 繰り返すこと

> **事例1　水遊び**
> 近くの公園に散歩に出かける．Y児はすべり台などで遊ぶ．帰り道は歩くのを嫌がり，M（記録者）におぶさりながら帰ってくる．着くとすぐに水場に向かい，自分でベビーバスにお湯を溜め，そのなかに入る．下を向いてからだをまるくし，ホースをくわえて勢いよく口から水を出している．

Y児はお湯をはったベビーバスにつかり，ホースをくわえて口から水を出したり，手に水を受けたりして水遊びを楽しむことが多かった．Y児は飽きることなく，この遊びを繰り返していた．この場面ではY児は外出が苦手であった．Y児にとって，予測のしにくい場所へ行くことは，緊張感を強く感じることになる．強い緊張感をもったY児が，公園から戻ってまずしたことは心を落ち着けることだったのだろう．温かいお湯につかり，深呼吸をするように口から水を出し，Y児は心の安定を図ろうとしていたと思われる．

このように障碍児が不安感や緊張感を強く感じたときに，自分の好きな遊びを繰り返すことにより，心の安定を図ることはよく見られることである．

(2) いたずらなことをする

> **事例2　お湯をかける**
> Y児がベビーバスにつかり，ホースを手にして遊んでいる．Mは風船を膨らませて，Y児に渡したり，時折Y児の背中にお湯をかけたりしながら，そばに

23

しゃがみこんでいた。しばらくすると，Y児がホースのお湯をMにかけてきたり，Mが首からさげていたタオルをお湯のなかに引き入れたりと，時々いたずらのようなことをする。そのたび，Mが声を上げるのを見て，Y児はおもしろがるように笑う。

　繰り返し遊ぶなかでも，Y児が安心を求めるだけで水遊びをしているのではないこともあった。自分がもっとも安心できる場で，関心を持ち一緒に遊びたいと願った相手（M）にわざとお湯をかけることでかかわろうとしていた。一見すると相手を困らせておもしろがっているように見えるが，Y児はMに強い関心をもっており，2人で遊んでいるつもりだったと思われる。

　このように，障碍児は相手の状況とは関係なく働きかけるために，周りの人々にはいたずらをしているように見える。しかし，実は相手に強い関心をもっており，自分の好きなことや相手が受け入れてくれそうなことを共有しようとしていることはよく見られる。

（3）こだわること

事例3　風船遊び
　ハンモック型のブランコに座り，Y児は絵本を見ている。Mがそばに行き，風船を膨らませて手渡すと，Y児がそれを受け取る。Mがブランコを揺らすと，Y児は風船を口にして，しぼませたり膨らませたりしながら笑っている。しばらく2人で遊ぶと，Y児は風船を口のなかに入れ，ガムのように噛む。Y児がブランコから立ち去るとき，地面にくしゃくしゃになった風船が落ちていた。

　Y児は水遊びのときも，部屋でゆったりと過ごすときも，外出のときも風船を手にし，膨らませては空気を抜くことを何度も繰り返していた。口の結ばれた風船は好まず，自分で空気の量を調節することを求めていた。風船は息を入れることで，その大きさを自由に変えることができる。Y児は風船を地面に押しつけたり，引っ張ったりして形を変えて遊ぶこともしていた。また，自分の思いがとおらず，泣きながら風船をいくつも割ることもあった。一緒に遊ぶ相手に，風船を膨らませるよう要求することもある。Y児にとって，風船を扱うことは自らの心を表現することだったのではないかと思われる。

　特定のものに強いこだわりを示すことは，障碍児にはよく見られることである。障碍児がこだわりを持つものの多くは，自分で自由に操作できることに大きな意味をもっていると思われる。大好きなものを，繰り返し思い通りに扱うことで，自分の気持ちを表現したり，気持ちを整理したりすることができるようになっていくのではないか。

（4）自分なりに使うこと

事例4　絵を見る
　Y児が水遊び用にビニールコーティングされた絵を手に取り，しゃがみこんでいる。Mが風船を持っていくと，すぐに風船を手に取って口に入れながら絵を見る。Y児の見ていた絵が，童謡「赤とんぼ」の絵だったので，Mは「赤とんぼ」をうたう。すると，Y児は嬉しそうに絵を指でポンポンと叩く。

　Y児の生活のなかには，いつも絵本が一緒にあった。Y児は気に入ったキャラクターや，楽しそうな雰囲気の絵を好んで見ていることが多かった。ページをめくって読み，ストーリーを楽しむというより，絵の持つ雰囲気をじっくりと味わっているように思えた。Y児が見ていた「赤とんぼ」の絵には，夕焼けの野原で小さな男の子と女の子が楽しそうに赤トンボを追いかけている様子が描かれていた。Y児はこの絵から「一緒に遊ぶ」「楽しそう」といった雰囲気を感じ取り，自分もそうありたい，一緒に楽しく遊びたいという思いをもっていたのではないかと思う。

　絵本は「読んで楽しむもの」である。しかし，Y児は絵本をそのように使わず，絵の持つ雰囲気を楽しむために用いる。障碍児が気に入ったものを，一般的な使い方とは異なったその子どもなりの使い方をすることはよく見られる。このような姿のなかには，その子どもなりの思いや，願いが表れていると思われる。

3．遊びに表現された心を理解すること

　Y児の事例を見ると，遊びのなかにY児の思いが表れていることがわかる。それは，Y児の遊びを，「いつも同じ」ととらえず，Y児の小さな行為，変化にも気をとめながら遊びに寄り添っていくことで見えると言えよう。障碍児が何度も同じことを繰り返したり，特定のものに強いこだわりをもったりして遊んでいる場面に出会うと，「いろいろな体験をしてほしい」と願うあまり，その行為を否定したりやめさせようとしたりすることはよくあることである。また，「好きなことをしているから」と，その子どものしたいようにさせながら，放任してしまうこともよくある。障碍児の遊びが，周囲の人々に理解されにくい要素をもっているのならば，その遊びを理解しようとする大人は，その子どもの細かい動きにも気をとめながら，じっくりと遊びに寄り添い，肯定的に捉えてかかわっていくことが必要になってくると思わ

れる。障碍児が自ら取り組んだ遊びには，その子どもの思いが表現されている。その心を理解していくには，植草先生のように，その子どもの起こした行為を積極的・肯定的に受け止め，その遊びのなかからその子どもの表現している思いを理解しようとする姿勢が大切となる。

4．モノを媒介にして人とかかわっていくこと

障碍児の遊びはモノを扱うことが多く，モノを自由に扱うことで自らの思いを表現している。遊びにかかわる大人は，そこに表れた思いを理解し，そのモノを介して子どもの思いに応えようとしていくことが大切となる。障碍児が示す能動性がモノであっても，そのモノを媒介とした人とのかかわりを大切にすることで，障碍児は自分の思いを理解してくれる人の存在に気づくことができる。繰り返しモノを扱うなかで，自らの思いを表現することに自信をもち，また，モノに表された思いを他者が肯定的に受け止め，理解してくれることで，障碍児は安心して身近な人とのかかわりをもてるようになるであろう。

このように遊びの理解を重ねることで，そばにいる人を安心し信頼できる存在であると感じることができると思われる。安定した信頼関係を基盤として，いきいきとした生活が送れることは，健常児も障碍児も同じであると言えよう。

(柴崎：大妻女子大学教授・植草：じゅうじょうなかはら幼稚園教諭)

「遊び」を評価する観点

岸井　勇雄

1．保育における評価の特性

評価とは，善悪，優劣などの価値を判定することである。ソーンダイクが，「存在するものはすべて量として存在する。だからすべて測定できる」として以来，数量化することが評価であるような誤解も生まれたが，何を測定し，それをどう読むかという価値観を伴う見識や，測定困難なものに対する洞察力等がいっそう重要であることを忘れてはならない。

特に保育における評価は，高度の専門性を必要とする。国の研究指定を受けたある公立幼稚園で，同席した教育委員会の指導主事が，その日の指導計画の「ねらい」の1つに，「気の合った友達と仲よく遊ぶ」とあったのをとがめて，「気の合わない友達と仲よく」でなければ教育ではないと叱責した。幼児教育については素人（しろうと）と見受けたので，将来誰とでも仲よくできる人になるためにこそ，気の合った友達と遊び込んで，「お友達っていいものだ，仲よくするって素晴らしいことだ」という原体験を十分に貯め込むことが幼児期には何よりも大切で，その逆を強制したら，人間嫌いを育てることにもなりかねない，という話をして認識を改めてもらったことがある。

「原体験」とは「一生の人格形成に大きな影響を与える初期の体験」のことである。生涯学習体系を樹木にたとえれば，知識・技能の系統的な学習を中心とする学校教育は上に向かって伸びる「幹」であり，その成果を支える幼児教育は，深く張らなければならない「根」に該当する，いわば原体験学習が中心なのである。知識・技能は測定可能である。しかし原体験の質や量は測定し難い。目に見える幹の育ちと異なり，土のなかにあって目に見えない根の育ちを見ていく力が保育のプロには求められるのである。

エリクソンは，人生の各時期にはそれぞれ固有の心理・社会的危機があり，それを乗り越えたとき，子どもは人格の力を獲得し，次の段階に進む原動力を得るとした。私は次のように認識している。

乳児期の発達課題は，人間やこの社会に対する「愛情」と「基本的信頼感」を身につけることである。これは，泣いて訴えるたびに，裏切ることなく優しく声をかけられながら授乳やおむつの交換をしてもらう赤ちゃんらしい生活が365日繰り返されるなかで，無自覚的に達成される。

幼児期の発達課題は同じく「愛情」「基本的信頼感」がより自覚的に達成されることのほか，自分で考え，自分で行動し，自分で責任を持つ「自立感」，自分で自分をコントロールする「自律感」，そして初めてすることはなかなかうまくいかないが，何度もやると少しずつ上手になるという自信の「有能感」を身につけることである。これらはすべて，「遊び」を中心とした幼児期らし

い生活を繰り広げるなかで達成される。

2．遊びの本質「楽しさ」の意義

「遊び」とは「仕事でないこと」、「仕事」とは「遊びでないこと」である。どんなスポーツも、アマチュアがすれば遊びだが、プロがすれば仕事である。つまり同じ活動（activity）も、現実的な生活の必要を離れて「楽しむ」ことを目的にすれば遊び（play）であり、業務としてすれば仕事（work）である。

遊びの本質は「楽しむ」ことにある。楽しくなければ遊びではない。

わが国では「苦しむことは尊く、楽しむことは堕落である」という考えが封建社会で庶民に教え込まれ、明治以来の富国強兵、戦後の高度経済成長の原動力にまでなった。過労死や環境破壊の問題から、ようやく人生を楽しむ心のゆとりが大切であることに気づき、学校教育にも取り入れられ始めたが、十分な理解が得られているとはいえない。

実は「楽しさ」は、きわめて教育的なことなのである。以下は生活のなかで幼児が楽しんでいる場面を、観察、分類整理して得られた10項目で、子どもの発達にどれほど遊び（楽しい経験）が必要かを示している。

①**したいことをする楽しさ（自発・主体性の発揮）**

どの学校のどのクラスにも、何かのことについて教師をしのいでいる子どもがいるが、それは例外なく、授業中に教えられたことではなく、自分の趣味で進んで研究したことである。その理由の第1は、したいことをするときは脳をはじめ神経が活発に働き、そうでない場合は休眠状態であること、第2は、したいことはヒマがなくてもするし、しかも集中するので、時間×密度＝学習（練習）量が飛躍的に増大するからである。よい指導とは、結果を教えることではなく、そのことに取り組む楽しさを経験させることである。

②**全力を出して活動する楽しさ（全力の活動）**

子どもは自分のなかに育ってきた力を必ず使おうとする（自発的使用の原理）。何かをしたがるということは、そこを発達させる適時であり、そのことを十分にさせる必要がある。

③**できなかったことができるようになる楽しさ（能力の伸長）**

E難度をこなす超一流選手でも、生涯を通じてもっとも獲得困難な運動技能は立つことと歩くことだと言われる。それをよほどの障害がないかぎり、例外なく満1歳前後になし遂げるのは、(1)モデル（人が立って歩いている）、(2)物的環境（つかまり立ちや伝い歩きの支えがある）、(3)人的環境（失敗を責めず成功を喜ぶ）、という環境条件に支えられて「発達の最近接領域」への挑戦を繰り返すからである。

④**知らなかったことを知る楽しさ（知識の獲得）**

生き物はすべて環境からプラスを取り入れマイナスを避けて生きる。環境への認識が生活の質を左右する。子どもの知的好奇心や質問好きはそこに根拠がある。

⑤**考え出し、工夫し、創り出す楽しさ（創造）**

動物が代々ほとんど同じ生活を繰り返し、コンピュータが正確な結果を出し続けるのに対し、人間は一代ごとにまったく異なるといってもいい人生を過ごす。これは創造の能力の故であり、この能力は試行錯誤つまり過失の自由から生まれる。

⑥**人の役に立つ、よいことをする楽しさ（有用・善行）**

子どもは生後9か月のころから役割行動を喜び、やがて「正義の味方」を自己同一視する。「生きがい」とは人から必要とされるところにある。集団のなかで自然に役割を果たしながら自己効力感を身につけていく。

⑦**存在を人に認められる楽しさ（人格の承認）**

集合の呼びかけに応じない子どもの名を呼べば呼ぶほどこの子どもは気をよくし、ほかの子どもまでそちらへ行ってしまうことがある。「よい子のみなさん」より自分の名を呼ばれたいのである。また言葉以上に事実として、どの子どもも、楽しい園生活になくてはならぬ存在であることが実感できるような保育でありたい。

⑧**共感する楽しさ（共感）**

ルソーは「一般の意見に反して、子どもの保育者は若くなければいけない。賢明であれば、できるだけ若い方がいい……一緒に遊びながら信頼を得ることができれば、と思う」と言っている。これは年齢ではない。子どもとの共感性こそ保育者の資質として最も重要である。子どもは共感し合える人が好きで、そういう人といると情緒が安定し、その人の言うことを積極的に受け入れるのである。

⑨**よりよいものに出会う楽しさ（よい経験）**

幸福とは、価値あるものに出会うという客観的側面と、その価値を認識するという主観的側面との双方が存在して初めて成り立つ。幼児期に、人間的なものに出会う機会を与えなければならない。同時に、そのものの値打ちを感じさせる必要がある。それは、たとえば子どもの喜ぶ本を選び、じっくり楽しませるなど、その時期の子どもに最適なものと出会う経験を適量用意することである。

⑩**好きな人とともにある楽しさ（愛・友好）**

好きな人と一緒であれば、何をしても、またたとえ何もしなくても楽しい。幼児はそれを正直に表す。大好きな人とは、決して子どもを甘やかす人ではない。それは、

ここに挙げたような楽しさを，生活のなかで，着実に子どもに与えてくれる人なのである。

3．丸ごとの育ちを深く見る

子どもは丸ごと育つ。それを分析的に見る手がかりとして5領域があるのであって，学校の教科別活動のように領域別の遊びがあるのではない。

すべての土台としての「心とからだの健康」の上に「環境とかかわる力」，そのインプットとアウトプットとしての「感性と表現」が育つ。そのなかでも，「人とのかかわり」と「ことば」が特に重要なので独立させた，と言ってよい。

どんな遊びでも，この5領域のすべてが育つのである。その軽重を見ながら，全面的な育ちを保障していくところに保育者の専門性，指導計画の重要性がある。

こうしたことから，確実に言えることは，遊びを形として捉えるよりも，実質として，つまり，十分に楽しんでいるか，そしてそのなかで何が育っているか，という視点で評価することが何よりも大切である。その遊びが教育的であるか否かは，1人ひとりの子どもにとって，それぞれに楽しめるものであるかどうかにかかっている。同時に，前記10項目及び5領域に照らして大きな偏りや欠落がないかどうかを点検し，指導計画の物的人的環境を改善する必要がある。すべての子どもがそれぞれに楽しめる生活はまた，そのまま保育者自身が楽しく張り合いのあるものとなるに違いない。

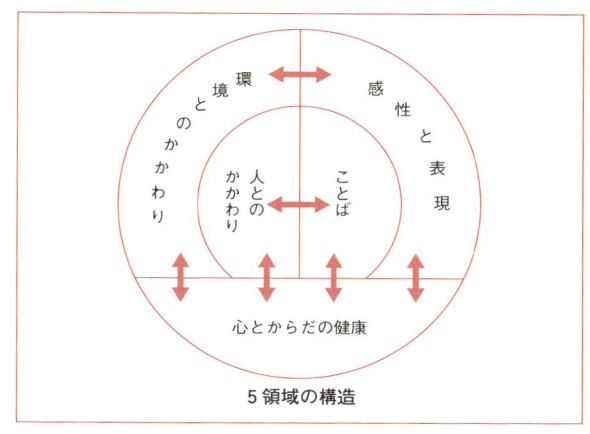

（関西福祉大学学長）

5領域の構造

エッセイ　理論から実践へ

●仏教保育の旗の下に幼保一元化—改めて「家族」を考える—

福井　豊信

大嶋清京大名誉教授は『妊娠初期の胎児の臍には，数千億の神経細胞があり，胎内で不要な細胞は除かれ，必要な神経細胞を残してゆく働きがあります。もし，母親が妊娠中に大酒を飲み，タバコを吸い，他人とのトラブルでストレスを受けたりすると，大切な神経細胞が削られたり，役に立たない神経細胞が残ったりして，赤ちゃんは生まれたときから，いびつな神経細胞を持って出発しなければなりません。生まれた赤ちゃんは，オッパイを吸うことや，抱かれたり，やさしく囁かれるなど，赤ちゃんへの情報が脳に届くことで神経回路網ができます。脳が外から刺激を受けて神経回路をつくる性質を脳の可塑性と呼びます。この可塑性は生まれてから急激に高まり2歳ごろ頂点に達し，10歳ごろまで高値を保ちながら下ってゆきます。10歳ごろ人間としての行動の司令塔である人間の脳のソフトウェアができあがります。可塑性の最高値は2歳ごろ，このころに暴力シーンのテレビを見たり，母親に虐待を受けたりすると，思春期に成長したとき暴力犯罪の根っこをつくります。また小さいからと油断しているととんでもないことになります。でもお母さんが気づいて改めれば再びいい方向に可塑性が活動して脳の神経回路を修正してくれます』と記しておられます。

私は1973年から江戸川区の教育委員に就任，翌74年区長より相談があり，区立幼稚園の新設をやめ，区立と私立の保育料の格差をなくする補助金の支給が決定され，同時に保育園での0歳児保育は行わず，0歳児は保育ママさんで対応する，となりました。これは区長の「せめて赤ちゃんは，母親の膝の上で」という考えによるものです。

そして，この政策は前記大嶋教授の論述が裏づけています。

私は1950年に当時農村であった東京都江戸川区の明

福寺の住職となり，52年未認可の保育園を開設，59年保育園認可。地域の都市化に併せて65年幼稚園を併設しました。創立以来，仏教保育の旗の下に，nurseryよりもeducationを目指していました。

仏教の基本は「仏・法・僧」の3宝に帰依することです。「仏」とは「法」―宇宙・人生の真実―に目覚め体現した全き人と云う意味で釈迦族のゴータマ・ブッダの尊称でした。ところがインドの宇宙論では，大宇宙のなかに無数の小宇宙があると考えました。―現在の宇宙科学で太陽宇宙圏の外に小宇宙があるとします―その小宇宙に1人ずつお釈迦様のような仏がいらっしゃるのです。「法」とは縁起で，あらゆる存在や現象は，絶対や固定ではなく相依り相関わってあるということです。そして「僧」とは僧迦（サンガ）―志を同じくする人の集団をいいます。

すなわち，仏教では「個」を絶対とせず，仲間とのかかわりによって，1人ひとりが存在すると考えます。

宮坂宥勝教授によれば，『お釈迦さまの生まれ育たれたカピラヴァスツは今までいわれてきた王城ではなく，小さな規模の氏族で父は互選で選ばれた族長でした。それは家族を単位とする農村共同体でした』。したがって自分の生きる（存在する）意味を真剣に問われたお釈迦様も，結婚し吾子ラーフラが誕生し，後継者ができてから家を出られたのです。

三宅敬誠氏によれば，『僧迦は家族共同体を意味し，そこで守らなければならない「戒律」も家族としての動物と同じような自然の摂理から導かれたもので，「五戒」も親子や夫婦などの家庭がたがいに殺しあったり，盗んだり，不倫をしたり，うそをついたりしない事は当然の行為です。また「無我」や「布施」の倫理も家庭内で当然の行為です。収入を得てきた個人が，自分だけが独占するのではなく，当然に，妻や子どもに，親や孫，弟妹に分ける行為とする観念は，家族共同体の原理から導かれた観念です。こうした行為は野生動物にもあります。ライオンの家族で，種の維持のため家族内の攻撃は抑制され，獲物を分けあって食べます。哺乳類や鳥類では共食いはしません。

即ち，道徳的行為は哺乳動物や鳥類など一部の脊椎動物の本能のなかに組み込まれているのです。ところが近代の啓蒙思想以来の現代人は，反対にエゴイスティックな行動の動機は動物本能から生じていると考えてきました。この考えは誤りで，道徳的行為は理性から生まれるのではなく，意識下の本能的なものを基に学習し，文化による伝統が合流して人間の道徳さらに宗教の戒律となりました』

仏教保育は「現代」へのアンチテーゼを基本とするものであると痛感する今日です。

（明福寺ルンビニー学園幼稚園園長）

●あるバッタ騒動―子ども達の生活圏について―

渡邉　真一

平成17年9月2日は私の記憶に残る日の1つになりました。それはスカイハイツ幼稚園では園設立以来，2学期始業日の翌日は"早朝てくてくの会"。朝6時に登園し近隣の県立公園まで歩き，早朝の雰囲気をからだ全体で楽しむ日です。春夏秋冬……と季節の移り変わりと自然の不思議を教えてくれるこの公園は，格好な教材のひとつ。早朝，前夜からの夜露を踏み，うっすらと靄がかかっている公園の雰囲気はいつになくすがすがしく，さわやか。軽い朝食をとったあとはからだを十分に動かして遊び，また虫取りに興ずることでした。

例年のこととはいえ，長期の休み明けでしかも非日常的な生活場面での早朝てくてくの会は，「朝，遅れては大変！」とお母さんも緊張。この緊張感が夏休みの生活と区切りになればとの思いが園長の意図（この企画の裏側のねらい）です。

さて，子ども達はひととおり遊んだあとは，バッタ，トンボなどの虫捕りで盛り上がりました。虫捕り網を持ってトンボを追いかける子ども，虫かごを持ってバッタを捕まえる子ども，素手で小さな虫を捕まえる子ども……と，短時間でしたが虫捕りの体験を身近な環境のなかで楽しむことができました。

ここまでの様子はどこの園でも目にする光景です。ところが当日の夕方，園長の携帯電話に県職員（公園管理事務所）から突然電話が……。話の内容は"公園での虫捕りは禁止されています。今朝，先生の幼稚園の子どもたちがバッタ捕りをされたようですが……バッタの生態系をこわしますので……"と。園長は一瞬，この人，何を言っているのかな!?と自分の耳をうたがいました。

聞き直したところ係りの人は興奮気味に同じことを繰り返し話されたのです。公園内の虫捕りは禁止！あれだけ広い公園の一角での虫捕りでバッタの生態系がくずれるとは考えられません。

上記のことは子どもたちの生活圏を縮める大人の身勝手な話としか考えられません。園長は早速，この事実を保護者や当局に伝え，管理優先か教育（自然）優先かを問いかける動きに出ました。たくさんの意見（声）が家庭から届きました。県当局へ直接問い合わせをしてくれたお母さんもいました。地元のタウンニュースがこの動きをキャッチし，やがて地域の話題へと広がりました。

そして1か月後，公園事務所の所長から園長あてに電話が入りました。内容は……①県条例では「公園内での鳥獣の捕獲は禁止されています。②公園における今回のようなケースは教育活動（虫とふれあう，虫の成長を観察するなど）にあたり，事例として認めています。禁止してはいません。③但し，捕まえた虫は飼育をすることが大変なので，できたら自然に戻してほしい……とのこと。1か月にわたるバッタ騒動の結末を一応，私は了承しました。野山や磯で生き物をつかまえても，飼育している生き物が弱ったり，また飼育しにくいものはなるべく早めに自然に返してやり，いたわりの心をよりいっそう育むようにしてあげること，それぞれの生き物の飼育の仕方や習性をよく把握し，適切な方法で飼育できるように努めることは，生き物に対する愛情を育むよい機会のはずです。また，生き物への愛情は，元気に生きている動物にだけ注がれるのではなく，世話をしていた動物が弱ってきたとか，死んでしまった場合にもやさしく接し，丁寧に始末してあげることなどを，子どもたちに教えることも大切なことです。

しかし，今回のバッタ騒動は，広大な敷地のなか，各種スポーツ施設が整い，スポーツ愛好家にとって欠かせない場所であることはもちろん，癒しスポットとしての側面も充実。芸術，文化の発信基地「アートホール」も併設されており，さらに豊富な緑の敷地は，絶好のくつろぎの場として有名。休日には家族連れを中心に大勢の人で賑わいをみせるなど，地域にとって貴重な場所での出来事。緑地が少なくなり，地域の公園などで遊んだり小動物とふれあう場所と機会が，大人の都合で，年々狭まれる現実に怒ることでした。バッタが県条例でいう鳥獣にあたるのか，公園内の昆虫などを自然保護の観点から採取禁止とすべきなのか……。同様のトラブルは過去にも発生したことを知り，「公園（の自然）はいったい誰のものなのか？」今，"そもそも論"に発展しつつあります。

いずれにしろ，こうした騒動（トラブル）は今後，各地で発生するのでは，と危惧します。大人の目線と都合で町を美化するのはけっこうなことですが，しかしそのために子どもの遊び場と心を豊かに育ててくれる自然環境がきえてゆき，いつも弱い立場の子どもにそのしわ寄せがいく行政，役所特有の事務的対応に憤慨させられた1件でした。タウンニュース"保土ヶ谷公園は誰のモノ？"の記事，そして保護者のすばやい対応に区民の声が盛り上がって今，魅力のある公園づくりを目指して「考える会」という会の催しができ，今後に期待します。

（初音丘幼稚園園長）

第2部・実践編

健康・運動

❶ 魔法のじゅうたん

該当年齢 0 1 2 3 4 5 歳児

室内で使う体育遊具の代表ともいえるマット。からだを十分に動かしながら思い切り楽しみましょう。「マットって楽しいな」という経験を積み重ねると運動することが大好きになるはずです。

健康・運動

春

【ねらい】
①からだ全体を使ってマットでの遊びを楽しみ，マットに親しみを持つ。
②簡単なルールを守り，友達や保育者と一緒に遊ぶ楽しさを味わう。
③揺れる感覚を楽しむなかで，平衡感覚を養う。

【準備・環境づくり】
①さまざまな色のマットを用意する。
②広い場所（ホール，体育館など）で遊ぶ。

【遊び方・プロセス】
①マットをじゅうたんに見立てる。
②保育者は子どもが乗ったマットを引っ張って動かす。子どもはマットに座っていたほうが安定する。年齢によって立つことに挑戦してもよいが，その際は引っ張り方を加減して，安全面の配慮をする。

マットを引っ張る

③年長の場合はマットを運ぶ人，乗る人に分かれてリレーをすることも楽しめる。
④マット（じゅうたん）の色を利用して，保育者が指定した色のマットにすばやく移動する，移動遊びも楽しめる。その際，移動の遅い子どもと，保育者が鬼となり，つかまえるようにするとより楽しい。
⑤マット（じゅうたん）の上でジャンプしてみたり，寝てゴロゴロとまわってみる。

【援助のポイント】
①年少児ではマットを引っ張る遊びは難しいため，ジャンプやゴロゴロころがるなど，マットを使って他の遊びを楽しむ。また，鬼ごっこのようなルールで，じゅうたんの上に逃げたらつかまらないという簡単なルールをつくって，友達や保育者と遊ぶのも楽しい。
②年長児はチームをつくり，マットに乗る人，マットを引っ張る人を決め，リレー形式で競争するのも楽しい。みんなで作戦を考えたり，工夫したりする経験となり，競争心を育てる遊びにもなる。

【バリエーション】
①ファミリー参観など，保護者が園に来た際，一緒に遊ぶこともできる。子どもがマットに乗り，保護者が引っ張ってもよい。
②まるめてしばったマットを馬に見立て，その馬に子どもがまたがってつかまり，保育者が引っ張るという遊びも楽しい。
③「地震だ〜」の声とともに，子どもがのったマットを保育者が引っ張って揺らす遊びも楽しい。はじめはゆっくりとマットを引っ張り，だんだんと引き方を強めていくようにする。その際，子どもの転倒には注意が必要である。また，大勢でマットを持ち上げておみこしのようにかけ声をかけ合うのも楽しい。

マットにつけたロープを引っ張る

うつぶせ

立ってみたり…

❷ 色 鬼（いろおに）

該当年齢 ０１２３**４**５歳児

遊び方に条件をつけて，複雑にした鬼ごっこです。からだを動かしながら，色に対する知識も広がります。また，1 回ごとに条件が変わるので，より高い緊張感を持って活動することができます。

【ねらい】
①指定された色をすばやく識別して動くことにより判断力や集中力を養う。
②逃げたり追いかけたりするなかで敏捷性や瞬発力を養う。
③ルールを守って友達と楽しく遊ぶ。

【準備・環境づくり】
さまざまな色がついているものが多い場所を選ぶ。色が少ない場合や限られた範囲で行う場合は，カラーコーンを利用してもよい。屋外ならば遊具だけでなく，葉っぱや花などの自然物でもよい。

【遊び方】
①鬼になる子どもを決める。
②鬼はまわりにある色のなかから好きな色を選んでみんなに伝える。
③逃げ手は鬼に捕まらないようにしながら，指定された色に触れるようにすばやく移動する。
④逃げ手がその色に触ると鬼は捕まえられなくなるので，その前に捕まえるようにする。
⑤鬼が誰かを捕まえられるまで②③④を繰り返す。
⑥鬼は捕まえた人と交代する。

【プロセス】
色を判別して移動することと鬼ごっこの組み合わせなので，ひとつずつルールを覚えていけるように援助する。
最初は，指定された色のところに集まるルールを理解するところから始める。カラーコーンなどで目印をつけた場所を用意しておき，保育者が色を選んで子ども達と一緒に移動する。

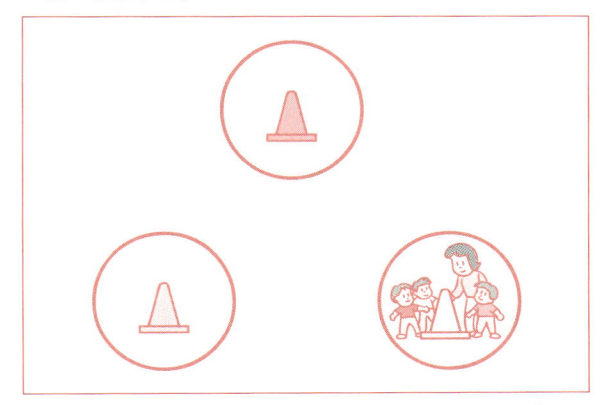

次に，1 人の子どもがそのなかから色を選んで伝え，みんなで移動できるようにする。

その後，保育者が鬼になり，色のところに移動するまでの間に逃げ手を捕まえる鬼ごっこにしていくとルールを理解しやすい。
子どもが鬼になり，コーンのなかから自分で色を選んで逃げ手を追いかけられるようになったら，身の回りにあるものの色を指定して遊ぶ本格的なルールに移行する。

【援助のポイント】
ルールが複雑なので，慣れるまでは保育者が鬼になったり，一緒に移動したりするなどの援助が必要である。また，1 回ごとに条件が異なるため，鬼になった子どもには，逃げ手に条件が伝わるように大きな声で指示ができるように援助する。
同じ子どもが鬼になり続けないように適当に交代する，範囲を限定して捕まえやすくするなどの配慮も必要である。

【バリエーション】
＜条件を変えてみる＞
色だけでなく，近くにあるもの（たとえば木，すべり台，シーソーなど）を指定してもよい。

また，簡単な形（たとえば○，△，□など）を地面に描いておき，そのなかから指定することもできる。

これらの活動では，身近にあるものの名前や形への興味を広げることができる。

健康・運動

春

❸ みんな鬼

該当年齢 0 1 2 **3 4 5** 歳児

みんなが鬼でみんなが逃げる。あっという間に終わってしまうスピード鬼ごっこです。でも、アレンジしてみると、いろいろな楽しみ方が味わえます。短時間でできる遊びは、ウォーミングアップにも利用できます。

健康・運動　春

【ねらい】
① のびのびとからだを動かす楽しさを味わう。
② ルールを守って遊ぶ楽しさを知る。
③ 追う・逃げるという動きのなかで敏捷性や走力、持久力などを養う。
④ からだを思い切り動かす心地よさを味わう。
⑤ 遊びに必要なルールや約束ごとを知り、みんなで守ろうとする。

【準備・環境づくり】
とくに必要なものはない。ルールをよく理解できるように説明することが必要となるので、説明の仕方に工夫をする（実際に子どもに動きを見せながら説明するなど）。

【遊び方・プロセス】
① 全員が鬼となり、また全員が子となる。誰もが鬼なので誰からも逃げなければならないが、誰をつかまえてもよい。
② 誰かにつかまったら（タッチされたら）アウトとなり、その場に座る。
③ 誰が最後まで残るかを競う。

【援助のポイント】
あっという間に終わる鬼ごっこ。タッチする際にどちらが先にタッチしたかなどでトラブルになることも多い。こうしたトラブルも遊びの中の重要な経験であるので、保育者は子どもと一緒にどうすればよいかを考えるようにしたい。しかし、子どもの年齢や発達段階によって、自分達では解決できなかったり、遊びの楽しさが感じられなくなる場合もある。こうしたときには保育者がリードし解決したほうが効果的なこともあるので、解決方法を考えておくとよい。たとえばジャンケンで勝負をつけるとか、引き分けで両者逃げるなど。

【バリエーション】
あっという間に終わってしまうので、以下のようなバリエーションも楽しい。

① 3度タッチ
1度タッチされてもまだアウトにならず、タッチされた場所を図のように手で押さえて走れば逃げることができる。さらに2度目のタッチも同様に、もう一方の手でタッチされたところを押さえて走る。3度目のタッチでアウトとなる。

② 復活タッチ
タッチされてアウトになって座っている子どもを、まだアウトになっていない子どもがタッチしたら生き返ることができる。

本当に短時間で終わる鬼遊びなので、ちょっとした時間調整やウォーミングアップなどに行うこともできる。

（タッチ／しゃがんでる）

左肩にタッチ → 左肩を押さえて走る → 左肩を押さえ、さらに背中を押さえて走る

34

❹ 肩たたきゲーム

該当年齢 0 1 2 **3 4 5** 歳児

リズムに合わせて，肩たたきをします。いろいろなリズム，拍を考えながら楽しみましょう。自分の知っている歌に動きをつけてみるのも楽しいことです。

【ねらい】
① からだを楽しく動かしながら，自分のからだ（身体部位）やその部位の名称，その動かし方などを知る。
② リズムに合わせてからだを動かす楽しさを味わう。
③ みんなで一緒にリズムに合わせて遊ぶ楽しさを味わう。

【準備・環境づくり】
特別な準備は必要なく，いろいろな場所で手軽にできる。

【遊び方・プロセス】
① 「頭」「おなか」「足」「膝」「肘」「肩」「腰」など，からだの部位を子どもとともに確認する。
② 右の手で左の肩を軽く叩く。
③ 左の手で右の肩を軽く叩く。
④ ②と③を10回ずつ繰り返し続けて行う。
⑤ 慣れてきたら，回数を決めながらゆっくり肩を叩く。

右手で左肩を	8回	左手で右肩を	8回
右手で左肩を	4回	左手で右肩を	4回
右手で左肩を	2回	左手で右肩を	2回
右手で左肩を	1回	左手で右肩を	1回
胸の前で拍手を	1回		

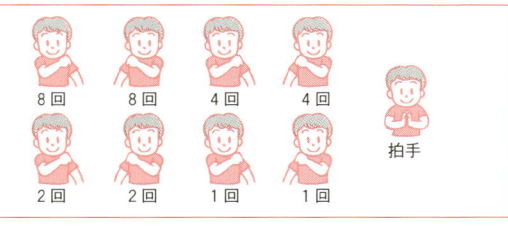

（8回・8回・4回・4回・2回・2回・1回・1回・拍手）

⑥ 少しスピードを上げて，⑤の動作と同じように2〜3回行う。
⑦ 「肩たたき」西條八十作詞・中山晋平作曲の歌（途中まででしはあるが）に合わせて⑤の動作を行う。

♪	かあさんおかたをたたきましょ	（8拍）
♪	たんとんたんとんたんとんとん	（8拍）
♪	かあさんしらがが	（4拍）
♪	ありますね	（4拍）
♪	たんとん	（2拍）
♪	たんとん	（2拍）
♪	たん	（1拍）
♪	とん	（1拍）
♪	とん	（胸の前で拍手）

⑧ リズムと歌に合わせてできるようになったら，少し早く行う。

【援助のポイント】
① はじめはゆっくり行い，「できる」「できてうれしい」という気持ちを持てるようにする。
② 慣れてきたところでスピードを早くしたり，遅くしたりして，リズムのとり方を楽しむとよい。

【バリエーション】
① 同じ拍打ち（8・8・4・4・2・2・1・1・1）でできる曲を探す。
「どんぐりころころ」青木存義作詞・梁田貞作曲
「もしもしかめよ」石原和三郎作詞・納所弁次郎作曲
「うらしまたろう」作詞・作曲者不明・文部唱歌
② 肩を叩く回数に変化をつける。
ア）16拍から始め，8拍，4拍，2拍，1拍の順に減らす。
イ）はじめは一緒にかぞえながら行う。
ウ）2〜3回の練習を繰り返す。スピードにも変化をつけて楽しむ。
エ）「線路は続くよ どこまでも」アメリカ民謡（佐木敏作詞）のリズムと歌に合わせて肩たたきを行う。

♪	せんろはつづくよどこまでも	（16拍）
♪	のをこえやまこえたにこえて	（16拍）
♪	はるかなまちまで	（8拍）
♪	ぼくたちの	（8拍）
♪	たのしいたびのゆめ	（4拍ずつ）
♪	つないでる	（2・2・1・1）

〜終わり（胸の前で拍手）

③ 同じ遊び方を肩だけでなく「膝」「肘」などいろいろな部位で楽しんでみる。
④ 肩たたきではなく，「膝たたき」ゲームとする。膝を詰めて円陣になり座る。
・まず，自分の膝を叩く（1拍）。
・時計まわりにとなりに座っている人の膝を一斉に軽く叩く（1拍）。
・再度自分の膝を叩く。
・時計まわりとは反対方向のとなりの人の膝を軽く叩く（1拍）。
・上記の動作を左右交互に行う。
・慣れてきたらとなりの人，またそのとなりの人の膝を軽く叩く（2拍）。
・楽しくできる場合には，3人目までも伸ばしてみたり，となりの人を飛ばしてそのとなりの人の膝を軽く叩くことも可能である。

健康・運動

春

❺ 竜 巻

該当年齢 0 1 2 **3 4** 5 歳児

マットで竜巻をつくってみました。竜巻のなかでは，ぐるぐると目が回ってしまいそうです。ふつうマットはころがったり，クッションとして使ったりしますが，発想次第でいろいろな遊び方が考えられます。

【ねらい】
① マットで楽しく遊び，マットに親しむ。
② ころがる動きを楽しみながら平衡感覚を養う。
③ 友達と協力しながら一緒に遊ぶ楽しさを味わう。
④ 安全な遊び方を知る。

【準備・環境づくり】
マット2枚

【遊び方・プロセス】
① マットを2枚縦に並べ，1枚目のマットの端のほうに子ども1人が横になる。
② 保育者や子どもがマットの端をもちながら，「竜巻だ〜」のかけ声とともに，図のようにマットを引っ張りながら走る。
③ なかの子どもは，マットに身を任せ，ゴロゴロところがる。

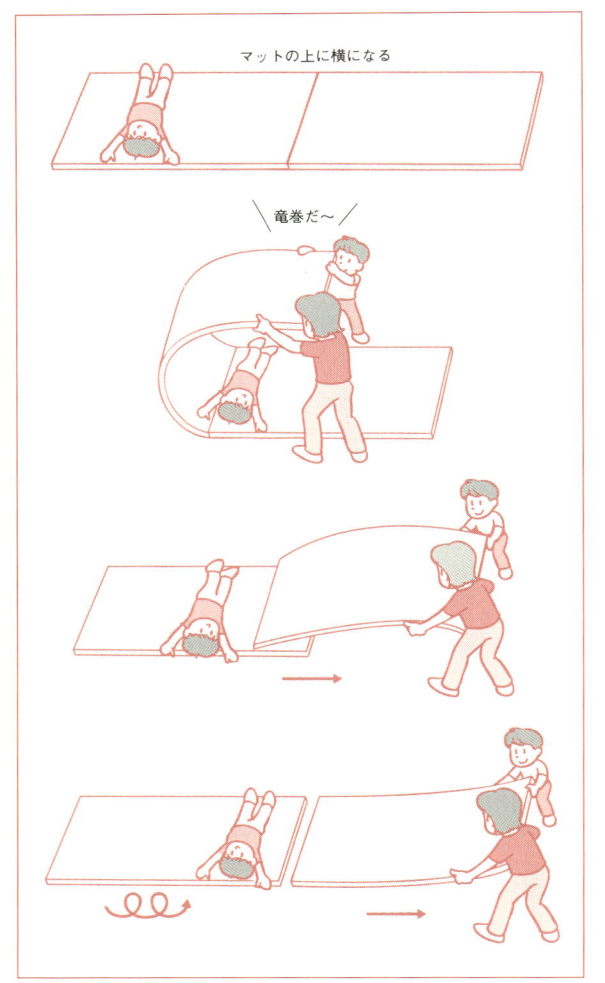

【援助のポイント】
① マットを引っ張るとき，できるだけスピードをつけたほうが楽しい。
② マットのなかに子どもがいる状態で終わらないよう，完全に引ききるよう配慮する（マットのなかに人がいる場合は，決してマットの上に乗ることのないよう配慮する）。
③ 2枚目のマットは，ころがったあと痛くないように敷いておく。

【バリエーション】
① マットのなかでころがされる子どもは，手の位置などをいろいろと工夫をしてみる（からだの脇に両手をつける，胸の前で手を組む，頭の上にバンザイをした状態など）。
② 年齢の低い幼児や乳児の場合，バスタオルなどを子どものからだにくるくるまきつけて，大人がバスタオルを引っ張ってころがしてあげると，この遊びと同じ内容が楽しめる。とくに乳児の場合はゆっくりころがすように配慮する。また，この遊びは布団の上などでもできるので，家庭での親子のふれあい遊びとして保護者に紹介するのもよい。

❻ マット怪獣をやっつけろ！

該当年齢 0 1 2 3 **4** 5 歳児

マットを怪獣に見立てて，全力でやっつけます。闘いごっこの好きな男児が，ときに本当にぶってしまうなどのトラブルもあるかもしれません。この遊びなら，思い切ってからだごとぶつかってもOKです。

【ねらい】
①思い切り全力でぶつかっていく感覚を楽しむ。
②自分の力を思い切り出し切る。
③からだを思い切り動かす心地よさを味わう。

【準備・環境づくり】
下に敷くためのマット。
マット（やわらかい素材の大きなものがあれば代用できる）。
小道具（マント，お面，ベルトなど）。

【遊び方・プロセス】
①マットをまるめ，ロープなどで縛る。
②下図のようにマットを敷き，縛ったマットをその上に立て，保育者が支える。
③マットから少し離れた場所に子どもは立ち，順番に並ぶ。
④縛ったマットを怪獣に見立て，子どもはひとりずつ怪獣目がけて走ってゆく。
⑤全力で怪獣をやっつける。体当たりをしても，キックをしても，パンチをしてもよい。

【援助のポイント】
①いつもは友達や先生を本当にぶったりしたらいけないが，このときはマット怪獣だから思い切りぶつかっていってよいことを子どもに伝える。
②保育者は子どもの勢いによって，しっかり受け止めたり，勢いを吸収するように受け止めたり，わざと倒れたりする。
③取り組む勢いも個人差が大きいので，とくにからだの大きな男児などが全力で向かってくる際は，勢い余ってころんだりしないように注意する。逆に，こうした遊びを好まない子どももいる可能性があるので，1人ひとりの様子をよく注意する。

【バリエーション】
子どもがなりきって取り組めるように，ヒーローなどの名前をつけるのもよい。ちょっとした小道具（マント，お面，ベルトなど）があると，さらに盛り上がる。
簡単には倒れずに，何度か体当たりやキックなどの攻撃を受けた後，「やられたー」と怪獣が倒れるというやり方も楽しめる。

健康・運動　春

❼ 鉄棒遊び

該当年齢 0 1 2 3 **4** 5 歳児

鉄棒で遊ぶ子ども達は，全身を力いっぱい使っています。こうした全身の操作を通じて，巧緻性，平衡感覚，筋力などの発達が促されます。遊びの「基地」となることも多く見られます。

【ねらい】
①ぶら下がる，まわる，支える，振る，とぶ，などの動きを身につける。
②自分なりの課題を持ち，それに挑戦し，達成感や有能感を味わう。
③自分なりの技を考え工夫する。
④遊具の安全な使い方を身につける。
⑤仲間と協力して遊ぶなかで，社会性を身につける。
⑥楽しく遊ぶなかで，筋力を高める。

【準備・環境づくり】
①低鉄棒の下に安全用のマットを敷く。
②安全に留意した服装，鉄棒を行う順番，待っている人の位置などの決まりごとについて事前に伝える。

【遊び方・プロセス】
①ツバメ……鉄棒におなかをあてて手で鉄棒を握り，ツバメが電線にとまっているようにからだをそらせる。

②足ぶらぶら（干し柿ゆらゆら）……鉄棒にぶら下がり，力の"入れ"と"抜き"によってスイングする。

③ブタの丸焼き……鉄棒を手足でつかんだりはさんだりすることで，自分の体重を支え，逆さ感覚を体験する。ぶら下がりながらのジャンケン遊び（コウモリジャンケン），おサルのお絵かきへ発展させる。

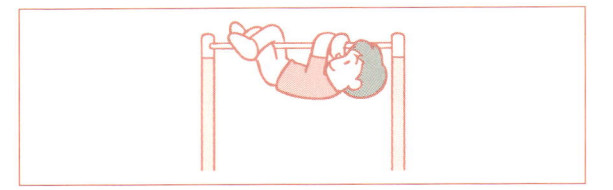

④発明技……手足でつかんだりはさんだりしながら移動し，動物などのまねをする。

⑤お話鉄棒……グループに分かれて，自由につくった技をつなげるとともに，お話にしていく。

⑥いろいろなまわり方，逆上がり……前まわり，足抜きまわり，尻抜きまわり，前まわり下り，など。

足抜きまわり

【援助のポイント】
①"できる""できない"がはっきりと現れる遊びのため，導入部分においては，すべての子どもが興味・関心を向けられるような教材を工夫する配慮が求められる。
②遊びを楽しむいっぽうで，落下を未然に防ぐように，まわりの友達との距離に気をつけるよう，安全の確保に配慮する。
③保育者は子ども達の運動（遊び）レベルや鉄棒の握り方などに配慮して，からだを支えるなどの適切な補助を行うことで，恐怖心をやわらげる。

❽ 遊びランド
―遊具を使って―

該当年齢 0 1 2 ③ **4** 5 歳児

園庭やホールなどが，大型遊具やさまざまなものを組み合わせたり，地形や起伏を利用したりすることで，ふだんとは全く違った別世界となります。子どものイメージと遊びの世界が広がります。

健康・運動　春

【ねらい】
① 身の回りにある遊具を利用して，からだをコントロールしながらいろいろな動きを楽しむ。
② さまざまな遊具にさまざまな使い方があることを知り，工夫する力を身につける。
③ 仲間と考え工夫することで協調性を身につけ，友達関係を深める。
④ 登る，渡る，くぐる，とぶなどの感覚を楽しむ。
⑤ さまざまな遊具の安全な扱い方を知る。

【準備・環境づくり】
① 大型積み木，とび箱，巧技台，平均台，マットなどの大型遊具や固定遊具，小型遊具などを利用して，園舎内に擬似的な「自然」「起伏」「地形」あるいは「物語性」をつくり出す。
② はじめは幼児からの発案で構成するのは難しいので，保育者の設定したコースで遊びながら，少しずつコースの地形や遊び方，ルールに変化を持たせるようにする。

【遊び方・プロセス】
① 遊戯室や園庭にあらかじめ大きな用具・遊具を設定しておき，保育者がとぶ・くぐる・渡る・ころがるなどの動きで遊びを投げかける。
② 自分達のつくりたいコースについて，これまでの体験など，直接的なエピソードを発表し合う。
③ 学びが進むに従い，幼児のなかから，そして話し合いと協力からコースが構成できるように配慮する。
④ 遊びの始めと終わりには，「今日は何して遊ぼうか」や，「次の日にはどのように遊ぼうか」という期待感や予想を抱けるように誘導する。また，全員で協力して準備と後片づけを行うように段階的に指導・支援する。

【援助のポイント】
① コースを速くまわったり，速い順位になることが目的ではなく，ひとつひとつのコースに安定感を持ち，協力して，相互に励まして行うこと，それをみんなで理解することに意味がある。
② 危険な遊び方，危険なことをするとどうなるか，などについて理解を促すように配慮する。

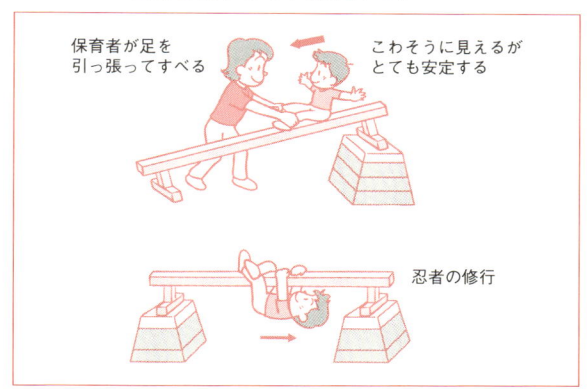

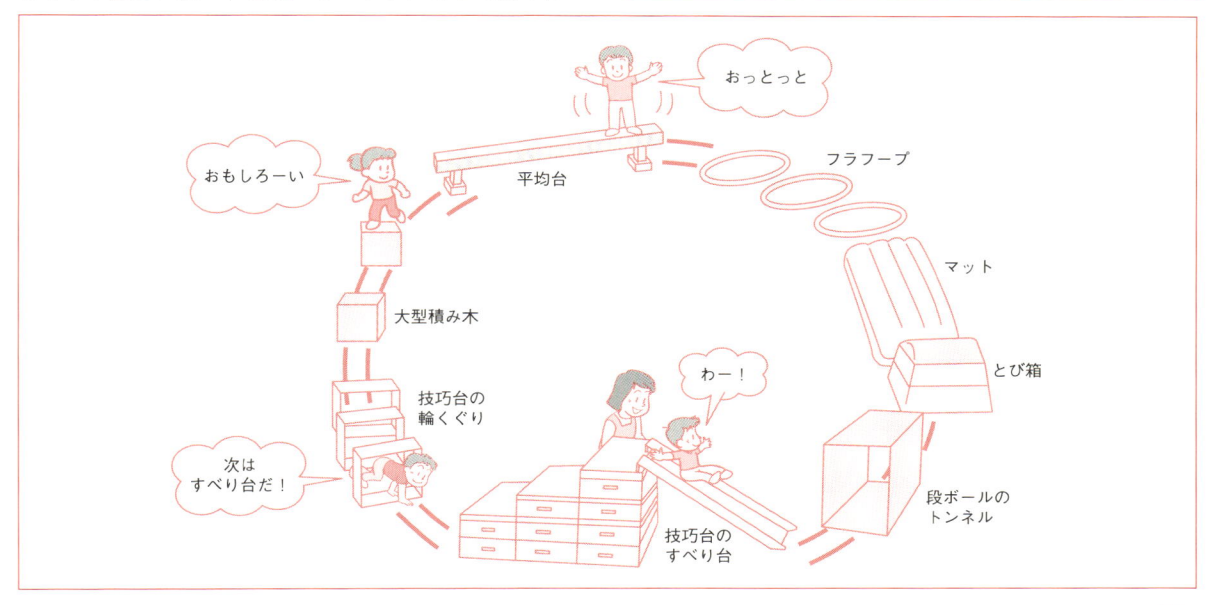

保育者が足を引っ張ってすべる　　こわそうに見えるがとても安定する

忍者の修行

おっとっと　　平均台　　フラフープ　　マット　　とび箱　　段ボールのトンネル　　技巧台のすべり台　　わー！　　技巧台の輪くぐり　　次はすべり台だ！　　大型積み木　　おもしろーい

⑨ ゆりかご（マット遊び）

該当年齢 0 1 2 3 4 5 歳児

子どもの世界において，回転することは特別な意味を持ちます。この回転から生じる「めまい」にも似た感覚は，運動（遊び）のおもしろさの本質であるとも言えます。

健康・運動

春

【ねらい】
①からだに力を入れたり抜いたりすることで，マットの上でいろいろなころがり方（横回り・前回り）を楽しむ。
②マットをまるめたり，たたんだり，伸ばしたりして，その上をころがる・とぶ・押す・引くなどのいろいろな遊び方を工夫する。
③平衡性，巧緻性を中心とする調整力を養う。
④仲間と協力し，決まりごとを守って安全に遊ぶ。

【準備・環境づくり】
①マット，ロイター板，とび箱，巧技台，ビーム，すのこなど。
②マットの上で遊ぶことに慣れていることが前提となる。たとえば�57変身歩きのような，誰でもできる動きをマットの上で十分楽しんでおくことが必要であろう。それにより，子どもがマットに親しみを感じて遊ぶようになる。

【遊び方・プロセス】
①まるめたマットの上からとび降りたり，バランスをとったり，とび越したりする。
②マットの上を1人で，または友達と横ころがりをする。
③斜面にかけたマットの上を横にころがる。
④足を開いて足首を持ち，頭を足の間に入れて前回りをする。

＜ゆりかご遊び＞…あごを引き，膝を両手でしっかり抱えて座る→からだをまるめて前後に軽くゆする→次第に大きく揺する→勢いをつけ，膝と胸が離れないように後ろにころがる→かかとからお尻が離れないように上体を起こす。

＜ゆりかごジャンケン＞…対面してゆりかご遊びの姿勢をとる→後ろへゆりかご（からだ）を揺する→上体を起こして，ジャンケンポン。

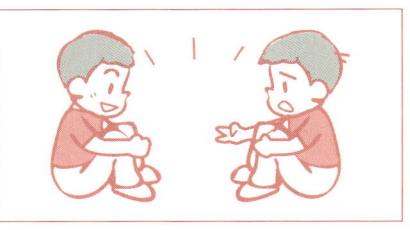

【援助のポイント】
①まるめたマットで遊ぶのは，とび箱の前段階として発展する。
②横回りでは，1人で自由にころがることで，コツやリズムをつかむことができる。
③幼児の回転動作を補助するため，マットに傾斜板やとび箱を利用して，坂道の上り下りをつくることが効果的である。
④回転時には回転の「軸」を意識させる声かけをするとよい。たとえば，前回りのときは「おなかの両側にタイヤがあるみたいに」，横回りのときは「頭とつま先にタイヤがあるみたいに」，側転のときは「自分がタイヤになってころがるみたいに」などと指導・支援するとよい。

【バリエーション】
とび箱の1段目をひっくり返してマットの上に置き，子どもがそのなかに入る。保育者がそのとび箱をゆらしてあげると，まさにゆりかごのような動きを感じることができる。

⑩ 手つなぎ鬼

該当年齢 0 1 2 3 4 5 歳児

手をつないだままの鬼から逃げるスリルが，たまらない鬼ごっこです。どんどん鬼がふえていき，最後には鬼だらけになります。最後まで逃げられるでしょうか。

【ねらい】
① ルール・約束を守って，からだを動かして遊ぶ楽しさを味わう。
② 制約（手をつないだ状態）があるなかで動くことで，ふだんには見られない動きの調整力を養う。
③ 手をつないだ子どもと心をひとつにして追いかけることで協調性を養い，連帯感を味わう。
④ どうやったらうまく追い詰められるかといった状況判断や役割分担など，自分達で協力し合うことを体験する。

【準備・環境づくり】
広くて安全な場所を確保する。広すぎる場合は，あらかじめ範囲を決めておく。

【遊び方・プロセス】
① 鬼役を2人決める。
② スタートの合図で鬼は手をつないだまま捕まえにいく。捕まったら鬼と手をつなぎ，3人で追いかける。
③ 鬼が増え，4人になるごとに2人ずつに分かれ，それぞれが鬼になる。
④ 鬼は増殖，分裂を繰り返し，最後の1人まで追いかける。

【援助のポイント】
鬼はつないだ手を離さないという約束事を，しっかり

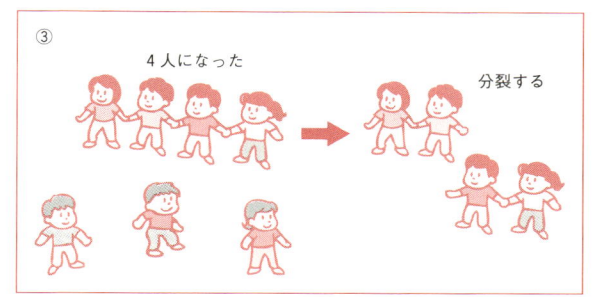

と伝えてからはじめる。鬼は自分勝手に動くと引っ張られたり危険なことにもなるので，手をつないだ者同士，声をかけ合い，協調して追いかけるように促す。保育者は，どうやったらうまく捕まえられるか子ども自身が考えていけるように援助をする。

増殖分裂タイプ（4人で分裂）は，園庭など広い場所に向いている。

【バリエーション】
① 鬼が6人になったら，3人と3人に分かれるとか，6人になったら，2人と2人と2人に分かれるなど，分裂の仕方を変えても楽しめる。
② 分裂せずに，捕まったら手をつなぎどんどん1列に鬼が長くなっていく手つなぎ鬼も楽しい。鬼の列が長くなってくると，鬼の仲間で相談して，子を囲い込むような作戦をたてる姿も見られることがあり，子ども同士が考える機会にもなる。逃げる子は，鬼の列の間をすり抜けようとすることもある。鬼の列が途中で切れてしまったらどうするのか，鬼の列の間を子はすり抜けられるのかなどのルールも，子どもと一緒に考えたい。このタイプの遊びは，ホールなど少し狭い室内向きである。

健康・運動

春

⑪ 靴とり

該当年齢 0 1 2 3 4 5 歳児

昔からある変形鬼ごっこです。鬼のすきをみて取られた靴を取り返すのが醍醐味。鬼をおびき出したり、おとりになったり、高度なかけひきも見られます。

【ねらい】
① 仲間と協力して遊ぶ楽しさを味わう。
② 状況判断能力を養う。
③ フェイントをかける、敵の裏をかくなど相手とかけひきする楽しさを味わう。
④ ケンケンを行うことにより脚力、リズミカルな動き、バランス能力を高める。

【準備・環境づくり】
地面に『田』の字形のコートをつくる（下図参照）。

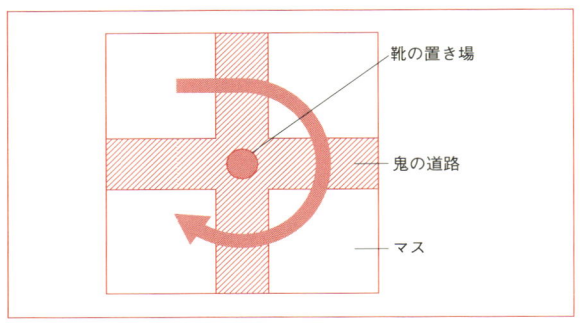

靴の置き場
鬼の道路
マス

【遊び方・プロセス】
① はじめに鬼を1人決める。鬼は十字（▨）の部分を自由に動くことができる。
② 鬼以外の人は四角のマスのなかを鬼に捕まらないように逃げる。
③ 鬼にタッチされた子どもは片方の靴を脱いで真んなかの●のところに置き、その後はケンケンで逃げる。
④ 誰かの靴が取られたら、他の人は鬼のすきをみて●にある靴を取り返す。
⑤ 鬼はせっかく集めた靴を取り返されないように守りながら、逃げている人にタッチをする。
⑥ 両方の靴を取られた人（ケンケンで逃げているときにタッチされた人）は、次の鬼になる。

【援助のポイント】
鬼は十字の通路から出られないことをしっかり伝える。鬼を2人以上にすると鬼も協力体制を取り、盛り上がりを見せる。その際、十字の部分の幅をある程度確保するようにコートを描くと、混乱が避けられる。安全確保のために一方通行（時計回りなど）にしたり、鬼以外の人の衝突を防ぐ配慮をする。

【バリエーション】
ケンケンで3周など決めておいた周回ができたら、靴を取り返すことができるルールや、田の字ではなく右図のように円に十字（▨）にすると安全地帯が減ってよりスリルが増す。ケンケンがうまくできない低年齢では、鬼に捕まらないで5周できたらチャンピオン。途中でタッチされたら、1回外に出て10かぞえたらまた始めからスタートするなど、工夫しても楽しめる。ビニールテープなどを用いればホールなどでもできるが、やはり戸外が適しているだろう。

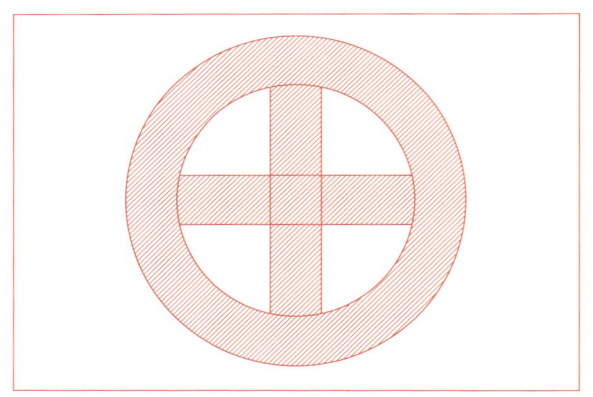

⑫ どろけい

該当年齢 0 1 2 3 4 5 歳児

チームで戦う鬼ごっこの一種です。泥棒と警官になりきって遊びながら，味方と協力したり考えたりします。地域によっては「けいどろ」「どろじゅん（泥棒と巡査）」などとも呼ばれます。

【ねらい】
①泥棒と警官の役割を演じながら鬼ごっこを楽しむ。
②泥棒を捕まえたり捕まった仲間を救い出したりすることで，仲間と一緒に協力して遊ぶ楽しさを味わう。
③追いかけたり逃げたりしながら走り回ることで，瞬発力や全身持久力を高める。

【準備・環境づくり】
①泥棒が逃げたり隠れたりしやすいように，隠れるところがある広い場所が望ましい。
②捕まえた泥棒を入れておく牢屋を決めておく。地面に書いてもよいし，木などにつかまるものでもよい。

【遊び方・プロセス】
①泥棒と警官の2チームに分かれる。
　泥棒と警官の区別がわかりやすいように，帽子などで目印をつけるとよい。
②警官は牢屋の近くで目をつぶって50かぞえる。その間に泥棒は逃げたり隠れたりする。
③警官は数をかぞえ終わったら泥棒を捕まえにいく。見つけたら追いかけてタッチして捕まえ牢屋に入れる。
④牢屋に捕まっている泥棒は，まだ捕まっていない泥棒にタッチしてもらえれば解放され，また逃げることができる。
⑤泥棒が全員捕まったら，泥棒と警官の役割を交代する。

【援助のポイント】
最初は捕まった泥棒は逃げられないことにし，慣れてきたら，仲間から助けられれば解放されるという簡単なルールにしてもよい。

初期は1対1で警官が泥棒を追いかけることが多いので，保育者はどうしたらうまく泥棒を捕まえたり，仲間を逃がしたりできるかを子ども達が考えられるように援助すると，次第に仲間同士で協力し合う姿が見られるようになる。

また，異年齢の子どもを仲間に加えるときは，子ども達それぞれの能力を活かした役割分担をするなど，集団のなかで工夫をすることも大切な経験となる。

【バリエーション】

＜安全地帯をつくる＞

狭い場所や隠れるところが限られている場合には，泥棒が捕まりにくいように安全地帯（泥棒の陣地）をつくってもよい。その場合は，警官が10かぞえたら安全地帯から出なければならないなどのルールを決めておく。

＜宝物を用意する＞

牢屋を警官の陣地としていくつか宝物を置き，泥棒がその宝をすべて盗むことができたら泥棒の勝ちというルールにする。

＜牢屋役のグループをつくる＞

人数が多い場合には発展型として3チームに分かれて，泥棒と警官と牢屋役を決める。牢屋役は円陣になり，捕まった泥棒が出られないように阻止する。泥棒はその円から自力で脱出できたら，また逃げることができる。

健康・運動

春

⑬ とび降りる

該当年齢 0 1 2 3 4 5 歳児

子どもは高いところに上がったり，高いところからとび降りることに強い好奇心を持っています。安全な着地に必要な全身のコントロールと同時に，挑戦する気持ちやスリル，空中感覚が体験できます。

【ねらい】
① 足首や膝を中心に全身のクッションを利用して，からだをコントロールすることで，安全に着地する力を身につける。
② 挑戦する気持ちやスリルを味わう。
③ 安全に，決まりごとを守って遊ぶ習慣を身につける。

【準備・環境づくり】
階段，大型積み木，とび箱，マット，ロイター板など。

【遊び方・プロセス】
① 準備運動を行うとともに，決まりごとや，道具の出し入れについて，はじめは保育者主導で行うが，段階的に幼児達が協力して，安全に行えるよう，指導・支援する。
② とび箱から降りる…1～2段のとび箱の上に乗って，前後・左右に降りる。膝と足首のクッションの感覚をつかむため，少し膝を曲げて着地することを体得する。慣れてきたら1段ずつ上げていく。
③ 高いとび箱からのとび降り…3～4段くらいの高さのとび箱を縦に置き，とび箱の手前（3mほど）から走っていき，とび箱によじ登り，台上に上がったら両手を広げて，からだを伸ばして着地する。
④ とび越し・またぎ越し…膝くらいの高さにとび箱を横に置き，10～15cm離して踏み切り板を置く。適宜（5～6m）助走して，とび越しのときは両足で，またぎ越しのときは片足で踏み切り，着地のときはどちらの飛び方でも両足で膝を軽く曲げて着地する。
⑤ バンザイ・ジャンプ…とび箱（2段）の上に乗り，台上からジャンプして着地する。ジャンプのときは，まっすぐ前方を見て，両手・両足を開いてバンザイしてとび降りる。
⑥ 横とび…とび箱を横に置き，そのはしに両手をついて，踏み切り板をけり，腕で支えお尻を高く上げて，横にとび越す。とび越すときは両膝を抱え込むようにするのがポイント。
⑦ 着地後に，フープや長縄などを障害物に見立てたり，ボールのキャッチ・シュートなどを組み合わせたりすることで，調整力を育む遊びへと発展する。

【援助のポイント】
① とび箱の高さや遊びのレベルは，幼児の年齢や運動能力に応じて調整する。
② 落下や危険な動作を防ぐため，適宜子どものからだを支えるなどの補助を行う。
③ とび箱，ロイター板，マットのすべり止めに配慮する。

【バリエーション】
とび降りる遊びはふだんの生活のなかでも階段などでよく見られる。こうした姿をヒントにしながら，上記以外にもさまざまなバリエーションを工夫したい。

空中で保育者が投げたボールをキャッチする

保育者が持ったフープのなかにとび降りる

⑭ 木 鬼（きおに）

該当年齢 ０１２**３４５**歳児

鬼にタッチされるとポーズをとる鬼ごっこの一種です。捕まった子どもを助けてあげることで、仲間を強く意識できる鬼ごっこでもあります。いろいろな動きを経験します。

【ねらい】
①鬼に捕まった仲間を助けることで、一緒に協力して遊びを楽しむ。
②鬼に捕まったときの「木」のポーズを楽しむ。
③追いかけたり、逃げたりするなかで、衝突をさける状況判断を養う。
④瞬発力、加速・制動・反転などのボディコントロール、全身持久力を高める。

【準備・環境づくり】
①走りまわることができる広い場所が必要となるが、あまり広いと「木鬼」の遊びが十分楽しめないので範囲を設定し、ほどよい場の設定が肝要。
②危険箇所を周知してからすすめる。屋外で行う場合は、大きな石などは取り除いておくこと。

【遊び方・プロセス】
①場の設定をしっかりみんなに伝え、共通理解をする。
②鬼を決める（１名または人数の多いときは数名）。
③鬼にタッチされたら「木のポーズ」をし、絶対に動いてはならない。

股をくぐる

④まだ捕まっていない子どもが木になっている子どもの股をくぐると解除され、また逃げることができる。
⑤時間内に鬼が全員を木にすることができれば鬼の勝ち。

【援助のポイント】
①鬼はすぐわかるように、色帽子などをかぶっておくとよい。捕まったら『助けてー』など、仲間に呼びかけて助けてもらうように声かけを行うと、これまで逃げることだけの子どもも仲間を意識して助けることができるようになる。
②捕まって木になっている子どもを助ける際に、転倒などの事故防止のため、必ず助ける子どもの前面（顔が見えるほう）から股をくぐるよう約束すること。
③３歳児など最初は保育者が鬼役になり、全体を見て行い、慣れてきたら子ども達同士で行えるようにもっていきたい。
④走りまわれる広い場所が必要だが、「木鬼」の遊びが楽しめるように、白線などで範囲を設定し、遊んでいる仲間の様子が見合えるように場を設定するとよい。

【バリエーション①】
＜トンネル鬼＞
ポーズをトンネルにする。

高バイでトンネルをつくる

＜地蔵鬼＞
ポーズはお地蔵さん。助けるときは２回拍手し、お祈りしてから助ける。

２回「パンパン」と拍手してから股をくぐる

【バリエーション②】
＜水中木鬼＞
　５歳児（ほとんどの子どもが潜れることが前提）〜膝から大腿部程度の水深のプールにて『木鬼』を行う。

健康・運動

夏

⑮ フルーツバスケット

該当年齢：3・4・5歳児

集団遊びは，楽しい動きのなかで，友達との仲間関係を深めることのできる遊びです。フルーツバスケットは，室内でできる代表的な集団遊びのひとつです。

【ねらい】
① 仲間とともに遊ぶ楽しさを感じる。
② 的確な判断力を養う。
③ すばやい動きと敏捷性を養う。

【準備・環境づくり】
① 場の設定：室内の広い場所で，椅子を円形に少し間をあけて置く。
② 子どもの人数：最少でも10人程度が必要で，クラス全員での参加が楽しい。しかし，あまり人数が多くても混乱し，危険なので，30人程度までがよい。
③ 準備：フルーツの種類を3つ決め，平均的な人数になるように，保育者が援助する。できれば，前もってお面やバッジなどをつくって身につけるとわかりやすく，楽しさが増す。

【遊び方・プロセス】
保育者が，遊び方やルールについて，詳しく説明をしておく。とくに，フルーツの種類については，子ども達のよく知っている果物で，言いやすい2～5文字くらいのものにするとよい（例：イチゴ，リンゴ）。
① 子ども1人ひとりが3つのフルーツのうちの1つになること。
② 自分のフルーツの名前が呼ばれたら，今座っている椅子から立ちあがり，あいている別の椅子にすばやく移動して座る。
③ フルーツバスケットと言われたら，全員が移動する。
④ 椅子に座れなかったら鬼になる。

これらのルールが十分に理解されてから活動すると，充実した遊びになる。

【援助のポイント】
① 保育者もなかに入って，一緒に遊びに加わり，十分に理解していない子どもの対応をするとよい。
② 動きが激しいので，ぶつからないように，スピードを出して走らないように，などの言葉をかけてから行うとよい。
③ 2人が同時に椅子に座ったときは，ジャンケンすることを始める前によく話しておく。そうすれば，けんかにならないで遊ぶことができる。
④ 遊んでいくうちに，フルーツバスケットと言うことが楽しくなり，何回も続くようになったら，連続何回以上は使えないなどのルールをつくるとよい。
⑤ 鬼になりたくて，最後まで座らない子どもが出てくるが，これに対しては，3回鬼になったら，「罰ゲーム」などのルールをあらかじめ決めておく。

【バリエーション】

＜フルーツの種類を増やす＞
3種類のフルーツが基本だが，年長組くらいになると，4～5種類のフルーツに増やすと，複雑になっておもしろい。

＜野菜バスケット，動物バスケットその他＞
フルーツ以外のもの，たとえば野菜や動物，花などの名前にすると変化があっておもしろい。動物の場合，その動物になりきって移動するのも楽しい。

＜「森・木・リス」のゲーム＞
① フルーツバスケットの場合，室内では椅子がどうしても欠かせない。園庭など室外で行える遊びとして，このゲームがある。
② 子ども達が3人ずつ組んで，2人が向き合い両手をつなぎ，その間にもう1人が入る。
③ 2人は「木」。間に入った子は「リス」になる。
④ 「森」は「フルーツバスケット」と同じ意味で遊ぶ。

⑯ 縄とび（基本形）

該当年齢 0 1 2 3 4 5 歳児

いろいろなとび方で遊んだり，とぶ回数に挑戦したり，子どもの意欲を育てます。また，全身を使う遊びなので，1年をとおして経験させたい遊びのひとつです。

健康・運動　夏

【ねらい】
① いろいろなとび方に興味・関心を持つ。
② とぶ活動をとおして，平衡感覚，リズム感覚，手足の協応感覚などを育てる。
③ 挑戦しようとする意欲を育てる。

【準備・環境づくり】
① 準備したい縄の条件
材料…綿とナイロンの混ざったもの。
太さ…10mmくらい。
重さ…回転させやすい適当な重さ。
※縄とびには，持ち手のついているものが市販されている。縄の長さが調整しやすいものを選ぶようにする。

② 場所
ア）縄とびができる広い場所を確保する。
イ）とべる子どもには，縄とびをすぐ使えるよう用意をしておく。
ウ）縄とびは，取り出しやすいように整理し，全員分を用意しておく。

【遊び方・プロセス】
① 縄を使った活動は，縄とび以外にも多様な遊びを展開することができる。
② 縄の素材を生かした工夫をすることが大切で，1人とびに至るまでのステップとして体験させたい。

ア）ジグザグとび　　イ）川とび

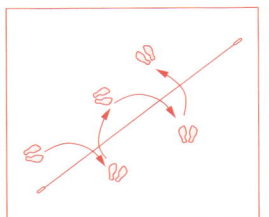

ウ）波とび 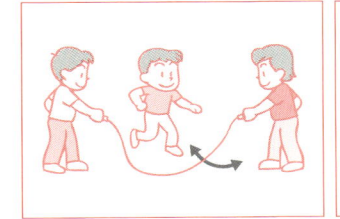　　エ）縄を輪にして

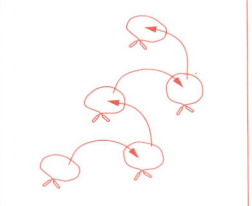

オ）1人とび

【援助のポイント(主に1人とび)】
① 最初は，とぶ子どもや保育者がとんでいる様子を見て，自分なりに挑戦するよう促す。自分で工夫してやってみるということは，子ども達には大切なので，声をかけつつ見守ることが必要になる。
② とびたいが，どうしてもとべない子どもには，以下のように試してみるのもよい。
ア）縄とびを半分に折り，持ち手の部分を片手に持ち，ぐるぐる回す。腕全体でなく，手首でまわす感覚をつかめるようにする。
イ）ア）のように縄とびを持ち，今度は，両足をそろえてとぶ。手と足の協応動作の感覚をつかめるようにする。

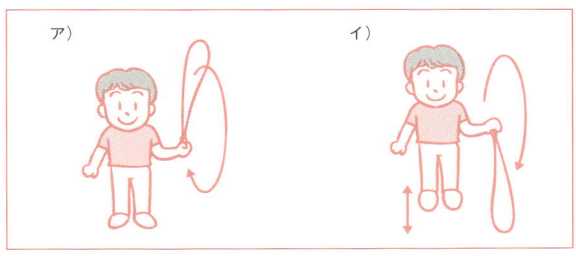

ウ）縄とびを両手に持ち，後ろから前に縄をまわす。縄が足元に来たら，両足をそろえてピョンととぶ動作をゆっくり繰り返す。縄をまわすと同時にとんでしまう子どもに，縄が足元に来たらとぶという感覚をつかめるようにする。

【バリエーション】
＜カード＞
全体的に興味を示してきたころに，個人カードをつくるのもよい。しかし，どんなとび方ができるようになったか，何回とべるようになったかなど，自己課題を持たせ，興味の持続と努力する態度を深められるよう，配慮することが大切である。

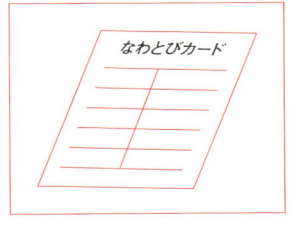

⓱ 洗濯物ゴシゴシゲーム

該当年齢 0 1 2 3 4 5 歳児

からだをふれあいながら楽しむゆさぶり遊びです。激しくゆさぶったり、やわらかくゆさぶったり、くすぐったりしていると、楽しくてしょうがなくなります。

健康・運動 / 夏

【ねらい】
①からだをのびのびと動かしながら、友達とのふれあいを楽しむ。
②リズムに合わせてからだを動かす楽しさを味わう。
③友達とのふれあいのなかで、自分のからだや人のからだのありかたに気づく。

【準備・環境づくり】
洗濯物ゴシゴシの歌を子どもが覚えているとよいが、保育者がうたうことでも楽しめる。

【遊び方・プロセス】
①3人組をつくり、2人が向かい合って手をつないで輪をつくり洗濯機となる。
②残りの1人は洗濯物となり、輪でつくった洗濯機のなかに入る。
③うたいながら、洗濯機役の2人はなかの洗濯物役の子どもをゆさぶるように洗う。
④歌が終わって洗濯機のふたが開く（洗濯機役の子どもが手をつないだまま挙げる）と、洗濯物は風に乗ってゆらゆらと飛んでいき、新しい洗濯機を見つけてそのなかにはいる。
⑤以上を何度か繰り返し、役割を交代しながら繰り返す。全員が洗濯物役をできるように、3回は役割交代をする。

【援助のポイント】
洗濯機から出て新しい洗濯機を探す際、なかなか見つけられないことがあるが、保育者が援助してスムーズにすすめられるようにするとよい。また、いろいろな言葉かけをして、洗濯機がなかの子どもをいろいろなやり方でゆさぶるようにすると楽しい（たとえば「今度の洗濯物すっごくよごれているからスイッチを強にして洗いましょう」「今度の洗濯物はお母さんの素敵なおしゃれ着だから、やさし〜く洗いましょう」など）。

【バリエーション】
たとえばグループごとに、Aグループは洗濯機、Bグループは洗濯物となって行うと、おしくらまんじゅうのようになってさらに楽しめる。

この遊びを、手遊びにしても楽しめる。両手を洗濯機に見立てて、パンツ、くつした、パジャマなどの動きも自由に考えてみよう。リズミカルに行ったり、早く行ったりするとより楽しい。

洗濯物ゴシゴシ
作詞・作曲　二本松はじめ

せんたくもの ゴシゴシ あらおうよ　せんたくもの ゴシゴシ あらおうよ
パンツ に くつした パジャマ も いれて せんたく もの ゴ シ ゴ シ
あらおうよ

⑱ 郵便屋さん

該当年齢 0 1 2 3 4 **5** 歳児

大波小波と同じような長縄遊び。でも、ただ縄をとぶだけでなく、しゃがんだりする動作を入れなければならないところが、この遊びのおもしろいところです。

【ねらい】
① からだを動かして遊ぶ楽しさを知る。
② とぶ、まわす、くぐるなどの動きを楽しむ。
③ リズミカルにとぶ楽しさを味わう。
④ 約束やきまりを守って遊ぶ態度を身につける。

【準備・環境づくり】
※ ⑥⑥大波小波の欄を参照のこと。

【遊び方・プロセス】
① 「郵便屋さん、落としもの、拾ってあげましょ、1まい、2まい、3まい、4まい、5まい、ありがとさん」の歌に合わせて長縄をとぶ。
② 最初に何まい拾うかを決める。

ア) 郵便屋さん、落としもの、拾ってあげましょ♪

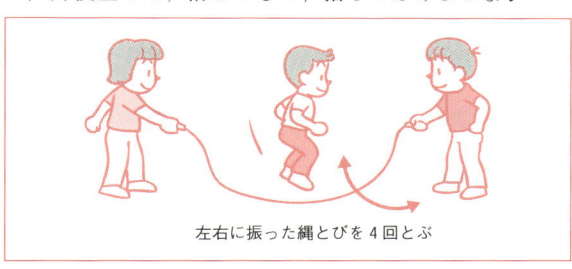

左右に振った縄とびを4回とぶ

イ) 1まい、2まい〜♪

1回ずつしゃがんで、落し物を拾うように地面に手をつく

ウ) ありがとさん♪
　縄にひっかからないように出る。

【援助のポイント】
※ 大波小波の欄を参照のこと。
① 「1まい、2まい」のところは、地面に手をつくのが難しい場合、子どもに応じて、手をつかないで、ただとぶだけにする。
② とぶ子どもの力に応じて、最初に決める回数を増減する。
③ たくさんとびたい子どももいるので、ときには、引っかかるまで何回とべるかなどにしてもよい（手はつかなくてもよい）。

【バリエーション】
<クマさんクマさん>
　「クマさんクマさん○○して……。クマさんクマさんありがとう」の歌に合わせて長縄をとぶ。

ア) クマさんクマさん、かたあしあげて♪

まわっている縄を4回とぶ

イ) 1, 2, 3, 4♪

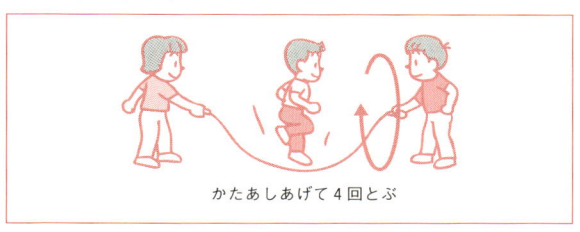

かたあしあげて4回とぶ

ウ) クマさんクマさん両手をついて♪
　1, 2, 3, 4♪

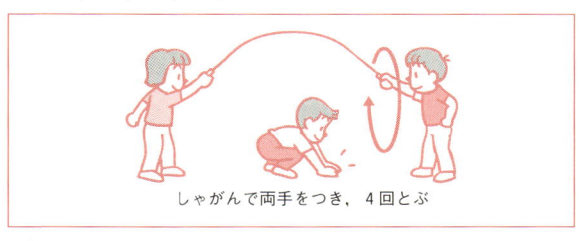

しゃがんで両手をつき、4回とぶ

エ) クマさんクマさんぐるっとまわって♪
　1, 2, 3, 4♪

その場でまわりながら4回とぶ。4回とぶ間に1まわりする。

オ) クマさんクマさんありがとう♪
　縄にひっかからないように出る。

健康・運動

夏

⑲ ジャンケン縮み

該当年齢 0 1 2 3 4 5 歳児

水のなかに入り，陸上のようにからだを自由に動かせないで，恐怖心を抱いている子どももいます。そんなとき，身近な「ジャンケン」でゲームを楽しみながら水に入れば，自然とからだもスムーズに動くようになってきます。

【ねらい】
①ジャンケンを理解し，遊びのルールを守る。
②水中で自由にからだを動かす楽しさを養う。
③水中でのバランス感覚と調整力を養う。

【準備・環境づくり】
①子ども用プール（大きさ・形は自由）。
②水深は子どもの膝くらいが望ましい。
③水温23℃以上が原則であるが，気温との関係も考慮しながら，幼児の場合は少々高めに設定するとよい。
④常に，塩素消毒した水道水を使用。
⑤プールの出入り口に敷く安全マット（滑り止め用）。

【遊び方・プロセス】
プールへ入り，「保育者と子ども全員」「2人」「グループ」に分かれて遊ぶ方法がある。
①全員で水面を叩きながら，「ジャンケン」と言い，「ポイ」で勝負を決める。
②負けた子どもは少しずつしゃがんでいく。
③最終的に，底へお尻がついたところでゲーム終了となる。

【援助のポイント】
①水しぶきが上がって顔にかかったとしても，あわててパニックに陥らないように，子どもの表情をよく観察して行う。
②姿勢が低くなるにつれて，水の抵抗を受けやすく，からだのバランスを崩しやすくなるために，注意が必要である。
③水中での低い姿勢の取り方は，足全体や足の指に「ぎゅっと力をいれて」などと，陸上であらかじめ練習してみるとよい。

【バリエーション】
①「気をつけ」の姿勢から開始し，ジャンケンで負けていくたびに少しずつ脚を開いていく。どこまで開いて低くなることができるかが楽しみのひとつであり，バランスを崩したところで終了となる。

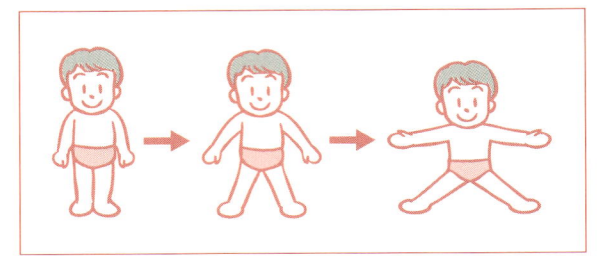

②①と同じ要領で縮んでいく方法を考える。

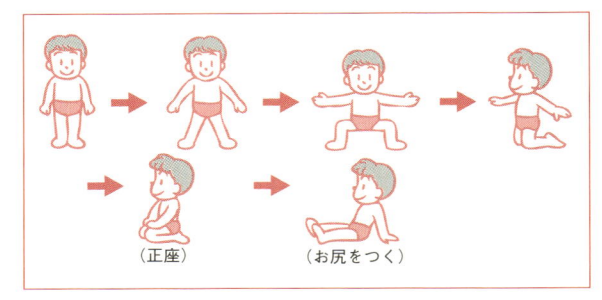

（正座）　（お尻をつく）

③長いビート板（なければフープなどでも可能）などで，保育者がそれぞれ離れた場所で，高さの違うトンネルを用意する。
ア）水のなかに入り，何もないところで陸上にいる保育者とジャンケンする。
イ）負けた子どもは，高いトンネルからジャンケンするたびに低いほうへと水中を移動していく。
ウ）トンネルに入った時点で，ビート板（フープ）をもっている保育者とジャンケンをし，ゲームを楽しむ。
エ）いちばん低いトンネルで負ければ終了となる。

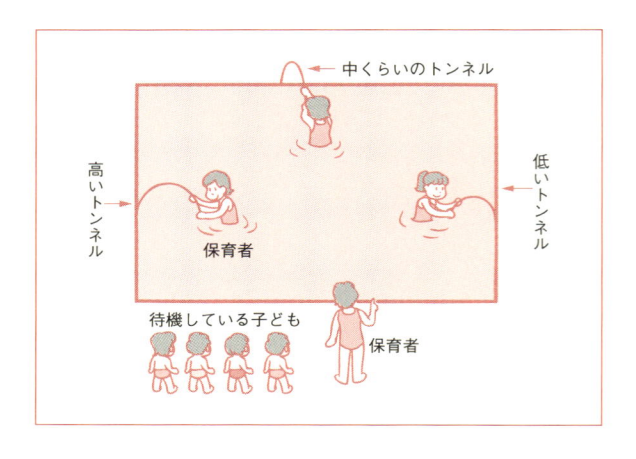

←中くらいのトンネル
高いトンネル　低いトンネル
保育者
待機している子ども　保育者

健康・運動　夏

⑳ お花が咲いた

該当年齢 0 1 2 3 4 5 歳児

「水が怖い」という子どもにとって，「水のなかではこんなこともできる」と思えるような，水慣れのためのゲームです。友達と協力して水中でどんなお花を咲かせられるかが楽しみです。

【ねらい】
①水中で遊ぶことにより水に親しむ。
②水中でのバランス感覚を養う。
③水遊びをとおして水の性質（抵抗感）を感じ，水の感触を楽しむ。
④顔や頭に水がかかったとき，呼吸を止めて「パッ」と吐くことを身につける。
⑤友達と協力して遊びを楽しむ。

【準備・環境づくり】
①子ども用プール（大きさ・形は自由）。
②水深は子どもの膝くらいが望ましい。
③水温については明確な基準はないようだが，23℃以上あるいは水温＋気温が50℃以上との目安が一般的である。子どもが不快感なく活動できるよう判断する。
④常に，塩素消毒した水道水を使用する。
⑤プールの出入り口に敷く安全マット（滑り止め）。

【遊び方・プロセス】
①水中で5〜6人組になり，立って手をつなぎ内側を向いた円をつくる。
②どんなお花をつくって咲かせるかをグループで相談する。
③つぼみからだんだんお花が咲いていくまでの過程を，円の大小で表現する。

【援助のポイント】
①できるだけお花のイメージをふくらませられるように，色・形（つぼみのときや咲いたとき）・匂いなどを保育者も一緒になって考える。
②水中でからだを動かすことに慣れていない子どもは，思うように足が運べず，進むことに気を取られがちで，つい手を放してしまう場合も考えられる。保育者は常に子ども全体を見渡せられ，手を差しのべられる位置にいるよう心がける。
③あわてさせず，「お花が咲いていくようにゆっくりと……」などとイメージしながら水中移動する。
④後ろにさがる際は，バランスを崩しやすいために十分注意をはらう。

【バリエーション】
①水中移動に慣れたところで，小さくまるまった姿勢から立ち上がっていくなど，表現に変化をつける。

しゃがむ
（つぼみ）
↓
だんだん大きく
（咲いていく様子）
↓
立ち上がってバンザイ
（咲いたところ）

②円になっている状態で，お花が咲いていく様子をジャンプ・スキップしながら動いてみる。また，背中合わせになるなど，変化を楽しむ。

③お花が咲いた時点で，保育者や他のグループがジョウロなどで水をかける。

④円で手をつないだままお尻を底につき，全員の足裏をくっつけて，バランスをとってバンザイする。

⑤「♪ひらいたひらいた♪」をうたいながら，子どもがつくるお花の名前に歌詞を変える。
⑥二重の円をつくる。

⑦グループごとに何の花を咲かせたのかを全員で言う。

健康・運動

夏

21 モーターボート

該当年齢 0 1 2 3 4 5 歳児

人とのスキンシップをとりながら，水中での安心感を覚え，力を入れなくても「浮く」ことを学びます。水慣れの一環で，友達と協力してゲームを楽しめることでしょう。

【ねらい】
① 水に親しみ，心地よさを感じる。
② 水に入ることにより，水中でのからだのコントロールを養う。
③ 浮力を実感し，楽しみを味わう。

【準備・環境づくり】
① 子ども用プール（大きさ・形は自由）。
② 水深は子どもの膝くらいが望ましい。
③ 水温については明確な基準はないようだが，23℃以上あるいは水温＋気温が50℃以上との目安が一般的である。子どもが不快感なく活動できるよう判断する。
④ 常に，塩素消毒した水道水を使用する。
⑤ プールの出入り口に敷く安全マット（滑り止め）。
⑥ 個人用ビート板。
⑦ ビニールホースの輪。

【遊び方・プロセス】
① 保育者，子ども数人
　1人の保育者に対し数人の子どもがしがみつき，プールのなかを歩いたり走ったりする。 
② 保育者，子ども1人
ア）子どもは伏し浮き（顔は水面から出してよい）の姿勢をとり，保育者はしゃがんだ姿勢で子どもの胴体を持って，前後・左右・上下（バウンド）に揺らしながらさまざまな方向へ水中移動する。 
イ）ア）の状態に慣れたあと，保育者は子どもを持つ位置を少しずつ変えながら行う（胴→脇の下→肘→手首→手のひら）。 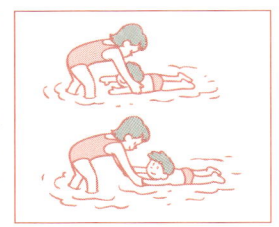
ウ）数人で円をつくり，同一方向にまわる。ときには保育者が子どもの胴体を持って流れにのせてあげる。 
エ）手を持つ代わりにビニールホースをおたがいが持ってア）〜ウ）を行う。
オ）仰向けの姿勢でやってみる。その際は片方の手で首の根元を持ち，もう一方の手で背中全体を支えると安定する。 
カ）子ども達同士でア）〜エ）を遊ぶ。

【援助のポイント】
① 水への恐怖心で表情やからだに緊張がみられる子どもには，常に安心できるようにからだ全体を触れるなどのスキンシップと言葉かけを心がける。
② 顔に水がかかって気になり，「手で顔を拭く」動作をする場合は，水慣れの時間を多くとることが大切である。
③ 子どもを仰向けにさせる場合は，耳から水が入らないように，保育者が手で両耳を塞ぐとよい。その際，緊張で両足を上へあげてしまうこともあるが，左右に揺らすなど，さまざまな動きを加えることで緊張もほぐれてくる。

【バリエーション】
＜用具を利用＞

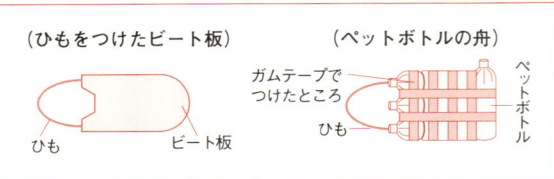

（ひもをつけたビート板）　（ペットボトルの舟）

ビート板やペットボトルの舟を利用し，「またがる」「うつ伏せ」「仰向け」「後ろ向き」などの動作を行う。

＜保育者と子どもが手伝う＞
② 人がポール代わりになり，間をジグザグにとおる。
③ 2人組が向かいあってトンネルをつくり，そのなかを潜る。

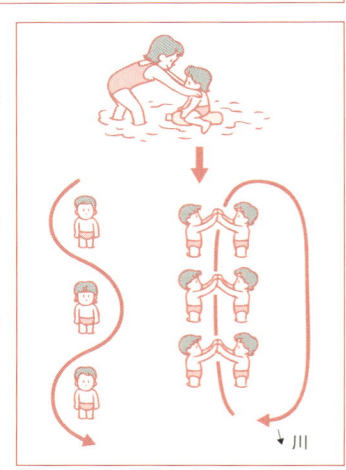

㉒ 缶蹴り

該当年齢 0 1 2 3 4 5 歳児

友達の名前を大声で呼んだり，自分の名前を呼ばれる楽しさを感じます。空缶を思い切り蹴る爽快感が子ども達をアクティブにし，友達関係も広げます。

健康・運動

夏

【ねらい】
①生活廃材を使って工夫して遊ぶ。
②友達の名前を呼んだり，友達に呼ばれたりする楽しさを味わう。
③簡単なルールを守り，友達と仲よくゲームをする。
④作戦を立てたり仲間と協力したりするなかで，思考力を培う。

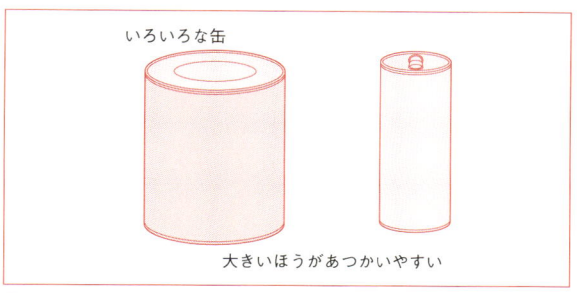

いろいろな缶
大きいほうがあつかいやすい

【準備・環境づくり】
①円筒形の，飲み物や缶詰の空缶を用意する。
②地面に小さな○を描いて真んなかに空缶を置く。
③缶を置く場所は，園庭のまん中よりは端のほうで，隠れる場所が近くにあるほうがより楽しくなる。

【遊び方・プロセス】
①ジャンケンなどで鬼を1人決める。合図で他の子ども達は隠れる場所を探し，散らばっていく。
②決められた時間，鬼は目をつぶって待つ。その後，鬼は空缶を守りながら隠れた子ども達を探す。見つけたら名前を呼んでから空缶を足で踏む。
③鬼に見つからないように隠れながら，空缶を蹴飛ばすことができた子どもの勝ち。空缶を蹴る前に鬼が全員見つけたら鬼の勝ち。

隠れるスペースがあると楽しい

④鬼が勝ったときには，最初に見つかった子どもが次の鬼になる。空缶を蹴飛ばされたときは，もう1度鬼をやる。

【援助のポイント】
①新年度当初は友達の名前を知らない場合も多いので，名前を認識できるようになったころに行うとよい。
②最初は保育者が鬼になって子ども達の名前を呼んであげるとよい。
③連続で鬼が負けると，たがいに盛り上がらなくなってしまう。適度に役が回るように保育者は配慮する。
④「小さな○」を書く場所は，比較的見通しのよいところを選ぶ。ただし，周囲に隠れられる場所も必要となる。

【バリエーション】
＜地方ルール＞
「缶蹴り」は各地でローカルなルールも多く，鬼が缶を踏む際に「かけ声」のある地域もある。
「かけ声」の例
「○○ちゃん見つけた，カンケリカン」

＜鬼の人数を増やす＞
見つかった子どもも鬼になり，徐々に鬼の人数を増やす（なかなか鬼が代われないときには有効）。

見つけだすことに集中しすぎると…

■ Column —缶について
最近はアルミ缶なども多く，ちょっと使うとすぐにつぶれてしまいます。大きめの缶詰のスチール缶などが扱いやすいです。ペットボトルを3本ほどガムテープでまいたものなどを使うのもいいでしょう。子どもには，適度の大きさがあるほうが扱いやすいものです。

㉓ 赤ずきんちゃんごっこ

該当年齢 0 1 2 **3 4 5** 歳児

赤ずきんのお話やそれまでの遊びからヒントを得て始まった鬼遊びです。
子どもの豊かな発想やイメージ，楽しく遊びたいという意欲には感心するばかりです。

健康・運動

秋

【ねらい】
①お話の世界に入り込み，イメージを豊かにする。
②友達や先生との言葉のやりとりを楽しむ。
③追う逃げるという動きのなかで敏捷性や走力，持久力などを養う。
④からだを思い切り動かす心地よさを味わう。

【準備・環境づくり】
オオカミの家となるスペース（園庭ではタイヤを利用したが，すのこやシート，白線で示してもよい。室内ではマットなど）。

もともとは3歳児の子ども達から自然発生的に始まった遊び。赤ずきんちゃんの紙芝居を見たことや，保育者との鬼ごっこ，「オオカミさん，いま何時？」，などを楽しんだ経験がこの遊びを生み出すきっかけになったと思われる。それまでに鬼遊びの楽しさや，オオカミが鬼というイメージがあり，赤ずきんちゃんの紙芝居により，さらにイメージが高まったのであろう。このような経験を重ねた子ども自身が生み出した遊びである。

【遊び方・プロセス】
①園庭で数人の子どもが「先生，オオカミになって」といってきた。
②最初はよく意味がわからないまま，子どもの要求に応じる形でタイヤをオオカミの家（本当はおばあさんの家）に見立てて，そこに横になってオオカミになり，子どもを待っていた。
③子ども達は園庭を歩きまわりながら，花を摘むまねなどして話しながらこちらに向かって歩いてくる。この時点で，子どもがやりたがっていることが保育者にもわかった。
④子どもが，保育者が寝ているオオカミの家にきて「トントントン」とノックする。そこから赤ずきんの話のなかのおばあさん（オオカミ）と赤ずきんのやりとりを楽しむ。
⑤最後に赤ずきんが「どうしておばあさんの口はそんなに大きいの」というと，オオカミが「それはおまえを食べるためだよ」とこわい声で叫び，それが合図になり，オオカミが子ども達を追いかけるという鬼ごっことなる。

【援助のポイント】
はじめは子ども達にいわれるままオオカミになり，なにが始まったのかわからなかったが，徐々に子ども達のイメージがつかめ，鬼遊びへと移行することができた。

そして何度か繰り返すうちに「先生にも赤ずきんちゃんやらせて」といってみたところ，オオカミ役をやる子どもも出てきて，役割を交代しながら楽しむことができた。こうした遊びはとくに年齢の低い子どもにはイメージをつかみやすく，楽しむことができるだろう。

【バリエーション】
他にも「オオカミと7匹の子ヤギ」など，お話の世界を鬼ごっこにアレンジすることができるだろう。また，こうした遊びを十分に楽しむことで，鬼ごっこの楽しさがさらに高まり，さまざまな鬼ごっこへ展開していくきっかけとしたい。

すのこシートでも可

<おばあさんの家>
地面に線を描いたり，タイヤを使う

たべちゃうぞ！

赤ずきんのストーリーの会話を続け，「どうして，おばあさんの口はそんなに大きいの」と聞き，「それは，おまえを食べるためだよ！」とオオカミが答えたら逃げる

24 オオカミさん，いま何時？

該当年齢 0 1 2 **3 4 5** 歳児

オオカミさんと子ども達のやりとりが楽しい低年齢向きの鬼ごっこ。こうした遊びのなかで言葉のやりとりも経験していきます。友達とかかわることの楽しさを味わうことができます。

【ねらい】
①ルールを守ってからだを動かして遊ぶ楽しさを味わう。
②オオカミとヒツジの役になりきって遊ぶ楽しさを味わう。
③数量の感覚を養う。
④集中力，敏捷性を高める。

【準備・環境づくり】
　オオカミの家を決める。
　オオカミの家から離れたところ（10mくらい）に線を引いておく。

【遊び方・プロセス】
①はじめにオオカミ（鬼）を1人決め，鬼以外は線のところに1列に並ぶ。
②みんなで声を揃えて「オオカミさん，オオカミさん，いま何時？」と呼びかける。
③オオカミはその問いかけに「いま，○時！」（好きな時間）と答える。 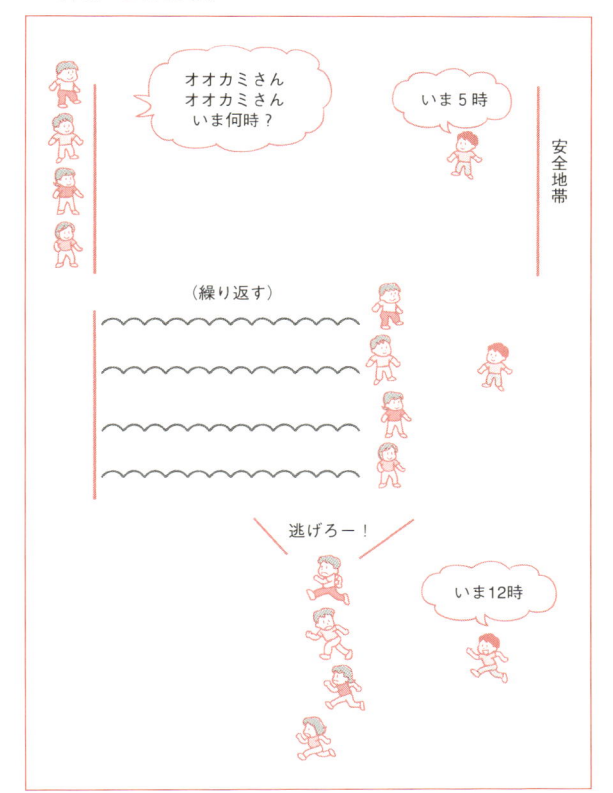
④オオカミの言った時間の歩数分（3時なら3歩），オオカミに近づいていく。
⑤オオカミは頃合を見て，問いかけに「いま，12時!!」と言ってヒツジを捕まえにいく。
⑥ヒツジ達は捕まらないように，最初の線（安全地帯）まで逃げていく。
⑦オオカミが誰も捕まえられなかったら，もう1度同じ子どもが，オオカミになって遊びを続ける。

【援助のポイント】
　低年齢ではオオカミと聞いただけで怖がる子どももいる。はじめのうちは保育者がオオカミ役になり，楽しい雰囲気でごっこ遊びのように取り組むなどの配慮も必要。慣れてきたら表現力たっぷりにやりとりを楽しみ，「10時」「11時」は間をおき，わくわく感とスリルを味わえるようにしたい。
　子ども同士で行うときはオオカミ役の子どもは大きな声で，はっきりと答えるように伝える。

【バリエーション】
　オオカミ役にみんながついてまわるやり方もある。「オオカミさん，オオカミさん，いま何時？」のセリフにあわせてオオカミがスキップなどしながら好きな方向に進み，みんながそれについてまわる。セリフが終わるとオオカミもみんなストップし，オオカミはみんなのほうを振り向き，「朝ごはんの7時だよ！」などという。みんなは「あ〜よかった」という。これを繰り返し，オオカミが「夜中の12時！」といったらみんなは逃げ，オオカミが追いかける。

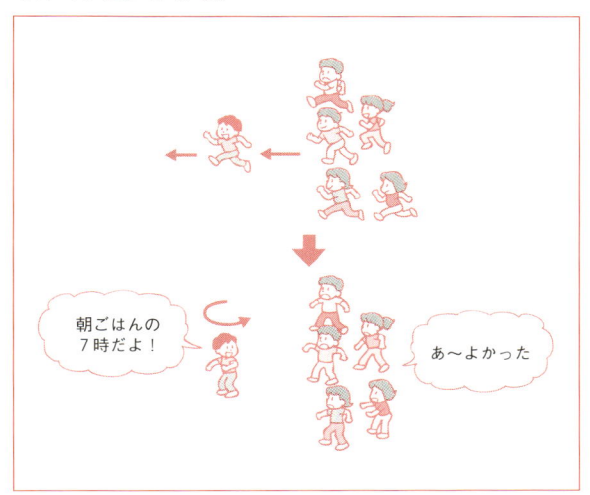

健康・運動

秋

25 ボールとりゲーム

該当年齢 0 1 2 3 4 5 歳児

からだを十分に動かすことのできる遊びです。また，勝ち負けに数の概念も含まれています。大勢で遊ぶためには，他の子どもとぶつからないなどの身のこなしも必要になります。

【ねらい】
①ボールを追いかけることでからだを十分に動かし，そのうえで，他の子どもとぶつからない身のこなしや，周囲への注意力を身につける。
②簡単なルールを守り，友達と仲よくゲームをする。

【準備・環境づくり】
①大小さまざまなサイズのボールを用意する（人数よりも多く）。
②ボールを投げても十分な広さの場所を選ぶ。

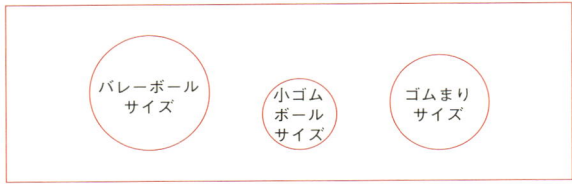

バレーボールサイズ　小ゴムボールサイズ　ゴムまりサイズ

【遊び方・プロセス】
①ボールを一斉に上に放り投げる。
②投げると同時に，ボールとりスタート。
③いくつ集められたかで勝敗を決める。

【援助のポイント】
①ボールはかたすぎず，とくに最初は弾みすぎないボールを選ぶ。
②子ども達は上を見ながら走るようになるので，他の子どもとぶつからないよう声をかける。また，拾うときも同様，怪我をしないよう留意する。
③「ボールは最初に触った子どものもの」など，ルールを決めておく。 
④ボールを集めてきたら，声に出して数を確認する。

【バリエーション】
＜ボールの数＞
　人数に対して，ボールの数を減らすと難易度が上がるが，子ども同士がぶつかりやすくなるので注意する。

＜形を変える＞
　球体ばかりでなく，ラグビーボールなどを加えると動きがまったく変わる。

＜布玉＞
　ボールのかわりに，布玉を使うことで，年少児も遊びやすくなる。

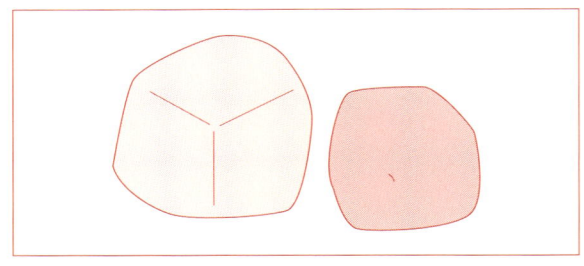

＜自然の物を使う＞
　公園や山などでは，マツボックリなどでも代用できる。

26 高 鬼（たかおに）

該当年齢 3・**4**・5歳児

鬼ごっこのバリエーション遊びです。身近な遊具や地形などの高さの違いに気づき、それを遊びに取り入れていきます。もちろん安全面の配慮は欠かせません。

【ねらい】
① 友達とからだを思い切り動かして楽しく遊ぶ。
② 簡単なきまりを守り、友達と仲良くゲームをする。
③ さまざまなものの高さの違いを感じ、周りの環境に関心を持つ。

【準備・環境づくり】
① 比較的平たい場所で、周囲に少し高さが異なるもの（遊具や階段、石、ブロックなど）がある場所。
② ホールなどでもマット、巧技台など遊具を利用すれば可能。

【遊び方・プロセス】
① ジャンケンなどで鬼を決める。
② 鬼は10かぞえる。他の子どもはその間に散らばる。
③ 鬼に追いかけられた子どもは捕まる前に「高いところ」に上がる。上がる前にタッチされると鬼になる。高いところにいるかぎり、鬼にはタッチされない。高さは地面より少しでも高ければよい。

【援助のポイント】
① 追いかけられる側が高いところにずっといるとゲームが膠着してしまうので、「10かぞえたらその場から下りなくてはいけない」といった10秒ルールなどを加えるのもよいが、できるだけ子ども達と話し合って、必要感に基づいたルールを加えるようにすると、子どもの参加意識がより高まる。
② 鬼ごっこをしていると「捕まえられやすい子ども」が出て来る。そういう子どもは鬼になると「捕まえることのできない」子どもでもある。昔は小さい子どもや走るのが遅い子どもが仲間にいるときには「あの子はオミソだよ」とか「おマメなんだ」とかばってあげた。そうしながらも鬼はわざと「追いかけるフリ」をしたりして、いろいろなタイプの子どもが遊べるように工夫してきた。保育のなかでは保育者がこうした点に注意して、特定の子どもばかりが鬼になることのないような配慮が必要となる。場合によっては、保育者が捕まってあげることもあってよいだろう。
③ 固定遊具や平均台など、高さのある場や不安定な場を利用する場合は、安全面での配慮を十分にすること。場合によっては活動範囲を限定することも必要。

【バリエーション】
＜場所を限定する＞
「遊具の上だけ」や「青い色のところだけ」などと場所を限定すると、追いかけられる側の子どもは、今までに使ったことのない「高さの違うところ」を見つけようとする。

＜ジャングル鬼＞
ジャングルジムを使った高鬼。鬼はジャングルジムには登れないが、他の子どもにタッチできれば鬼を交代できる。他の子どもはジャングルジムから下りても鬼交代となる。

ジャングルジムでの高鬼

＜徐々に鬼が増える＞
タッチされた際に鬼役を交代するのではなく、鬼が増えていく。

健康・運動　秋

㉗ ひょうたん鬼

該当年齢 0 1 2 **3 4 5** 歳児

鬼ごっこの楽しさに加えて，友達の動きを予想して，工夫して捕まえたり，逃げたりする楽しさがあります。その動きのなかで，敏捷さが育っていきます。

【ねらい】
① からだの動きを工夫することで，柔軟性や敏捷性を高める。
② 相手の動きを予測してすばやく動くことで，目と手や足の協応性を身につける。
③ 友達と声をかけ合って動くことにより，仲間関係を育てる。

【準備・環境づくり】
① 場の設定：園庭の広い場所を確保し，他の子ども達とぶつからないようにする。
② 準備：ラインカーと石灰を用意する。
③ 床にビニールテープなどで線をひくことで，ホールなどでも楽しむことができる。

【遊び方・プロセス】
① ラインカーを使い，ひょうたんの形に線をひく。

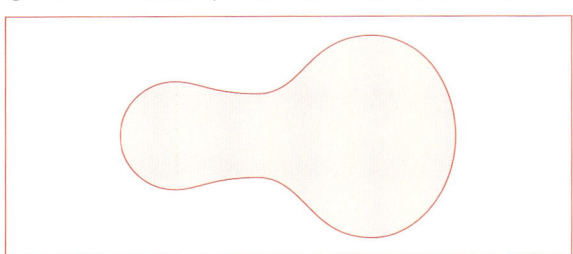

② 鬼を決め，鬼以外の子どもは，線のなかに入る。
③ 鬼は，線の外からなかにいる子どもを捕まえる。
④ 捕まったら，代わって新しい鬼になる。
これを繰り返す。

【援助のポイント】
① ひょうたんの形や大きさについては，保育者が決めてしまわず，子ども達の意見を聞いて，子どもと一緒に準備するとよい。
② すぐに鬼になりたくて，わざと捕まろうとする子どもが出ることもあるので，3回捕まったら「罰ゲーム」などと決めておく。
③ 熱中してしまうとぶつかりやすく，怪我をしやすいので，子ども達にまわりをよく見るようにときどき伝える。
④ 保育者は，全体を見通せる場所で，危険な動きがないか気をつけて見る。

【バリエーション】
＜ひょうたんのなかに鬼が入れる「島」をつくる＞
鬼がひょうたんのなかまで入れるようになるので，動きが，より活発になっていく。

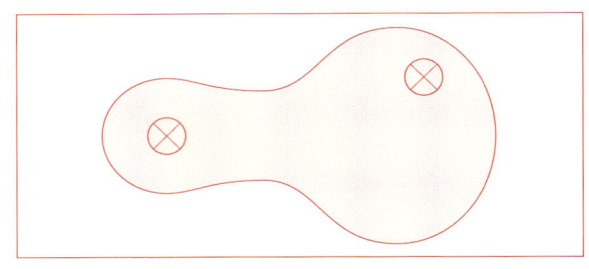

＜ひょうたんの真んなかに鬼が入れる通路をつくる＞
鬼の動きが，より近づいて来るので，スリルが増す。

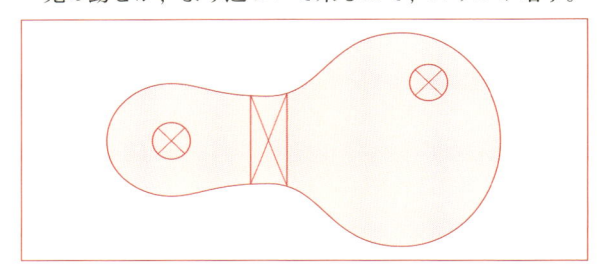

＜ひょうたんの横に鬼以外の子どもがとおれる島をつくる＞
逃げるコースが広がり，動きがよりダイナミックになる。

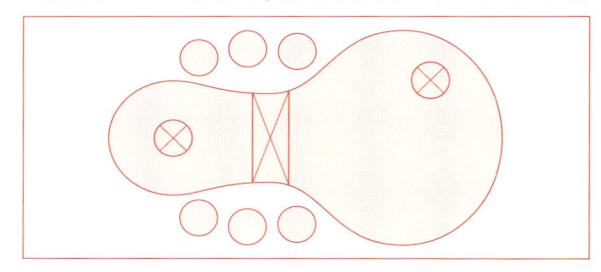

＜形をひょうたん以外のものにする＞
動物や果物など，さまざまな形に変えて楽しむとよい。

健康・運動

秋

㉘ しっぽ取り

該当年齢 0 1 2 **3 4 5** 歳児

しっぽをつけて動物に変身します。そのしっぽをとられないように逃げることができるか，またしっぽをどのくらい取ることができるかを競って遊びます。

【ねらい】
①動物になりきって鬼遊びを楽しむ。
②みんなで鬼遊びをする楽しさを味わう。
③楽しく鬼遊びをするなかで，敏捷性や走力，持久力などを養う。
④からだをのびのびと動かす心地よさを味わう。

【準備・環境づくり】
人数分のしっぽとして，はちまきやハンカチなどが扱いやすい。紙テープやスズランテープなどでも代用できる。動物のお面などを準備すると，さらになりきって遊ぶことができる。

2チームに分かれて行う場合には，おたがいのチームを区別するための目印（カラー帽子やはちまき，ゼッケンなど）が必要。

【遊び方・プロセス】
①みんながしっぽをズボンやスカートのウエストにはさんでつける。
②自分のしっぽを取られないように気をつけながら，他の人のしっぽを取る。
③しっぽを取られたら，それ以降は他の人のしっぽを取ってはいけない。

【援助のポイント】
3歳児クラスなどで行う場合は，はじめは保育者のみがしっぽをつけて，みんなで追いかけてしっぽを取るという遊びから始めるのもよい。逆に，みんながしっぽをつけ，保育者が鬼になってしっぽを取ってまわるのもよい。

しっぽを取られたらどうするか，取ったしっぽをどうするかなど事前に決めておくほうが混乱が少ない。

また，公園など広い場所で行う場合は逃げる範囲を決めておいたほうがよい。

保育者が鬼となる

【バリエーション】
①鬼を決めて，その鬼に取られないように逃げるというやり方もある。参加人数によって鬼の人数も決めるとよい。この場合，鬼は目印（カラー帽子やお面など）をつけておく。
②2チームに分かれ，相手チームのしっぽを取って競うというやり方もおもしろい。このとき，しっぽを取られた際に，取ったしっぽをつけてもう1度参加してよいのかどうかなど，詳細を決めておいたほうがトラブルが少ない。

鬼役を決めて行ってもよい

③保育者がしっぽの長さを変えておいて，取りやすいものからスタートし，長くしたり，短くして，少しずつ取りにくくするなど工夫する。

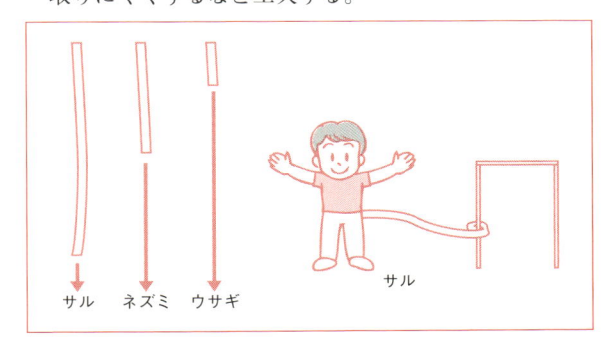

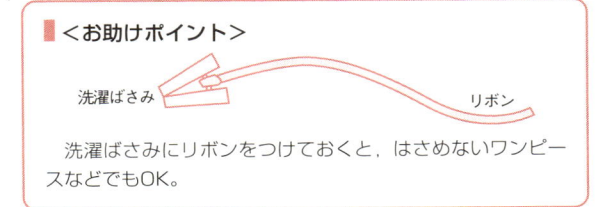

サル　ネズミ　ウサギ　　　サル

■ ＜お助けポイント＞

洗濯ばさみ　　　リボン

洗濯ばさみにリボンをつけておくと，はさめないワンピースなどでもOK。

健康・運動　秋

㉙ ドンジャンケン

該当年齢 0 1 2 3 **4** 5 歳児

ラインを１本引くだけで，どこでも気軽に楽しむことができる集団遊びです。バリエーションも多く，応用が効きます。運動能力の低い子どもでもジャンケンに勝てば得点できます。

【ねらい】
① ジャンケンのルールを理解し，それに応じた反応を取ることができるようにする。
② チームで対抗することにより，仲間と協力したり応援し合ったりしながら仲間意識を育てる。
③ 指定されたコースをすばやく走ることで敏捷性や瞬発力を養う。

【準備・環境づくり】
ラインを引いてコースを決める。
園庭の場合にはやかんなどに入れた水でラインを引いてもよい。

【遊び方・プロセス】
① ２チームに分かれ，コースのそれぞれの端（自分の陣地）に１列に並ぶ。
② 用意ドンの合図で先頭の子どもは１人ずつコースを走り出す。
③ ２人が出会ったところでおたがいに両手を合わせて「ドン」といってからジャンケンをする。
④ 勝ったほうはそのままコースを進み，負けたほうは負けたことを味方に知らせ，コースから外れて自分の陣地に戻る。
⑤ 負けた子どもがコースから外れたら，負けたチームの次の先頭の子どもが走り出す。
⑥ ③〜⑤を繰り返して早く相手の陣地までたどり着いたチームが勝ちとなる。

【援助のポイント】
ジャンケンのルールをきちんと確認しておく。はじめは遊びに慣れるように直線のラインで行い，次第にバリエーションをつけていくと楽しめる。子ども達のアイデアで進み方やラインを工夫すると遊びの幅が広がる。参加人数が多い場合には複数のチームをつくり，勝ち抜きなどにしても楽しめる。

全力で走るので，相手と手を合わせるときにあまり激しくぶつからないように注意しておく。

【バリエーション】
① 進み方を変えてみる。
ケンケン，横向き，ジャンプなどの進み方を変えると難易度や運動強度が上がって楽しめる。

② コースを変えてみる。
曲線にすることで走る距離も長くなり，難易度を上げることができる。

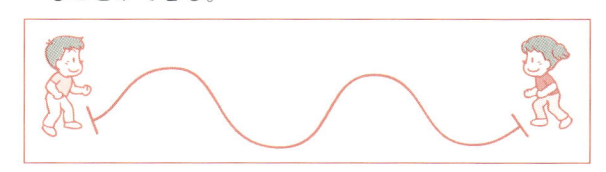

うずまき型にすると場所が狭くても行うことができ，負けてしまったときに，自分の陣地に戻るまでの距離が近くなり，少人数でも行いやすくなる。そのほか，平均台などを使うことにより，平衡感覚も養うことができる。ただし，遊具を使う際はいつも以上に安全に配慮する。

慣れてきたら，これらのコースを組み合わせて難易度を上げると，さまざまな動きがひとつの遊びの中に包含され，より子どもの発達刺激となる。

㉚ 中当てドッジボール

該当年齢 0 1 2 **3 4 5** 歳児

ころがす，投げる……。ボールを使った遊びを十分に楽しむことができます。それだけではなく，ルールを守ることで，遊びがよりおもしろくなることを知るチャンスにもなります。

健康・運動　秋

【ねらい】
①ボールを使って，友達と楽しく遊ぶ。
②ボールをころがしたり，投げたり，当てたり，よけたりして楽しくゲームをする。
③簡単なきまりを守り，友達と仲よくゲームをする。

【準備・環境づくり】
①庭に適当な大きさの円をラインカーで描く。参加する人数によって，大きさを調整するとよい。
②ボールは，ソフトバレーボールを使用する。

【遊び方・プロセス】
①円の内側を内野，円の外側を外野とし，内野と外野を決める。外野の人数が少ないほうがおもしろい。

②外野は，ボールを内野に当てる。内野は当てられないように逃げる。
③内野は逃げるだけでなく，ボールをキャッチすることもできる。キャッチしたボールは，外野へ戻す。また，円のなかに残ったボールは，外野へ戻す。
④当てられた子どもは外野へ，当てた子どもは内野へ移動する。

【援助のポイント】
①はじめてする子どもや，投げるのが難しい子ども，とくに年少児の場合は，ボールをころがして当てるゲームから始める。
②最初は，当たったら交代というルールを理解できない子どももいる。当たった子どもには，保育者が交代するよう声をかけていく。
③ゲームに慣れてきたら，本来のルールのように，投げて内野に当てるようにする。この場合，顔面やワンバウンドはセーフにするなどのルールを取り入れてもよい。
④よりルールの複雑なドッジボールへとつなげる。

【バリエーション】
＜形＞…コートの形を変えてみる

①四角型

②ひょうたん型

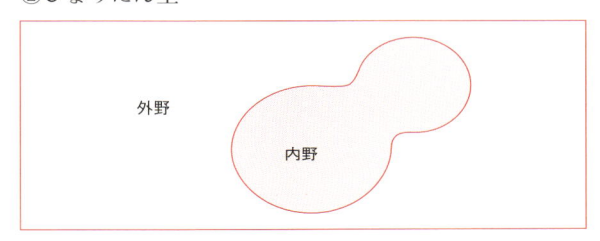

＜ルール＞
③ボール2つの中当て

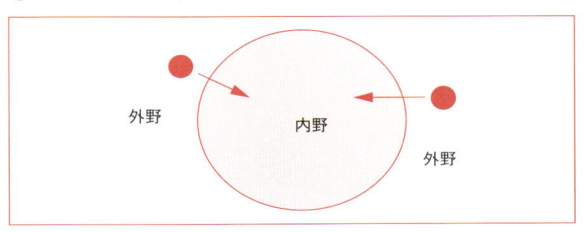

ボールを2つにする。逃げるほうも投げるほうも，ボールひとつのときよりも，活発になる。

④チャンピオン戦
ア）当てられた内野の子どもは，外に出て，外野になる。
イ）外野から内野への交代は行わない。
ウ）外野がどんどん増えるので，逃げるのが難しくなる。
エ）最後まで残った子どもがチャンピオンとなる。

＜ボール＞
ソフトバレーボールが子どもにはあつかいやすいが，慣れてきたらさまざまな種類のボールを使っても楽しめる。詳しくは㊳ドッジボールを参照のこと。

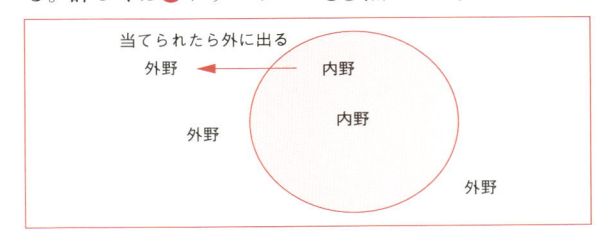

㉛ トンネル（くぐる）

該当年齢 0 1 2 3 **4** 5 歳児

トンネル（くぐる）遊びは，狭い空間を，全身を巧みに操作しながらくぐり抜けるところにおもしろさがあります。「くぐる」ことそのものに，子どもの遊び心を揺さぶる楽しみがあります。

健康・運動

秋

【ねらい】
①くぐるという動作を通じて，基本的運動技能や調整力を養う。
②とび箱，平均台，短縄，新聞紙など，さまざまな遊具を工夫して使う。
③空間概念や表現能力を養う。

【準備・環境づくり】
とび箱，平均台，マット，フープ，短縄，新聞紙など。

【遊び方・プロセス】
①とび箱や平均台のくぐり抜け…とび箱を横に置き，そのなかを（保育者が補助），順番にくぐり抜ける。とび箱2台を図1のようにつなげるトンネルも楽しい。またとび箱をバラバラにし，間隔をあけておいたものを，倒さないようにくぐるのもスリルがあっておもしろい（図2）。平均台2本の上にマットをかぶせたトンネルは，なかが暗くて楽しい。お化け屋敷のようでもある（図3）。
②フープ，新聞紙，縄のくぐり抜け…フープ，穴をくり抜いた新聞紙，輪にしばった縄などを利用して，トンネルくぐりをする。子どもを5人ずつのグループにして，一方のグループがくぐり役，他方がトンネル役をする。くぐり役は1列に並び，順番にくぐり抜ける。全員くぐり抜けたら交替。
③フープくぐり抜け…フープを床に縦に回転させるよう放り，巧みにそこをくぐり抜ける。
④組み合わせ…平均台の上を，フープなどのトンネルをくぐり，落ちないように渡っていく。
⑤いずれのくぐり方においても，高さ，大きさ，あるいは数や組み合わせを工夫して，難易度を上げたり，リレー形式にしてグループ競争に発展させることが可能である。はじめのうちは床に手をついてくぐり，慣れてきたら片手のみ，あるいは手を使わずくぐることで調整力を養う。
⑥スリルが増すように，「燃える火の輪だよ」などと伝えたり，赤い紙や布などで演出するなどの工夫があるとおもしろい。

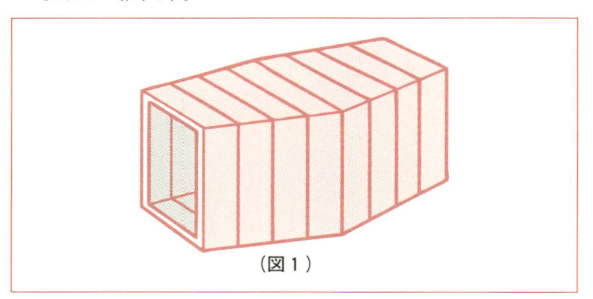

【援助のポイント】
①縄で輪をつくるときは，事前に輪のつくり方を伝えておく必要がある。
②からだのとおり抜け可能な空間の大きさがどれくらいかを，子ども達が理解したり，調べたりするような工夫を指導・支援する。

（図1）

（図2）

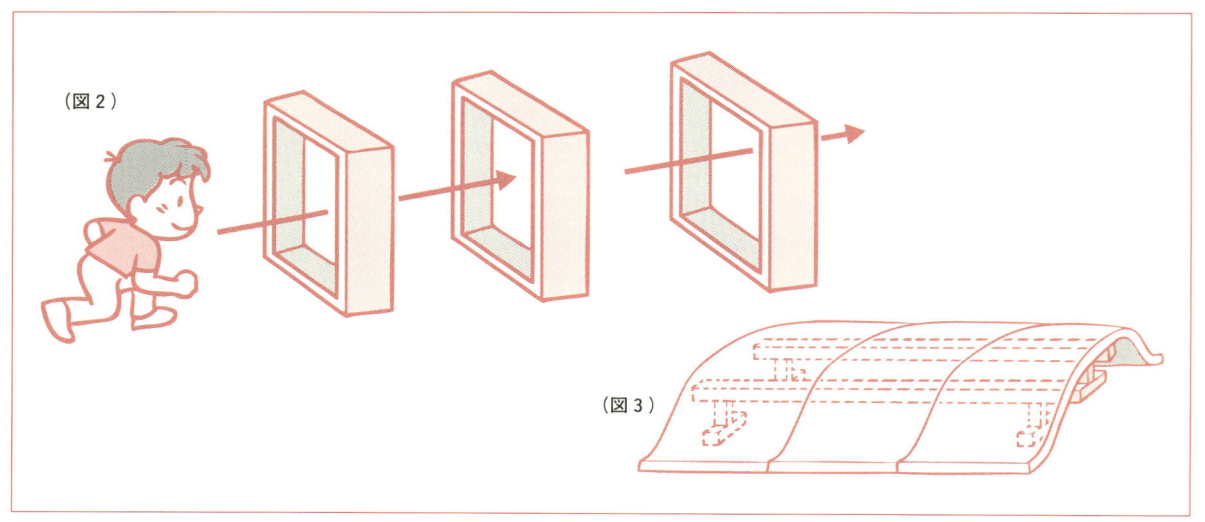

（図3）

㉜ 新聞遊び

該当年齢 0 1 2 3 4 5 歳児

新聞紙はさまざまな遊びを広げる可能性を持っています。子どもと一緒にいろいろな形をつくり出し，遊び方も一緒に考えていきましょう。アイデア次第では，新しい遊びがたくさん生まれてきます。

健康・運動

秋

【ねらい】
① 身近な素材を使って，工夫して楽しく遊ぶ。
② 新聞紙を使って，からだのいろいろなところを動かして遊ぶ。
③ さまざまな形になった新聞紙を見立て，やりとり遊びやゲームを楽しむ。

【準備・環境づくり】
① 環境づくり：室内または園庭の広いスペースで行う。新聞紙を形づくるために必要な素材・道具はテーブルに並べ，間隔をおいて２～３か所設定する。
② 準備：新聞紙・セロハンテープ・ビニールテープ（いろいろな色），ガムテープ（布・クラフト），はさみなど。

【遊び方・プロセス】
① 新聞紙をまるめてボールにしたり，棒状にしたり，つなげたり，破いたりしてさまざまな形に変化することを伝える。
② 新聞紙を端からまるめ，セロハンテープでとめて棒状のものをつくる。
③ 棒状の新聞紙を使ってからだを動かす（準備体操）。
ア）棒の両端を持って上に上げたり，床につけたりする。
イ）胸の高さに持ち，左右にからだをねじる。
ウ）棒を持ったまま，体側に傾ける。
エ）棒を持ったまま，前後屈をする。

（図：上下に動く／左右に動く／体側に傾ける）

④ 棒状の新聞紙を使っていろいろな動きを楽しむ。
ア）棒を床に置き，棒をとぶ。
イ）友達と２人で向き合い，棒の引っ張りっこをする（左下図）。
ウ）友達の設定した棒の先を触るようにジャンプする（右下図）。
エ）棒を数本並べて，連続して棒を飛ぶ。
オ）線路のように長くつなげてその間を駆け抜ける。

（図：引っ張りっこ／ジャンプしてタッチする）

⑤ １枚の新聞紙をおなかにつけて落ちないように走る。
⑥ 新聞紙をまるめてボールにする。
ア）ボールを高く投げて自分でキャッチする。
イ）友達とキャッチボールをする。
⑦ 新聞紙の棒とボールを使って，ゴルフや野球を楽しむ。
⑧ ボール投げゲーム
ア）２チームに分かれ，コートに入る。
イ）同じ数の新聞紙のボールをコート内に入れる。
ウ）笛の合図とともに相手の陣地にボールを投げる。
エ）一定時間（２～３分）の後，陣地内にあるボールの数をかぞえ，陣地に多くボールがあるチームの負けとなる。

【援助のポイント】
① からだを動かすのにぶつからない程度の十分な空間をとるように声かけをする。
② 棒やボールの形にしたものをあらかじめ用意し，子どもがつくったものと一緒に使い，バリエーションを増やす。
③ ゲームのときに数の大小がわかるように，数で確認するのではなくボールを並べてマッチングしたり，ともに数を唱えたりして確認することが大切である。

【バリエーション】
＜ゴルフリレー＞
① ４～５人でチームをつくる。
② 各自がつくったボールを棒でころがし，カラーコーン（目標物）をまわり，次の人にタッチするリレーを行う。
③ 早くゴールしたチームが優勝となる。

＜新聞紙で「クモの巣」をつくろう＞
① 新聞紙を細く，長く手で切る。
② テープ状の新聞紙をつなげ，壁や椅子，テーブルにテープで貼りつけ，クモの巣をつくる。
③ クモの巣を壊さないよう，からだをコントロールしながら間をとおり抜けて遊ぶ。

㉝ ゴキブリ鬼

該当年齢 0 1 2 3 4 5 歳児

ゴキブリになって楽しむ鬼遊びです。ちょっとしたルールの工夫が、子どもの動きや筋肉の使い方をまったく別のものにします。思った以上に運動量があります。

健康・運動

秋

【ねらい】
①ふだんとは違うさまざまなからだの動かし方にふれる。
②イメージを豊かにしながら、のびのびとからだを動かす。
③ルールを守ってみんなで遊ぶ楽しさを味わう。
④追う・逃げるという動きのなかで、敏捷性や走力、持久力などを養う。
⑤からだを思い切り動かす心地よさを味わう。

【準備・環境づくり】
　鬼役であることを示すカラー帽子やはちまき、ビブスなどが必要。場所はホールなど、床が滑りやすく広いスペースが確保できる場所が望ましい。

【遊び方・プロセス】
①鬼役と子役に分かれる。鬼役の人数は少なめのほうが遊びは長く続きやすい。
②ルールの基本は木鬼や氷鬼と同じ。ただし、鬼も子も床からお尻を離してはいけないというルールが加わる。鬼も子も常に下図左のように手と足を使い、お尻を床から離さずに動きまわる。

お尻を床につけて　　ゴキブリがばたばた

③鬼にタッチされた子どもは、上図右のように背中を床につけ、両手両足をばたばたさせて助けを求める。
④子どもの仲間がタッチして助けてくれたら、元に戻ってまた逃げられる。

【援助のポイント】
　ゴキブリ体操と称して、背中を床につけて手足をばたばたさせる動きを楽しんでから行うのもよい。お尻を床から離さないというルールが加わっただけで、まったく別の遊びといっていいくらい動きの質が変わる。
　子ども全員が動けなくなったら、鬼の勝ちとなる。ただし、鬼の人数が多いとすぐに終わってしまうので、鬼は少なめにし、一定時間で何人が動けない状態で終わるかを競う方法もある。また、勝ち負けをつけなくても、単純にこの遊びをするだけでも十分に楽しめる。

にげろにげろ！
ゴキブリ～つかまえるゾ
ズリズリ
鬼
たすけて～
ビブス

【バリエーション】
①ゴキブリだけでなく、ダンゴムシ鬼をやってみたという実践報告もある。子どもとゴキブリ鬼をしてみたところ、子どもから「先生、これゴキブリじゃなくてもできるよね」との声があがり、みんなで話してダンゴムシでやってみたという。そのルールはお尻を床につけるのでなく四つんばいで鬼も子どもも動き、鬼にタッチされたらダンゴムシのようにコロッとまるくなる。仲間が助けてくれたら元に戻って逃げられるというもの。
②バナナ鬼は、鬼にタッチされたら両手を頭の上にのばして合わせ、からだを三日月形にそらせてバナナになってしまう。仲間が来て、両手をバナナの皮をむくようにおろしてくれたら元に戻って逃げることができるというルールで行う鬼遊び。このように身近なモチーフでさまざまなバリエーションを考えることができる。そのときの子どもの興味・関心に合ったアレンジを考えると、新しい刺激となる。

■ Column ─ いろいろな鬼遊び
　ゴキブリやダンゴムシなどをモチーフにした鬼遊びの工夫は、子どもにとっていつもと違う鬼遊びという楽しさを感じさせます。同時に、結果として子どもにとってふだんはまったく経験しないからだの動きや筋肉の使い方をひき出しています。子どもの遊びを考える際、楽しさはもちろんですが、こうした動きの多様性なども視点に入れておきましょう。

34 くっつき鬼（3人島鬼）

該当年齢 3・4・5歳児

安全地帯のある鬼遊びですが、子どもにとっては少々高度なルールです。年齢や発達段階に合わせてバリエーションにあるような遊び方をすれば、同じような楽しさを感じることもできます。

【ねらい】
①複雑なルールを理解して追う、逃げるという動きを楽しむ。
②人がつくとすぐに列から離れて逃げるなど、敏捷性を高める。
③常に緊張感を持つことで、集中力を維持する能力を伸ばす。

【準備・環境づくり】
安全で広い場所を確保する。
鬼は見てすぐわかるように帽子をかぶるなどの配慮をする。

【遊び方・プロセス】
①鬼を1人決める。
②鬼以外の人の半数ぐらいで3人ずつの組をつくり、横1列に手をつないで島とする。島は安全地帯。
③スタートの合図で島以外の人は鬼に捕まらないように逃げる。
④逃げる途中、鬼に捕まりそうになったり疲れたりしたら、自由に島にくっついていったん4人組になる。くっつかれた島の逆サイドの人は、すぐに島から出なければならない（下図・島は常時3人でなければならない）。
⑤鬼にタッチされて捕まったら、帽子など鬼のマークとなるものを鬼から受け取り、鬼を交代する。

【援助のポイント】
はじめに見本を見せ、十分に理解してから行うようにするとよい。夢中になると島になっている子どもにぶつかることもあるので、島と島の間隔は広くとるように注意を促す。

【バリエーション】
2人組の島にすると休んでいることが少なくなり、運動量を上げることができるいっぽう、ルールがわかりやすく理解しやすくなる。
また、島に見立てたフープのなかに1人が入り、逃げている子どもがフープに入ってきたら島から出て旅に出る（つまりフープ内が安全地帯）というようにすると、低年齢でも楽しめる。

＜バリエーション①＞

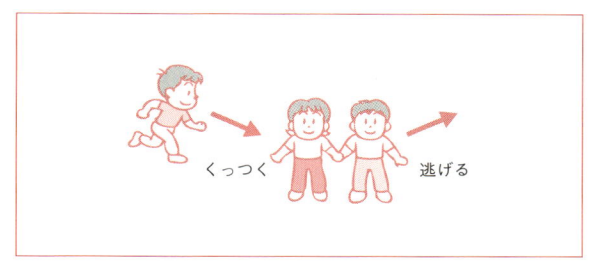

くっつく　逃げる

＜バリエーション② 低年齢＞

フープに入ったら交代

＜配置図＞

鬼

①フリーの子どもが島にくっついてきた
最初の島
②逆サイドの子どもが押し出されるように離れて逃げる

■ Column ─ ルールが複雑な鬼遊び

ルールの複雑な鬼遊びなので、おそらく年長児くらいでないと楽しむことは難しいでしょう。しかし、バリエーションにもあるように、フープなどを利用すれば低年齢児でも似た遊びを楽しむことはできます。ルールが難しいからできないとあきらめる前に、どうすればこの楽しさを味わえるかという工夫を考えましょう。

健康・運動　秋

35 開戦ドン

該当年齢 0 1 2 3 4 **5** 歳児

ルールはアレンジ自在です。複雑なところが，年上の子ども達にはあこがれの遊びになるでしょう。作戦を考えチームで協力することで，集団意識も高まります。

健康・運動

秋

【ねらい】
① 複雑なルールを理解して，守りながら遊ぶ楽しさを味わう。
② チームで協力して遊ぶことにより，友達とのかかわりを育てる。
③ 相手をかわしながら走りまわることで，敏捷性や瞬発力を養う。

【準備・環境づくり】
① 園庭や広場など視界が広く，走りまわることができるスペースがある場所を選ぶ。
② 各チームの陣地の目印となるもの（木や固定遊具など）をひとつずつ決める。陣地の間は距離を広めにとる。適したものがない場合には，ラインを引いて陣地を決める。

【遊び方・プロセス】
① ジャンケンなどで2組に分かれて陣地を決め，そのなかに入る。帽子などでチームが一目でわかるようにする。
② 「開戦ドン」の合図で自分の陣地を出て相手チームの人を見つけにいく。
③ 相手チームの人と出会ったら向かい合い，「ドン」と言って両手を合わせ，ジャンケンをする。
④ ジャンケンに勝った人は負けた人を追いかけ，捕まえることができたら，自分の陣地へ連れて行く。負けた人は自分の陣地まで逃げ切れたら，再度相手を探してジャンケンをすることができる。
⑤ 捕まった人は相手の陣地で手をつないで1列になり，味方の助けを待つ。味方の人がタッチすると助かり，1度自分の陣地に戻ってから，再度相手を探しにいくことができる。
⑥ 相手チームを全員捕まえるか，一定時間の間に相手をたくさん捕まえたチームが勝ちとなる。

【援助のポイント】
ルールが複雑なので，理解できるまではトラブルも起こりがちである。最初はジャンケンに勝ったらすぐに相手を連れてこられるところから始め，次に追いかけっこも加え，さらに味方を助けられるようにするなど，徐々にルールを複雑にしていくことで，理解しながら発展を楽しむことができる。

どうしたらチームで勝てるのかを話し合いながら進めていくことで，子ども達がルールを工夫し，みんなで楽しく活動するための心得を身につけていくことができる。

年齢の低い子どもは，陣地を守る役にするなどの工夫をすれば，異年齢でも遊ぶことができる。

【バリエーション】
人数が多ければ捕まえられる条件をつけることもできる。

チーム内でグー・チョキ・パーの役をそれぞれ決めておき，役割がわかるようにハチマキなどで目印をつけておく。

開戦ドンで自分の陣地を出たら，自分が勝つことができる相手（自分がグーならチョキ）を追いかけて，タッチできたら自分の陣地に連れて帰れる。追いかけているうちに自分が負ける相手（パー）にタッチされたら相手の陣地に連れて行かれる。勝ち負けはふつうのルールと同じ。チーム内の人数の配分も作戦のひとつになる。

2人で1人を追うパターンも入れる

36 ネコとネズミ

該当年齢 0 1 2 3 4 5 歳児

伝承遊びのひとつで，ネコがネズミを捕まえようとする追いかけっこです。まわりのみんなもネズミに協力することで，チームワークが生まれてきます。

【ねらい】
①役になりきって追いかけっこを楽しむ。
②ネズミを守るという共通の意識を持ち，仲間と協力する楽しさを味わう。
③敏捷性や全身持久力を養う。

【準備・環境づくり】
①はじめはホールなど広い室内で，走ったり這ったりしても怪我の心配がなく思い切り追いかけっこを楽しめる場所を確保する。
②慣れてきたら戸外でダイナミックに遊ぶのもよい。

【遊び方・プロセス】
①ネコとネズミの役を1人ずつ決める。それ以外の人はネズミの仲間となり，手をつないで輪をつくる。
②最初はネズミが輪のなかに，ネコが輪の外にいる状態から追いかけっこを始める。
③ネコはネズミにタッチしようとするが，輪をつくっているネズミの仲間達はネズミにはとおりやすいように，ネコにはとおりにくいように，つないでいる手を上下する。
④ネコがネズミを捕まえたら，役を交代する。また，輪になっている人が手を放してしまった場合にも，ネコと交代する。

【援助のポイント】
体力の差などでネコがなかなかネズミを捕まえられない場合には，保育者がきっかけをつくるようにする。
ネコとネズミに比べて，まわりの子ども達は運動量が少ないので，ネズミは疲れたらまわりの子どもにタッチすれば，ネズミ役を交代できるなど，子どもの体力と欲求に合わせてルールを工夫してもよい。
ネコとネズミの役は，お面や簡単な衣装を着けると，子どもの意識も高まる。また，まわりからの応援や保育者の声かけで追いかけっこを楽しめる雰囲気づくりを心がける。

【バリエーション】
ネコとネズミの2チームに分かれて，チーム対抗の鬼ごっこをすることもできる。はじめはお互い安全地帯に立って向き合い，保育者の「ネ・ネ・ネ…」という言葉に合わせて1歩ずつ近づいていく。真ん中あたりまで近づいたところで保育者はネコかネズミどちらかを言うと，言われたほうは相手を捕まえ，相手は安全地帯まで逃げる。安全地帯に逃げ帰る前に捕まってしまった子を，自分のチームの仲間にする方法と，捕まった人数をかぞえておき，次の対戦では元のチームに戻ってもう1度行う方法とがある。

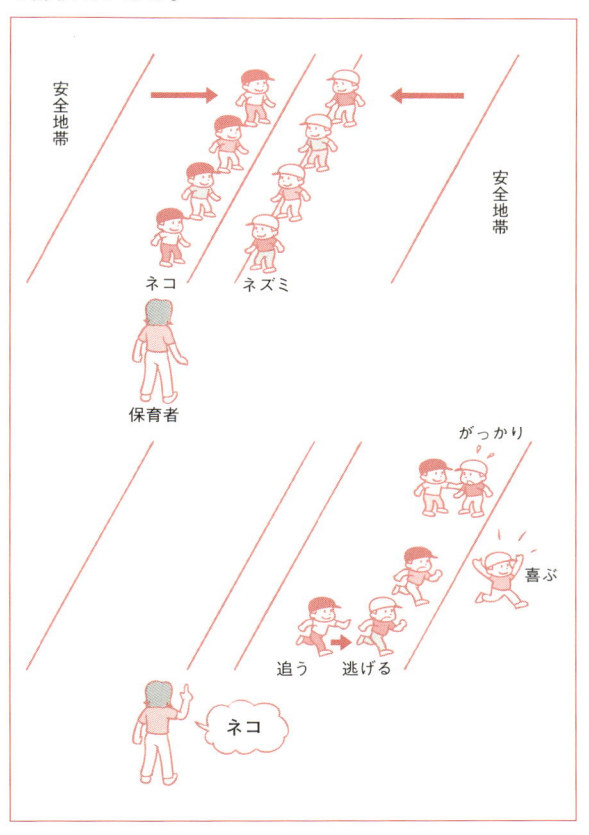

健康・運動

秋

37 進化ジャンケン

該当年齢 0 1 2 3 4 5 歳児

子ども達の生活のなかにとけ込んでいるジャンケン。友達同士で意見を出し合い，遊びを発展させていくことで，友達とのつながりや仲の深まりを大切にしたいですね。

【ねらい】

①ジャンケンをとおして，友達とのふれあいを楽しむ。
②進化する生物やジェスチャーを考えることで，遊びを展開していくおもしろさを味わう。
③遊びのルールを理解し，友達とのジャンケン遊びを楽しむ。

【準備・環境づくり】

①**場の設定**：室内でも屋外でもよいが，広く場所を使えるところ。
②**準備物**：とくになし。

【遊び方・プロセス】

①ジャンケンをしていき，虫→人間までの進化を競う遊び。
②進化には順番がある。虫→アヒル→サル→人間
③ジャンケンに勝てばひとつ進化でき，負ければその形態のままとする。人間になったらゴール。
④それぞれの形態がわかるように，ジェスチャーを考える。
例：虫→四つんばい

アヒル→手でくちばしとしっぽを表現しながらしゃがんで歩く。

サル→サルのまね

人間→２本足で歩く。

⑤同じ形態の人を探し，ジャンケンをする。たとえばアヒルとサルはジャンケンできない。
⑥スタートの合図で，全員虫からスタートし，人間になるまで勝ったらゴール。

【援助のポイント】

①自分で同じ進化形態の友達をさがしてジャンケンをしていくので，なかなか相手を見つけられない子どもには，声かけなど援助が必要である。
②音楽を流して，その間に相手を見つけ，音楽が止まったところでジャンケンをするというように，１回１回のジャンケンを音楽で区切ると，子ども達にとってもわかりやすい。
③先にゴールした子どもは，まだゴールしていない子どもを応援するなど，ゴールしたら終わりではなく，ゲームが終わるまで全員で参加しているという雰囲気づくりが大切である。
④ジェスチャーを子ども達とともに考えるのもよい。ただ，一目でわかるような大きな動作にするよう，配慮が必要である。

【バリエーション】

①進化する生物を自分達で考えるのもよい。
②遊びに慣れてきたら，ジャンケンで負けるとひとつ退化するというルールを加えると，遊びにより幅が出ておもしろくなる。
③園庭に，たまご→ヒヨコ→ニワトリ→ゴールというように４つのスペースを描き，最初は全員たまご，保育者対全員でジャンケンをして，保育者に勝ったら１つ進むという遊び方をすると，年中児でも楽しめる。

38 ドッジボール

該当年齢 3・4・5歳児

定番のボール遊び。みんなで大いに盛り上がりましょう。ドッジとは，身をかわすという意味です。その名のとおり，前後左右に逃げるだけでも楽しいものです。

【ねらい】
①投げる，キャッチするといった運動技能の基本形を身につける。
②みんなでルールを守って遊ぶ楽しさを知る。
③ボール遊びのなかで敏捷性や巧緻性，調整力などを養う。
④からだを思い切り動かす心地よさを味わう。

【準備・環境づくり】
爆弾ゲームや中当てなどのボール遊びに親しんでいることを前提としたい。はじめてドッジボールをする際には，子どもが理解しやすい説明が必要になる。

【遊び方・プロセス】
①2チームに分かれる。
②各チームそれぞれに元外野を出す。元外野は相手チームのコートの外側に位置する。
③ジャンケンなどでボールを先に持つチームを決める。
④相手チームの内野にボールをぶつける。ぶつかった内野はアウトとなり，外野（相手チームのコートの外）に出る。
⑤顔面にボールが当たった場合はアウトにならないというルールを採用していることも多い。
⑥ある程度の時間がたつか，内野が少なくなったときには元外野は内野に入る。
⑦一定時間がたったときに，内野の人数が少ないほうのチーム，または内野が全員アウトになったチームの負けとなる。

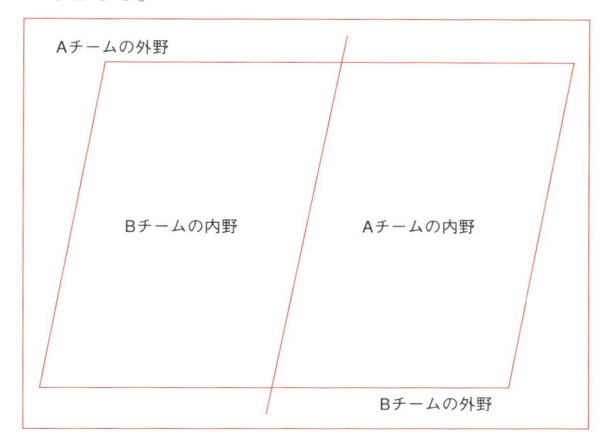

【援助のポイント】
ボールの取り合いなどのトラブルがよく見られる。どうしたらよいか子どもとともに考えるのが望ましいが，そのために遊びが停滞してしまうこともある。保育者は前もってどう対応するかを考えておくとよい。

【バリエーション】
新聞紙をまるめてガムテープなどでとめたボールを使うと，あたっても痛くなく，また必要以上にころがらないので，トラブルも減って，進行もスムーズになるという利点がある。また，スーパーソフトディスク（ドッジビーともいう，フリスビーをウレタンなど柔らかい素材でつくったもの）などを使ってドッジボールをしてみるのも楽しい。

また大きなボールや小さなボール，ラグビーボールなどさまざまなボールを使ってみるのもよい。

健康・運動

秋

新聞ボール

スーパーソフトディスク

㊴ リレー

該当年齢 0 1 2 3 4 5 歳児

子ども達は走ることで全身をフルに使います。そして思い切り走ることにより、スピード感や敏捷性を養います。友達とともに行うことにより、仲間関係の育ちや深まりが得られます。

健康・運動

秋

【ねらい】
① グループで活動することにより、仲間関係が育ち、深まる。
② からだを思い切り動かし、充実感を得る。
③ バトンを渡したり、受け取ったりすることで、目と手や足の協応性や巧緻性を養う。

【準備・環境づくり】
① 場の設定：園庭の広い場所を確保し、コース上に危険なものがないようにする。
② 子どもの人数：最少でも2チーム各3人ずつは必要で、クラス全員を4～5チームに分けて行うのも楽しい。ただし、1チーム10人を超えると、なかなか自分の順番にならず、つまらなくなってしまう子どももいるので、それ以下が望ましい。
③ 準備：バトンをチーム数だけ用意する。また、アンカーがわかるように、アンカーたすきなどを同じくチーム数用意する。そして、ラインカーでスタートラインを引く。折り返し地点には旗などを置いて、そこをまわって帰って来るようにする。保育者は、笛かピストルでスタートの合図をする。

対面式リレー

【遊び方・プロセス】
① 保育者はリレーのルールを説明し、バトンの渡し方、受け取り方を子ども達に伝える。
② 保育者はチームを分けて、人数が同じになるように援助する。そして、アンカーにたすきを渡す。ただし、人数が合わないときは、2回走る子どもを決めて、その子どもがアンカーになる。
③ スタートの合図で一斉に走り出し、直線コースの場合は、折り返し点をまわって帰り、次の子どもにバトンを渡す。トラックの曲線コースの場合は、ラインに従ってまわり、次の子どもにバトンを渡す。
④ これを繰り返し、最初にアンカーがゴールしたチームが1位となる。

【バリエーション】

＜はじめてのリレー＞
3歳児くらいの子どもがはじめてリレーをするときは、次の子どもにバトンタッチする楽しさを優先させ、人数を合わせたり、たすきでアンカーを決めたりせず、また、バトンも使わず、手でタッチするだけでもよい。

＜障害物リレー＞
走路上に平均台、ネット、ハードルなどの障害物を置き、それをとおりぬけて、走るリレー。

＜ボールリレー＞
ボールをバトンの代わりにして、足で蹴りながら走るリレー。かなり高度な技術が必要なので、年長組くらいでないと難しいと思われる。

＜大玉送り＞
大きな玉を用意し、2～3人で押しながら、ころがしてまわって来るリレー。大人と子どもが一緒にできるので、運動会の親子競技によく用いられる。

㊵ ごろごろ

該当年齢 0 1 2 3 4 5 歳児

子どもは「ごろごろ」するのが大好きです。さまざまな器具を使ってできる楽しみを味わいながら、お布団の上でするようにころがり、からだをコントロールします。

【ねらい】
① マットでころがることに慣れ、からだを守る動きを身につける。
② 回転感覚（平衡性）を養う。
③ 上肢・下肢の協応性を身につける。

【準備・環境づくり】
① マット（ロング・ショートどちらでもよい）数枚
② ロイター板
③ とび箱の1段
④ セーフティーマット
⑤ ロープ
⑥ マットを折りたたんだもの、または巻いてあるもの。
⑦ タンバリン、CDまたはリズム太鼓。
⑧ 十分に動けて凹凸のないところ。危険物のない場所を確保する。

【遊び方・プロセス】
「ころがる」方法として、1人・2人・数人でできるものがある。

① 1人で
ア）膝を抱えて自由にころがる。
イ）手足を「ピン」と伸ばしころがる。
注）両肘・両足を上下にしっかり伸ばす。曲げてしまうと関節を痛める。

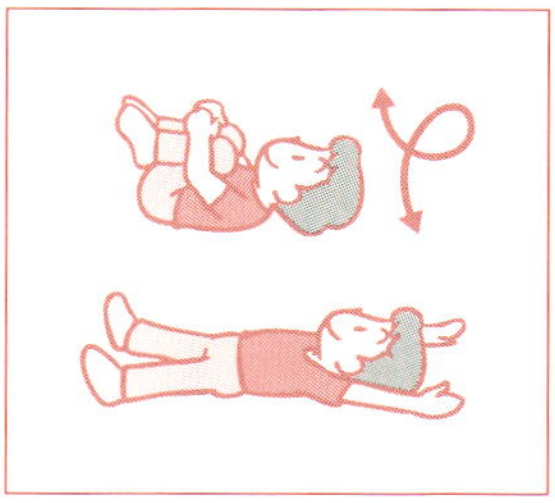

② 2人で
ア）1人が仰向けの状態で両手両足を伸ばし、もう1人が押してころがる。
イ）仰向けの状態で図のように、手をつないでころがる。
ウ）2人で抱き合って離れないようにころがる。
エ）おたがいの両足を抱きかかえて離れずにころがる。
注）相手に合わせて声をかけ合って進める。

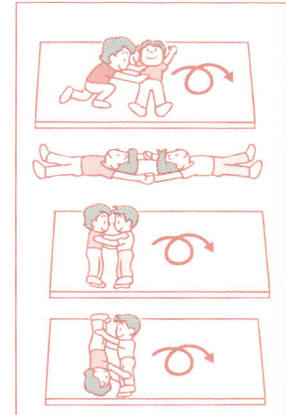

③ 数人で
縦に全員仰向けになり、前の人の足首を握り離れないように声をかけあって一斉にころがる。

＜セッティングの例＞
① ② ③ ④ ⑤

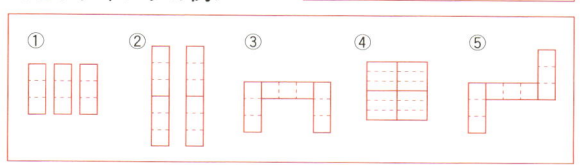

【援助のポイント】
① 保育者が追いかけるようにすると、より早くころがろうとする。ただし、衝突や怪我をしないような配慮が必要である。
②「からだを動かすことが楽しい」と思えるような指導を心がける。
③ 保育者も子どもと一緒になって動いて遊ぶことが大切である。
④ 子どもが動き出したときがいちばん危険を伴うために、死角をつくらないようにする。

【バリエーション】
① 自由にからだをころがすことに慣れたところで、音に合わせてスタート・ストップすることで、より意欲的になる。CDを使用するならば、子どもの好む曲を選ぶ。タンバリンやリズム太鼓を使用する際は、音の強弱やテンポを変えると、楽しみながらも知らず知らずのうちにからだをコントロールできるようになる。
② セッティングの変化
遊び方①〜③を行ってみる。

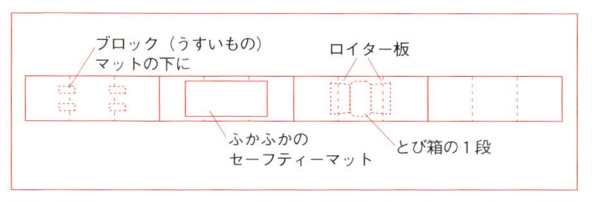

ブロック（うすいもの）マットの下に　ロイター板　ふかふかのセーフティーマット　とび箱の1段

注）器具のセッティングをする場合は、あらかじめ保育者が試し、危険性がないかを確かめる。また、子どもの動く付近にも器具の放置がないか、安全点検を怠らない。

健康・運動　秋

㊶ 落ちないように

該当年齢 0 1 2 3 4 5 歳児

平均台の上を歩くとき，子ども達は平衡性，協応性，集中力を総動員しています。「落ちないように」歩くという行為に子どもは，とても好奇心をもって取り組みます。

健康・運動

秋

【ねらい】
①バランス感覚（平衡性），手足を巧みに操作すること（協応性）を養い，調整力を身につける。
②挑戦する意欲を養う。
③協力し合うことで，友達関係を深める。
④いろいろなからだの使い方や動かし方を知る。

【準備・環境づくり】
①平均台または巧技台とビーム
②マット・ロープ
③日ごろから，平均台などを使った遊びに親しんでおくとよい。

【遊び方・プロセス】
①平均台からの落下による危険防止のため，マットを敷く。
②平均台に頭をぶつけないよう，ヘビやシャクトリムシのごっこ遊びでくぐって遊ぶ。
③図のように平均台に両手をつき，手に体重をのせるように両足でジャンプして腰を浮かせ，平均台をとび越える。次に手を前方にずらして同様にジャンプし，少しずつ前に進んでいく。

④平均台の上を横歩き（カニ歩き）や後ろ向きなど，いろいろな歩き方で渡る。
⑤平均台を平行に2台くっつけて置き，両側から向かい合って同時に進む。真中あたりでぶつかることになるが，お互い助けあって落ちないようにすれ違いをする。すれ違い方にとくに決まり事はないが，横を向いたり，お互いに手をつないでバランスをとったり，一方の子が平均台上でしゃがんでみたりと，いろいろな方法を考え，試してみると楽しい。できるようであれば，1台の平均台でのすれ違いにも挑戦してみる。

⑥2台の平均台を，渡る部分がはなれ，足の部分がくっつくようにならべて置き，足をロープでしばる。この上を四つんばいになって歩いてみる。保育者がトロルになり，子どもがヒツジになって平均台をわたり，トロルがおどろかしに来るという遊びにしても楽しい。
⑦平均台を利用して，左右のグループに分かれ，「ドンジャンケン」をする。

【援助のポイント】
①平均台の上を歩いたり，移動したりするとき，姿勢の変化がスリルや緊張感をもたらすが，危険も伴うので，事故防止のため注意や声かけを行う。必要に応じて集団指導はもちろん，個別にも指導を行う。
②平均台を平行に並べるときは，その間隔が広すぎず，狭すぎず，適切になるよう配慮する。

【バリエーション】
①フープの輪の中に平均台を通して置き，平均台を渡りながらフープをくぐるのも楽しい。
②平均台の中央下にとび箱の2～3段くらいを置き，シーソーのように一方を床につける。ついているほうからゆっくり歩いていくと，途中で両方が床からはなれ，ゆらゆら感が楽しめる。

㊷ 腰縄引き

該当年齢 5歳児

縄を「強く引く」「弱く引く」「早く」「遅く」など、単に力比べでない「腰縄引き」は、キャッチボールのような遊びです。少し知的な部分もあり、年長児ならではの遊びです。

【ねらい】
①友達と仲よく遊ぶ楽しさを味わう。
②強く引いたり、弱めたりすることでおたがいにバランスを崩し合いながら、平衡感覚を養う。
③簡単なルールを守る。
④自分のからだを、自分の思ったようにコントロールしようとする。

【準備・環境づくり】
①長めの丈夫な縄（3mくらい）。
②2人で行う。
③立ち位置を決めたらそれぞれの足下に線を引く。

【遊び方・プロセス】
①縄の両端をおたがいの左腰からまわし、右手でつかむ。
②線の上におたがいが向かい合って立つ。
③合図でたがいに引いたり、緩めたりする。
④相手のバランスを崩して、線から足を離すことができたら勝ち。

【援助のポイント】
①最初は縄を腰にまわさずに、綱引きの要領で行ってもよい。
②慣れるまでは引っ張り合いだけにし、足が線から離れたら負けとする。
③何回か経験したら、今度は力任せでなく、相手のバランスを崩す遊びに変化させる。言葉では説明が難しいので、保育者がお手本をみせるとわかりやすい。
④「引く」「緩ませる」「腕を使う」「フェイントをかける」など、ゲーム性を高める。

【バリエーション】
＜長さを変える＞
　縄を短くすると難しくなる。
＜縄を使用しない＞
①手をつなぐ

縄の代わりにたがいの左手をつなぎ、同様のルールで行う。

②手のひらで押し合う
　手をつながずに、おたがい相手の胸に手が届くらいの距離をとって、足の位置を決めて立つ。触ってよいのは相手の手のひらのみ。押したり引いたりして相手のバランスを崩す。

③手首を絡ませる
　手をつながず、おたがい相手の胸に手が届くらいの距離をとって足の位置を決める。おたがいに手首の裏どおしを合わせる。基本的に手首の裏で押し合うが、手首をつかんで引いてもよい。

健康・運動

秋

㊸ ダルマさんがころんだ

該当年齢 0 1 2 3 4 5 歳児

身近な伝承遊びとして親しまれている遊びのひとつで、「はじめの一歩」と呼ばれることもあります。地方によって、かけ声が異なるところもあります。

【ねらい】
①鬼の声をよく聞き集中力を養うとともに、すばやく動いたり止まったりしながら、自分のからだを調整する力を養う。
②ルールを理解して、遊びながら友達と助け合い、集団で活動する楽しさを味わう。
③動いた子どもを呼ぶことで、友達の名前を覚えるきっかけにする。

【準備・環境づくり】
①木や壁など、鬼の立つ位置を決める。
②広くてのびのびと活動できるような場所を選ぶ。できれば戸外が望ましい。

【遊び方・プロセス】
①ジャンケンで鬼を決め、鬼は決められた位置に立つ。はじめは保育者が鬼をするとよい。
②そのほかの子どもは鬼の位置から適当に離れた位置（約4～5m）に並び、全員で「はじめの一歩」と言って鬼に一歩近づく。
③鬼はみんなに背を向けて目を閉じ、「ダルマさんがころんだ」ととなえる。それが終わったら、すぐにみんなのほうを振り返る。その間に他の子どもは鬼に近づいていき、鬼が振り向いたらそのままの姿勢で止まる。
④鬼が振り返ったときに動いてしまった子どもを見つけたら、鬼はその子どもの名前を呼ぶ。その子どもは捕まり、鬼と手をつなぐ。次に捕まった子どもは前の子どもの後ろにつながる。
⑤③と④を繰り返し、すべての子どもが鬼に捕まったら鬼の勝ち。それより前に鬼に近づいた子どもが、すでに捕まった子どもと鬼の間を手で切ったら、みんな一斉に走って逃げる。
⑥鬼は手を切られたら10かぞえてから「ストップ」と言い、逃げた子どもはその場で止まる。
⑦鬼は3歩以内で届く距離にいる子どもを捕まえて、鬼を交代する。
⑧鬼が捕まえるために移動できる距離を「大また○歩」とか「小また○歩」というように、子側が指定するやり方もある。

【援助のポイント】
鬼の声にあわせて動くため、適度な緊張感があり、子ども達も十分に楽しめる。かけ声は早くても遅くてもよいので、スピードを変えるとより楽しめる。その際、鬼になる子どもには、みんなに声がはっきり聞こえるように話すことが必要とされるので、はじめのうちは保育者が鬼になり、ルールを理解しやすいように援助する。

【バリエーション】
＜ポーズを変えてみる＞
ダルマさんをほかのものにしてバリエーションをつけることができる。たとえば「かかしさんがころんだ」にして止まるときは片足立ちにすると、よりバランス感覚を養える。そのほかにも「ウサギさんがころんだ」にして止まるときは、両手を耳のようにするなど、子ども達からの意見を取り入れてオリジナルの遊びに発展させることができる。また、慣れてきたら「座っているダルマさんがころんだ」など鬼がそのつど、ポーズを指定するのも楽しい。

㊹ 氷鬼（こおりおに）

該当年齢 0 1 2 **3 4 5** 歳児

鬼にタッチされてしまうと，氷になって動けなくなってしまうという遊びです。いろいろなポーズで固まったり，仲間に助けてもらうことなどが楽しい遊びです。

【ねらい】
①追いかけたり追いかけられたりすることで走る力や持久力を養う。
②捕まってしまった子どもはいろいろなポーズで止まることを楽しむ。
③氷になった子どもをいかに助けるかよく考え，友達と協力する。

【準備・環境づくり】
①十分に走りまわったりできる広いスペースで行うことが望ましい。
②鬼役の目印（鬼用のお面などを用意したり，色帽子などでも代用）を準備しておくと，よりわかりやすく遊ぶことができる。

【遊び方・プロセス】
①鬼役の子どもを3～4人決める。
②逃げる子どもは，鬼にタッチされると氷になって固まってしまい，いろいろなポーズをしてじっとしている。
③全員の子どもが鬼にタッチされ，固まってしまったら鬼チームの勝ち。
④氷になって固まっている子ども（鬼にタッチされた子ども）は，他の逃げている子どもに，タッチされる（頭をトンと叩く）ことによって固まりから解けて復活することができる。

【援助のポイント】
①鬼役の子どもが少なすぎても，逆に多すぎても十分に楽しむことができないので，年齢によって適切な人数に調節する（おおよそ全体の1～2割ぐらいが目安）。
②氷として固まってしまった子どもが復活する方法もいろいろと工夫してみる。
　例：背中を3回叩く，足の下をくぐる，呪文（「とけろ！」など）を唱えるなど。
③はじめは逃げてばかりいる状況になりやすいので，保育者は固まってしまった子どもを復活できるよう声をかけるとよい。

【バリエーション】
＜鬼が交代する＞
①逃げる子どもは鬼に捕まりそうになったら「こおり」と叫んで好きなポーズをし，自ら固まってしまうことで，鬼から捕まるを避けることができる。しかし，1度凍ってしまうと，他の子どもから氷を解いてもらうまでそのポーズのまま動くことができない。
②氷の解き方は，上記のやり方と同様で，仲間がタッチしてくれたらもとに戻れる。
③鬼は凍っていない子どもにタッチしたら，鬼を交代する。色帽子などの鬼役の目印が必要となる。

＜氷だけでなくいろいろなテーマで＞
氷鬼は鬼にタッチされたら氷になるという遊びだが，たとえば地蔵鬼ならば，鬼にタッチされたらお地蔵さんになるなどがある。タッチされたらなるものを子どもと一緒に考えると，意外なものが出てきて楽しい。バナナ鬼，葉っぱ鬼，ダンゴムシ鬼，赤ちゃん鬼，オニ鬼など，大人が考えつかないアイデアが出てくるものである。

健康・運動

冬

㊺ リスさんのひっこしゲーム

該当年齢 0 1 2 3 **4** 5 歳児

鬼遊びとフルーツバスケットなどを十分に楽しめるようになった子ども達に，鬼遊び，ゲーム，表現遊びなどの楽しさを加えた遊びを紹介しましょう。新しいゲームを考えるきっかけにもなることでしょう。

【ねらい】
① ゲームのルールを理解して友達と楽しく遊ぶ。
② リスの動きや木のおうちのイメージをふくらませ，表現して遊ぶことを楽しむ。
③ ゲームをとおしてからだを動かすことの楽しさを知る。

【準備・環境づくり】
① 場の設定：安心して動くことができるように，遊びの空間の確保と，危険なものを取り除いておくこと。
② 準備：カラー帽子（子どもの育ちによってはお面）。

【遊び方・プロセス】
① 3人でひとつのグループをつくる。
② グループごとに「リス」の役割1人と「木のおうち」の役割2人を決める。
③ 「木のおうち」の2人は向き合って手をつなぎ，「リス」が入る空間をつくる。「リス」はおうちのなかに入る。
※「リス」はカラー地，「木のおうち」は白地の帽子をかぶるなどするとわかりやすい。
④ 「鬼」役（はじめは保育者）のかけ声で動き，ゲームをすすめる。
合図：
「リスさんのおひっこし」
　→　「リス」が他の「木のおうち」に移動する。
「おうちのおひっこし」
　→　「木のおうち」がペアーで移動し，新しいリスを迎えいれる。
「おおあらしがきたよ」
　→　「リス」「木のおうち」ともに移動し，新しい3人組を組む。
※移動の際には動きをイメージしてなりきって遊ぶ。
⑤ 移動の際に「鬼」役は，かけ声とともに「リス」になり「木のおうち」にひっこしをする。
⑥ 「木のおうち」に入れなかった「リス」が「鬼」役になり，ゲームを繰り返す。

【援助のポイント】
① 動きが激しくなるので，怪我のないように十分な空間を用意すること。また，役割になりきって表現する言葉かけをし，ある程度スピードをコントロールして安全を促す。
② 「リス」はどのような動きをするのか，「木のおうち」はどのような表現をするのがよいのかを考えて発表する。また，ゲームのなかでの子ども達の動きのなかから拾い出し，紹介する。
③ 表現遊びのイメージが持てないときは，物語を用意してお話したり，お面などを用意し，子どもがなりきれるように工夫をする。
④ 「リス」「木のおうち」の役割は話し合いで決めるのがよいが，はじめはジャンケンなどで決めるとよい。また，ゲームの途中で役割を交代すると，さまざまな役割を体験でき，楽しめる。
⑤ 常に「鬼」役をやりたがったり，「鬼」役になることをいやがったりする子どもがいるので，ゲームの楽しさを伝えて楽しむ工夫をする。
⑥ 3人組で人数の調整ができない場合は，「木のおうち」役を3人にする，「鬼」の役を2人にするなどの調整をして楽しむのがよい。

【バリエーション】
＜「おおじしん（大地震）がきたよ」の新ルール＞
ゲームのルールを理解して楽しめるようになったときに，もうひとつの合図，ルールを加える。
「おおじしん（大地震）がきたよ」
　→　「リス」役，「木のおうち」役ともばらばらになり，新しい3人組をつくる。そこで役割を新たに決めてゲームの再スタートをする。
※その他，子どものアイデアを受け入れながら，新しいルールをつくるのも楽しい。

＜「リス」役，「木のおうち」役を変更する＞
子ども達と相談し，役割を変える。動き方のイメージを大切にして新しいゲームをつくる。
例：「魚」と「イソギンチャク」
　　「カニ」と「岩」
　　「ウサギ」と「おうち」
　　「鳥」と「巣（おうち）」
　　「チョウチョ」と「お花」
　　「ケーキ」と「お皿」

健康・運動

冬

「リスのおひっこし」でリスが動く

「おうちのおひっこし」で木が手をつないだまま動く

㊻ ハンカチ落とし

該当年齢 0 1 2 **3 4 5** 歳児

ハンカチが今どこにあるかを注意深く見る遊びです。とくに子どもにとって，ふだんあまり気にしていない自分の後ろを見る判断力を養い，鬼遊びの楽しさも味わうことができます。

【ねらい】
①友達と一緒に活動することで，仲間関係を育てる。
②鬼の動きをよく見ることで，集中力を養う。
③自分の後ろにハンカチを見つけたら，すばやく動くことで，敏捷性や瞬発力を養う。
④みんなと一緒にからだを動かして遊ぶ楽しさを味わう。

【準備・環境づくり】
①**場の設定**：室内の広い場所で，まわりに机や椅子などの危険なものがないようにする。
②**子どもの人数**：最少でも7～8人は必要で，クラス全員の参加が楽しい。しかし，あまり人数が多くても，なかなか鬼になれず，楽しくないので，最大で25人程度までがよい。
③**準備**：子ども達が円形に座る。このとき大切なのは，子どもの間を広めに取り，誰の後ろにハンカチが落ちたかわかりやすくする。そして，ハンカチを取って追いかけるときにも動きやすくなる。また，ハンカチはわかりやすいように，大きくて原色のものを使用するとよい。

【遊び方・プロセス】
保育者がルールの説明を詳しくしておくことが大切。
①円形に座っている子ども達の後ろを鬼がまわって，誰かのところで，持っているハンカチを落とす。
②ハンカチを後ろに落とされた子どもは，すぐにハンカチを取って，鬼を追いかける。
③鬼が1周して，空いた場所に座れれば「セーフ」。その前に，ハンカチを持った子どもにタッチされれば「アウト」で，子ども達が座っている円形の真ん中の場所（通称「おべんじょ」）に入る。次に，鬼が1周する前に捕まるまで，そのなかに入り続ける。
④ハンカチを落とされた子どもは新しい鬼になり，また，誰かの後ろにハンカチを落とす。

この繰り返しを行う。
⑤ハンカチを落とされた子どもがハンカチに気づかず，鬼が1周して来てタッチされてしまった場合は，タッチされた子が「おべんじょ」に入る。

【援助のポイント】
①はじめに保育者は鬼になり，遊び方をわかりやすく説明しながら，ハンカチを落とす。
②座っている子どもが，ハンカチを落とされた子どもに教えようとする姿が見られることも多いが，なるべく言わないように言葉をかけるとよい。
③鬼になりたがる子どもが多いので，同じ子どもに何度もハンカチを落とさないように，話しておく。
④右まわりか左まわりか，どちらかに統一しておかないと混乱するので，最初に決めておくとよい。

【バリエーション】
＜後ろを見てはいけない「ハンカチ落とし」＞
年長組くらいになって，何度もこの遊びを経験した子ども達の場合，後ろを見ることを禁止して，手の感覚だけで，ハンカチがあるかどうか判断して遊ぶようにするとより難しくなる。

＜カバン背負い「ハンカチ落とし」＞
幼稚園（保育所）の帰りの時間などに，カバンを背負ったまま，行ってみる。後ろが見にくいので，かなり難しい遊びになる。

＜室外での「ハンカチ落とし」＞
園外保育など，室外でもハンカチ落としは遊べる。なるべく草原のような広い場所を見つけて行う。とくに，外ではハンカチでなく，縄とび用の縄を結んで遊ぶと，風で飛んだり，汚れたりしないので，やりやすい。

健康・運動

冬

ハンカチ落とした！

縄とびでもできる

❹⁷ ことろ ことろ

該当年齢 0 1 2 3 4 **5** 歳児

昔から遊ばれている伝承遊びのひとつです。みんなで力を合わせて，鬼に捕まらないようにします。仲間の協力がポイントです。大人がやってもかなり楽しめます。

【ねらい】
①みんなで協力する楽しさを味わう。
②みんなで一緒にからだを動かす楽しさを味わう。
③楽しく鬼遊びをするなかで，敏捷性や走力，持久力などを養う。

【準備・環境づくり】
とくに必要なものはない。まわりにぶつからないようにある程度のスペースを確保する。

【遊び方・プロセス】
①8〜10人ぐらいのグループで行うのが最適。
②鬼役を1人決める。残りの子どもは図のように縦に1列に並び，前の子どもの肩に両手を置き，電車のようにつながる。
③鬼と列は対面する。鬼は列のいちばん後ろの子どもをタッチするのが目的。
④1列になった子ども達は，みんなで協力していちばん後ろの子どもにタッチさせないようにする。列の先頭の子どもは，両手を広げてもよい。
⑤鬼にいちばん後ろの子どもがタッチされたら，いちばん後ろの子どもが鬼になり，鬼だった子どもは列の先頭になる。
⑥鬼を防いでいる途中で列が切れてしまったら，切れたところの最初の子どもが鬼になる。

【援助のポイント】
いくつかのグループに分かれて行う場合は，隣とのスペースを十分にとれるように配慮する。

【バリエーション】
この遊びを音楽に合わせて行うようにアレンジした作品がある。阿部直美「おおかみとこやぎ」（手遊びトンパン　世界文化社　GES11400-01）がそれである。イメージをふくらませながら遊ぶことができる。

また，いちばん後ろの子どもにタッチさせないためにどうしたらよいかなどの作戦を考える時間を持つのもおもしろい。

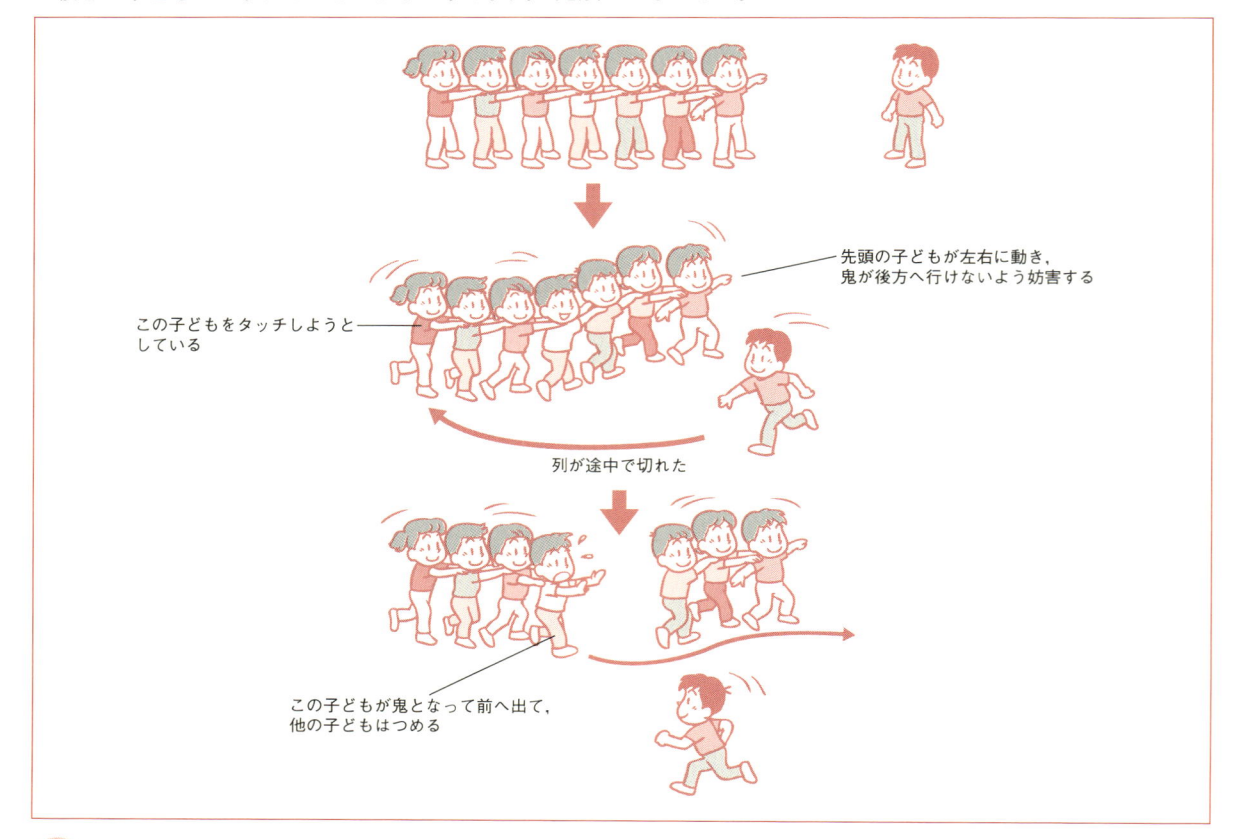

先頭の子どもが左右に動き，鬼が後方へ行けないよう妨害する

この子どもをタッチしようとしている

列が途中で切れた

この子どもが鬼となって前へ出て，他の子どもはつめる

㊽ お手玉

該当年齢 0 1 2 3 4 5 歳児

「投げる」「受ける」を連続で行い，リズムに合わせて遊べます。また，お手玉歌をうたいながら遊ぶと，友達の輪も自然と広がります。難易度もさまざまに調整できるので，段階を踏む楽しさもあります。

【ねらい】
① お手玉という文化財を知る。
② 投げる，受けるなどの動作を楽しむ。
③ 伝統的な遊びを知る。
④ お手玉歌をうたうことで友達と遊びを共有する。
⑤ リズムに合わせて遊ぶ楽しさを味わう。

【準備・環境づくり】
① 子どもの手に合う大きさのお手玉を用意する。
② 屋内で遊ぶ。

【遊び方・プロセス】
① ひとつのお手玉を上に投げ，キャッチする。
② 徐々に高くしたり，お手玉を手の甲で受けたりする。
③ お手玉を2つ使うときは，2つを交互に上に投げ，床に落とす。絶えず床には1つしかないように，拾っては投げる。
④ お手玉歌に合わせたり，床に落とさないようにする（右利きの場合）。
　ア）左右の手にお手玉を持つ。
　イ）右のお手玉を上に投げ，それが落ちてくる前に左手のお手玉を右手に渡す。
　ウ）落ちてきたお手玉を左手で受けれれば成功。

【援助のポイント】
① はじめてやる子どもは，投げる高さを低くし，コントロールしやすくする。
② 上手にキャッチすることができない子どももいるので，最初は両手でもよい。
③ 慣れてきたら，お友達とお手玉歌をうたったり，テンポを変える。
④ 新しいお手玉歌に変えたり，投げる高さを変えて，遊びに変化を加えると長く続けられる。
　（お手玉の中身について）
　　中身は小豆や数珠玉が一般的だが，プラスチック製のBB弾も使うことができる。安価に入手でき，洗うこともできる。

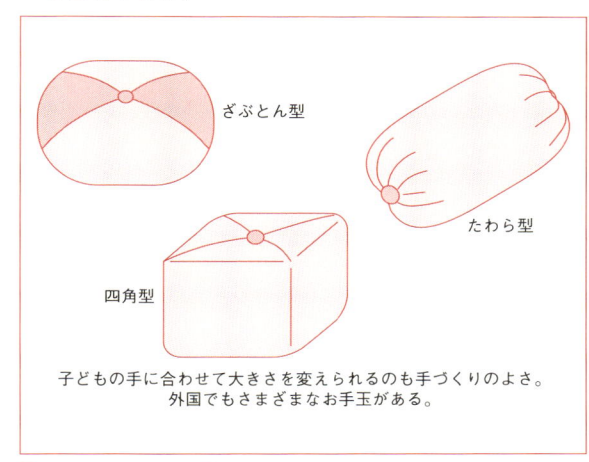

ざぶとん型　たわら型　四角型

子どもの手に合わせて大きさを変えられるのも手づくりのよさ。外国でもさまざまなお手玉がある。

【バリエーション】
　お手玉は，地域によってさまざまな遊び方がある。お手玉歌もいろいろだし，投げるときに手を逆にしたり，上着のフードでお手玉を受け止めたりと，現代的なアレンジもある。情報を集めていろいろな遊び方を見つけてみよう。

　また，お手玉遊びはご高齢の方に名人が多い。園児の祖父母や地域の高齢者，地域の高齢者施設などと連携して，いろいろな方を園に招き，子どもと一緒に遊んでもらうことができれば，子ども達にとっても，ご高齢の方にとっても実りの多い時間となるだろう。

　お手玉と似た遊びでジャグリングがある。子どもにはなかなか難しいが，保育者が3つのお手玉をジャグリングするのを見せられれば，子どもの興味は高まる。

健康・運動　冬

㊾ まりつき

該当年齢 0 1 2 3 4 5 歳児

子どもは、まりやボールが大好きです。「ころがす」「投げる」だけでなく「つく」ことで手先まで十分に使い、力の加減も行います。手まり歌もうたいながら遊ぶと、友達の輪も自然と広がります。

【ねらい】
① まりを使って遊ぶ楽しさを味わう。
② まりのはずむ感触を楽しむ。
③ 力の加減や、微妙なコントロールを身につける。
④ 手まり歌など伝統的な文化に親しむ。
⑤ 目と手の協応性を高める。

【準備・環境づくり】
① よく弾むまり（ゴムまりなど）を用意する。
② まりつきをする場所は平坦で、まりがよく弾む場所を選ぶ。

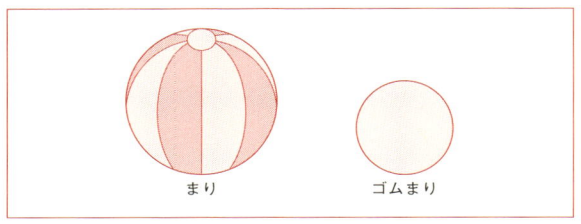

まり　ゴムまり

【遊び方・プロセス】
① まりを両手で持ち、地面に落として、弾んだところを両手でキャッチする。
② 徐々に地面に当てる力を強くし、両手でキャッチする。
③ 落としてキャッチする、を繰り返す。
④ まりをキャッチせず、利き手のひらでまりを連続でつく。

【援助のポイント】
① 最初のうちは、まりがあちこちに行ってしまい、うまくつくことができないもの。あまり弾みすぎず、適度な空気圧のまりを用意する（反発力が強すぎないほうがコントロールしやすくなる）。

② まりが大きすぎても、小さすぎてもやりにくい。バレーボールくらいが目安。
③ 年中くらいになると、大人サイズのバスケットボールでもまりつきができるようになるが、あまり重さのあるボールだと、肘などの関節に負担がかかるので注意が必要である。

【バリエーション】
＜手まり歌＞
① 手まり歌に合わせて、まりを落としてキャッチする。
② 慣れたら歌に合わせ、続けてまりをつくようにする。
③ 手まり歌のポイントのところで足をあげ、まりをくぐらせる。
例：「あんたがたどこさ」

＜ボールとり＞
① 複数人で行う（例：8名）。
② 鬼を1人決める。
③ 鬼以外はまりをつき、鬼はまりを奪いに行く。
④ まりを奪われた子どもは鬼になり、今度は他の子ども達のまりを奪いに行く。
⑤ 慣れてきたら鬼を2人に増やしてもよい（ボールを減らす）。

㊿ 指相撲

該当年齢 0 1 2 3 4 5 歳児

指を自由に動かして，相手の指の上にのせます。そのすばやい動きにより，敏捷性や協応性を育て，相手の動きを予測し，的確に動かす判断力を養うことができます。

【ねらい】
① 相手の手の動きをじっくり見て，自分の手を見つめることにより，目と手の協応性を養う。
② おたがいの手の動きをよく見ることにより，集中力を養う。
③ 友達とのスキンシップを感じながら遊ぶことにより，仲間関係を深める。

【準備・環境づくり】
① 場の設定：どんな場所でもできるので，室内でも，園庭でもよいが，遊びが始まると集中して他のことがわからなくなるので，道路など危険な場所では行わないという約束をするとよい。
② 子どもの人数：基本的に 2 人でする遊び。
③ 準備：何もいらない。

【遊び方・プロセス】
① 2 人の子どもが向き合って，右手の親指だけ上に出して握る。
② 「はじめ」の合図で，相手の親指の上に自分の親指を乗せて，押さえつける。
③ 押さえつけたら，通常「1，2，3……10」とかぞえて，10までかぞえられたら勝ちとなる。

【援助のポイント】
① 保育者は，子ども達に遊び方を伝えるだけで，あとは興味を持てるように目配りする。
② いつでも，どこでもできるので，ちょっとした時間のあるときに楽しめる。
③ かぞえるスピードで勝ち負けが決まり，トラブルになりやすいので，最初に保育者がかぞえるスピードを実際に示してみるとよい。
④ 年齢が違うと，手の動きのスピードがかなり違うので，できるだけ同じ年齢の子ども同士で遊ぶとよい。
⑤ 保護者と子どもとのふれあい遊びにも適しているので，保護者会などで勧めるのもよい。

【バリエーション】
＜左手の指相撲＞
利き手でない左手（右利きの子どもの場合）で指相撲をする。いつもと違い，動きがスムーズにいかず，なかなか難しいので，逆にそれが楽しい。右手ではかなわない子どもに勝つことができたりするので，とても盛り上がる。

＜指相撲・ドンジャン＞
いわゆるドンジャンで，線上でドンをしたあとジャンケンでなく，指相撲をする。ジャンケンとは違った雰囲気で盛り上がる。ただ，ジャンケンに比べ勝負がつくのに時間がかかるので，参加人数が多いときはやめたほうがよい。

＜指相撲・王様ジャンケン＞
王様ジャンケンの遊びを，ジャンケンの代わりに指相撲で行う。

健康・運動

冬

51 ボールころがし

該当年齢 0 1 2 3 4 5 歳児

ハイハイからつかまり立ちができるようになると，周りのものにいっそう興味・関心を持つようになります。そのなかでも，ボールはもっとも関心を示すもののひとつです。

健康・運動

通年

【ねらい】
① ボールの特性（ころがる，はずむなど）に興味・関心を持つ。
② ころがるボールを目で追ったり，手を出したりしながらボールの特性を知る。
③ 視覚から入る情報を使いながら手足を動かす（視覚と手足運動の協応性を高める）。
④ 保育者の言葉かけにより言語中枢に刺激を与える。
⑤ からだを動かす楽しさ，心地よさを十分に味わう。

【準備・環境づくり】
① ふだんの生活のなかでボールに触れる環境を整えておく。
② はじめはビーチボールのような大きめで軽く，そしてやわらかいものを用意する。布製のボールは，ボールとしての特性が現れにくいのでできるだけ避ける。
③ ボールを渡す前にはボールをよく拭き，衛生管理には十分気をつけること（とくにひとつのボールを複数人で共有する場合）。
④ 乳児がボールで遊ぶ動きに合わせて，言葉かけを行う（「ボールがころがった」「ボールがはずんだ」など）。
⑤ 慣れてきたらボールの種類や色を変えてみたりして，そのことも言葉かけのなかに取り入れる。

【遊び方・プロセス】
① 乳児の関心がボールに向くように，保育者が乳児の近くでボールをころがしたり，投げたり，はずませたりする（乳児がボールの軌跡を目で追っているかが興味を示しているサイン）。
② 乳児がボールをころがしたら「ボールがころがったね」「わ〜！すごい」など言葉かけを行うとよい。
③ はじめのうちはボールをころがすというより，（たまたま）手を動かしたらボールが当たって動くというような感じであるが，次第に目からの情報により手が動くようになり，動いているボールを手で止めることができるようになる。月齢，年齢に合わせてボールの種類を変えたり，ボールのやり取りができたりするよう工夫する。

【援助のポイント】
「ボールがころがる」「大きいボール」「小さいボール」「青色のボール」などボールの動き，子どもの動き，ボール遊びの様子などを保育者が言語化していくことによって，子どもの言語中枢を刺激する。そしてそれは，ボールころがしをより発展したボール遊びへとつなげることにもなる。

【バリエーション】
ボールの種類，大きさ，色を工夫してみる。

ボールは，片手で扱える大きさのものから，からだ全体で扱うもの，やわらかいもの，かたいもの，既製のもの，手づくりのものなどさまざまな種類がある。それぞれの特性をよく考えて年齢にあったものを選ぶようにしたい。

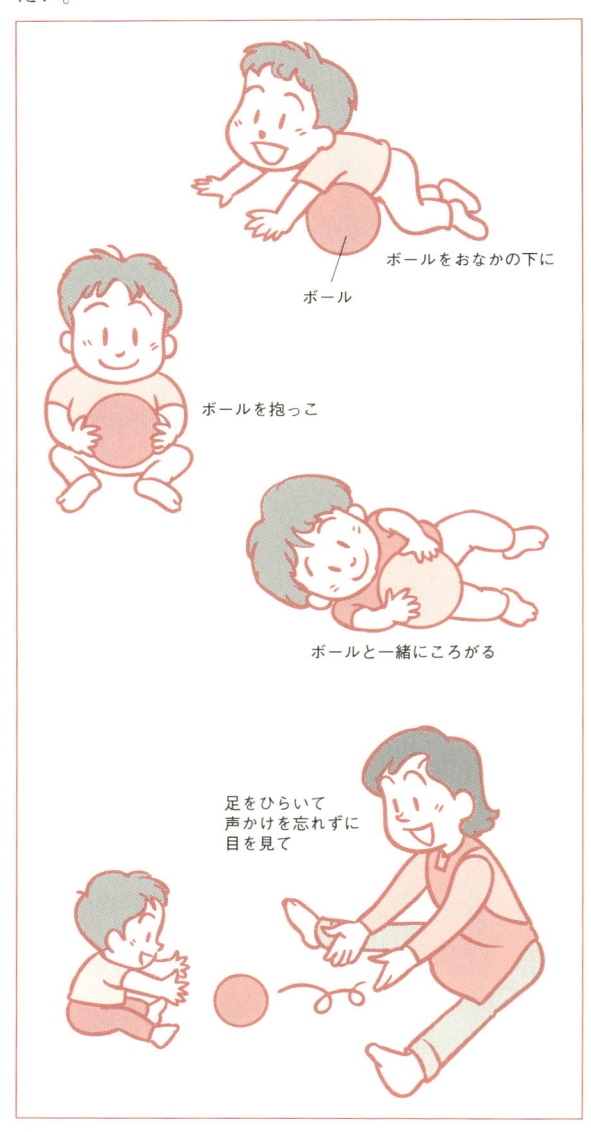

- ボールをおなかの下に
- ボール
- ボールを抱っこ
- ボールと一緒にころがる
- 足をひらいて 声かけを忘れずに 目を見て

52 高い高い（受動的運動）

該当年齢 0 1 2 3 4 5 歳児

首も据わり，座位の姿勢ができるようになったころ，乳児に行われる受動的運動です。受動的運動は，その後の能動的運動をひき出すともいわれています。

健康・運動　通年

【ねらい】
①視界の変化によって，赤ちゃん（乳児）が喜ぶことを知る。
②言葉かけ「高い高い」「低い低い」など，状況に応じた言葉かけを同時にすることによって，視覚と聴覚の協応性を高める。
③保育者との感情の交流やスキンシップを図る。

【準備・環境づくり】
①月齢が低い場合は，保育室内で徐々に慣らしていく。天井が低い，周囲に障害物があるなど，圧迫感のある場所は乳児に恐怖心を与えることがあるので，できる限り避けたほうがよい。
②天気がよく，適温のころを見計らって園庭で行ってみるのもよい。
③慣れてきたら散歩で出かけた先など，戸外でやってみるのも変化があってよい。
④万が一に備え，爪が伸びていないか，コンクリートなど足元がかたいところではないか，周囲に危険なものがないか，乳児の安全には十分過ぎるほど配慮する。

【遊び方・プロセス】
①乳児をまっすぐに抱く。
②乳児の両脇の下でからだ全体を包み込むような気持ちでしっかりと持つ。乳児の腕に力が集中しないよう，肘内障に気をつける。
③極端に高くしたり低くしたりすると，急な視界の変化に順応できず，恐怖心を与えることとなるので，とくに月齢の低い乳児には気をつける。笑顔を忘れずに「高い高い」など状況に応じた言葉かけをすると，乳児の緊張感がやわらぎ笑顔を見せてくれる。
④「高い高い」は乳児だけの遊びではない。年齢や発達を加味し，速さ高さ低さを調節したりすると，各年齢層（0歳〜2歳）で楽しめる遊びとなる。

【援助のポイント】
乳児の目をしっかりと見て言葉かけは忘れずにする。乳児を対象とする場合，先に述べたとおり安全管理には十分配慮すること。

【バリエーション】
「高い高い」の遊びにおいて「いないいないバア」の要素を取り入れると，乳児はいっそう喜ぶようになる。高いところから降ろしながら顔を近づけ「バア」といったり，乳児の胸やお腹のあたりに顔を近づけ，くすぐるような動作をしてみるとよい。

また，上げたり降ろしたりする仕方も，ゆっくりしたり，早くしたり，左右にゆらしたり，リズムをかえるなど，さまざまなバリエーションを加えると楽しい。

・視線をあわせ バァ〜！ 明るい表情で
・あまり高くあげない
・年齢によって，また個人差によって高さを調節する

＜飛行機＞
・横に振る
・保育者がぐるぐるまわる

53 坂道のぼり
―クマさん歩き―

該当年齢 0 1 2 3 4 5 歳児

つかまり立ちから歩けるようになると，勾配のある場所を好んで行ったり来たりするようになります。それを遊びのなかに取り入れてみましょう。子どもはどんどん歩くようになります。

健康・運動

通年

【ねらい】
①クマさん歩きをすることによって，左右前後の手足をバランスよく使い，前進できるようになる（手足の使い方がバランスよくできるようになる）。
②勾配とのかかわりのなかで，手足の指で踏ん張る力をつける。
③勾配の素材を代えることにより，握る力，つかむ力をつける。
④恐怖心を乗り越えることによって自信をつけ，充実感を味わい，いろいろな事項への興味・関心・意欲を高める。

【準備・環境づくり】
①室内用のすべり台を用意する。勾配の急なものは避ける。
②すべり台を逆行することになるので，園内の約束で「すべり台逆行禁止」になっている場合には，園内においてあらかじめ同意を得ておくようにする。
③すべり台の近くには保育者を必ず配置する（できれば2人以上）。
④すべり台がない場合には，とび箱（1段目）やそれに代わる箱を用意し，その上にマットを敷く。すべり台と違った魅力ある勾配ができる。
⑤クマさんが出てくる絵本，紙芝居を読み，それらの物語に合わせた環境設定を整えると，子ども達もクマさんになりきることができ，遊びが発展する。

【遊び方・プロセス】
①すべり台の勾配を，クマさんになりきって下からのぼって遊ぶ。
②足の指に力が入るよう裸足になるとよい。
③子ども達がクマさんになりきるよう環境設定を整える。

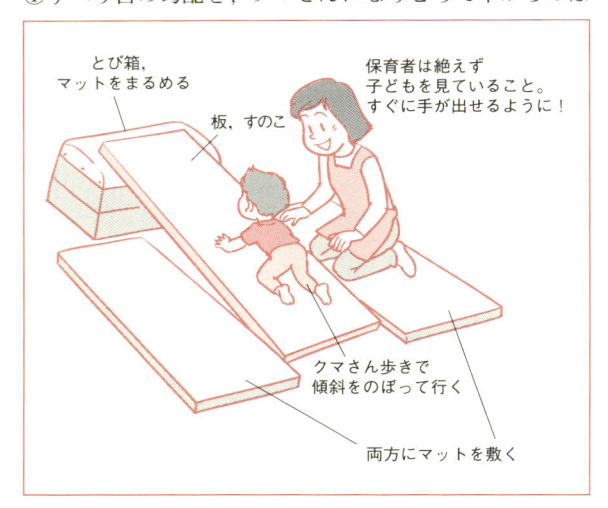

【援助のポイント】
①クマさんが坂をのぼる理由を，子ども達に動機づけとして，絵本や紙芝居から与えておくと遊びが発展する。のぼりきったら充実感を味わえるような言葉かけをするとよい。
②立ったまま歩いて勾配をのぼろうとする子がいた場合，臨機応変に対応する。からだのバランスをとることが難しそうなときは，手を差し伸べる。
③左右の手足が同じ動きをしていても，無理に矯正しないようにする。最初は楽しみながら回数をこなし慣れることが大切である。

【バリエーション】

①　保育者の足を斜めにしてのぼる。足の屈折で高さを変えたり，慣れてきたらガクッ！と下げたり1人ひとりに合わせる。

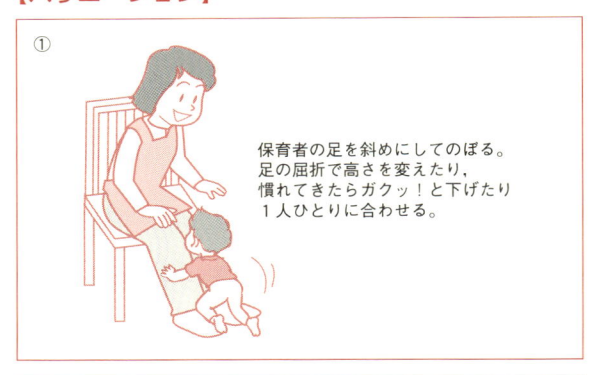

とび箱，マットをまるめる
板，すのこ
保育者は絶えず子どもを見ていること。すぐに手が出せるように！
クマさん歩きで傾斜をのぼって行く
両方にマットを敷く

②　Aのところに人形や音の出るものなど，目標となるものをおいて「クマさん！クマさん！ここまでのぼろ!!クマさん！クマさん！リンゴをどうぞ」などとなえ歌などもおり込む。

Bののぼりの途中に保育者がトンネルをつくる。

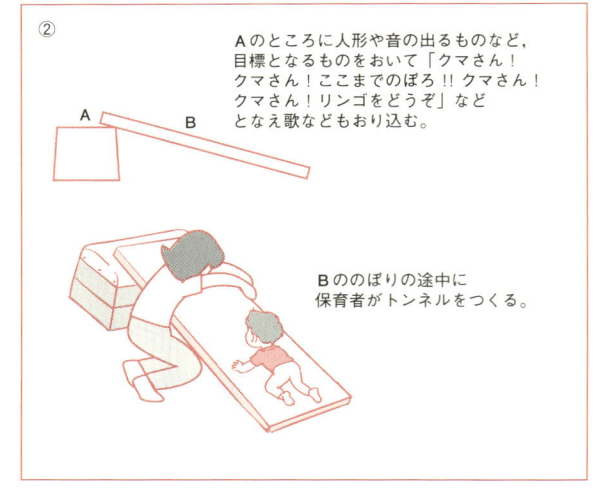

54 なにが入っているのかな

該当年齢 0 1 2 3 4 5 歳児

乳幼児期にすることが多い「ティッシュペーパー」出しを参考にした遊びです。好奇心や引っ張ったりつかんだりする動作を促します。これならもったいなくありません。

【ねらい】
①好奇心を呼び起こし，意欲を高める。
②引っ張る動作やつかむ動作を促す。

【準備・環境づくり】
①使用後の粉ミルク缶に図1のように布で覆いかぶせ，上部には覗いたり手を入れたりすることができる穴をつくる（巾着袋のようなものをつくり，そのなかにミルク缶を入れ，ひもでしばる）。

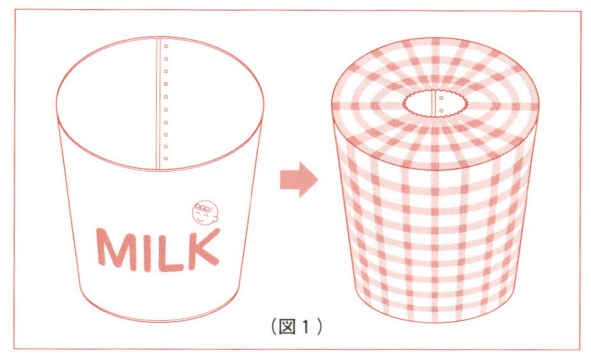

（図1）

②ティッシュペーパーの代わりに布でつくったもの（図2）をそれぞれ縫い合わせ，缶のなかに入れる。

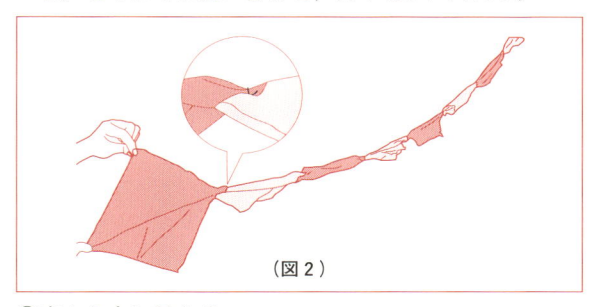

（図2）

③穴から少し見えるよう布の端を5cmほど出しておく（図3）。

④遊びが発展してきたら，布を入れる前に缶のなかに積み木などを入れる。缶を振ったときに音が出るようなものがよい（図4）。

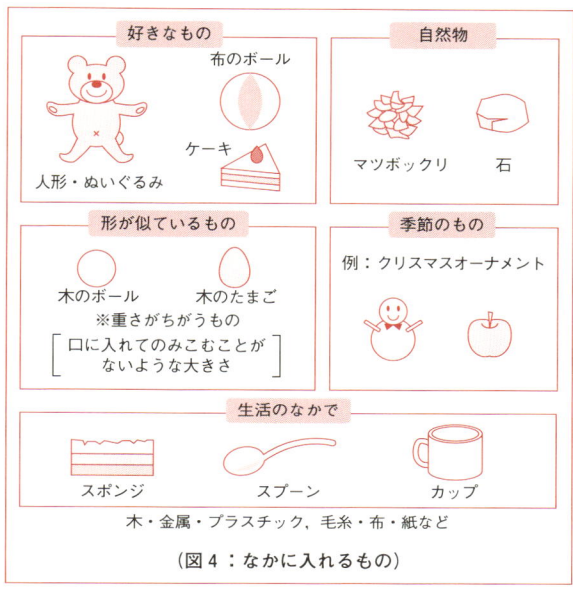

（図3）

好きなもの
人形・ぬいぐるみ　布のボール　ケーキ

自然物
マツボックリ　石

形が似ているもの
木のボール　木のたまご
※重さがちがうもの
［口に入れてのみこむことがないような大きさ］

季節のもの
例：クリスマスオーナメント

生活のなかで
スポンジ　スプーン　カップ

木・金属・プラスチック，毛糸・布・紙など

（図4：なかに入れるもの）

【遊び方・プロセス】
①缶の上部に見えている布の端に興味を示したら，それを最後まで引っ張り出す。
②全部出した後に缶の穴のなかを見るような動作をしたら，次回から積み木などを入れる。そのような動作がない場合には，「なかになにが入っているのかな」などの言葉かけをして，缶のなかに好奇心が向くようにする（缶を叩いて音を出すとよい）。
③今度は先に積み木など，固形物（口に入らないような大きいものにする。丸いものはなるべく避けたほうがよい。万が一の場合，四角いものより丸いほうが飲み込みやすいため）を入れてから布を入れる。
④ふたたび子どもが布を出す。出し切ったあと，缶のなかにある積み木に気づき，穴から手を入れて，なかに入っている積み木をつかんで出す。

【援助のポイント】
　子どもが飽きないよう，缶のなかにはできるだけ多くのものを入れたほうがよい。しかしこのころは，まだものを口に入れる子どもが多いので，小さなものは絶対に入れないように気をつけること。ものを口に入れる子どもがいる場合，衛生面において，おもちゃなどは共有しないほうがよい。布を出したあと，なかの積み木に気づかなかった場合，缶を振ってなかの音を聞くことによって気づくようにする。

健康・運動

通年

55 ひっこし鬼

該当年齢 0 1 2 **3 4 5** 歳児

数ある鬼ごっこのなかでも低年齢向きで、導入にぴったりな簡単で楽しい遊びです。移動鬼などといわれることもあります。はじめのうちは、みんなで移動するだけでも楽しいものです。

健康・運動／通年

【ねらい】
①ルール・約束を守って、からだを動かして遊ぶ楽しさを味わう。
②鬼の声に合わせて動くなかで、集中力や敏捷性を養う。
③みんなで一緒に逃げる楽しさや安心感を味わう。

【準備・環境づくり】
①地面に円を2つ描き、安全地帯とする。
②円は参加人数が全員入れる大きさで、円の間隔は十分にあけ、走りまわれるくらいが望ましい。

【遊び方・プロセス】
①はじめに鬼を1人決め、鬼以外は全員片方の安全地帯に入る。
②鬼の「おひっこし」のかけ声で、みんな円から出てもう一方の円（安全地帯）に逃げる。
③その間に鬼は捕まえにいく。
④ひっこし完了前に捕まると鬼を交代する。

【援助のポイント】
はじめのうち、とくに年齢が低い場合は鬼役をつくらず、保育者の合図で移動を楽しむひっこし（移動）ごっこからはじめるとよい。慣れてきたら、保育者が鬼役になり、捕まっても生き返るなど配慮をして、ルールの理解を促す。「おひっこし」のかけ声は緩急をつけたり、スピードを変え、子ども達の集中力を高める。鬼になった子どもには、大きな声ではっきりとかけ声をかけるように伝える。

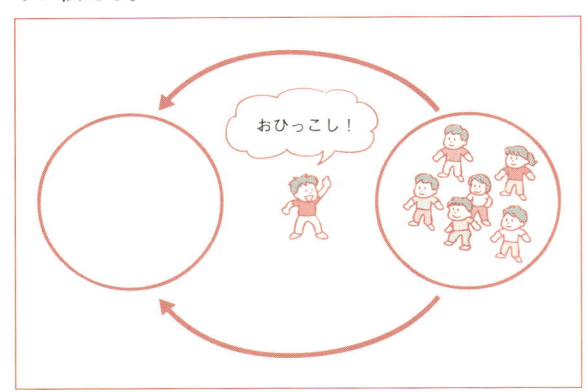

【バリエーション】

＜バージョン① 増え鬼＞
捕まったら鬼の仲間になり、次は捕まえる側となる。数回繰り返し、生き残った者や最後の1人が「ひっこしのプロ」となる。

＜バージョン② 形鬼＞
安全地帯を○（円）□（四角）△（三角）など3か所以上つくり、鬼は「おひっこし」の代わりに安全地帯の形を叫ぶ。

＜バージョン③ 場所鬼＞
鬼に指定された場所が安全地帯になる。たとえば鉄棒、ジャングルジム、砂場など。
準備することなく始められ、保育者が子ども達を集合させたいときに有効となることもある。

＜バージョン④ 先生鬼＞
園庭に数名の先生が散らばる。鬼は先生の名前を叫ぶ。みんなはその先生のまわりに集まる。年度当初、保育者との信頼関係を築く時期にも有効に活用できるだろう。

＜バージョン⑤ 海賊鬼＞
ストーリー性のある遊びで、子ども達はより楽しむことができる。

鬼の集まるサークル（ワニ、サメなど）
「おひっこし」のかわりに「あらしだ！」で船をのりかえる
バンダナやお面などをつくるとよりわかりやすく楽しい

56 ジャンケンぽんぽんゲーム

該当年齢 0 1 2 **3 4 5** 歳児

ジャンケンを使って，こんな遊びを楽しむこともできます。かなり難しいレベルもあり，大人でもひと苦労です。運動能力を高めることにもつながっていきます。

【ねらい】
①ジャンケンの形（グー，チョキ，パー）を知る。
②ジャンケンの仕方を知る。
③ジャンケンを使った遊びの楽しさを味わう。
④刺激に対して反応する能力を高め，瞬発力や敏捷性を養う。

【準備・環境づくり】
年齢や子どもの状況によって，遊び方を変えれば柔軟に対応できる。まだジャンケンを十分に理解できていない3歳児などには，その理解をすすめる遊びに，5歳児などにはかなり課題性の高い遊びにできる。子ども達のジャンケンの理解をよく把握して行うようにする。

【遊び方・プロセス】
①保育者が子どもの前に立ち，ジャンケンぽんでグー・チョキ・パーいずれかを出す。
②それを見て子ども達は，同じものを保育者をまねて出す（慣れてきたら，「ぽん」といって出すようにする）。いわゆるまね遊び。
③子ども達が慣れてきたらスピードを速くして，リズミカルに行うとさらに楽しくなる。
④この遊び方で，子どもが出すものを下記のように変えていくとだんだん難しくなる。
ア）保育者が出したジャンケンに，勝つジャンケンを出す。
イ）保育者が出したジャンケンに，負けるジャンケンを出す。
ウ）保育者が出したジャンケンに，勝つものと負けるものを両手を使って出す。

【援助のポイント】
ジャンケンを知っている子どもほど，ふつうのジャンケンがイメージにあるので，まず保育者対子どもでふつうのジャンケンをし，次に「今度はちょっと違って，先生をまねっこするんだよ，まねっこ競争だからね」というように導入するとよい。

【バリエーション】
慣れてきたら，右図のようなからだを大きく使ったジャンケンや，足や顔のジャンケンで行うと，またちがった楽しさが感じられる。その場合は，右図のようなやり方でのジャンケンに慣れてからするとよい。

みんなから見えるように保育者は台の上などに立ち，グー・チョキ・パーのいずれかを出す。それを見て子どもがからだ全体で反応する形をとるのがやりやすいだろう。保育者は手で出して，子どもはからだで反応するのも楽しい。子どもの運動の基礎的な能力を高める経験にもなる。また，ジャンケンは運動能力に影響されずに勝ち負けが決まるので，いろいろな遊びと組み合わせると，運動が苦手な子も喜んで参加する場面となることもある。

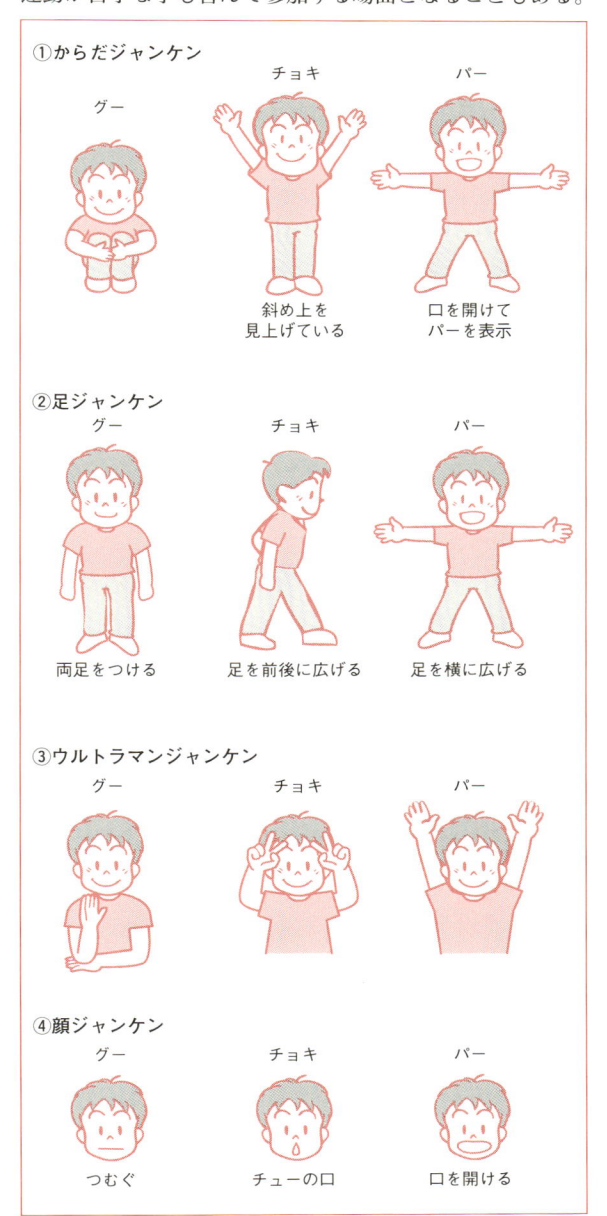

健康・運動　通年

①からだジャンケン
グー／チョキ（斜め上を見上げている）／パー（口を開けてパーを表示）

②足ジャンケン
グー（両足をつける）／チョキ（足を前後に広げる）／パー（足を横に広げる）

③ウルトラマンジャンケン
グー／チョキ／パー

④顔ジャンケン
グー（つむぐ）／チョキ（チューの口）／パー（口を開ける）

�57 変身歩き

該当年齢 3歳児（0・1・2・4・5含む）

子どもの豊かな想像力で模倣運動をしながら，からだのバランスをとり，上肢と下肢の協応性が身につきます。友達の動きを観察することで，新たな発見もあるでしょう。

健康・運動 / 通年

【ねらい】
① マットに親しむ。
② イメージを育て，なりきって遊ぶ。
③ 自由にのびのびからだを動かすことにより，柔軟性や敏捷性を養う。

【準備・環境づくり】
① マット（ショートマット・ロングどちらでも可）
② セーフティーマット
③ ビニールテープ
④ とび箱の1段
⑤ ロイター板

【遊び方・プロセス】
① テーマを決める（動物・昆虫・鳥・ヒーローなど）。
② 何に変身するかを子ども達と一緒に言葉のキャッチボールをしながら相談する。
③ 保育者が魔法をかけてスタートする。

＜変身の例＞ 
① 子グマ…膝をつき四つんばいの姿勢をとる。
② クマ…膝をのばして体重を両腕にかけ，からだをしっかり支えながら歩く。
③ 赤ちゃんペンギン・お母さんペンギン…正座や立ち膝の姿勢で，上半身とのバランスをとりながら歩く。
④ ウサギ…両手を前に出し，全体重を腕にかけるように腰を高くして，両足を蹴って前に進む。
⑤ カニ…しゃがむ姿勢で横に進む（はさみを人さし指と中指で表す）。
⑥ カエル…両足でマットを強く蹴って，できるだけ遠くへジャンプする。
⑦ ヘビ…うつ伏せで両肘をつき，四肢を使っていろいろな方向へ進む。
⑧ ゾウ…腕を使って鼻に見せ，上半身を前に倒すような姿勢で歩く。

＜マットのセット例＞
① スタート→ゴール
② スタート→ゴール

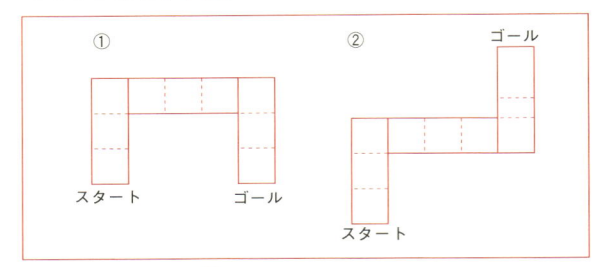

【援助のポイント】
① 導入段階で，子ども達がたくさんイメージをわかすことができるような会話を心がける。
② 子どもからの発想を否定せず，また，子ども同士も否定しないように保育者は注意する。
③ スタートからゴールまで一方通行とし，子ども同士の衝突を避ける。
④ 曲がり角があるセッティングをした場合は，からだの向きが変化するため，怪我をしやすいので注意をはらう。
⑤ マットからはみ出さないようにゴールする。はみ出さないような演出（マット以外は海など）をすることもひとつである。

【バリエーション】
いろいろな器具を利用してセッティングの工夫をする。
① マットのつなぎめを開けて，そのなかにビニールテープ（青）を貼り，川とする（屋外で行う場合は，スズランテープや縄とびなどを代用するとよい）。 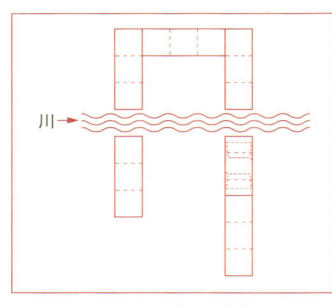
② とび箱の1段目を下にいれ，ロイター板を斜めにかけて昇り降りができる坂道をつくる。その際，大きな段差ができない工夫をし，子どもが動いているときには十分注意する。
③ なりきって遊ぶことを楽しんだら，なりきったまま鬼遊びなどをしても楽しい。

58 鬼ごっこ（鬼遊び）

該当年齢 0 1 2 3 4 5 歳児

「鬼ごっこ」（鬼遊び）は，子ども達が夢中になって全身を動かす遊びで，その後のボール遊びやボール運動の動きの基礎となります。ここでは基本的なことを記しますが，実際には多様なパターンがあります。

【ねらい】
① 遊びをとおして走る・方向を変える・身をかわすなどの多様な動きを身につける。
② みんなでからだを思い切り動かしながら楽しく遊ぶ。
③ ルールを守って遊ぶ。
④ 仲間と協力して遊ぶなかで，社会性や規律を身につける。

【遊び方・プロセス】
追う，逃げるという関係のある遊びはすべて鬼ごっこである。鬼ごっこには無限のバリエーションがある。そのなかのいくつかは，本書でも紹介している。

ここでは大きく3つのタイプに分けて考えてみる。

① **追いかけ鬼**…これにルールが加わった高鬼，座り鬼，鉄鬼，色鬼など。鬼は1人だけで次々に交替する形式である。ルール上は終わりがない。ゆえに鬼は子どもを捕まえ，子どもは鬼から逃げるという「1対1の関係」を集団が意識する。

② **かくれんぼ，手つなぎ鬼など**…最初に決まった鬼は交替されず，子どもは捕まるとその遊びから除外されるか，鬼に転化する形式である。鬼は子ども1人を捕まえることを繰り返して全員を捕まえ，子どもは鬼から逃げることが目標となる。子どもの集団は捕まった者と残って逃げる者に分かれ，子ども全員が捕まって終了となるため「集団全体」が意識される。

③ **どろけい（泥棒と警官），ネコとネズミなど，いわゆる「助け鬼」と総称される鬼遊び**…鬼と子どもはそれぞれ固定したチームに分かれて遊び，子どもは捕まっても仲間に助けてもらえる形式である。子ども全員が捕まると終了になるが，助け出せるので，終了が不確定になる点に偶然性と作戦の正否という要素が加わる。鬼と子どもはチーム対チームの関係となるため，「集団と集団の関係」が意識される。

【援助のポイント】
① やさしいルールから始め，より工夫した規則で楽しめるように配慮する。

はじめから複雑なルールでは，遊びの楽しさを感じられないこともある。やさしいルールで全体の熱中度および活動量を高めるよう配慮する。また当初の個人的な楽しみの段階から，友達同士のかかわり合いによる楽しさを共有できる段階へ発展する支援が期待される。

② 仲間との相互的なかかわり合い（関係性）が育まれるような配慮をする。

できるだけ仲間同士でからだとからだが触れ合うよう支援する。また遊びのなかで生じた問題を，子ども達で話し合いができる雰囲気づくりをし，それを自発的なルールの工夫へと役立てる。これは作戦を立てる際の話し合いへも発展的に活かされる。

③ 鬼ごっこでは，全員が楽しむことができ，その時間を多く確保できるよう配慮する。

鬼に捕まったらコート外に出て遊びが終わるのを待つのではなく，捕まってもふたたび鬼ごっこに参加できるようなルールにするなど，鬼ごっこに熱中できる時間を全員が確保できるようなルールにする。

【バリエーション】
バリエーションは無限である。保育者や子どもが新しい鬼ごっこを考え，つくりだすことができるので，自分達なりのユニークな鬼ごっこをつくって楽しむという魅力もある。

■ Column―鬼ごっこの起源

鬼ごっこの起源はヒトより古く，サルなどの動物の遊びにその原型に近いものがみられるといわれています。

昔からあるこの遊びは，洋の東西，時代の新旧を問わず，地球上の異なる文化・地域において，さまざまな変化をとげて定着してきました。歴史的な絵巻物「鳥獣人物戯画」やブリューゲルの絵画「子どもの遊戯」にも鬼ごっこの様子が描かれています。

59 からだ遊び（やまごやいっけん）

該当年齢 0 1 2 3 **4** 5 歳児

手遊びをアレンジして，からだを大きく使って遊びます。意外な楽しさに，きっと子ども達は夢中になるでしょう。いろいろアレンジする遊びをふやせば，さらに楽しさが広がります。

健康・運動／通年

【ねらい】
①狭い室内でも，からだを十分に動かして遊ぶ楽しさを味わう。
②リズムに合わせてからだを動かす心地よさを知る。
③遊びを工夫したり発展させたりする発想にふれる。
④いろいろな物事をからだで表現する楽しさを味わう。

【準備・環境づくり】
手遊び「やまごやいっけん」を子ども達が知っていて，楽しんでいることがこの遊びの前提となる。

【遊び方・プロセス】
図を参考に「やまごやいっけん」をからだを大きく動かして楽しむ。

【援助のポイント】
とにかく保育者が大きくのびのびと表現してみせることが重要。

【バリエーション】
いろいろな手遊びをこのようにアレンジすることが可能。たとえば，「はちべえさんとじゅうべえさん」を2人組でやってみるなど。自由に自分の知っている手遊びをアレンジしてみよう。

---

① ♪やまごやいっけんありました♪
両手でからだの前に大きな家を2回描く

② ♪窓から♪
両手でからだの前に窓を描く

③ ♪見ていた♪
右手・左手交互におでこにつけ，左右を見るポーズ

④ ♪おじいさん♪
膝と腰をまげ，右手であごのところにひげがあるかのようにひげをなで，左手は腰にあてる

⑤ ♪かわいいウサギがピョンピョンピョン♪
両手で頭の上にウサギの耳をつくり，はねる（軽く）

⑥ ♪こちらへ逃げて来た♪
⑤よりいっそう激しくはねる

⑦ ♪助けて助けておじいさん♪
横を向き，片足立て膝をし，両手はななめ上に上げ，救いを求めるポーズ。これを左右に2回ずつ，計4回やる

⑧ ♪猟師の鉄ぽうが怖いんです♪
両手，人差し指出し，それを前後でくっつけて鉄ぽうをつくり，左右に動かす

⑨ ♪バーン♪
⑧の状態のまま鉄ぽうを撃ち，その衝撃でうしろにとぶ

⑩ ♪さあさあ早くお入んなさい♪
手まねきする

⑪ ♪もう大丈夫だよ♪
からだの前で円をつくり，フワフワという感じに両手を3回まわす

⑫ ♪ギュッ♪
ウサギがいると思いしゃがんだまま抱きしめる

⑥⓪ ワン・ニャン・ブー

該当年齢 0 1 2 3 **4** 5 歳児

「ワン」「ニャン」「ブー」と動物達は迷子になって大騒ぎ。鳴き声や身振りを頼りに仲間を集める楽しいゲームです。どこに何人の仲間達がいるのでしょうか。

健康・運動

通年

【ねらい】
①動物になりきり，からだ全体での表現を楽しむ。
②ゲームをとおして，からだを動かして遊ぶ楽しさを知る。
③ゲームのルールを理解して，友達と楽しく遊ぶ。
④ゲームのなかで使われる記号や数字に関心を持つ。

【準備・環境づくり】
①場の設定：大きく動くことがあるので，十分に動く安全な空間を確保する。
②準備：グループ分けに必要なカード（数字や記号などが書かれているもの）

【遊び方・プロセス】
①3つのグループに分ける。
※数字や記号のカードを使ったり，保育者がランダムに肩に触った人，握手をした人，頭をなでた人などとしてもよい。
②グループごとにイヌ・ネコ・ブタの動物になりきるようにおまじないをかける。
③動物になりきり，部屋のなか（園庭）を散歩する。
※3つのグループがばらばらになるように言葉をかける。お話（ストーリー）をつくり遊ぶのもよい。
④保育者の合図で仲間同士集まる。

合図「迷子の友達を探そう」「ワン・ニャン・ブー」のかけ声とともに仲間を探し，みんなが集まったグループで手をつなぎ，その場に座る。
⑤早く集まることができたチームが勝ち。

【援助のポイント】
①なりきる動物がわかるように，絵などを使ってイメージをふくらませる。
②自分なりに表現しているが，動物の名前を言ったり，うまく表現できない子どもには，「『○○』と鳴いている友達がいるよ」「『△△』さんのグループはどこ？」などと言葉かけをし，仲間で集まる意識を高める。

【バリエーション】
＜表現方法の工夫＞
自分がどのような動物であるかを表現するときに，

「動作」+「鳴き声」+「その他」の表現
↓
「鳴き声」のみの表現
↓
「動作」のみの表現

と表現方法の条件を制限していくと，楽しみ方がふえる。

＜動物の種類を増やす＞
動きや鳴き声に特徴のある動物を増やす。

カラス	→	「カーカー」
小鳥	→	「チュンチュン」
ヒツジ	→	「メーメー」
ウシ	→	「モーモー」
ニワトリ	→	「コケコッコー」
ライオン	→	「ガオー」
人間	→	「エーン，エーン（しくしく）」

※保育者が決めるだけでなく，子どもとともに動物を探し出し，鳴き声を確認するとより楽しい。

＜動物のお母さん（お父さん）に探してもらう＞
①学年などの大きな集団で行うときは，保育者（大人）が動物のお母さん（お父さん）になり，子ども達の間を歩きまわり，「動物列車」をつくり仲間集めをする。
②子どもは場を動かず，動物になりきり表現をする。
③親動物になった保育者が子どもの間をまわり，自分の子どもを探してまわる。
④見つけたら自分の後ろにつなぎ，電車のようにして移動し，さらに子どもを探す。
⑤早く見つかったチームが勝ち。

＜親子でゲームを楽しむ＞
①親子一緒に行う場合
　親（子）が動物になりきり，鳴き声を出さずに表現をする。子ども（親）は親（子）の手を引き，同じ仲間のところに連れて行く。
②親だけが行う場合（運動会の親の競技など）
　保育者が動物の親役になり，動物になりきっている親のなかをまわり，同じ動物を探し，「動物列車」をつくる。この際も，表現の方法に制限をつけるとよりいっそう楽しむことができる。

＜3人組からはじめる＞
子どもが3人組をつくり，その中でジャンケンなどしてワン・ニャン・ブーの3役を決め，スタートの合図でどの動物がいちばん早く集まれるかを競う。

㉑ 基地づくり

該当年齢 0 1 2 **3 4 5** 歳児

基地づくりの楽しさは，身近な遊具や材料を使って，自分達だけの空間をつくり出すところにあります。友達と力を合わせるという点も見逃せないよさです。

健康・運動

通年

【ねらい】

①一定の場所を確保することで，気持ちを安定させ，じっくりと遊ぶ。
②つくった基地を拠点として，いろいろな遊びを展開する。
③遊びによって，基地をつくり変えていく工夫をする。
④友達と一緒にひとつのものをつくり上げるという楽しさを味わう。
⑤基地をつくる過程で，完成形や材料，つくり方などを友達と話し合い，関係を深める。

【準備・環境づくり】

<屋外>

木と木の間や，ジャングルジム・鉄棒などに，大きめのビニールシートをかける。子ども達がなかに入り込めるようにする。

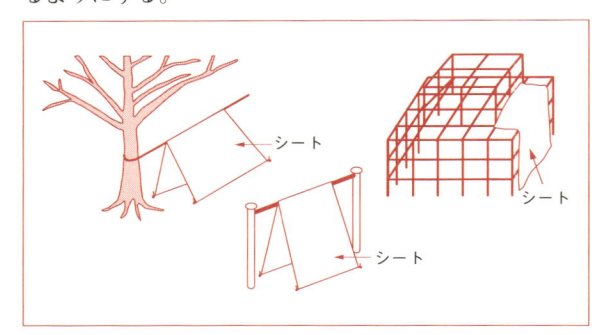

<室内>

①テーブルを部屋の隅に置く。下は，子どもがもぐり込めるように何も置かないようにしておく。

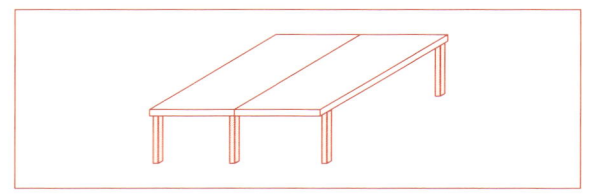

②大きめの段ボール（子どもが入り込めるくらいのもの），空き箱，牛乳パックなどを用意しておく。

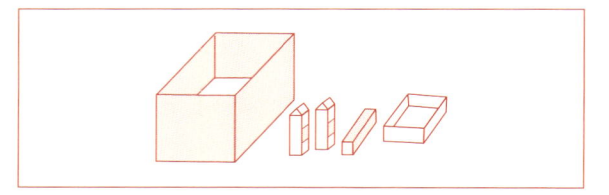

③大型積み木などを用意する。

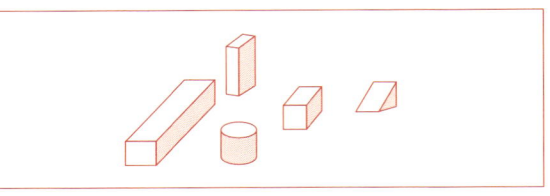

【遊び方・プロセス】

①設定してあるついたてや机の下など，小さな空間（基地）に入り込み，安心して自分達の好きな遊びをする。
②用意してある材料，大型積み木，段ボールなどを使い，自分達の基地をつくる。組み立てるための道具やテープなどを求めてくる姿もある。
③つくった基地のなかに人形，ブロック，座布団，毛布など，いろいろなものを持ち込み，遊びが発展していく。
④友達と遊びのイメージを共有し，どのような基地をつくっていくかを考えながら，力を合わせて基地をつくっていく。
⑤自分達の遊びに応じて，基地づくりも変えていく。

【援助のポイント】

①年少児や入園したばかりの年中児は，自分達が安定して遊べる場所として狭い空間を好む。そこで，保育室に，ちょっとしたコーナーを設定しておく。すると，そこに入り込み，落ち着いて遊び始める姿を見ることができる。子ども達の心の基地となるのだ。その際，いろいろな遊びにつながるよう，遊具を持ち込めるようにすることが大切になる。
②幼稚園（保育所）生活に慣れてくると，基地全体をつくる楽しさや，つくった基地でどのように遊びを展開するかに，子ども達の興味が向いてくる。基地づくりに必要ないろいろな材料や道具を求めてくる子ども達に対して，自由に使える材料を豊富に準備することが援助のポイントになる。
③子ども達がどのような遊びをその基地で展開しているのかをとらえるようにし，遊びに使う道具を準備したり，自由に使えるようにしておくことも大切である。同時に，ひとつのものをみんなでつくり上げるという遊びなので，仲間同士でのぶつかり合いが予想されることも忘れてはならない。
　いずれにせよ，子ども達のその時々の姿をとらえ，どのような援助をしていくかが大切になる。

㉖ 自動販売機

該当年齢 0 1 2 **3 4 5** 歳児

とび箱を使った，自動販売機ごっこ。いろいろなところから，ものが出てきます。何が出てくるかドキドキワクワクの遊びです。意外性のあるとび箱の使い方に，子ども達もびっくりです。

【ねらい】
①自動販売機のイメージをふくらませ，販売機のいろいろなところにカードを入れたり，出てくるものを受け取ったりして楽しむ。
②友達とのやりとりを楽しむ。
③からだを思い切り動かす楽しさを味わう。

【準備・環境づくり】
①準備：とび箱（なかに子どもが入れる高さ），販売機に入れるカード，出てくる小物（商品）など。
②環境づくり：とび箱のなかの釘などが出ていないか，安全の確認は必ずしておくこと。
　いろいろなカードなどを子ども達と楽しんでつくっておく。

【遊び方・プロセス】
①とび箱の上部をあけ，そのなかに子ども（とび箱の大きさに応じて1～2人）が入り，手足が挟まらないよう，上部を元に戻す。
②外にいる子どもはとび箱の運び用の隙間や段と段の間の隙間からカードを入れ，なかの子どもは，隙間からいろいろな商品を出すという，やりとりを楽しむ。

とび箱のなか

このようにあいている隙間でやりとりをする

【援助のポイント】
①カードや小物（商品）などは，子ども達と楽しみながら作成する。
②とび箱の大きさなどを十分に考慮し，なかに入る人数や遊び方などを工夫する。
③メニュー表をつけたり，自動販売機らしくデコレーションをつけると，より雰囲気が出て楽しめる。
④なかに入っている子どもの目の高さなどに十分配慮し，カードの入れ方などの決まりごとを徹底しておく。
⑤はじめのうちはカードをなかに入れたら，違うところ（たとえば反対の面）からそのカードを出すなどのやりとりでもよい。

【バリエーション】
＜自動販売機リレー＞
①自動販売機から少し離れたところにラインを引き，販売機に入っている子ども以外は1人ずつカードを持ち，順番に並ぶ。
②合図とともに1人ずつ買い物をし，終わったら次の子どもにタッチをするという，リレー形式で遊ぶ。
③カードをバトンがわりにしたリレーもできる。とび箱のところにカードを持って走っていき，カードを入れる。中の子どもは受けとったカードを別の隙間からすばやく外に出す。そのカードを受けとり走って戻り，次の人にそのカードを渡すというやり方となる。この場合，走るスピードもさることながら，なかに入っている子どもがいかにすばやく外にカードを出すかがリレーに勝つポイントとなる。どうやったら早く入れて出すことができるかなどを，みんなで考える良い機会にもなるだろう。

＜とび箱がなくても自動販売機＞
　こうした遊びから，なにもないところでも，子どもが自動販売機になりきって遊ぶ姿が見られることもある。イメージが広がると，子どもは楽しいことを考えるものである。

カードをバトンにしたリレー

健康・運動　通年

(63) 猛獣狩りに行こうよ！

該当年齢 0 1 2 3 4 5 歳児

言葉や数に興味が出てきた子ども達が楽しめます。友達同士の触れ合いを大切にしながら，遊びを進めていきたいですね。保育者の盛り上げ方次第で，とても楽しくなります。

健康・運動

通年

【ねらい】

①遊びのルールを理解し，友達と一緒にからだを動かして遊ぶことを楽しむ。
②文字や数に興味を持ち，親しんで遊ぶ。
③みんなで一緒に大きな声を出しながら，からだを動かす心地よさを味わう。
④友達とのかかわりを深める。

【準備・環境づくり】

①からだを動かすので，広い場所がよい。
②友達を探すゲームなので，みんなが見渡せるほうがよい。

【遊び方・プロセス】

①右記のように1節ずつ，保育者が言ったことを繰り返して子どもが言う。このとき（　）内の振りも同様に保育者の模倣をする。
②保育者は，最後に動物の名前を呼ぶ。
③子どもは，その動物の名前の文字数の人数のグループをつくる。

【援助のポイント】

①最初はわかりやすくするため，聞き慣れた文字数の少ない動物にする。
②動物の名前はゆっくり言って，子ども達が指を折ってかぞえることも楽しめるようにする。
③慣れてきたら，文字数を少しずつ増やしたり，小さい「っ」「ゃ」「ゅ」「ょ」を入れ，小さい文字が入った言葉に興味が持てるようにする。

【バリエーション】

①動物の名前を「～しているゴリラ」などのように，長い文章にし，多くの言葉を指折りかぞえて楽しむ。
②「猛獣狩り」を「世界旅行」にし，国の名前にする。
③「猛獣狩り」を「スーパー」「デパート」にし，売っている品物にする。売っている品物を思い浮かべながら楽しむ。その他にも「虫探し」や「お花摘み」など，子どもが興味・関心を持てる内容にアレンジすると楽しい。
④セリフと振りを繰り返す際，保育者がからだを大きく動かすようにすると，子どももものびのびと楽しく動くことができるだろう。その場で膝を叩くなどの振りをしながらすることもあるが，大きく動きまわりながらすると，より雰囲気は盛り上がる。「ドンドコドコドコ……」といった太鼓の音など入れるのもよい。

保：もうじゅう が り に い こう よ　（膝を4回叩く）
子：もうじゅう が り に い こう よ
保：もうじゅう な ん て こ わ く な い　（手拍子4回）
子：もうじゅう な ん て こ わ く な い
保：や り だって もって る もん　（やりを持つポーズ）
子：や り だって もって る もん
保：てっぽう だって もって る もん　（鉄ぽうを持つポーズ）
子：てっぽう だって もって る もん
保：あっ 子：あっ 保：あっ 子：あっ　（動物を見つけたように指さす）
保，子：あ～～
保：ゴ リ ラ →3文字なので3人グループをつくる

64 王様ジャンケンゲーム

該当年齢 0 1 2 3 4 **5** 歳児

さまざまなジャンケンゲームのなかでも，ルールの複雑さが特徴の遊び。たくさんのゲームを経験してきた子ども達には，もってこいの遊びです。運動が苦手でもジャンケンに勝てば点がとれます。

健康・運動／通年

【ねらい】
①ジャンケンを理解し，遊びを楽しむ。
②友達と協力をして，ゲームの勝敗を楽しむ。
③作戦を立てて，ゲームを進める楽しさを知る。

【準備・環境づくり】
①広い場所を確保し，攻める間の運動量を増やす。
②王冠，帽子などをかぶって，王様が誰でどこにいるかが明確になるように工夫をする。
③得点をとった印として，メダルやカードなどを用意。

【遊び方・プロセス】
①2チームに分かれる。
②チームのなかで王様（大将）を決める。
③代表（王様でなくてもよい）が出て，先攻・後攻を決める。
④後攻のチームはまず守備陣として，王様を守るために図のように何層もの壁をつくるような隊形を組む。
⑤守備陣の用意ができたら，先攻チームはスタートラインに1列に立ち，合図を待つ。
⑥合図とともに先攻チームは守備陣のところに走り寄り，ジャンケンをする。
⑦第1層の壁でジャンケンをし，勝ったものは，次の層に行く。どの層でも負けたものはスタートラインに戻り，再度スタートし，ジャンケンを繰り返す。
⑧勝ち続けて王様まで進み，王様に勝ったら得点。メダルなどをもらいスタートに戻ってまた参加できる。
⑨一定時間で攻守を交代し，どちらのチームが多く得点できたかを競う。

【援助のポイント】
①第2層，第3層で負けた攻撃チームの子どもがきちんとスタートラインに戻るのかがゲームの勝敗を左右するので，全体を見渡し，混乱をきたさないようにすること。
②また，守備陣の第1層の人数が多いため，ゲームが進むにつれて戦うことが少なくなる子どもが出てくることが予想されるので，時間配分などはゲームの進捗のなかで配慮する必要がある。

【バリエーション】
①「王様」の役を子ども達の興味・関心に合わせ，ともに考えて新しい物語をつくり上げてもよい。
例：ライオンキングジャンケン
　　海獣ジャンケン
　　プリキュアジャンケンなど
②ジャンケンも1回の勝負ではなく，3回の勝負（サンマ）で勝ち抜くなどの新しいルールをつくることもできる。
③攻撃チームでジャンケンで負けた場合は，スタートラインに戻るだけでなく，その場で10回まわってふたたびスタートするなどの罰ゲームを加えることもできる。

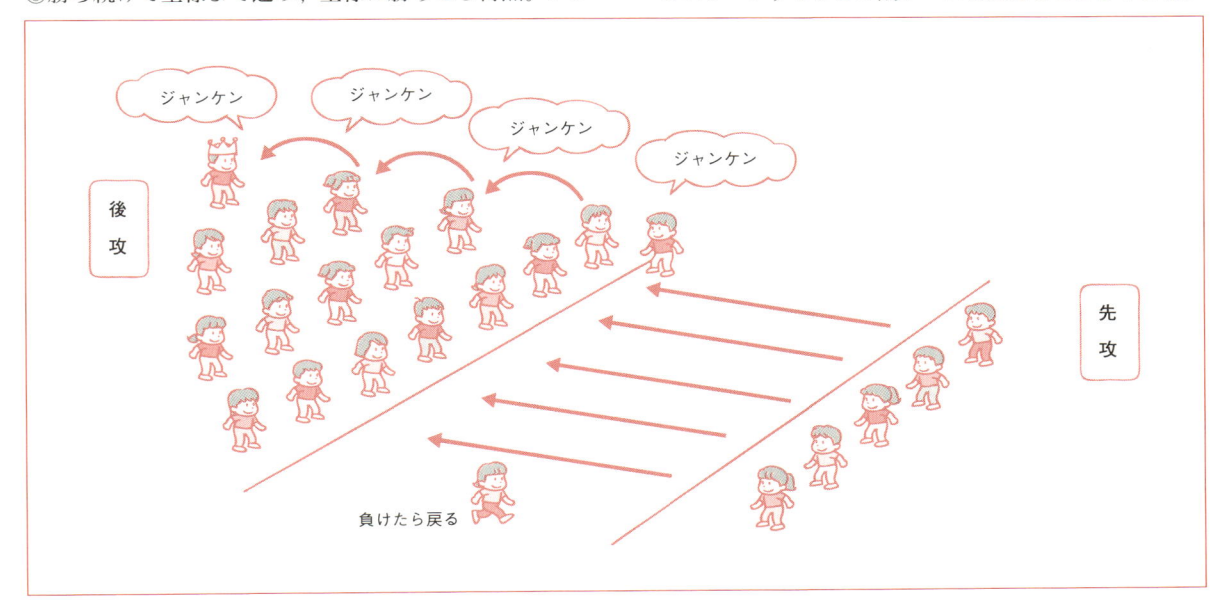

(65) 棒つかみ

該当年齢 0 1 2 3 4 5 歳児

棒のさまざまな動きに合わせて，いろいろとからだを動かします。瞬発力，敏捷性が試されるゲームです。棒の動きに変化をつけるのも，ひとつの楽しみでもあります。いろいろな動きを考えて楽しみましょう。

【ねらい】

①運動手具を用いて遊ぶ楽しさを知る。
②手具の特性に合わせてさまざまな動きをし，敏捷性，コントロール力を高める。

【準備・環境つくり】

①**場つくり**：１人ひとり長い棒を使用するので，棒がぶつからないような環境づくりを心がける。
②**準備**：棒。

【遊び方・プロセス】

＜１人で遊ぶ＞

①棒をからだの前に立て，手をいったん離してからつかむ。
②棒をからだの前に立て，いったん手を離してから拍手を１回してつかむ。
③棒をからだの前に立て，手をいったん離してから拍手を数回してつかむ。
④棒をからだの前に立て，手をいったん離してから倒れる前に何回拍手をしてつかむことができるかを競う。
⑤棒をからだの前に立て，手をいったん離し，その場で１回転して棒をつかむ。

＜２人で遊ぶ＞

①１人が棒を持ち，少し高く上げて手を離す。もう１人はタイミングを計り，棒が地に落ちる前につかむ。５回行い，つかんだ数を競う（その後，攻守の役割を交代する）。
②１人が棒をからだの前に立て，左右どちらかに倒すように手を離す。もう１人は棒が倒れないようにつかむ（１人で遊ぶ動作バリエーションを応用できる）。

＜３人で遊ぶ＞

①２人が向き合い，棒を胸の前に立てて上部を相手側に倒し，棒の受け渡し（やりとり）をする。
②もう１人はその受け渡し（やりとり）をさえぎり，棒をつかむ。

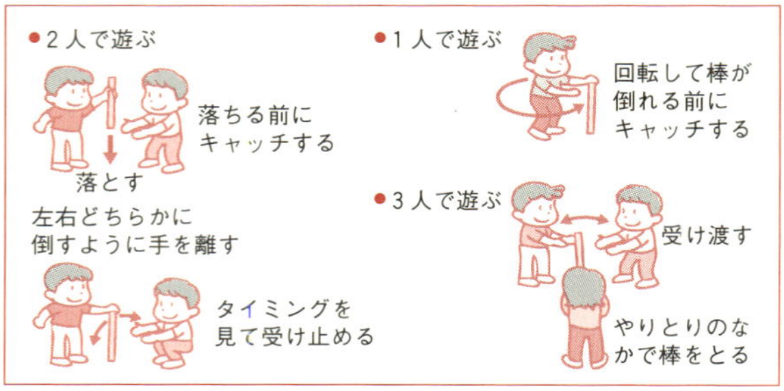
●２人で遊ぶ
落ちる前にキャッチする
落とす
左右どちらかに倒すように手を離す
タイミングを見て受け止める
●１人で遊ぶ
回転して棒が倒れる前にキャッチする
●３人で遊ぶ
受け渡す
やりとりのなかで棒をとる

【指導のポイント】

①長い棒を使うので，取り扱いの注意を徹底する。
②安全管理と十分な動きの保証を前提に，空間の確保に配慮する。

【バリエーション】

＜棒つかみ＆棒引きゲーム＞

①２つのチームに分かれる。
②スタートラインに並び，合図とともに真ん中に置いてある棒をとり，自分のチームの陣地に持ち運ぶ。
③棒の引き合いは，はじめは１対１で行うが，陣地内に引き寄せたら（引き寄せられたら），他の友達の引き合いに参戦することができる。ただし，ひとつの棒の引き合いには１本につき，各チーム３人までとして安全の確保をする。
④３～５分ほどで合図をし，ゲームを終了する。
⑤スタートラインに棒を並べ（数を唱えながら棒を持って立つとよい），取った数を確認する。

＜棒つかみ＆棒引きの一騎打ち！（勝ち抜き戦）＞

①５～７人の４つのグループ（例：月・星・風・海）をつくる。
②グループ内でゲームに参加する順番を決める。
③１番から順に勝負をし，負けたほうは２番，３番と対戦相手が変わり，勝ち抜き戦を行う。
④チームの最後の人が負けたら勝負がつき，最後の１人を負かしたチームの勝ちとなる。

（月 vs 星）

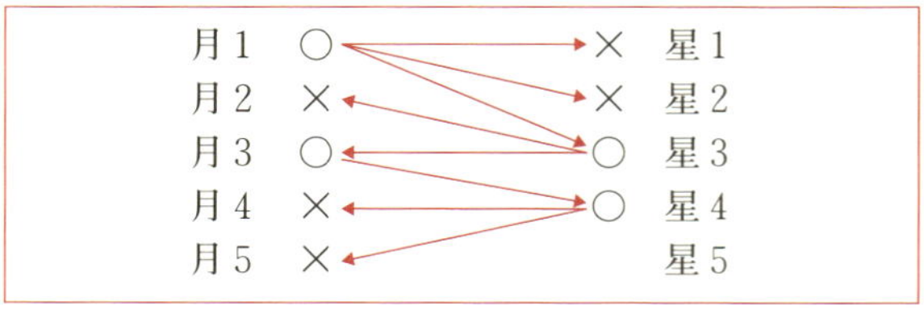
月１ ○ × 星１
月２ × × 星２
月３ ○ ○ 星３
月４ × ○ 星４
月５ × 星５

※星チームの勝ち。
風 vs 海も同様に行い，仮に風の勝った場合，最終決戦は星 vs 風となる。

66 大波小波

該当年齢 0 1 2 3 4 5 歳児

「おおなみ, こなみ♪」のひとつの歌で, 波とび, まわしとびができたり, 縄をまたいで止めたりと, いろいろなとび方をリズムに合わせて遊ぶことができます。できたときの達成感は自信につながります。

【ねらい】
①とぶ, まわす, くぐるなどの動きを楽しむ。
②リズミカルにとぶ楽しさを味わう。
③約束やきまりを守って遊ぶ態度を身につける。

【準備・環境づくり】
＜準備＞
①長縄
　素材…綿とナイロンの混ざったもの。
　長さ…4～5mくらい。
　太さ…10mmくらい。
②ベンチなど, 子どもが待機する場所。

＜場所＞
①縄をまわしたとき, 他の子どもにぶつからない場所を確保する。
②長縄をまわすのが保育者1人の場合は, 片側を木に結ぶ（縄とびポールなどを利用することも可能）。
③保育者が長縄をまわす場所から見える位置に, 子ども達が待つ場所をつくる。ベンチなどがある場合は利用し, 座って待つようにする。

【遊び方・プロセス】
「おおなみこなみで, ぐるりとまわって, にゃんこのめ」の歌に合わせ長縄をとぶ。

①♪おおなみ

大きく2回ゆらしてとぶ。

②♪こなみで

小さく2回ゆらしてとぶ。

③♪ぐるりとまわってにゃんこの

縄を3回まわす。

④♪め

縄をまたいで止める。

【援助のポイント】
①はじめてやる子ども, とべない子どもには, かかわりやすく, できそうなものから始める。

＜川とび＞

長縄を地面近くでへびのように振る

＜波とび＞

＜両足とび＞

両足をそろえて持ち手に向き合ってとぶ

②両足とびをリズミカルにとべるようになったころ, タイミングを見て, まわっている縄をとぶ感覚をつかむ。
③なかなかその場とびができず, 縄が来る方向にとんでしまう子どもには, 地面に×などを描き, そこで上にとぶようにいってあげるとわかりやすい。

健康・運動

通年

❻❼ サッカー

該当年齢 0 1 2 3 4 5 歳児

簡単なルールのなかで、ボールをコントロールしながら十分にからだを動かして遊ぶことができるサッカー。ひとつの目標に向かって、協力する楽しさを味わうこともできます。

【ねらい】
①友達と一緒に、からだ全体を動かして遊ぶ楽しさを味わう。
②ボールをコントロールして、目的に向かって蹴ろうとする。
③友達と協力しながら遊びに参加し、勝つ喜びや負ける悔しさを味わう。

【準備・環境づくり】
①場の設定：園庭
②準備：ボール、ゴールネット2台、カラーコーン、ライン引き

【遊び方・プロセス】
①ライン線を3m、5m……のところに平行に引き、一定の場所からボールを蹴って、どのラインを越せるか挑戦して遊ぶ。
②3mのラインのところにゴールをひとつ置き、ボールを蹴ってゴールに入れる。
③5mのところにカラーコーンを置き、ボールを蹴りながらカラーコーンをまわって、戻ってくる。
④3mのラインのところまでボールを蹴りながら運び、ラインからボールを蹴ってゴールに入れる。
⑤5〜6人組で円になり、ボールを蹴って、友達にわたす。
⑥2グループ（紅白）に分かれて、コートのなかでサッカーをする。

【援助のポイント】
①ルールは幼児が遊びやすいように、どちらのゴールに入れても得点となる、ゴールキーパーは置かないなど、簡単なルールからはじめ、全員が十分に動けるように配慮する。
②ボールを蹴ることに消極的な子どもに対しては、保育者がボールを蹴ってあげて、ボールに触る機会をつくるようにする。
③最初は攻める、守るという意識がないので、両チームの目標となるゴールをしっかり認識できるようにする。
④保育者も一緒に動き、得点につながるような状況をつくり出したり、励ましの言葉かけをしたりして、子どもが遊びを楽しめるよう配慮する。

【バリエーション】
導入の段階において、次のような遊びも取り入れられる。

＜ボール当て＞
鬼の的を用意し、鬼をやっつけようとする気持ちで、楽しみながら力いっぱいボールを蹴る。

＜ボウリング＞
小さい球、大きい球などいろいろな大きさのボールを用意し、的に当てられるようにねらって蹴る。

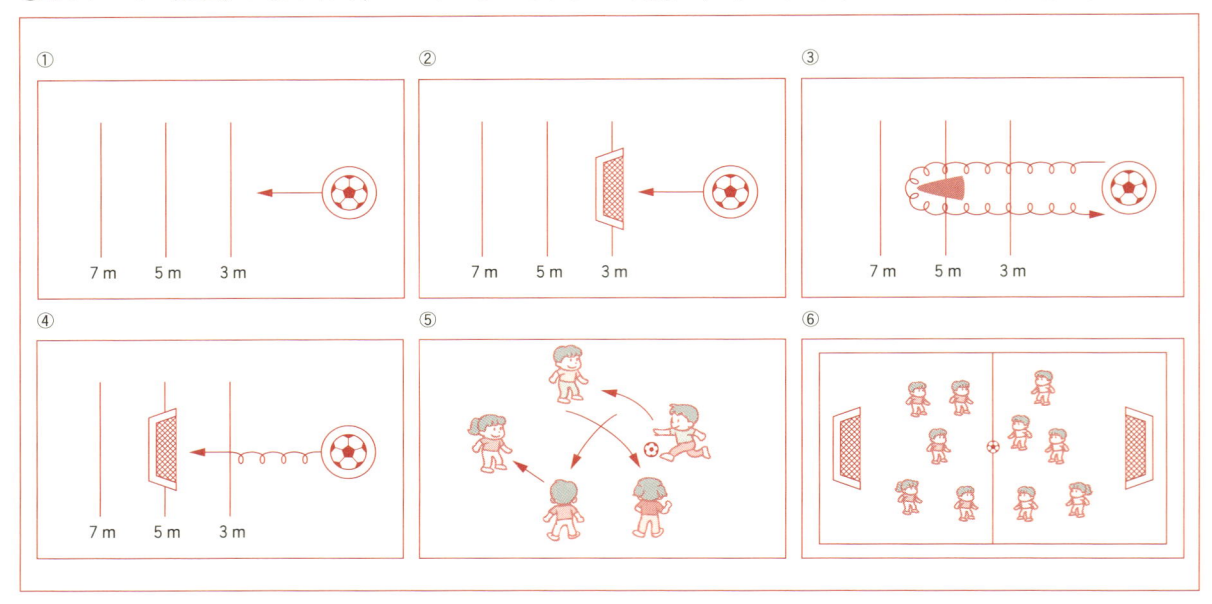

❽ 引き相撲

該当年齢 0 1 2 3 4 **5** 歳児

友達とつながって遊びます。巧みな力加減で勝負が決まるので，力の強い子どもや，からだの大きい子どもが勝つとは限りません。簡単に勝負が判定でき，わかりやすいゲームです。

【ねらい】
① 友達とかかわって楽しく遊ぶ。
② 簡単なルールを守り，友達と仲良くゲームをする。
③ 平衡感覚や調整力を養う。

【準備・環境づくり】
2人向き合い，握手の状態でたがいの足もとの自分の位置に印をする。

【遊び方・プロセス】
① 合図でたがいに引いたり，すかしたりする。
② 相手の体勢を崩し，印から足を離させたら勝ち。

手の届く距離に立つ

足もとに平行に線（印）をつける

【援助のポイント】
① はじめる前に手首や足首をまわしたり，からだをよく動かしておく。
② 棒などの道具を用いてする場合，急に棒から手を離してしまうと，勢いあまって転倒し，思わぬ怪我となることも考えられるので，よく子どもに注意しておくことが必要となる。
③ 最初は引くことばかりに意識がいき，綱引きのようになることが多い。保育者が遊びに加わり，引いたりゆるめたりといったかけ引きを見せると，子ども達もこの遊びのおもしろさを感じとり，自分達でもするようになる。
④ 保育者同士の真剣勝負を子どもに見せることも効果的である。子どもが集まっている学年会や誕生会などのお楽しみとして，保育者による引き相撲勝ち抜き戦などをするのも楽しい。楽しく見ているうちに，この遊びのコツを感じとることができるだろう。

【バリエーション】
＜3人で引き相撲＞
3人向き合って立ち，それぞれ横にいる子どもと手をつなぐ。合図で手を引いたり押したりする。最後まで印から足が離れない子どもが勝ち。

＜縄を使う＞
㊷「腰縄引き」参照。

＜棒を使う＞
① 棒の両端を2人がそれぞれつかみ，引いたり押したりし，相手の態勢を崩す。
② 棒を使うときには十分注意する。胸や顔をつき，思いがけず大きな怪我になることがあるので，注意が必要である。
③ 棒はカド張ってなく，ささくれのないものを用いる。また，あまり細いと折れてしまうので，子どもが握ることができる太さで丈夫なものを用意する。

健康・運動　通年

■ **Column ─ 全力を出す機会を**
本書にあげた腰縄引きや引き相撲，指相撲などは，全力を出すというよりは，調整力やバランス感覚などを駆使して勝ちを目指す遊びです。相撲のバリエーションは他にも足相撲，尻相撲，紙相撲などたくさんあります。こうした遊びも楽しいですが，もっとも基本的な相撲をぜひ保育のなかでやってみましょう。とくに大人対子どもの対戦は，子どもが全力を出して取り組むよい機会となるはずです。

第2部・実践編

自然・環境

❶ 風と遊んで風を感じる

該当年齢　0 1 2 3 4 5 歳児

不安な気持ちが解消され，楽しく登園できるようになった5月。さわやかな薫風のなか，鯉のぼりのように伸びやかに風と遊んでみましょう。そして風を全身で感じましょう。

自然・環境

春

【ねらい】
① 直接には目に見えない風を遊びをとおして感じる。
② 吹く風の心地よさを感じる。
③ 風には強弱や方向があることを知る。
④ 感覚的な楽しさを友達と共感する。

【準備・環境づくり】
① 保育者自身の自然をみずみずしくとらえる感性を養っておく。
② 風によって揺れるもの，動くもの，まわるもの，音のするものを用意する。紙テープ，新聞紙，糸をつけた葉っぱ，スズランテープ，鯉のぼり，風車，大きめの貝や器（耳に当てると海の音がする），風鈴
③ 風の通り道にスズランテープを張っておく。風が吹くと，ビリビリビリビリと音がする。

【遊び方・プロセス】
① 子どもと一緒に風の音に耳を傾けてみる。
② 紙テープを適当な長さにちぎって持って，風にかざしてみたり，風のなかを走ってみる。
③ 割り箸にその紙テープをつなげ，同じように走ってみる。
④ すぐに遊べる鯉のぼり（めざし鯉のぼり）をつくって，同じように遊んでみる。

【援助のポイント】
① 風と遊ぶといっても，風は自然現象なのであらかじめ○日に行おうなどと予定が立てられない。よい風の吹いたときに遊べるように，前もって準備をしておくことが必要である。
② 年齢の低い子どもは，風を感覚的に楽しむことを重点に遊ぶ。年齢が上がるにつれて，風の不思議さを感じ，風の吹いてくる方向や風の強さなど，科学的な視点にも興味が向くようにする。「この風，あったかいね」や「びゅーびゅー吹いてるねえ」「強い風が吹いてるねえ」など，感じた感覚を保育者が言葉で添えていくことを忘れないようにしたい。
③ 風を感じる方法として，ア）じかに頬や髪の毛など，からだで感じる方法，イ）紙テープを持ったり，貝を耳に当てたりと，何か物を持って感じる方法，ウ）木の揺れ具合など，間接的に目で見て判断する方法がある。
④ 風といっても，年齢や発達によって子どもの興味の示し方が違うので，保育者は，この発達の違いを押さえて，環境を構成したり言葉かけをしていく援助が大事である。
⑤ 鯉のぼり，風車や風鈴など日本の文化のなかにも風をうまく取り入れたものがある。稲穂が風になびくなども日本の風景である。園でも季節に合わせて，日本の文化を感じられる環境をつくっていきたいものである。

【バリエーション】
① タンポポの綿毛飛ばし，モミジの種がヘリコプターのように回転して落ちていくなど，自然のなかにも風の力をうまく利用しているものがあるので，子ども達に知らせてあげたい。
② 新聞紙をお腹にくっつけて落ちないように走ってみる。
③ 寒い冬にたき火をしてみると，風向きによって煙かったりと，風を感じることができる。
④ 扇風機で紙テープをなびかせてみる。
⑤ 子ども達と一緒に大きな布（風呂敷やシーツなど）を広げてなびかせてみたり，四方を子ども達と力を合わせて捕まえ，帆のようにして持って風の吹きつける力を実感できるよう工夫してみる。

❷ 野原で楽しむ草花つみ

該当年齢 0 1 2 3 4 5 歳児

春の自然の草花に触れ，心を豊かにするとともに，季節の移り変わりを五感を使い，形や色，香りで感じとることができます。小さな草花にも生命があり，それを大切にする気持ちが芽生えます。

【ねらい】
① 草花を見たり，さわったり，つんだりすることで，その子ども自身の気持ちが安定する。
② 草花があった環境（場所）を伝えあうなど，さまざまな情報交換をし，友達関係を深めていく。
③ 春の草花を知り，自然への興味・関心を育てる。
④ つんだ草花を飾ったりし，みんなで見て楽しむ。
⑤ 異年齢児のまねや手伝ってもらうことにより，交わりも深まる。

【準備・環境づくり】
① あらかじめ草花の名前や生える種類，場所などを把握しておく（サクラ・タンポポ・シロツメクサ・スミレ・ツツジ・ヤマブキなど）。興味のある子どもや年齢の高いクラスでは，わかりやすい図鑑などで保育者と一緒に調べることもできる。
② 園庭の草花を伝える他にも，園外保育に出かけた際に声をかけてみたり，立ち止まって観察したりする。
③ 保育者が草花をつんでいると，一緒にやってみたいという気持ちになり，まねをしながら行うことができる。
④ 年齢の高いクラスの友達が植えた種や苗の生長の様子を見たりする。

【遊び方・プロセス】
① 舞い落ちてくる花びらや葉などの様子をながめたり，それを取ってみようとしたりする。また，舞い落ちた花びらを集めて上に投げる（花ふぶきなど）。
② つんだ草花の形や色，香り（におい）を楽しむ。
③ 砂場などで型ぬきしたものの上に，つんだ草花をさしたり，置いたりして飾りをつける（ケーキやお弁当など）。
④ 動物の顔などのパーツに用いたり，帽子や洋服などにつける。

【援助のポイント】
① 草花を見つけても取れない子どもは，保育者に取ってほしいことを身振りや言葉などで訴える。また，むしり取ってしまう子どもに対しても，つみ方を伝えたり，手を添えて一緒につんでみたりして，つむことの楽しさを伝える。
② 月齢や年齢が低いほど，興味や好奇心で何でもつんでしまうので，つんでよい場所の草花なのか，見て楽しむためのものなのかをきちんと伝えていく。
③ 同じ種類の草花であっても，大きさや形，色の違いに気づくことができる。

④ 草花によっては，トゲのあるものもあるので，きちんと保育者が確認をする。子どもの年齢や月齢，興味の示し方により援助の仕方も変わってくるので，保育者もそれをふまえて，環境を構成したり，見守ったり声をかけていくことが大切である。

【バリエーション】
① つんできた草花を飾る。
  ジュースなどが入っていた小さな容器を利用する。
※ 容器の側面を画用紙や折り紙，包装紙などで巻くと，なかの水の様子などを隠せて，草花がひきたって見える。

画用紙や折り紙，包装紙などで巻く

② 茎の短い草花を飾る。
  牛乳パックの底や側面の部分を利用したり，イチゴパックを利用して水に浮かべる。

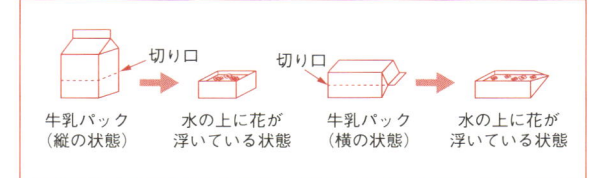

牛乳パック（縦の状態） → 切り口 → 水の上に花が浮いている状態
牛乳パック（横の状態） → 切り口 → 水の上に花が浮いている状態

③ 年長組など，年齢の高いクラスの友達に手伝ってもらい，花束やネックレス，ブレスレットなどの飾りをつくる。

春の花のシロツメクサ，ツツジ，タンポポ，ヤマブキ

さまざまな草花を組み合わせてつくっている様子（年長組）。

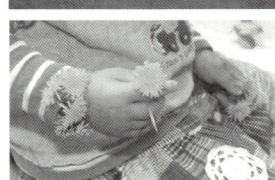

タンポポの花でブレスレットや指輪をつくる。

※ タンポポの花など，茎の長いものは，それを利用して直接，手や腕，首などにつけてもよいが，茎が短い場合，細い針金を花や茎にさして使用する。その際，針金の先で怪我をしないように。また，首につけた際も後から引っぱられないように注意する（手芸用針金を利用）。

自然・環境 / 春

❸ 花びら集めと花びら遊び

該当年齢 0 1 2 3 4 5 歳児

春はさまざまな花の咲く季節です。園庭や園周辺に咲く草木の花びらを十分に使って遊ぶことにより，季節の変化に気づかせ，自然への興味・関心を育てましょう。

自然・環境 / 春

【ねらい】
①いろいろな種類の花びらを集め，大きさや形，色の違いを見て楽しむ。
②どこにどのような花が咲いているのか，見つかる場所の情報交換をしながら，友達との関係を深める。
③花が咲いている状態と散った状態がどう違うか，興味を持つ。
④集めた花びらを使って，造形遊びを楽しむ。

【準備・環境づくり】
①園庭や園外保育で出かけた公園で花びらを集める。
②花びらの他に，落ち葉や枯れ枝，木の実なども集める。
③惣菜店などで品物を入れる透明のビニール容器，プラスチック製のゼリーやプリン，アイスクリームなどの容器，紙皿を用意しておく。

【遊び方・プロセス】
①ケーキづくり（2～3歳児）
紙皿の上に，プラスチック容器を使って砂を盛りつけ，ケーキの本体をつくる。そしてその砂のケーキに，花びらをイチゴなどのフルーツに見立て，小枝をチョコレートやろうそくなどに見立てる。

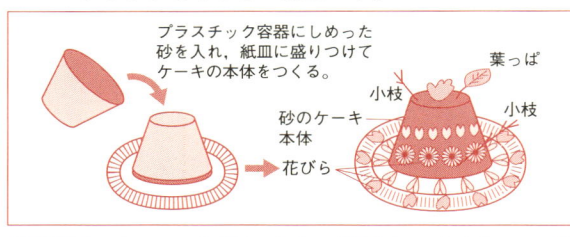

②透明なビニール容器に自分の世界をつくる（4～5歳児）。
花びらや落ち葉，小枝，砂や石を自由に使って，自分だけの世界をつくる。

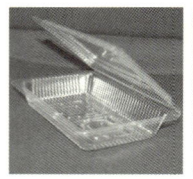

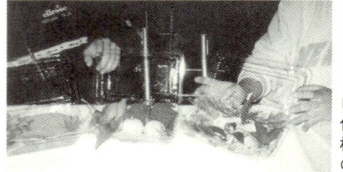

【援助のポイント】
①2～3歳児は，まず砂を容器に入れてさかさまにして，型抜きをする遊びを事前にしておくと，ケーキづくりがスムーズにできる。また，プラスチックの容器は踏んだり落としたりして割れると，割れたところが鋭利になりやすく危険なので，十分に注意をする必要がある。
②4～5歳児の活動は，いったん完成した自分の作品を，翌日また新しいものを加えて違ったものにしていくことが多いので，1日だけの活動にせず，連続性をもって取り組むとよい。

【バリエーション】
①プリンやゼリー，アイスクリームの容器に花びらや落ち葉，小枝を飾りつけてケーキをつくる。

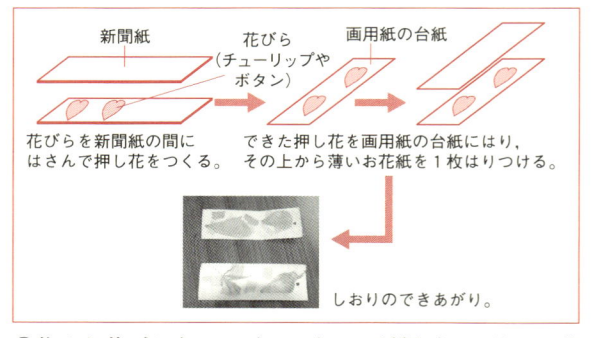

②花びらで押し花をつくってしおりをつくる。
チューリップやボタンの花びらを押し花にして，しおりをつくり，母の日や父の日のプレゼントにする（4～5歳児）。

③集めた花びらをテーブルの上で，種類ごとに分けて遊ぶ。そして，好きな花びらを1枚選んでていねいに画用紙にスケッチすると，思いのほかおもしろい絵が描ける。とくに5歳児が黒鉛筆を使って描くと，大人顔負けの作品ができることがある。また，何種類かの花びらでデザインした模様を写生することも楽しい。

❹ オタマジャクシを飼う

該当年齢 3・4・5歳児

近くの池で見つけたオタマジャクシ。そのオタマジャクシがやがてカエルになる様子は，驚きと発見の連続です。みんなで協力して世話をして，成長をじっくり見てみたいものです。

【ねらい】

①カエルの卵がどこにあるのか情報を集め，オタマジャクシが育つ場所について興味・関心を持つ。
②飼い方を本で調べ，オタマジャクシが育つ環境を保育者と一緒に用意する。
③オタマジャクシの成長の様子を観察し，その変化に気づく。

【準備・環境づくり】

①水槽，砂利，水草（金魚藻など）を用意する。
②水槽は直接日光が当たらない，明るく暖かいところに置く。
③**水**：飼いはじめは，オタマジャクシが生まれた池の水を少し入れた汲み置きの水を使う。水の入れ替えは，半分ずつする。
④**餌**：飼いはじめは，パンくず，ごはんつぶ，タンポポやホウレンソウの葉をやわらかくゆでたものを与える。後ろ足が出てくるころから，動物質の煮干しやかつお節も与えるようにする。
⑤前足が出てくると水から陸に上がるので，砂利や石や植木鉢のかけらなどで陸地をつくる。
⑥陸に上がったオタマジャクシが飛び出さないように，金網などで水槽にふたをする。

＜オタマジャクシのいれもの＞
水槽／水／砂利

＜オタマジャクシのえさ＞
パン → 小さくちぎる
ごはん → ごはんつぶ
ホウレンソウ → 葉っぱをゆでたもの
タンポポ
煮干し → 粉末にする
かつお節 → 削ったもの

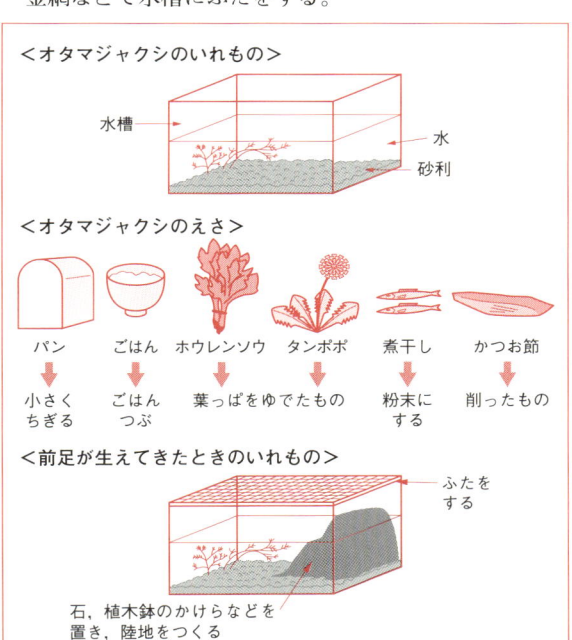

＜前足が生えてきたときのいれもの＞
ふたをする
石，植木鉢のかけらなどを置き，陸地をつくる

【遊び方・プロセス】

①手のひらでオタマジャクシをすくってみる。直接触れることで，目で見ているだけではわからないオタマジャクシの感触が肌で感じとれる。
②オタマジャクシが泳ぐ様子や，餌を食べる様子を観察する。
③オタマジャクシが時間の経過とともに変化する様子をよく見て，発見したことや疑問に思ったことについて伝えあったり話しあったりする。
④カエルになったら，生きた餌しか食べないことを知り，これから飼い続けることができるかどうか，みんなで相談する。

【援助のポイント】

①餌やりをしたい人が多いので，順番を決めて，餌をやり過ぎないようにする。
②餌やりは1日1～2回。30分ほどで食べ終わるぐらいが，ちょうどよい量であることを伝える。食べ残しは網ですくい取る。
③オタマジャクシは後ろ足が出て，前足が出て，尾が短くなり目が盛り上がってくる。やがて尾がなくなり1cmぐらいの小さいカエルになっていく。そのような変化に，毎日世話をしたり観察したりするなかで気がつくように援助する。
④カエルの餌はバッタやハエなど，生きて動いている昆虫なので，小さなカエルになったオタマジャクシを飼い続けることは，とても大変なことをわかってもらい，池に放しに行くようにしたい。

【バリエーション】

①オタマジャクシの池には，身近に見つけられる水生動物として，ヤゴやザリガニなどがいる。ヤゴはやがてトンボになる。ザリガニは脱皮を繰り返して成長する。ヤゴやザリガニの飼育，観察をする。
②水生動物の変化を観察し，絵や文字で記録することで，飼育の方法の違いや成長による変化の違いをより詳しく知ることができる。

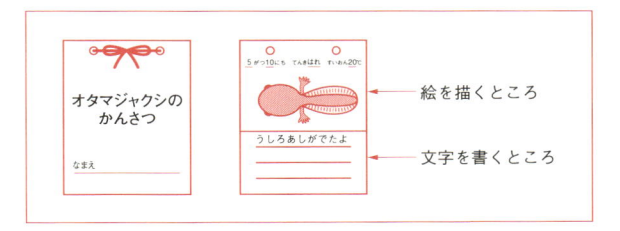

自然・環境　春

オタマジャクシのかんさつ／なまえ
5がつ10にち てんきはれ すいおん20℃
うしろあしがでたよ
絵を描くところ
文字を書くところ

❺ 花を生ける・アレンジする

該当年齢 0 1 2 3 4 5 歳児

園庭に咲く花や散歩で見つけた道端の草花をそっと手に持って帰ってきて，お部屋にきれいに飾りましょう。生命の大切さや美しさを感じる心を育てていくことで，感性を養います。

【ねらい】
① 道端や草むらに咲くどんな草花も，生きていて生命があることを知る。
② つんだ草花は無駄にせず，きれいに生けて飾ることで草花に興味を持ったり，心が落ち着くことを知る。
③ 生ける容器を工夫してつくったり用意して楽しむ。

【準備・環境づくり】
① 保育者が園庭や園の近隣にいつごろ（時期）にどんな種類の草花が咲くかを調べておく。
② 子ども達から草花の名前を聞かれたときに，子どもと一緒に調べられるように，草花の図鑑などを用意しておく。
③ 園庭にテーブルやござを用意し，いつでも飾れるように必要なものを用意しておく。
ア）つんできた草花が枯れたり，しおれないように洗面器などの容器に水を張っておく。
イ）つんだ草花を入れて持ち帰ってくるためのざるやパックなど。
ウ）生ける容器（口がせまく，底浅の小びんやカップ類，水を含ませたオアシスなど）。
エ）はさみ。
オ）生ける容器を工夫してつくれるようにマジック，紙類，テープ類，のりなど。

【遊び方・プロセス】
① オオイヌノフグリなどの春咲きの野草や，園庭の花壇に咲く花を，保育者とともに発見して楽しむ。
② 花壇で育てた草花は，むやみにとったり切らずに，やさしく眺めたり，匂いを味わうことの大切さを伝える。
③ 散歩の途中の道端で見つけた草花をつんで持って帰ってくる。
④ 飾って欲しいと保育者のところへ持ってくる子どもと一緒に容器に入れて生けてみる。
⑤ 自分の気に入った小さなびんやカップに草花を入れて，保育室へ持ってきてみんなの見えるところに飾る。
⑥ きれいに見えるように飾るには，どのようにびんやカップなどに入れたらよいかを工夫するようにする。
⑦ 保育のテーブルに布のコースターを敷き，その上にびんに入った草花を飾り，みんなで見て楽しむ。
⑧ 窓辺，ロッカーの上，壁の棚など，目につく場所に飾る。
⑨ 枯れてしまったときは新しい草花に取り替え，いつもきれいに飾って楽しむ。枯れた花はていねいに捨てる。

【援助のポイント】
① 保育者がまず花壇や道端の陰に咲く草花に気づくことが大切である。
② 園庭や花壇の雑草を保育者がすべてきれいに抜いてしまうのではなく，子ども達と一緒に草取り作業をすることで，雑草のなかにも小さくきれいな花や草があることに気づけるようにしていく。
③ 子ども達が見つけたりつんだ草花は，どんなに小さなものでも一緒に喜び，すぐに生けて飾れるようにいつも小さなびんなどを用意しておく。
④ 飾った草花をみんなで見ることで，草花に興味・関心の無かった子ども達にも興味が持てるように声かけする。

【バリエーション】
＜ミニ花びんづくり＞
① 自分独自の発想でつくることを大切にする。
② いろいろな形の小びんやミニパックを用意する。
③ マジックで色をつけたり，模様を描いたりする。
④ さまざまな色のビニールテープを切って模様にする。

＜花びらを飾る＞
　園庭に散ってくる花びらを集めて，口の広いびんや薄いお皿，パックなどに浮かべてテーブルなど，低いところに飾る。

＜親子でアレンジを楽しむ＞
　花に興味を持った子ども達は，花屋さんの協力で保育後の時間を使って，「売っている季節の花を親子で生ける」ときを持ち，花屋さんが先生になってオアシスに親子で協力して生け，完成させていくことを楽しむ機会を用意する。

花屋さんと一緒にアレンジメントを楽しむ

自然・環境

春

❻ クヌギの雄花序遊び

該当年齢：0 1 2 3 4 5 歳児

5月の子ども達は，まだ不安な気持ちもある時期です。そんななか，園庭などに落ちているクヌギの雄花序は，ふわふわとしていて，気持ちを安定させてくれます。身近な遊ぶ素材として最適です。

【ねらい】
①雄花序に触れて遊ぶなかで，気持ちを安定させていく。
②雄花序をいろいろなものに見立てて遊ぶ。
③ごっこ遊びに取り入れることで，友達関係を深める。
④雄花序とは何かを調べることでクヌギの木に興味を持ち，自然への興味・関心を育てる。

【準備・環境づくり】
①クヌギの木のある園庭や公園，林などを下見しておく。
②雨が降る可能性がある場合は事前にとっておく（雄花序の原形をなくしてしまうため）。
③園庭にある場合は取り除かない。
④調べられる図鑑を用意しておく。

【遊び方・プロセス】
①園庭などに落ちている雄花序に疑問を持ち，保育者に問う。
②雄花序に触れて感触を確かめたり，容器やビニール袋に入れて集める。
③雄花序をいろいろなものに見立てて，ごっこ遊びの材料に取り入れる。
④友達とクヌギの木について図鑑で調べる。

【援助のポイント】
①新入児は，雄花序に触れたり，容器やビニール袋に集めることに集中することで，不安な気持ちをやわらげたり安定させるきっかけになる。
②虫のような外見なので，なかには怖がる子どもや戸惑う子どももいるが，保育者が楽しさを伝えることで安心して遊ぶことができる。
③年長児には，自発的にかかわっていけるように配慮し，興味・関心を広げられるように援助する。
④雄花序ひとつとっても，年齢や発達によって子どもの興味の示し方が違うので，保育者としてはこの発達の違いを押さえて，環境を構成したり，言葉かけをしていく援助が大事である。

【バリエーション】
①くっつき遊び
ア）服にくっつけて遊ぶ。
イ）いくつくっつけられるか競争。
ウ）くっつけ鬼（鬼ごっこで雄花序をくっつけられたら鬼になる）
エ）服や布などにくっつけて模様や絵などを描く。
②集めた雄花序を使って……
ア）落ち葉のように空中に舞い上げて遊ぶ。
イ）段ボールに入れて，お風呂遊び。
ウ）集めたところに座って，クッションに。
③性質を利用して，ネコジャラシのように遊ぶ。

④ごっこ遊びに取り入れる。
ア）砂，土でつくったケーキにトッピングする。
イ）ごっこ遊び用のコップなどの容器に入れて，水を加えると色が落ちてくるので，コーヒーやお茶などに見立てる。 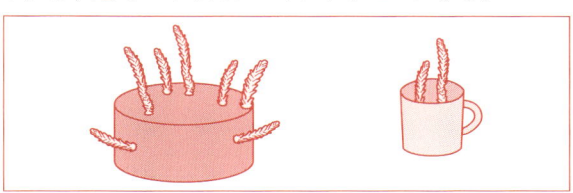
⑤袋に入れて振って音を楽しむ。
⑥雄花序に興味・関心を持った子どもが調べていく過程で，秋にクヌギの木にドングリが実ることを知る。その他のドングリのことにも興味・関心を持ち，ドングリを使った遊びに発展する。
⑦ドングリを使った遊び

＜ドングリごま＞

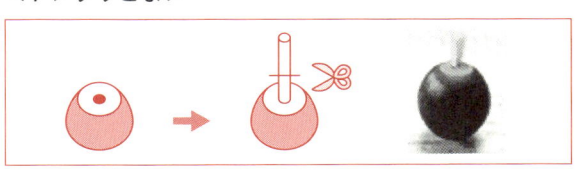

用意するもの…ドングリ・つまようじ・きり
つくり方…ドングリの帽子をかぶっていたほうにきりで5mmほど穴をあける（できるだけ真ん中に）。つまようじをさし，まわしやすい長さに切る。

※雄花序とは……
前年枝から下垂し長さ10cmほどの花

自然・環境　春

❼ ザリガニ釣り

該当年齢 0 1 2 3 4 5 歳児

虫や生き物にとても興味・関心がある子ども達にとって，ザリガニ釣りはとても刺激的です。さらにザリガニは，生命力が強いので子ども達が長い間，世話をして飼育しやすい生き物です。

自然・環境

春

【ねらい】
①ザリガニを捕まえるためにいろいろな工夫をする。
②捕まえたザリガニを飼育するために，ザリガニの生態を調べる。
③ザリガニ釣りをとおして，自然，水辺の危険性を知る。

【準備・環境づくり】
①釣り竿は１mぐらいの棒なら何でもよい。糸はタコ糸，裁縫用の糸。
②餌はハム，ソーセージ，煮干し，アサリのむき身，豚肉など，とくにスルメがよく釣れる。
③釣ったザリガニを入れるバケツ，または飼育ケース。
④ザリガニ捕獲用の網。
⑤長靴またはサンダル。
⑥ザリガニがいそうな小川や，その支流，池などをあらかじめ下見をして，ザリガニがどのくらい生息しているか試し釣りをし，また，危険な場所をチェックする。

【遊び方・プロセス】
①ザリガニは基本的には水辺に穴を掘って，そのなかで生活している生き物だが，雑食性で，しかもかなり食欲旺盛なので，目の前にちらつく餌にはかなりの確率で食らいついてくる。
②ザリガニは足元のくぼみや草の陰などに潜んでいる。
③餌を１度つかんだらなかなか放さないが，釣り上げるときに水から出た瞬間，餌を放すことがあるので，水中から出る前に網で捕まえるとより確実に釣れる。

【援助のポイント】
①ザリガニが捕れる水辺は，当然，子ども達にとっては危険な場所でもある。子ども達はザリガニを捕ることに集中して，危険を省みず行動することもあるので，保育者は十分，子ども達の行動に注意する。
②釣り上げたザリガニは，子ども自身がつかんで餌からはずし，持ってきたバケツやプラスチックケースに入れる。
③ハサミで指などをはさまれると，かなり痛いが，あわてて振り回したりせず，地面に置いてみたりすると放してくれる。
④ザリガニ釣りには釣り上げるタイミングや餌をおろす場所など，子ども達が工夫すべきポイントがたくさんある。保育者は，釣れない子ども達にそのポイントを伝える。

【バリエーション】
①釣り上げたザリガニは，園に持ち帰って飼育したいが，たくさん持ち帰っても，ザリガニは共食いをしてしまうので，数を制限して残りは逃がすとよい。
②３歳児などは水辺は危険なので，年長児達が園に持ち帰ったザリガニを小さなプールに逃がしてやり，そこでザリガニ釣りをさせてあげたほうが安全で，年少児でも釣りの楽しさが味わえる。
③園に持ち帰ったザリガニを飼う環境は，子ども達と図鑑などで調べ，飼い方の工夫もしたい。とくにザリガニは生命力が強いので，飼育環境づくりを子ども達に任せられる生き物である。

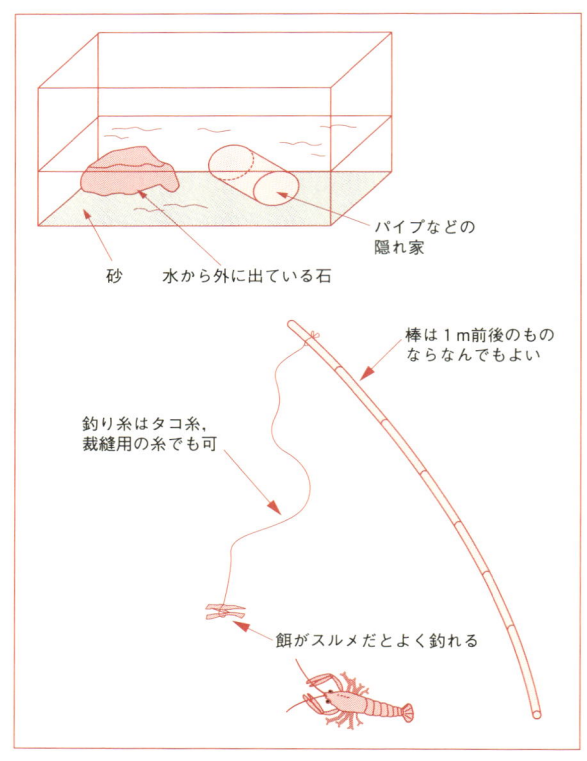

砂　水から外に出ている石　パイプなどの隠れ家

棒は１m前後のものならなんでもよい
釣り糸はタコ糸，裁縫用の糸でも可
餌がスルメだとよく釣れる

❽ カイコを飼って遊ぶ

該当年齢 5歳児

大切に育てたカイコが大きく育ち，やがて繭をつくる様子を見ることは，驚きと感動をもたらします。他の昆虫の生活する姿への理解にもつなげたいものです。

【ねらい】
① おとなしく白く，また肌触りのよいカイコを育てることで，昆虫の苦手な子ども達にとって，苦手意識をなくすきっかけとなります。
② 飼育をとおして，カイコが皮を脱ぎながら大きくなることや，幼虫から繭をつくり，繭のなかでさなぎとなり，さなぎから成虫に姿を変える様子を観察する。
③ カイコがクワの葉を食べたり，糞をしたりして大きく育つのを楽しむ。

【準備・環境づくり】
① 餌：薬に弱いカイコのために無農薬の新鮮なクワを用意する。
② 飼育箱：幼虫の小さい時期（1～3齢期）は，イチゴパックなどに半紙などのきれいな紙を敷いたものを用意する。幼虫の大きい時期（4～5齢期）は，大きめの菓子箱に紙を敷いたものを用意する。
③ 繭がつくりやすい箱やいれ物を用意する。

繭づくり用の箱（菓子箱を利用してひとつひとつの仕切りのなかに，カイコを入れる。透明セロハン紙でふたをする）

繭づくり用のいれ物（ヨーグルトカップを利用してひとつひとつのなかにカイコを入れる。透明セロハン紙でふたをする）

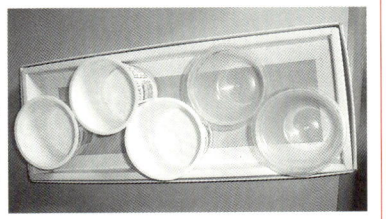

【遊び方・プロセス】
① 小さい幼虫の上に，クワの葉の先端に近い熟した葉を切って置く。パックに銀紙をかぶせて葉が乾燥しないようにする。
② 眠（脱皮する時期）には餌を食べなくなる。
③ ときどき敷紙を取り換えパックを清潔にする。
④ 大きい幼虫になったら，毎日2～3回新しいクワの葉を与える。
⑤ 食べ残しの葉や糞を捨てて，飼育箱を清潔にする。
⑥ 糸を吐くまでに育ったら，仕切りのある菓子箱やヨーグルトカップにカイコを移し，セロハン紙でふたをして繭をつくらせる。
⑦ 繭のなかのさなぎを観察する。
⑧ 繭から成虫になったカイコガが出てくるのを観察する。
⑨ カイコガが卵を産むのを観察する。

【援助のポイント】
① 幼虫が小さい時期は世話がしにくいので，子どもは保育者のお手伝いをする。幼虫が大きくなったら，自分のカイコとして5，6匹を菓子箱に入れて飼育する。
② 4齢幼虫は6日目の朝になると，幼虫のからだが固くなり光ってくる。クワの葉を食べなくなり，頭を上げてじっとしている。眠とよばれる脱皮の準備なので，眠が始まったらクワの葉はやらないようにし，残ったクワの葉は乾かすように広げておく。ふたはしない。
③ 5齢幼虫は1週間ほど，たくさんのクワの葉を食べる。毎日飼育箱を掃除し清潔にして，1日2回食べきれるだけクワの葉を与えるようにする。
④ やがてからだがまるく，少し小さくなり黄色っぽくなる。じゅくさん（熟蚕）であり，頭を上げて横に振ったり，糸を吐き始めたりするので，繭づくりの箱やいれ物にカイコを移すようにする。
⑤ 繭をつくって1週間ぐらいしたら繭の端をカッターで切り，さなぎを出して観察する。出したさなぎは小さい箱に入れておくと，羽化することができる。
⑥ カイコの元気がなくなったり，病気かなと思ったら，別の飼育箱に移して飼うようにする。

【バリエーション】
① 繭の端を切ってさなぎを出して，切ったところはボンドでふさぐ。繭に色をつけたり，切り取ったり貼ったりして繭玉人形をつくる。
② 人は絹糸を取るために，数千年もの長い間カイコを育ててきた。人とカイコと絹との関係に興味を持つ。

さなぎを出した後の繭を使い，いろいろな人形をつくる。フェルトをボンドで貼ってつくったクマ，カブトムシ，ウサギ

自然・環境　春

❾ 稲をつくって食べる

該当年齢 0 1 2 3 4 5 歳児

稲づくりは，日本文化の基盤に存在する大切な活動です。子ども達との生活のなかで，ぜひ取り入れたい保育活動のひとつです。稲づくりをとおして，お米についての関心を深めます。

【ねらい】
①毎日食べている米を自分達の手で育てることで，1粒1粒の大切さを知る。
②稲が成長していく様子を身近で見て感じる。
③田植えを経験することで，泥の感触を楽しむ。
④稲を植えることで，虫が集まりどんな虫がいるか調べたり，触れたりする。

【準備・環境づくり】
①場の設定：園庭の日当たりのよいところ。
②準備：大きいバットや発泡スチロール（発泡スチロールの場合，水に漏れないようビニールのシートを敷いておくとよい）のなかに田んぼの土と化学肥料を入れ，その上から水をためておく。

【遊び方・プロセス】
①苗を植える（5月）
ア）2，3本ずつまとめて1か所に植える。
イ）隣の苗と30cmぐらい離して植える（苗植え）。
②育てる
ア）水が少なくなってきたら足す。
イ）雑草が生えてきたら抜く。
③収穫（10月）
ア）稲が実ってきたら，はさみで根元を切る（稲刈り）。
イ）10本ぐらいまとめて根元をひもでしばり，逆さにして干す。
ウ）乾いたら手でしごいて米をとる（脱穀）。
エ）すりこぎで米をすり，籾殻をはがれやすくする。
オ）爪で籾殻をとって玄米にする。
カ）玄米をぬかと米に分ける（機械で精米）。
④料理して食べる。
ア）1人ずつ栽培して育てたサフランのめしべをとっておく。
イ）サフランのめしべと米を一緒に炊き，サフランライスにして食べる。

【援助のポイント】
①土に水を入れるとき，保育者がやってしまわず，子どもと泥の感触を楽しみながらほぐす。
②日に日に成長していく様子，変化していく様子を子ども達に伝える（花が咲く，稲の穂が大きくなる，稲穂が垂れ下がるなど）。
③稲刈りのときは，鎌を使わず，はさみを使い，子どもができるようにする。
④自分達が栽培したものを，目の前で料理することで，子ども達が興味を持てるようにする。

【バリエーション】
①サフラン以外の物を栽培し（グリンピースを栽培して豆ごはん，ジャガイモやニンジンを栽培してカレーライスなど），一緒に料理する。
②藁を野菜の栽培で土の上に敷き，水はねや流れを防止する。
③収穫が終わったら，土をほぐして子どもと遊ぶ。

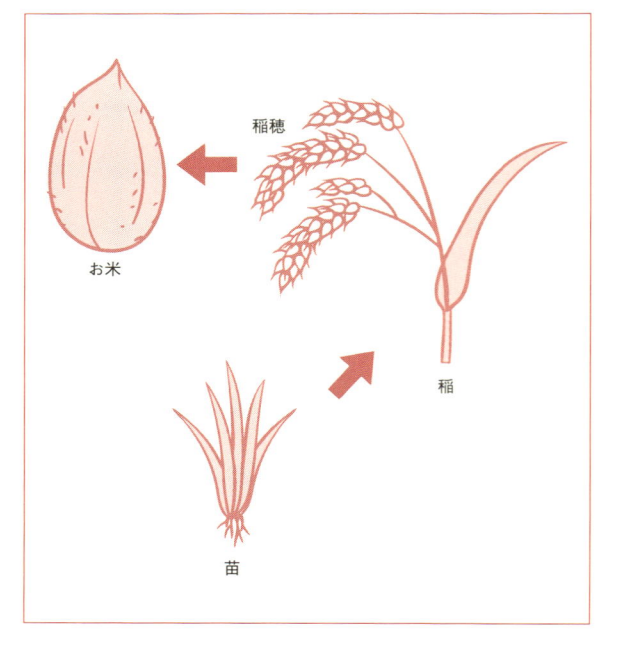

自然・環境

春

⑩ 夏の草花遊び

該当年齢 0 1 2 3 4 **5** 歳児

夏には、たくさんの草花が見られます。その美しく、かわいい草花に触れたり、遊びに取り入れていくことで、子ども達は草花をより身近に感じることができます。さあ、一緒に遊びましょう。

【ねらい】

① 身近にある草花で遊べることを知る。
② 草花を使って遊ぶなかで、その名前を知ったり興味を持つ。
③ 草花の名前、種類などを図鑑で調べながら、自然への興味・関心を育てる。
④ 友達と一緒に草花遊びをするなかで、友達関係を広げたり深めたりしていく。
⑤ 草花を使った遊びを自分達で考えたりする。

【準備・環境づくり】

① 園庭にある遊びに使えそうな草花は、とらずに残しておくようにする。
② 事前に園周辺の散策をし、子ども達が遊べる場所を見つけておく。
③ 草花について調べられる図鑑を用意しておく。
④ 子ども達が草花を採取したり、つくったものを持ち帰ったりすることも考えられるので、ビニール袋を用意しておく。
⑤ 自然の中に出るときは、怪我や虫刺されなども考えられるので、救急セットや虫除けスプレー、虫刺されの薬なども用意しておく。

【遊び方・プロセス】

① シロツメクサのネックレス・ブレスレット
ア) シロツメクサを長めにつみ、茎の先端に指で切れ目を入れ、つなげていく。
イ) つなげた数によって、ネックレスにもブレスレットにもなる。
ウ) 引っ張りすぎると切れてしまうので気をつける。

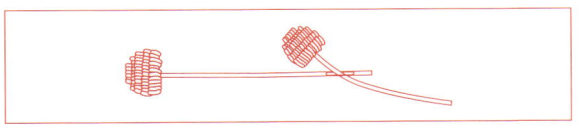

② オオバコ相撲
ア) オオバコの茎をとり、からみ合わせ引き合う。
イ) 大勢で勝負をし、勝ち抜き戦にするなどの遊び方もある。

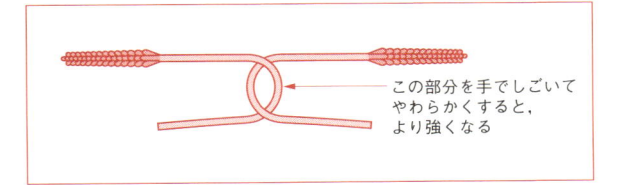

この部分を手でしごいてやわらかくすると、より強くなる

【援助のポイント】

① 草花のなかには、とってよいものといけないものがあるので、あらかじめ子ども達に伝えておく。
② 遊び方、つくり方などは子ども達にわかりやすいよう、言葉で伝えながら実際にやって見せ、子ども達が興味・関心を持ち、遊んでみたいという気持ちになるようにする。
③ 草花のなかには、触れるとかぶれるもの、トゲがあるもの、葉で手を切るようなものもある。そのようなことも子ども達に伝えていく必要がある。

【バリエーション】

草花遊びには、茎を使う遊び、葉を使う遊び、花を使う遊びなど、それぞれの特性を活かした遊びがある。

① タンポポの茎を使った水車（茎）
ア) タンポポの茎をとり、両端を3つから4つくらいに裂く。
イ) 茎にようじや串を通し、水の流れのあるところでようじや串を押さえると、タンポポの茎がクルクルとまわる。

② 草鉄砲（葉）
ア) クズの葉やカラムシの葉など、大きめの葉をとる。
イ) 片手を軽く握りその上に葉を置き、もう片方の手で思いきり叩くと「パンッ！」といい音がする。
ウ) 片手を軽く握ったとき、空洞がないとうまく音が出ないので、そのことを子ども達にわかりやすく伝える。 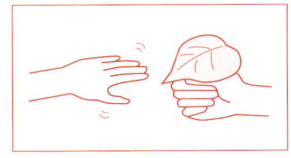

③ 草笛（茎・葉など）
ア) カラスノエンドウ
・カラスノエンドウの実をとり、サヤのなかから種を取り出す。
・サヤを口にくわえ、強く息を吹くと音が出る。
イ) タンポポの茎
・タンポポをとり、茎の太めの部分を3～4cmに切る。
・口にくわえ、茎を少しつぶしながら吹くと音が出る。
ウ) アカシヤの葉
・アカシヤの葉を1枚とり、指で口に押さえつけ、強く吹くと音が出る。

自然・環境

春

⑪ 耳を澄まして，木の音を聞く

該当年齢 0 1 2 3 4 **5** 歳児

子ども達は常に活動的で，静かに自然や自分を見つめることが少ないものだと思い込んでいませんか？そんなことはありません。ぜひ，四季の木々との語らいをたっぷり楽しんでください。

自然・環境　春

【ねらい】
このゲームは，周りの騒がしい世界から目を転じて，静かに落ち着きつつ，1本の木や自分の世界に入ってゆくことを目的にしている。
① 触る：友達を信頼する心を確かめつつ，目を閉じて周りの木々を手探りでじっくりと感じ取る。
② 見る：触った木々がどんな姿なのかを確認し，そのなかから自分の気に入った木（ホストツリー）を決めて愛でる。
③ 採る・拾う・集める：その木の葉・実・枝・樹皮・根などさまざまな部分を集めることを楽しむ。
④ 嗅ぐ・味わう：集めたさまざまな木の部位の匂いを嗅いだり，味わえるものは味わって親しむ。
⑤ 聞く：木の醸し出す音をさまざまな角度から探り，聞いてみることで，木も自分同様に生きていることを実感する。

【準備・環境づくり】
① 目隠し道具（帽子・手ぬぐい・ハンドタオルなど）
② ホストツリーの札・マーカー・ひも
③ 拾ったものを入れるいれ物（透明のビニール袋・牛乳パックを利用したいれ物など）
④ ペンチ・ナイフなど，自然物を採取して嗅いだり味わったりするときに便利なもの。
⑤ 筒状の耳あて（集音器）や聴診器

【遊び方・プロセス】
遊びに参加する子ども達を連れて，木々のある場所に出かける。そこで，大空を仰いで眺めつつ寝ころんでみる。どんなものが見えるか，聞こえるかなど寝ころんだままで話し合ってみる。次に仲のよい2人で仲間をつくる。そして，さわる・見る・採る・拾う・集める・嗅ぐ・味わう・聞くといった順番で遊びを展開してみる。
① 触る：目隠しをして，仲のよい友達に手を引いてもらいつつ周辺の木々を巡り，1本ずつ触ってみる。次に，案内役と導かれ役を交代して同様に遊ぶ。
② 見る：触った木々がどんな姿なのかを確認し，そのなかから自分の気に入った木（ホストツリー）を1本決めて，その木に関する札をつくり飾りつける。
③ 採る・拾う・集める：その木の葉・実・枝・樹皮・根などさまざまな部分を集めて，透明なビニール袋に入れてみる。
④ 嗅ぐ・味わう：集めた木の部分の匂いをひとつずつ嗅いでみる。その感想をペアになった子どもに伝える。

また，味わえそうなものは注意しながら少し味わってみる（お腹を壊さないように気をつけて）。
⑤ 聞く：木々の風に揺れる音や各部位を踏みしめる音などを聞くとともに，自分や仲良しの友達が選んだ木々を中心に，聴診器を使って木の鼓動を聞いてみる。
自分のからだにも聴診器を当ててみると，生きていることがさらに強く実感できる。

【援助のポイント】
① 季節の移り変わりや木の生長の様子に配慮しつつ，子ども達のかかわるのに都合がよい時期や場所をあらかじめ調べておき，適当なタイミングで実施するとよい。
② 最後の"聞く"に関しては樹種（幹の直径が15cm以上あって樹皮の薄い落葉樹が聞きやすい）や集音器・聴診器を当てる場所によっても，聞き取り具合に大きな差が出るので，聞き取りやすい場をあらかじめ探っておくことが必要である。

【バリエーション】
① 集音器や聴診器を使うことは，音遊びへの発展も考えられる。糸電話やマイク・スピーカー遊びなど，科学性の芽生えを養うことにもなる。
② 白い紙とクレヨンを用意して，いろいろな木々の木肌の模様を写し取ることはおもしろいもの。樹種の名前と写し取った模様を組み合わせるゲームをやると，さらに子ども達の関心も深まっていく。

⑫ 水と遊んで，水を感じる

該当年齢 0 1 2 3 4 5 歳児

ひんやりと冷たく気持ちよい感触で，さまざまに姿を変える水を全身で感じながら，思いきり楽しんでみましょう。子ども達の無邪気な姿と満面の笑みに出会えるはずです。

自然・環境　夏

【ねらい】
① 水に慣れる。
② 水の感触を楽しむ。
③ さまざまに変化する水の形や勢いなどを全身で感じる。
④ 気持ちを開放させる。

【準備・環境づくり】
① 場の設定：素足になることを考慮し，園庭はしっかりと整備して危険のないようにする。また，日陰にビニールシートやござなどを用意しておくとからだを休めるときなどに便利。水を溜めておくベビーバスやビニールプール，水を撒いたりかけるときなどに使用するホース，じょうろも用意する。園庭から保育室への出入口にバスタオルや足拭きマットを用意しておくとよい。
② 準備：排泄を済ませ水着やぬれてもよい服装になる。排泄面での自立がまだの子どもは，排泄を済ませた後に防水性紙パンツなどを履く。着替え・タオルを準備する。

【遊び方・プロセス】
① ベビーバスやビニールプールなどに水を張り，直接入ったりじょうろを使って水の出る様子を見たり，その感触を楽しむ。
② ホースにいくつか穴をあけ，そこから出る水の様子を見たり触ったりして楽しむ。

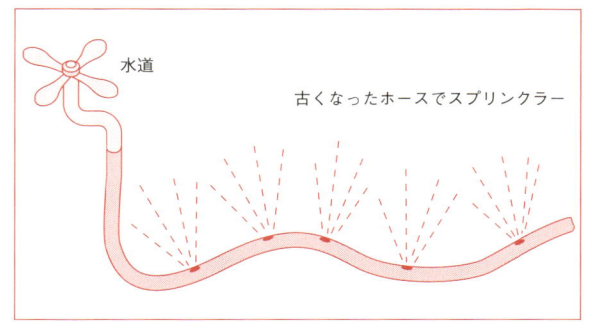

水道　古くなったホースでスプリンクラー

③ ホースの口をつまんで持ち，水の曲線が弓なりになるようにしてトンネルをつくり，くぐったり高さを変えて水をまたいだり，ジャンプしたりして楽しむ。

【援助のポイント】
① 1，2歳児のなかには水がかかると泣き出してしまう子どももいるので，無理はせずにビニールシートにできた水たまりなどの水を触ったり，じょうろなどを使って手や足の先から少しずつ水をかけるようにして遊んでもよい。
② 水に慣れるように金魚の玩具を使った遊びや，葉を浮かべたりするなど，子どもが自由に遊べるようにする。
③ 水をトンネルに見立てて「くぐってみよう」，ヘビのような動きをつくり「とんでみよう」，水を触って「気持ちいいね」「冷たいね」など，場面に応じた言葉かけをする。
④ 夏場は暑く水遊びは体力の消耗が激しいので，水分の補給ができるように用意しておく。

【バリエーション】
① 絵を描く。
　穴をあけたビニール袋を用意し，水を入れて園庭に絵を描いて遊ぶ。穴の大きさや数でさまざまな絵を描くことができる。
② 浮くものと沈むもの。
　園にあるさまざまなものを集めて，水のなかに入れてみる。
③ 玩具をつくり遊ぶ。
　牛乳パックやペットボトルを使って玩具をつくり，遊んでみる。

＜牛乳パックシャワー＞
　牛乳パックにスズランテープなどでつくった持ち手をつける。パックの底に穴をあける。なかに水を入れて遊ぶ。

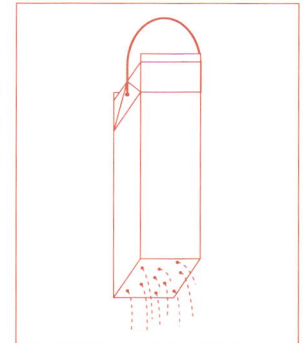

＜ペットボトルでキラキラボトル＞
　ペットボトルのなかに，ビー玉・おはじき・ビーズ・アルミホイルなどを入れ，一緒に水を入れる。ペットボトルをゆらしてみると，なかでキラキラ動く様子が見られる。

⓭ みんなで楽しむ洗濯遊び

該当年齢 0 1 2 **3 4 5** 歳児

梅雨の合間の晴れた日に，水の感触や石けんのよい匂いを感じながら，みんなで洗濯遊びをしてみましょう。どんな井戸端会議が始まるか楽しみですね。

自然・環境
夏

【ねらい】
① 水や石けん，泡の心地よい感触，匂いを味わう。
② 汚れの落ちることを知り，きれいになる気持ちよさを味わう。
③ 洗濯という家事を遊びのなかで体験する。
④ 友達と共感しながら一緒にいる心地よさを味わう。

【準備・環境づくり】
① 1人1個，または数人で1個のたらいを用意する。ねらいによってたらいの大きさ，数は決めるとよい。必要によって，すすぎ用のたらいを用意する。
② 洗濯用固形石けんを刻む。年長児など子どもと行ってもよい。子どもが行う場合，おろし金が使いやすい。小刀やカッターを使うときは十分な注意が必要。
③ 子ども達が遊びで使っているぬいぐるみの服を「汚れてかわいそうね」などと投げかけてみる。各自のハンカチでもよい。
④ 洗濯ロープを張って洗濯ばさみを用意する。

【遊び方・プロセス】
① たらいに入れる水の量を伝え，固形石けんを少し溶かして感触を味わいながら泡立てる。
② ハンカチなどの洗濯物を入れ，感触を楽しみながら手でもんで洗う。汚れが落ちることを確認しながら洗濯をする。
③ すすぐ。
④ 絞って，物干しロープに掛け，洗濯ばさみで留める。

【援助のポイント】
① 洗濯は生活の遊びなので，準備や片づけもできるだけ子どもと一緒に行うとよい。
② 子ども達はちょっとしたアイテムで気分がぐっと盛り上がる。かわいいエプロンやバンダナなどを用意してあげてもよい。
③ スモックなど長袖の子どもは，袖をまくり上げてあげる。
④ 「冷たくて気持ちいいね」「石けんってよい匂いだね」など，保育者は感じている感覚をピッタリの言葉で言い添えていく。
⑤ 井戸端会議といわれるように，手の作業が気持ちよいと自然に話に花が咲いたり，鼻歌を口ずさむものである。洗濯をしているときの心地よい場の空気を大切にしよう。
⑥ 洗濯ばさみで留めることも，子どもにとっては遊びになる。洗濯ばさみだらけになる子どももいるかもしれないが，その子どもなりのやり方を認めてあげるようにする。
⑦ 水の大切さも伝えたい。

【バリエーション】
① 『せんたくかあちゃん』の絵本を読んでみる。
② 泡を使ってアイスクリーム屋さんなどで遊ぶ。
③ 洗濯して取り込んだ物を手などでアイロンをかける。

洗濯

物干し

④ 大きなシート（砂場のカバーなど園内で実際に役に立っている）などをみんなで力を合わせて洗たくしてみる。そして，天日干し，たたんで，しまうところまでやってみると，自分達の毎日の園生活を見直す良いチャンスとなり，子ども達の井戸端会議の話題も豊かになっていくだろう。

⑭ 大好きな虫探し

該当年齢 0 1 2 3 **4 5** 歳児

虫を見つけて捕る楽しさばかりでなく，図鑑で調べたり飼育をとおして知的好奇心が育ちます。見落としてならないのは，虫探しをとおしての仲間関係の育ちと深まりです。

【ねらい】
① アリやダンゴムシなど小さな虫を探すことで，子ども自身が気持ちを安定させていく。
② 虫が住んでいる場所（見つかる場所）の情報を交換しながら友達関係を深める。
③ 虫の名前，種類，生態などを調べながら自然への興味・関心を育てる。
④ 捕った虫を入れる容器をつくったり，飼育する容器を仲間と工夫する。

【準備・環境づくり】
① 園舎の土台の隙間など。園庭の生け垣。花壇や草むら。
② テントウムシ，チョウチョ，トンボなどが訪れ，育ちやすい植物を植える。ツルバラ，百日草，ホウセンカ，ニンジン，サンショウ，クチナシ，ブッドレアなど。
③ 抜いた雑草を園庭の隅にこんもりと積んでおく（ダンゴムシ，コオロギなどのすみかになり集まってくる）。
④ 発砲スチロールの容器やポリバケツなど，水をためておけるものを用意する（アメンボウやトンボが集まってくる）。

【遊び方・プロセス】
① 虫を見つけても捕れない子どもは，保育者に捕ってほしいと身振りや言葉で依頼し訴える。
② アリやダンゴムシ，テントウムシを捕まえては入れる容器やビニール袋など，保育者に要求する。
③ 見つけたアオムシや自宅から持ってきたクワガタやカブトムシの幼虫を飼育しようとする。
④ 友達と虫の名前，種類，生態などを図鑑で調べたりする。

【援助のポイント】
年少児は同じ虫であっても，年度のはじめには自分より小さいものを見たり触れたりして安定する。学期が進み環境に慣れてくると，仲間との共通の遊びとして虫探しに興味を示す。年中児は仲間に対して優位性を示したくてたくさん捕まえたり，自宅からカブトムシを持ってきたりする。年長児が，仲間と共同で飼育したりするために持ってくるのとは違うところである。

また，年少児の好む虫と年長児の好む虫の種類は異なる。年少児はアリやダンゴムシなどの小さな虫を好み，年長児の好むカブトムシ，クワガタなどは自分では触れられないため怖がったりする。

このように，ひとくちに虫といっても，時期，年齢，発達によって子どもの興味の示し方が違うので，保育者としては，この発達の違いを押さえて，環境を構成したり言葉かけをしたりしていく援助が大事である。

【バリエーション】
＜かんたん虫かごづくり＞

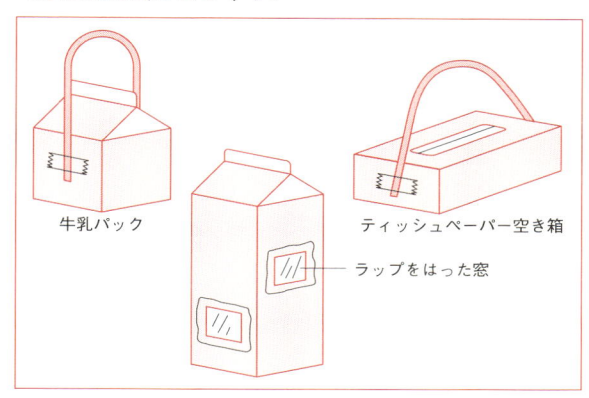

牛乳パック　　ラップをはった窓　　ティッシュペーパー空き箱

① 虫を入れるかごは入れやすいこと，逃げにくいことがポイント。
② 捕った虫の「死」をとおして愛護という心の育ちについて，子ども達と一緒に考えてみよう。
③ オタマジャクシの飼育観察。
④ アオムシ・イモムシ・カブトムシの幼虫からの飼育。

＜ペットボトル虫かご＞

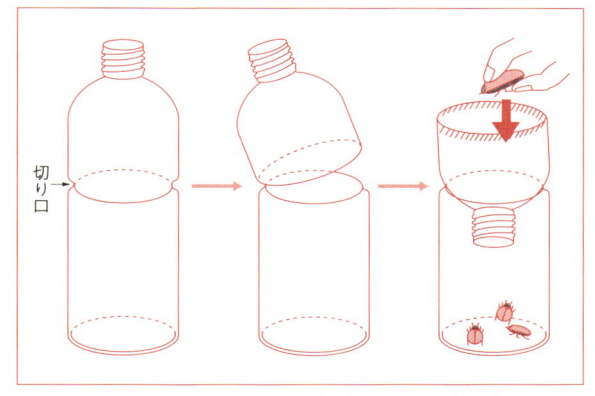

切り口

ペットボトルのカットは，年長児なら自分で切ることができる。切り口でひっかいたり傷つけないよう，ビニールテープなどで切り口を巻いておく。

＜野菜に集まる虫＞
野菜を育てることで，そこに集まってくる虫を観察しよう。害虫か，害虫を食べてくれる虫かなど，生物の生態系に関心を持つきっかけにもなる。

自然・環境　夏

⑮ 種から育てて遊ぶ

該当年齢 0 1 2 3 **4** 5 歳児

花色，模様もとりどりの朝顔。開花はもちろん，種の収穫までの期待感が栽培への興味を育て，自主的意欲をかりたてます。種から双葉，つぼみ，開花，そして種が実ることが感性の源となり，驚きと感動を生みます。

【ねらい】
① 栽培をとおして，小さな種が芽を出し，葉が開き，つるが伸び，つぼみができ，花が咲き，種ができるまでのプロセスに接し，植物の生長の過程に気づく。
② 水やりなどの世話をすることで，愛情をもち，育てる心を育む。
③ 自然物を遊びに取り入れ，工夫して遊ぶおもしろさを味わう。

【準備・環境づくり】
① 種まき…4月下旬～5月下旬ころの気温が10～15℃くらいの日が適当である。前日に種を水につけ，吸水させると発芽をそろえることができる（4～5日で発芽）。
<準備物>
② プランター，培養土，じょうろ，支柱
  プランターに植え，芽が揃ったら植え替えをするとよい。

【遊び方・プロセス】
<色水づくり>
しぼんだ花をつみ，ビニール袋に入れ，水を入れてもむ。
ア）ジュース屋さんごっこ
イ）和紙にひたして染物遊び

<たたき染め>
和紙・中質紙の間に花をはさみ，木づちまたは平らな積み木などで叩く。

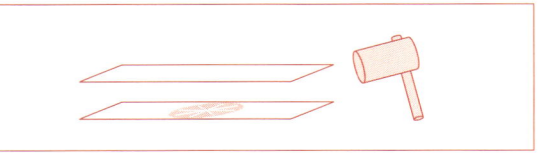

【援助のポイント】
① ほんの小さな1粒の種がかわいい芽を出し，何倍もの種になるまでの生命の不思議さを実感できるよう，生長の様子を保育者が意識的に知らせ，興味を持ち観察できるようにする。
② 栽培をとおして，自然を慈しみ，生長の喜びをみんなで味わえるよう，当番活動に水やりの仕事を加え，みんなで育てるという意識が持てるようにする。またそのことで，責任感，持続して行うことの大切さを伝えていく。
③ つるがするする伸びていくおもしろさを感じることができるよう，他の類似する植物（ヘチマ，ヒョウタン，オモチャカボチャなど）と見比べてみてもよい。
「ジャックと豆の木」の話をしたり，身体表現に取り入れてもおもしろい。
④ 種の収穫をみんなで喜び，次年度蒔けるよう学年で受け継ぐことで，異年齢児同士のかかわり（年長への憧れ，年少へのいたわり）が深まる。

【バリエーション】
<つるが伸びる植物>
① ヘチマ
腐るまで水につける 中身だけ残り，タワシに！
中の果肉は食べられる。塩漬けにするとおいしい。
化粧水に！

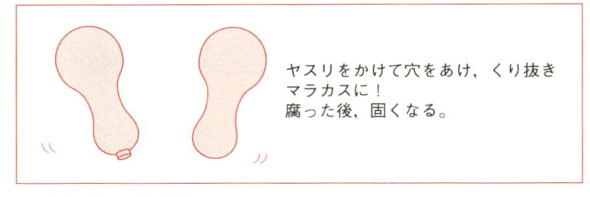

② ヒョウタン
ヤスリをかけて穴をあけ，くり抜きマラカスに！
腐った後，固くなる。

③ オモチャカボチャ
いろいろな，思いもよらぬ形ができ，おもしろい！
ハロウィンかざりに！！

<子どもにふさわしい種・球根>
① 春　チューリップ，タンポポ
② 夏　ヒマワリ，ホウセンカ
③ 秋　コスモス
④ 冬　ヒヤシンス，クロッカス

自然・環境　夏

⑯ カタツムリを飼って遊ぶ

該当年齢 0 1 2 **3 4 5** 歳児

六本足の昆虫と違う，不思議なカタツムリ。足はからだから出ていないのに，前へ進んだり，顔や目を出したり，引っ込めたり……。梅雨時に外で遊べないとき，子ども達にとって身近な遊び相手となります。

【ねらい】
① カタツムリの種類や名前を図鑑などで調べ，梅雨期の生き物に対して興味・関心を引き出していく。
② どういうところをすみかにしているか。食べ物・排泄物の違いに気づくように促していく。
③ 上手に冬越しできれば，1年をとおして観察することができる。
④ 飼育箱のなかで世話をすれば，卵も産み仲間を増やすこともできる。
⑤ いろいろな板（アクリル板・ガラス板など）や，生け花用剣山，いろいろな形・太さの棒を用意し，どのように歩くか，楽しもう。

【準備・環境づくり】
① 飼育箱に土を入れるが，その前に新聞紙などの上で土を2・3日，日光消毒する（そのまま入れると，他の虫，卵が混入してしまうので）。もしくは，プリンのカップに土を入れると，掃除もしやすい。排泄物をとるのに，プラスチックのスプーンを使うと便利である。
② 雨の日，雨上がりの日や晴れの日と探し，どういう日が見つけやすいか，比べてみよう。
③ 秋から冬は枯葉を入れよう（活動が鈍くなり，餌も食べなくなる）。

【遊び方・プロセス】
① カタツムリには小さいものから大きいものまであり，子どもの年齢や虫に対しての興味・関心に合わせる。
② 殻からからだが出たり，触角，目玉に触れると引っ込んだり，出てくる様子を楽しむ。
③ 排泄物の色や形に気づけるように，他の虫と比べてみよう。
④ おもちゃの汽車にのせて遊んでみよう。
⑤ 透明なアクリル板にのせて，足の動きを裏から見たり，2，3匹のせて，どれが早いか競争してみる。
⑥ どんな食べ物が好きか。食べない物は何かを観察する。
⑦ 小枝を用意し，枝の太さを変えてみて，どのようにして登るのかを観察する（登園途中などで見つけ，飼育箱に入れてみよう）。

【援助のポイント】
探す場所は湿った土，植木鉢の底，ギボシ，クズの葉などや，大きな石の裏に多く隠れている。食べ物はレタス，キャベツ，ニンジン，キュウリ，リンゴ，玉子の殻など。玉子の殻はカタツムリの殻を丈夫にするためのカルシウムとなるので，ときどき与えるようにする。

増やしたい場合は，2，3匹を一緒に入れると卵を産む。雌雄同体動物のため，オス・メスが決まっていなく，交尾をした後，メスとなったほうが頭を土にもぐらせて，1回に20〜60個近く産む。20日〜約1か月後に産まれたら，ときどききりふきで水をかけたり，飼育箱のふたを網に変える（すき間から逃げてしまうので）。

カタツムリに触れるには，殻を持てば平気であることを教える。保育者と一緒に掃除をするなかで，怖くないことを伝え，エサをあげたりして食べている様子を見ていく。

【飼うための約束】
① 餌は，毎日新しいものをあげよう。
② 直射日光に当てるのはやめよう。
③ 飼育箱はいつもきれいにしよう。

【観察のポイント】
① どんなところにいたかな？
② どんな天気のときに活動するかな？
③ どんな歩き方をする？また，どんな跡が残る？
④ 食べている様子，糞の形・色は？
⑤ 卵の色は？うずまき模様は大人と同じかな？
⑥ 赤ちゃんも同じものを食べるかな？
⑦ 膜を張り，水をかけたらどうなる？
⑧ どのようにして卵を産むかな？

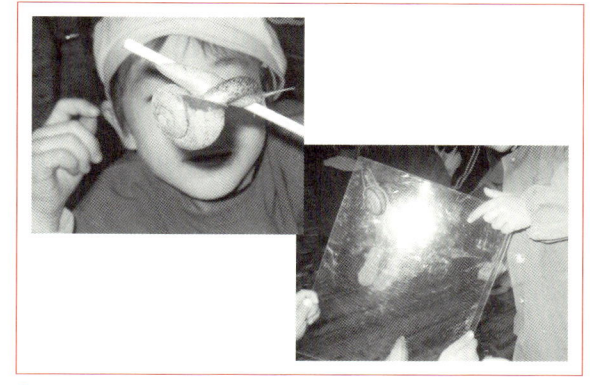

【バリエーション】
① カタツムリのエサとして，色チョークを与えてみよう。赤いチョークは，赤いウンチ。黄色いチョークは黄色いウンチ。青いチョークは青いウンチとなる。
② カタツムリは，雌雄同体。気の合う個体同士がペアを組んで産卵する。仲の良いペアを探して，別な入れ物で飼うと産卵の様子がよく見られる。

自然・環境

夏

⑰ 絞って混ぜて，草花の色水遊び

該当年齢 0 1 2 3 4 5 歳児

この遊びは，植物の新しい魅力に触れ，興味・関心をさらに引き出すことにもつながります。それにもまして，自分でつくり出した鮮やかな色水に感動し，新たな遊びに発展させるに違いありません。

自然・環境

夏

【ねらい】
①草花に触れてその色の違いなどの性質に気づく。
②さまざまな色の水を混ぜあわせるなど，試したり工夫したりしようとし，さらに色そのものにも興味・関心を持つ。
③色水を使った遊びを工夫する。

【準備・環境づくり】
①色の濃い花びらを種類ごと，色ごとに分けて集める。数日前から集めてポリ袋に入れ，湿り気を与えて空気を締め出して密閉し，冷蔵庫で保管しておくと材料不足が補える。
②道具には，水，ポリ袋とそれを閉じる輪ゴム，はさみ，ペットボトル，じょうご（ペットボトルの上半分を切って反対向きに使えばよい），小分けのできる透明カップを多数，スポイトなどがある。その他にも，花びらをすりつぶしたり叩いたりして，色を絞り出すためにすり鉢や木づち，濾す布があるとよい。なくても，植物をじかにコンクリートの上に置いて石ですりつぶしても間に合う。ミキサーでこなごなにするという方法もある。
③遊びは室内でもできるが，屋外に持ち出したテーブルの上で，太陽の光を浴びながら花の色を確認したいものである。色水が飛び散って衣服を染めてしまうこともあるので，暑い日なら水着になるのもよいだろう。

【遊び方・プロセス】
①8，9月なら，アサガオ，ツユクサ，オシロイバナ，コスモス，ハイビスカス，カンナの花びらやヨウシュヤマゴボウの熟した実などを集めてくる。できれば子ども自身も集めるよう，言っておく。
②集めた花などは別々のポリ袋に入れ，少量の水とともに強くもむ。色濃くなった水（原液）は，袋の角を小さく切った口からよく絞りながらペットボトルに移す。
③この原液に水を加えるか，これをスポイトで吸って水に入れるかすると，鮮やかな色水ができあがる。あとは子どものカップに色水を小分けする。何色と呼んだらよいか，子ども達と考えよう。なお，スポイトは色が混ざらないよう，原液ごとに異なるものを使う。
④子どもが自分で色水をつくるよう促す。
⑤子ども達は色水を見て，ジュースなどに見立てて楽しんだり，ジュース屋さんごっこが始まったりする。
⑥違う色の水を混ぜ合わせてその変化に気づいたり，楽しんだりする子どもも出てくる。
⑦終わりに当たっては，必ず一緒に後片づけをする。

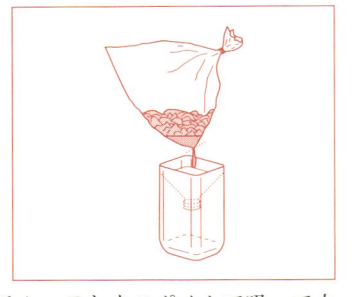

【援助のポイント】
①まず，誤飲には十分気をつけよう。"まねっこ"であり，実際には飲まないことをしっかりと確認する。
②原液を水で薄めたり，色水を混ぜ合わせたりすることによる変化に気づき，色彩に対する感性の高まりを促すような言葉かけをする。
③色水遊びには，子ども自ら色水の混合による変化を発見して喜び，どう変化するか予測を立てるなど，科学遊びの要素が含まれていることを忘れないでおこう。
④以上のためには，保育者はあらかじめ実験して，遊び方の要領や結果について知っておく必要がある。

【バリエーション】
①色の出やすい花びらでは他に，キンセンカ，マリーゴールド，キキョウ，パンジー，ツバキ，サザンカ，ポインセチアなど，花以外の部分ではハボタン（ムラサキキャベツ），シソ，ブルーベリーの実，ナスの皮，ヨモギなど，探せばいくらでもある。
②色水をゼラチンで固めると，新しい遊びの素材になるだろう。
③原液のままで使うと，ヨウシュヤマゴボウだとマニキュアや絵の具として，またツユクサだと「消える青インク」として遊べる。紙に字や絵を書いたり布を染めたりする方向へ子どもの興味を発展させることを忘れないようにする。
④レモン果汁，食酢のような酸性の液体や石けん液，重曹水，台所用塩素系漂白剤などのアルカリ性の液体を用意する。それを色水に加えて変色する様子を見るのもおもしろい。たとえば，ハボタンから絞った紫色の色水にレモン汁を加えると赤く，漂白剤を加えると緑色に変わる。
⑤草花の色水遊びから，さらにさまざまな色を楽しみたい，という欲求に向かう場合は，絵の具を使った色水遊びへの展開も考えられる。
⑥保育者は日ごろから教材に関する研究をしておくべきである。

⑱ 時計を分解する

該当年齢 0 1 2 3 4 **5** 歳児

日常生活のなかで不可欠な時間の大切さを知り，それを教えてくれる時計のなかがどうなっているか関心を高めていきます。実際に分解して感じた仕組みの複雑さから，物を大切にする心が芽生えます。

【ねらい】
①時計は時間を教えてくれる便利で大切なものであることを知る。
②時計を分解することをとおして，仕組みの複雑さを感じ取る。
③実際に歯車やぜんまいを動かすなど，操作することにより，針が動く仕組みを知る。
④複雑な仕組みを見ることにより，つくってくれた人や与えてくれた人に感謝の気持ちを持ち，ものを大切にする心を育てる。

【準備・環境づくり】
①いきなり時計を与えて分解させるのではなく，日常生活での時計や時間に対する意識づけや，年少・中からの折り紙や廃材を使った時計の製作などの積み重ねの上に立って，時計のなかがどういうふうになっているのか関心を高めていく。
②電子式時計では，仕組みがわかりにくいので，ぜんまい式の時計の分解が望ましい。その際，ものを大切にするという心の育ちを考え，まだ使えるものは分解させないこと。
　園内になければ，保護者にも趣旨を理解してもらい提供を呼びかける。
③**分解の場の設定**：机を準備し，その上に分解する時計と工具類を置く。机を2台以上使用するときは，隙間から部品などが落ちないように，カバーや大きな紙で机の表面を覆う。
④**準備物**：ドライバー（大小用意する），ピンセット（ねじをつまんだり，ぜんまいや歯車を動かすときに用いる），空き箱（細かな部品入れ），子ども用軍手（大きな時計を操作するときの手の保護用）

【遊び方・プロセス】
①時計の外ぶたをはずす。そのとき，元の状態に復元することも伝え，どのねじがどの部分だったか，どの順番にはずしたのか意識づけ，空き箱別に分けて入れる。
②すべてを分解するのではなく，ぜんまいや歯車が見えてきたところでいろいろ操作し，時針・分針の動きと歯車の動きの関係を探る。
③十分操作したら，分解できるところまで分解してもよい。
④分解の手順を折り返して，元の状態に組み立て直す。

【援助のポイント】
①分解はできるだけ子どもが中心に行う。どこからはずすか，はずした部品をどこに置くかなども子ども達で考えるよう促す。
②ねじに合うドライバーがどれか，試行錯誤して気づくようにする。
③時針・分針と歯車の関係について，よりわかりやすくするために，小学校1年生で使用する算数セットの時計のふたをはずして操作する方法も考えられる。
④時計の構造の複雑さを十分感じた後，ねじ・ぜんまい・文字盤など，それぞれの部品をつくる人や，組み立てる人など，たくさんの人の手を経て時計がつくられていることを知り，感謝の気持ちと物を大切にする気持ちへとつながるよう言葉かけする。

【バリエーション】
<時計づくり> 自然の事物を利用した時計の歴史を知り，自分達でもつくってみよう。
①**日時計**：空き箱に半円形の台紙を貼り，棒を立てて，影の動きから1時間ごとに影の線をつけておく。
②**砂時計**：ペットボトルに砂を入れ，もう1つのペットボトルとビニールテープなどでつなぎ合わせる。砂の量を加減すると，適当な時間を計ることもできる。
③**スライム時計**：ホウ砂とPVAのりを使ってスライムをつくり，②と同様にペットボトルを2個連結してつくる（絵の具や浴用剤で色をつけるときれい）。スライムの粘性や量を加減することによって，適当な時間を計ることができる。

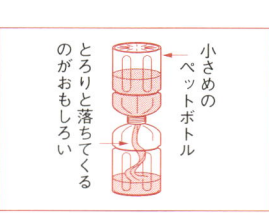

> **メモ①　時の記念日って？**
> 日本で初めて漏刻時計（水時計）がつくられた日が，611年の6月10日だったことから，「時の記念日」となった。

> **メモ②　時計の歴史って？**
> 日時計や水時計，砂時計など自然の事物を利用した時計は，古代文明時代からあった。歯車などを用いた機械時計は14世紀に発明された。

自然・環境　夏

⑲ おいしい梅シロップづくり

該当年齢 0 1 2 3 4 5 歳児

クッキングは，さまざまな変化に気づきイメージをふくらますことのできる楽しい活動です。そのようななかで，自然への興味・関心も育ち，自分からかかわってみたいという意欲もわいてくることでしょう。

自然・環境 / 夏

【ねらい】
① つくる楽しみ，食べる喜びを味わう。
② 梅のさまざまな変化を観察しながら驚きや疑問，不思議さを感じ，自然に対する興味・関心を持つ。
③ 活動をとおして感じたことを仲間同士で話し合い，共感したりイメージをふくらませる。

【準備・環境づくり】
① 場の設定：室内および園庭にテーブルを用意して行う。梅を洗うので近くに水道があると作業がしやすい。
② 身支度：エプロン・三角巾を着用し，手洗いを行う。
③ 準備：青梅1kg・砂糖1kg・竹串・殺菌した保存びん（口が広めのものが扱いやすい）・冷凍庫（なくても可）・ざる・ポリ袋
④ 前日にやっておくこと
 ア）青梅は水でよく洗い，たっぷりの水につけてアク抜きをしておく。
 イ）保存びんは鍋で煮沸消毒をする。

【遊び方・プロセス】
① アク抜きした青梅を流水でていねいに洗い，ざるにあげ水をしっかり切る。 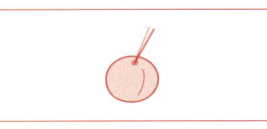
② 竹串で青梅のヘタを取り除く。
③ 青梅をポリ袋に入れて空気が入らないよう密封する。
④ 冷凍庫に入れて一昼夜おく。
⑤ 殺菌した保存びんに凍った青梅と砂糖を交互に入れる（いちばん上は砂糖でおおう）。
⑥ 1日1～2回びんを揺する。
⑦ 約1週間ほどで青梅がしぼみ，梅シロップが完成。
⑧ できあがった梅シロップを試食してみる。また，青梅の形や色の変化を観察したり，味見してみる。
※冷凍庫が確保できない場合は②の後に，青梅の実に竹串で数か所穴をあけてからびんに入れる。凍らせた場合より数日長くかかる。

【援助のポイント】
① 天候のよいときには，できるだけ戸外で行うと雰囲気もよく楽しんで取り組むことができる。
② 竹串を使用するときは，危険を伴う場合があるので事前によく話をし，安全に行えるよう十分配慮する。
③ 砂糖が十分に溶けないと発酵しやすくなり，白い泡が出てくるので，毎日しっかりびんを揺すり観察するとよい。
④ びんは重いので，子どもが安全に揺することができるような場所を確保し，必要な場合は援助をする。
⑤ 青梅の形や色の変化，梅のエキスが溶け出す様子を観察しながら，子ども同士で感じたことを話し合えるように，保育者は言葉をかけたり環境づくりをして援助する。
⑥ 青梅の変化する様子を，絵や写真などで毎日記録しておくとわかりやすい。

【バリエーション】

＜梅シロップを飲んでみる＞
水・お湯・ソーダ・牛乳・ヨーグルトなどに混ぜて飲んでみる。

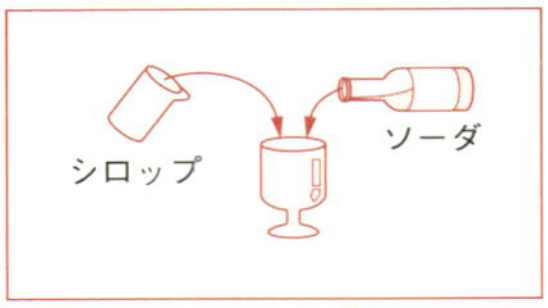

＜梅の実を食べてみる＞
① そのまま食べてみる。
② 冷蔵庫で冷やして食べてみる。
 梅のエキスが出てしぼんだ梅は，青梅のときとどう違うか比べてみよう！

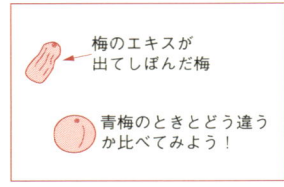

＜梅ジャムづくり＞
材料
梅の果肉
果肉の半量の砂糖
① 梅の果肉を細かく刻む。
② 鍋に①の果肉と果肉がかぶるくらいのひたひたの水を加える。
③ 弱火で果肉がやわらかくなるまで煮る。
④ 果肉の半分ほどの砂糖を数回に分けて加える。
⑤ 弱火で煮つめたら完成。

＜きらきらぜりー＞
材料・分量（2～3人分）
梅シロップ…50cc
水…200cc
粉ゼラチン…1袋（250cc分のもの）
① 梅シロップと水を鍋に入れ温める。
② ゼラチンを溶かし容器に移し冷やし固める。
③ 固まったゼリーをフォークでくずし，梅の果肉と一緒に盛りつける。

⑳ 川わたり冒険

該当年齢 0 1 2 **3 4 5** 歳児

川原に行くと，子ども達は園では見られないダイナミックな動きをたくさんします。川渡りをとおして，川の流れの速さ，川の匂い，石や砂の性質など，いろいろな発見ができることでしょう。

【ねらい】
①友達と川の渡り方を考えたり，試したりして楽しむ。
②水の流れの速さや深さ，水の中の石の感触などを感じとる。
③川原の生き物や植物に興味・関心を持つ。

【準備・環境づくり】
①事前の下見
　ア）深さ，流れの速さなどが子ども達に適しているかどうか，危険なところはないか確認する。
　イ）深さは子どもの膝あたりまでにする。
②服装
　ア）長袖，長ズボン（薄手のもの）
　イ）はきやすい靴（水のなかを歩くため抵抗が少なくシンプルなものがよい）
　ウ）靴下　エ）帽子

【遊び方・プロセス】
①岸から岸，または岸から中州へロープを張り両端を保育者が持つ。真ん中にも保育者が1人ロープを持つようにし，川の幅，流れの速さによって保育者の配置を変える。
②ロープの素材はぬれることで重たくなったり，手が滑ってしまうものは避けるようにする。
③保育者を先頭に間隔をあけてゆっくり川を渡っていくようにする。

④川渡りをとおして子ども達が発見するものの例
　ア）川を流れてくる葉っぱ
　イ）葉脈だけが残った葉っぱ
　ウ）ゲンゴロウ・小さなカエル
　エ）石を投げ，大きさによって変わる水の音
　オ）水の流れる音
　カ）川の匂い　など

【援助のポイント】
①川に到着したら，すぐに水のなかに入らずに川の音，石や砂の性質などに興味を持ってから川に入るようにする。
②石でつまずいて怪我をする恐れがあることや，深いところへ行くと危ないことなど，安全に川遊びを楽しむ約束事を子ども達にしっかり伝える。
③ロープを持つ保育者の数，深いところや流れの速いところへ子どもが行かないように配慮したり，全体を見る保育者などの配置を徹底する。
④水に入る際は浅いところから入り，徐々にからだがぬれていくようにする。
⑤服をぬらすことに抵抗を感じている子どもに対しては，「今日はいっぱいぬれていいんだよ！」という言葉かけでダイナミックな遊びに発展していく。

【バリエーション】

＜丸太渡り＞
両岸に丸太をかけて渡る。恐る恐る膝をついて渡る子どもや，丸太の端のほうを歩き，スリルを味わう子どもの姿が見られる。

＜上流に向かって川渡り＞
川の流れの抵抗を感じながら川を渡る。その間に『チェックポイント』をつくり，「大きな石を乗り越えていく」「石を積む」など課題をクリアしながら進んでも楽しい。

自然・環境

夏

21 おいしく楽しいサラダパーティ

該当年齢 0 1 2 3 4 5 歳児

野菜を食べることは，子ども達の健康を守るのに大切なことです。さあ，おいしく楽しいサラダパーティをみんなでやってみましょう！上手に切れるかな，きれいに盛りつけられるかな？

【ねらい】
①自ら育てた野菜を調理する。
②野菜を身近に感じ，何でも食べる気持ちを持つ。

【準備・環境づくり】
①場の設定：保育室に机と椅子を出し，収穫した野菜を用意する。包丁を使うため，広い場所で行うとよい。
②準備：野菜（キュウリ，ミニトマト，ツルナシインゲン，ニンジン，チコリまたはレタス），包丁，紙皿，まな板（大人数で行うときは，牛乳パックを開いたものを多めに用意するとよい），マヨネーズ（野菜の苦手な子どもでもつけると食べやすくなる）

【遊び方・プロセス】
①野菜の特徴（キュウリのとげや形，チコリ，レタスの葉の数，ミニトマト，ツルナシインゲンの毛の有無など）に気づきながら野菜を洗う。
②ゆっくり，ていねいに食べやすい大きさに切る。
③好きな形に盛りつける。

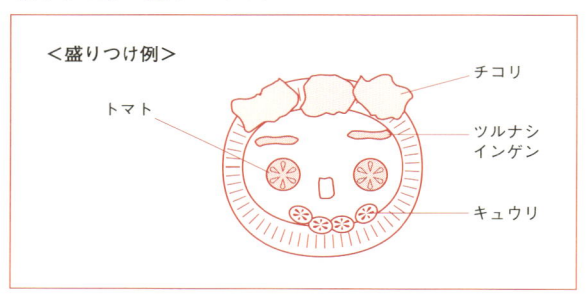

＜盛りつけ例＞
トマト／チコリ／ツルナシインゲン／キュウリ

④味の違いに気づきながら，みんなで楽しく食べる。
⑤たくさんの野菜を切ったときは，4歳児，3歳児，2歳児などにも持っていってあげるとよい（お兄さんお姉さんになった気分が味わえる）。

【援助のポイント】
①切るときに落ち着いて行えるようにグループに分ける。
②牛乳パックなどの身近なものを使って，まな板の代用をすると終了後に手軽に片づけられる。

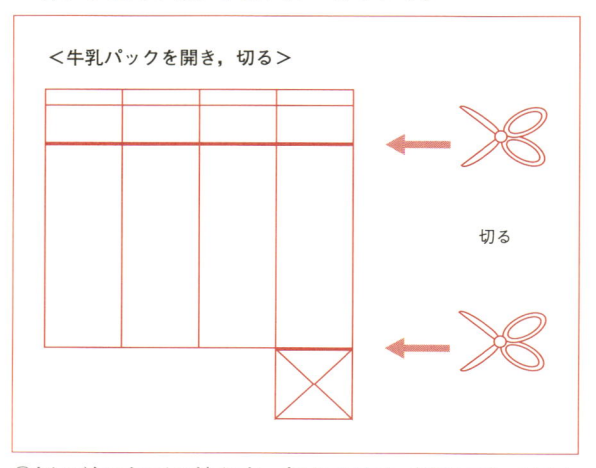

＜牛乳パックを開き，切る＞
切る

③切る前に包丁の持ち方，押さえる手（猫の手）を見本として見せ，包丁を持たずに切る練習をする。
④怪我をしないように，また集中力をなくさないように傍で見守る。
⑤自分で調理したという喜びを感じられるように，保育者は共感し声をかける。
⑥野菜嫌い，食わず嫌いの子どももいるので，少しでも克服できるように楽しんで食べられる雰囲気づくりをする。
⑦子ども達で準備から片づけまで行えるように，保育者は何でもやってしまわないように気をつける。

自然・環境　夏

㉒ 夜空を見上げて，星探し

該当年齢 0 1 2 3 4 5 歳児

夕暮れの空に一番星を見つけたり，満天の星空を見たりしたときの子どもの感激は，ときとして大人の想像を超えるものがあります。機会をみて，ぜひ星に目を向けましょう。

【ねらい】

① 輝く星々の美しさに感動し，親しみと関心を持つ。
② 太陽が沈むと空が暗くなり，夜の訪れとともに星が見え始めることを知る。
③ できれば，明るい星，暗い星があることに気づいたり，流れ星や特定の星を見つけたりして，知識として知っていたものが，"本当にある" のだという実感を持つ。

【準備・環境づくり】

① ビニールシート
② 蚊取り線香，虫除けスプレー（夏）
③ 防寒具（高原，冬）
④ 星空に関するガイドブックなど

【遊び方・プロセス】

＜一番星見つけ＞

日没後，次第に暗くなってくる空を見上げて，いちばんはじめに光りはじめる星を見つける。誰が最初に気がつくか。金星（宵の明星）が見える時期なら，西の空に注目。先に暗くなる東の空の星と，どちらが早く光るだろうか。二番星以降も，見つけっこしてみよう。

＜天の川探し＞

都会の夜空は人工的な照明の影響で明るいので，なかなか見られないが，郊外や離島では見られることも多い。はじめは見つからなくても，夜空の暗さに目が慣れてくると，薄明るくぼうっとした帯がのびているのがわかるようになる。季節的には冬と夏が見やすい。なお，天の川は，私達の太陽系がある銀河の星々の集まりだが，肉眼では星の集まりであることは見きわめられない。

＜流れ星探し＞

照明の影響がなければ，ふだんでも1時間に10個くらいは流れ星が見られるという。根気よく夜空を眺めつづけることができれば，決して稀なものではない。ただ，ふつうは一瞬のうちに消えてしまうので，教え合ったり，願いごとをかけたりするのは容易でない。

＜星座探し＞

星座は全天で88あるが，実際にどの星とどの星で何座ができているのかを見分けるのは，大人でも結構難しい。蓄光プラネタリウム（p.186）を持参して，夜空と見比べることもできるが，子どもと星を見る場合は，必ずしも星座にこだわらないほうがよさそうである。わりと見つけやすい星座としては，おおぐま座（北斗七星），カシオペア座，オリオン座などが挙げられる。

【援助のポイント】

① 日常の保育は昼間の活動が主となるので，星を確かめる機会はどうしても少なくなる。郊外で宿泊保育を行う際や，延長保育などで夜にかかるときを有効に利用しよう。日没が早いのは11月下旬から12月中旬にかけて（たとえば，根室なら午後3時40分過ぎ，東京だと4時30分ころ，大阪は4時50分ころ，那覇では5時30分過ぎ）。この時期，子どもとともに日暮れ（日没後，30分くらい経つと日暮れとなり，空が暗くなる）を迎えることがあったら，ぜひ空を見上げたい。

② 太陽と月以外のいちばん明るい星は金星で，夕方に見られるときは"宵の明星"，明け方に見られるときは"明けの明星"と呼ばれる。宵の明星のときは，暗くなりはじめた空に真っ先に輝きだすことが多く，見つけやすい。ただし，どの時期に宵の明星または明けの明星になるかは年によって違い，また，太陽との距離が近いため，真夜中には沈んでしまっていて見られない。

③ 昇ってきたり，沈んでいったりする太陽や月と違い，多くの星は，暗くなるにしたがい，空からにじみ出てくるように光り始めることにも気づけるとよい。

④ 星空を眺める場合，暗さに目が慣れてくると，次第に多くの星が見えるようになってくる。少なくとも10分くらいは，立ち止まって夜空を見上げたい。子どもの関心が続きそうになければ，星と関係のある物語などを話して，間をもたせよう。

⑤ 長時間，星空を眺めるなら，地面にシートを敷いて，仰向けに寝ころがって見上げると，首が疲れない。夏は，蚊などの虫除け対策，また，夜の間に地面は冷えてくるので，冬はもちろん，夏でも高原などではからだが冷えないように防寒対策を忘れないこと。

自然・環境

夏

23 きれいでおもしろい草木染め

該当年齢 0 1 2 3 4 **5** 歳児

水遊びは開放感を味わえる楽しい遊びです。草や花からつくる色水は，子ども達を夢中にさせます。その色水で布を染めてみると不思議な色に出会うことができ，好奇心が高まっていきます。

自然・環境　夏

【ねらい】
① 季節の草花で，染色ができることを知る。
② 布に染まる模様のおもしろさを知る。
③ 染めたものを使ってプレゼントをつくる。

【準備・環境づくり】
① **場の設定**：園庭やテラスなど草花や木の実などがとりやすいところ。木陰などに机を出して行うと，水のこぼれるのも心配せずに行える。
② **準備**：生染めの場合…塩，すり鉢，すりこ木棒，ざる，ボウル
煮染めの場合…鍋，コンロ，ざる，ボウル，ミョウバン
共通…布，輪ゴム，物干し，洗濯ばさみ

【遊び方・プロセス】
① 水遊びのなかで季節の草花から色水ができることを知り，いろいろな草や花でどんな色が出るのか試してみる。
② 染色に適した藍を種から育て，絞り染めに挑戦してみる。また，他にどんなものがあるのか調べて試してみる。

＜煮染めの場合＞ 
① 草花をつむ（春はハルジオン，夏はアサガオ・藍・赤ジソなど，タマネギは1年中OK）。
② 適当に切って鍋に入れ，ひたひたになるまで水を入れ火にかける。沸騰する直前に火を弱め，20分間煮込んでからざるで濾す（タマネギは，皮を水洗いして同様にする）。
③ 濾した汁を鍋に戻し，輪ゴムで巻いた布を入れ，沸騰に近い状態のまま20～30分間煮込む。煮込むと布に色が染み込んでくる。 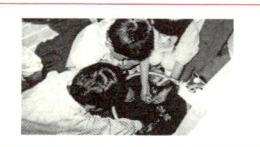 
④ 鍋を火から下ろし少し冷ましたら，布を取り出して絞り，ミョウバンを溶かしたぬるま湯に布を入れ，20～30分間つける。 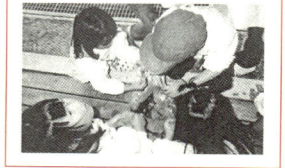
⑤ 布を取り出して絞り，輪ゴムをはずして水洗いし，さらす。濃い色に染めたいときは，もう1度煮てさらす作業を繰り返す。

＜生染めの場合＞ 
① 生葉に水と塩を入れ，すり鉢で葉をすりつぶしながら色水をつくり，ざるで濾して藍液をつくる。
② 布を水洗いして輪ゴムで巻き，7～8分間つける。
③ よく水洗いをして絞り，輪ゴムをはずしてから広げてさらす。
④ 絞り染めでできる模様のおもしろさを知り，いろいろ輪ゴムの巻き方を変えてみる。
⑤ 絞り染めを使ってプレゼントの「御守り」づくりに針と糸で挑戦する。

＜御守りのつくり方＞
縫う／ひもをとおす／入れる／メッセージ

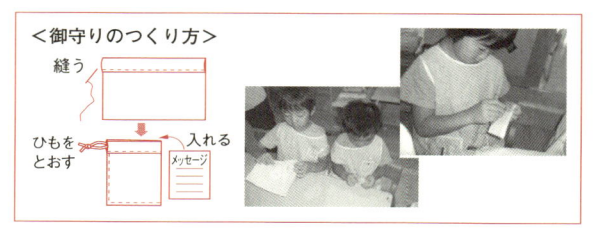

【援助のポイント】
① 園の畑で野菜や花と一緒に藍を育てる。
② 園庭に色水遊びのコーナーをセッティングし，草花などで色水遊びを十分に行えるようにする（すり鉢，すりこ木棒，網，漏斗，空容器）。
③ 草花をつむときどんな色になるのか，子ども達と想像してみる。また，木の実はどうか，どんな匂いがするのか，名前は何か調べたりする。
④ 煮汁や絞り汁の色や匂いも草花や木の実によって違うことに気づけるよう言葉かけをする。
⑤ 同じ植物でも，季節や葉の量によって色が違ってくるので，どんな色に染まるか子ども達と試してみるのも楽しい。
⑥ 片づけも子ども達ができるように，名前をつけた箱や水洗いするバケツ，ぞうきんなどを用意しておく。

【バリエーション】
① 布を正方形に切って絞り染めにし，そのままコースターにする。 
② その他の材料，コーヒーや紅茶，ブドウやナスなど，色の出やすいもので試してみるのもおもしろい。

㉔ おもしろい石遊び

該当年齢 0 1 2 3 4 5 歳児

石はよく見ると形や模様，色，大きさなどがさまざまであり，子ども達のイメージをかき立てます。さあ，子ども達と一緒にいろいろな遊びを考え出して，おもしろい石遊びをしてみましょう。

【ねらい】
① 自然のなかで自ら遊びを生み出し，工夫して遊ぶ。
② 石の性質に気づき，その性質を遊びのなかに取り入れる。
③ 石の形や大きさ，模様がひとつひとつ違うことに関心を持ち，イメージを広げていく。

【準備・環境づくり】
① 流れのゆるやかな浅瀬の広がる川。
② 服装・持ち物（長袖シャツ・長ズボン・運動靴・ペットボトルに入れた水・着替え・ロープ・薬・タオル）
③ 下見をし，危険への配慮は十分にしておく。

【遊び方・プロセス】
① 石の形を何かに見立てる。

クレヨンや絵の具で絵を描く

② 石で絵を描く。
　絵が描けそうな石を見つけて，石に描いたり，粘土石を川の水で少しぬらして練ったもので，大きな石に絵を描く。
③ 石を集める。
　色や模様，形や大きさの違った石に興味を持ち，集める。
④ 石を探す。
　手で触ってかたい石，砕ける石など，質の違う石を探す。

【援助のポイント】
① ふだん，園庭の安全な環境整備のなかで，石は排除されがちで，石とのかかわりは少ない。そこで，ふだんから川原などに散歩に行き，かかわることの少ない石などの素材に触れることや，自然物での遊びを多く取り入れていくことが大切である。
② しかし，自然物は，たくさんの危険を伴うことが多い。石を投げると危ないことをしっかり理解させ，安全への配慮を十分しておく。また，スクールバスの運転手さんなど，力のある男性を引率者に加えると安心である。

【バリエーション】
① 大きい石を利用して遊ぶ。
ア）手をつないで落ちないように工夫しながら，上れる大きさや形の石で安定感があるものを選ぶ。
イ）人数を決めておいて全員がのれるか，また，何秒のっていられるかを競う。
② 石のジャンプ台から飛び込む。

水しぶきを上げながら，水のなかに飛び込む心地よさを味わおう。
※長袖・長ズボンで肌をおおったり，鋭い石やガラスのかけらなどが落ちていたりするので，必ず靴をはいていく。
③ 石のパズルをつくる。 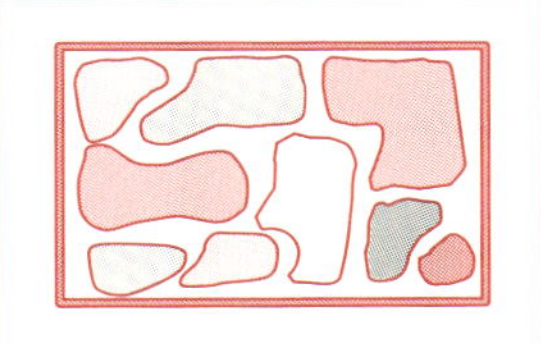
ア）しっかりとした箱のなかに，パズルのピースのようにうまくはまる石を見つける。
イ）石に，絵の具やクレヨンで絵を描く。
④ 石の温かさを肌で感じる。
　日陰にある石と日向にある石の温度は，まったく違う。大きな石に寝てみたり，お日様の温かさをからだで感じよう！

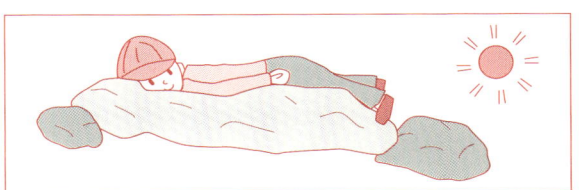

⑤ 石がまをつくる。
ア）安定するように石を積み上げ，囲いをつくる。 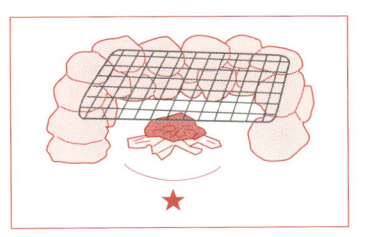
イ）空気の通り道として，★印の部分は少し下に穴を掘っておく。

自然・環境　夏

25 みんなで楽しむ落ち葉集め

該当年齢 0 1 2 **3 4 5** 歳児

落ち葉は色・形・大きさなど，さまざまです。たくさんの落ち葉を使って遊ぶだけではなく，落ち葉1枚の特徴に着目して遊ぶなど，視点を変えることで，さまざまな楽しみ方を見出すことができます。

自然・環境　秋

【ねらい】
①落ち葉を集め，それを使って遊ぶことの楽しさを味わう。
②たくさんの落ち葉を踏んだり，投げたりすることで，気持ちを発散させながら，さまざまな感触を味わう。
③落ち葉の特徴（色・形・大きさなど）に気づき，それに興味・関心を持って遊ぶ。

【準備・環境づくり】
①園庭など戸外の落葉樹（イチョウ，サクラ，クヌギ，ケヤキ，カキ，モミジなど）の落ち葉を集めておく。いろいろな種類があると，遊びの幅もよりいっそう広がる。
②雨の後や，霜の降りたときなどには葉が湿っているので気をつける。
③落ち葉を使って製作ができるように，テーブルや色画用紙・セロハンテープなどの材料を用意しておく。
④大きな段ボール箱・大きなビニール袋・小さなビニール袋などを用意しておくとよい。

【遊び方・プロセス】
＜たくさんの落ち葉を使って楽しむ＞
段ボールをつなげてつくった大き目の輪のなかに，落ち葉をたくさん集める（子ども用のプールを利用してもよい）。

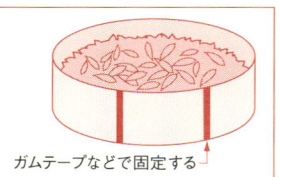

ガムテープなどで固定する

①落ち葉の上を歩いたり，とび跳ねたりして，音や感触を味わう。
②落ち葉を投げて遊ぶ。
ア）落ち葉シャワー：高いところから落ち葉を投げる。
イ）落ち葉合戦：落ち葉のかけ合いっこをする。
③落ち葉プール：落ち葉のなかに潜ったり，泳いだりする。
④宝探し：落ち葉のなかに何かを隠して，探すことを楽しむ。

＜落ち葉の特徴（色・形・大きさ）を楽しむ＞
①落ち葉で絵を描く。

②落ち葉を使って砂遊び（ふりかけやケーキの飾りに，落ち葉のお皿に）。
③落ち葉のお面づくり

④落ち葉でおしゃれ（洋服・冠・腕輪・ネックレスなど）

【援助のポイント】
①落ち葉を集める際には，保育者が全部やってしまうのではなく，子ども達と一緒に集めるところから楽しんでいく。
②遊ぶなかで，それぞれの落ち葉の特徴などに子どもが気づくことができるように働きかけていく。
③たくさんの落ち葉を使って投げたり，潜ったりするなど，落ち葉と戯れる遊びは，3・4・5歳児ともに，思い切り楽しめる。落ち葉の特徴を楽しむ遊びでは，3歳児はアクセサリーづくりなどを好んで楽しみ，5歳児になると1枚の葉を何かに見立てていくことなども盛んになっていく。子どもの発達・興味・関心の様子によって楽しむことができるように援助していくことが大切である。また，視点を変えることで，さまざまな楽しみ方のある落ち葉遊び。子ども達もきっと新たな楽しみ方を見出すことだろう。そのような子ども達の発見を大切にしつつ，思いきり楽しみたい。

【バリエーション】
①落ち葉をたくさん集めて遊んだ後には，焼きイモをするのもまた楽しめる。
②落ち葉をたくさん集めてためておき，肥料をつくる。
　→カブトムシが卵を産み，幼虫が育つこともある。
③大きなビニール袋に落ち葉を詰め，落ち葉ボールをつくって遊ぶ。

26 きれいな葉っぱのお皿づくり

該当年齢 0 1 2 **3 4 5** 歳児

木や草の葉は，古くは食器の代わり，まさにお皿として使われていました。色も形も大きさもさまざまな葉を遊びに取り入れることから，身近な自然への関心を深めていきましょう。

【ねらい】
① 木や草の葉，とくに落ち葉を遊びに取り入れることをとおして，身近な自然に親しむ。
② 葉を皿に見立てることから始まり，いろいろな遊び方や使い方をすることで，さまざまな色や形，質感の違う葉があることに気づき，特徴を生かして遊ぶ。
③ 葉のように身近なものも，使い方次第で遊びや生活に役立てられることを知り，身の回りにあるものごとに関心を持つ。

【準備・環境づくり】
手の届くところに葉があり，触りたくなるような条件を整える。たくさん葉があること，大きな葉，きれいな葉や形のおもしろい葉があることなどが子どもの興味をひきやすい。園庭の木を剪定したあと，葉がついたままの枝を子どもの目のつくところに置いておいたり，園庭に散った落ち葉を掃除しないでおいて，気づかせるとよい。

【遊び方・プロセス】
① 落ち葉などに気づき，拾ったり，集めたりする。
② 外遊びのなかで，もの（土や砂の団子，料理など）をのせるのに使い，皿などの食器に見立てる。大きな葉には大きなものや多くのものをのせたり，かたく丈夫な葉は，よそったものをのせたまま，友達との間で受け渡したり，それぞれの葉の特徴を生かした使い方をしてみる。
③ 室内でも，ものをのせることができるのに気づいて，汚れていない葉を利用してみる。
④ 皿にとどまらず，いろいろなものをのせてトレイや敷布の代わりにしたり，指人形などをのせて乗り物に見立てたりしてみる。葉の大きさや形に応じた用途を考えたり，紅葉した落ち葉ならば，のせるものとの色の取り合わせにも注目してみる。

【援助のポイント】
① 落ち葉を利用する場合，休日明けの日や風が強かった夜の翌朝など，落ち葉がたくさんありそうな日をうまく生かすような配慮ができるとよい。
② 葉にものをのせたり，室内でも使ってみようという発想が子どもから出なければ，ころ合いを見はからって保育者がやってみせたり，提案したりする。
③ 葉（に限らずものごと一般）の性質は，かかわり方に応じて理解される。単に地面やテーブルに置いて決まったものをのせるだけでなく，のせるものを変えたり運ぶのに使うなど，かかわり方を変えると，それまで気づかなかった葉の性質に気づくきっかけとなりやすい。
④ 1日だけの遊びにせず，ある程度の期間，繰り返して遊べるようにし，遊び方に熟練したり，新たな発想が生まれる機会をつくりたい。
⑤ 落ち葉の多くなる時季は地方によって違う。また，暖地では冬も落葉しない常緑樹が多くなり，必ずしも"秋イコール紅葉した落ち葉の季節"とは限らない。地域の実情に合わせて利用しやすい葉を利用しよう。

【バリエーション】
＜意外なもの（水など）をのせてみる＞
① 葉の形や質によって，のせることができるものと，できないものがあることに気づく。水をはじく葉（サトイモ，ハス）や縁がめくれている葉（ツバキ，タイサンボクの葉を裏返す）は，少量なら水ものせることができる。
② あるものをのせることができる葉と，できない葉に分けたり，その用途に向く葉を探したりすると，一見同じような"葉っぱ"にも性質に違いがあることに気づいたり，それを生かしたかかわり方をすることにつながる。
③ 5歳児なら，ある用途に向く葉が，どの木や草の葉なのか名前を調べると，体験をとおして得た知識を次のかかわりの機会に生かしたり，子ども同士で伝えあったりしやすくなる。

＜木工用（水溶性）ボンドの利用＞
① 落ち葉は乾燥するともろくなるが，木工用ボンドを両面に塗ってコーティングすると長持ちする。
② 塗ったボンドが乾いて透明になってきたころを見はからって，ていねいにはがすと，葉の表面の凹凸を写し取った型ができる。葉に限らず，ボンドがしみこまない材質で，凹凸のあるものの型取りをして遊べる。

自然・環境　秋

27 ひっつく実探し・くっつく実遊び

該当年齢 3・4・5歳児

くっつく実は，服などさまざまなところにひっつく不思議でおもしろい実です。そんな実に興味・関心を持ち，お友達とくっつけあうことで関係を深めたり，新たな発見をしたりして遊びましょう。

自然・環境　秋

【ねらい】
① くっつく実に触れて，くっつくことの不思議さや，くっつく実に興味・関心を持つ。
② くっつく実をいろいろなものや人にくっつけて遊ぶ。
③ 友達とどこにくっつくか試しながら遊び，情報交換することで友達関係を深める。
④ くっつく性質を利用して，さまざまな遊びへ発展させていく。

【準備・環境づくり】
① くっつく実のある園庭外の場所を下見しておく。
② くっつく実に興味・関心が持てるよう，事前に保育者の服につけておいたりして関心をひく。また，くっついたときに大げさに表現すると喜ぶ。
③ さまざまな素材のものを用意し，くっつく，くっつかないなどを確かめられるようにしておく。
④ 子どもの目のつくところにダーツの的をつけることで，通りかかる子ども達も興味を持つきっかけになったり，友達と情報交換したり交流を持ったりすることができる。

【遊び方・プロセス】
① くっつく実を知らない子どもは，保育者や友達がくっつけている様子を見て興味・関心を持つように導く。
② くっつく実を実際に手にとって感触を確かめる。
③ どれがくっつく実なのか，また，どこにくっつくのか，さまざまなもの（服や靴など）にくっつけて遊ぶ。
④ いろいろな場所につけ合ったりしながら，友達と情報交換して楽しむ。
⑤ 自分なりにくっつける場所を決めて，そこにくっつけようとする。

【援助のポイント】
① くっつく実を知らない年少児には，くっつく実やその性質に気づけるようきっかけをつくる。
② オナモミは触ると痛そうな外見をしているので，なかには触ろうとしない子どももいるが，保育者が楽しさを伝えることで，安心して遊ぶことができる。
③ 年少児は細かいくっつく実よりも，オナモミなどの大きめの実のほうが遊びやすい。
④ 年少児はどれがくっつく実で，どこにつくかなどわからないため，子ども自身が気づき，いろいろなところにくっつけてみたくなるよう，保育者が言葉をかけていくことが大切。しかし，すべてを教えてしまうのではなく，子ども達の自発的な発想や行動も大切にしていく。
⑤ くっつく楽しさを共感する。

【バリエーション】
① いくつくっつけられるか。
② 服や布などにくっつけて模様や絵を描く。
③ くっつく実をからだの部位に見立てる（たとえばおへそなど）。
④ くっつく実同士をつなげて遊ぶ。

センダグサの実同士をつなげる　　オナモミをつなげてヘビに見立てる

⑤ くっつく実を身近なものに見立てて遊ぶ（たとえばオナモミをハリセンボンに見立てる）。
⑥ ガラスや床，上ばきなどにくっつけて，くっつく場所を探す。
⑦ ダーツ遊び

＜準備するもの＞…的を描いたぞうきん，くっつく実
ア）オナモミはそのままでもいいが，ようじをさしたオナモミを用意しておくと，触ろうとしない子どもも安心して遊びはじめる。
イ）年長児などは，ダーツの的を子ども達がつくるとより楽しめる。

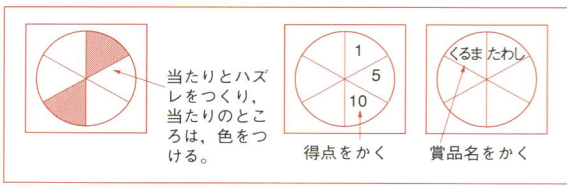

当たりとハズレをつくり，当たりのところは，色をつける。　得点をかく　賞品名をかく

＜くっつく実の代表的なもの＞
センダグサ，オナモミ

その他…ヌスビトハギ，アレチヌスビトハギ，イノコズチ，オヤマボクチ，ダイコンソウ，チカラシバなどがある。

㉘ サツマイモのつる遊び

該当年齢 0 1 2 **3** 4 5 歳児

広々とした農園で思いきりからだを動かして，つるの遊びを楽しみましょう。引っ張ったつるの先に何がついているかな？と，子ども達の期待が広がっていきます。

【ねらい】
①葉の形のおもしろさや，つるの感触を楽しむ。
②つるの長さや強さにも気づき，造形や模倣遊びを楽しむ。
③広々とした農園や畑で，開放感や心地よさを味わう。

【準備・環境づくり】
①場の設定：
ア）おイモ掘りの場所が遠い場合は，園バスなどを利用して，現地に行く。
イ）農園管理のおじさんと事前打ち合わせをしておく（日程・おイモのつるは，半分くらい自然の状態で残しておいてもらうなど）。
②準備：
ア）長袖・半ズボン・帽子・はきなれた靴で参加する。
イ）スコップ
ウ）ペットボトルの水筒（飲料水用と手洗い用に）

【遊び方・プロセス】
①引っ張ってみよう！＜思いきり＞
「さあ，この先に何があるかな？」など，期待感を持たせながら一緒に引っ張る。「先生も手伝って！」「うんとこしょ，どっこいしょの本と同じだね」
お友達と一緒，先生と一緒，1人でも頑張るよ。

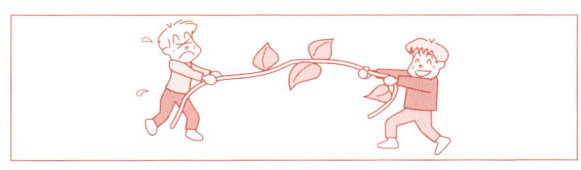

②まるめてみよう，輪にしてみよう！
「先生，この葉っぱハートの形しているよ」「本当ね，輪っかにしたら冠になるよ」
「これも一緒にするといい」「近くにある野の花を添えるともっとすてきになる」（イヌタデ・ノギク・マルバルコウソウ）

③長いから電車になるよ！＜ごっこ遊びへの展開＞
前と後ろの部分を結んで楕円形の輪にすると，あっという間にきしゃぽっぽ。

「お乗りの方はいませんか〜」「乗せてください」
「おや！テントウムシさん，どこから来たの？」
「あっちの山から」「さあ，お乗りください」
♪線路は続くよ〜♪　広い農園で，のびのび過ごす楽しいひとときになる。

【援助のポイント】
①おイモ畑が園内や身近な場所にある場合は，苗植えや水やり（5月）を一緒にしたり，新葉の出る様子，つるが長くのびていく様子，つるの裏返し（7〜8月）などを見せたりしていくとよい。
②イモが成長していく過程を知ることで，つるの先にあるサツマイモへの愛着も深まり，よりいっそうおイモ掘りが楽しくなる。
③収穫間際にも「おイモさん，もういいか〜い」などの声かけをしたり，茎をポキポキ折ってネックレスづくりをしたりなどを，楽しむのもよい。
④つるの汁で手が汚れても「おイモさんのお乳かな？」と興味につなげる言葉かけも必要。

【バリエーション】
＜園に持ち帰って＞
①ウサギのエサにする。
「先生，食べてる。食べてる」「おいしい，おいしいって言ってるね」
「タンポポと同じにお乳が出るんだね」 
※発見と気づきがいっぱい！

②干して（強くなるので）縄とびにして遊ぶ。

③上から吊るして，のれんにしたり，魚つりごっこをして遊ぶ。

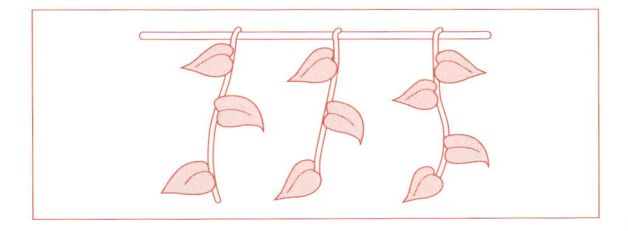

自然・環境

秋

129

29 楽しいサツマイモ掘り

該当年齢 0 1 2 3 4 5 歳児

幼稚園や保育所で、秋の収穫を味わうための第一候補はサツマイモ掘りです。とくに身近な自分達の畑で栽培し、世話をし生長の過程も知っているイモを見つけたときは感激で、うれしさいっぱいです。

【ねらい】
① 苗からの生長の変化を知る（苗のときは、土が一面に見えるなかに小さな緑。収穫のときは、畑一面に葉・つるが生い茂っている）。
② 葉・つる・イモのなっている様子を知る。
③ イモの大小・量を比べる。
④ イモ畑にいる小動物に気がつく。

【準備・環境づくり】
① **自園の広い畑で掘る場合**
ア）通路、つるを置く場所、掘ったイモを置く場所をしっかりと決めておく。
イ）シャベル・スコップ・手袋（ヤニがつくので）・袋（掘ったイモを入れるもの）を用意する。
ウ）1人で掘れる場所・量を決めておく（○○株）。
② **農園などにお願いする場合**
ア）毎年同じ農園にお願いすることが望ましい。年度末か4月早々に、今年はどのくらいの量か、面積かを伝えて用意していただく。
イ）前項の①〜④は同じであるが、農園の人は、葉やつるを取り除いてしまい、本来のイモのなっている畑の姿を見ることができない場合がある。畑一面に葉やつるがおおっている姿を見せたいものである。
③ 園庭のプランター・トロ箱・肥料袋を利用して栽培した場合は、土をあけてもよい場所を確保する。

【遊び方・プロセス】
① 自園の畑の場合は、苗植えをしたときから生長していく姿を見ているので、大きく生長した姿を実感している。
② 畑の中に足を踏み入れると小さな虫が飛び散ったり、コオロギ・トカゲ・バッタ・カマキリ・ネズミ・ヘビなどを見つけることができる。
③ 1か所に偏らないように間隔をとって並ぶ。
④ 畑をおおっている葉やつるをみんなで力を合わせて引き抜き、片づける。かなりの力を要する（声をかけいっせいに引き抜く）。
⑤ イモ掘りの邪魔にならないところに1か所にまとめておく（イモとつるが混ざらないように）。
⑥ 入口近くに、数株、葉やつるのついたまま地中まで掘り、イモのなっている様子を観察できるようにしておき、見せる。
⑦ つるをどけた株のところへ行き、自分の場所を確認し、自らの手で掘らせる。小型のシャベルなどでは、土がかたかったり、イモが大きくなりすぎていると掘りにくいので、大人用スコップなどで掘り起こしてあげると掘りやすくなる。とくに3歳児には必要である。
⑧ 掘ったイモは、その場で袋のなかに入れさせる（土などと混ざってしまい見つけにくくなる）。
⑨ 各自、自分の掘ったイモ（袋）を園に持ち帰る。
⑩ 大きいイモコンテストを行う。自分の掘ったいちばん大きなイモを取り出して、比べあってチャンピオンを決める。見かけの大きさ・実際の大きさ（はかりで計る）などを知る。
⑪ 量のコンテストを行う。袋に入っている全量をハカリで計って、重さでチャンピオンを決める。

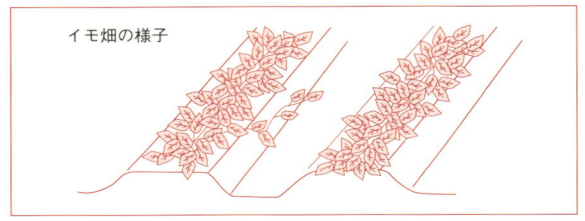

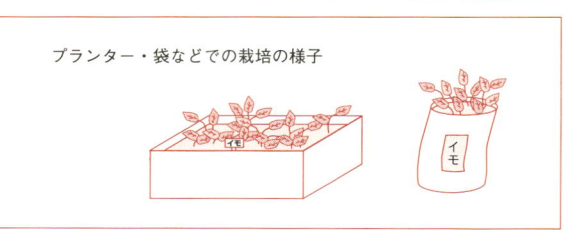

イモ畑の様子

つるを力を合わせてどかしている様子　　イモのなっている様子

イモ掘りの様子

プランター・袋などでの栽培の様子

30 みんなで暖か，落ち葉たき

該当年齢 0 1 2 3 4 5 歳児

寒い時期の落ち葉たきは楽しいものです。落ち葉たきの情緒を味わいながら，焼イモをつくって楽しみましょう。火を使うので，安全には注意する必要があります。

【ねらい】

①現代社会においては，住宅事情やダイオキシンの問題などにより，たき火をすることが難しくなってきている。さらに，幼児がたき火に接する機会は，都市部ではまずないのが実情である。しかし，落ち葉たきをすることによって，落ち葉が燃える様子を見て，煙の匂いや煙が目にしみるといった体験をすることは大事なことである。

②落ち葉たきを行うにあたって，みんなで落ち葉を集め，集めた落ち葉で遊ぶことによって，友達との関係を深める。

③木の種類によって，落ち葉の色や手触り，感触の違いがあることを知り，植物の変化に対する興味・関心を育てる。

④寒い季節にみんなで集めた落ち葉をたき，火にあたる情緒を味わい，サツマイモを焼いて焼イモパーティをする。

【準備・環境づくり】

①園庭や公園などで落ち葉を集めて袋につめて用意しておく。ただし，イチョウの葉は燃えにくいので，落ち葉たきには使わないようにする。

②薪も用意しておく。

③落ち葉たきを行うことを所轄の消防署に届け出ておく。

④万一に備えて，消火器と水を入れたバケツを用意しておく。

⑤子どもと一緒にサツマイモをアルミホイルに包んで，皮ごと食べられるようにしておく。

⑥落ち葉たきをする場所を，トタン板やドラム缶を利用してつくる。

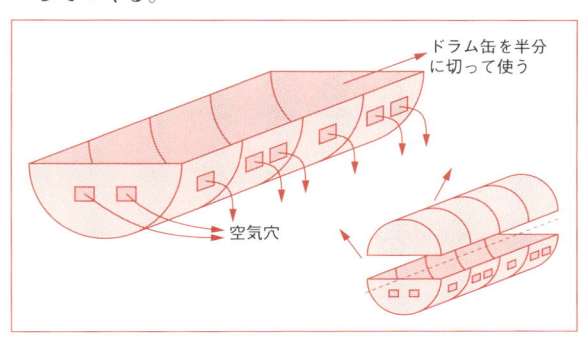

ドラム缶を半分に切って使う
空気穴

＜トタン板を使用の場合＞

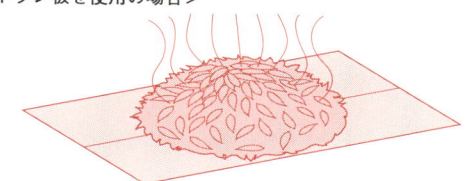

※ドラム缶，トタン板を使用すると，後片づけが楽で園庭が汚れない。

【遊び方・プロセス】

①落ち葉たきをする前に，集めた落ち葉を踏んだり，落ち葉の山のなかに座ったりして感触を楽しむ。

②火のなかに落ち葉を入れると，どんな音がするか聞いてみる。

③燃えた落ち葉の色の変化を見る。

【援助のポイント】

①火を使うので，子どもの安全に十二分に注意をする。

②落ち葉だけではなかなか燃えないので，薪を用意して，薪の火力を使って落ち葉を焼くようにする。

落ち葉たきの様子

【バリエーション】

①残った落ち葉は，園庭に穴を掘って埋めるか，土管などに入れて堆肥づくりをする。

堆肥づくり 　　落ち葉を踏み固める

②燃え残った灰は，良質な木灰なので，花壇や植木鉢の肥料として，取り置きして使う。

燃え残った灰

自然・環境

秋

31 木の実拾い・小枝集め

該当年齢 0 1 2 3 4 5 歳児

自然界には，いろいろな木が子孫を残すために実をつけています。また，その実を食べて生活をしている動物がおり，私達もそのなかの1人ひとりなのです。

自然・環境　秋

【ねらい】
①いろいろな木の実を探すことで，子どもの探求心を起こさせる。
②それぞれいろいろな形をしていることに気づく。
③植物の実（種子，果実）は，生き物であることを知る。
④小枝の落ちている場所，どこにあるかなどを見る。
⑤拾い集めた木の実，小枝を使っていろいろな遊びに活用する。

アシを一定の長さに切る（30本）
小枝が多く集められないので河川にあったアシを取る

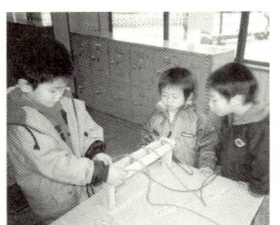

アシをあむ

アシをあむ 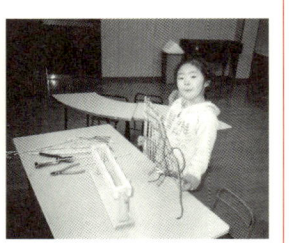　　できあがり

【準備・環境づくり】
①公園や並木道，神社，寺，雑木林にて，ナラ，クヌギ，トチ，カシ，クリ，スダジイ，モミジ，オシロイバナ，イチョウ（ギンナン），サザンカ，ツバキ，オチャ，ムクロジ，クルミなどを探す。
②常緑樹（マテバシイ，シラガシ）と落葉樹（クヌギ，コナラ，カシワ，イチョウ）がある。
③木の実のいろいろな図鑑や，絵本を見る。
④ビニール袋，紙袋，レジ袋など個々に持つ。

【遊び方・プロセス】
＜実をひとつひとつ手にとって観察する＞
①木の実拾い（おはしを使って）
　机の上にいろいろな実を置き，紙皿の上にはしではさみ取り，皿にのせる。
②木の実投げ
　一定の距離のところにポリバケツを置き，そのバケツを目ざして，拾い集めた木の実を投げ入れる。1人5個持ち，順番を決め，投げる。スコア表をつくり3回戦行い，合計点数を競う。

バケツ
ライン

＜小枝でつくる巣＞
　ビオトープ内のマテバシイの枝に，小枝を集めて巣があるのを観察する。3～4歳の子ども達は，散歩に出かけ，小さな棒，小枝を拾うことにより，どこかキジバトの巣づくりを思い起こす。
　マテバシイの実にマジックで，泣き顔，笑い顔，怒り顔を描いて遊ぶ。

ビオトープ内のキジバトの巣

皿
ドングリ

32 おもしろオブジェづくり

該当年齢 0 1 2 **3 4 5** 歳児

色づいた葉や実，草など自然からのおくりものが豊富なこの時期。秋ならではの自然物とのかかわりを身近なところから遊びに発展させていきましょう。さあ，みんなでおもしろオブジェづくり！

【ねらい】
①自然物の形や質感をとらえ，組み合わせたり，くっつけたりして新たな形を楽しむ。
②自然物の形や色，ひとつひとつ違ったよさがあることに気づく。
③つくる過程のなかでいろいろな形に見立てて遊ぶ。

【準備・環境づくり】
①準備として大切なのは，保育者自身がどこに行けばその材料を集めることができるのか，知っておくことである。
②自然物の造形遊びをするために園で栽培する。
（例：フウセンカズラ，ジュズダマなど→種の利用）
③材料集め：落ち葉（押し葉にしておくと造形に使いやすい），枝（大・小に区別したり切ったりしておく），ドングリ（種類ごとに区別して），マツボックリ，ジュズダマ，野に咲く草花，つる（フジヅル・マタタビ・マツバルコウソウ）
④あると便利なもの：木工ボンド，ホットボンド（手工芸ボンド），電動ドリル，針金（細くやわらかいもの），マジック，修正ペン，はさみ，きり，モール，毛糸，リボン，麻ひも

【遊び方・プロセス】
①『ドングリ』
人形

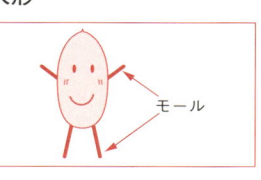

＜顔を描く＞
①目や口は修正ペンで描くとよい。
②手や足はモールでつくるとかわいらしい。

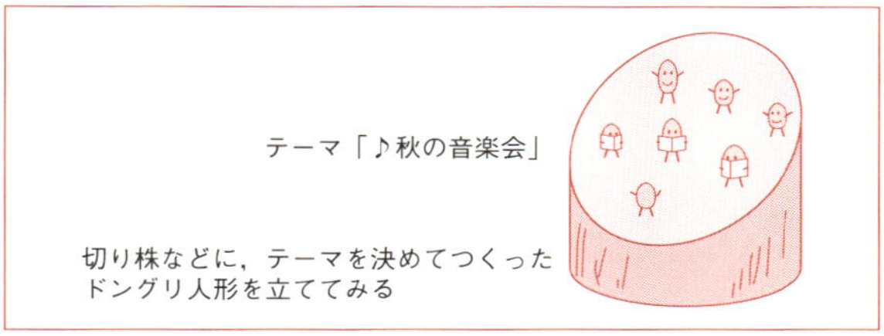

テーマ「♪秋の音楽会」
切り株などに，テーマを決めてつくったドングリ人形を立ててみる

【援助のポイント】
①モールをさすときに，あらかじめ電動ドリルで穴をあけておくとよい。
②まるみを帯びたところにあけるので，支えの手にしっかり力を入れ，ドリルでゆっくり少しずつ穴をあける。

【バリエーション】
バレリーナ

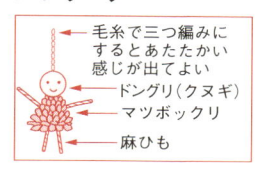

毛糸で三つ編みにするとあたたかい感じが出てよい
ドングリ（クヌギ）
マツボックリ
麻ひも

①変形しているのでホットボンドを使うとすぐにつく。
②手，足に麻ひもを使ってもよい。

（同じ自然物で）

『マツボックリ』
ツリー

マツボックリ
直径5cmくらいの丸太を輪切りにしたもの。なければ，ペットボトルのふた

①マツボックリは絵の具で色をつける。
②絵の具が乾いたらニスを塗る。
③マツボックリと丸太はボンドでとめる。

リース

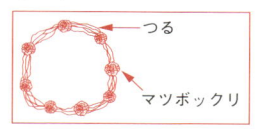

つる
マツボックリ

①つるをまいてマツボックリを細い針金でとめていく。
②間に赤い実や緑の葉を入れるのもよい。

人形

白い画用紙に ⊙⊙ （目）を描いてつける。

『ジュズダマ』
ネックレス

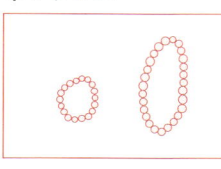

①芽のところを指でつまんでとる。
②おしりの部分から頭にかけて針で糸を通す。
③好きな長さまでくっつけてできあがり。

壁かけ

フウセンカズラの種を使ってもよい
小枝
押し葉

①画用紙にボンドでくっつけていく。
②同じ太さの枝を2本の麻ひもで結ぶ。

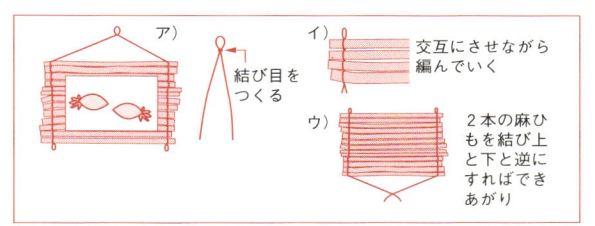

ア）
イ） 結び目をつくる
交互にさせながら編んでいく
ウ） 2本の麻ひもを結び上と下と逆にすればできあがり

自然・環境　秋

33 木の実のアクセサリーづくり

該当年齢 0 1 2 3 4 5 歳児

身の回りで見つかる木の実はちょっとの加工や工夫で、すばらしいアクセサリーに変身します。子どもだけではうまくつくれず、保育者が手伝ってあげる場面も多いでしょう。

【ねらい】
① 自然のなかに入って探して触れ、そこにはさまざまな形や性質のものがあることに気づく。
② 木の実を素材としてものをつくる喜び、楽しさと完成したときの成就感を味わう。
③ 木の実のアクセサリーを日常生活のなかに取り入れて遊ぶ。

木の実でできたアクセサリーはさまざまあるので、ここでは比較的簡単にできるドングリのペンダントとジュズダマのネックレスを例にあげる。

<ドングリのペンダント>
【準備・環境づくり】
① 材料はどのドングリでもよいが、大きなマテバシイが見ばえもよく、乾燥しても割れにくい。
② その他、細めのリボンテープ、瞬間接着剤、ポスターカラーペン、修正ホワイトペン、ニスなど。

【遊び方・プロセス】
① 公園に散歩に行ったときなどに拾ってきたドングリを種類別に仕分ける（これらはドングリごまや、やじろべえの材料にもする）。
② これらのなかでも細長いマテバシイがいちばん大きいので、子どもでも顔を描いたり線を引いたりすることが容易である。描いた絵が乾燥したら、ニスを上塗りするとさらに長持ちする（水性インクのとき）。
③ ドングリの"頭"の平らな部分にリボンテープを瞬間接着剤で貼りつける。長さを調節して輪にすればできあがり。さらに"頭"の上へ、そのドングリよりひとまわり大きい"帽子"（殻斗という）をかぶせ、接着剤で固定すればテープがいっそうはがれにくくなる。

【援助のポイント】
① 絵を描くなど細かい作業については適宜手伝うが、瞬間接着剤の使用は必ず保育者が行う。
② さまざまな形、図柄が1人ひとり違うことを認め、ほめてあげよう。

【バリエーション】
① 野外で、リスによって縦に半分に割られたクルミの殻を見つけることがある。中の複雑な構造がおもしろいので、断面を紙やすりで磨いてペンダントにするとよい。
② ドングリでは他に、縦に半分に割った外側の部分を爪に見立て、「つけ爪」としても遊べる。

<ジュズダマのネックレス>
【準備・環境づくり】
① ジュズダマは日当たりがよく、やや湿った土地に生育する。1年草ではあるが、毎年同じあたりから伸びてくるので、そのような環境を確保しておくとよい。
② 道具はとげ抜きかピンセット、タコ糸、木綿針。

【遊び方・プロセス】
① 秋になると、黒から白までのつややかな表面をした種子をたくさんつける。これを子どもと一緒にとる。
② 種子の中心を通る花軸を引き抜く。できた穴に糸を通して、輪にして結べばネックレスができあがる。ジュズダマの数が少なければブレスレットにする。

【援助のポイント】
花軸を抜く、穴に糸を通すなど、細かい作業で根気が必要だが、ほぼ全工程を子どもだけでできる。自分で成し遂げた喜びを共有してあげたい。

【バリエーション】
① 実の殻がかたくて、それがたくさんとれるのなら、どれでもペンダントやネックレスの材料になる。たとえば、ツバキの実や羽子板でつく羽に使われるムクロジなど。
　ただし、きりで穴をあける作業は困難で、危険でもある。スタンドで固定した木工用の電気ドリルで種子にあらかじめ穴をあけておく。マテバシイやクルミに穴をあけるのも同様である。
② ブローチとして、ギンナン、ピスタチオ、落花生などの殻が利用できる。これらを縦に半分に割り、それに思い思いの絵を描いたものをフェルトなどの端切れに木工用ボンドで貼りつける。安全ピンで胸から下げれば、すてきなブローチになる。ポスターカラーで着色したドングリの殻斗も、素材としておもしろい。
③ アクセサリーの素材になるものは、探せばいくらでも見つかる。保育者は、日ごろから素材の研究や自然を見る目を養うことを怠らないようにしたい。さらに、素材は取り置いておけば、その時季だけでなく、1年中活用できる。

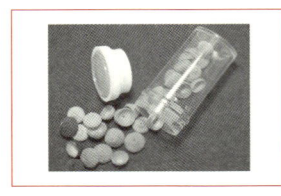

34 つくって食べるスイートポテト

該当年齢 0 1 2 **3 4 5** 歳児

収穫したらすぐに食べたいものです。まして、自分の手でつくったものなら格別です。嫌いなものもつい食べてしまい、偏食を直す機会にもなります。清潔面に注意しながら楽しく料理しましょう。

【ねらい】
①収穫したサツマイモを利用して、いろいろな料理のできることを知る。
②切る・崩す・つぶす・まるめる・まぜるなどでいろいろと変化し、自由に形がつくれることを知る。
③自分達でつくったものを味わう。
④つくったものを他の学年や先生達に味わってもらう。

【準備・環境づくり】
①**材料の用意**：サツマイモ，バター，砂糖，卵など
　20人分（1人50gとすると）のサツマイモ1kg，砂糖80g，バター25g
②**道具の用意**：ガス台，蒸し器，オーブン，包丁，皮むき器，まな板，はけ，ボウル，すりこ木，たわし，洗面器（おけ）
③洗剤（道具・手洗い）

【遊び方・プロセス】
①サツマイモの料理にはどのようなものがあるか，どのようなものを食べたいかの感想・意見を聞く（話し合う）。
②サツマイモをきれいに洗う（土や汚れを落とす）。
③皮をむく（穴の中の土などを取る）。
④適当な大きさに切る（4～5cm角に切る。蒸しやすくするため）。
⑤蒸す（火・熱を使うので要注意）。
　4歳児の活動は⑥から。
⑥蒸し上がったものをボウルなどに入れてつぶす。バターや砂糖などを入れて味つけ。
⑦形をつくる。
⑧アルミ容器（紙）に形を整えて入れる。
⑨表面に照りを出すために卵の黄身を塗る。
⑩オーブンに入れて，焦げ目ができるまで焼く。
⑪温かいうちに食べる。
⑫食べ終わったら，みんなで協力して，一緒にお皿や道具を洗って片づける。

【注意のポイント】
遊びでなく，調理をするということを確認する。清潔面には十分な配慮が必要である。ウイルス性胃腸炎などの感染性の病気が流行しているときは延期する。手洗いなどを十分に行う。

【援助のポイント】
①刃物や熱を使うので，怪我には十分注意する。
②4歳児には刃物を使わせず，先生が行っているところを見せる。
③サツマイモの持ち方，包丁の持ち方，切り方などの具体的な指導が必要である。道具を使うのであるから，正しい方法を先生自身が身につけておくこと。
④蒸し上がったサツマイモを手早く（温かいうちに）つぶし，調味料を入れて味つけをする（冷えてしまうと崩しにくくなる）。
⑤大きさを同じにするために，スプーンなどで同じ量を分けてあげる。
⑥思い思いの形にしてよいが，厚さや広さが同じでないと，焼き上げるときにムラができる。
⑦焼き上がったら温かいうちに食べさせてあげる。

【バリエーション】
①サツマイモは，蒸す・焼くだけでもおいしく食べられるので，子ども達と一緒にいろいろとつくってみよう。
②ジャガイモやサトイモなど，サツマイモ以外のイモも工夫して加工するとおいしく楽しい活動が展開できる。

自然・環境　秋

35 自然物を使ったお弁当づくり

該当年齢: 0 1 2 3 **4** 5 歳児

葉っぱや木の実など、自然のなかには色や形、大きさの違う自然物がたくさんあります。それらを活用して、子ども達の発想を大切にした自然のお弁当づくりをしてみましょう。

自然・環境　秋

【ねらい】
① 身近な自然物に触れて、その季節ならではの自然への興味・関心を育てる。
② 自然物をいろいろなものに見立てることを楽しみながら、イメージを豊かにしていく。
③ 友達と工夫し、意見を出すことで、友達関係を深めていく。

【準備・環境づくり】
① **環境設定**：保育者自身が、身近にどんな自然物があるのか、事前に把握しておく。ビニール袋などを用意し、子どもと素材を集めてみる。また、散歩などで園外に出て、素材を集めてみると、新たな発見もあり、より充実した内容となる。
　また、園庭に机や椅子を用意しておくと、そこに座って集中してつくる子どもや、他の子どもへのきっかけ、レストランごっこなど、遊びが発展しながら楽しめる。
② **注意**：園外に出る場合や、草むらに入る場合には、ノイバラやアザミのようにトゲがあるものや、ウルシのように触れると手がかぶれるもの、ススキのように手が切れる葉など、注意すべき点がある。保育者自身が事前に把握し、安全に十分配慮すること。
③ **必要なもの**：お弁当箱（イチゴパックや発泡トレイなど、いろいろな大きさや形のものを用意し、子どもに選んでもらうことで、より内的動機が高まる）、救急セット（素材探しに出る場合）、ビニール袋や空き箱（素材探しの際、いれ物として使用）

【遊び方・プロセス】
① 各自、空き容器やビニール袋を手にしながら、自然物を集める。
② 集めた自然物を食べ物に見立てて容器に盛りつける。
③ 友達と同じ物をつくって仲間意識を深めたり、完成したことがうれしくて、友達や保育者に見せに行く。
④ できあがったものを使って、そのままごっこ遊びへ発展していく。

【援助のポイント】
① 最初は、気になりながらもイメージがわかずに見ているだけの子どももいるが、そのようなときは、保育者が見立てたものを見せたり、意見を投げかけたりすることで、具体的なイメージが浮かぶようにかかわり、無理なく参加できるようにする。保育者のつくっているものをまねしてつくっていくところから遊びが始まるので、保育者自身が進んで魅力あるものをつくり、楽しむ姿を見せることも、子どもにとってよりよい刺激となる。
② 次第に、子ども同士で発想を取り入れたり、情報交換することで、遊びを工夫していくので、継続していつでも取り組めるように、容器などを用意し、子ども達の遊びの展開に応じて、必要なものを用意しておく。
③ 経験や発達の差を押さえ、その子どものイメージを大切に、言葉かけや受け入れをしていくことが大切である。
④ 秋ならではの自然物の豊富さを把握し、お弁当づくりを楽しんでいく。

＜秋の自然でつくったお弁当＞
（例）

マツ葉を使って

竹をいれ物に利用して

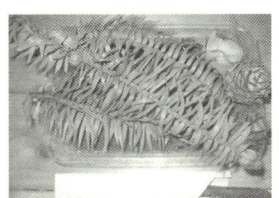

マキの葉を見立てて、天井風に

サザンカの花びらとイチョウの葉を使って

木の実や草の実を使って

【バリエーション】
＜いれ物や小物にもひと工夫＞
① 笹の葉、栗のいが、竹を輪切りにしたものなど、自然物を容器にする。
② 枝や植物の茎で、お箸・スプーン・ストローなどをつくってみる。

36 いろいろ楽しい球根植え

該当年齢 0 1 2 3 4 5 歳児

秋に植える球根は，大型で美しい花を咲かせるものや，小型でよく殖え，かわいらしい花を咲かせるものがあります。花の咲く日を心待ちにしながら栽培し，生長を楽しみます。

【ねらい】
①球根にはさまざまな種類があり，それぞれに植え方や育て方があることを知る。
②花の咲くことを期待しながら，球根を育てることを楽しむ。
③植物が育つには，水，光，熱，栄養が必要なことを知る。

【準備・環境づくり】
①植木鉢，プランター，培養土，液体肥料，赤玉土または，ごろ土を準備する。
②チューリップ，ヒヤシンス，スイセンなどの大型の球根とクロッカス，ムスカリ，アネモネなどの小型の球根を準備する。

【遊び方・プロセス】
①**チューリップ**：10月が植えつけの適期だが，12月まで植えつけが可能。プランターに球根を植え，球根の頭部が隠れるように土をかぶせる。年内は十分に寒さにあてる。花後は葉を残して茎を切り，葉が黄色くなったら掘り上げ乾燥させる。
②**ヒヤシンス**：10月にプランターに球根を植え，球根の頭部が隠れるように土をかぶせ，日当たりのよいところに置く。花後は花茎を残して花柄のみ取る。葉が黄色くなったら掘り上げ乾燥させる。
③**スイセン**：ニホンズイセンは8月末に，他のスイセンは10月中に植えつける。プランターに球根を植え，球根の頭部が隠れるように土をかぶせる。葉が枯れたあと掘り上げて乾燥させる。
④**クロッカス**：10月に鉢植えする。植える深さは球根の高さの2倍以上の深植えにする。年末まで屋外に置き，1月に室内に入れる。葉が黄色くなる5月ごろ掘り上げて分球し，乾燥させる。
⑤**ムスカリ**：11月に鉢植えする。3cmの深さに植えつける。年末まで屋外に置き，1月に室内に入れる。葉が黄色くなる6月に掘り上げ，乾燥させる。
⑥**アネモネ**：球根が乾燥しているので，植える前に湿った土で1晩水分を吸わせるとよい。10〜11月に鉢植えする。2cmの深さに植えつける。そのとき上下を間違えないようにする。尖ったほうから根が出るので，平らなほうを上にする。花を切ると次々に咲く。
⑦**コルチカム**：でこぼこした大きな塊の球根。そのまま机の上に置いておくと，球根の中から芽が出てきて，ピンクの花が咲く。もちろん，土栽培や水栽培もできる。

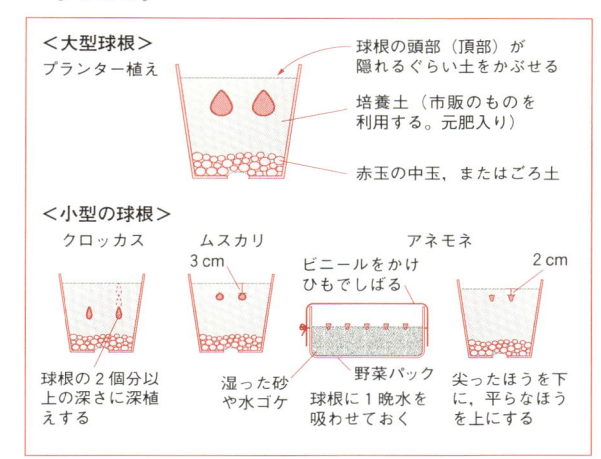

<大型球根> プランター植え
- 球根の頭部（頂部）が隠れるぐらい土をかぶせる
- 培養土（市販のものを利用する。元肥入り）
- 赤玉の中玉，またはごろ土

<小型の球根>
- クロッカス：球根の2個分以上の深さに深植えする
- ムスカリ 3cm
- アネモネ：ビニールをかけひもでしばる／湿った砂や水ゴケ／野菜パック／球根に1晩水を吸わせておく／2cm／尖ったほうを下に，平らなほうを上にする

【援助のポイント】
①葉が出ていなくても，根は活動しているので，土の表面が乾いたらたっぷり水やりをする。水やりは晴れた日の午前中にする。
②プランター植え，鉢植えはともに追肥が必要で，7〜10日ごとに草花用の液体肥料を水やり代わりに施す。
③花が終わったら，できるだけ葉を傷めないようにして長く緑を保つ。葉に光合成を行わせることで球根が養分を溜め込み，翌年も花を咲かせられる大きな球根に育つ。途中で枯れてしまった株は取り除く。
④掘り上げ後，乾燥した球根は葉などを取り除き，ネットに入れて日陰で風通しのよいところに吊しておく。

【バリエーション】
身近ないれ物で，簡単球根栽培：グラス，カップなど身近にあるいれ物に，水栽培用の用土を使って小型の球根を育てる。年末まで屋外に出して，1月に室内に入れるようにすると花が咲く。クロッカス，スノードロップ，ハナニラ，ムスカリなどが向いている。植えつけ後は球根のところまで水を入れて，根が出てきたら水を減らしていく。

- 水をここまで入れる
- 植えつけ時
- 市販の水栽培用の用土
- 根が伸びてきたら水を減らしていく

自然・環境 秋

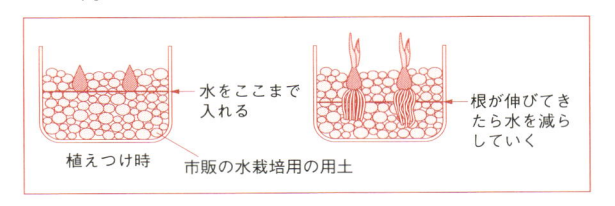

37 五感を使う 落ち葉のなかの宝探し

該当年齢 0 1 2 3 4 5 歳児

秋を彩るたくさんの落ち葉。見たり触ったりしながら、赤く染まるもの、黄色く染まるものなど色の違いに気づいたり、形や感触の違いに気づいたりと、新たな発見をしていくでしょう。

【ねらい】
① 落ち葉の色・形・感触に興味を持ち、木の種類によって違いがあることに気づく。
② 触れたり、匂いをかいだりしながら、さまざまな葉の種類があることに気づく。
③ さまざまな木に興味をもち、図鑑などで調べながら、自然への興味・関心を育てる。
④ 落ち葉の宝探しをするなかで、友達との関係を深めていく。
⑤ 宝を見つけた喜びを味わう。

【準備・環境づくり】
① 落ち葉のある園庭（何種類も木があるところ）。
② 落ち葉のある公園などを下見しておく。
③ 園庭にある場合は取り除かない。
④ 調べられるように、図鑑を用意しておく。
⑤ 落ち葉が集められるように、ビニール袋などを用意しておく。

【遊び方・プロセス】
① 園庭にあるさまざまな種類の落ち葉を集める。また、集めずに、園のフィールド全体を使って遊ぶこともできる。
② 保育者が集まったもののなかからひとつ取り出し、子ども達に見せる。
③ 保育者が示したものと同じ色や形のものを探す。
④ たくさん見つけられた子どもが勝ちとなる。

【援助のポイント】
① 子ども達とルールを決め、守りながら遊んでいくことを伝える。
② なるべく多くの種類の落ち葉を集めるようにする。
③ 保育者が前もって落ち葉を集めてしまうのではなく、子ども達と一緒に集めながら、ひとつひとつの色・形・感触の違いに気づけるようにする。
④ 最初は保育者が宝物となる落ち葉を子ども達に見せ、宝探しを楽しんでいく。子どもが落ち葉の色や形の違いに気づいてきたら、自分で宝物となるような落ち葉を探し、友達と楽しめるようにしていく。

【バリエーション】
① 園庭でいちばん大きい落ち葉を探す。また、いちばん小さいもの、赤いものや黄色いものも探して遊ぶ。
② グループで保育者が示したものを相談しながら探して遊ぶ。
③ 落ち葉のなかに同じような色の紙（赤、黄など）を入れ、探して遊ぶ。
④ 落ち葉のなか（土）にどんな生き物がいるのか探して遊ぶ。
　ア）テントウムシ、オオムラサキの幼虫は落ち葉の下で冬を越す。
　イ）ミミズは巣穴の入口に落ち葉をかぶせ、敵から身を守る。
　ウ）コノハチョウは落ち葉にまぎれて敵から身を守る。
　エ）ハサミムシ、ゲンジホタルは落ち葉の下に卵を産む。
　オ）オオミノガは、からだに落ち葉や小枝をつけて巣をつくる。
　カ）ナメクジ、カタツムリ、ミミズ、ダンゴムシ、カミキリムシ、カブトムシ、オオムラサキの幼虫は、落ち葉を食べる。
⑤ 落ち葉に好きなマークを描き、落ち葉のなかに入れてそれを探して遊ぶ。
⑥ 段ボールに落ち葉を入れて、示したものと同じ形のものを手の感触で探して遊ぶ。

目で見ずに感触だけで探す

⑦ 目隠しをして、匂いだけで同じ匂いのものを探す（コナラ、クヌギ、マテバシイなどの実を見せて、そのものの落ち葉を探す）。

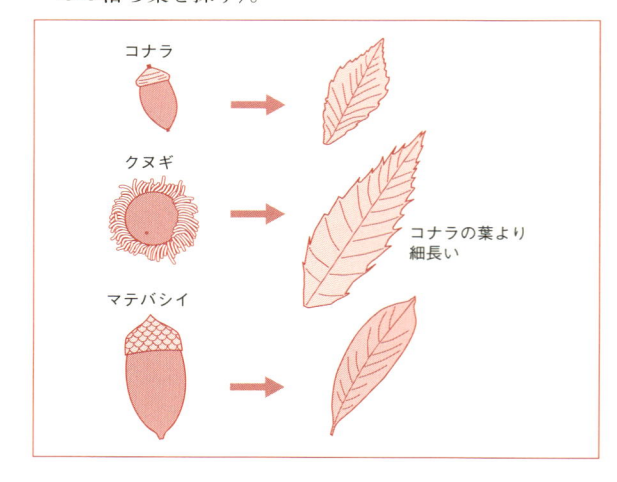

コナラ
クヌギ → コナラの葉より細長い
マテバシイ

38 こすり出す落ち葉の絵

該当年齢 0 1 2 3 4 5 歳児

異なる種類や、同種でも大きさの異なる落ち葉によって、形や色、葉脈、感触、匂いなどの違いを発見したり、それらを楽しみながら、子ども達はさまざまにイメージを広げていくでしょう。

【ねらい】
① こすり出しをしながら、落ち葉の形や葉脈が紙面に浮き出てくる楽しさを味わう。
② こすり出したものからイメージを広げ、いろいろなものや形に見立てて絵を描くことを楽しむ。
③ 落ち葉の形や色からイメージを広げ、それを使って絵を描いたり、こすり出しを楽しんだりする。

【準備・環境づくり】
① **場の設定**：いろいろな落ち葉を室内に持ってきて、遊んでもよいが、園庭の木陰などに椅子つきテーブルや、机を出して行うと、イメージがふくらんでいく。落ち葉を拾ってきたり、遊びを発展させながら継続して楽しむことができる。また、園庭で行うことによって、通りかかる子ども達も興味を持つきっかけになったり、いろいろな友達のイメージのおもしろさをたがいに発見することができる。外でする場合は、風の少ない気候のよい日に行いたい。
② **必要なもの**：藁半紙などの薄口の紙（こすり出し用）や画用紙など、セロハンテープ、クレヨン、落ち葉

【遊び方・プロセス】
① いろいろな落ち葉を集めながら形や大きさ、色、葉脈、感触、匂いなどの違いを楽しむ。
② 落ち葉を紙面にセロハンテープでとめる。葉を貼っていない側からクレヨンでこする。
③ いろいろな葉や、いろいろな色でこすり出すことを楽しむ。
④ こすり出したものからイメージをふくらませ、いろいろなものに見立てて絵を描く。
⑤ 紙面上に、自分がイメージをする、いろいろなものの形に落ち葉を組み合わせて置き、そのまま葉を絵の一部にして描いたり、それを反対側からこすり出し、絵を描く。

【援助のポイント】
① 子ども達が好きなだけ楽しめるように、紙は多めに用意しておく。
② こすり出したものから、さらにイメージをふくらませられるような言葉かけをしたり、紙を回転させていろいろな方向から見ながら、保育者も一緒に想像をふくらませるとおもしろい。
③ こすり出すときに、クレヨンでこする力加減がつかめない子どもには、一緒に塗ったり言葉をかけてあげるなど、援助をする。
④ 「こすり出し」のおもしろさが、はじめはわからずに、クレヨンで塗る部分を理解できずにいる子どももいる。塗る面から葉を触ってみて、それからクレヨンで塗るなど配慮すると、子どももさらに楽しめる。
⑤ できた作品は窓の面に飾るなど、こすり出しをした表からも、落ち葉の貼ってある裏からも見られるようにすると、どのような葉を使ったのかというのもわかっておもしろい。できた作品は、他の子ども達に紹介したり、保育室に飾るようにすると、その子どもにとってもうれしく、また他の子どもにとっても興味を持ったり、イメージを広げるきっかけになったりする。

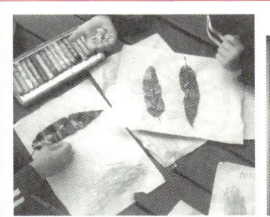

＜保育室に飾った子どもの作品＞

落ち葉を貼り、こすり出しをしているところ ／ こすり出しをした側から ／ 落ち葉を貼った側から

【バリエーション】
＜絵の具でこすり出し版画＞
　落ち葉の両面に絵の具を塗り、紙で葉をはさみ、よくこする。それを開くと、落ち葉の版画になりおもしろい。この遊びの場合、落ち葉に限らず、やわらかい葉でもできるので、園庭や道端にある草を使うこともでき、春や夏も楽しめる。それを切り抜き、いろいろなものに見立て、絵を描いたり、そのまま飾ってもよい。また、障子紙などで行い、うちわなどにしてもよい。

※落ち葉でない場合はしおれやすいため、すぐに使うか、水につけておくとよい。また、かたい葉で、はさみにくそうなものは、押し葉にしてから使うと遊びやすい。

＜葉の種類に興味を持つきっかけに＞
　子ども達が葉の形や大きさの同じもの、違うものなどに、興味を持ってきたところで、園庭にあるおもな木の名前や、その葉の種類などを見せながら話をし、保育室に掲示しておくと、興味のある子どもはそれを見たり、園庭で遊んでいるときにも、「これはマテバシイの葉っぱだね」などと、言うこともある。

＜形や大きさや色を活用した造形活動＞
　落ち葉の絵をハサミで切り取る。大きな白い紙の上で組み合わせて貼り付け、新しい作品に仕上げる。

自然・環境　秋

㊴ 保育室でできる水栽培

該当年齢 0 1 2 3 4 5 歳児

秋に植える球根には，水栽培のできるものがあります。球根は水，太陽の光と熱で発芽し，美しい花を咲かせます。球根の持つ不思議さ，力強さを感じながら，生長を楽しみます。

自然・環境

秋

【ねらい】
① 球根が水と太陽によって生長していくことを知る。
② 球根の持つ不思議さや，球根が育っていくおもしろさに気づかせる。
③ 花に期待をしながら，球根を育てることを楽しむ。

【準備・環境づくり】
① **球根**：水栽培のできる球根は，そのなかに花芽を持っている。また球根のなかに，発芽し，葉を出し，花を咲かせる栄養を蓄えている。水栽培の可能な球根として，コルチカム，ヒヤシンス，クロッカス，スイセン，チューリップなどがある。
② **容器**：市販の水栽培容器の他に，イチゴパックと卵パックを重ねたものやペットボトルを利用したもの，グラスにネットをかけたものなどで代用できる。
③ 根が出るまでは暗いところに置き，根が出たら風通しのよい直射日光が当たらない明るいところに置く。暗くするには段ボール箱をかぶせて置いたり，黒い紙を栽培容器に巻きつけたりする方法もある。

<イチゴパックと卵パックを重ねて使う>
イチゴパックのなかに卵パックの下を切ったものを重ねる
はさみで切る（球根の大きさによって切る大きさを決める）

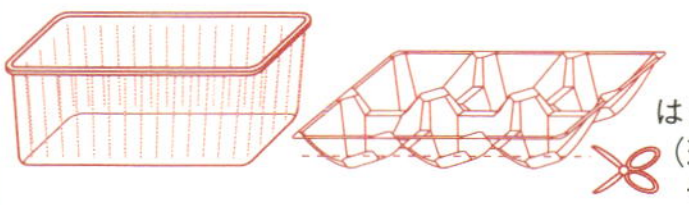

<ペットボトルを利用する>
はさみで切る
球根の大きさで切る位置を決める
はさみで切る
ペットボトル上部
ペットボトルの上の部分を反対にしてペットボトルの下の部分と重ねる
ペットボトル下部

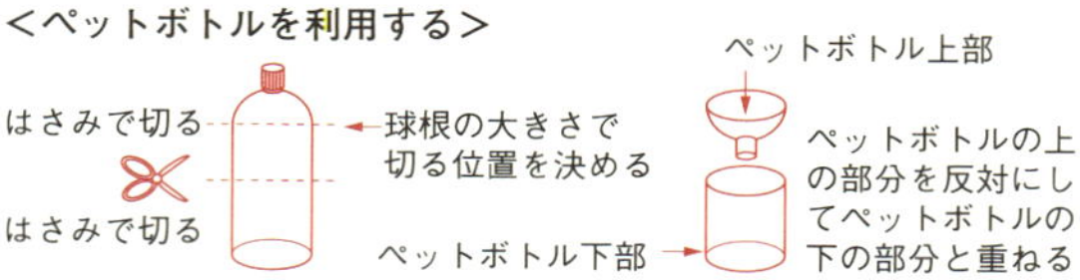

<グラスにネットをかけて利用する>
ひもでしばる
球根の入っていたネットやミカンのネットを利用し，かぶせてひもでしばる
コップ

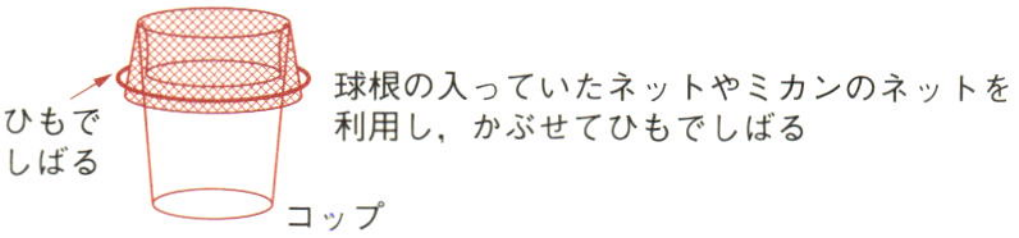

【遊び方・プロセス】
① 栽培する球根の種類や色を決め，栽培方法を友達と一緒に本で調べたり，保育者から話を聞いたりする。
② 球根を栽培容器に入れ，はじめは球根底部が浸るまで水を入れる。根が伸びてきたら水位をだんだん下げていく。
③ 勢いよく根が出る様子や芽が出る様子，葉や茎が伸びてつぼみができる様子などを観察し，保育者や友達と伝え合ったり，話し合ったりする。
④ 球根の変化していく様子を，観察ノートに絵や文字で記入する。
⑤ 開花を楽しみ，香りを楽しむ。

【援助のポイント】
① クロッカスのような根や葉がそろって，寒さにあってから花芽ができる高山性の小球根は，葉が出揃ったころ戸外に出して,零度近い寒さにあわせる必要がある。
② 開花後，茎が伸びすぎないうちに花を切り，切り花を楽しむようにする。次の開花も期待できる。
③ 長期栽培なので,球根の状態は保育者が心配りをする。
④ 花が終わったら，球根を地植えにして，球根の回復をはかる。

【バリエーション】
<葉を楽しむ水栽培>
① ニンジンやダイコンのへたのところを１cmぐらい切って水につけておく。
② サツマイモやサトイモを切らずにそのまま１／３ぐらい水につけておく。

<モヤシを楽しむ水栽培>
① 有機栽培された大豆を湿った脱脂綿やスポンジの上に置き，暗いところに置くか，段ボール箱をかぶせる。
② カイワレダイコン，ブロッコリーの種を大豆と同様に水栽培する。

<ニンジン，ダイコンで葉を楽しむ水栽培>  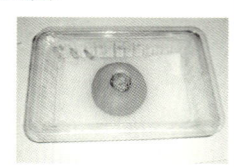
イチゴパック
ニンジン，ダイコンのへたの部分を水につける

<サツマイモ，サトイモの水栽培>
イチゴパック
サツマイモ，サトイモはそのまま1/3ぐらい水につける

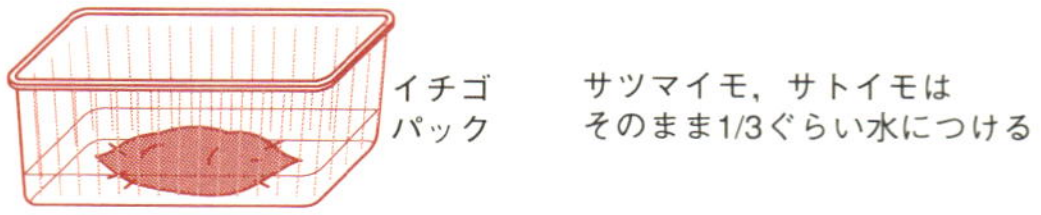

<カイワレダイコン，ブロッコリー，大豆の水栽培>  
イチゴパック
脱脂綿，スポンジを水で湿らせる。その上に種を置く

㊵ 春の芽さがし

該当年齢 0 1 2 ❸ ❹ ❺ 歳児

卒園・進級を前にした時期，忙しさのなかにも成長した実感を感じられます。そっと草木に目を移すと，土のなかから芽を出し，枝の先にはふくらんだ芽を発見します。安らぎのときを過ごしましょう。

【ねらい】
① 霜や氷がなくなると，春はすぐそこまで来ている。気温・空気・風の様子の変化とともに草木も動き出すことを知る。
② どんなところに草木が芽を出しているかに気づく。
③ いろいろな形の芽があることを発見する。
④ 花壇にある草花の芽，草や木の芽を比べる。

【準備・環境づくり】
① 立春が過ぎると，陽が長くなることを気づかせる。
② どんなところにどのような芽を出す草木があるかを，調べておくことが大切である（秋のうちに調べておく）。
③ 虫メガネなどを用意しておく。

【遊び方・プロセス】
① 1月の様子と3月の様子（空気・気温・霜・氷・陽など）の変化を感じとらせる。テレビなどの気象情報も取り入れるとよい。
② 地表に出ていて越冬した芽（ナズナ・タンポポ・ハルジオンなど），土の中で越冬した芽（ツクシ・スギナ・チューリップなど）を観察し，春が来たことに気づく。
③ 春を告げる花（梅）は，葉が出る前に花芽が大きくなり，花を咲かせ（1月～2月），モクレンも綿毛に包まれていた蕾から白や紫の花を咲かせる。そのわきに葉や芽がふくらみはじめ，花が終わるころに小さな葉を広げる。
④ 自分達の着ていた洋服なども，春が近づくと薄手のものになったり，1枚少なくなったりすることに気づかせる。
⑤ 春の七草というように食べられる芽がたくさんあり，採ってきて食べることもできる。新しい発見となり，興味を持たせることができる（ヨモギ・タンポポ・セリ・ツクシ・ハコベ・ホトケノザなど）。 
⑥ 早春に咲いた花に，小さな虫も蜜を吸いに飛んでくるように，春にはいろいろなものが動き出す時期なので気づかせ発見しよう。

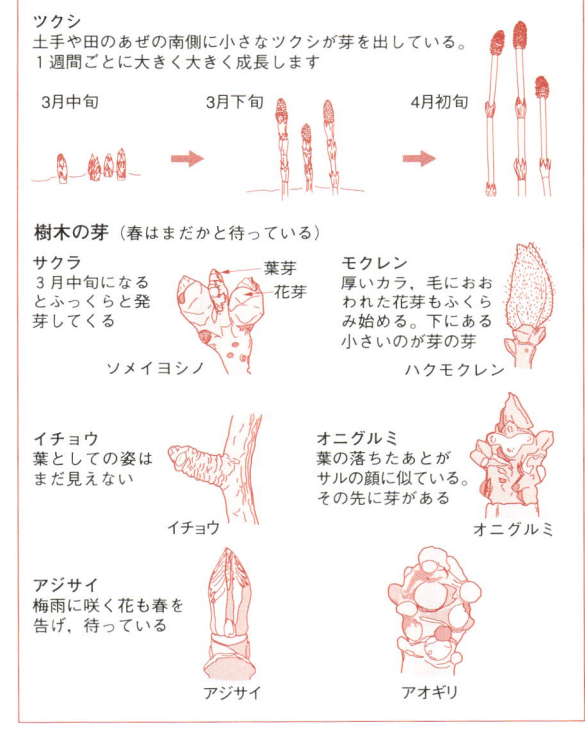

ツクシ
土手や田のあぜの南側に小さなツクシが芽を出している。1週間ごとに大きく大きく成長します

3月中旬 → 3月下旬 → 4月初旬

樹木の芽（春はまだかと待っている）

サクラ
3月中旬になるとふっくらと発芽してくる
葉芽 花芽
ソメイヨシノ

モクレン
厚いカラ，毛におおわれた花芽もふくらみ始める。下にある小さいのが芽の芽
ハクモクレン

イチョウ
葉としての姿はまだ見えない
イチョウ

オニグルミ
葉の落ちたあとがサルの顔に似ている。その先に芽がある
オニグルミ

アジサイ
梅雨に咲く花も春を告げ，待っている
アジサイ

アオギリ

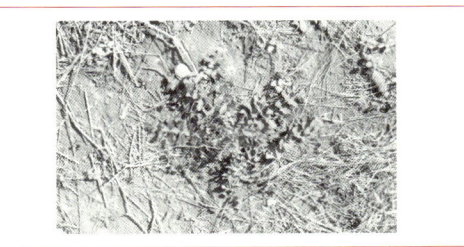

自然・環境　冬

㊶ 外で元気に影踏み遊び

該当年齢 0 1 2 **3 4 5** 歳児

日が短くなり，昼でも日陰が長くのびる季節。子どもは自分でできた影に気がつくことから，影踏み遊びへと発展するでしょう。さまざまなルールを考案しながら園庭を走りまわります。

自然・環境／冬

【ねらい】
① 光と影という自然の現象とその性質に気づき，興味を持って遊びに取り入れようとする。
② 戸外でのびのびとからだを動かす。
③ 遊びを工夫し，自らルールをつくってそれを守ろうとする。

【準備・環境づくり】
① 子どもは影を踏むことに集中しすぎて，周囲を見渡せなくなることがある。行動範囲と動きについてあらかじめ気をつけておく。
② 展開によっては，「影遊び」・「影絵」へ発展する可能性もあるので，やかんのような角度によって見える形が大きく違うものや，色セロハンなども用意しておくとよい。
③ 12月22日前後の冬至を中心にした3か月ほどは，昼間でも影の長さが長いこと，また園庭にある樹木や建造物などでできた影の様子について，日ごろから意識しておく。

【遊び方・プロセス】
① 季節柄，屋外で遊ぶことが少なくなるので，室内に差し込む日差しと太陽の関係に注意を向けるなどしてから，外遊びを促す。
② 外に出たら，子ども自身や樹木などでできた影の存在に気づくよう，話しかける。
③ あるいは，保育者がさりげなく子どもの影を踏んでから，踏んでいることに気づくよう促す。
④ 保育者も巻き込んだ影の踏み合いになる。
⑤ 影踏みだけだとすぐに飽きてしまうので，「影鬼」，つまり1人の鬼を決めるなどのルールを提案する。
　「影鬼」とは，鬼が10かぞえた後に追いかけ始め，影を踏まれた子どもが次の鬼になる。逃げる子どもは鬼の影を踏んではいけない，何かの影に入ったら鬼には捕まらないが，そこには10かぞえる間しかいられない，というもの。
⑥ 状況に応じて，「影鬼」のバリエーションを子ども達と工夫する。
⑦ 日が傾いてくると影が大きくなりすぎて，影踏み遊びには適さなくなる。したがって，そのときまでで遊びの終わりにする。

【援助のポイント】
① 子ども達自身が遊びのルールを考えようとする気持ちを大切にしたい。ときには，そのきっかけづくりやちょっとした助言もする。保育者が遊びを支配しないよう，十分配慮する。
② 異年齢からなる集団では，低年齢の子どもがいつも鬼になることになりかねないので，配慮が必要である。具体的には，子どもの伝承遊びのなかにあった，「小さな子どもは捕まっても鬼にはならなくてもよい」という決まりごとをとり入れよう。その子どものことを，たとえば関東地方のある地域では"おみそ"，また他の地方では"おまめ"，"ごまめ"，"とうふ"など，ところによってさまざまな呼び方がある。

【バリエーション】
① 人数が多い場合は，鬼を複数にしてもよい。
② 逃げる子どもの安全地帯として，影だけではなくて"飛び石"もつくる。これはとくに，園庭に影の少ない場合に有効。
③ "おみそ"にする代わりに，上の子どもはハンディとして"ケンケン"で逃げる。
④ 「影鬼」は鬼ごっこの1種である。したがって，これ以外の種類と組み合わせると，バリエーションが広がる。たとえば，
「**高鬼**」…高いところに逃げれば捕まらない。
「**色鬼（色タッチ）**」…鬼が指定した色のところ，ものに触っていれば捕まらない。
「**座り鬼**」…座っている間は捕まらない。
などである。ただし，いずれの場合も10かぞえた後は，その場に留まってはいられない。
⑤ 子どもが影そのものに興味を持ったら，「影遊び」に発展するのもよい。手や指を組み合わせてハクチョウやカニ，イヌの影をつくったり，やかんなどの影だけを見せて，そのものを当てたりする。
⑥ 「影踏み」は満月の夜のような月明かりでもできるので，夏にも遊べる。

㊷ 寒さを楽しむ氷づくり

該当年齢 0 1 2 3 **4 5** 歳児

北風が冷たい冬,暖かい部屋のなかにこもりがちですが,寒いからこそ楽しめるワクワク・ドキドキするような氷づくりを楽しみましょう。工夫次第でステキな氷が簡単につくれます！

【ねらい】
①冬の自然を楽しむ。
②気温の変化による氷のでき方を発見する。
③水が凍る不思議さに興味を持つ。
④いろいろな容器や素材で氷づくりを楽しむ。

【準備・環境づくり】
①園庭の日陰に氷をつくる机を用意しておく。
②いろいろな素材の容器を用意する(パック類,缶類)。
③水となかに入れて凍らすもの(花びら,ドングリやマツボックリなどの木の実)を用意する。
④水でぬれることを予測し,ぞうきんやタオルを用意する。

【遊び方・プロセス】
①園庭の水たまりや水道が凍っていることを話題にしていく。
②容器(プリンカップや卵パック,空き缶など)を用意し,水を張り,凍りそうな場所を探し,1晩置く。
③翌朝,凍っているかどうかを見に行く。凍っていたら,触ったり,飾ったりして氷を楽しむ。
凍っていなかったら,なぜ凍らなかったのかを考え,置く場所を変えてみる。
④凍った氷を太陽にかざして,光の美しさに気づくように声をかける。

【援助のポイント】
①自分達でできあがる形を想像しながら容器を選び,置く場所なども考えられるようにしていく。
②天候を考慮しながら,タイミングよく氷づくりができるようにしていく。
③できた氷は,いちばんきれいに見える場所を子ども達と探して飾る。
④なぜ凍ったのか,凍らなかったのかは,すぐに答えを出さずに,子ども達で気づいていけるようにする。
⑤どの場所が凍って,どの場所が凍らないのかを子ども達と一緒に考えていく。

【バリエーション】
<氷のオーナメント>
①容器に水を入れ,そのなかに花びらや木の実を入れる。
②毛糸の両端を容器にたらし,1晩戸外に出しておく。
③凍ったら氷を取り出し,毛糸を木の枝などにかけて飾る。
<氷中花>
①缶詰の缶や製氷皿に水を張り,花や花びらを入れ1晩戸外に出しておく。
②凍らない場合は製氷室に入れて凍らせる。
<アイスキャンディーづくり>
果物の缶詰の汁と果物を卵パックや製氷皿に入れ,ようじをさし,ラップをかけて1晩凍らせ,食べる。
<氷のケーキづくり>
①いろいろな形や大きさの容器に,木の実や花びらを入れ,凍らせる。
②重ね合わせるとケーキになり,ごっこ遊びが楽しめる。

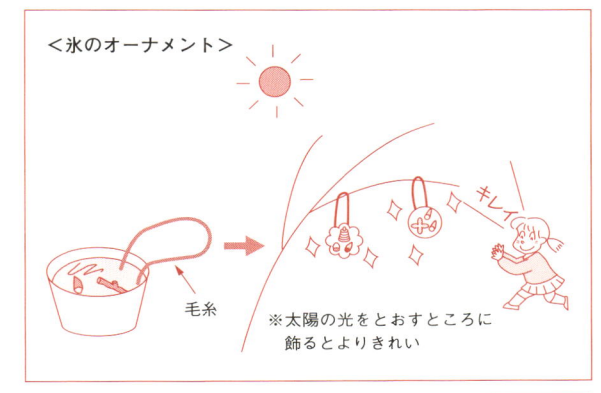

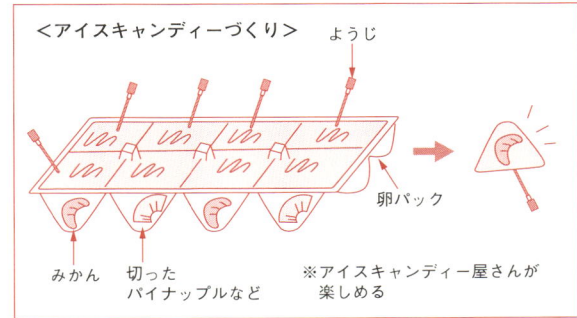

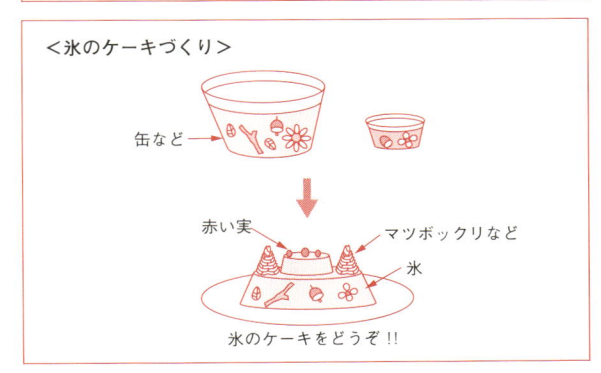

自然・環境

冬

㊸ つくって遊ぶ影絵

該当年齢 0 1 2 **3 4 5** 歳児

生活のなかで自分の影を見つけ，自分と同じ動きをして追いかけてくる姿にビックリ感動です。手の影で身近なものの形を映し遊べます。色セロハンを使って人形をつくり，演じて見ることも楽しさいっぱいです。

【ねらい】
①自分のからだの影で遊ぶ。
②光源（太陽・電球等）の反対側に，影が映ることに気づく。
③光の当て方によって，形が変化することに気づく。
④簡単な影絵人形をつくり，お話影絵を演じて楽しむ。

【準備・環境づくり】
＜園庭で（冬の遊び）＞
①園庭の遊具の影に気づかせる。時間により変化することを知る。
②太陽に背を向けて立って，自分の影の形を楽しむ。（からだを動かすと一緒に動く）
③ほうき・バケツ・ちりとり・ボールなどの身近なものを持って影をつくる（ダイナミックになる）。
④壁にいろいろな形を映す。

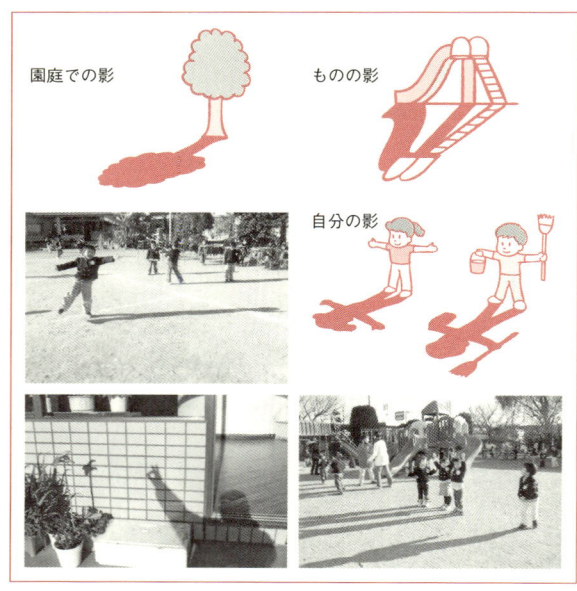

⑤影踏みをする。
＜室内で＞
①光源（電球［ハロゲンランプ］500wくらいのものを用意）。スライド・ホームビデオプロジェクターでもよい。
②影を映すスクリーン（白い薄布，縦1ｍ横2ｍくらいのもの）をしわのないように張る（白，障子紙・シーツ・ビニールなどで代用もできる）。
③形を映すもの（身近にあるもの，影絵人形）。
④室内を暗くする。

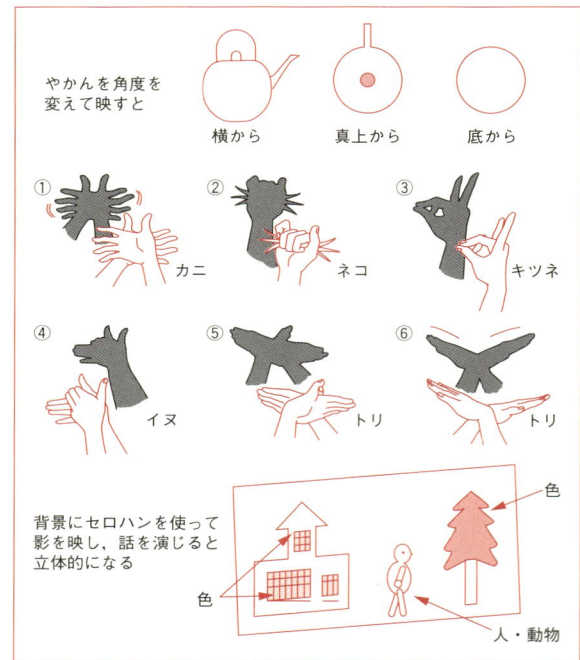

【遊び方・プロセス】
3歳児：影当てクイズ。身近にあるものを映す（やかん・コップ・箸・茶碗・帽子・カバンなど）。手などでイヌなどの形を映す。

4歳児：保育者が示したことを子ども達が行い，さらに影当てクイズをしたり，手やからだを使っていろいろな影をつくって交代で楽しむ。

5歳児：導入としては，4歳児までの遊びで興味を引き起こし，その後は色セロハンを使って簡単な人形などをつくるなど，お話し遊びをする。

※スクリーンに近づけると影は小さく，光源に近づけると大きく映る。

自然・環境　冬

144

㊹ 霜柱をつくって遊ぶ

該当年齢 0 1 2 3 **4 5** 歳児

霜柱といっても，舗装率の高い都会や温暖な地方では，見たことのない子どもが多いと思われます。しかし，冬の現象としては大変興味深いので，絵本や図鑑などを活用しながら実際につくってみましょう。

【ねらい】
①実際に霜柱を付近で観察できる地方では，霜柱を探しに行き，観察したり，手で触れたり，踏みしめたときのサクサクッという音を楽しむなど，遊びをとおして霜柱の性質に気づく。
②つくった霜柱を見たり，触って遊んだり，霜柱の上に積み木や石などをのせて，どのくらいの重さがのせられるか試してみたりして霜柱の性質に気づく。

【準備・環境づくり】
①場の設定：土を集め，容器に入れて水を加えるところまでは，土がこぼれたりぬれたりするので，園庭に机などを置いて行うとよい。また，不衛生になる恐れがあるので，給食室や園児に供食するために使用している冷蔵庫では実験を行わないようにする。
②準備：カップめんの容器（ミニサイズ），土，ぬるま湯，シール容器など（深めのものでカップめんの容器がゆったり入る大きさ），新聞紙

【遊び方・プロセス】
①霜柱を付近で観察できる地方では，霜柱で十分遊びこんだ後，「自分達でもつくってみよう」と気持ちを高めていく。実際に霜柱を見たり触ったりすることが難しい地方では，霜柱の写真や図鑑などを子どもに示し，どんなものか想像を巡らしたり，話し合ったりして「霜柱づくり」へとつなげていく。
②霜柱のつくり方
　　　　　（野坂勇作『しもばしら』福音館書店，かがくのともより）
ア）カップめんの容器の内側の線まで土を入れる。

イ）ア）にぬるま湯を少しずつ足しながら，容器を両手でゆする。土がたぷたぷしてきたら，ぬるま湯を加えるのをやめる。

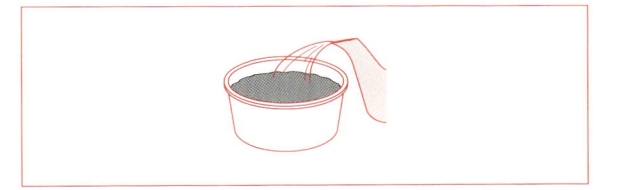

ウ）イ）の上に，1.5cmほどの厚みになるように土をのせる。

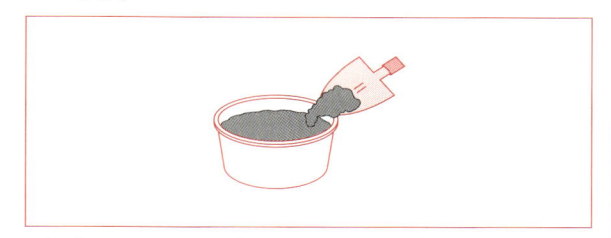

エ）大きめのシール容器に，新聞紙を小さくちぎってねじったものを隙間なく敷く。
オ）エ）の上にウ）をのせる。

カ）カップめんの容器のまわりにも，ぎっしり新聞紙を詰める。
キ）冷蔵庫の冷凍室に1時間ほど入れる。温度調節機能のある冷凍室の場合には「弱」にする。
③できた霜柱に触れたり，霜柱をはがして手のひらにのせて，水になっていく様子を観察したりする。また，積み木が幾つくらいのせられるか，どのくらいの大きさの石だったら支えられるかなど試行錯誤しながら，遊びをとおして霜柱の性質を知る。
④冷蔵室や冷凍室の温度調節を「強」にして，温度による比較実験をすることもできる。また，土，砂，粘土など土の質をいろいろ変えて，霜柱のでき方の比較をするのもおもしろい。

【援助のポイント】
①たとえ霜柱ができなかったとしても，なぜかをみんなで考え，試行錯誤してできるところまで導く。事前に保育者が何度も試してみることが大切。
②霜柱づくりを成功させるためには，畑の土などのように粒が細かく，水を含むと少し粘り気のある黒土や赤土を使うとよい。園芸店などで「芝の目土」を購入するとうまくいく。
③寒い日には園庭のいろいろな場所に置き，どこがいちばんよく霜柱ができるかを探す。

㊺ 雪のブロック工作

該当年齢 0 1 2 3 4 5 歳児

雪が降るのを心待ちにしている子ども達。雪でつくるブロックは、色をつけたり、好きな大きさに切ったりすることができ、既製のブロックでは味わえないおもしろさがあります。

自然・環境　冬

【ねらい】
① 積もった雪で形をつくる楽しさや、想像力をふくらませながら遊ぶ楽しさを味わう。
② 雪がいろいろな形に変化する不思議さを感じたり、さまざまな雪の性質があることに気づいたりする。
③ 友達と一緒に大きな物をダイナミックにつくることで、達成感や開放感を味わう。

【準備・環境づくり】
① 準備：牛乳パック（側面を切り取ってつくる）※二重にすると丈夫で使いやすい。

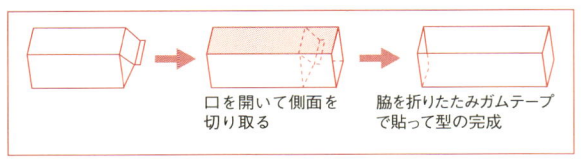

　　口を開いて側面を切り取る → 脇を折りたたみガムテープで貼って型の完成

ア）プラスチックのナイフ
イ）スコップ（砂場道具の物を使う場合は、きれいに洗っておく）
ウ）色水

② 場の設定：雪が積もった日の園庭。雪が少ないときは、園舎の裏などから集めておく。

【遊び方・プロセス】
① 雪のブロックをつくる
ア）雪を牛乳パックの型に詰める（手で押しながらしっかりと詰めたほうが崩れにくい）。
※色のついたブロックをつくる場合は、絵の具を直接雪の上にかけて、混ぜてから詰める。

パックに詰めたところ

イ）プラスチックのトレイなどの上に、型をひっくり返してブロックを取り出す（雪の上に出すと、地面の雪とくっついて扱いにくくなってしまう）。

パックから出したところ

② 雪のブロックを切る
ア）ブロックをトレイにのせ、ままごと用のプラスチックナイフで好きな厚さや大きさに切る。
イ）切ったブロックを組み合わせて模様をつくる（何色も重ねて虹のようにしたり、市松模様をつくったりできる）。

＜いろいろな切り方＞

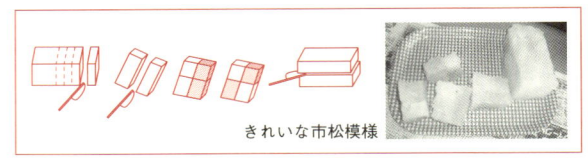

きれいな市松模様

③ 雪のブロックを積み重ねる
ア）できあがったブロックを積み重ねて遊ぶ。色の組み合わせを楽しむ。
ア）さまざまな色や大きさのブロックを組み合わせ、タワーやお城などをつくって遊ぶ。

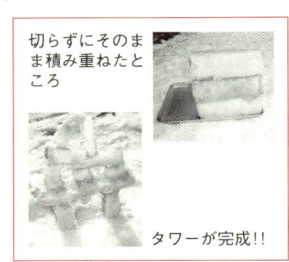

切らずにそのまま積み重ねたところ

タワーが完成!!

【援助のポイント】
① 型抜きをしたときに、固まりやすい雪と固まりにくい雪の性質があるため（備考：いろいろな雪の性質参照）、はじめて雪のブロックづくりをするときには、扱いやすい雪が積もったときに行うとよい。さまざまな雪の性質を知るきっかけとなるため、慣れてきたらいろいろな雪で試してみるとよい。
② 色水づくりは、子ども達と一緒に行う。
　絵の具、サインペン、食紅など、雪に混ぜたときの発色やにじみ具合がそれぞれ違うので、いろいろ試してみるとおもしろい。

【バリエーション】
① 牛乳パックだけではなく、プリンカップなどの容器を使うと、いろいろな形のブロックができる。
② 大きなプラスチック製の容器、ポリバケツ、コンテナなどを使うと大きなブロックができる。数人で協力し合いながら壁のように積み上げ、お家づくりをする。テーブルや椅子なども雪でつくることができる。
③ 雪のブロックをつくるときに、中心に筒状のもの（ホースや棒など）を入れ、できあがってからそっと抜くと、穴のあいたブロックができる。お家の壁に使うと、のぞき穴のようになって楽しめる。

＜備考・いろいろな雪の性質＞
① ぼたん雪…ふわふわした大きな雪（固まりやすい）
② 粉雪…さらさらした細かい雪（雪のブロックがつくりにくい）
③ みぞれ…雨が混じったべちゃべちゃの雪
④ あられ…コロコロしたかたい雪

46 みんなで楽しむあぶり出し

該当年齢 0 1 2 3 4 5 歳児

あぶり出しは，身の回りに起こる不思議なことのひとつです。何もないように見える紙から，絵や文字があぶり出される不思議や楽しさを味わえます。さらに，新しい発見をして遊びたいものです。

【ねらい】
① 果物の絞り汁で，紙に絵を描いたり文字を書いたりして楽しむ。
② 描いた紙を熱して，絵や文字があぶり出される不思議を楽しむ。
③ 果物の絞り汁以外の身近にあるもので，あぶり出しをして新しい発見をして遊ぶ。

【準備・環境づくり】
① 用紙は画用紙，和紙，書道用半紙などを準備する。絞り汁用の果物（ミカン，オレンジ，レモンなど）を準備する。果汁100％のジュースを使ってもよい。
② 熱するために，オーブントースターや電熱器などを用意する。
③ 絞り汁を入れる容器，ガーゼ，レモン絞り器，筆，はさみ，新聞紙

【遊び方・プロセス】
① ミカン，オレンジ，レモンなどの果物を輪切りにし，手またはレモン絞り器で絞ってガーゼで漉し，種や皮を除いて絞り汁をつくる。

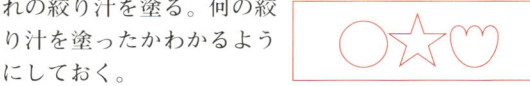

② 画用紙を花や星などいろいろな形に切り，筆でそれぞれの絞り汁を塗る。何の絞り汁を塗ったかわかるようにしておく。
③ 画用紙を風通しのよいところで自然に乾かす。急ぐときはドライヤーの冷風で乾かす。
④ オーブントースターで熱して，画用紙の色が茶色に変わっていく様子を見る。
⑤ 和紙（書道用半紙）に，筆を使って絞り汁で絵を描いたり文字を書いたりする。
⑥ 和紙を新聞紙の間に入れて1日置いておき，自然に乾かす。 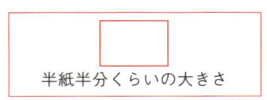
⑦ 乾いた和紙を電熱器を使ってあぶり，絵や文字が茶色く浮き出てくる様子を楽しむ。
⑧ タマネギの絞り汁，牛乳，トマトジュース，酢，醤油，砂糖を溶かした砂糖水，塩を溶かした塩水，ミョウバンを水に溶かしたものなどで，あぶり出しをして遊ぶ。

【援助のポイント】
① 果物を絞るやり方を見せて，子どもにも絞ってもらうようにする。
② 果汁が濃すぎると，果汁の色が用紙についてしまうので，濃すぎるようだったら水で薄める。加える水の量は事前に何回か試してみて決める。
③ 初めてするときは，小さい用紙を使ったほうが，あぶったときの色の変化がわかりやすい。
④ 子どもの，もっと試してみたい気持ちを大切にして，1度だけでなくいろいろな絞り汁で何回か試せるように，用紙を十分に準備する。
⑤ オーブントースターや電熱器を置く位置や取り扱いは，子どもが触って火傷をしないように十分に注意する。
⑥ 子どもがスムーズに動けるように環境を整える。
⑦ あぶり出しで遊ぶなかで，出てきた驚きや疑問をていねいに受けとめる。

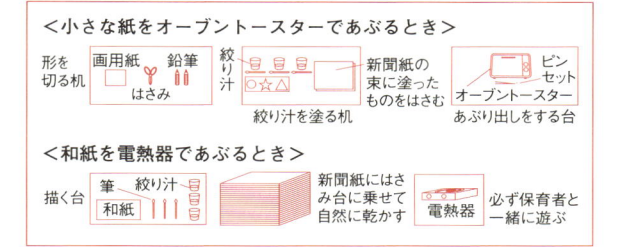

【バリエーション】

＜絞り汁で描いたもので遊ぶ＞
和紙に絞り汁で絵や文字を描き，乾かしたものを用意する。封筒に入れて「あぶってね」という言葉を添えて友達に渡す。受け取った友達は，あぶり出しをしてメッセージを楽しむ。

＜いろいろなサイズの用紙であぶり出しをして遊ぶ＞
折り紙の4分の1ぐらいの大きさから模造紙ぐらいの大きさまで，あぶり出しを試してみるとよい。大きいものは，かまどや七輪を使って園庭であぶり出しをする。

＜いろいろな素材であぶり出しをする＞
ミカン，オレンジ，レモン，タマネギの絞り汁やトマトジュース，酢，牛乳，醤油，砂糖水，塩水など身近なものを使ってあぶり出しをして，あぶり出される様子，色の出やすさ，色合いなどを比べる。ミョウバン，塩化コバルトが手に入ったら，水に溶かしてあぶり出しをしてみる。ミョウバンは無色から色がつく。また塩化コバルトは青色になる。

自然・環境

冬

47 みんなで一緒に楽しい散歩

該当年齢 0 1 **2** **3** **4** **5** 歳児

散歩は多くの自然・社会と直接的，間接的にかかわることで，園内保育とはまたひと味違った経験をすることができます。それによって子ども達の感受性も広がります。

自然・環境／通年

【ねらい】
①自然との触れ合い，かかわりを楽しむ。
②社会的ルールを知る。
③全身を動かす心地よさを感じるとともに，気分転換をする。

【準備・環境づくり】
①準備：散歩車，誘導ロープ（年齢に応じて），救急箱，着替え，ボールや砂場遊びの玩具，水筒（夏場の水分補給）
②環境づくり：天候のよい日を選ぶ。季節に合わせて衣服調節を行なう（夏…帽子，冬…ジャンバー，スモックなど）。

【遊び方・プロセス】
＜公園内＞
①保育者やお友達とかかわりながら，固定遊具を繰り返し楽しむ。
②園から持っていったボールや玩具を使って，自分の好きな遊びを十分に楽しむ。
③虫や草花に目を向け，触れ合おうとする。

＜地域社会＞
①簡単な交通ルールを知る。
②近隣の方々と挨拶を交わし，交流を持つ。
③自然物に目を向ける（小動物，草花，樹木［果樹，ドングリ類など］）。

【援助のポイント】
①行き帰りの道のりでは事故防止に十分心がけ，無理のない距離，速度で行けるようにする。
②車や電信柱，段差などの障害物がある際，声をかけ注意を促す。
③白線内，ガードレール内を歩くことや，間をあけないようにすること，また，細道での車とのすれ違いの際は，壁に寄って立ち止まり，車の危険性を伝えていく。

④横断歩道では手を上げて渡る習慣が，身につけられるようにする。

⑤身近な動植物，虫などを見つけ立ち止まり，子ども達とともに触れ合い共感し，観察することで，新たな発見の手助けをする。
⑥公園内では子ども達とともにからだを動かし，遊びをとおして固定遊具の使い方や約束を伝えていく。

【バリエーション】
①年齢や成長の発達段階に合わせ，散歩車から誘導ロープとなり，最終的に友達同士で手をつなぎ，並んで歩けるようになる。散歩に行ける範囲も広がり，子ども達の新たな好奇心や探求心を生みだすことができる。  
ア）園庭や園舎周りを練習場とし，少しずつ友達同士で手をつなぎ，歩けるようにしていく。
イ）自分達の列を電車，目についた遊具などを駅にたとえると，楽しい雰囲気のなかで歩くことができる。
例：「○○組号発車します。次はすべり台駅～」
②歩道橋の上から大好きなバス，トラック，車などを見て手を振り楽しむ。次はどんな車が来るだろう……と好奇心も生み出される。車から運転手さんが手を振り返してくれ，大喜びする姿も見られる。次から次へと車が通り，飽きることなく楽しめる。
③身近な動植物や虫を触ってみたり，遊びに取り入れてみたり，鳴き声や音を聞き，四季折々の自然を見て，聞いて，触れて楽しむ。
　春：タンポポの花・綿毛，シロツメクサ，ネコジャラシ，サクラの花びら，テントウムシ，アリ，ダンゴムシ，チョウチョ，カタツムリなど
　夏：ヒマワリ，アサガオ，オシロイバナ，セミなど
　秋：ドングリ，落ち葉，カキの木，トンボなど
　冬：霜柱，水たまりの氷，雪など
季節に合った歌を口ずさみながら歩くことで，イメージを重ね合わすことができたり，楽しい雰囲気づくりが行える。

㊽ 小さな動物と遊ぶ

該当年齢 0 1 2 3 4 5 歳児

小さな動物と触れあうことで，子ども達に自分より小さく生命のある弱い生き物を，大切にする気持ちや思いやりの心を育てることができます。また，安らぎと心の安定がはかれます。

【ねらい】
①小動物と親しむことで，生命を大切にする心を育てる。
②触れあうことで，やすらぎと心の安定をはかる。
③触れあいをとおして，正しい触れあい方，遊び方を知る。
④どんな食べ物を好むか，どんなことをしたら喜ぶか，嫌がるかなどを触れることで知る。

【準備・環境づくり】
①小動物と触れあう機会をつくる（ウサギ・モルモット・ハムスター・ニワトリ・カメ・アヒル・小鳥など）。
②ぬいぐるみや絵本などで，どんな特徴の小動物がいるかを知る。
③子どもの目の届く場所で飼育する。
④野菜（キュウリ・ニンジン・キャベツなど）を用意する。
⑤小動物が自由に動きまわれる囲いを用意する（写真1）。

【遊び方・プロセス】
①囲いの中で小動物を放し，触れあう。
例：ウサギ・ハムスター・モルモット・アヒル・ニワトリなどを撫でたり，抱っこしたりする（写真2）。
②エサをあげたり，水をかえたりする。
例：キュウリ・ニンジン・キャベツなどを自分の手で小動物にあげる（写真3）。
③小動物を追いかける（写真4）。
例：ウサギを追いかけるが，自分に向かってくると立ち止まる。そしてまた追いかけ一緒に走り，ウサギの足の速さに驚く。

写真1　写真2
写真3　写真4

④保育者と一緒に，小動物の飼育ケースなどの掃除を行う。
例：水をかえたり，新聞紙をゲージの床に敷いたり，世話をすることで親しみや満足感が得られる。

【援助のポイント】
入園当初，親から離れるのが嫌で大泣きした子どもも，園庭にいるウサギを見せることで，ピタッと泣きやみ，安心した笑顔を見せる。毎日ウサギに会うのが楽しみで登園し，家からキュウリ・ニンジン・キャベツなどの野菜を持ってきて，あげるようになる。他児も興味を持ち，自分もあげたいという気持ちが生まれる。そんなときに一緒にエサをあげられるよう準備しておきたい。年長児や保育者が抱っこしたり，世話をする姿を見て，徐々に触れていける環境づくりをしていく。不安や怖がっている子どもの気持ちは，小動物にも伝わる。ひっかかれたり，かまれる原因にもなるので，保育者と一緒に声をかけながら触れるようにする。乳児は口元に手を出すことが多いので，撫でる部位などを配慮する必要がある。子どもの興味を引きだすには，まず保育者が積極的に小動物とかかわっていくことが大切である。

【バリエーション】
＜シール遊び＞
①小動物の輪郭に沿ってまるいシールを貼っていく。

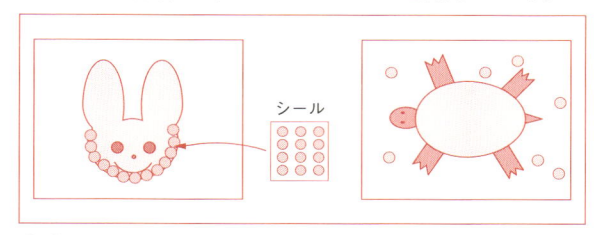

シール

②絵のまわりなど，好きなところに貼ってもよい。

＜お面づくり＞
子どもの手型や足型をとり，それを切り取り，耳や羽などにして保育者がつくる。

＜模倣遊び＞
①カメのようにゆっくり歩く。
②ハムスターのように小さくまるまる。
③ウサギのようにジャンプをする（写真5）。

写真5

自然・環境

通年

㊾ 砂遊びと水遊び

該当年齢 0 1 2 3 4 5 歳児

砂遊びは子どもにとって心が開放される大好きな遊びです。水を一緒に使うことで，砂や水の感触をさまざまに楽しみ，砂でものを創造する喜びを味わいます。仲間関係も深まることでしょう。

自然・環境

通年

【ねらい】

① 手のひらからの感触の心地よさが五感を刺激し，子どもの気持ちは開放され安定する。
② 砂と水を一緒に使うことで，遊びが広がるおもしろさを味わう。
③ 友達と一緒に共感しながら，ともに遊びをつくっていくなかで，友達関係が深まる。

【準備・環境づくり】

① 場の設定：園庭の一隅。夏の炎天下のことも配慮し，木陰や藤棚の下などの工夫をする。年少児は，年少児用の小さめのサイズ，年中児用と年長児用は大きめのサイズを用意する。水場との適切な距離や水はけの問題（砂の清潔性や安全性を配慮）を考える。
② 準備：砂は子どもが使いやすいように，かたいときはやわらかくスコップでほぐしておく。シャベル・ふるい・じょうご・カップ・バケツ・小さいなべ・おたま・しゃもじ・空き容器（ペットボトル，プリンカップなど）・おもちゃ（小さい車など）・ホース・じょうろ

【遊び方・プロセス】

① 砂場で大きな山をつくって遊ぶ。両手でペタペタとたたいて固めたり，シャベルを持って固めたりする。
② やかん，じょうろ，ペットボトルやバケツなどに水を入れ，砂に水をかけるのを楽しんだり，山の上から水を流し，道をつくって遊ぶ。
③ 山の下を掘ってトンネルづくりをする。子ども同士，砂山の両側から掘っていって，手がぶつかったといって歓声をあげたりしながら，トンネルづくりに夢中になる。
④ トンネルの片方の側から水を流し，ダムや川をつくって遊ぶ。
⑤ 川に板切れを渡し，橋をつくる。
⑥ 橋の上や近くに自動車を走らせて遊ぶ。
⑦ 砂山やダムや川づくりを楽しむ子ども達がいるいっぽう，砂場のへりに，プリンカップに砂を詰め，型押しを楽しんでいる子どももいる。
⑧ 泥だんごを夢中でつくっている子どももいる。

【援助のポイント】

① 子どもが砂遊びや水遊びをしやすい服装，つまり着替えの衣類を園に持参しておく（または，園の貸し出し用のものを用意しておく）などの配慮が必要で，保護者にも理解を求める。
② 着替えの場所を身近なところに用意しておく。たとえばマット1枚敷いておくだけで，子どもは安心して着替えることができる。
③ 砂遊びは，個人で熱心に遊びに取り組む（泥だんごづくりなど）こともできるし，ダイナミックな集団遊び（ダムづくり，川づくりなど）を楽しむこともできるので，保育者は，その場の子どものニーズや欲求をよく見て，その場に必要な道具などを適切に用意する。
④ 友達関係も，砂や水で開放されて気持ちがのびやかになり，本音が行き交い仲間関係は深まるので，保育者の援助としては，子どもが主体になる場づくりをする。
⑤ 片づけのしやすい環境の工夫が大切。
⑥ 年長児などが工夫してつくった砂の造形を明日も継続して行いたい場合，他学年児がわかるようなかたちで伝言したり，立て札をつくるなどの工夫が必要だという認識を，年長児に持たせる援助をしたほうがよい。

【バリエーション】

① 砂遊びや水遊びが発展して，泥水を「チョコレートだ」と言うなど，ままごとなどが始まることもある。
② 色水屋さんごっこが始まることもある。
③ 砂を空き容器に入れ，楽器のようにして音を楽しむこともある。

㊿ 泥だんごづくり

該当年齢 0 1 2 **3 4 5** 歳児

土と水さえあれば，いつでも，どこでも楽しめるのが，泥だんごづくり。土の感触を感じながらまるめて，磨いて，まんまるで，ピカピカの泥だんごができたときは，満足感や達成感でいっぱいになることでしょう。

【ねらい】
①泥だんごづくりに取り組むことで，子どもの気持ちの安定を図る。
②泥がだんごになっていく過程の変化を感じ，泥の感触を楽しむ。
③友達との泥だんごづくりから，つくり方を伝え合ったり，見せ合ったりするなかで，友達とのかかわりを深めていく。
④イメージどおりの泥だんごをつくろうと工夫し，イメージどおりの泥だんごができたことで，達成感を味わう。

【準備・環境づくり】
①園庭内の土質の把握。泥だんご本体に適している粘土質の土や白砂（乾いてパウダー状の土）が，園庭のどのあたりにあるのか把握しておくとよい。
②子どもが土を取りやすいように，掘り起こしておく。かたい土のままだとまるめにくい土があるため，土の塊がないか確認しておく。土のなかの異物を取り除くため，ふるいにかけて土を精製し，用意しておいてもよい。
③子どもが自由に使える水（水道・雨水など）の確保。
④泥だんごの水分を抜くためのビニール袋や保管するための袋，牛乳パックを用意。

【遊び方・プロセス】
①砂場での砂遊びから砂と水を混ぜて楽しむうちに，砂が固まっていくことに気づき，その砂を手に取り，砂の感触を楽しむようになる。
②砂だんごをつくって満足し，友達や保育者に見せたり，袋や牛乳パックに入れたりと，保管しようとする。
③砂だけのだんごだと，固まらず壊れやすく，まるめにくいことに気づく。
④砂場の砂以外でだんごをつくろうとし，さまざまな砂や土でだんごづくりをして楽しむ。
⑤自分の実体験や友達の泥だんごづくりの様子を見て，次第に泥だんごづくりに適した土がどこにあるのかに気づき，粘土質の土での泥だんごづくりに移行する。
⑥まんまるの形に挑戦したり，大きい泥だんごに挑戦したり，同じ泥だんごづくりを次の日まで継続したりと，課題を持って，泥だんごづくりに取り組むようになる。
⑦白砂をかけては磨きを繰り返し，泥だんごの表面がツルツル・ピカピカした状態になるのを楽しむようになる。

【援助のポイント】
①どんな泥だんごであってもほめることが大切である。ほめることにより，泥だんごづくりへの意欲が高まる。
②はじめのうちは，泥だんごが壊れてしまうことが多い。たとえ壊れてしまっても励ましながら，壊れないようにするにはどうしたらよいのかを一緒に考えたり，取り組んだりする。
③「できない……」などと訴えてくる子どもには，つくり方を伝えるよりも，泥だんごづくり名人の友達につくり方を聞きに行くようアドバイスする。そうすることで，泥だんごづくりをとおして，新しい友達とのかかわりにつながっていく。

【バリエーション】
＜いろいろな形の泥だんご＞

丸だけが泥だんごづくりのすべてではない。
泥や土の扱いに慣れてくると，ハートや星の形にして楽しむこともできる。型は牛乳パックを利用して作成する。

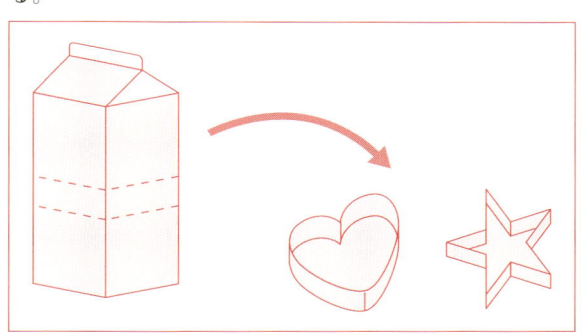

＜カラフル泥だんご＞
①土に絵の具と少量の水を加えて，泥だんごに色をつけてみよう。
②絵の具を多めにし，水を入れすぎないのがポイント。
③おすすめは，赤・白・黄色。
④絵の具を混ぜた土を保存する場合は，乾かないように気をつける。乾いてしまうと，固まってしまい，まるめられなくなってしまうので要注意。

自然・環境

通年

51 楽しい野菜づくり

該当年齢 0 1 2 3 4 5 歳児

野菜は種や苗から育てて，葉や花，実などを楽しみつつ，収穫できて食べられる素晴らしい教材です。野菜づくりをとおして，植物の生長について知り，育てる喜びを培うことができます。

自然・環境

通年

【ねらい】
① 小さな種から発芽し，花が咲き，実がなるまでの過程を見ることで生物の不思議を感じる。
② 野菜の種類によって実を食べるもの，つぼみを食べるものと，いろいろであるということに気づく。
③ 栽培から収穫，味わいまでをとおして，そのものの生命と食べることへの感謝を感じる。
④ 個人用の鉢で栽培すると「自分のもの」という気持ちを持ちやすく，栽培への意欲や食べてみたいという気持ちが深まる。

【準備・環境づくり】
① 黒土2と培養土1に混ぜた土，または野菜用の土（ホームセンターに売っている）
② 野菜栽培用の深いプランターを用意する。
③ 栽培するもの（苗，種）

＜個人でするのに適した野菜＞
ツルナシインゲン
理由：種が大きくて，蒔いた実感を味わいやすい。蒔いてから収穫までが短いので興味・関心を持続しやすい。丈が低いので植木鉢でも栽培しやすい。
栽培時期と収穫：4～5月に種蒔き，7～8月に収穫
① 植木鉢（直径30cmぐらい），プランターに土を入れ，まめの種を2～3粒植える。
② 花の後に小さい刀のような実がなり，大きく太くなったら収穫をする。

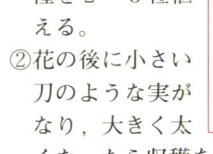

＜グループなどで行うもの＞
サヤエンドウ，グリンピース，スナックエンドウ
理由：つるで伸びていき，子ども達の目の高さに花をつけるので，咲いた後に実がつくのがわかりやすい。前の年の秋に種を蒔くので，収穫までの期間が長い。年少児（年中児）が先生と一緒にプランターに蒔くのに適している。収穫の喜びを入園（進級）してすぐ味わえるよう，11月に種を蒔き，5～6月に収穫する。
① プランターなどを使用し，絹サヤエンドウ，グリンピース，スナックエンドウなどを蒔く。土が乾いたら水をあげる。4月になると，つるが伸びてくるので支柱を立て，ネットを張り，つるがからまりやすくする。笹などを立てても代用できる。
② 花が咲いた後に実がなるので，収穫をし，茹でて食べる。味噌汁に入れたりして食べる。

＜苗から栽培し実を食べるもの＞
苗（キュウリ，ミニトマト，ナス）
理由：身近に目にするキュウリ，ナスを栽培することで，野菜を食べることへの興味を持たせる。
ミニトマトは熟す過程がわかりやすく，食べごろを知りやすい。
栽培時期：5月苗植え，6～8月に収穫
① 深めのプランターに苗を植える。定着したら藁を苗のまわりに敷き，水をあげたとき，土がはねないようにする。
② つるが伸びてきたら支柱を立てる。ミニトマトは脇芽の枝を折る。
③ 実がなったら収穫して食べる。

【援助のポイント】
① 必ず収穫して味わう活動を取り入れる。
② 栽培する前の学年のときに，お兄さん，お姉さんが栽培したものを食べる。
③ 自分達が栽培，収穫したものを自分達で調理する。
④ 春から夏にかけて栽培するものは，毎日コップ1杯お水をあげるように子ども達を指導し，間には保育者が苗の様子を見て十分に水をあげる。
⑤ 種から芽が出て，苗も定着し葉っぱがピンとしてきたら，根もとから10cmくらい離したところにパラパラと化学肥料を保育者の手でひとつかみあげる。
⑥ 子ども達が栽培に関心を持つように，花が咲いた，実がなり始めたなど，大きな変化が起きたときなどは，保育者から子ども達に働きかける。

【バリエーション】
ヒョウタン，ヘチマ，オクラ，落花生，コンニャク（地植え）などを園庭などにプランターで栽培すると楽しい。

52 シャボン玉を飛ばそう

該当年齢 0 1 2 **3** **4** 5 歳児

シャボン玉遊びには，飛ばす楽しさがあります。また，どんな工夫をしたらよいのか，吹き方の加減，液のつくり方などをとおし，科学への興味・関心が芽ばえてきます。

【ねらい】
① シャボン玉の美しさ，飛ばすことの楽しさを知る。
② シャボン玉を追いかけて遊ぶ。消えたときの不思議さなどに興味を持つ。
③ どうしたら大きいシャボン玉ができるか，光にあたったときの色の変化などに気づき興味・関心を育てる。
④ いろいろな素材を使って遊ぶ。身近なものを利用して工夫する。

【準備・環境づくり】
① 子ども達が興味・関心を持ったとき，すぐに遊べるように，ストロー・紙コップ・空びんなどは用意しておく。
② 身近にあるもので，シャボン玉のつくれるものを何種類か置いておく。
③ 市販されているシャボン玉液を用意しておくとよい。
※ 台所洗剤でもよいが，使用するときに注意がいる。石けんだけでは泡が出にくいときには，砂糖，松やに，はちみつ，グリセリン，茶がらなども用意してあると使える。

【遊び方・プロセス】
① きっかけづくりを大切にする（例：コップに入れた水をストローでぶくぶくすると泡ができる。そこからシャボン玉遊びに発展できる）。
② 石けんで手を洗っていると，あぶくがいっぱい出る。それをそっと吹いてみると泡がゆれる。飛んで落ちたりする。
③ もっと大きいのをつくってみたい。飛ばしてみたいと要求してくる。
④ 泡の出る液，大きいのができる液などを考えてみる。

【援助のポイント】
① シャボン液を飲み込まないように，理解できるように話す。
② 静かに吹く，そっと吹くということを一緒にやってみる。
③ 力の入れ具合で上手にできたり，飛ばなかったりすることを教えていく。
④ 教えるよりも一緒にやってみる。誰でもできると思うが，実際にやってみると1人ではできない。何回かやっているうちに上手にできるようになる。

【バリエーション】
① 紙コップの底を切り取ったものを使って吹いてみる。

大きいシャボン玉ができる

② ストローの先を切ってみる。

細いストロー　太いストロー　先に切り込みを入れたストロー

③ 金魚すくいのアミもおもしろい。

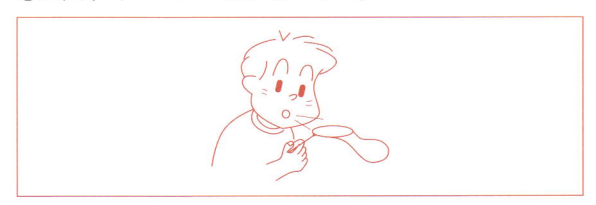

④ 針金を使う。毛糸やモールを巻いたものもきれいにできる。

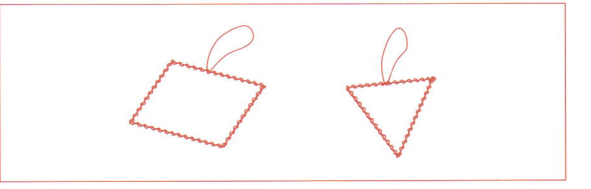

㊾ 上手に隠して，すばやく探す棒隠し

該当年齢 3・4・5歳児

王様になった子どもが宝の棒をみんなに見つけられないような秘密の場所に隠し，それをみんなが手分けして探し出すゲーム。見つけ出した子どもが次の王様になり，ゲームは続いていきます。

【ねらい】
園庭や園周辺の公園・広場，施設設備など，さまざまな身近な環境を活用して宝の棒を隠し，探し出すことで，環境とのかかわりを深めていくのが，この活動の目的である。

【準備・環境づくり】
①日常保育で宝の棒をみんなで何本かつくる。
②園庭・園舎など，園内の環境を活用し，親しんで遊ぶ。
③園周辺の公園や広場にある環境を活用して，親しんで遊ぶ。

【遊び方・プロセス】
①事前の保育活動にて，棒隠し用の宝の棒をつくる。遊ぶ場所の耳よりな情報を知らせて興味・関心を高めておく。そして，参加する子ども達を連れて園庭や園周辺の公園・広場などに出かけ，棒隠しのはじまりを合図する。
②宝の棒をさまざまな材料（木の枝・厚紙の筒・プラスチックの棒・金属の棒など）を活用して，宝物らしくみんなで何本かつくる。

＜園庭での棒隠し＞
隠す場所を園舎に限定して，王様になった子どもが宝の棒を持って隠しに行く。その間，探す役の子ども達は部屋で待っている。隠し終わった王様は部屋に戻り，隠し終えたことを知らせる。知らせを聞いた子ども達は，いっせいに園舎内へ探しに散らばる。見つけた子どもは宝の棒を持って王様のいる部屋に戻って見つけたことを知らせる。今度は，見つけた子どもが王様になりゲームは続く。
隠す場所を園庭に限定したり，園舎と園庭すべてにしたり，範囲をいろいろに変えて楽しむ。宝の棒の本数を複数にしたりしても遊べる。

＜園外での棒隠し＞
園近隣の公園や広場に出かけて，王様になった子どもが宝の棒を持って隠しに行く。その間，探す役の子ども達は，隠す様子がわからないような場所にいて待っている。隠し終わった王様は隠し終えたことを知らせる。知らせを聞いた子ども達は，いっせいに宝の棒を探しに散らばる。見つけた子どもは，宝の棒を持って王様のいるところにやってきて，見つけたことを知らせる。今度は，見つけた子どもが王様になり，ゲームは続く。
隠す場所を林や草原に限定したり，公園全体にしたりするなど，隠す場所の範囲をいろいろに変えて楽しむ。宝の棒の本数を複数にしたりしても遊べる。

【援助のポイント】
隠す場所は，木の上や縁の下など，さまざまな場所を使うように促す。そのことにより，遊びが盛り上がるとともに，子ども達の環境に対する関心や興味が広がっていく。

【バリエーション】
野外でのオリエンテーリングに発展していくことも可能である。また，園によっては，合宿保育などで高原や山間部に出かけることもある。そうした際のプログラムとして取り入れてもおもしろい。

54 大好きな木登り遊び

該当年齢 0 1 2 3 4 5 歳児

木登りに意欲的に挑戦し，登れたことで得られる達成感は，園生活の大きな自信になることでしょう。また，全身や五感を働かせて，自然のぬくもりや不思議さを十分に感じられる遊びです。

【ねらい】
①全身を使い，目標をもって木に登ることで，楽しさや喜び，達成感を得る。
②木（幹や枝）や木の葉，実，花，木にいる虫などの自然に興味・関心を持つ。
③木のぬくもり，手ざわり，美しさ，不思議さ，季節による変化など五感を働かせて感じる。
④うまく登る方法を考えたり，工夫したりして考える力を育てる。
⑤友達と助け合って登ることで，友達関係を深める。

【準備・環境づくり】
①園庭や園周辺の樹木で登りやすい木を事前にリサーチしておく。
②絵本や図鑑で木への興味や木登りへの期待感をふくらませておく。
ア）木登りに適した木（幹）は，子どもが腕を回せる太さがよい。枝が下のほうから生えていると登りやすい。登るために手足をかける支点がある木がよい。また，花や実をつけ，虫や鳥が集まる木は，自然を五感すべて使って感じることができる。
イ）カキなどの折れやすい木，枯れ木，害虫がつきやすい木は危険なため避ける。
準備：必要に応じて台になるもの，はしご，マット，ロープ，藤づるなど

【遊び方・プロセス】
①登りたい木を選ぶ。
②目標の高さとなる位置を決めたり，実や虫などの目標物を定める。
③手や足をかける位置をイメージしながら，全身を使って登る。
④自分でどんどん登る子ども，はじめから補助の必要な子ども，友達に助けてもらいながら登る子どもなど，さまざまな姿がある。
⑤景色を見渡す，大声を出す，実をとる，虫をとる，ジャンプする，ロープにぶらさがるなど，個々の楽しみ方を展開する。

【援助のポイント】
①常に危険がないように見守ったり，安全な環境づくりをする。
②子どもによって目標や登るペースは異なるため（得意な子ども，慎重な子ども，はじめて登る子ども，自信のない子どもなど），無理強いせず，個々に合わせた援助をする。
③登ったときの喜びや達成感，自然の不思議に出会ったときの驚きなどに共感する。
④自分自身で主体的に登り方を考えたり，友達と力を合わせて登っているときは，声をかけすぎないで見守る。

【バリエーション】
＜数人のグループで木登り＞
友達と木登り競争をしたり，同じ木に何人一緒に登れるかなど，ゲーム感覚で楽しむ。

＜つるやロープ，ブランコを枝からぶらさげる＞
藤づるなどのつるやロープでターザンごっこやブランコをする。

＜忍者ごっこ＞
カラービニールなどで忍者服をつくり，あらかじめ保育者が巻き物を枝につけておき，忍者になりきって木登り修行や巻き物探しをする。

＜木登り名人に挑戦！＞
登りやすい木から登りにくい木まで3～4段階くらいの区別をつくり，子ども達に登りやすい木から徐々に難しい木に挑戦する喜びや，上手な登り方を身につける達成感を味わわせる。最後のいちばん難しい木に登れるようになったら，つくっておいた「木登り名人のメダル」を掛けてあげる。

自然・環境

通年

55 みんなで楽しむ探検ごっこ

該当年齢 0 1 2 3 4 5 歳児

自然は、子ども達にとって大切な「センス・オブ・ワンダー」（レイチェル・カースン）を育んでくれます。さあ、子ども達と一緒に自然探検隊をつくって、探検ごっこに出発だ！

自然・環境 / 通年

【ねらい】

　四季の身近な自然とかかわる実体験をとおして、子ども達の周りには、不思議なものやおもしろい事柄がたくさんあることを確実に受け止めることが、この活動の目的である。

① 大地（土）：地面にしっかりと足を踏みしめて立つことの充実感を味わう。また、地面の下にも生き物がいること、そして土は生命を育む基であることを探検ごっこによって実感する。

② 池・川（水）：水のなかにも生き物がたくさん暮らしていることを、採集活動や探索体験によって実感する。そして、自分のからだのこと（汗・涙・おしっこなど）も含めて、水は生命を育む基であることを受け止める。

③ 日向（太陽・火）：日向の暖かさや明るさを実際に自分のからだで味わうとともに、さまざまな生き物が太陽の恩恵を受けていることに気づく。

④ 風・空気（風）：風が吹き周りの自然に与える影響から、風の存在を実感する。また、自分の体験（激しい運動をしたときや風邪などで咳き込んだときの苦しさなど）からも、空気が吸えることで生き物が生きていられることに気づく。

⑤ 動物・植物（生き物）：生命のあるものとないものの違いに気づくとともに、自分自身も含めて、生命のあることの素晴らしさを実感する。

【準備・環境づくり】

① 地面の露出した場所：シャベル、ビニール袋や収穫物を入れる箱、カバン
② 生き物のいる水の溜まった場所（池や川など）：網、ビニール袋や収穫物を入れる箱、カバン
③ 太陽の当たる場所
④ 風の吹く場面
⑤ 飼育動物（ウサギ・ハムスターなど）・野生動物（ダンゴムシ・テントウムシ・カタツムリ・カエルなど）・栽培植物（アサガオ・トマトなど）・野生植物（タンポポ・エノコログサ・マツ・モミジなど）

【遊び方・プロセス】

　事前の保育活動にて、探検ごっこ用の収穫物を入れる箱やカバンなどをつくったり、探検場所の耳よりな情報を知らせて、興味・関心を高めておく。そして、参加する子ども達を連れて園庭や園周辺の公園・広場などに出かけ、さあ探検ごっこのはじまりだ！

① 大地（土）：広場を駆けまわったり、寝ころんだり、取っ組み合いの相撲をとったり、おしくらまんじゅうをしたり、地面にしっかり足を踏みしめつつ、からだを思いっきり使って遊ぶ。その後、広場で休憩してから、みんなが走りまわって遊んだ地面で、生き物がいそうな場所を選んで、持ってきたシャベルやそこにある木の枝などを使い、掘って生き物を探し捕まえてみる。

② 池・川（水）：水のある場所に行き、そこにいる生き物を網やビニール袋などで捕まえてみる。捕まえた生き物をじっくり眺めてみる。また、自分のからだにも水がある（汗・涙・おしっこなど）ことや、水を飲むことなど、生きるのに水が必要なことに気づかせる。

③ 日向（太陽・火）：寒い時期には、日向ぼっこをみんなで楽しむ。また、暑いときには涼しい木陰を探して涼む。こうした自然を生かした快適さを味わう活動をじっくり行いつつ、探検ごっこを展開する。また、探検ごっこで、飼育栽培生物の世話や野生生物を使った遊びの活動を展開し、さまざまな生き物が息息する場所では、太陽の恩恵を受けていることに気づかせる。

④ 風・空気（風）：花壇や花木を吹きぬける春風、林や草原を渡る夏の涼しい風、寒い時期の木枯しなど、周りの自然と織りなす風の様子から、風の存在を実感する。

⑤ 動物・植物（生き物）：身近な自然として存在する動植物の世話をしたり、探してとったり集めて遊んだりする。

【援助のポイント】

　身近な自然として存在する地・水・火・風・生物を探してとったり集めたりして遊ぶ。その際に五感（視覚：目・聴覚：耳・嗅覚：鼻・触覚：手・味覚：口）を十分に使うように工夫することが、子ども1人ひとりに実感をもって受け止めさせる重要なポイントとなる。

56 竹ポックリつくり

該当年齢 0 1 2 3 4 5 歳児

昔，おじいちゃんやおばあちゃんが楽しんでいた懐かしい遊びの竹ポックリ。ものがあふれている今の時代だからこそ，自然の素材を生かして，自分達でつくって遊ぶことの楽しさを味わいましょう。

【ねらい】
① 竹に触れ，興味を持つ。
② 自分達でつくったもので楽しく遊ぶ。
③ 楽しみながら，からだのバランス感覚を身につける。

【準備・環境づくり】
① 散歩などに出かけた際に竹やぶがあれば，竹やその生長に興味が持てるよう話題にしていく。
② 竹を使って，いろいろなものがつくられていることを絵本や実物をとおして伝えていく。
③ 竹・のこぎり・きり・ひもを準備し，安全につくれるよう広い場所に設定する。
④ 竹の太さは子どもの足の幅に合ったものを用意する。

【遊び方・プロセス】
① のこぎりで同じ長さに切った竹を2本用意する。
② 切った竹に1～2か所穴をあけ，ひもをとおす。
　ア）1か所穴をあけ，1本のひもで2本の竹をつなぐように結ぶ。
　イ）1か所穴をあけ，それぞれひもをとおす。
　ウ）2か所穴をあけ，1本のひもを両方の穴にとおす。
③ ひもを持って竹に乗り，足と手を同じ方向に出して歩いて遊ぶ。

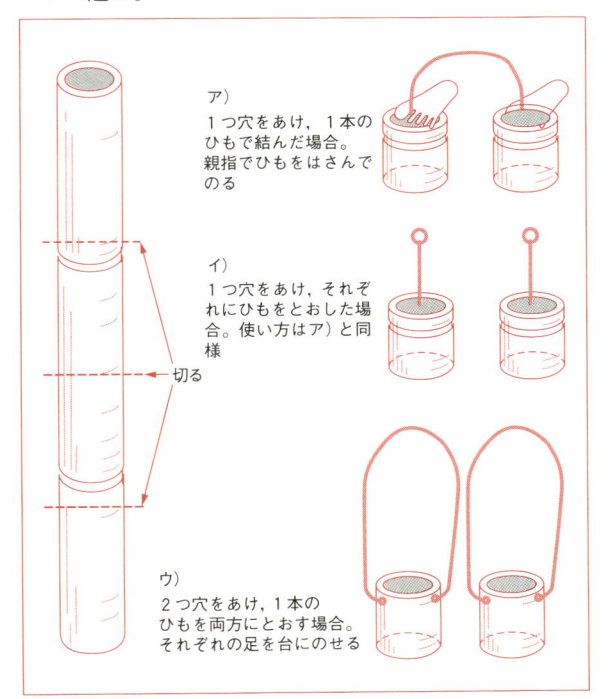

【援助のポイント】
① つくる前に保育者が遊んで紹介する。
② のこぎりやきりの使い方を伝え，安全面に十分配慮する。
③ 竹を切った際にできる，とげやささくれに気をつけてつくれるように声をかける。
④ ひも（太く，丈夫なもの）は腰の高さになるように調節し，穴から抜けないような結び目をしっかりつくる。

【バリエーション】
① 低いものや高いものなどをつくり，高さを変えて楽しむ。
② ペンなどでカラフルに模様をつけ，オリジナルの竹ポックリをつくる。
③ 歩いたり，走ったり，簡単な障害物を置いたコースなどを用意して，遊びが広がっていくようにする。
④ 空缶を使って缶ポックリをつくり，音の違いや乗り心地の違いを楽しむ。

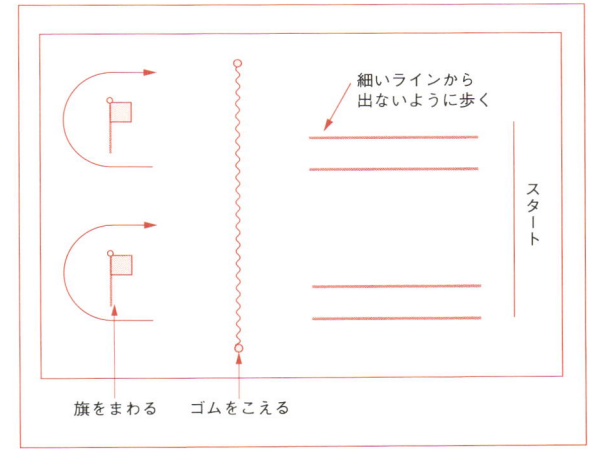

自然・環境

通年

ア）1つ穴をあけ，1本のひもで結んだ場合。親指でひもをはさんでのる

イ）1つ穴をあけ，それぞれにひもをとおした場合。使い方はア）と同様

切る

ウ）2つ穴をあけ，1本のひもを両方にとおす場合。それぞれの足を台にのせる

細いラインから出ないように歩く

スタート

旗をまわる　ゴムをこえる

57 手づくり紙皿こま遊び

該当年齢 0 1 2 3 4 5 歳児

軽くて簡単な構造をしています。種もしかけもなく，手の動きと力だけでクルクルまわります。伝承的なこま遊びに入る前に，日常的な活動として経験したい製作遊びです。

【ねらい】
①こまのように，ものがまわることで楽しめたり，役立っているものが身近にあることを知る。
②ものがまわるためには，その真ん中に中心軸があることを知る（こまの場合，重さの中心）。
③手の動きや，力の入れ方などを工夫して楽しむ。
④こまをまわすと，描いた絵や模様が変化することの不思議さを楽しむ。

【材料・準備】
①紙皿2枚（直径23cm・バカスプレート，軽くて丈夫で，サトウキビが原料）
②発泡スチロールのまゆ形の玉
③ボンド，ボンドのり（澱粉のり50％，ボンド50％をまぜ合わせてつくる）
④手ふき
⑤マーカー，クレヨン
⑥皿の重さの中心を探し，印をつける。
⑦保育者がつくったこま

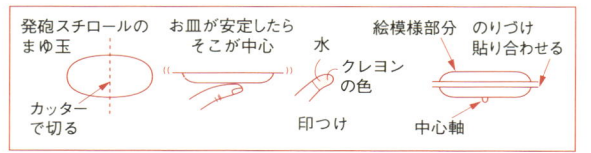

【プロセス・留意点】
①つくったこまを子ども達の前でまわしてみる。
②ものがまわることで楽しめたり，身近にあって役に立っているものをとり上げ話し合う（例：自転車の車輪，自動車のタイヤ，メリーゴーランド，CD）。
③子ども達自身がこまの中心の位置を確かめるため，人差し指に皿の印のところをのせ，皿を安定させてみる（大変むずかしいが10人に1人くらいはできる）。
④まゆ玉軸を皿の印のところにつける。
⑤もう1枚の皿に好きな絵や模様をクレヨン，マーカーの同時使いで描く（同時使いは色形に変化が楽しめる）。
⑥2枚の皿のまわりにボンドのりをていねいにつけ，貼り合わせる。

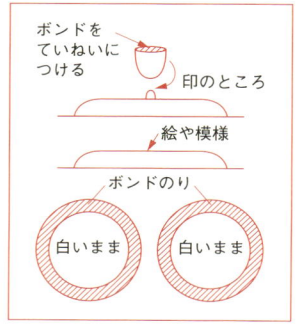

絵皿でつくるこま

【バリエーション】
＜段ボールこま＞
①まるく切り取った段ボールの面に，包装紙や色紙などをいろいろな形にして貼る。
②丸の重さの中心を探し，そこにまゆ玉軸をボンドでしっかりつける。

＜折り紙2枚を折ってつくる，ふきごま＞
軽くて軸がしっかりしている。伝承ふきごまのなかでいちばん簡単につくれる。折り紙は，紙をきちんと折ること。折り線はきれいに折り上げるために役立っている。子ども達は折って遊べる折り紙に喜んで挑戦する。
違う色の折り紙2枚を用意し，下図のように折り進める。

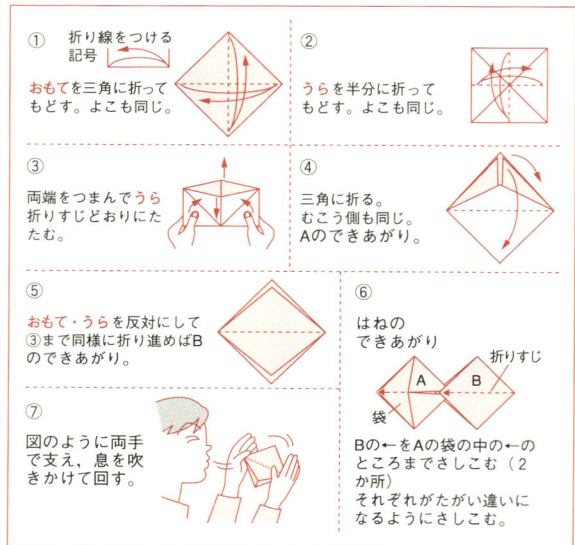

① 折り線をつける記号　おもてを三角に折ってもどす。よこも同じ。
② うらを半分に折ってもどす。よこも同じ。
③ 両端をつまんでうら折りすじどおりにたたむ。
④ 三角に折る。むこう側も同じ。Aのできあがり。
⑤ おもて・うらを反対にして③まで同様に折り進めばBのできあがり。
⑥ はねのできあがり
⑦ 図のように両手で支え，息を吹きかけて回す。

Bの←をAの袋の中の←のところまでさしこむ（2か所）
それぞれがたがい違いになるようにさしこむ。

58 花びらで遊ぶ花占い

該当年齢 0 1 2 3 4 5 歳児

何気なく見ている花も，1枚1枚花びらをはずしてみると，形の違いや色の違い，そして枚数の違いに気づき，それを使って花びら遊びをすることもできます。

【ねらい】
①伝承遊びのひとつとして受け継いでいく。
②花びらにはいろいろな形や，色の違い，数（枚数）などの違いがあることを知る。
③花びらをかぞえたりすることで数への興味・関心を持ったり，多い少ない，大きい小さいなどの違いを知る。

【準備・環境づくり】
①季節に咲く花をいろいろ植えてみる。前もってどんな花がよいか，使いやすいかを知っておく。キク，マーガレット，コスモスなど花びらの数の少ないものや，1枚1枚とりやすいもの。
②プランターや花壇など，身近なところで咲かせ，興味が持てるようにする。
③種を蒔いたり，苗を植えたりして楽しみに待つ。
④寒暖に強いものを選ぶ。
⑤いろいろな花の種類，形，大きさ，花びらなどに注意して準備する。
⑥野に咲く花つみをしてみる。散歩などに行ってみる。
　春の花：タンポポ，シロツメクサ，ハルジオン，ヘビイチゴ，カタバミなど
　夏の花：マツヨイグサ，ツユクサ
　秋の花：シオン，イヌタデ，アキノノゲシ，ツルフジバカマ。冬の草花は少ないので，木の実（ハナミズキ，ピラカンサ）や落ちている花を拾ったりするとよい。

【遊び方・プロセス】
①花を何に使うかを知り，それからつむ。いつでもとっていいというのではなく，遊びに興味をもたせてから選ばせる。
②つんできた花を持ちより，今日は何にするかを決めてから1枚ずつとっていく（例：今日のお昼はカレーかな，ハンバーグかな，お魚かな，肉かな。○○ちゃん，今日は来る，来ない，いる，いない，というように何を占うかを決める）。

※昔は好き，嫌いという言葉が多かった。とくに友達同士の名前をあげて遊んでいたが，今の時代には使ってはいけない言葉ではないかと思う。そこで，身近なことで占ってみるとよいだろう（例：年長になったら，うめ組，もも組，どこかな。ブランコ，すべり台どっちかな）。

【援助のポイント】
①何を占うかを子どもと一緒に話し合って決めるようにする。
②どんな花だったら，ちぎりやすいかを話し合ってみる。
③花びらを引っ張ってみて，すぐにとれるようなものを選んで使う。
④子ども同士，色の違うもの，形の違うものを選んで遊ぶように声をかける。
⑤日だまりなどで遊ぶと，冬の遊びとして取り入れることもできる。
⑥落ち葉などを拾って利用してもよい。
⑦年齢にあった花びらの数の花を選ぶ。

【バリエーション】
①ちぎった花びらで遊ぶ。
②画用紙などで紙筒をつくり，そのまわりにきれいに貼りつけ，模様遊びにする。 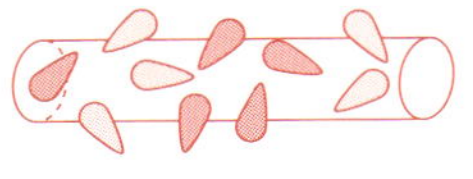
③低年齢（3歳児）などには，ラップの芯のようなものを使うと作業がしやすい。
④画用紙に貼ったりして造形遊びにする。 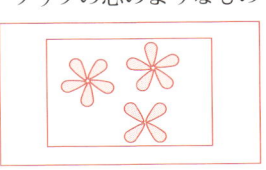
⑤びんやビニール袋のなかに入れ，水を入れて浮かせたり，色水遊びもできる。

自然・環境　通年

第2部・実践編

3

造 形

1 紙で遊ぶ
―新聞紙遊び―

該当年齢 0 1 2 3 4 5 歳児

新聞紙を破いたりまるめたり、全身で戯れ、心を開放する遊びです。新聞紙という素材に親しみ、素材の性質を感覚でとらえていきます。新聞紙でものを創造していく土台となるでしょう。

造形　春

【ねらい】
① 目，耳，手，皮膚，感覚など五感を使って「新聞紙」という素材に親しむ。
② 紙を引っ張る，まるめる，破る，ちぎるなど，腕の力や，指先の力，目と手を協応させて遊ぶ。
③ 友達や保育者と行い，共感の喜びを味わう。
④ のびのびと全身を動かして，心とからだの開放感を味わう。

【準備・環境づくり】
① 場の設定：室内の広々とした場所
② 準備：新聞紙（1人5〜6枚），段ボール（子どもが入れるくらいの大きさ），ビニール袋（大・小），ビニールテープ（袋をとめる）

【遊び方・プロセス】
① たたむ，広げる，まるめる。
ア）古新聞を広げ，パタパタゆらし，音を聞く。
イ）保育者のまねをして半分に折りたたみ，さらに半分にたたんで，小さくしたり，たたんだものを広げて床に敷き，大きさの違いを楽しむ。
ウ）くるくるとまるめてのぞいたり，口にあてて声を出して遊ぶ。
② 破る，裂く，ちぎる。
ア）両端を保育者に持ってもらい，パンチで穴をあける。
イ）裂けやすい方向を探して細長く紙を裂き，何回も繰り返して楽しむ。
ウ）細長く裂けた紙をさらに指先で細かくちぎって遊ぶ。
③ 寝る，ころがる，投げる。
ア）破いた新聞紙を部屋の中央に集め，山をつくって遊ぶ。
イ）紙の上に寝ころがったり，もぐったりして遊ぶ。
ウ）細かくなった紙を投げ，雪のように散らし，散っていく様子を目で追う。
エ）段ボールを家や風呂などに見立て，新聞紙と一緒に自分も入って遊ぶ。
④ 集める，にぎる，まとめる。
ア）おにぎりに見立て，新聞紙をまるめ，力を入れてにぎってみる。
イ）まるめたものをビニール袋に入れて集めて楽しむ。
ウ）保育者にビニールテープを巻いてボールにしてもらい，新聞紙のボールを使って遊ぶ。

【援助のポイント】
① 紙を破ることを家庭で禁止され，経験のない子どもは，紙で遊ぶことに躊躇する場合がある。生活のなかで，大切にするもの，遊びに使ってもよいものの区別があることを子どもと確認し，安心させ，年少者なりの判断力や考える力を尊重して活動を進める。
② まねが活動の大きな原動力となる時期である。保育者が率先して楽しく遊び，無理強いすることなく，気持ちを引きつけ子どもと共感して遊ぶ。
③ 子どもの発想や見立てていることを言葉で表現し，他の子ども達に知らせるなど，子ども同士の関係性を保育者が中心となってつくり，共感性を高めるよう援助する。
④ 「裂く」という動作にも上腕を使って腕で裂く方法と，指先で紙を持ち，手首のひねりを使って裂く方法がある。徐々に微細な筋肉の動きに移行できるように発達をふまえて，援助する。
⑤ 裂くのに戸惑っていたら，方向がわかるよう手を添えてあげ，満足感を味わえるように援助する。
⑥ 「もう1枚いる？」「小さくなったね」「ビリビリビリ」など行為に言葉を添える。
⑦ 気持ちが高揚してくると，ハイテンションになり，行動が激しくなるので，スペースと人数の割合を事前に考え，危険のないように配慮する。
⑧ 散らばった紙を片づけるときは，遊びの延長で自然な流れのなかですすめ，紙がまとまると同時に，高揚した気持ちを徐々に収束できるよう援助する。

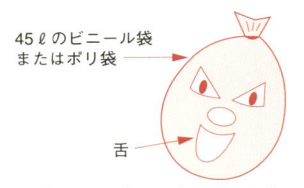

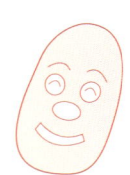

45ℓのビニール袋またはポリ袋
舌
大きなポリ袋にちぎったものを集めて，口を結び，目や口をつけ，動物にして飾ったり，おもしろい顔にして吊して，パンチをしたりして遊ぶ

⑨ 保育者がほうきやちりとりを使って片づけるのを見たり，実際に使う経験になるので，そうじの道具を用意しておくとよい。

【バリエーション】
＜さまざまな素材の紙＞
紙のやわらかさや手ざわり，音など，素材による違いを経験するため，新聞紙以外の紙を取り入れて遊ぶ。
ティッシュペーパー，トイレットペーパー，広告の紙，いらなくなったカタログなど。

❷ お面遊び

該当年齢 0 1 2 **3 4 5** 歳児

イメージの世界に浸り，ごっこ遊びを楽しむ3歳児です。お面を身につけることで，なりきる気持ちと共通のイメージが深まり，表現の豊かさにつながることでしょう。

【ねらい】
① 入園当初，お面をつけて遊ぶことで，不安感をやわらげる。
② 1人ひとりがイメージの世界に浸り，イメージの世界を広げる。
③ 役になりきり，ごっこ遊びをとおして，友達との関係を深める。
④ お面づくりの過程で，描く・貼る・組み合わせるなどの造形表現を工夫し楽しむ。
⑤ 身体表現の楽しさを感じる。

【準備・環境づくり】
① 室内または園庭の一部にコーナーとして設定する。
② 机の上に動物などの顔の形の紙，クレヨンや水性マジックなどの描画材，または目・鼻・口用の丸型のシールを用意する。 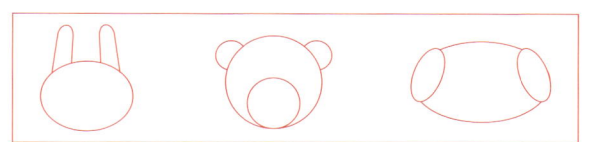
③ お面ベルト，ホチキスは保育者の手の届く場所に用意しておく。 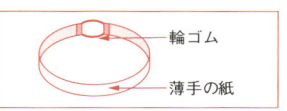
④ お面づくりのきっかけとなるよう，保育者のつくったものをコーナーの近くの机に置いたり，壁面に飾ったり，園庭コーナーそばの低木に掛けたりしておく。
⑤ 保育者が身につけて興味を誘う。
⑥ ごっこ遊びの広がる小道具を用意する（マント代わりになる風呂敷や，剣やステッキに見立てた紙を巻いたものなど）。
⑦ 子どもがストーリーを再現できるような，繰り返しのある単純な絵本を読んだり，子どもが手にとって読めるよう設定する。
⑧ ごっこ遊びの効果音や，音楽劇の音楽を流す。

【遊び方・プロセス】
① 保育室内（または園庭）のコーナーにあるお面を見つけたり，保育者が身につけているお面を見たりすると，自分もつくりたいと要求する。
② 好きな動物などの顔型を選ぶ。
③ 動物などの顔型に目や鼻や口を描いたり，丸型のシールで目や鼻などに見立てて貼る。
④ 保育者がお面ベルトにホチキスで留める。
⑤ 自分のつくったお面を身につけて遊ぶ。
⑥ 入園当初はお面を身につけ，保育者と一緒に園庭を散歩したり，ままごとや砂遊びをしたり，固定遊具で遊んだりする。
⑦ 運動会の身体表現などの際にお面を身につけて踊る。
⑧ 仲間関係の深まる秋ごろは，ヒーローごっこやお姫様ごっこなどに必要なお面を自らつくり，子ども同士でごっこ遊びを行う。
⑨ 発表会，お遊戯会（2学期末〜3学期）の役のお面をつくって身につけ，役になりきって身体表現する。

お面づくり（3歳児5月初旬） 　　お面づくり（5月初〜中旬）

【援助のポイント】
3歳児のお面づくりは，活動する時期により，ねらいが異なる。入園当初は，不安感をやわらげることをねらい，2学期は友達と遊ぶ楽しさを感じられることをねらい，発表会・お遊戯会（2学期末〜3学期）のころは，友達関係の深まりとともにイメージの世界に浸ることや，表現する楽しさをねらいに持つ。
① 入園当初はすぐに遊べるよう，つくる活動は目や鼻・口を描く，シールを貼るなど，単純にする。
② 保育者もお面を身につけ，子どもとともに表現者となり，ごっこの世界を共感する。
③ 表現する楽しさを感じられるよう，個々の表現（身体・造形）のよい面を具体的に認める。

【バリエーション】
＜発表会・お遊戯会までのごっこ遊び＞
① 繰り返しを好む3歳児の特性に応じたストーリーを選ぶ（3匹のヤギのがらがらどん・オオカミと7匹の子ヤギ・大きなカブ・3匹の子ブタ）。
② 共通のイメージを持てるように，保育者がリードしてストーリーに沿って動く。
③ 子ども同士が刺激し合い，友達への関心が深まるよう，個々の表現（身体・造形・言語）を認め，クラス全体に伝える。
④ お面をとりかえっこして，役を経験する。

造形　春

❸ しゅっぱつしんこう
―線遊び―

該当年齢 **0 1 2 3 4 5** 歳児

初めて絵を描くときは，子どもも緊張しています。何かを描かせるのではなく，線を描くことから始めましょう。描画材に興味を持ちはじめた子どもは，次々と描きたくなってくるはずです。

【ねらい】
①新しい環境での心の緊張を開放し，気持ちを安定させていく。
②造形活動が楽しいな，という喜びと安心感を与える。
③描画材の使い方やしまい方がわかるようになる。

【準備・環境づくり】
①場の設定：画用紙からはみ出ても気にせずに活動できるように，机にシートや新聞紙などでカバーをかけておく。
②準備：クレヨンまたはサインペン，画用紙（2～3歳児の場合，飛行機やバスなど，描きはじめのヒントとなるものがあるとよい）。

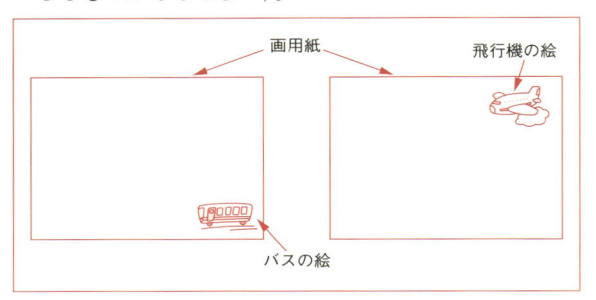

画用紙　　飛行機の絵
バスの絵

【遊び方・プロセス】
①クレヨンのふたをあけることを楽しみながら，子ども達の色に対する興味を引き出していく（「好きな色は？」「バナナの色は？」など，いろいろな質問をしてみよう）。
②「飛行機でどこにお出かけしようか」などと声をかけながらクレヨン，またはサインペンで線描きをする。
③途中で色を変えたり，保育者がスタートとストップの声をかけたりしながら，太さや長さの違う線をたくさん描くことを楽しめるようにする。

【援助のポイント】
①無理に何かを描かせようとするのではなく，描きたくなるきっかけや導入を考え，心が開放されるような活動にしていく。
②はじめての造形活動になる場合は，子ども達が「上手に描かなくっちゃ」「どう描こうかな」と手を動かすことをためらわないように配慮する。
③描くことに緊張感があるようなら，「先生と一緒にお散歩しよう」と保育者が子どもと同じ画用紙上に描いたり，チョークの落書き，園庭で水撒きによるいろいろな線遊びからはじめられるようにする。
④新聞紙や広告紙など，色や文字があるものの上に描くことは，画用紙より緊張感が少ない。また，クレヨンよりもサインペンのほうが少ない力でかけるため，緊張感の強い子どもには適している。
⑤クレヨンやサインペンの色を変えるときには，「おうちに戻してあげようね」と声をかけ，ものの管理の仕方も知らせていく。

【バリエーション】
＜描いたものを生かして＞
①鯉のぼり：目をつけたり，しっぽを切ったりして鯉のぼりにする。

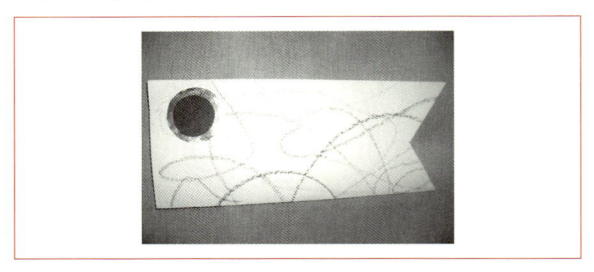

②友達とのゲーム：線に囲まれた形をジャンケンに勝ったら塗る。

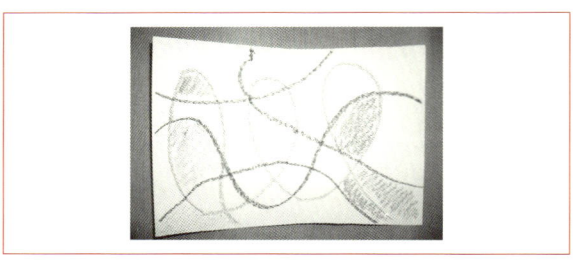

③イメージを広げる遊び：線に囲まれた形を塗ってみると，魚，動物などイメージが広がっていく。

④友達とつなげる：友達が描いた画用紙の線と，どんどんつないでいく。道や線路に見立てて，街や電車など，クラス全体で描く活動へと広げていく。

造形　春

❹ 小麦粉粘土遊び

該当年齢 0 1 2 3 4 5 歳児

小麦粉粘土は，子ども達にとって油粘土や泥粘土などと比べ，やわらかくて扱いやすく，色も楽しめるという特徴があります。感触遊びを十分に満足した後は，ままごとやごっこ遊びを展開して楽しむことでしょう。

【ねらい】
① 小麦粉粘土を気のすむまでこねることで，感触遊びのおもしろさを味わう。
② ちぎったりまるめたり延ばしたりしながら，いろいろな形になることを楽しむ。
③ 身近なもので小麦粉粘土ができることを知り，つくる喜びを味わう。

【準備・環境づくり】
① **場の設定**：室内の明るい場所で，比較的，水場に行きやすい場所にコーナーを設定する。保育室の前にテラスがあれば，そこに机を2～3台出し，セッティングしてもよい。いっせい活動で行う場合は，保育室の前にも机を配置し，子どもにとって小麦粉粘土をつくる様子がよく見えるように工夫する。
② **準備**：小麦粉・水・塩（1：1：1/3）
色をつける場合：食紅少々，粉絵の具，水彩絵の具など

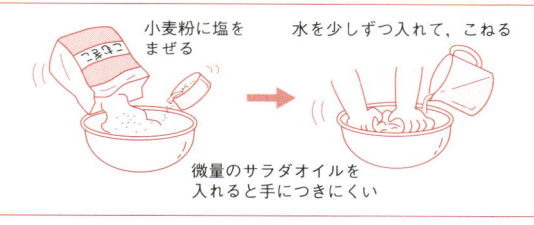

（図：小麦粉に塩をまぜる → 水を少しずつ入れて，こねる。微量のサラダオイルを入れると手につきにくい）

③ **注意**：
ア）上記の割合については，およその割合なので，ボウルに小麦粉と塩を入れ（この場合，塩は上記の量よりもはじめは少なめにして，やわらかさの加減をみながら必要な場合は少しずつ増やす），水を少しずつ加える。
イ）食紅で色をつけたい場合は，はじめに小麦粉と塩を混ぜ合わせるときに，食紅も一緒に合わせる（練ってからでは色が混ざりにくいので）。
ウ）その日の天気によって，多少割合を加減する必要がある。湿度が高い日は，早めにベトベトになってしまうので，保育者は気をつける。
・ボウル，計量カップ
・こねる台（机，粘土板，ビニールシートなど）
・つくったものを置いたり，飾ったりする箱，台など（牛乳パックを半分に切った底の部分を，6個または9個くらいつなげて飾り棚のようにし，なかに作品を並べてあげるのもよい。イチゴパックやゼリー容器などの空き容器も，作品にかぶせて飾ることもできる）。
・クッキーの型抜きや，型抜きに使えるような空き容器など。ブロックの大中小なども，おもしろい形がつく。

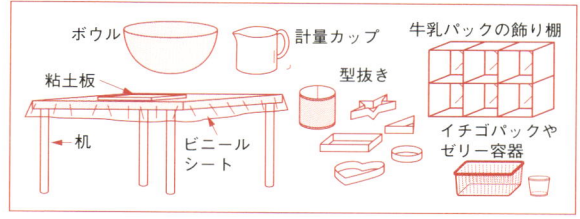

（図：ボウル，計量カップ，牛乳パックの飾り棚，粘土板，型抜き，机，ビニールシート，イチゴパックやゼリー容器）

【遊び方・プロセス】
① 大きなかたまりの小麦粉粘土を，からだ全体を使って思いきり押したり，台にたたきつけたり延ばしたりして繰り返し楽しむ。
② かたまりを手のひらで押して平らに広げて，指で穴をたくさんあけたり，型抜きを楽しむ。
③ 自由に好きな形をつくる。

【援助のポイント】
① 2～3歳の幼児対象の場合は，保育者が目の前で小麦粉粘土をつくるのを見せ，年長児などは，自分でつくることに興味を示すので，保育者と一緒につくる。
② 色をつけた場合，単色を好む子どもと，色が合わさるのを楽しむ子どもがいるので，各々の興味を満たせるよう，粘土の場所や位置，量の配分などを配慮する。
③ つくったもので遊びが広がるよう，すぐ飾ったりしないで，置き場所の工夫をする。
④ 十分遊んだ後は，ひとつは作品として残して，後でまた見て楽しめるようにすると，子どもの会話も弾むであろうし，みんなに見てもらい認められた喜びも味わえる。

【バリエーション】
できあがったもので，ままごとやケーキ屋さん，ドーナツごっこ，魚屋さんごっこなどの遊びに発展することができる。

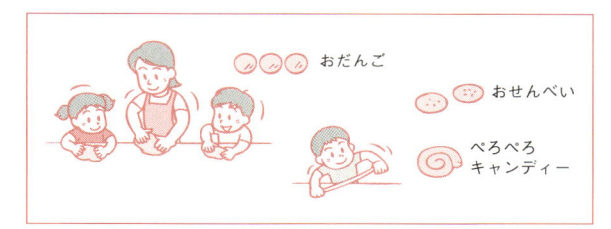

（図：おだんご，おせんべい，ぺろぺろキャンディー）

造形　春

❺ 手形スタンプ

該当年齢 0 1 2 ③ ④ ⑤ 歳児

描画のはじまりとして，写すことの行為として，子どもが夢中になる遊びです。写すことそのものの楽しさを味わいながら，その形からイメージを広げたり色を選んだりと遊びが広がっていきます。

【ねらい】
① 自分の手が版になって写ることを楽しむ。
② 模様を並べたり重ねたり組み合わせながら，工夫して遊ぶ。
③ 形を見立てたり，形からイメージを広げて遊ぶ。
④ 仲間とスタンプをし合ったり，同じ画面に共同で制作し合って遊ぶ。

【準備・環境づくり】
① 室内では，子どもが活動をのびのびとからだを使って遊べるよう，机や周辺が汚れてもいいように敷物を準備しておくとよい。
② 紙の大きさによって活動の展開が異なるので，年齢に応じて1人で遊ぶときと集団で行うときなどで，紙の大きさを工夫する。
③ 絵の具は濃い目の水性のものをトレイや平たい容器に用意する。ぬれタオルや水の入ったバケツを用意しておくとよい。小麦粉やでんぷんのりと粉絵の具でつくった絵の具や，市販の指絵の具を用いると，絵の具のつきがよい。
④ 絵の具の中に耳かき1杯の粉石けんを入れて混ぜておくと，手や衣服などについた絵の具がきれいに落ちる。

【遊び方・プロセス】
① 絵の具の感触を確かめながら，絵の具を手のひらにつけて遊ぶ。
② 白い紙に手のひらを押しつけスタンプする。
③ 形を並べたり，組み合わせたり，重ねたりしながらイメージを広げ模様をつくる。

【援助のポイント】
1〜2歳児では，絵の具と親しむこと自体を大切にしながら活動を見守るようにしたい。やがて，意識してスタンプする場所を紙のなかに選んだり，繰り返して押したり，並べたり，組み合わせたりと，自分なりの表現を意識して行うようになってくる。3〜5歳児では，できた形から見立てて絵をつくっていったり，できた形から自分なりのイメージをさらに広げていくように援助していきたい。写す行為を楽しんでいるのか，イメージを表そうとしているのか，その過程において援助を工夫していく必要がある。

【バリエーション】
＜仲間と感覚とイメージを共有し合う＞
　集団で大きな紙の上で行う場合は，色と形をとおして子ども相互においてコミュニケーションが生まれてくる。できていく形を共有しあい，共通のイメージになっていくことによって共同の作品になっていったり，ともに写しあうことで共同制作へと発展していく。

＜手形の作品をもとにイメージを広げ描画する＞
　4，5歳では，できた作品をもとに形を見立てたりイメージを広げながら，クレヨンや筆でさらに描き加え，物語や生活と結びついた自分のイメージへと表していくことができる。

＜園庭での遊び＞
　紙の上でなくても，砂場やコンクリート面に水を使ったり，園庭での泥遊びの過程でも，子ども達は写す環境があるところでは，自発的に手形で遊ぶことができる。

鯉のぼり　みんなの木

野外での手形遊び（3歳児）

▌Column—粘土のはんこ
・缶のふた，びんのふたに粘土をつめて，絵の具やスタンプ台で色をつけて，押して遊びます。
・粘土に釘やへらなどで，デコボコをつくり（ひっかく，描く，穴をあける），色をつけて押して遊びます。
・粘土にボタン，びんのふた，木の実などを埋めこんで，そのまま色をつけて型押しします。

造形　春

❻ ローラー遊び

該当年齢　0 1 2 **3** 4 5 歳児

ローラーに色をつけ，自由に画面をコロコロ回転するおもしろさに引き込まれ，偶発的な表現が楽しめます。大きな紙にコロコロところがしていくことで，心の開放にもつながっていると感じたいものです。

【ねらい】
①ローラーを使って偶然にできたおもしろさを楽しむ。
②ローラーの特性（コロコロ動く）を楽しみ，開放感を味わう。

【準備・環境づくり】
①場の設定：室内でテーブルもしくはシートを敷いてもよいが，時期に応じては戸外でシートを敷き，たっぷり楽しませるのもよい。
②準備：絵の具数色，ローラー，シート，紙（ロール状になっている紙だと長くできる），皿，タオル（皿の大きさに切ったタオルを敷き，絵の具をしみこませる），ぬれぞうきんなど。

【遊び方・プロセス】
①それぞれの容器に各色の絵の具を溶き，濃さを調節する。
②浅めの皿の上にタオルを敷き，①の絵の具をしみこませる。
③ローラーに絵の具をなじませる。
④紙の上でローラーをコロコロさせ遊ぶ。

【援助のポイント】
①絵の具の濃さがポイントとなるので，保育者が数回試してローラーが動きやすい濃さに調整をする。
②年齢によってはうまくローラーがころがせないこともあるので，保育者が少し手をそえ，コツをつかませていくとよい。
③皿の上に置いてあるタオルの様子を見ながら，絵の具を足していく。 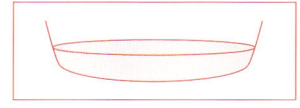
④ダイナミックに活動させてあげたいので，スモックを着させたり，時期に応じては素足で汚れを気にせずできるよう，バケツやぞうきんなどを用意しておく。

【バリエーション】
①ローラーと手形で絵を描こう。
ローラーからイメージして絵を描く（写真参照）。

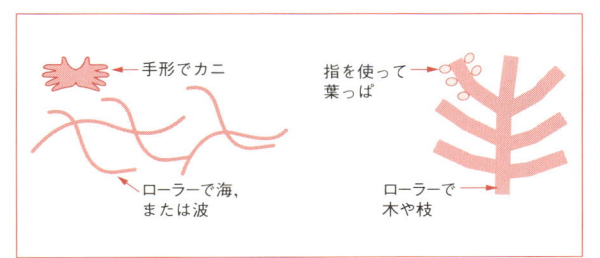

- 手形でカニ
- ローラーで海，または波
- 指を使って葉っぱ
- ローラーで木や枝

②ローラーに葉っぱをつけ連続コロコロ。

ころがす部分に落ち葉をつける。連続して同じ模様となる。

③ころがし絵

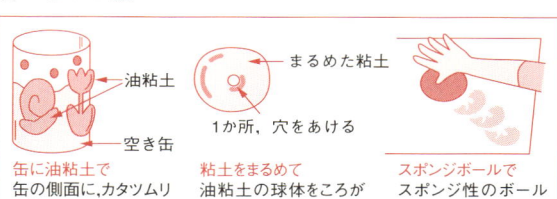

缶に油粘土で
缶の側面に，カタツムリと花の形につくった油粘土をつける。1回転すると色が薄くなるのがわかる。（油粘土，空き缶）

粘土をまるめて
油粘土の球体をころがしてヘビに。粘土に穴をあけておくと，その部分だけ絵の具がつかないので，白丸として現れる。（まるめた粘土，1か所，穴をあける）

スポンジボールで
スポンジ性のボールに直接絵の具をつけてころがす。家や木を描き加えて町のイメージに。

パスのこすり出し
白いパスで絵を描き，その上全体に，違う色のパスを塗る。その後，布で上のパスをこすり取る。下の絵を強く描くことがポイント。（しろ→あお）

空き缶の回りに紙ひもを巻きつけ全面に絵の具をつける（空き缶，紙ひも，絵の具をつける）→紙の上で自由にころがす

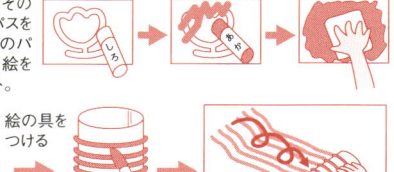

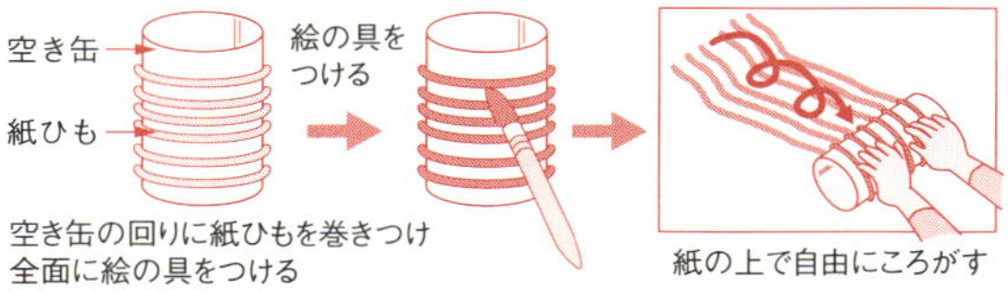

年齢に応じてはローラーで長い長い道をつくると，街などにも発展できる。

造形　春

❼ 剣づくり

該当年齢 0 1 2 3 4 5 歳児

新聞紙，広告の用紙，包装紙などを使った遊びは誰が教えなくても，自然発生的に全国の幼稚園や保育園で遊びこまれています。材料も豊富にあり失敗も少なく，子どもにとってよい素材です。

【ねらい】
① 新聞紙，広告の用紙や包装紙で思いっきり遊ぶ。
② 徐々にかたく，細く巻けるように気づかせる。
③ 剣以外のものにも見立てて遊べるようにする。

【準備・環境づくり】
① コーナーに広告の用紙，包装紙などを出して自由に使えるようにしておく。
② セロハンテープ，のりなど使えるものはすぐ出せるように準備する。
③ 剣づくりは，床など広い場所が望ましい。
④ コーナーにはいつでも使えるように準備しておいてあげる。

【遊び方・プロセス】
遊び方など，とくに指導の必要はないが，かたく，細く巻けるように，子ども達が自分で気づくような言葉かけをする。子ども達の発想を大切にして工夫していけるように見守る。

【援助のポイント】
① 手前の角から巻きはじめて，両手でころがして反対側の角にのりをつけて止める。
② 巻きはじめが肝心で，まるい筒の一方が少しでも太かったり，細かったりするとうまくいかない。
③ 両手でころがすとき，均等に力を加えてかたく巻くように助言する。
④ かたく鋭くなるので，目などを突かないように注意させる。
⑤ つくったものや使ったものの後片づけをきちんとできるように言葉かけをする。

【バリエーション】
剣づくりだけでなく，遊びの道具づくりに発展していけたらいいと思う。たとえば，つばをつけて本格的な刀にしたり，星をつけて魔法のスティックにしたり，子ども達からの発想を大切にする。

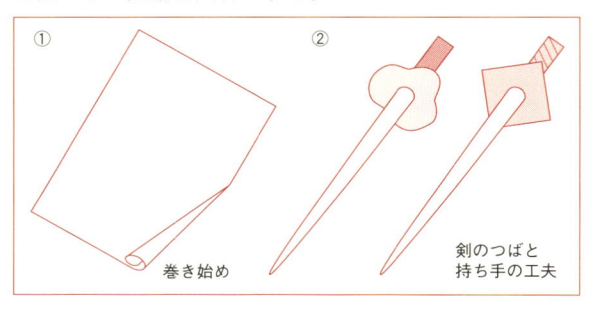

造形　春

③ 新体操のリボンのようなテープをつける
リボンは紙テープなど

④ 旗　星
風車は，とりつける必要がある

⑤ たばねて強くする
1本より強くなる

⑥ 新聞紙
くしゃくしゃにする → くしゃくしゃにしたものを巻く → 輪にする
紙テープを巻いて輪なげの輪
リースの土台に

① 巻き始め
② 剣のつばと持ち手の工夫

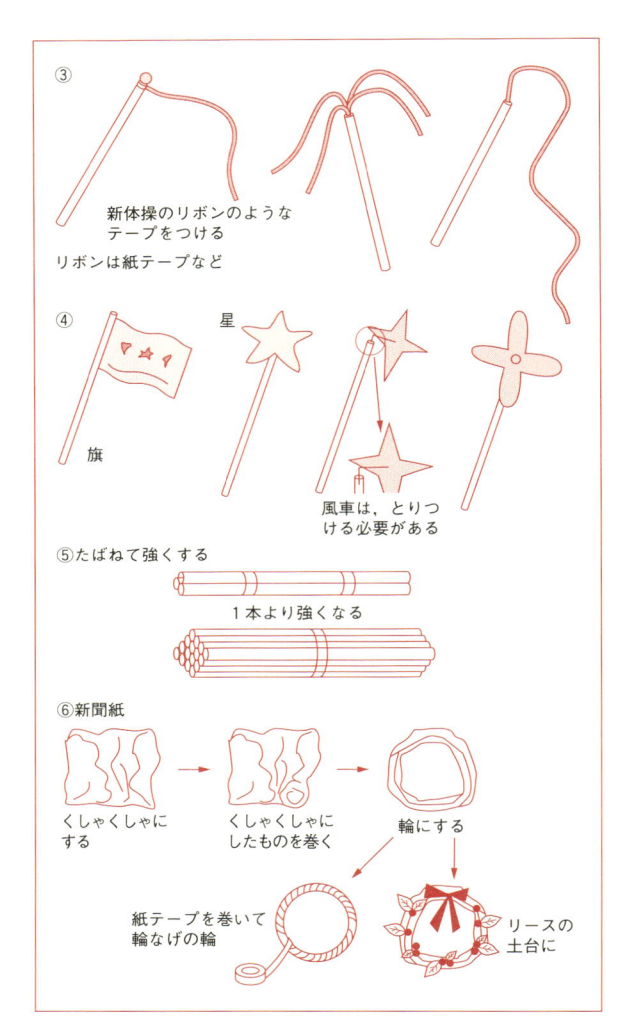

■ Column ― セロハンテープ・ホチキス・のりの接着

子ども達は，セロハンテープやホチキスの使い方を習得すると手軽に何にでも使いたがる。必要に応じて接着剤の長所短所を生かして適切な指導が大切です。

セロハンテープやホチキスは，子どもの「ここをこうしたい」の思いを瞬時に実現できます。欠点は作品の見栄えが悪くなること。必要以上に使用することに対して，いかに少量ですませるかを発見させたり気づかせる必要があります。

のりは，紙類の接着に最も簡便，安価です。濃度を加減することができます。広い面などハケでぬってきれいに接着できます。しっかり接着するのには，洗濯バサミなどで止めて乾かすとよいでしょう。

❽ ハンバーガーをつくって遊ぶ
―切る・破る・まるめる・折るなどを生かして―

該当年齢 0 1 2 3 4 5 歳児

紙を破いたり切ったり，のりづけなどの基本的な活動を，子ども達の好きなハンバーガーを題材にして，楽しみながら獲得していきたい遊びです。

【ねらい】
①ハンバーガーをつくって壁面に飾ったり，ごっこ屋さんをして楽しむ。
②紙を破いたり，切ったり，ちぎったり，折ったり，まるめたり，のりづけをしたりすることを生かしながら，おいしいハンバーガーをつくっていく。
③個々のイメージを十分に実現できるようにする。

【準備・環境づくり】
①準備：画用紙・折り紙・さまざまな残り紙・はさみ・のり（木工用ボンド）
②環境づくり：
ア）「ハンバーガーが好きな人」「食べたことがある人」「何バーガー？」「バーガーのなかにどんなものが入っているの」「何が入っているハンバーガーが好き」など，より具体的にイメージがふくらむように，子ども達とゆっくり時間をかけて話し合うようにする。
イ）パンの形や中身や味など，個々の話が集団のなかで共有され，つくってみたい，早くやりたいと思う気持ちになるような環境づくりをしておくことが大切である。

【遊び方・プロセス】
①折り紙をパンに見立てて，ハンバーガーをつくるために（おいしいものがたくさん入れられるように），大きな円を描き，それを切り取る。折り紙に円を描く→切り抜いたもの→2つに破く→画用紙にパンを貼る。

折り紙に円を描く。手で破いて切り抜いてもいい！　切り抜いたもの　2つに破く
画用紙にパンを貼る
おいしいものをいっぱい入れたい人は，パンの間を広げて貼るとよい

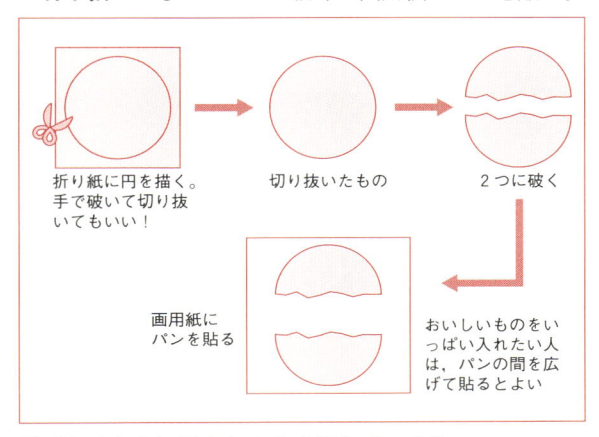

②パンのなかにはさむものを考えてつくる。
ア）レタス・サラダ菜→紙をしわくちゃにして，そっとのばしたもの
イ）肉・ハム→紙をまるめたり，ちぎったり，破いて。 
ウ）トマト・ゴボウ・玉子・ハンバーグなど→いろいろな紙をはさみ込むものに見立てて，描いて切ったり，紙を破いたり，折りたたんだりして，のりでつけていく。

折りたたむ　切りとる　破く　くしゃくしゃにまるめる

③おいしそうにするために，子どもの思いのままに何をイメージしてはさんでいってもかまわない。子ども達は自分の経験から，思い思いにさまざまなものを貼っていく。

【援助のポイント】
①○のパンさえできれば，思い思いのおいしいハンバーガーができあがる。○が上手に描けなくても（●）何の不都合もない。そのまま2つに破いて（⊖）貼れば，おいしいものをサンドできる。
②「おいしいものをいっぱいはさんで」と言うのがコツ。
③ハンバーガーのなかに，はさんでみたくなるような，美しい色の紙類を準備しておくこともポイントのひとつ。

【バリエーション】
①2～3歳児にはパンだけ貼って，クレヨンでおいしいものをいっぱい描く。無理なく描くきっかけになる。
②ハンバーガーができたら，ポテトをつくったりしたがる。封筒の下を入れものに，上のほうをポテトに切れば，簡単なフライドポテトに。
③画用紙の台紙を紙皿にしてハンバーガーをつくり，そのままごっこ遊びの活動に展開することもできる。

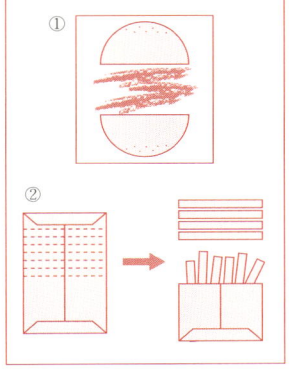

造形　春

❾ 飛ばして遊ぶもの

該当年齢 0 1 2 **3 4 5** 歳児

風との出会いは感性を揺り動かし，空にものが飛ぶことや舞うことに，子ども達は興味をそそられ，その現象を楽しみ，自らつくることに喜びを持って行います。

【ねらい】
①飛ぶものや風に舞うものを目で追い，左右，遠近へと立体的な軌跡移動と空間を感じ遊ぶ。
②動くことへ興味を持って遊ぶ。
③飛ぶためのものを目的を持って製作する。
④飛ぶように工夫したり，加工したり，壊れたところを直しながら遊ぶ。
⑤自分がつくったものに絵を描いたり，さらに用いて楽しく遊ぶ。
⑥飛ぶ現象を共有したり，飛ばしあったり，仲間と楽しく遊ぶ。

【準備・環境づくり】
<材料>
①糸やひもで引いて遊ぶもの：ビニールシート，カラーポリ袋，糸，スズランテープ，セロハンテープ，マーカー，マジックなど
②飛ぶ構造をもったもの：折り紙，新聞紙，チラシ，紙テープ，工作紙，割り箸，輪ゴム，セロハンテープなど
③風にゆだねて遊ぶもの：ビニール袋，スズランテープ，新聞紙

<環境づくり>
戸外で適度な風や晴天などの条件が必要。内容によっては広いホールやベランダ，屋上でも可能である。走りまわったり，後ろ向きに走ったり，急に動いたり，つくったものが飛んできたりと，子どもの活動が多様になるため，その環境対策が必要である。遊ぶときには，つくったものを加工したり，壊れたところを修理するための材料・用具を整えておくことも必要である。

【遊び方・プロセス】
<糸やひもで引いて遊ぶもの>
①凧の形のビニールシートに，糸をつけて走りながら引いて飛ばす。
②マジックやマーカーでカラーポリ袋に絵を描いて，その口にスズランテープをセロハンテープでつけ，飛ばして遊ぶ。
③ポリ袋に紙テープを貼り，走りながら糸で引いて飛ばす。
④紙テープ（2～5mぐらい）を新聞紙でつくった剣にセロハンテープで止めて，走って飛ばす。

<飛ぶ構造を持ったもの>
①折り紙や周りの紙で紙飛行機を折って飛ばす。
②テープ状の紙をコの字型や羽根突きの羽根状に折って，高いところから落として飛ばす。
③工作紙を円盤状にし，切れ目を入れ，そこに輪ゴムをはさみ，手で引っ張り円盤を飛ばして遊ぶ。
④割り箸の先端に輪ゴムをひっかけ，輪ゴムや紙でつくった形を飛ばして遊ぶ。

<風にゆだねて遊ぶ>
①ビニール袋をふくらませたり，スズランテープをそのまま風のなかや高いところから解き放って遊ぶ。
②新聞紙を何枚も1枚の大きな紙になるように貼り合わせ（魔法のじゅうたん），四隅をみんなで両手で持ち，かけ声をそろえて地面に下げ，そのまま上に風で吹き上げるように持ち上げ，放して飛ばして遊ぶ。

【援助のポイント】
①年齢に応じては，つくり方を自分で工夫したり，加工したり，装飾しながらと，自分でつくったものであるという意識が深まるよう援助したい。
②飛ばして遊ぶことがねらいとなるため，どの子どもの製作に対しても，つくったものが飛ぶように援助する必要がある。
③春は開放感を味わえるように，寒い日は室内遊びになりがちなので，からだを暖めたり友達と一緒に仲間関係を広げられるように援助する。

風と遊ぶ

造形

春

⑩ 鯉のぼり製作
—折り紙や絵の具で遊ぶ—

該当年齢 0 1 2 3 4 5 歳児

子ども達にとって絵の具や折り紙は，大好きな遊びのひとつです。鯉のぼり製作をとおして，子ども達が意欲的に取り組み，自分達でつくった鯉のぼりをあげて，喜びをみんなで味わえるようにしましょう。

【ねらい】
①子どもの日に向けて，鯉のぼりづくりを楽しむ。
②さまざまな表現方法を知り，興味を持って製作遊びに取り組む。

【準備・環境づくり】
①場の設定：室内，または園庭に机を出して行う。
②準備：カラーポリロール（3mくらいの長さに切り，鯉のぼりの形にしておく。6体），絵の具数色，画用紙，折り紙，小さいサイズの紙皿，スズランテープ

【遊び方・プロセス】
＜いろいろなうろこをつくる＞
①紙皿うろこ
　小さな紙皿を用意し，画用紙を紙皿のなかの円の大きさに切っておく。 
　ア）画用紙にクレヨンで自分の顔を描く。
　イ）画用紙を紙皿の中心にのりで貼る。
　ウ）折り紙を四角に切り，紙皿の縁にのりで貼って額縁風に仕上げる。

②折り紙うろこ
　ア）コップを折る。
　イ）花を折る。
　ウ）折り紙にエアパッキングのスタンプを押す。

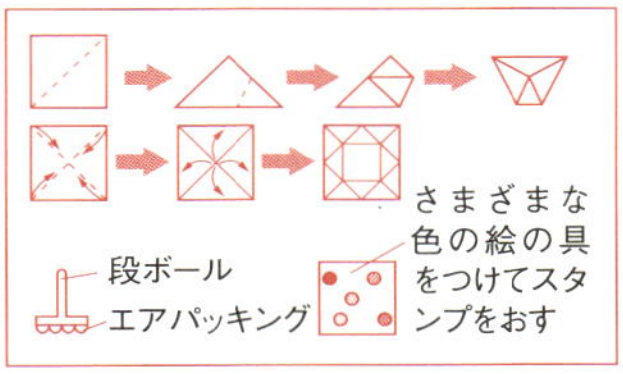

③カラービニールうろこ
　うろこの形に切ったさまざまな色のビニールに，油性マジックで好きな絵や模様を描く。

④鯉のぼり型うろこ
　ア）画用紙を半分に折り，しっぽになる部分をはさみで切る。 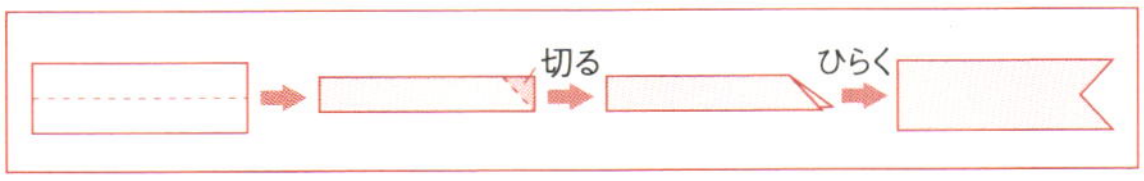
　イ）クレヨンで目を描く。
　ウ）デカルコマニーで遊ぶ。

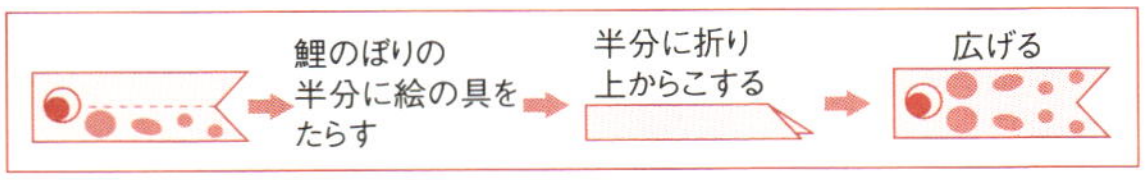

・それぞれつくったうろこを，同じ種類ごとに大きな鯉のぼりに貼る。
・大きな鯉のぼりに飾りをつける。

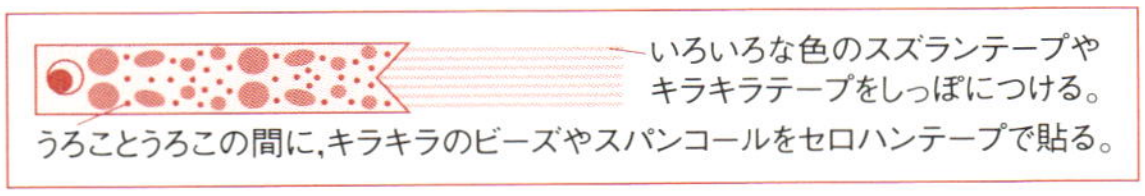

　いろいろな色のスズランテープやキラキラテープをしっぽにつける。
　うろことうろこの間に，キラキラのビーズやスパンコールをセロハンテープで貼る。

【援助のポイント】
①鯉のぼりのうろこをどんなものにするか，子どもと一緒に考え準備していく。
②スタンプやデカルコマニーなど，絵の具の濃さがポイントになるので，数回試して色の濃さを調節しておく。
③それぞれの遊びを十分楽しめるよう，画用紙や折り紙の数を多めに用意する。
④土台となる鯉のぼりはビニールなので，うろこを貼るときは両面テープやセロハンテープがよい。 
⑤大きな鯉のぼりを広げておき，子どもがうろこを貼れるよう，場所を確保しておく。
⑥大きな鯉のぼりの口の部分に針金を入れ，ロープをつけて屋上からつるし，園庭から全園児が見られるようにするとよい。
⑦絵の具，のりなどで机や手が汚れてしまったあと，子ども自身でふくことができるよう，ぞうきん・手ふきを用意しておく。

【バリエーション】
＜封筒鯉のぼり（年少・年中児向け）＞
①封筒の底をしっぽの形に切る。いろいろな色の折り紙をはさみで切って，うろこにしてのりで貼る。クレヨンで目を描く。 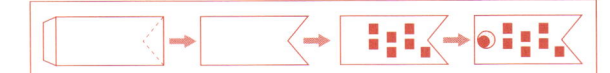
②壁面に貼ったり，封筒の間にスズランテープをとおして，鯉のぼり同士をつなげて園庭に飾ると楽しい。

造形　春

⑪ ビンゴゲーム
—つくって遊ぼう—

該当年齢　0 1 2 3 4 5 歳児

ビンゴゲーム遊びをするためのシートをつくります。ビンゴのルールを理解して，遊びに使うシートづくりは，年齢に応じて，描く絵の内容や材料を工夫したいものです。

【ねらい】
①ビンゴゲームの遊び方（ルール）を知る（縦・横・斜め・同じ形・色・数などをそろえる）。
②ゲームに使うシートづくりを楽しむ。
③シートをつくるなかで，描くことの苦手を知らず知らずになくしていく手がかりとする。
④友達と一緒にゲームを楽しむ。

【準備・環境づくり】
①**準備**：画用紙（八ツ切り），描くもの（パス類・フェルトペンなど）
②**環境**：保育者がビンゴのシートをつくっておいて，子ども達の前で遊んでみるとつくりやすい。
③**見本**：イチゴ→雪だるま→ヒヨコ，斜めに３つそろって「ビンゴ」。

【プロセス】
①画用紙（八ツ切り）に線を引く（パス類）
　ア）２本の線を引く（曲ってもかまわない）
　イ）縦にも２本の線を引いて図のように９つの四角（窓・部屋）をつくる。
②四角（窓・部屋などにたとえて）のなかに保育者の言葉で示すものを描いていく。描く場所は個々の子どもの好きな四角の場所に描く。 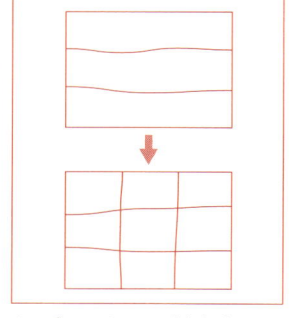
　例：リンゴ→ニンジン→ヒヨコ→バナナ→イチゴ→魚→ウサギ→カップ→雪だるま
　ア）ひとつずつ確実に描いたのを見届けながら進めていく。 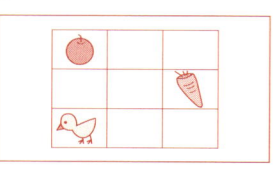
　イ）目の前にいる子どもの，興味のあるもの，描けるものを取りあげることが望ましい。たとえば丸（○）とか四角（□）など，自信をもって描けるものを示していくことに配慮する。
　ウ）色は１色で全部描いてもいいし，「赤色でリンゴ」などと指定してもよい。
　エ）概念的にとらわれている表現の多いクラスであるなら，概念と異なる色や形を指定してみるのもよい。
　オ）緑のリンゴや橙色のリンゴが自由に描ける子どもの気持ちを大切にすることも大事である。

【遊び方】
①シートができたら，保育者が９つの絵をひとつずつ言っていく（描いた場所がそれぞれちがう）。
②子ども達は言われたものに印をつけていく。または，斜線で消す印をつけていく。３つ並んだところで「ビンゴ」をコールする（↓→↘↙３つ並んだら）。
③同じシートで繰り返し遊ぶ場合は，斜線で消さないほうがいい。

【援助のポイント】
①描くことが苦手な子どもが，自信をもって描ける内容のものを言っていく（リンゴ，まる，ウサギ，おひさまなど）。
②事例は９つの絵になっているが，年長などは図のように絵の数を多くするように配慮する。　　４×４

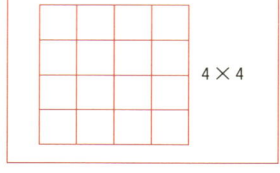

【バリエーション】
＜色のビンゴシートをつくる＞
①黄→青→赤などと言っていく。
②塗り方は自由でよい。

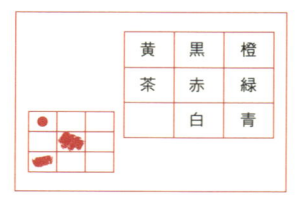

黄	黒	橙
茶	赤	緑
	白	青

＜図形や線などのシートをつくる＞
だんご→雨→とうふ→チーズのようにイメージの生まれやすい言葉で示すとよい。

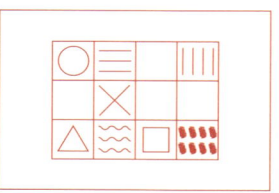

＜空箱に仕切りをつくり，共通の自然物やものを入れたシート代わりのものをつくる＞
ドングリ→小石→葉っぱ→花びら→色紙→ボタン→おはじき→ビー玉など。
空箱の場合，斜線の代わりに，紙片を置いていく。

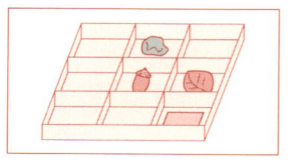

⑫ シール遊び
―サクランボの木をつくろう―

該当年齢 0 1 **2** 3 4 5 歳児

子ども達の手や指を使う能力は，段階的に成長していきます。この年齢の子ども達にはシール遊びも効果的です。自分でできることがわかれば，集中してどんどん活動し，喜んでくれることでしょう。

【ねらい】
① 季節の題材を取り上げ，シールをはがしたり，貼ったりしながら，指先の発達を促す。
② 自由にシール貼りを楽しみ，みんなで一緒にサクランボの木を完成させる。

【準備・環境づくり】
① 子ども達がなぐり描きをしたものでつくったサクランボの大きな木の台紙を，壁に貼り設定する（子ども達の目線，手の届く高さに）。
② 本物のサクランボの枝を飾っておく。
③ シールは貼りやすい大きさの丸シール（直径1.5cm）を多めに準備する。

【遊び方・プロセス】
① 自由になぐり描きをすることで，描くことを楽しみ，サクランボの木をつくる（子ども達のなぐり描きをしたものを，保育者が1本の大きな木にしていく）。
② 子ども達が自由にシール貼りを楽しみ，サクランボの木にする。
③ できあがったサクランボの木（作品）を見て喜ぶ。

【援助のポイント】
① シールは扱いやすい大きめの赤のまるいシール（1.5cm）を準備する。
② シールは1列ずつ，縦に切って持ちやすいようにし，うまくはがせない子どもには，シールの台紙を縦に折り，シールを台紙から少し外しておき，指につきやすくしておく。

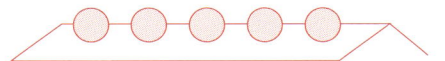

③ 枝についた本物のサクランボを見て，サクランボに関心を持ったところで，保育者がサクランボの木に赤いシールを「ペタン」と貼り，「サクランボだね」と最初のきっかけをつくり，自分の好きなところに自由にシールを貼っていく。保育者は1人ひとり見て声かけし，シールを貼ったところからサクランボの軸を描いていく。
④ 木にいっぱいのサクランボの実がついたところで，サクランボの歌をうたい完成を喜ぶ。

【バリエーション】
① 季節に応じた題材として，かさ，アジサイ，クリスマスなど，いろいろな大きさ，色のシール貼りを楽しんでいく。
② 平面だけでなく，段階的に曲面にもシール貼りを楽しむ。
ア）ペットボトルにいろいろな色のシールを貼り，なかにビーズを入れ，マラカスをつくって遊ぶ。
イ）封筒を三角形にし，なかに紙などをつめて，土台となるものをつくっておく。そこにブドウの実に見立てたシールや色画用紙で丸をつくり，貼りつけていく。シール遊びをさらに発展させ，両面テープをはがしたり貼ったりと，発達に応じて楽しんでいくこともできる。

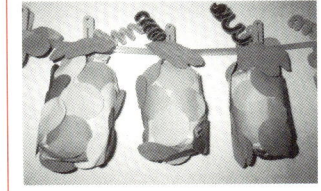

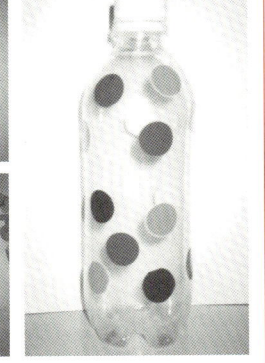

造形　夏

⓭ 変身遊び

該当年齢 0 1 2 3 4 5 歳児

子どもは，なりたいものになって遊ぶのが大好きです。子どもにとって身近な母親のまねや，アニメのヒーローや，絵本の主人公など，自分の憧れの世界にイメージを広げ，なりきって遊びます。

【ねらい】
① 自分のなりたいものになって遊ぶ楽しさを味わう。
② ものや道具を使って，自分のイメージしていることを工夫して表現する。
③ イメージの世界のなかで，友達と一緒になりきって遊ぶ楽しさを知る。

【準備・環境づくり】
① 場の設定：園内・園外問わず，子どものイメージしている世界が，表現しやすい場を提供するようにする。たとえば，お化けに変身して遊びたいときには，保育室を暗くする工夫や，階段の下がお化けのすみかになるなど，さまざまに変化・応用の場づくりをする。広いホールや園庭のジャングルジムや太鼓橋などの固定遊具なども，おおいに変身遊びを促す場となる。またお母さんに変身したいというお家ごっこなどのときには，保育室のままごとコーナーが，お母さんに変身して遊べるふさわしい場となる。変身遊びをするのに，身につけるものをつくる場としては，保育室にコーナーをつくっておくとよい。

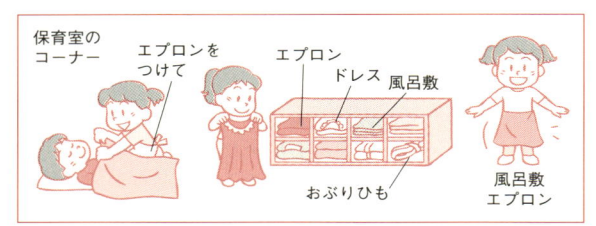

② 準備：新聞紙（剣など，いろいろ応用できる），風呂敷やスカーフなどの布，紙（お面やベルト，冠など，さまざまなものができる），布でつくったスカートやエプロン・いろいろな色のポリ袋（着たり，はいたりしてイメージの衣裳ができる），スズランテープ，クレープ紙，折り紙，毛糸，モール，ストロー，ビニールシート，巧技台，段ボール，セロハンテープ，ガムテープ，両面テープ，カッターナイフ，ホチキス，のりなど。

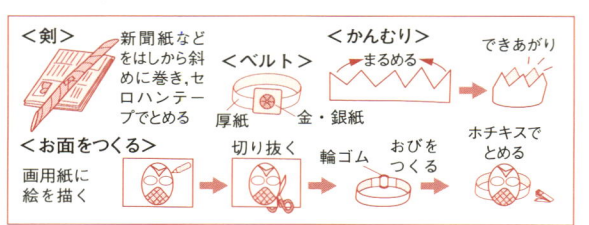

【遊び方・プロセス】
① ままごとコーナーにあるエプロンをつけて，お母さん役になりきって，料理をつくったり，人形の赤ちゃんを世話したりする。赤ちゃん役の子どももなりきって，タオルケットを掛けてもらうなど，お世話をしてもらう。
② コーナーにおいてある長いスカートをはき，紙でつくったかんむりを頭にのせ，モールでつくった首飾りやブレスレットをして，お姫様になりきっている。「あたし，お姫様ね」「あたし2番目のお姉さんお姫様」と，装飾品を身につけてお姫様に変身し，遊びが広がり発展していく。
③ 新聞紙でつくった剣を持ち，風呂敷やスカーフなど布をマントにして，紙でつくったベルトや腕輪をして，または，お面をかぶりヒーローに変身して，数人で遊ぶ。
④ 折り紙で手裏剣をつくり，飛ばして忍者に変身し，サササーッと腰をかがめて走って遊ぶ。
⑤ お面をつけたり，布をかぶったり，お化けに変身するなど遊びを展開する。
⑥ カラフルなポリ袋を衣裳のように着て，七夕のときの織姫や彦星に変身して遊んだり，節分の時期には，鬼に変身して遊ぶなど，その季節ごとに繰り広げられる想像の世界を，変身遊びを展開しながら楽しむ。

【援助のポイント】
① 子ども達が変身して表現遊びがしやすいように，布や紙をはじめ，いろいろな材料を用意しておく。
② 表現したくなる材料が，日常保育の生活のなかにごく自然にあるように，使いやすい位置と子どもの動線の関係はよく考える。
③ 変身した子ども達が，遊びを発展していけるような，ゆとりのある時間の取り方を工夫する。
④ 変身したくなるようなイメージの世界を楽しめるお話を選択し，豊かに読み聞かせる。

造形

夏

⑭ 魚つり
―魚つりごっこに使うものをつくる―

該当年齢 0 1 2 **3 4 5** 歳児

感覚遊びの大好きな3歳児。初めて出会う"磁石にものがくっつく感覚"。そのおもしろさに繰り返し試し、遊びをとおして友達の存在に気づいたり、楽しさを共感したりすることでしょう。

【ねらい】
①磁石のくっつく特性に気づき、おもしろさを感じる。
②つり竿という道具を使って"つる"楽しさを感じる。
③友達の存在を感じ、捕れた楽しさやうれしさを共感する。
④水のなかの生き物に興味を持つ。

【準備・環境づくり】
①全紙大の段ボールに水色や青色の絵の具で色を塗り、向かい合う2辺に切り込みを入れ、4辺を起こし浅い箱状にする。または、市販のたらい（直径60〜70cm）や子ども用ビニールプールでもよい。

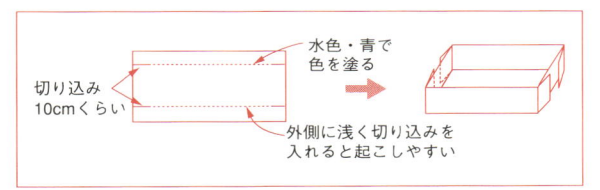

（図：切り込み10cmくらい／水色・青で色を塗る／外側に浅く切り込みを入れると起こしやすい）

②保育者の用意した魚の形の紙に目や模様を描く（つる魚を保育者が用意してもよい）。
③目や模様を描いた魚の紙に、ゼムクリップをつける。 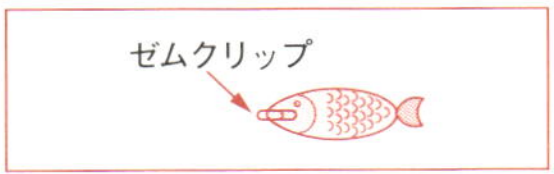
④つり竿は保育者が用意する。

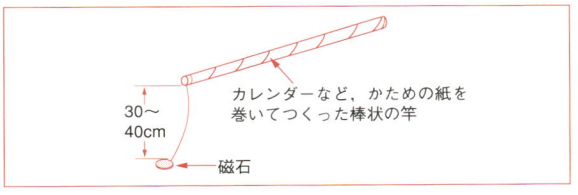

（図：30〜40cm／カレンダーなど、かための紙を巻いてつくった棒状の竿／磁石）

⑤つった魚を入れる、子ども用ミニバケツを用意する。
⑥環境として、魚や水のなかの生き物の出てくる絵本を設定する。

【遊び方・プロセス】
①保育者のつっている姿に興味を示し、遊び始める。
②磁石に魚がくっつくおもしろさに、繰り返し楽しむ姿がある。
③ひもが揺れ、磁石が定まらず、なかなかつれない子どももいる。
④つれたうれしさから保育者や友達に、つれた魚を示し見せる子どももいる。

【援助のポイント】
①6月ごろであれば、園生活に慣れはじめ、いろいろな遊びに興味を持ち、試したい時期であることを考慮し、竿の数を多く用意する。
②紙の竿であっても目などに入らないよう、保育者は十分に気をつける。
③竿の片づけを子ども自身でできるよう、ラップの芯（長い物は1本、短い物はつなげて）を立てたものを用意する。

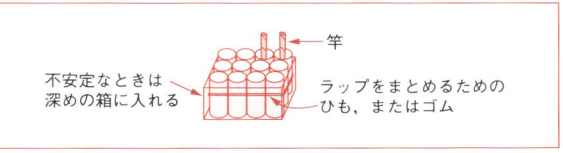

（図：竿／不安定なときは深めの箱に入れる／ラップをまとめるためのひも、またはゴム）

④つれた喜びを保育者も共感し、共感や認めの言葉をかける。
⑤子どもと子どもをつなぐパイプ役としての保育者は、「○○ちゃんは青い魚つったのね」「△△ちゃんは模様のきれいな魚だね」など、子どもの名前やつった魚の特徴を意図的に伝え、友達に興味を持ち、存在を意識し、楽しさを共感できるようかかわる。

【バリエーション】
①子どものつくる魚
ア）紙の魚よりも重みのある魚をつくる。
イ）キャラメルやチョコレート、化粧品の空き箱など軽めの箱に、三角形の端紙（切り落としの紙）をセロハンテープでつける。目や模様は紙同様マジックで描く。トイレットペーパーの芯の片側に切り込みを入れ、タコにしてもよい。

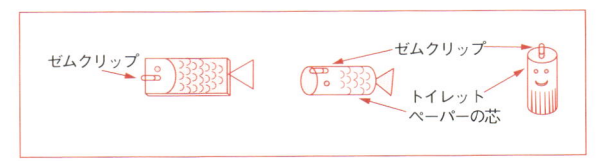

（図：ゼムクリップ／ゼムクリップ／トイレットペーパーの芯）

②夏場、水を使って魚つり遊びを行う場合、牛乳パックを切り開いたものやスチロールパックに、油性のマジックで魚を描く。

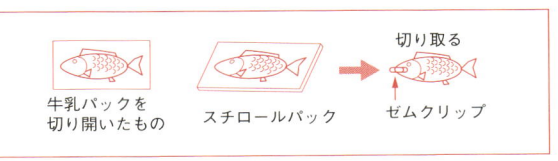

（図：牛乳パックを切り開いたもの／スチロールパック／切り取る／ゼムクリップ）

③水のなかの生き物に興味を示したら、身近なメダカ・ザリガニ・カメなどを飼育し、世話をするのもよい。

造形　夏

⑮ ぬたくり フィンガーペインティング

該当年齢 0 1 2 3 4 5 歳児

大きな紙にのびのびと，指や手のひらで指絵の具を伸ばしながら，絵や模様を描く遊びは，子ども達の造形的欲求を満足させてくれます。ぬるぬるした感触がまた楽しいです。

【ねらい】
① ぬるぬるした感触を楽しむ。
② 繰り返しすると，気持ちが安定する。
③ フィンガーからボディーペインティングなどへと発展させていく。

【準備・環境づくり】
① 外にテーブルを出して白のビニールクロス（片づけが楽）をかける。
② 材料：小麦粉，絵の具，洗剤少々
③ つくり方
　ア）水と小麦粉4対1の割合で混ぜる。
　イ）カスタード状まで弱火で混ぜる。
　ウ）火から下ろして絵の具と粉石けんを少量入れておく（汚れが落ちやすいため）。
　エ）よく練る。

【遊び方・プロセス】
① ぬらした紙に絵の具をのせて遊ぶ。アート紙のような吸水性の弱い紙を使うとのびがよい。
② ビニールクロスを使うと，絵の具ののびもよいし後片づけも楽。

【援助のポイント】
① 対象年齢が低いときは，口に入れないように指導をする。また，色も食紅など，安全なものにするとよい。
② 服装は汚れてもよいものにして，のびのび遊べるように配慮する。
③ 暑い時期は裸になってするのもよい。→ボディーペインティングへと。

【バリエーション】
① **指絵を写し取る**
　画用紙をのせて軽くこすると写り，乾きも早く版画遊びへの導入にもなる。
② **ぬたくりに絵を描く**
　陰干しにしてよく乾かす。そのままでも作品になるが，上に絵を描くと楽しい作品ができあがる。
③ **展開**
　ア）フィンガーペインティングで遊んだあとの紙がぬれているうちに，くしゃくしゃにまるめて，ボールをつくる。
　イ）フィンガーペインティングで遊んだあとの紙を乾かして，さまざまなところで使用してみる。壁面の木や葉っぱ，海や魚などに，模様を生かして使う。また劇遊びの大道具，小道具などに貼って使う。

造形　夏

⑯ スタンプ遊び

該当年齢 0 1 2 3 4 5 歳児

スタンプ遊び（型押し版画）は，簡単におもしろい形や不思議な形ができるので，子ども達が喜んで取り組みます。準備をよくしてぺったん，ぺったん楽しませましょう。

【ねらい】
①野菜を使って，自然の形を写しとることを楽しむ。
②写しとられたものから，野菜の切り口のおもしろさや美しさを発見する。
③型押しで，さまざまな模様をつくり出すことを楽しむ。

【準備・環境づくり】
①版を準備する。
　手で持ちやすく，身近にある野菜や切り口がおもしろい野菜，ダイコン，ニンジン，サツマイモ，キュウリ，ナス，レンコン，タマネギ，ピーマン，オクラなどを用意する。人工物では，びんのふた，フィルムケース，段ボール，麻ひも，タオルなどを用意する。
②スタンプ台をつくる。
　ガーゼか薄手のタオルをプラスチックの容器に入れて，ポスターカラーを水で溶いたものを染み込ませる。布の代わりに厚さ1cmぐらいのスポンジを容器に入れても使いやすい。
③色は写りやすい赤，青，緑の3色。または橙，黄色を加えた5色ぐらいを用意する。
④用紙（画用紙，コピー用紙，模造紙など），新聞紙，絵の具を溶いて入れるいれ物，筆，洋服を汚さないために着るスモック。

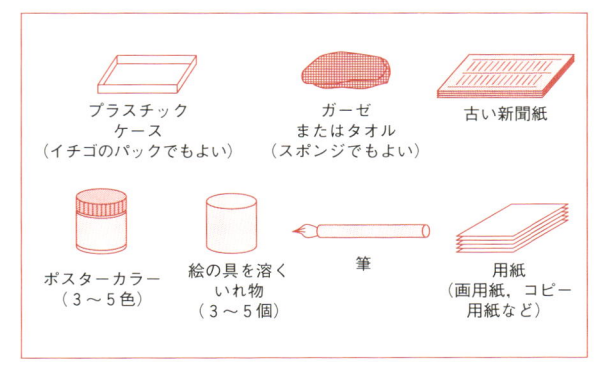

- プラスチックケース（イチゴのパックでもよい）
- ガーゼまたはタオル（スポンジでもよい）
- 古い新聞紙
- ポスターカラー（3～5色）
- 絵の具を溶くいれ物（3～5個）
- 筆
- 用紙（画用紙，コピー用紙など）

【遊び方・プロセス】
①まな板，包丁の使い方や危険なことを説明する。
②野菜を切って，切り口をひとつひとつゆっくり見せていく。
③スタンプ台で切り口に絵の具をつけるところや，用紙にスタンピングをするところを，子どもの前でゆっくりやって見せる。
④ひととおりやり方を紹介して，できあがった作品を置く場所を確認してから始める。

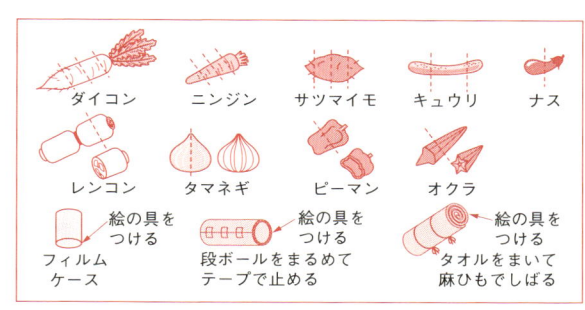

- ダイコン
- ニンジン
- サツマイモ
- キュウリ
- ナス
- レンコン
- タマネギ
- ピーマン
- オクラ
- フィルムケース（絵の具をつける）
- 段ボールをまるめてテープで止める（絵の具をつける）
- タオルをまいて麻ひもでしばる（絵の具をつける）

【援助のポイント】
①1～3歳児は，ポスターカラーの絵の具より水彩絵の具のスタンプ台を使ったスタンピングが，手や衣服の汚れを落としやすい。また，野菜を包丁で切るのは大人がする。
②絵の具の溶き具合は，少し濃いめに溶き，試してみて決める。
③スタンピングを十分に楽しめるように用紙を多めに準備する。
④スタンピングを続けるうちに，絵の具の色が混じってしまったり，野菜の切り口が汚れてしまったら，絵の具を新しくする。また，野菜は切り直すか新しい野菜を使う。
⑤作業がしやすいように，環境を考えて場をつくる。

【バリエーション】
①用紙の大きさを小さいものや大きいものにしてスタンピングする。大きい紙にみんなでスタンピングするのも楽しい。
②スタンピングした用紙の押した形を生かして，クレヨンやサインペンなどでイメージを広げて絵を描き加えていく。
③版画インクを使うときれいに押せるが，汚れは取れにくいので注意する。
④野菜は切ったものも冷蔵庫に保存すると，2日か3日は使うことができる。
⑤野菜版以外に，押しておもしろい版を探してみる。

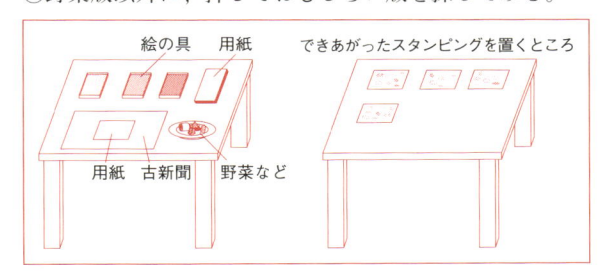

- 絵の具　用紙
- できあがったスタンピングを置くところ
- 用紙　古新聞　野菜など

造形　夏

⑰ ボディーペインティング

該当年齢 0 1 2 **3 4 5** 歳児

フィンガーペインティングで思いっきり遊んでからの発展的なものです。手形や足形を押したり，足から腕やからだへとペインティングしたりするおもしろさや開放感を楽しみたいものです。

【ねらい】
① フィンガーペインティングの感触に親しみ，喜んで表現する。
② 手や腕を大きく動かし，ぬたくりや線描きを楽しむ。
③ 手や腕の動きで生まれ，変化する線や形に興味を持ち，イメージをふくらませながら描いて楽しむ。

【準備・環境づくり】
準備：
① 汚して捨ててもよいパンツ（家庭から持参してもらう）
② 指絵の具（市販のものがある）※小麦粉を使い手づくりも可能（バリエーション参照）
③ 和紙・机・手洗い用のバケツ，またはたらい・ぞうきん・からだ洗い用の小型プール・ボディーソープ・浴用スポンジ

環境：
① 絵の具の色数はなるべく多く準備する。
② からだをつかって色で遊ぶ活動なので，裸になっても平気な天気の日を選ぶ。
③ 活動終了後にからだを洗うので，シャワーや水がすぐに使え，作業がスムーズにいく場所を選び，手順を計画しておく。
④ 絵の具を使用する机には，あらかじめ汚れ防止のビニールや新聞紙を敷いておく。

【遊び方・プロセス】
① 1人ひとりの健康状態を観察後，パンツだけになる。
② はじめは指で机に描くペインティングから始める。
③ 遊びが活発になってきたら，おたがいのからだに描くボディーペインティングへ発展させる。
④ 色を変えるときは手についた絵の具をしごき落としてから別の色を使ったり，手洗いをするように言葉かけをする。
⑤ 活動の最後にはボディーソープなどを使い，からだについた絵の具を洗い流す。
シャワーや小型プールを使うとスムーズにできる。

【援助のポイント】
① 保育者も絵の具で汚れてもよい服や水着になって，率先して活動を楽しむようにする。
② 手のひらやげんこつ，指先などを使って描くように言葉かけをしていく。
③ 嫌がる子どもに食紅などを使って色水遊びから始め，友達のやっている活動の様子を見せながら活動意欲を高めていく。

④ 活動がすすむと色が混ざってくるので，途中で手を洗いやすいように，水を入れたバケツや水道の近くで活動をするとよい。
⑤ 机にフィンガーペインティングで描いた作品は写し取って，描くことへの興味や期待をはぐくむようにする。なお，紙は吸水性のよい和紙などがよい。
⑥ 石けんを使ってからだを洗ったとしても，汚れは完全に落ちないので，汚れて帰ることを事前に手紙などで通知して，了解をとるようにする。

【バリエーション】
＜小麦粉を使った指絵の具のつくり方＞
① 鍋にぬるめの湯を入れ，小麦粉を少しずつ入れてダマにならないようによく混ぜる。
② 鍋をコンロにかけて火をつけ，さらによく混ぜる。
③ 木じゃくでダラッと流れる程度の固さにする。
④ いくつかの容器に取り分け，それぞれに水彩絵の具を混ぜて色をつける。

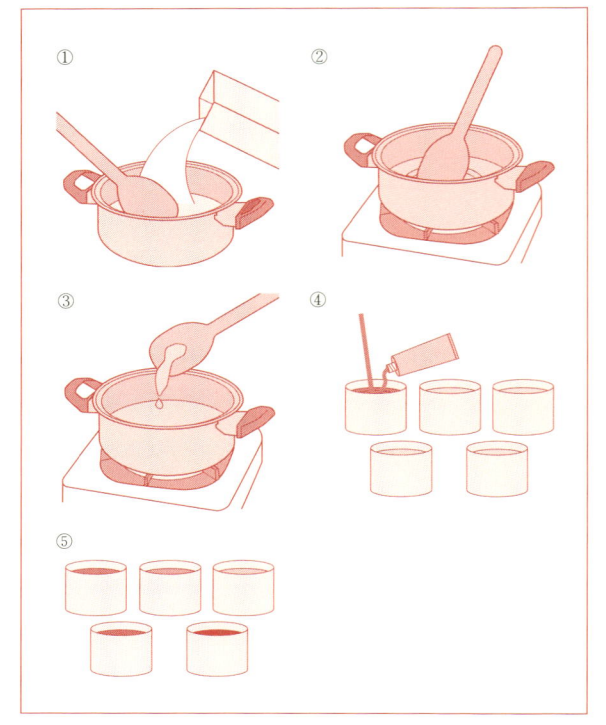

⑤ さめたら完成！
　園庭の遊具や木に紙を巻きつけて，ペインティングして遊ぶのも楽しい。

⑱ 絵の具遊び

該当年齢 0 1 2 **3 4 5** 歳児

水彩絵の具は指先に力を入れずに描けるので，3歳児の描画の材料としては最適であるが，扱い方の約束をして，衣類や画用紙など周りのものに絵の具をつけないようにする。

【ねらい】
① 水彩絵の具の扱い方に慣れる。
② 指先ではなく，手首をよく動かしてさまざまな線を元気に描く。

【準備・環境づくり】
① **場の設定**：室内にて。
　机（腕，手首をよく動かして描くように，椅子に腰掛けずに立って描くほうがよい）
　画板（床に画板を置いて描いてもよい）
　　画板は既製のもの，または3mm厚さのベニヤ板を6等分に切って回りに布ガムテープを貼ると，子どもでも楽に持てる四つ切画用紙用の画板ができる。
② **準備**：四つ切白画用紙，色画用紙数種類を用意して好きな色を選ぶ。ポスターカラー，または不透明水彩絵の具数色，絵の具の容器（深めのお皿など），絵筆（12～16号の太いもの）。

【遊び方・プロセス】
絵の具の容器に各色の絵の具を濃い目に溶く。
指先でなくて手首，腕を使ってしっかり描くように直線や渦巻き，波線を描くように，子どもが興味のある題材を「ヘビ」にする。

【援助のポイント】
「動物でにょろにょろ動くものはなんでしょう？」「ヘビ」と答えが出る。
　その後，図鑑を見せて真っすぐ伸びたヘビ，くねくね歩いているヘビ，とぐろを巻いているヘビを見た後，好きな色の絵の具で画用紙いっぱいにさまざまな動きのヘビを描く。絵の具を含ませた筆は，そのまま画用紙に持っていくと，絵の具がたれることを話し，絵の具の容器のふちで軽くしごいてから描くようにする。使った筆は元の色のなかへ戻すことを話す。
　絵の具が乾いてからクレヨンで好きな線や点，模様を描いて，きれいなヘビにする。

【バリエーション】
　3歳児がはじめて絵筆を持って手首，腕をよく動かして描くようにするには，曲線の○，直線の△，□を描くのもよい。
　○は，はじまりの印の点をひとつ描いておき，点と点を結ぶようにする。
　線遊びは描いているうちに，線が重なったり，面を塗ったりすることが楽しくなり，絵の具遊びが広がっていく。

そのうちに，描く（表現）ことを始める。「雨がふってきた」「せんろだよ」とか，「だんごむし」と描いたものに命名したりするようになる。

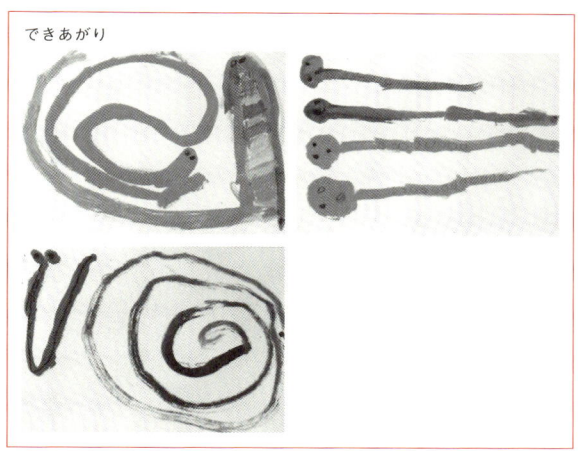

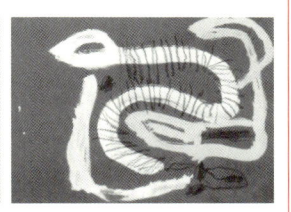

できあがり

できあがり

造形　夏

19 和紙染め
―染めて遊ぶ―

該当年齢 0 1 2 3 4 5 歳児

水遊びは，子どもにとって心が開放される大好きな遊び。和紙染めもそのひとつで，紙に絵の具がにじんでいく様子や，色が重なりあうおもしろさなど，新たな発見をして遊ぶことでしょう。

【ねらい】
①和紙の染まる模様のおもしろさを楽しむ。
②色が混じりあって変化する様子に興味を持つ。
③染めたものをいろいろな形に見立てて遊ぶ。

【準備・環境づくり】
①場の設定：室内でもよいが，園庭の木陰などに机を出して行うと，次への発展で園庭の花や実などの色染めができるのでよい。
②準備：絵の具数色，和紙，容器（口広で底浅のもの）数個，新聞紙，物干しロープ，洗濯ばさみ。

【遊び方・プロセス】
①それぞれの容器に各色の絵の具を溶き，色水をつくり，濃さを調節する。
②いろいろな形（円，三角，四角など）の和紙を数回折る。
③折り目をゆっくり色水の容器につける。他の折り目も違う色水の容器につける。 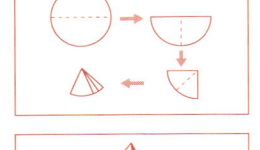
④何色かつけた和紙を折ったまま新聞紙の間に入れ，上から力を入れて数回こする。 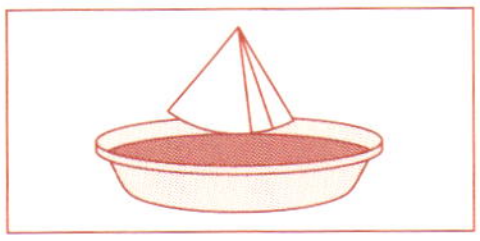
⑤取り出して広げ，ロープにつるし乾かす。
⑥乾いたら，いろいろな形に切って遊ぶ。

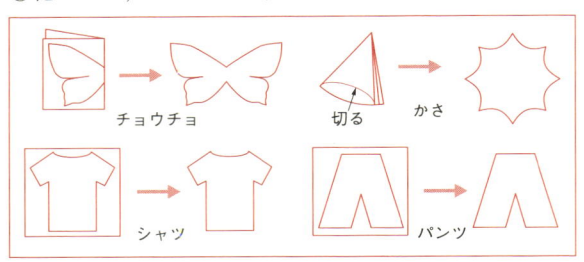

【援助のポイント】
①容器を集めること，絵の具で色水をつくるところも前もって保育者がやってしまわず，子どもと一緒に準備していく。
②絵の具の濃さがポイントになるので，数回試して色の濃さの調節をしておくとよい。
③子どもにとって，はじめは状況が読めず，色のつけ具合や模様にすることの意味がわからないかと思うので，何枚も染めて，経験できるように和紙の数を用意する。

④何回も繰り返して染めるうち色が混じってしまうので，混ざった状況も観察しつつ，新しい色に変えるとよい。
⑤大勢でやるときは，それぞれの色の場所をかえて，流れに沿ってできるよう環境を考える。
⑥色で机や床が汚れてしまった後，子ども自身でふいたり，片づけたりできるよう，ぞうきんなどを用意しておく。

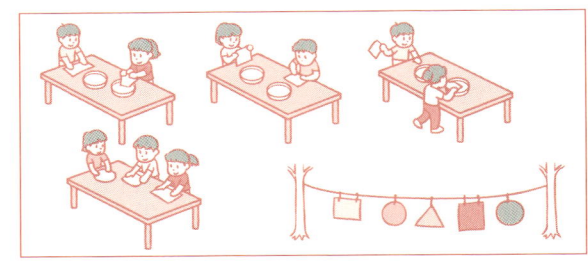

【バリエーション】
＜染めたもので遊ぶ＞
①チョウチョ：チョウチョの形に切ったものの真ん中に割り箸をセロハンテープでつけて，上下に動かすとチョウチョが飛んでいるようになる。
②傘：壁面に貼り，スズランテープを雨にして，アジサイやカタツムリをつくり，壁面構成にするとおもしろい。 
③シャツ・パンツ：部屋にロープやたこ糸を張り，つくったシャツやパンツを洗濯バサミで止めると，洗濯物干しの立体装飾ができる。

＜その他の染め材料＞
①花や実で染める：園庭にある花や実をつぶして色水にして染める。
②布を染める：紅茶やタマネギの皮など，天然材料により染材を用意し，布や白Tシャツを染める。染めた後，染め落ち予防（定着液）をするが，市販の"染め"の本を参考にするとよい。
③絞り染め：鯉のぼりづくりのとき，白い布のうろこの部分をつまみ，輪ゴムでぐるぐるしばり，絵の具の液につけて乾かし，輪ゴムをとると，絞り染めのうろこに仕上がる。

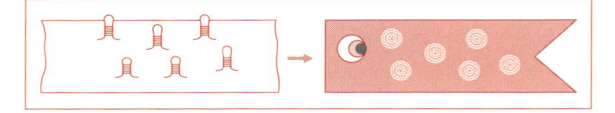

20 製作遊び（1人）
―ふわふわクリームのケーキづくり―

該当年齢 0 1 2 3 **4** 5 歳児

子ども達は，ふだん目にしているものを，実際に自分でつくってみることが大好きです。まるでケーキ屋さんになった気分で，材料やデコレーションの新しいアイデアが次々に生まれてきます。

【ねらい】
①さまざまな素材に触れ，自分で考えてつくる楽しさを味わう。
②紙粘土クリームの感触や香りから，イメージをふくらませてつくる。
③できあがったものを大切にする気持ちを持ち，友達に見せる喜びを感じる。

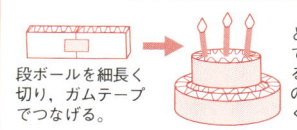

段ボールを細長く切り，ガムテープでつなげる。
どんどん巻いて形をつくる。段ボールの溝にろうそくをさす。

【準備・環境づくり】
＜ケーキの土台＞
巻いた段ボール，発泡おわん，ヨーグルトやプリンの空き容器，スポンジなど。

＜ろうそく＞
ストローに紙粘土や画用紙などでつくる。火をつけてもよい。

＜クリーム＞
①ビニール袋に紙粘土250ｇ，絵の具少量，水大さじ6杯を入れ，よくもんで混ぜる。混ぜる色によって，生クリーム，チョコ，ストロベリーなどさまざまなクリームができる。
②水の分量は，やわらかさを見て調節する。
③バニラエッセンスで香りをつけると，よりイメージがふくらむ。

ちぎった紙粘土，水，絵の具をビニール袋に入れる。
空気を抜いてしばり，かたまりがなくなるまでよくもむ。
角を切る。大きめに切るとクリームが出やすい。
絞り口をセットした絞り袋に，そのまま入れたらできあがり。袋が二重になっているので手が汚れない。

＜その他デコレーションするもの＞
①フルーツ→紙粘土などで形をつくる。
②飾り→ビーズ，画用紙，毛糸，包装紙，紙粘土の型抜きなどをつける。

＜用具＞
絞り袋，アイスクリームのへら，はさみ，のり

【遊び方・プロセス】
①ケーキの土台に，好きな色の紙粘土クリームを塗る（アイスクリームのへらを使うと塗りやすい）。
②ろうそくをさす。
③紙粘土クリームを絞り袋に入れて，デコレーションしていく。
④紙粘土でつくったイチゴなどのフルーツを飾ったり，ビーズや毛糸，細かく切った折り紙をつけて飾りつけをする。

【援助のポイント】
①子ども達が好きな材料を選び，自分のイメージするものを自由につくれるよう，材料の種類や量を考えて環境を設定する。
②年齢に応じて，できるところは子どもに任せ，ときには手助けしながら1人ひとりが達成感を感じられるように援助していく。
③紙粘土クリームは，混ぜる色を相談しながら子どもと一緒につくっていく。絞り袋に入れてデコレーションすることや，へらで土台の周りに塗ることなど，使い方を知らせていく。
④子ども達からのアイデアやイメージがより広がり，それを自分で実現していけるよう援助していく。
⑤友達がつくっている姿にも気づき，おたがいの作品に刺激を受けながら，つくる楽しさを味わえるように声をかけていく。

【バリエーション】
＜飾る＞
誕生会やパーティーに，みんなでつくって飾ったり，プレゼントにして渡してもよい。

＜遊ぶ＞
レストランを開いて友達を招待したり，ケーキ屋さんになってお買い物ごっこを楽しむことで，製作遊びから新たな展開へとつながっていく。

造形　夏

㉑ 観察画 "ピーマンを描こう"

該当年齢 0 1 2 **3 4 5** 歳児

子どもの身近にあるものや，日ごろから親しんでいるものにスポットを当て，興味・関心を深めながら，五感をとおして観察したものを絵に表します。子ども達の知的好奇心も高まります。

造形　夏

【ねらい】
①自分達で育てたピーマンを収穫して，それを絵に表す。
②形や色などの特徴をよく観察する。また匂いをかいだり，味わったり，五感をとおしてイメージを広げ表現する。

【準備・環境づくり】
＜事前の活動＞
①園庭に畑をつくり，野菜を育てる。子ども達で水やりなどの世話をしながら，生長の様子を毎日観察できるようにする。
②収穫したものをクッキング（炒める，ゆでるなど）して味わう。

＜準備＞
①野菜，容器，筆，画用紙，ビニールシート

【遊び方とプロセス】
＜観る＞
①ピーマンを収穫して，匂いをかいだり，目を閉じて手ざわりを感じてみる。
②色や形を何かにたとえてみる（例：げんこつの形）。
③縦や横半分に切って断面図の様子を見る。
④五感をとおしてイメージしたことを絵に表す。

＜描く＞
①容器に絵の具を用意し，水の量を調節して絵の具の溶き方が薄くならないようにする。
②画用紙はベージュ・クリームなど，薄めの色を四つ切り・八つ切り大で準備して，自由に選べるようにしていく。

【援助のポイント】
①好きな形やおもしろい形を選び，描く意欲につなげる。
②形や色をよく観る（特徴をとらえる）。また知っているものにたとえる（～みたいね）ことで，よりイメージしやすく，表しやすくする。
③感じたことをクラス内で話し合ったり，共感し合うことで，たがいの刺激や気づきにつなげる。
④絵の具は垂れないようにソース状（他にしょうゆ状，マヨネーズ状がある）に溶くとよい（4歳児は溶いておく。5歳児は自分達で溶く）。
⑤画用紙は縦描き，横描きどちらでもかけるようにし，絵がとぎれることのないよう，紙を足すなどしてのびのびと表現できるようにする。
⑥観察物にドラマ（虫がついていて驚く。虫食いの後がある，など）があるとより印象が強まる。
⑦幼児の観察画は大人の写生とは異なる。見たとおりに描くのでなく，感じたとおり，知っているとおり個々の子どもの強く感じた部分が，特徴的に表現される。

【バリエーション】
①小鳥を描く。
　黒のサインペン1本を使って，羽根の1枚1枚や，足など細かいところまで表現してみる。
②**リンゴの木を描く**（他にナシ，ミカン，ブドウなど）。
　リンゴ狩りを経験したり，リンゴを観察した後，木肌やリンゴのまるみなどをコンテパスを使って質感を表す。
③**人物や，クラスで飼育している小動物**（ウサギ，ハムスター，カメ，ザリガニなど）**を描く**。
　他に自転車・バイクなど。特徴をとらえ，それをパスや竹ペン，水彩などで表現する。

＜この活動では……＞
①育てたもの，栽培しているものの特徴に気づかせて，思い思いの表現をさせる。
②描くことで気づいたり，入ってきた情報を確かなものにしていく。
③集中力，注意力，表現力が高まることで視野が広がり，他の活動への充実が見られる。

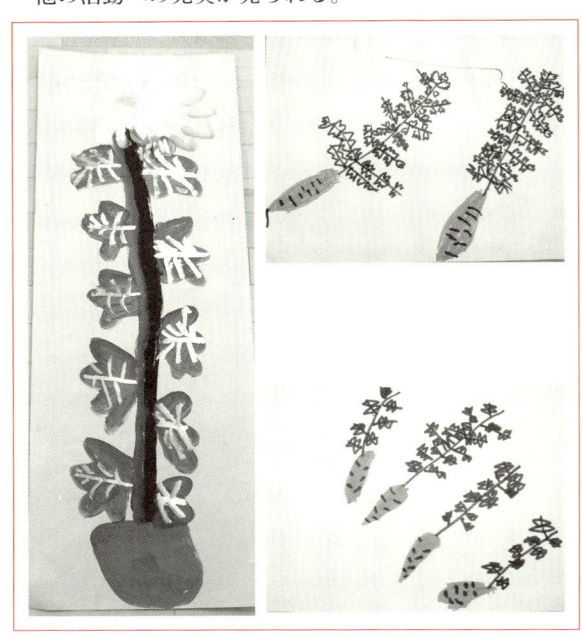

㉒ デカルコマニー
―合わせ絵を楽しむ―

該当年齢 0 1 2 **3 4 5** 歳児

デカルコマニーとは，合わせ絵のことです。紙の上に自由に色を置き，2つに折り合わせてこすると転写されて，偶然につくり出される左右対称の色や形を楽しむ遊びです。

【ねらい】
① 写る楽しさを味わいながら遊ぶ。
② 左右対称に写し出される形からイメージを広げる。
③ できた模様から形見つけやお面づくりなど，活動を広げて遊ぶ。

【準備・環境づくり】
① 汚れてもよい服装と環境を用意する。
② 左右対称に2つ折りにできる白い画用紙を用意する。ねらいや年齢に応じて大きさや形を工夫する。
③ 濃淡さまざまな絵の具を自由に使えるように準備する。水を少なめにした濃い目の絵の具を用意する。
④ 色と色がパレットやトレイで混ざらないように，色ごとに筆を用意する。

【遊び方・プロセス】
① 紙の上に自由に絵の具を置き，2つ折りにする。
② 重ねた紙の上をこすり，絵の具が写るようにする。
③ 紙を開いてさらに色をつけ加えて，同じことを繰り返し，重ねていくこともできる。
④ できた形から，形見つけをしたり，乾いてからできた形をもとにクレヨンでイメージを広げて描き足したり，見立てを人物や動物などのお面にして遊んだり，活動を発展させていくこともできる。

【援助のポイント】
できあがりを考えないで，無作為に使いたい絵の具を紙の上に置かせた場合のほうが，おもしろいものや意外な形や驚きが大きい。絵の具は，濃淡さまざまに用意するほうが楽しく取り組める。絵の具を紙の上に置く段階で混ぜてしまわないようにする。年中，年長では，その形をもとに，さらにイメージが広がり，活動が深まっていくよう発展させていきたい。

【バリエーション】
＜紙の形を工夫する＞
左右対称であれば，○やチョウチョの形に紙を切り，行うことができる。
しかし，最初からイメージを限定させていくと逆に活動が広がらなかったり，子どものイメージを狭めてしまうおそれがある。

＜できた模様からイメージを広げて絵を描く＞
できた模様からさまざまな形を見つけて遊ぶ。その形をもとにクレヨンなどで描き加え，絵を描いていったり，できた模様を用いてそこからイメージを広げ，物語絵に仕上げていく。

＜お面をつくる＞
できた模様を生かし，お面にして遊んだり，チョウチョに切り取って遊ぶ。

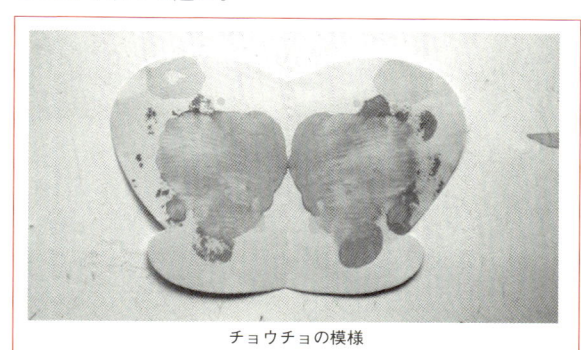

チョウチョの模様

＜さまざまな紙を使ってみる＞
画用紙以外に，印刷用の紙，つや紙などの上に絵の具を置いてみると，2つに折ってこすったとき，絵の具ののびや，重なり具合が異なり，遊びがさらに広がる。
とくにつや紙は，紙質がつやつやして色があでやか。スルスルしている紙なので，2つに折ってこすると，のびがいい。

＜同じものをふやしていく＞
2つに折った片面に，絵を描いて，2つ折りを重ねると，描いた同じものが転写される。人物などは手をつないで2人に。くだものなどは片面にたくさん描くと，倍にふえる。デカルコマニーの偶然性を楽しむことと異なり，予想をして合わせ絵を楽しむこともできる。

【援助のポイント】
① 絵の具を筆につけて，ポタポタ落ちない程度の濃度に溶くように注意する。
② つや紙があでやかな色なので，効果的な，絵の具の色を準備することが望ましい。
③ 紙の大きさも，大小さまざまなものを準備してみる。

■ Column ―クレヨン・パス類でのコピー遊び

トレーシングペーパーや薄くてじょうぶな紙に，クレヨン，クレパスの濃い色を，スクラッチを行うときのように，塗りこみます。塗りこんだ紙の面を画用紙の上に置く。画用紙の上から鉛筆や先のとがったもので絵や字をかきます。

手づくりの簡単なコピーのできあがり。色の塗り方を工夫すると，カラーコピーの楽しさが味わえます。最初に塗りこむ紙は，小さなものからスタートするとよいでしょう。

造形　夏

㉓ にじみ絵
―どうなっていくのかな―

該当年齢：4歳児（0 1 2 3 **4** 5）

絵を描くだけでなく，水ににじむフェルトペンの性質を利用して，色の広がりやにじみ具合，形の変化を楽しみます。1度経験すると，次々に描いてみたくなる，興味をそそる遊びです。

【ねらい】
① フェルトペンを使って，色や形が水ににじみ，変化するおもしろさを知る。
② 友達や自分のできあがった作品を見て比べたり，感想を言い合うことで次の図案のできあがりを予想し，工夫して描く。

【準備・環境づくり】
材料：フェルトペン，霧吹き，障子紙（適度な長さ）
環境：机の上にビニールやシートを敷く。机が汚れたときのためにぞうきんを用意する。乾燥棚など，乾かす場所を確保する。

【遊び方・プロセス】
① それぞれ思い思いの模様を障子紙に描く。 
② できあがった絵に霧吹きで水をかける。 
③ 日に透かしてみたり，他の素材を組み合わせて，いろいろなおもちゃや道具をつくろうとする（旗やエプロンなど）。

【援助のポイント】
① 霧吹きで水を吹きかける際，障子紙に近づけ過ぎたり，かけ過ぎたりしないように，言葉かけをするなど配慮する。
② 水が紙にしみこむ前に持ち上げないように，言葉かけをする。

【バリエーション】
＜スタンプ遊び＞
切り開いたビニール袋に，フェルトペンで自由に絵を描く。

霧吹きで適度に水を吹きかける（障子紙にしみ込みやすくなる）。

上から障子紙を押し当てる。写りにくいところは指で軽くたたくとよい。

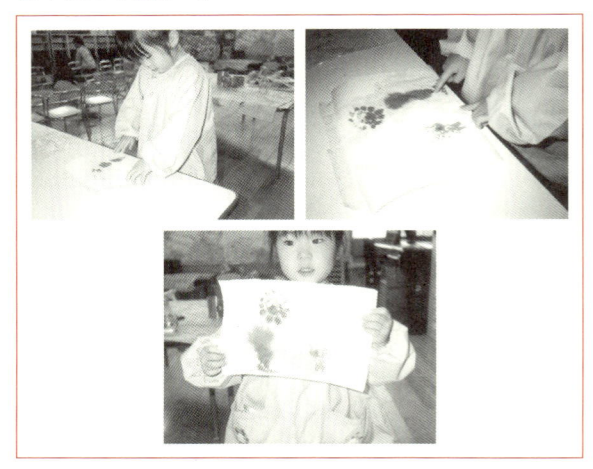

造形　夏

㉔ 七夕の飾り

該当年齢　0 1 2 3 4 5 歳児

七夕は日本の伝統行事のひとつです。はさみで切ることやのりを使うことにも興味が向いている時期です。いろいろな素材を切ったり，貼ったりしながら，七夕飾りをつくってみましょう。

【ねらい】
①七夕の由来を知り，七夕飾りに興味が持てるようにする。
②いろいろな素材を使って，自分のイメージを表現することを楽しむ。

【準備・環境づくり】
①場の設定：室内でもよいが，園庭やホールなどに机を出して行うと，年長児が年少，年中児に教えてあげたり異年齢のかかわりも見られる。目につく場所に笹竹を立て，つくったものをいくつか飾っておく。
②準備：笹竹，はさみ，のり，ホチキス，のり用の手ふきタオル，折り紙，紙テープ，包装紙，和紙，紙染めした和紙やマーブリングした紙など（年齢にあわせて三角や四角，細長く切っておき，形ごとに分類しておく）。

※折り紙の切り方を工夫しよう。

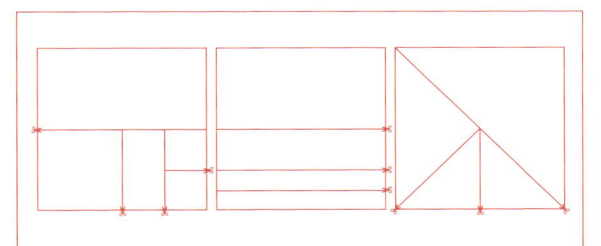

【遊び方・プロセス】
①はじめから七夕飾りをつくろうとするのではなく，紙テープや細長く切った折り紙や色画用紙から輪をつくる遊びをたくさん経験しておく。
②三角・四角つなぎや輪飾りを長くつなぐなど，個々の遊びを充実できるようにする。
③つくったものを笹竹に飾る。

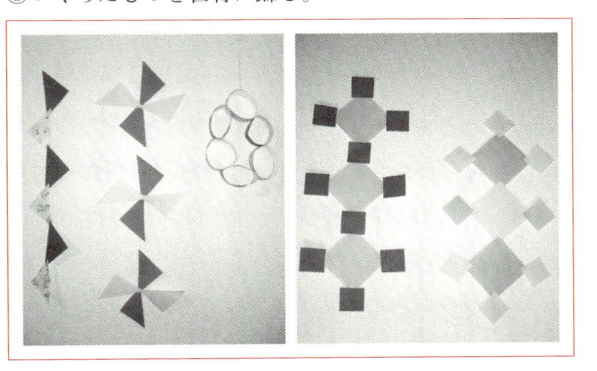

【援助のポイント】
①年齢に応じて保育者が切っておいたものを，つなげていくだけでも楽しめるようにする。
②素材に合わせ，接着方法やのり，はさみ，ホチキスなどの用具の使い方を個々の様子を見ながら知らせていく。
③友達と一緒に取り組む七夕飾りづくりをとおして，1人ひとりの子どもが「こんなふうにつくりたい」という自分の思いを出せるようにする。
④友達のやり方を見ながら，いろいろな素材を使って七夕飾りをつくったり，七夕ごっこなど，新しい物事に挑戦しようとしている気持ちを大切にしていく。
⑤1人ひとりがつくったものを笹竹に飾ることで，大きな見ごたえのある七夕飾りになり，その喜びと感動が味わえるようにする。

<飾り方のポイント>
①長い飾りばかりを飾りがちだが，短い飾りも入ることで長さが引き立つ。
②平面と立体の飾りをバランスよく入れて飾ると，華やかになる。

【バリエーション】
①基本の形（三角・四角・輪）の大きさやつなぎ方を変える。
②ちょうちん飾り・貝飾り・あみ飾り

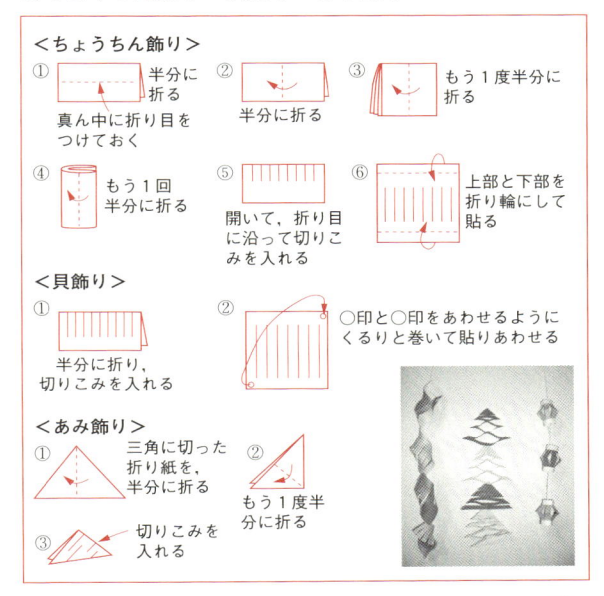

<ちょうちん飾り>
① 半分に折る　真ん中に折り目をつけておく
② 半分に折る
③ もう1度半分に折る
④ もう1回半分に折る
⑤ 開いて，折り目に沿って切りこみを入れる
⑥ 上部と下部を折り輪にして貼る

<貝飾り>
① 半分に折り，切りこみを入れる
② ○印と○印をあわせるようにくるりと巻いて貼りあわせる

<あみ飾り>
① 三角に切った折り紙を，半分に折る
② もう1度半分に折る
③ 切りこみを入れる

造形　夏

㉕ プラネタリウムづくり

該当年齢 0 1 2 3 4 5 歳児

日常の保育のなかでは，実際に星空を見る機会はなかなかありませんね。それなら，星空や星座をつくってみませんか？ みんなで力を合わせれば，見慣れた保育室も未知の宇宙空間に！

造形 夏

【ねらい】
① 星や宇宙に憧れや関心を持つ。
② 光をさえぎると暗くなることや，そのなかでは小さな光でも明るく感じられることに気づく。
③ 光を使って遊ぶことをとおして，光にかかわれるという実感を持つとともに，光の性質にも気づく。

【準備・環境づくり】
① 黒い紙（ラシャ紙，黒画用紙など），透明なラップ類
② 厚紙，ボール紙，段ボール
③ 千枚通し・錐など，鳩目抜き，木づち
④ 蓄光性素材（塗料，シール），筆または綿棒，はさみ
⑤ セロハンテープ，ガムテープ，のり，画びょうなど

【遊び方・プロセス】
＜透過光プラネタリウム＞
　黒い色画用紙に，千枚通しや鳩目抜き（ともに先が鋭いので扱いに注意）などで穴をたくさんあける。そのままではペナペナなので，ボール紙などで枠をつくって貼りつけるとよい。明るいほうをのぞいたり（直接，太陽を見ないように注意），穴をとおった光を床や壁に映したりして，星空に見立てる。部分的に色セロハンを貼って，星に色をつけてもよい。

＜蓄光プラネタリウム＞
① 紙に穴をあける代わりに，蓄光性の素材（光を当てたあと暗いところに置くと，しばらく光る。水溶性の塗料やシールが市販されている）を利用して星空を製作する。しばらく日光や室内灯に当てた後，暗がりで見ると，蛍光を発して光って見える。星があまり小さいと，光っているのがはっきりわからないことがある。
② 蓄光性素材に当てる光は，波長が短いほうが効果的。人工光なら，白熱電球より，蛍光灯のほうが効果がある。ブラックライトは紫外線を多く出すのでさらに効果的だが，子どもの目への影響を考えると，使用は慎重に判断したい。

【援助のポイント】
① 星空のイメージ（絵本・図鑑・保育者の話などから）を思い浮かべてから取り組もう。七夕の時期なら，織姫と彦星の物語を話したり，星空を見た体験があれば，思い出を話し合ったりするとよい。
② プラネタリウムのなかに，実際の星座の形も再現すると，よりリアルになるし，夜空に星座を探すとき，見当がつけやすくなるかもしれない。

【バリエーション】
① 黒画用紙の代わりに大きなラシャ紙などでつくり，保育室の窓や壁面に貼ると，室内が宇宙空間のようになる。透過光型を窓に貼ると，晴れた昼間なら星空のように見えるし，透過した日光が床に落ちると，床に星空の模様ができる。夏よりも冬のほうが太陽の位置が低くなるので，見栄えがする。蓄光型の場合は，しばらく室内灯を点灯しておいてから消灯すると，ひととき楽しめる。
② 紙の代わりに透明なラップなどを枠に貼り，蓄光性素材で星座をつくると，星空と重ね合わせたり，星空を背景に動かしたりして，それだけを強調できる。
③ 保育室を暗くしたとき，急に大勢の子どもが動きまわると，衝突・転倒などの危険があるので注意。暗がりを怖がる子どもがいる場合，とくに配慮が必要。また，目が暗さに慣れるまでは，なるべくじっとしていよう。
④ 年長児の製作したプラネタリウムに，年中少児を招待する。星の招待状などをつくってみるのもよい。

ボール紙などでつくった枠　貼る　黒画用紙

千枚通しや鳩目抜きで穴をあける，または蓄光塗料やシールで星を描く

木づちで軽く"ポン"と叩く

手でおさえる

紙

鳩目抜き用の下敷き

鳩目抜きの使い方…
鳩目抜きは本来，レザークラフト用の器具。あけたい穴の大きさに合わせてさまざまな口径のものがある

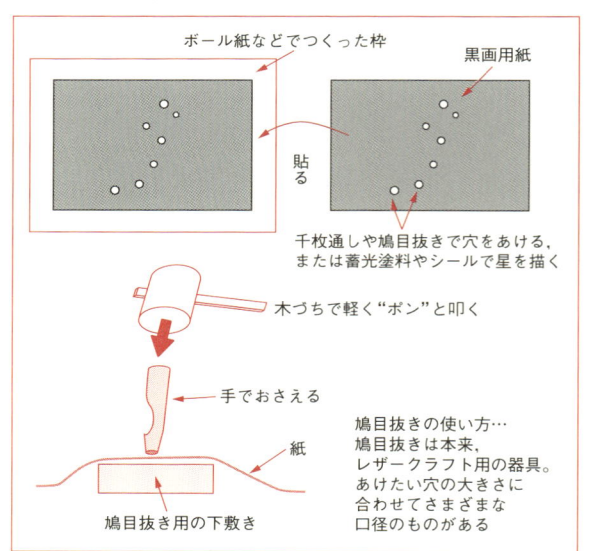

■ Column —"あっ"空が赤く見える
　トイレットペーパーの芯の片側の穴に，カラーセロハンをとりつけます（輪ゴムやのりで）。穴からのぞくと先生の顔も花の色も変わります。いろいろな色を楽しむためには，違った色をつくった友達と，とりかえっこしましょう。2つ持って眼鏡にしてのぞくと，どうなるのかな。

26 石で遊ぼう「○○みたい！」

該当年齢 0 1 2 **3 4 5** 歳児

既製の材料では味わえない，自然物（石）との触れ合いや並べっこ，見立て遊びなどを試みる遊びです。自然にできた形・色・模様・重さなど，気づいたら，ポケットのなかで宝物に大変身です。

【ねらい】
① 自然の素材を使って見立てる楽しさを味わう。
② さまざまな形，色，模様などを見つけ，遊びに取り入れようとする。
③ 並べたり，形をつくったり，置き換えて変化させたりして楽しむ。

【準備・環境づくり】
① 幼児を河原に連れていくと，まず石に興味を示す。見立て遊びに使えるようなさまざまな形，色，模様のものを探すなら，河川の中流の河原で採集するのがいちばん。ただし，気をつけていると，道端でも園芸に使うきれいな色のものが落ちていることもある。
② あまり大きいものは重く扱いにくいうえに，落としたときの衝撃が大きく心配。幼児の遊びに適した大きさを選ぶ。
③ 案外大切なのが地面や床の状態。固いタイルやコンクリート，木の床の上は，石を落としたときに衝撃が大きく，またバウンドして危ないことも。やわらかい砂場や，室内ならカーペットなど衝撃を吸収するようなものの上で遊ぼう。
④ 楽しく遊ばせたいが，テンションが高いときは要注意。ふざけて放り出したり投げたりした石が，思わぬ怪我につながることもある。落ち着いた雰囲気のなかでじっくり楽しませたいもの。

【遊び方・プロセス】
① 見立て遊びには，まず日常身の回りで目にするようなものではなく，変わった形，色，模様のものを提示して，「なんだろう？」「あっ　いしだ！」というような驚きから入っていくと興味が喚起される。
② あまり大人数で遊ぶよりは，砂場や保育室の片隅で，「〜みたい」「これが○○で，これは△△」などというような，1人ひとりの声や反応を受け取りながら楽しむのに適した遊びである。

【援助のポイント】
保育者がゆったりとした言葉かけや動きを示す。石を取り上げるのも下に置くのもゆったりと。せかせかした動きをすると，指をはさんだりして，幼児に痛い思いをさせてしまうことになる。石の見立てはおにぎりやおせんべい，あめ玉など，食べ物を連想させるものが多いが，口に入れないよう，低年齢児にはとくに注意を。

【バリエーション】
＜絵の具を使って＞
石の表面に絵を描くのもおもしろいが，目と鼻を描いて顔にするぐらいの単純なもののほうが，自然素材を使った効果が出る。あまり描きすぎたり塗りすぎたりすると，素材のおもしろさがなくなってしまうこともある。

＜形探し＞
自然の石のなかに○，△，□などの図形が見つかることも多い。そこから小石を並べて図形をつくる遊びに発展するのもおもしろい。

＜ペーパーウェイト＞
プレゼントとして，石のペーパーウェイトにする。絵の具やペイントマーカーなどで模様や絵を描く。

ぼく達おにぎり

せいれつ！

おしゃれな3人

ぼくとおかあさん

○，△，□

造形　夏

㉗ 泥粘土で遊ぼう

該当年齢 0 1 2 3 4 5 歳児

触感覚の原点ともいえる土。土に触れることの少ない昨今の子ども達には，ぜひ泥（土）粘土を体験させましょう。感覚を楽しみ，全身を使ってダイナミックに遊べます。

【ねらい】
① 泥粘土の感触と開放感を味わう。
② つくったり壊したりを繰り返し楽しみながら，表現活動への意欲を高める。
③ 友達と一緒につなげたり，まるめたり，イメージを共有し（例：動物園をつくろう，お店屋さんをしよう），かかわることを楽しむ。

【準備・環境づくり】
① 室内の場合，机や椅子を片づけ，フラットな状態にする。
② 保育室やホール，または園庭に大きなビニールシート（4～5畳×各園の環境に応じた枚数）を敷いておく。
③ バケツに水を用意する。
④ 汚れてもよい服装に着替える。
⑤ 活動後に主体的に片づけや着替えができるよう，ぬれぞうきんを人数分より多めに，足拭き用の乾いたバスタオルを3～4枚とバケツを用意する。
⑥ 年齢の幼い子ども用に，プリンカップやフィルムケース・カップアイス用の木ヘラやペットボトルのキャップなどを用意する。

【遊び方・プロセス】
① はだしになり，手・足・全身で粘土に触れる。粘土を叩いたり踏んだりして十分に触れる。
② 粘土をちぎったりまるめたり，延ばしたり並べたり，個々に，または友達と粘土の塊を積んだり，穴をあけたり木ヘラを刺したり，キャップをつけたりして遊ぶ。
③ 1人ひとり十分に触れて楽しんだ後，4～5歳児は4～5人のグループになって，粘土山（積んで山にする）の高さ比べや穴あけ競争などをしても楽しい。
④ ①～③を十分経験すると，イメージしたものを形に表現したくなるので，はじめは自由につくる。
⑤ 粘土に慣れ親しんだらテーマを持ってつくり，個々の作品を合わせると，自然と共同製作となっていく（例：動物園・遊園地・街など）。

【援助のポイント】
① 保育者が率先して遊び，感触の心地よさや楽しさを伝える。
② 抵抗感を感じる子どもには，その子どものペースで参加できるよう，見ている時間を保証したり，タイミングを見て誘ったり手渡ししたりする。
③ 粘土を扱いやすい状態にしておく。15～20cm四方のサイコロ状にして湿らせておく。
④ 水を多く使いすぎると滑りやすく，怪我につながるので，子どもの動きや安全に注意する。
⑤ 粘土の量をできるだけ大量に用意すると，イメージの広がりにつながる。
⑥ 繰り返し形成できるおもしろさとともに，認めの言葉を伝え，表現への意欲を刺激する。

【バリエーション】
① 保育参加日（または参観日）などに，保護者と一緒に泥粘土の活動を行う。保護者が泥粘土の感触の心地よさを子どもと共感できたり，子どもが技術を模倣したり，子どものイメージが広がったりと，親子で楽しさや満足感を感じることだろう。
② 粘土には泥粘土の他に，小麦粉粘土・紙粘土・油粘土がある。それぞれに長所・短所があるが，子どもの年齢や発達，活動のねらいや目的によって選択するとよい。小麦粉粘土は感触がやわらかで安心感を与えるので，低年齢の子どもに向き，紙粘土は製作に向く。油粘土は扱いやすく，管理しやすいので，子どもが主体的に自由に使うことができる。

造形

夏

泥粘土　友達と（5歳児）

できるだけ大量の粘土を（4歳児）

おいしいお菓子（5歳児）

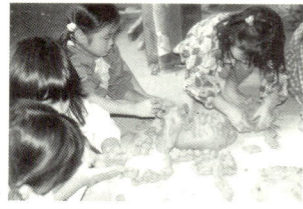

友達と（5歳児）

㉘ 切り絵

該当年齢 0 1 2 3 4 **5** 歳児

切り絵遊びは，折りたたんだ紙を細工して広げると，思いがけずきれいな形になるところがわくわくする遊びです。折り方や穴のあけ方を工夫し，どんな形が現れるかじっくり試しましょう。

【ねらい】
① 創造することへの興味・関心を持つ。
② 幾何学的な形の美しさに気づく。
③ 形ができあがるのを楽しみに手順を考えてていねいに取り組む。
④ できあがった作品を飾ったり見立てて遊ぶ。

【準備・環境づくり】
① **場の設定**：落ち着いて取り組める室内のコーナーなど。机，椅子を用意する。
② **準備**：折り紙，はさみ，鉛筆，ホチキス，切りくず入れ（トレイ，浅い空き箱）

【遊び方・プロセス】
<基本型>
① 折り紙を折る。
ア）8つ折り

半分に折る → もう1度半分に折る → 三角に折る → 8つ折り

イ）6つ折り

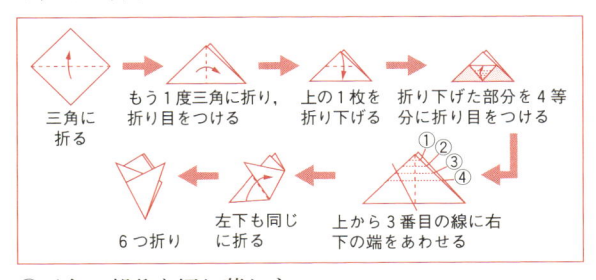

三角に折る → もう1度三角に折り，折り目をつける → 上の1枚を折り下げる → 折り下げた部分を4等分に折り目をつける → 上から3番目の線に右下の端をあわせる → 左右下も同じに折る → 6つ折り

② 三角の部分を切り落とす。

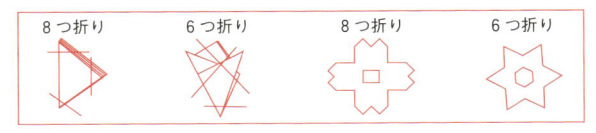

8つ折り　6つ折り　8つ折り　6つ折り

<要領がわかったら>
① さらに半分に折る。
② 横から切り込みを入れ，三角の穴をあけたり，まるく切り抜きを入れて広げる。

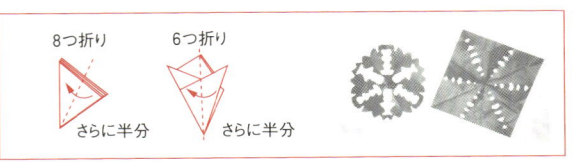

8つ折り さらに半分　6つ折り さらに半分

③ 折り方も，切り取る部分も自由に

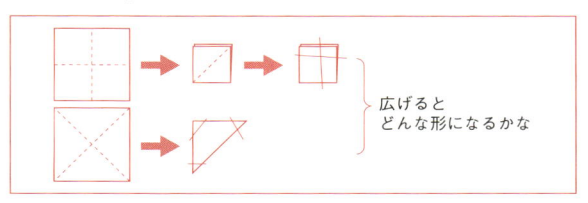

広げるとどんな形になるかな

【援助のポイント】
① 広げたときのイメージが8つ折りや6つ折りでは複雑でつかめないとき，簡単な4つ折りから始めると要領を得やすい。
② どこを切り落とすとばらばらになり，どこに穴をあけるとつながっていくのか，はじめは要領をつかむまで時間がかかるので，経験できるように折り紙の数を用意する。
③ 紙が厚くなると，はさみを使うときの器用さが要求される。時間をかけてあわてずゆっくりと取り組める環境を整える。
④ できたものを窓ガラスに貼ると，輪郭がはっきりとする。また，台紙を下においてクリアーファイルに入れるなど，できあがった1枚1枚をていねいに扱い，つくり出したものへの愛着と，紙を大切に扱う気持ちを育てる。
⑤ 子ども自身で考えて試すことができるよう，できあがりを予測した折り方の見本や参考図書などを用意しておく。

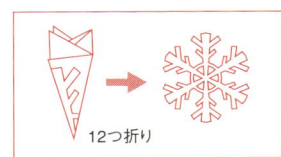

12つ折り

【バリエーション】
<切り絵で遊ぶ>
① 花に見立てて茎や葉をつけて遊ぶ。
② 窓ガラスにはり，窓の装飾にする。
③ 大勢でつくった花を持ち寄り，大きな花にし，壁面装飾にする。

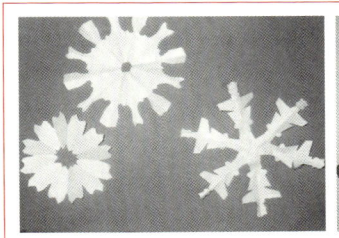

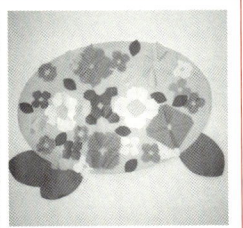

造形　夏

㉙ 新聞紙で遊ぼう

該当年齢 0 1 2 **3** 4 5 歳児

新聞紙を使って，身近なものをつくることは，子どもの想像力を育てます。また，友達や保育者と製作したものを使い，投げ合って遊ぶことでおたがいの関係が深まります。

【ねらい】
① 見立て遊びをとおし，子どもの想像力を引き出し伸ばす。
② 新聞紙を使って，身近なものに見立てたり，いろいろなものになりきることを楽しむ。
③ 自分で製作したものを，広い場所で自由に投げて遊ぶことにより，開放感を味わうとともに気持ちを安定させていく。
④ 友達や保育者と，製作したものをキャッチボールすることで，おたがいの関係を深める。

【準備・環境づくり】
① 新聞紙を子どもが使いやすい大きさに切っておく（1/2の大きさ）。
② 子どもが自由に選べるように，紙テープを何色か用意し，使いやすいように切っておく（約30cm）。
③ テープ台を用意する（人数に合わせて台数を増やす）。
④ 製作したものに名前を書くためのマジックを用意する。
⑤ 広い場所で製作したものを投げて，壊れてしまったときに補強するためのテープを用意しておく（セロハンテープ，ガムテープなど）。

【遊び方・プロセス】
① 新聞紙1枚（1/2の大きさ）を身近なものに見立てたり，いろいろなものになりきる（お弁当箱，マント，エプロン，帽子，傘など）。

② 新聞紙をまるめてボール状にし，形が崩れないようにセロハンテープで固定する。次に，そのまるめた新聞紙に，自由に好きな色の紙テープを貼る（目安は3本程度）。そして，広い場所で投げるなどして遊ぶ。
※ 保育室で行う活動では，子どもが新聞紙の上にのって滑ってしまわないよう，座った状態で見立て遊びを行う。

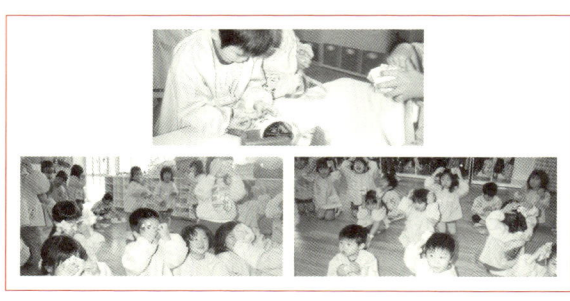

【援助のポイント】
① 見立て遊びでは，保育者が見立てたものだけでなく，子ども達から出た声を拾い，想像力を引き出し，伸ばせるように進めていく。
② 新聞紙をまるめたり，セロハンテープで固定するときに，うまくできない子どもに声かけや援助をする。
③ 広い場所で投げて遊ぶときに，うまく投げられない子どもに対し，投げ方を指導する。
④ 遊んでいて壊れてしまったものを補強する。
※ 年度はじめの活動では，興味を示さない子どもや，活動に参加しようとしない子どもがいると思われるので，保育者は，その子どもに合った声かけや援助をしていくことが大事である。

【バリエーション】
① 見立て遊びにおいて，新聞紙を縦半分に破り，まるめたりして身近なものに見立てたり，いろいろなものになりきる。

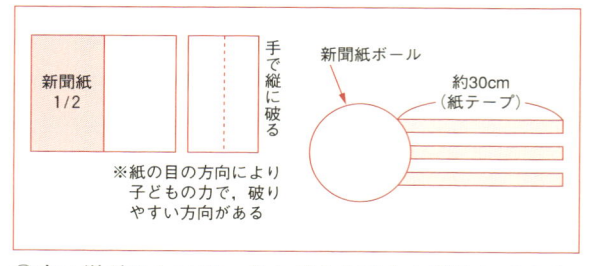

② 広い場所において，さまざまな工夫を凝らしてみる。的に当てる。的に入れる（ラインやカゴなど）。線を引きいっせいに投げる。危なくない程度の高さから投げる。

造形
秋

㉚ ブロック遊び

該当年齢 3 4 5 歳児

ブロック遊びは，単純な立体を組み合わせていくことによって，自分のなかでイメージを広げたり，仲間との共同遊びへ発展したりと，子どもが夢中になって遊ぶことのできる活動です。

【ねらい】
① 並べたり，積んだり，組み合わせたりと，活動を広げながら楽しむ。
② つくったり壊したりしながら，自分のイメージを形と結びつけ，表していく。
③ 立体や空間，位置関係に興味を持ちながら遊ぶ。
④ 形を選んだり，並べ方や組み合わせ方を工夫しながら，表したい世界をつくる。
⑤ 仲間とイメージを共有しながら，共同で作業して遊ぶ。
⑥ ごっこ遊びや共同製作をしながら，仲間と楽しく遊ぶ。

【準備・環境づくり】
① 日常的に子どもが自分達で取り出せ，片づけられるところにブロックを準備する。
② 年齢に応じて，また活動の展開に応じて，ブロックの大きさや数を工夫し準備する。
③ ブロックの大きさと予想できる活動の内容に応じて，平らな場所を準備する。
④ 日ごろの活動内容や展開から，場合によってはイメージを広げる他素材を近くに用意する。

【遊び方・プロセス】
① 自分達でブロックを準備し，子ども達が使いたいブロックを選び取り，場所を見つける。
② それぞれが並べる，つなげる，積む，組み合わせるなど，自分の場所で活動を試し，広げていく。
③ つくったり壊したりしながら，自分のイメージを工夫し，組み立てていく。
④ 仲間と会話をしながらイメージを共有し，つくっていく。
⑤ ごっこ遊びにつなげたり，他の素材を用いて工夫したり，仲間とブロック遊びをとおして活動を広げていく。

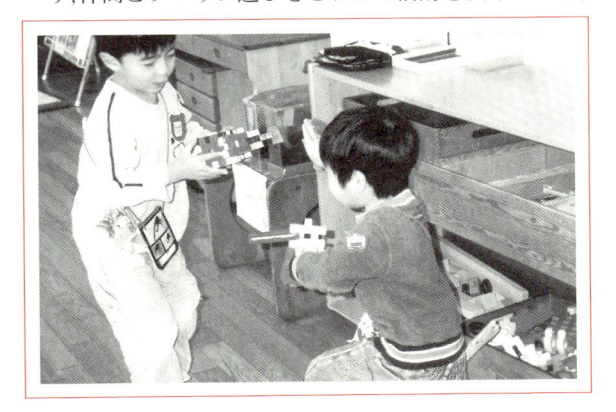

【援助のポイント】
① ブロックは，単純な立体であるからこそ，イメージをいかようにも広げていけるという利点がある。また，単純だからこそ，他人と共通したイメージをつくっていくことができやすく，仲間とのごっこ遊びや共同製作へと発展しやすい材料である。子どもはつくったり壊していくことを繰り返していくが，それはイメージを広げたり，工夫したり，自分のつくりたいものへ向けて思考していく過程であり，重要な要素である。
② ブロックの大きさによって，つくられるものや内容が異なるので，大きさと数を準備において配慮する必要がある。小さなブロックで自分の世界をつくりあげていく場合と，大きなブロックで，自分のからだより大きなものをつくり上げていく場合では，活動の内容や遊びの展開が異なってくる。前者は，個人のイメージを形にしていくことにおいて，後者は，つくりあげた形のなかで遊んだり，仲間と遊んだりできるところに利点がある。
③ 年齢においては，行為とイメージの関係において配慮していく必要がある。2歳までは，積む，組み合わせる，並べるなど行為の広がりを大切にし，年少以降では，イメージの広げ方や仲間とのかかわり方への援助を配慮したい。年長では協同し合う作業へも発展していくことができる。

【バリエーション】
＜他素材との組み合わせ＞
段ボールや色紙や木片などとの組み合わせによって，子ども達はさらに材料を選び取り，イメージを広げ，遊びを発展させていく。しかし，最初から多種な材料を準備することは，逆につくっていく過程での要素を多くしてしまい，子ども達の活動の深まりを損ねる。子ども達の活動の広がりの予想を配慮し，準備することが重要である。

布のような柔軟なものと組み合わせてみると，木片や段ボールなどと異なった遊びが生まれ，広がっていく。

風呂敷，シーツ，リボンなどは使い勝手がよい。かける，仕切る，敷く，つなぐなどが大小のブロックや積み木と見事に組み合わさった活動へと展開する。

＜集団遊びへの広がり＞
大きなブロックで隠れ家をつくったり，ごっこ遊びへと展開したり，砂場に見るような集団的・日常的な活動として，保育室内において位置づけることができる。

造形　秋

31 ドングリ遊び
―つけて遊ぶ―

該当年齢 3・4・5歳児

ドングリには，見つける喜びと拾う楽しさがあります。子どもが手に握るのにちょうどよく，少し工夫するとさまざまな遊びができて，子どもにとって魅力的な木の実です。

【ねらい】
① 季節を感じながら，拾う楽しさを味わう。
② ドングリの種類を知り，興味・関心を深める。
③ ドングリから新たな遊びを発見し，工夫して遊ぶ。

【準備・環境づくり】
① ドングリがどこに落ちているか，周辺環境や子どもと散歩に出かける場所を把握しておく。
② 園庭やテラス，室内に遊べる場所を設定する（つける遊びでは，机でつけたほうが落ち着いてできる）。
③ 3歳児…粘土，土粘土，はにわ粘土など（単純にさして遊ぶことのできる素材が好ましい）。
④ 4歳児…輪切りにした木，枝など。ボンド。
⑤ 5歳児…枝（なるべく曲がっていない枝を選ぶ）。ボンド，麻ひも。

【遊び方・プロセス】
① 3歳児…土台の粘土を，お料理のようにおだんごづくりする。おだんごができたら，手のひらでたたいて少しつぶす。土台ができたら，木の実をさして遊ぶ。

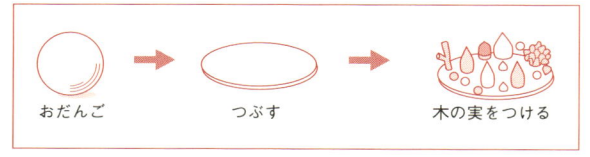

おだんご → つぶす → 木の実をつける

② 4歳児…輪切りした木などをボンドでつけて，土台をつくり，木の実をつけていく。

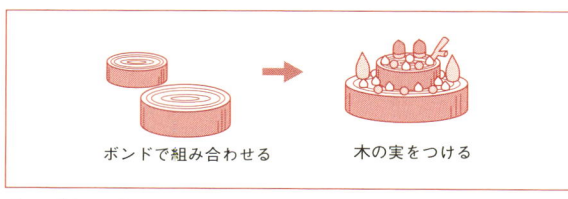

ボンドで組み合わせる → 木の実をつける

③ 5歳児…枝をボンドや麻ひもなどで組み合わせ，工夫して土台をつくる。十字型，三角型，星型など枝を組み合わせることで，いろいろな形をつくることができる。立体的な土台に，木の実が落ちないように考えながらつけていく。

いろいろな形を考えることができる → 木の実をつける

【援助のポイント】
① ドングリは自然素材なので，素手で拾い，感触を知ることが大事である。それから，形を変化させて遊ぶことが望ましい。
② 3～4歳児の遊びは，何かに見立てる（ケーキなど）と楽しくつけることができる。枝も立体的に工夫してつくれるように，ボンドの使い方などを伝える。他にも拾い集めたマツボックリや小枝，木の実なども。家庭に協力してもらい，豆類なども一緒につけると，種類も増えて楽しくつけることができる。
③ ドングリから出てくるゾウムシや出てきた穴なども，子どもに興味・関心が持てるようにする。

【バリエーション】
① ドングリコマ：色をつけると，まわしたときの楽しさだけでなく，自分のコマという愛着が持てる。

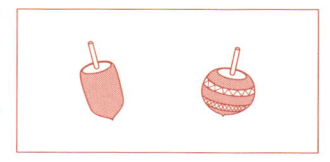

② やじろべい

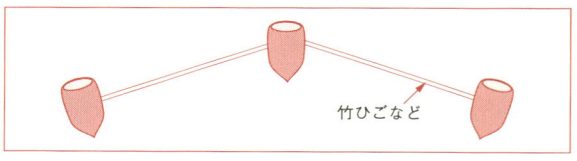

竹ひごなど

③ 音遊び：ペットボトルに入れるときは，空気穴をあけておく。

空気穴 / 吹く
マラカスのように遊ぶことができる
コンクリートなどでけずり，横から吹くと音がする

④ ドングリアート

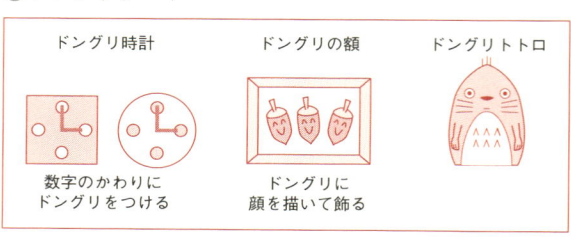

ドングリ時計：数字のかわりにドングリをつける
ドングリの額：ドングリに顔を描いて飾る
ドングリトトロ

32 何を入れて遊ぶ？

該当年齢 0 1 2 3 4 5 歳児

ごっこ遊びや，草花つみ・虫探し・ドングリ拾いなどの遊びに必要となってくる，バッグ類やいれ物づくりです。ものを入れて落ちないことや，持ちやすさを工夫してみましょう。

【ねらい】
① 遊びに必要な「いれ物」を工夫してつくる。
② 入れるものの大きさ，長さ，重さなどを考えて，自分の必要に応じて考えてみる。
③ いれ物を自分の好きなようにデザインする。
④ 遊びのなかで（ごっこなど）バッグにしたり，戸外で自然物を入れるものにして，使って遊ぶ。

【準備・環境づくり】
＜準備＞
いれ物の部分（画用紙・包装紙・折り紙）
持ち手の部分（厚手の紙・ひも類・リボン類・モールなど）

＜環境づくり＞
① 遊びのなかで，「先生これ（積み木とか小さなぬいぐるみ，折ったものなど）入れるものちょうだい」などと，必要ないれ物の要求をしてきたときを大切な環境として，自分でつくってみることを促す。
② 子どもの必要とする材料や用具を保護者も一緒に探したり，工夫したりする手助けの心準備を常にしておく。

【遊び方・プロセス】
＜子どもの発想から＞
小さなプレゼントを入れる。

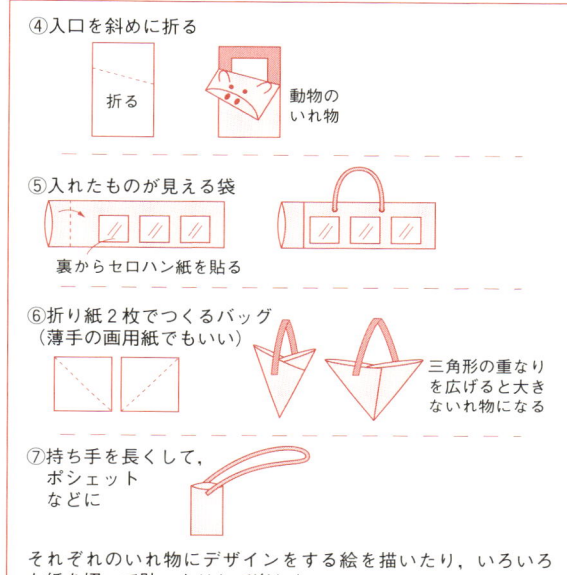

① 折ってつくるいれ物
折り曲げる → 折り曲げる → 折り曲げる
パンチで穴をあけてリボンで持ち手をつける
2つのポケット

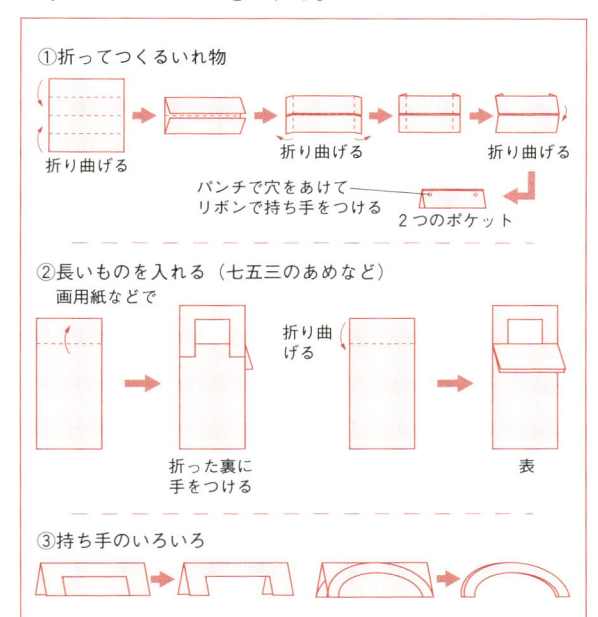

② 長いものを入れる（七五三のあめなど）
画用紙などで
折り曲げる
折った裏に手をつける
表

③ 持ち手のいろいろ

④ 入口を斜めに折る
折る
動物のいれ物

⑤ 入れたものが見える袋
裏からセロハン紙を貼る

⑥ 折り紙2枚でつくるバッグ
（薄手の画用紙でもいい）
三角形の重なりを広げると大きないれ物になる

⑦ 持ち手を長くして，ポシェットなどに

それぞれのいれ物にデザインをする絵を描いたり，いろいろな紙を切って貼ったりして楽しむ

【バリエーション】
① 遊びの活動内容によって，材料を変えて「いれ物」を工夫してつくることが望ましい。
② ペットボトルは水や砂などを入れるものとして便利。 
③ ペットボトルに絵や模様を描くのには，油性の不透明のペンで描くとよい。
④ 紙皿や紙コップ 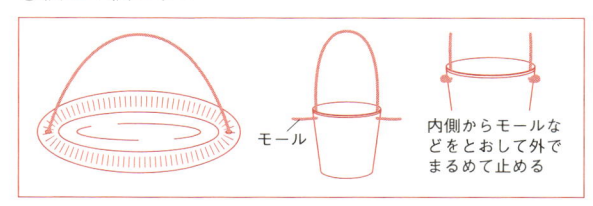
モール
内側からモールなどをとおして外でまるめて止める
⑤ 封筒類，書類袋
中に入っているものが見えるいれ物

造形

秋

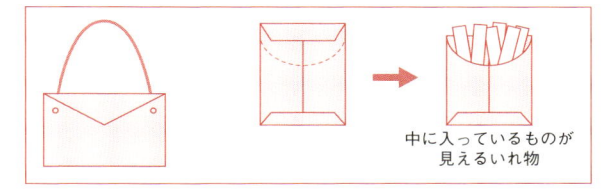

㉝ かなづちトントン遊び

該当年齢 0 1 2 **3 4 5** 歳児

子どもは大人の仕事を見るのが大好きです。大人の手でトントンと釘を打ち込むかなづちは，魔法の道具に見えるのかもしれません。そんなかなづちを使い，子どもなりの木工遊びをしてみましょう。

造形／秋

【ねらい】
①木片を使い，自分のイメージしたものをつくって遊ぶ。
②かなづちでトントンと釘を叩いていく感触を楽しむ。
③木片の性質やかなづち・釘の性質を知り，力の入れ具合などを考えたり工夫したりする。
④友達のつくるのを押さえたり持ったりして手伝う。
⑤道具の使い方や扱い方を大切に，終わった後の片づけに注意する。

【準備・環境づくり】
①環境：園庭に木工コーナーをつくり，子どもが興味を持ってかかわれるように，道具置場（箱などを利用して）をつくっておく。安全に注意し，保育者がすぐに対応できるようにする。
②準備：大小，厚い薄いなど，さまざまな木片（町の材木屋に行って譲ってもらうとよい）・釘（いろいろな長さ）・かなづち（子どもに扱いやすいもの）・のこぎり・きり

【遊び方・プロセス】
①木片に釘を打ちつけて遊ぶ。
②木片と木片を合わせて釘を打ちつける。
③舟などに見立ててつくる場合は，土台の木片にのこぎりで切り込みを入れるとよい。

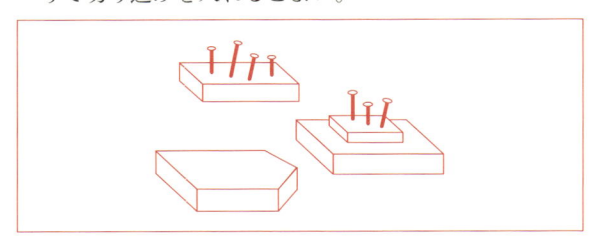

④イメージしたもの（舟・家・机など）を，木片を組み合わせたり，のこぎりで切ったりして，釘を使って好きなようにつくる。

【援助のポイント】
①道具を使うので安全に注意すると同時に，使い方をていねいに知らせる。
②子どもの興味が強く，やってみようとする意欲はあるが，道具の性質が理解できず，木片を合わせて短い釘で打とうとしたり，さまざまな混乱が出てくると思うが，子どもが試行錯誤する様子を見ながら，「この長さの釘を使うといい」などの助言をしたり，手伝ったりしていく。
③各年齢によって興味の持ち方が違い，3歳児は1本釘を持つだけで満足し，5歳児は自分のイメージどおりつくろうと苦心したりするが，子どものかかわりを見ながら手助けをしていく。
④道具は扱いやすいように箱などを使い，のこぎり入れ・かなづち入れなど，道具ごとに分けて入れられるようにする。また，釘は長さによって箱を変え，分類できるようにしておく。箱に道具の名前を書いておくとよい。

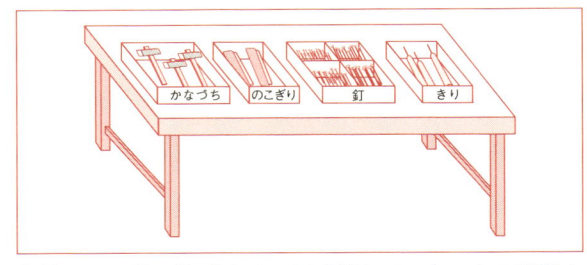

⑤終わった後の片づけは，釘が落ちていないかの確認を子どもとともにする。

【バリエーション】
①箱づくり（保護者の参加保育でつくる）
　小さな箱は小物を入れるのに便利なもの。子どもも自分でMy Boxをつくり，自分の大切なものを入れたりすると宝の箱になる。
②材料：板（厚さ1cm，縦5cm，横8cm）4枚・ベニヤ板（縦横9cm）1枚・釘・木工用ボンド
③つくり方
ア）板2枚を直角に合わせボンドで貼り，釘を3本打つ。
イ）残りの2枚もア）と同じようにつくる。
ウ）ア）とイ）を合わせて四角をつくり，合わせるところをボンドで貼り，釘を3本打つ。
エ）ベニヤ板を上に合わせて，ボンドで貼りあわせてから釘を打ち，できあがり。
④その他
　節分のときに豆を入れる升にしてもよいし，ペンキで塗って絵を描いて（トールペイント）も楽しい。

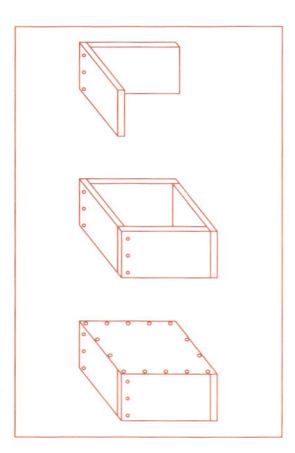

34 描いて遊ぶ
—段ボール片にきれいな模様—

該当年齢 0 1 2 3 **4** 5 歳児

段ボールは，四角い箱から形を変えて遊ぶことができます。友達と一緒に入って，協力して形をつくるなど，段ボールを媒介にして友達関係を深めていくこともできるのです。

【ねらい】
①たくさんの段ボールと触れ合うことで，気持ちを開放させ発散する。
②段ボールの素材を知り，工夫して考える力を養う。
③友達と協力し合うことで，友達関係を深める。
④カッターや畳針など，道具の使い方やしまい方，危険などを経験し，知る。

【準備・環境づくり】
①いろいろな形の段ボールを用意する。
②段ボールで思いきり遊べるように，保育室の環境を整える。
③段ボールカッター・ガムテープ・麻ひも・畳針・ボンド・絵の具など，遊びの展開を考え，発達段階に応じて用意しておく。

【遊び方・プロセス】
①段ボールは，なかに入るだけでも楽しむことができる（かくれんぼなど）。友達と一緒に入ることで，同じ場所を共有し，心地よさを共感する。
②たくさんの段ボールを破る，上に乗って壊すなどなど，思いきり遊ぶことで気持ちが開放され，安定していく。
③ガムテープを用意すると，つなげて遊ぶことができる。さらに，畳針に麻ひもをとおして縫うように段ボールをつなぎ合わせる。ひもで結びつなぎとめるなどの発展もできる。また，段ボールカッターで，好きなところに切り込みを入れ，穴を開けることができる（切る，つなげることのできるものが加わることで，工夫し，遊びの展開が見られるようになる）。
④保育者と子ども達，子ども同士でごっこ遊びをすることができる。

【援助のポイント】
①段ボールの温もりは，子どもにとって心地よく感じられる素材である。かたくて四角い箱も，遊んでいくうちにやわらかくなってくる。そのやわらかい感触が，子どもに心地よさを与える。
②段ボールのなかに入る，壊すなど，素材と十分遊んでから段ボールカッターなどを出すと，遊びがさらに発展していく。しかし，段ボールカッターや畳針などは危ないので，注意を伝えることと，年齢を考える必要がある。段ボールカッターのふたは，なくしやすいので１か所にまとめて置くか，子どものポケットに入れておくと，すぐにふたをすることができる。
③ごっこ遊びへの展開は，子どもが楽しんで遊べるように発達段階を考慮し，興味が持てるように言葉かけをする。

【バリエーション】
遊んだ後に，段ボール片で見立て遊び。絵の具を使い，模様をつけて遊ぶことができる。

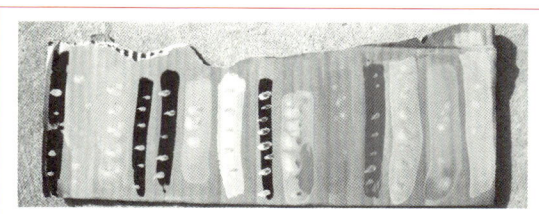

4歳児

4歳児

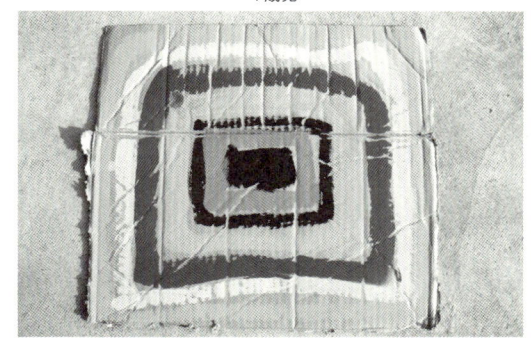

4歳児

4歳児

造形

秋

35 立つものをつくろう

該当年齢 0 1 2 3 **4** 5 歳児

子どもにとって身近な素材のひとつである紙素材。折る・まるめる・曲げるといった一見単純な作業から，ものを立たせるという新しい発見を楽しむことができます。

【ねらい】
① 平面を立体に変形させることへの興味・関心を持つ。
② さまざまな方法があることに気がつき，工夫を楽しめる。
③ さまざまな立体活動へのヒントにし，発展していく。

【準備・環境づくり】
① 場の設定：落ち着いて活動ができるように配慮し，平らな場所で行う（机，工作台など）。
② 準備：画用紙・クレヨンなどの画材・セロハンテープ。

【遊び方・プロセス】
① 画用紙に自由に生き物の絵を描いてみよう。しかし，そこに描かれた生き物は，平面の生き物である。そのことに着目し，この生き物達を立たせてあげることにしよう。
② 画用紙に描かれた生き物は，そのままでは立つことができない。
③ 立たせるということにおいて，制約は何もない。しかし，使える材料や道具は何もない。生き物の描かれた画用紙のみを使ってチャレンジしてみよう。
④ 描いた生き物に応じた立たせ方を工夫してみよう。
⑤ 道具や接着剤を使用せず，折る・曲げるといった単純な発見を楽しむ。

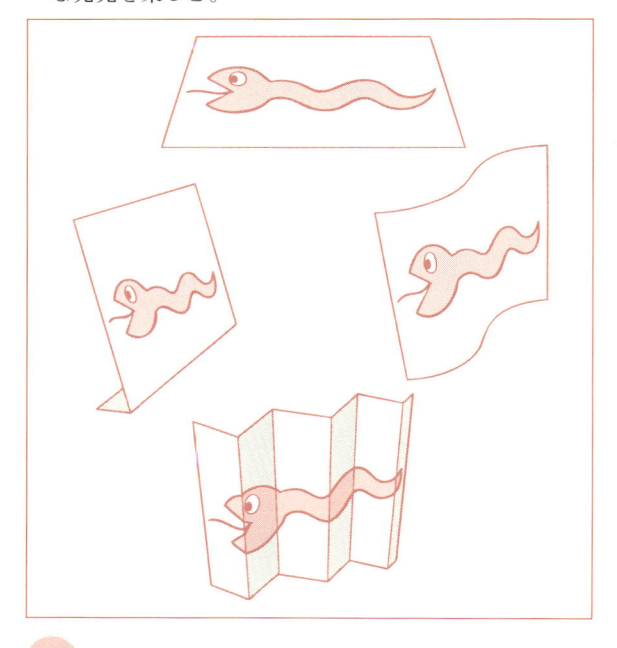

【援助のポイント】
① 子ども達の発想の豊かさを，ともに活動しながら感じ取る。
② さまざまな方法や大きさで取り組めるように，画用紙のサイズはさまざまに，多めに用意する。
③ 年齢が高まるにつれて，よりその生き物らしく見える立たせ方に工夫ができるように見守っていく。
④ 発展の活動として，段ボールや厚紙などを展開していく。
⑤ 廃材製作や，見立て遊びなどの初期段階としてこの活動を行い，発展していく。

【バリエーション】
切り込みを使った，厚紙の組み合わせ工作。
厚紙に切り込みを入れる際は，力の入れ加減に十分注意する。細かい着色や細工にとらわれず，発想や工夫のおもしろさを体感できるよう取り組む。

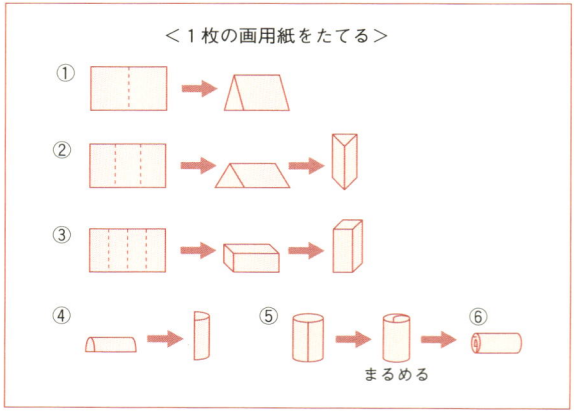

＜1枚の画用紙をたてる＞

①
②
③
④ ⑤ ⑥ まるめる

造形 秋

36 迷路ごっこ

該当年齢 0 1 2 3 4 5 歳児

子ども達は自分の姿を隠したり，友達の姿を探したり，ぐちゃぐちゃと入り組んだ道を探ったりするのが大好きです。いないいないば～が愉快に感じる時期に，たくさん経験したい遊びです。

【ねらい】
①身近にある段ボールや大型積み木で仕切りながら，道をつくって楽しむ。
②最初は頭だけ隠していれば隠れていたつもりになっていたものが，徐々にからだ全体へと思いが至るようになる（他者の観点が理解できるようになる）。
③年長になれば仲間と協議し工夫しながら，協力して迷路づくりに数日間かけて取り組むようになる。

【準備・環境づくり】
①ふだんからものが入っていた段ボールやパネルなどをストックしておく。
②出入りの電気屋さんなどにも声をかけておいて，冷蔵庫が入っているような大きな段ボールを依頼しておく。
③机や椅子で道をつくり，汽車ごっこや電車ごっこ遊びで楽しむ。
④段ボールを四角く組み立て，なかに入るなどトンネル遊びで楽しむ。
⑤設計図を描き，仲間とイメージを共有する。
⑥はさみ，段ボールカッター，ガムテープ，ひも，絵の具，マーカーペンなどの造形グッズ。
⑦ホールや遊戯室のような広い場所を確保して遊ぶ。

【遊び方・プロセス】
①いないいないば～などのかかわり遊びを楽しむ（1～2歳児）。
②簡単なかくれんぼ遊びを楽しむ（3歳児から）。
③遊戯室に段ボールなどのパネルになるような材料を持ち込み，連結できるようにガムテープやセロハンテープ，ひもなどの造形材料を用意する（4～5歳児）。

【援助のポイント】
①最初から迷路をつくることを促すのではなく，段ボールを四角く組み立てたもので，トンネル遊びをしたり，人間ブルドーザーをしたりして十分に楽しみ，段ボールの性質や特性を知ることができるようにする。
②迷路遊びは，隠れながら移動することができることがおもしろさであるので，隠れることをともに楽しんだり，追いかけられることをおもしろがったりするような雰囲気づくりが肝要である。
③つくる作業は，技術的にも高度なものなので，主に年長が担当し，スズランテープをつけ下げたり，色を塗ったりする作業を年中や年少が担当するのがよいと思われる。1～2歳児や3歳児は，おもにお客さんとして招待される。
④遊んでいるうちに，壊れたりすることもある。壊れればそのつど，修繕するよう促す。また，遊んでいるうちに，新たなアイデアが出たりすることもあるので，保育者は子ども達の発想を取り入れ，さらなる活動へと導くことが重要である。
⑤年少の子ども達を招待し，遊ばせてあげることに年長の子ども達は喜びを感じるが，やはりなんといっても自分達で心ゆくまで遊びたいのである。その時間は十分にとる必要がある。

段ボール箱のトンネル

人間キャタピラ

迷路のイメージ

造形 秋

37 やきものづくり
―七輪を使って―

該当年齢 0 1 2 3 4 5 歳児

粘土遊びは子どもにとって、心が開放される活動です。水を加えても元に戻らないものができることを経験し、土粘土への興味・関心も高まり、「作品」を使っての遊びも発展するでしょう。

造形　秋

【はじめに】
　園庭の植え込みのなかや遊具の陰に、そっと隠されたまんまる、つるつるの泥だんごや怪獣などを見つけることがある。子ども達はこれらと明日の遊びを約束して降園したのだろう……。子ども達の思いや願いが練り込まれた作品が「やきもの」となったら、どれだけ親しみがわき、大切にし、またつくってみようとする意欲がわくであろうか……と常に思う。やきものづくりは専門的で難しく、窯が無くてはできない……と思うかもしれないが、実は簡単にできるのである。失敗は成功のもとである。子ども達とやきものづくりにチャレンジしてみよう。

【ねらい】
①土粘土をこねたり、叩いたり、伸ばしたりして、感触を楽しみ味わう。
②油粘土と同様に成型する。作業中、乾燥するとかたくなるので注意。
③七輪を使って焼成の仕方を知る。
④焼成した作品に触れて、かたさや色の変化を確かめ、それを使って遊ぶ。
⑤いろいろな種類の土粘土を使って、焼き上がりを楽しむ。

【準備・環境づくり】
①場の設定：室内でもよいが、床などが汚れるのでシートを敷く。園庭の木陰など、直射日光が当たらないところに作業台を出すと、心が開放され、さらに効果的であろう。
②準備：土粘土（粉末粘土でもよい）、水、ぞうきん、作業台、木の粘土板、どべ、タオル、粘土ヘラ、新聞紙など。

【遊び方・プロセス】
①土粘土を粘土板の上でよくこねて、土のなかの空気を出す。
②形をつくる…粘土の厚さが厚すぎないように（7mmくらい）。 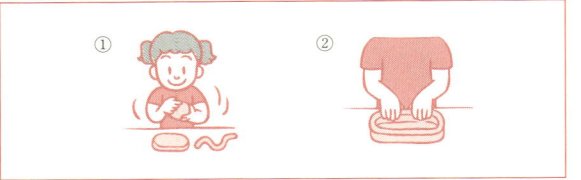
③乾燥する…日陰でゆっくりと時間をかけて十分にかわかす。 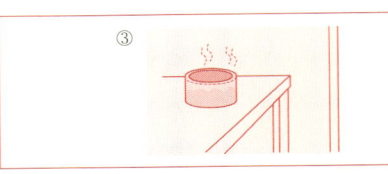 
④焼成…小さな作品は次の図のように七輪のなかに入れる。
ア）七輪に前もって種火をつくる。
イ）大きめの炭を入れた後、細かな炭を注ぐ。
ウ）作品をていねいに入れる。重ねてもよい。
エ）さらに、細かい炭をたくさん注ぐ。
オ）山型に炭を盛る。
カ）植木鉢を逆さまにかぶせ、そのまま放って置くと、温度は上がる。
キ）早く温度を上げる場合には空気を送る。窯のなかの大体の温度は、植木鉢の穴からのぞいてなかの色により知ることができる。赤…600〜700度（素焼き）、明るい赤…800度、輝く赤…950度、白っぽく輝く赤…1000〜1100度

<素焼き>
　七輪を使って焼く場合は、素焼きが適している。釉薬（うわぐすり）をかけない焼き方であるが、火の当たり方によって、焼きあがりの色が変化するのでおもしろい。テラコッタ粘土や信楽の「とくねり・並コシ・粘土」などは使いやすい。 

<本焼き>
　素焼きの上に釉薬をかけて、さらに高温（1230〜1250度）で焼く。七輪で焼く場合、1230〜1250度に上げることは難しいので、本格的に焼くのであれば、電気窯のあるところに出して、焼いてもらうことができる。

㊳ お話の絵

該当年齢 0 1 2 3 4 5 歳児

アニメなど，映像の世界に慣れてしまっている子ども達です。自分の体験を大切にすることは，豊かなイメージにつながり，お話づくりに役立ちます。

【ねらい】
①お話を聞いて，自分なりのイメージをふくらませて楽しむ。
②自分のイメージを表現する喜びを味わう。

【準備・環境づくり】
①子どものイメージしやすいお話を用意する。
②子どもがイメージしやすい話し方を工夫する。
③お話にふさわしい用紙や，用具を用意する（画用紙，絵の具，クレヨンなど）。
※青や赤，緑などのはっきりした色と，やわらかなパステル調の色をバランスよく用意しておくとよい。

【遊び方・プロセス】
①保育者からお話を聞く。
②お話のなかで，印象に残ったことやイメージしたことを言葉やからだで表現してみる。
③自分のイメージした部分の絵を描く。
④描いた絵を持ち寄って，見せ合ったり，自分達のお話の世界を楽しむ。

【援助のポイント】
①毎日の保育のなかに，お話が生まれやすい生活があることを心がけることが大切である。
②聞かせるお話として，子どもにとって形がイメージしやすいものを工夫して話す。
③印象に残る驚き・おもしろさ・悲しさ，形・色・大きさなどが表現するきっかけになったり，表現がしやすくなったりする。
④「○○を描きましょう」ではなく，お話の絵は「○○のお話，どんな気持ち」「○○のお話のどこを描きたい」など，感じたことや印象に残ったことを紙に思いのままに表現できることが魅力的な造形遊びである。

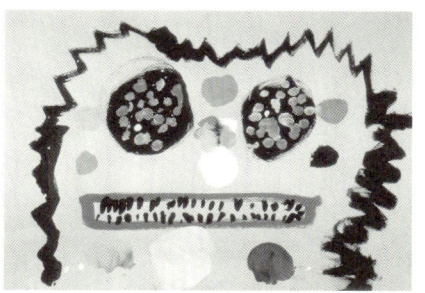

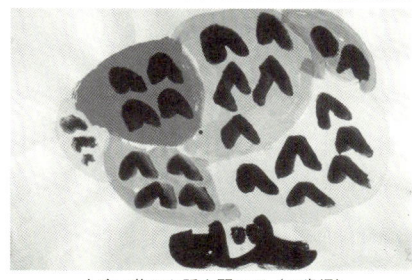

人喰い花のお話を聞いて（5歳児）

穴のなかにすんでいる謎の虫のお話を聞いて（4歳児）

【バリエーション】
＜体験を生かしたお話の絵＞
　動物園に行った後や遠足，運動会など，子ども達にとって印象深い出来事を題材にする。
＜偶然の絵からつくるお話の絵＞
　3歳児など，1人ひとりが描いた好きな絵を，保育者がつなげて，紙芝居のようにお話にして聞かせる。

真夜中になると光る神社のお話を聞いて（5歳児）

造形　秋

39 絵本づくり
—つくって遊ぶ—

該当年齢 0 1 2 3 4 5 歳児

好きな絵を描き，お話をつけて，簡単に絵本のできあがり。型も大きさもページ数も自由です。経験や願望，夢が絵とお話をどんどんつないでいきます。

【ねらい】
①喜び，感動などを続きのある絵にする。
②絵にした主人公のイメージを広げ，つなぎながら，絵本をつくる楽しさを知る。
③年齢に応じて，描く表現を切り絵やはり絵などにしてみる。
④他の子ども達の前でつくった絵本を発表しあう。

【準備・環境づくり】
＜準備＞
絵本にする台紙（画用紙・藁半紙・印刷用の紙など）・描く材料（パス類・フェルトペン・鉛筆・色鉛筆など）・綴じるもの（ホチキス・リボン・モール・ひも類など）

＜環境＞
①絵本にしたくなるような，台紙を綴じたものをたくさんつくっておく（2枚の紙・小さな紙・色のついた紙・型のおもしろいものなど）。
②自由に描いた絵の続きを描いてみるように声をかけ，続きの絵ができたら綴じる。
③続きの描きやすい紙をつくっておく。子どもの取り出しやすいところに準備しておく。

【遊び方・プロセス】
＜絵本の台紙のつくり方＞
①画用紙1枚を2つ折りにしただけのもの（4ページの絵本）。

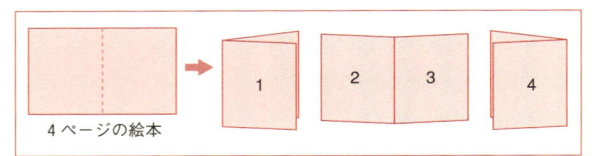

4ページの絵本

②上記のものを2～3組つくり，重ねてとめる。

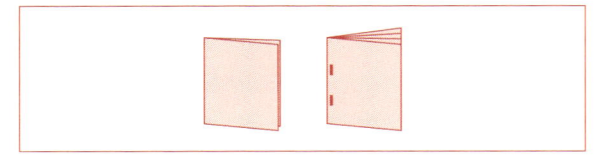

③いろいろな型や大きさの紙を重ねて綴じる。

④藁半紙（印刷用紙）を細長く切ってつなぐ。

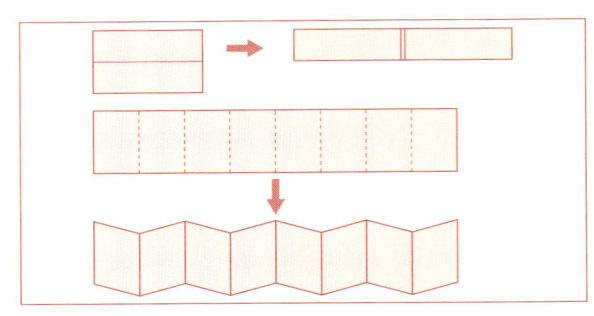

⑤1枚の紙を折ってつくる。

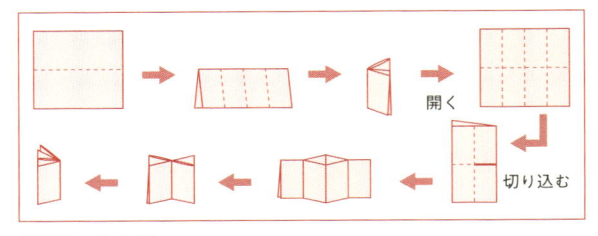

⑥綴じ方の例
モールを使用する。

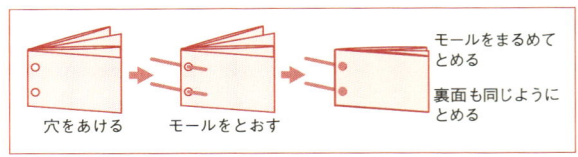

穴をあける　モールをとおす　モールをまるめてとめる　裏面も同じようにとめる

＜絵本づくりの事例＞（線遊びを手がかりに）
台紙のつくり方④を生かして

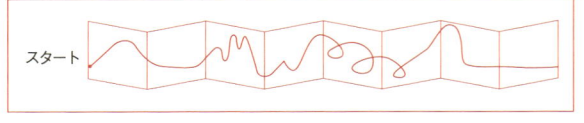

スタート

①好きなパスを好きな位置から1本持って線遊びをスタートさせる。
②保育者の言葉かけでスタートして，最後のページまで線の散歩をする。「登ったり，ギコギコ山を歩いたり，早く歩いたり，ゆっくり下ったり，遠くまで出かけたり」など声をかけながら散歩を進める。
③線を手がかりに，主人公を決めて絵を描き進める。リンゴのお出かけ，犬の散歩，春から冬まで，虫の散歩，車でのお出かけなど。
④絵を紙や布などで切って貼るのも楽しめる。
⑤文や言葉は自分で書いたり，保育者が聞きとって書く。
⑥年齢に合ったページ数や表現方法を工夫する。

造形　秋

㊵ 段ボール遊び

該当年齢 0 1 2 3 4 5 歳児

身近で変形や組み合わせのしやすい段ボール。全身で段ボールとかかわり、入ったり壊したり、切ったりつなげたりしながら、子ども達のイメージはさまざまに広がっていくことでしょう。

【ねらい】
① 全身でのかかわりが発散や開放となり、安定につながる。
② 切ったりつなげたり、組み合わせたりしながら、イメージを広げる。
③ 友達と意見を出し合い、協力して遊びを進め、仲間関係を深める。

【準備・環境づくり】
① 段ボールの大きさはさまざまで、ミカン箱くらいのものから冷蔵庫くらいの大きなものまで用意する。
② 机や椅子を片づけた保育室、またはホールなど広い場所に、たくさんの段ボールを置いておく。
③ 段ボールは、つぶした状態と立体（箱状）の両状態で設定する。
④ クラフトテープ・ガムテープ・ひもなどを、子どもが扱えるよう多めに用意する。
⑤ 子どもの遊びの広がりを予測して、大型積み木や巧技台なども、子どもが扱える場所に用意しておく。

【遊び方・プロセス】
① 段ボール箱を見つけて入ったり、箱の積んである山にのったり、箱をかぶったりして遊ぶ。
② つぶした状態の段ボールを起こし、なかに入って電車に見立ててごっこ遊びが始まる。
③ 3歳児は保育者と一緒に段ボールに入り、ごっこ遊びを始める。
④ 廊下や園庭などを歩きまわり、クラスの前では〇〇組駅と、花壇のところでは△△駅とアナウンスしたりする。
⑤ 5歳児は箱と箱をクラフトテープ（ガムテープ）でつなぎはじめ、2人のりをつくり友達と一緒に電車ごっこをしたり、お客さんをのせたりする。
⑥ 遊びが進むと、友達とアイデアを出し合って、踏み切りやトンネルをつくる。

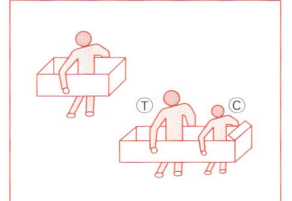

【援助のポイント】
① 設定が4～5月の時期であれば、狭い段ボールに入る遊びは、3～4歳児の不安な気持ちをやわらげるが、個の遊び中心の時期なので、異年齢とのかかわりは保育者が援助し、個々のペースが守られ、気持ちが満たされるよう配慮する。
② 段ボール遊びはさまざまで、1人で入ってお風呂に見立てたり、びっくり箱のように、なかから飛び出したり、段ボールカッターで切ったり、少人数のグループで家に見立てたり、自動販売機をつくったり、クラス共同でロボットや動物をつくったり、年齢・時期・ねらいにより多岐にわたる。
③ 子どもが段ボールの特性を感じ、遊びのなかで考え工夫し、イメージし、時期に応じて友達と協力していくための援助が大切である。

【バリエーション】
① 空洞状の段ボールをつなげてトンネルづくり。空洞状のものは倒れやすいので、冷蔵庫大の大きな段ボールと組み合わせてもよい。倒れない工夫として片側を壁につけたり、大型の積み木や巧技台で支えたりするなどがあるが、子どもの気づきを待ったり、子どもが試して考えられる言葉をかけたい。トンネルからイメージが広がり、お化け屋敷になったり迷路になったりもする。
② トンネル遊びなどで弱くなった段ボールは、開くと大きなキャンバスにもなる。絵の具のぬたくりをしても楽しい。
③ トンネルなどを解体する際に、段ボールカッター（専用のもの　　または　　）で切ることを楽しんだり、切ったものを組み合わせてブーメランをつくったり、組み合わせて見立て遊びをしてもよい。段ボールカッターを使う際には、道具の危険性を伝え、安全面に十分気をつける。

〈ブーメラン〉マジックで模様を描く　セロハンテープを巻いてとめる

段ボールを切ったものを組み合わせて恐竜に

（4歳児　秋）

段ボールを切ることを楽しむ遊び

段ボールをつなげてトンネル遊び

外のコーナーでウサギの遊び場の柵づくり。段ボールを開いたものに絵を描いたり色を塗ったりする。

みんなでのれる船をつくろう　（5歳児　6～7月）

お話のイメージから巨大な木をつくる　（5歳児　秋）

造形

秋

41 縫いとり
―糸と針で縫い遊び―

該当年齢 0 1 2 3 4 5 歳児

子どもは大人の姿に憧れを持ってまねしようとします。料理や手芸もそのひとつです。本物の針と糸を使って、布を縫う前に、紙を使って縫いとり遊びをしてみましょう。縫うおもしろさが味わえます。

【ねらい】
① 糸と針を使い、縫うことのおもしろさを知る。
② 穴をあけるときのプツプツの感触を楽しむ。
③ 縫っていく方向や順序を知る。
④ 糸や針の道具を大切に扱う。

【準備・環境づくり】
① 場の設定：座るところは安定して落ち着く場所を設定し、安全（針を使うので）にも注意する。
② 準備：図案を描いた画用紙（1/4の大きさ）数種類。図案の線上に約0.7cm間隔で点線をつけておく（印刷しておくとよい）。毛糸針（5cmくらい）、刺しゅう糸（DMC5番）各色、発泡スチロール板（18cm×13cm×1cm）、牛乳びんふたあけ針

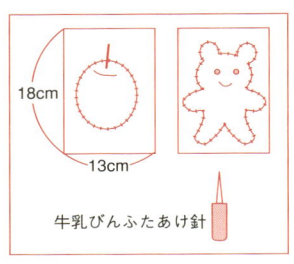

【遊び方・プロセス】
① 図案入りの画用紙を発泡スチロール板の上にのせ、牛乳びんのふたあけ針で印のついた点線のところをひとつひとつ穴をあける（裏側までとおるように）。
② 針に好きな色の糸をとおし、糸の終わりを玉結びをする（1本どりでもよいが、はじめは2本どりがやりやすい）。
③ 紙の穴のところを針で刺し、方向にそって裏表と刺して繰り返し縫っていく。
④ 糸が終わったら、そこで玉止めをして、また針に糸をとおし、続きを縫う。
⑤ スタートのところまで戻ったら玉止めをして、仕上げる。

【援助のポイント】
① 今まで針や糸を使ってものを縫う、という経験をほとんどの子どもがしていないので、子どもがやりやすいように保育者が手伝い、縫うことのおもしろさや楽しさが味わえるようにする。
② 本来は布を縫うことが目的ではあるが、布は紙と違いハリがなく、扱いにくいので、紙を使って縫うと裏や表に返すときに扱いやすい。
③ 針を扱うので安全を考え、先が尖っていない毛糸針を使うとよい。
④ 針に糸をとおすところや、玉止めなどは保育者が手伝うが、経験を重ねて慣れると、自分でできるようになる。
⑤ 該当年齢は4～5歳児としているが、3歳児も大人が援助していくと、ひとりで縫えるようになる。
⑥ 子ども自身、縫うことがおもしろくなってくると集中し、持続して行うようになる。
⑦ 刺しゅう糸は何色も用意し、子どものイメージに合うものが使えるよう準備する。
⑧ 図案は、初めは単純で線もゆるやかな曲線のようなものにし、慣れたら複雑な形にしてもおもしろい。
⑨ 終了後は必ず針の本数を確認する。

【バリエーション】
＜縫いとりのバリエーション＞
① 図案を各種用意するが、大きさを変えて画用紙を倍（18cm×26cm）にした図案にしてもよい。
② 子ども自身が好きな絵を描き、それを縫いとってもおもしろい。
③ 1度縫った後、糸の色を変えて間を違う色の糸で縫うと変化がでておもしろい。

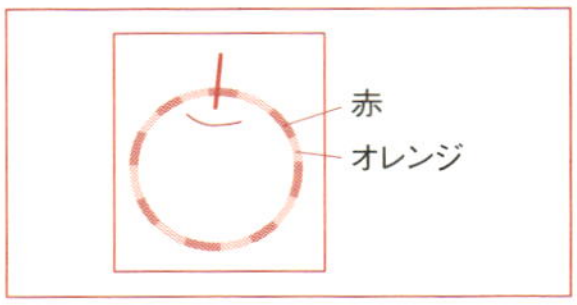

＜クリスマスの靴下をつくる＞
画用紙を靴下の形に2枚切り、周りを縫いとる。大きさは用途によって異なるが、ツリーに飾ったり、オーナメントにするならば、縦10cm横6cmぐらいにする。プレゼントを入れるようにするには大きくつくり、縦25cm横20cmぐらいにつくる。

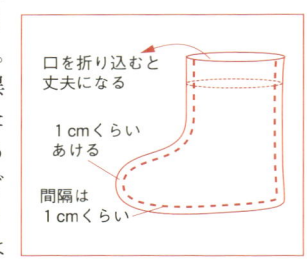

＜手紙ラックをつくる＞
卒園児へのプレゼントとして、年中児がつくって渡してもよい。色画用紙の28×20cmを1枚と17×20cmを1枚用意する（2cmの折り返しをする）。周りの点線に穴をあけ、針と糸で縫っていく。リボンをつけて壁に掛けられるようにする。裏側に○○ちゃんへ、△△よりと書いて渡すと記念になる。

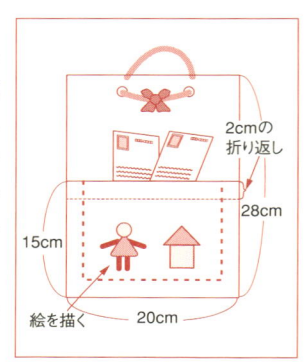

㊷ ぬいぐるみつくり

該当年齢 0 1 2 3 4 **5** 歳児

縫いとりを経験し，針運びに慣れたら布を使って，ぬいぐるみをつくってみましょう。難しいところは大人に手伝ってもらいます。手ざわりがよく，扱いも手ごろなのでマスコットとして愛用されます。

【ねらい】
① 自分で使うおもちゃを自分でつくる楽しさを味わい，つくったものをいとおしんだり，大切にしたりする気持ちを持つ。
② 縫うことによって，ぬいぐるみができるおもしろさを味わう。
③ つくる過程を知り，楽しむ。
④ 針や糸の道具の扱い方を知り，安全に注意して使う。

【準備・環境づくり】
① **環境**：安定し，落ち着いて活動できる場所を設定する。ぬいぐるみをつくる前に，縫いとりの経験を多く取り入れ，針の扱いや縫う方向などに慣れておく。
② **準備**：布（淡色のブロード）15×20cmを2枚・型紙（クマ・アヒル・車など）・綿（パンヤ）・木綿針・木綿糸・鉛筆・マジック

【作り方・プロセス】
① 布2枚を重ねて置き，その上に好きな型紙をのせ，鉛筆で形をとる。
② 型紙をはずし，鉛筆の線の上をマジックで0.6～1cm間隔の点線を入れる（下の布までしみとおるように）。
③ 針に木綿糸をとおし，点線のところを縫っていく。そのときに綿入れ口を5cmぐらい残しておく。
④ 周りを1cmの縫い代を残して切り，角のところには切り込みを入れる。
⑤ 綿入れ口のところから中表になるようにひっくり返し，型を整える。
⑥ 綿入れ口より綿を入れふくらみをもたせ，最後に綿入れ口を縫い止める。
⑦ できあがったぬいぐるみに，目やくちばしなど必要なものをマジックで描き入れてできあがり。

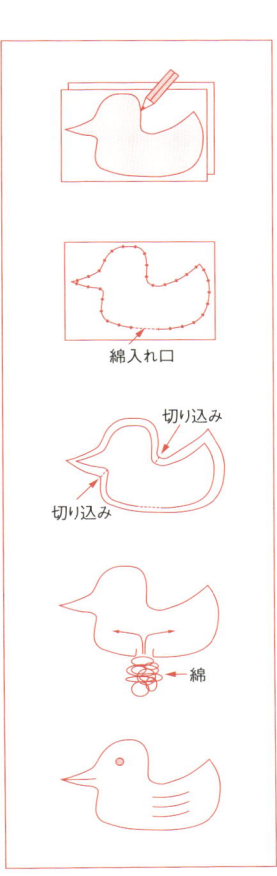

【援助のポイント】
① 縫いとりで縫うことのおもしろさを知った子どもは，次のぬいぐるみに挑戦しようとするが，布の扱いが難しく戸惑ってしまう。そこで保育者がかかわったり，あるときは保護者との参加保育などで行うとスムーズにできる。
② 子どものできるところ（型をとる，点線をつける，できる限り縫う，綿を入れるなど）は子どもにまかせて行い，その他のところは大人が手伝う。
③ 針は木綿針で細く，先もとがっているので，持ち方や扱い方を伝え，注意して行えるようにする。
④ マジックで点線をつけるのは，下の布に点がしみて布を裏にしたときに点の位置が見え，そこに針をさせるようにするためだが，マジックを使うときは，下に紙などを敷いて，机の上までとおらないように注意する。
⑤ 小さいぬいぐるみでも，子どもにとっては縫う量が多く，途中であきることもあるので，続きにしたり，手伝ったりし，ゆっくり仕上げていく。
⑥ 子どもは自分ひとりのぬいぐるみができたことを喜び，大事にし，かばんに取りつけたり，抱いて寝たりしていとおしむ気持ちが育っていく。

【バリエーション】
① 型紙を変えることで，いろいろなぬいぐるみができる。作品展のときなど，テーマにあった作品（水族館だったら魚，動物園だったら動物）をつくることができる。

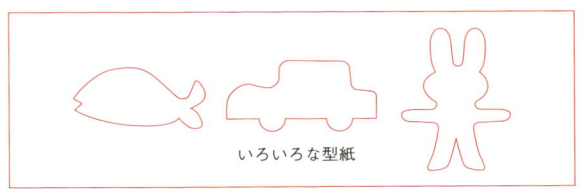

いろいろな型紙

② 劇遊びで使う小道具など，自分で縫い，仕上げる。
ア）帽子（ピーターパン・ききみみずきん役に）
イ）エプロン（母親や先生役に）

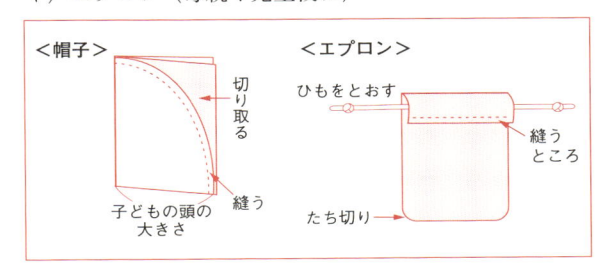

造形　秋

㊸ 模様遊び（木工遊び）

該当年齢 0 1 2 3 4 **5** 歳児

木工遊びは5歳児にとって，大変興味のある遊びです。木の板をのこぎりで切ったものにたくさんの釘を打ち，その釘にいろいろな色のゴムひもを結び，自由に釘から釘にかけていくと模様ができあがります。

【ねらい】
① のこぎりやかなづちの基本的な扱い方を話し，安全に注意して扱えるようにする。
② のこぎりで木の板を切るおもしろさを味わわせる。
③ 木片に釘を打つことを楽しむ。
④ 打ち並べた釘にさまざまな色のゴムひもをかけて，模様をつくって遊ぶ。

【準備・環境づくり】
① 場の設定：室内でも園庭でもよいが，机の上に画板などを敷いて机に傷がつかないようにする。
　木の枝をのこぎりで切るとおがくずが出るので，掃除がしやすい場所がよい。
② 準備：木製の菓子箱，せとものが入っていた木製の箱，木工所や建築現場の木切れなど（厚さ8～10mmくらいのもの，厚さが薄いと釘が下に抜けてしまう），釘（長さ40～50mmくらいのもの，色が塗ってあるものがあるときれい），手芸用や女子が髪を結ぶのに使うさまざまな色のゴムひも。
　のこぎり，かなづち（子ども用の小さいものよりある程度の重さのある両端の平らなもの（げんのう）が打ちやすい）。

【遊び方，プロセス】
① 木の板をのこぎりで，自由に好きな大きさに切って，好きな絵をクレヨンで描く。
② その上に好きな場所に釘を打つ。
③ 色ゴムひもの好きな色を何色か選び釘に結びつけ，釘から釘へ好きなようにゴムひもをかけていくときれいな模様ができ，最後も釘に結んで止める。
④ ゴムひもは伸び縮みするので，子どもが釘にかけたり結んだりするのも容易である。

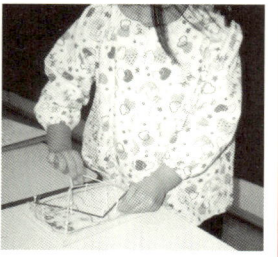

【援助のポイント】
① 木片が園だけで集まらないときは保護者に声をかけたりして，さまざまな木片を用意する。
② 釘は釘箱から出して使い，落とした釘はすぐに拾って釘箱に入れる。
③ かなづちを持つときは，柄の中程より後ろのほうを持つようにするとよい。
④ 釘はなるべく先のほうを押さえて打つようにする。
⑤ のこぎり，かなづちを持ち歩いたり，ふり回したりしないよう，安全について注意をする。
⑥ のこぎりを使ったり，釘を打つときは，1人ひとり十分に目が届くようにして行う。

【バリエーション】
① 色ゴムひもを輪ゴムに変えて，指で輪ゴムをはじいて鳴らし，楽器として遊ぶ。
② 木片でなく発泡スチロールにようじをさして，カラー輪ゴムをかけて模様にする。
③ 毛糸などをかけていくと，違った質感のものが楽しめる。

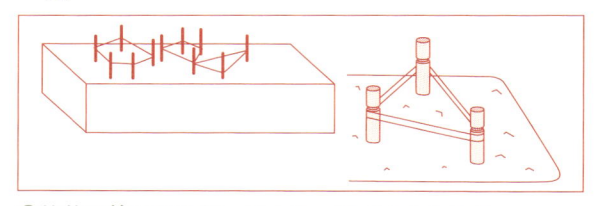

④ 筒状の棒に釘を打ってカラー輪ゴムをかける。

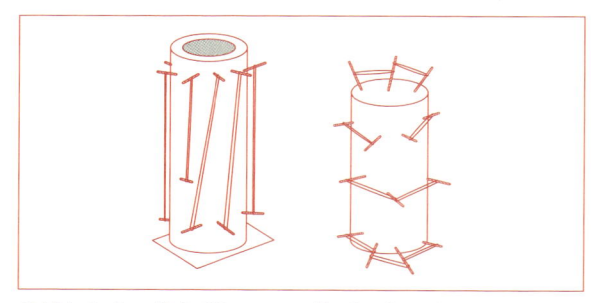

⑤ 枯れた木の枝などにカラー輪ゴムをかける。

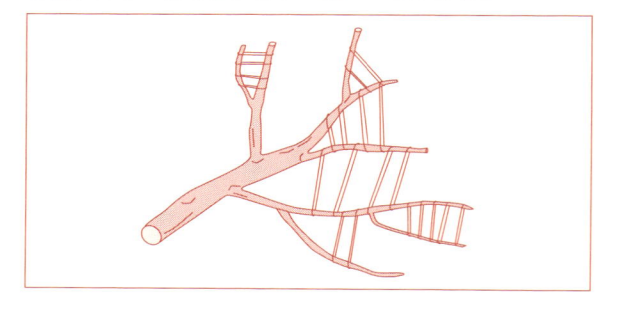

造形　秋

㊹ お店屋さんごっこ

該当年齢 0 1 2 3 4 5 歳児

私達の身の回りにあるものと触れ合いながら、新たな"もの"をつくり出します。また、ごっこ遊びをとおし、友達との言葉のやりとり、異年齢とのかかわりなどにも目を向けさせ、楽しませてあげたいものです。

【ねらい】
①必要な言葉（いらっしゃいませ、いくらですか？ ありがとうございました、など）のやりとりや会話を楽しむ。
②お店屋さんに必要なものを考え、つくることを楽しむ。
③ごっこ遊びをとおし、お店の仕事の内容に関心を持つ。

【準備・環境づくり】
①お店屋さんでどんなものをつくりたいかを話し合い、それらに必要な素材を取り出しやすいように並べ整えておき、使いやすいようにしておく。
②進めていくなかで、お金や看板、値段、お店屋さんの格好（エプロン）など、よりお店屋さんの雰囲気が感じられるようにする。事前に園外にある近所のお店屋さんにみんなで行って、イメージを共通理解させてみるのもいいかもしれない。

【遊び方・プロセス】
①つくりたいものを決め、思い思いにつくる。
②できたものをコーナーごとに並べ、配置する。
③お店屋さん役とお客さん役に分かれ、売り買いを楽しむ。
④クラスのみならず、学年ごとや園の規模に応じて、異年齢との売り買いの楽しさを感じさせていくのもよい。

【援助のポイント】
①年齢によっては売り買いの言葉のやりとりがうまくいかない場合もあるので、お金1枚に対して1つ品物が買えるなどというようなルールを決めておくとよい。
②あらかじめどんなものがお店屋さんの品物としてよいか、保育者は年齢に応じ考え、つくっておくなど、きっかけづくりをする。
③品物を見やすいように並べたり、部屋のなかをどのように配置したら混雑がないかを考えながら、お店屋さんを設置していく。
④初期のころはおままごとコーナーなどを利用したり、少しずつ楽しめるようになってきたらエリアを広げ、園庭の固定遊具などをお店に見立ててもおもしろい（左下図）。
⑤売り買いといっても時期、年齢によっては言葉の発達も違うので、保育者はよく把握しながら、その子どもにあった言葉かけをしていく援助が大切である。

【バリエーション】
＜身近な素材でつくった品物＞ 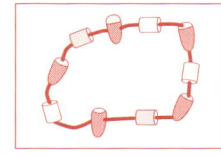
①ペンダント…ドングリとストローを交互に糸でとおす。
②キャンディー…ドングリにマジックで色をつけて包装紙で包む。
③マラカス…カップにドングリ、小豆などを入れる。

＜オリジナルなバッグをつくろう＞

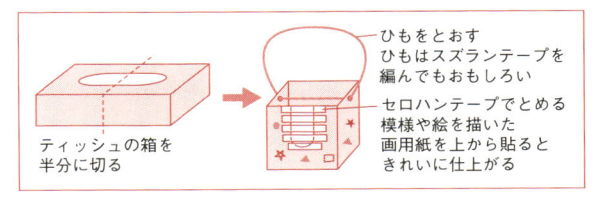

造形　秋

205

㊺ お化け屋敷ごっこ

該当年齢 0 1 2 3 4 5 歳児

本物のお化け屋敷は大人向け。お化け屋敷ごっこならば入ることができ，ワクワク，ドキドキのスリルを味わうことができます。同年齢・異年齢の友達とかかわれるごっこ遊びです。

造形　秋

【ねらい】
①友達と一緒に遊ぶ楽しさを味わう。
②異年齢の友達とかかわり，親しむ。
③イメージの世界に浸り，楽しむ。
④のびのびと身体表現したり，造形表現を工夫したりする。
⑤ドキドキ，ワクワクのスリル感を味わい，通り抜け出たときの満足感を味わう。

【準備・環境づくり】
①段ボールを数個用意しておく。大きさは子どもがしゃがんで入れるくらいのものから冷蔵庫大まで，さまざまで可。
②絵の具と刷毛（はけ），筆を用意する。
③部屋を暗くしたり，お化け屋敷の雰囲気を出すものとしての黒い布や画用紙，ブラックライトなどを用意する。
④お化けの造形表現をするための描画材（マジック＝フェルトペン，クレパス，絵の具など）や空き箱，ビニール袋，ひもなどを用意する。
⑤身体表現をする際の衣装として，男物の着古したＹシャツやお面用ベルトなどを準備する。
⑥子どもが主体的に，自由に活動できるよう，描画材や道具，段ボールはわかりやすく設定する。
⑦いろいろなお化けに興味を持てるよう，絵本も用意しておく。
⑧こわい雰囲気を出す効果音として，適当なサウンド（CDやMD），ラジカセなどを準備する。

【遊び方・プロセス】
①電気の消えている薄暗い部屋をお化け屋敷に見立てている子どもがいる。
②段ボールに入って遊んでいるうちに箱に潜り込み，びっくり箱のように跳びだし，友達の反応，驚く様子を楽しんでいる。
③跳びだす遊びを繰り返しているうちに，お化けの身体表現をし，友達を追いかけて驚かすことを楽しむようになる。
④段ボール箱や部屋のなかに，お化けの絵を描き，紙を切り抜いて，壁などに貼りつける。
⑤黒い布や紙を使って部屋を暗くし，大きめの段ボールをいくつもつなげたトンネルなどをつくって，お化け屋敷に見立てる。
⑥黒い布や段ボールにお化けの絵を貼ったり，空き箱やビニール袋を用いて立体のお化けをつくって飾る。また，上に吊り上げたお化けを落とすように工夫したりする。
⑦お化け屋敷の雰囲気ができあがったら，お化け役になっておどかす子どもと，お化け屋敷をとおり抜ける子どもに分かれて遊ぶ。

【援助のポイント】
①子ども達のなかから自然発生したお化けごっこを大切にしながら，子どもの要求に応じて材料を提供したり，機をみてアイデアを提案したりする。
②子ども達だけでは難しい部分，つまり壁などに黒い布を貼ったり，広い場所を区切ったり，蛍光ライトをつけたりなどは，保育者が行う。
③子ども達が抱くイメージをを大事にし，のびのびと身体表現したり造形表現したりできるよう，認めの言葉かけをしたり，他児の表現を紹介したりする。また保育者自身も，ともに遊び楽しむ。
④異年齢でペアになったり，混合グループで活動したりするときは，子どもの様子に応じて役割分担を援助したり，個々の子どものペースで活動できるよう配慮する。
⑤年上の子どもに憧れたり，年下の子どもの面倒をみようとする気持ちを認め，かかわりの仲介を行う。

【バリエーション】
①夏祭り・夕涼み会などの行事で行う場合は，保護者にも協力してもらい，広いホールなどを利用して，子どもの背丈が隠れるくらいのベニヤ板などで迷路状に区切ったりしてもよい。
②蛍光絵の具や蛍光ライトを用いると，お化け屋敷の雰囲気がより強く出る。

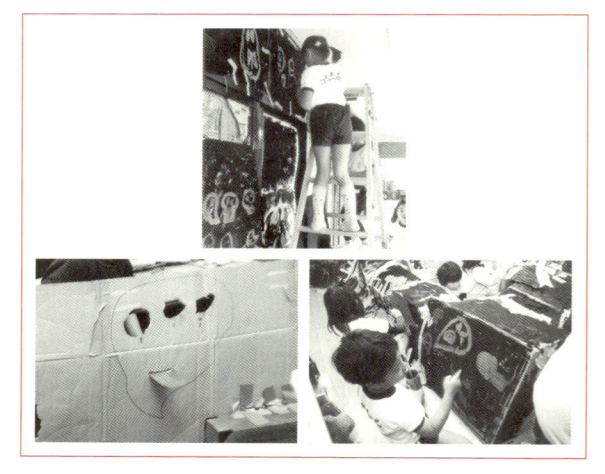

㊻ 落ち葉遊び

該当年齢 0 1 2 3 4 5 歳児

近くの公園や園庭に，どこから落ちてきたのか落ち葉がいっぱいです。よく見るといろいろな形や色があります。小さな発見をしたり，さらには落ち葉で造形遊びを楽しみたいものです。

【ねらい】
①落ち葉を集めて，その形のおもしろさや色合いの美しさを楽しむ。
②どんな木からどんな落ち葉が落ちるのか，木の名前を調べるなど自然への興味を深める。
③集めた落ち葉を並べて，いろいろな形に見立てて遊ぶ。
④落ち葉を使った造形遊びを楽しむ。

【準備・環境づくり】
①子どもが拾ってきた落ち葉を大切にし，集める場所を決めておく。
②近くの公園に出かけて落ち葉拾いをする。
③造形遊びの材料を用意する。
画用紙，ボンド，セロハンテープ，コピー用紙，クレヨン，鉛筆，透明接着フィルム，古い電話帳，絵の具，古新聞紙

【遊び方・プロセス】
①落ち葉を集めて，いろいろな色があることに気づかせ，色で落ち葉を分けて遊ぶ。赤，黄，茶色，赤と黄，いろいろな色のまだら模様など。
②形で分けて遊ぶ。卵形，楕円形，円形，三角形，紅葉形，針形，ハート形，イチョウ形など。
③落ち葉のトランプ。はがきぐらいの大きさに画用紙を切り，ボンドでいろいろな形の落ち葉を貼り，透明接着フィルムを貼りつける。全部裏返し，神経衰弱ゲームのように同じ形をとって遊ぶ。
④落ち葉のはがき。落ち葉を葉の大きさより少し大きい画用紙にボンドで貼り，画用紙を葉の大きさに切る。乾いたら画用紙の部分に手紙を書く。
⑤落ち葉のスタンプ。落ち葉に絵の具を塗る。絵の具を塗ったほうを下に用紙に置いて上に新聞紙をかぶせて，葉の外側に向かって指でこする。葉の形や葉脈が写しだされる。
⑥葉のこすり出し。葉の上にコピー用紙をのせ，クレヨンでこすると葉の形や葉脈が浮き出てくる。
⑦落ち葉で絵を描く。好きな落ち葉を画用紙に並べる。並べ方を変えながら，何に見えるかイメージをふくらませ，定まったらセロハンテープで止める（右上図）。

【援助のポイント】
①子どもが拾ってくる落ち葉は，大切に受け止める。
②落ち葉はもろいので，押し葉にすると格段に保存しやすくなる。古い電話帳や古新聞紙にはさんで重い本をのせておく。造形の素材としては，押し葉が扱いやすい。

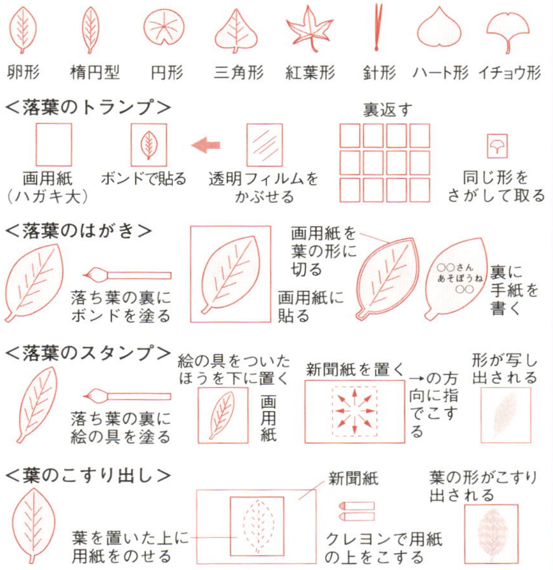

<葉の形のいろいろ>
卵形　楕円型　円形　三角形　紅葉形　針形　ハート形　イチョウ形

<落葉のトランプ>
画用紙（ハガキ大）　ボンドで貼る　透明フィルムをかぶせる　裏返す　同じ形をさがして取る

<落葉のはがき>
落ち葉の裏にボンドを塗る　画用紙を葉の形に切る　画用紙に貼る　○○さんあそぼうね○○　裏に手紙を書く

<落葉のスタンプ>
落ち葉の裏に絵の具を塗る　絵の具をついたほうを下に置く　新聞紙を置く　→の方向に指でこする　形が写し出される　画用紙

<葉のこすり出し>
葉を置いた上に用紙をのせる　新聞紙　クレヨンで用紙の上をこする　葉の形がこすり出される

<落ち葉で絵を描く>

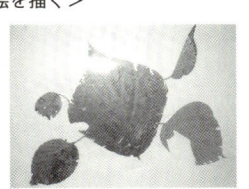

③落ち葉の保存は，葉の裏に接着剤を水で溶かしたものを筆で塗っておくとよい。
④野外で落ち葉を集めるときは，簡単な草花ばさみをつくって持っていくと葉がまるまらない。

<簡単な草花ばさみ> 
段ボールの2枚の間に新聞紙10枚くらいをはさんで止める。開かないようにゴムをかけておく。

【バリエーション】
①たくさんの落ち葉が集まったら，積もった落ち葉の上を歩いて感触や音を楽しむ。
②もっとたくさん落ち葉が集まったら，山に積み上げて，登ったり，もぐったりする。
③落ち葉たきをし，焼きイモを楽しむ。

造形　秋

㊼ 森をつくろう

該当年齢 0 1 2 3 4 **5** 歳児

幼児期に自然界の不思議さに気づき，興味を持つことは，感情の豊かさ，多様なものへの興味へとつながっていきます。身近な環境を生かすことで，豊かな環境に触れることができます。

【ねらい】
① 遊びをとおして，自然への興味・関心を持つ。
② 身近な自然物から，よりダイナミックな遊びへと発展し，楽しむ。
③ 自然の持つ雄大さや，自然のなかで遊ぶ楽しさに気がつき，自然の大切さに気がつく。

【準備・環境づくり】
① 落ち葉や枯れ枝など，日常の散歩などで集めた素材を乾燥させ，保管しておく。
※ 新聞にはさんで押しをするなど，その後の活動で扱いやすいように配慮する。
※ 土木用ボンドを水でうすめて，筆で葉っぱの両面に塗っておくと，落ち葉の状態を保ち，製作などに使いやすくなる。
② 大きな段ボール（立てたときに子どもの背丈を超えるものが好ましい）を切り開き，迷路のように立てておく。
※ 切り開いた段ボールのふたの部分を交互に床に貼りつけ，倒れないようにする。
③ 日常の活動のなかで，森のなかをイメージするお話を読んだり，実際に森林がある場合には足を運び，その雰囲気や静けさなどを感じられるようにしておく。

室内全体を大きく使い，活動をしたほうが大きな展開へとつながる

【遊び方・プロセス】
① 室内に迷路状に段ボールを立てておく。
※ 入り口付近には森のイメージが持ちやすいように枯れ枝や落ち葉を使い装飾しておく。
② 好みの落ち葉や枯れ枝などを使い，段ボールの迷路に装飾を楽しむ。
③ 落ち葉のスタンプや絵の具を使い，段ボールの壁を埋めていく。

※ 実際に体験した森林や絵本での経験をヒントに，声かけを行い，援助する。
④ 同時に，毛糸などに貼りつけた落ち葉や枯れ枝を迷路の天井部分に装飾する。

【援助のポイント】
① 子ども達が森林の持つ雰囲気をどのようにとらえているかがとても大切である。日常の保育のなかで次のことを話し合ったり気づかせたりする。
ア）森林の持つ薄暗さや静けさ。
イ）葉がすれる音や，空を見上げたときにかすかに見える光。
ウ）鳥の声や風の音。
② 森林での活動では，木の実や落ち葉など，子ども達の興味を引くものがたくさんある。しかしそのことだけに目を向けさせず，ときには声を潜め，目を閉じ，かすかに聞こえる音などに気づかせることで新しい発見に導く。
③ 虫や小動物も住んでいる葉っぱの下や，木のほこらに住むものなどに気づかせる。

【バリエーション】
花壇や植木鉢，日常生活では上方向から見るものを地面の高さまで目線を下げてみることで，小さな雑草が大きな森のように見えたり，虫のような目線が感じられる。

植木鉢や花壇などの根元部分を虫眼鏡でじっくりと観るのも楽しい

Column ─ 紙を立てる遊び

1枚の紙を立てるためにどのような方法があるかを工夫させてみます。折る，まるめる，たたむなど。立体的になると，造形的イメージが広がり，創作意欲を生みだしていきます。

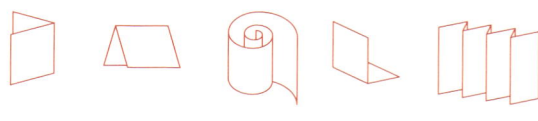

48 ステンドグラス
—光を生かした飾り—

該当年齢 0 1 2 3 4 5 歳児

色光の美しさを身近に体験できる，ステンドグラス的発想の遊びです。紙（台紙）を切り抜いた穴に，色セロハンを貼って光をあてることによりステンドグラスのような効果が楽しめます。

【ねらい】
① 光を当てることによって，美しさを放つステンドグラスをつくって楽しむ。
② 紙を切り抜いて，模様や型のおもしろさを経験する。
③ 色セロハンや黒のラシャ紙などの材料を楽しむ。

【準備・環境づくり】
① 準備：色画用紙（黒・濃紺），色セロハン，のり，はさみ（カッターナイフ）
② 環境：画用紙を切り抜いてセロハンを貼り，窓辺に貼っておく。光の効果を子どもに気づかせるような環境をつくっておく。

【遊び方・プロセス】
① 黒や紺の色画用紙に，どうしたら穴をあけることができるか工夫する。
② どこかを折って切り取ることで，穴があくことを気づくようにする。
③ ひとつ成功すると，なるべくたくさんの穴をつくるようにする。切り込みの入れられるところを探して，折って切り取る。
④ 切り取った穴にセロハンを貼る。のりは切り抜きの周りにつけてセロハンを貼る。のりは穴からはみださないように，穴の周りに少しつけることがコツである。 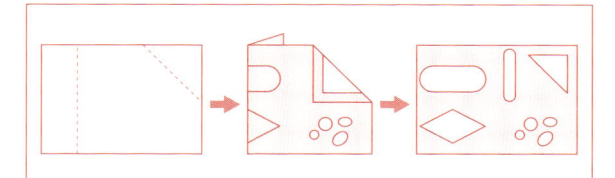
⑤ カッターを使い慣れている場合は，黒の画用紙に好きな絵やデザインの下絵を描いて，カッターで切り抜いていく。粘土板などを下に置いて切り抜くとよい。セロハンの貼り方は同じである。

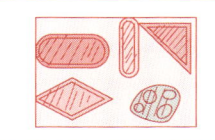

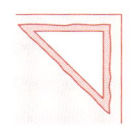

<作品の効果的な生かし方>
① 光の入る窓ガラスに貼る。
② 白の画用紙に貼る。

【援助のポイント】
① 台紙とセロハンを接着したのりが乾いてくると，セロハンが縮んだりまるまったりするので，作品に重石をのせるか，黒の台紙の周りに厚紙を貼るとよい。

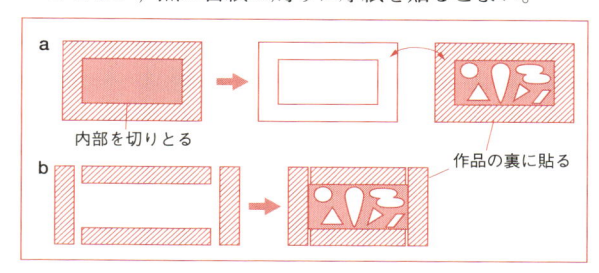

a　内部を切りとる　　作品の裏に貼る
b

② bの方法だと年長児なら自分で貼ることもできる。

【バリエーション】
ラップ，クッキングホイル，油性のフェルトペン（黒，その他の色），空箱のふたを用意する。
① ラップを粘土板などに貼りつける。

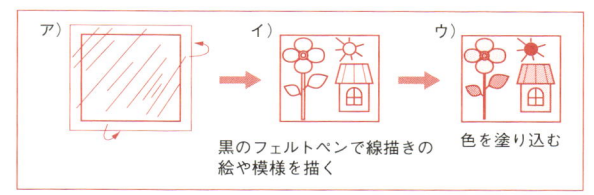

ア）　イ）黒のフェルトペンで線描きの絵や模様を描く　ウ）色を塗り込む

② 空箱のふたにラップの絵を重ねる。

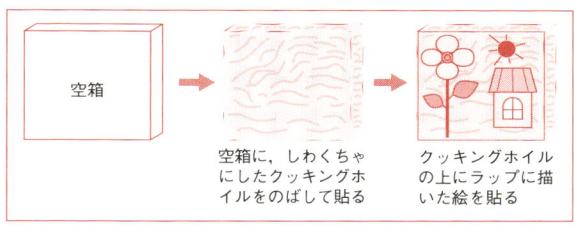

空箱　空箱に，しわくちゃにしたクッキングホイルをのばして貼る　クッキングホイルの上にラップに描いた絵を貼る

③ クッキングホイルの上にラップの絵を重ねて貼ることによって，教会のステンドグラスのような効果が得られる。配慮として，ラップの広いものは扱いにくいので，大きくてもB5サイズぐらいまでとするのがよい。

<ペットボトルのステンドグラス>
① ペットボトルに黒のフェルトペンで線描きする。
② フェルトペンで黒の線のなかに色を塗る。

造形　秋

㊾ 共同製作

該当年齢 5歳児

子どもは，想像力や創造性が豊かで，つくることが大好き。5歳児では，仲間と一緒につくることを楽しみ，製作意欲がさらに増します。仲間関係の育ちを見ることができる活動でもあります。

造形　秋

【ねらい】

① テーマからイメージを広げ，友達と話し合い，つくるものを決める。
② 友達と協力したり，役割分担をしながら，一緒につくることを楽しむ。
③ いろいろな素材や用具を適切に使い，友達と工夫してつくる。
④ みんなで（大きなものを）つくった充実感・達成感を味わう。

【準備・環境づくり】

① テーマを決める

　保育者は子どもが何に興味を持っているか？　どんなことに心を動かしたか？　知っておく必要がある。テーマ保育を行っている園であれば，これまでの活動や取り組みの様子から，子どもの製作意欲がかきたてられるものを選択するとよい。

　それらにプラスして，保育者は，どんな製作活動を経験させたいのかという考えを持つことも大切。

② テーマに興味・関心を持ち，製作へのイメージがわくよう，また，製作意欲が増すような活動を取り入れる。テーマの例として，次のようなものが考えられる。

　[宇宙…プラネタリウム見学・図鑑で調べる
　　物語…劇遊びなどを行い，お話に十分に親しむ]

経験した活動をきっかけに，テーマを見つけるのも効果的。

③ 製作だけでなく，遊び・話し合い・運動（組み体操・リレー・ドッジボール…）・音楽（輪唱・合奏…）など，いろいろな活動で集団行動や共同体験を増やしておく。

④ いろいろな素材や用具を自由に使い，それらを遊びや活動に生かせる環境づくりをしておく。

【遊び方・プロセス】

① テーマをもとに，何をつくりたいか，クラスまたは学年で話し合い決める。
② つくりたいコーナーに分かれる。そのなかで，具体的に何をどのようにつくっていくか話し合い，絵を描く，粘土でつくるなど，設計図づくりをする。
③ 必要なものを準備する。
　ア）保育者が準備する（段ボールは電気屋，家具屋で大きなものがもらえる。木材は工務店へ頼んでおくなど）。
　イ）子ども・保護者に呼びかけ，家から持ってきてもらう。
　ウ）子どもと一緒に教材庫へ行き，一緒に材料や色を選ぶ。

④ 共同製作する。
　大きなグループ
　小さなグループ ｝ つくるものによって。
　個人
⑤ 足りないものに気づき，つくる。
⑥ 喜んで見たり，つくったもので遊ぶ。
⑦ 見せたいという意識が出てくる（他の学年・保護者）。

【援助のポイント】

① 子どもの集中力や，製作にかかる時間を考え，どのくらいの期間が必要か見通しを持つ。
② 年長児なので，製作の開始時間を子ども自身が決める。準備や片づけ（汚れたら拭くなども）を行うなど，子ども達が主体的に取り組めるよう，環境づくりをする。
③ 子どもの得意な面が認められたり，役割分担のなかで生かされるよう，相手を意識して作業を進められるよう援助する。
④ 平面だけでなく，立体や動きの仕組みなどにも気づかせる。イメージを形に表現していくためのアドバイスや，適切な粘着方法など，一緒に行いながら試行錯誤し，子どもの気づいたり，考えたことが体験をとおして身につくようにする。

【バリエーション】

① 作品展，お店屋さんごっこ，〜ランドなどに広げる。

ペンギンの国（3歳）
レストランごっこ（4歳）
共同製作お化け屋敷（5歳）

② 劇遊びの背景や小道具などにする。
③ 室内に展示された中の，好きな場所に椅子をテーブルにしてお弁当を食べる。
④ 遠足ごっこで，他児のつくったものを観てまわる。

50 紙版画
―貼り絵感覚でつくって遊ぶ―

該当年齢 0 1 2 3 4 5 歳児

紙版画は、ふだんの遊びのなかではなかなか経験できないものです。画用紙でつくった版を刷って、紙をあて、そーっとめくった瞬間の感動やおもしろさを十分味わいましょう。

【ねらい】
①紙を切り貼りしながら、版つくりを楽しむ。
②いろいろな素材を使って、動物や乗り物など見立ててつくる。
③版画用インクをつけて紙をのせて、こすったときに紙に写る驚きやおもしろさを味わう。

【準備・環境づくり】
①**環境づくり**：室内や廊下など、子ども達が見えるところに、昨年の園児が取り組んだものを飾っておく。
②**準備**：色画用紙、はさみ、のり、和紙、版画用インク、ローラー、バレン

【遊び方・プロセス】
①画用紙に描いた絵を、はさみで切り、のりで貼りあわせて版をつくる。
②版を新聞紙の上に置き、版画用のインクをローラーでよく練って版につける（画用紙（台紙）に、版となる切り絵を直接貼りこんでいく方法もある）。  
③版をきれいな新聞紙の上に置きかえて、上から和紙をのせてバレンで刷る。
④上にのせた紙を、そっとはがす。

【援助のポイント】
①保育者がまず、版をつくって子ども達に刷って見せる。
②紙が重なり凸凹しているところが写るので、描いただけでは写らないところを子ども達の前でやって見せる。
③つくっているものがわかりやすかったり、イメージしやすいように、色画用紙を使い、貼り絵感覚でできると楽しい。
④版をつくったあとは、のりが完全に乾いてから刷るようにする。
⑤版画用インクは、赤・青・緑・黄・黒など、いろいろな色を用意する。
⑥版画用インクをローラーで練ったり、版にむらなくつけることは難しいので、保育者の援助を必要とする。
⑦バレンでこするときは、紙に写る様子がだんだん見えてくることに気づけるように言葉かけをする。
⑧紙をはがすときに、版が動かないよう、保育者も気をつけて援助する。

【バリエーション】
＜スチレン版画＞
まだ紙を切り貼りするのが難しい3歳児は、スチレン版にサインペンなどで、お絵描きの感触で描いてから刷る。

＜台紙にひと工夫＞
①オクラ・レンコンなどの野菜、ブロックなどのおもちゃや、おもしろい形のものにインクをつけてスタンプし、写る形を楽しみながら台紙をつくる。
②ローラーにしゅろ縄を巻いて、インクをつけてころがし、写る線を楽しみながら台紙をつくる。
③絵の具を水で溶いて、きりふきをして和紙をきれいな色に染めて台紙をつくる。 

＜版をつくる材料にひと工夫＞
片段ボール、エアパッキングなど表面に凸凹のあるものを使い、素材感を生かしてイメージしてつくると楽しい。

造形　秋

51 おひな様
―つくって・飾って―

該当年齢 0 1 2 **3 4 5** 歳児

日本の伝承的文化のひとつとして，全国的に取り上げられているひなの節句です。節句を飾るおひな様は，年齢に応じた方法で，子ども達が包装紙や色紙などを自由に着物の重ね着をさせ，工夫できる遊びです。

【ねらい】
遊びをとおして季節の行事に興味を持つ。

【準備・環境づくり】
①場の設定：室内
②準備：トイレットペーパーの芯・画用紙・折り紙・はさみ・のり・クレヨン・絵の具数色など

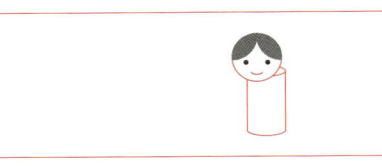

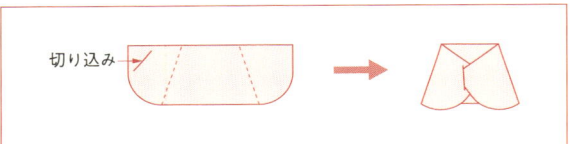

【遊び方・プロセス】
①画用紙でおひな様の顔をつくる（クレヨンでも切り貼りしたものでもよい）。
②トイレットペーパーの芯にのりで顔をつける。
③色画用紙で着物をつくる。端に切り込みを入れ，前を合わせ部分に差し込めるようにする。
④②の胴体に着せてできあがり。飾りをつける（男ひなと女ひなをつくる）。

ア）和紙染め（絵の具）
イ）はじき絵（絵の具）
ウ）にじみ絵（絵の具）
エ）野菜のスタンプ（絵の具）
オ）包装紙，リボン，毛糸，はぎれ（廃材）
カ）折り紙（切り絵，貼り絵）など

※絵の具を使用するものは，絵の具遊びとして事前に行い，保管しておいたものを使用してもよい。
②顔の部分は新聞紙をまるめて芯をつくり，顔のパーツとして小さく切った折り紙を貼ると，立体に見える。軽い紙粘土でもよい。
※髪の毛は細長く切った色画用紙や，毛糸を使用すると個性が出ておもしろい（接着はボンドがよい）。

<季節に応じての製作に……（頭と胴体を生かして）>
胴体とバリエーションの方法を使用し，壁面飾りなどに。
チョウチョ・トンボ・ミノムシ・ツクシ

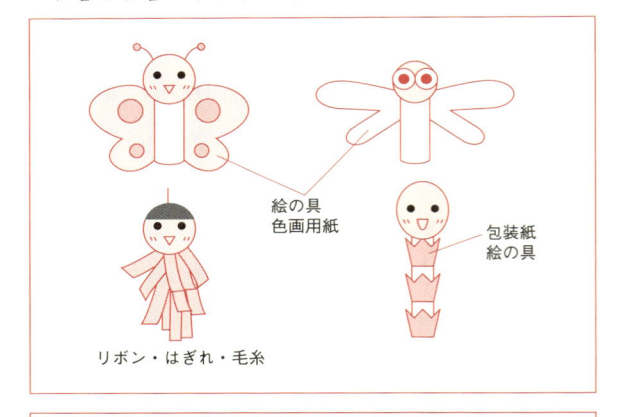

【援助のポイント】
①年齢や発達の時期に合わせて，材料の下準備の段階を決めていく。
②短時間で気軽にできるものから，数日かけるものまで幅広くできる。
③4～5歳児くらいだと，アイデアを出し合いながら取り組むことによって，作品にも愛着がわきやすくなる。

【バリエーション】
<着せ替えひな人形>
①基本の着物を白画用紙で肌着に見立てて，さまざまな着物をつくり，飾ったおひな様を自由に着せ替えて遊ぶ。

52 カードづくり
―送る・贈り合うカード―

該当年齢 0 1 2 3 4 5 歳児

12月は年賀状の話題がでます。そんな生活文化を感じている子ども達と一緒にカードをつくって，離れた相手に気持ちを伝えたり，大好きなお友達や先生と交換したりして楽しみましょう。

【ねらい】
できるだけ交換や投函まで行うことを前提にしたい。
① 全年齢共通のねらい
ア）あいさつの仕方にカードやはがきのあることを知る。
イ）小さな画面に自分の思いを表現する。
② 3歳児〜
ア）指で絵の具を使う技法（指絵の具）を知る。
イ）型を使って形をつくり出せることに気づく（ステンシル技法）。
ウ）黒い画面に描くときの色の選び方のひとつを知る。
③ 4歳児〜
ア）指示された形にはさみで切る。
イ）いろいろな四角い形を組み合わせることで，獅子舞のカードをつくる。＜獅子舞のカード＞参照。
④ 5歳児（この活動のみ通年対応：この事例は外国の幼稚園との交流，他国や大人との交流）
ア）はじめての相手と自己紹介をするためにカードを使用できることを知る（交流，文通など）。
イ）さまざまなパンフレットや広告などを使用することで，簡単にカードをつくることができることを知る。

図1

【準備・環境づくり】
＜共通して準備するもの＞
郵送する場合は，切手と宛名の書かれた用紙（後で貼る）を保護者に依頼しておく。
① 黒画用紙または黒の和紙（最大A5判）
② やや濃い目に溶いた白のポスターカラー（指用には浅いパレットに入れておくとよい）
③ 雪だるまの形に切り抜いた型（予備を考えて3枚程度，ステンシル用：ボール紙などを利用しカードと同サイズ）
④ 絵の具ぞうきん（ぬれているものと乾いているもの各2枚以上）
⑤ 太絵筆
⑥ 手袋と頭につけるバケツ型に切った画用紙片（図2）
⑦ のり
⑧ 台紙になる色紙（最大A4判）
⑨ あけまして , おめでとう , ございます
　□（←獅子の鼻用）＜獅子舞のカード＞（図3）
⑩ それぞれが印刷された1枚の紙
⑪ 3cm×5cmの長方形2つ，2cmの正方形2つ，2cm×1cmの長方形2つを鉛筆で書いた黒画用紙片
⑫ 3cm×8cmの長方形が書かれた白画用紙片
⑬ 9cm×13cmの長方形が書かれた赤の包装紙片
⑭ のりづけ用台紙
⑮ クレヨン（黒と白）

＜最厚口印刷紙または色画用紙に印刷した台紙＞
（最大A4判）
① 項目に合う内容のものが印刷されているもの（イラスト集のコピー，デジカメ写真のプリントアウト，広告紙など）
② 鉛筆 ③ 消しゴム ④ のり ⑤ はさみ ⑥ のりづけ用台紙
⑦ 幼稚園で撮影した個人写真（葉書き横型）(図1)

【遊び方・プロセス】
＜雪だるまのカード＞
① はじめに雪だるまを描く。
② 乾き具合を見ながら，指で雪を表現する。
③ 完全に乾いた状態になってから，小さなパーツをのりづけし，クレヨン描きなどを加えてもよい。

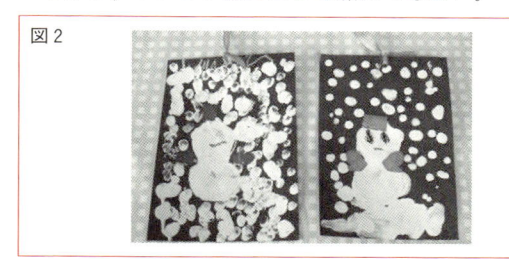

図2

＜獅子舞のカード＞
① 獅子舞を表現したものを目につくところに飾っておく。
② 小さな四角を並べて獅子舞の絵にする（準備⑧〜⑮参照）。

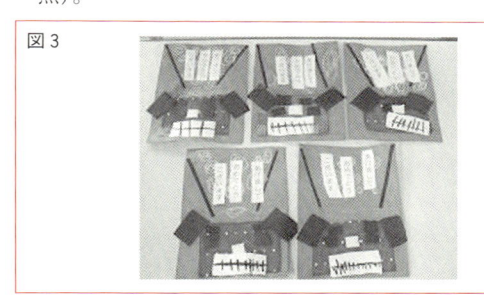

図3

造形

冬

53 ジャンボすごろく

該当年齢 0 1 2 3 4 5 歳児

お正月遊びをいろいろ経験した子ども達は、今度は自分で遊びをつくりだします。手製のこまやカルタなど。そのなかで、子ども自身がこまになり、出たサイコロの目で進んでいくすごろくです。

【ねらい】
① 友達と一緒に、自分達でつくったジャンボすごろくで遊ぶ。
② つくり方やルールを、友達と一緒に考えたり話し合ったりする。
③ チームをつくり、年齢の低い組の子どもも仲間に入れ、チーム間で相談し教え合い、遊びを進めていく。
④ ルールを知り、守って遊ぶことのおもしろさや楽しさを味わう。
⑤ 数対応（サイコロの目と進んでいく数）を知る。

【準備・環境づくり】
既製のお正月遊びを十分堪能した後、子どもがつくりやすい教材や廃材を置いておき、そのなかでこまや凧をつくってみる。カルタやすごろくも自分達でつくれるような環境をつくり、援助していく。

＜準備＞
① サイコロ用：正方形（一辺25cmくらい）の厚紙6枚・直径4cmくらいの黒丸折り紙20枚と赤丸折り紙1枚
② すごろく用：大判画用紙（四ツ切り判）20〜25枚
③ こま用：画用紙・棒（30cmくらい）

【遊び方・プロセス】
① サイコロをつくる。6枚の厚紙を組み合わせ立方体をつくり貼る。各面1〜6までの目を貼る。
② すごろくのテーマを決め（恐竜すごろく・遊園地すごろく・動物すごろくなど）、子どもが1〜2人で1枚の画用紙に絵を描く（クラス人数によって、できた枚数が異なる）。
③ できあがった絵をどのような順番にするか話し合い、スタートからゴールまで順番に並べ番号をつける。

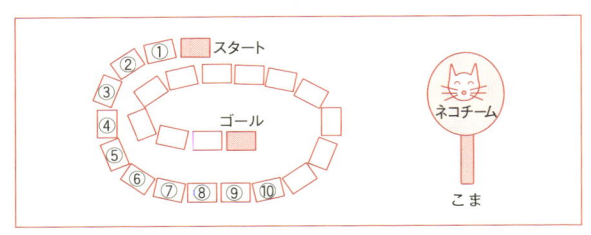

④ 1回休みなどのルールを決め、絵に記入する。
⑤ 各チーム（8〜10人）に分かれ、チームのこま（マーク）をつくる。
⑥ すごろくを部屋の中央に並べ、各チームがその周りに椅子を並べ座る。
⑦ 各チームから1人のリーダーを選び、チームのこまを持ち、スタートに並ぶ。
⑧ 座っているチームの1人がサイコロを振り、こまのリーダーがサイコロの目だけ進む。
⑨ 各チーム順番に行い、サイコロを振る子どもが交代して行う。
⑩ ゴールまで各チームがいったら終わり。

【援助のポイント】
① 年長組や年中組で行ってもよいが、異年齢のかかわりとして、年少組も混ぜてやってみると、おたがいのかかわりが深くなり、遊びの幅も広がってくる。
② サイコロもつくり方から子どもと一緒にかかわり、みんなで目を貼る面を考えながら貼るとよい。
③ すごろくの組み合わせやルールなど、保育者も一緒に話し合いに加わりながら、何日もかけてゆっくり進めていけるようにする。
④ サイコロを振る順番やこまを進める数など混乱しやすいので、保育者が様子を見ながら整理したり方向づけたりしていく。
⑤ すごろくの紙の上をこまになった子どもが歩くが、滑りやすいので注意して進むように伝える。または紙の上でなく横を進むとよい。

【バリエーション】
＜サイコロ遊び＞
大きなサイコロができあがったところで、サイコロ遊びをする。
① 1がでたら〜をする。という約束を決める（例：ジャンプを10回する、隣の友達とあいさつをするなど）。
② 1〜6までの約束を決め、紙に書いて貼っておく。
③ サイコロを振り、出た目と約束を合わせ、それを実行する。
④ 振る子どもを交代しながら、クラスのみんなでやってみる。
⑤ 保育者も順番の中に組みこんで参加する。

54 カレンダーづくり（共同製作）

該当年齢 5歳児

文字や月・日などに興味を持ちはじめた年長児。描くことや書くことのきっかけづくりとして，自分のカレンダーをつくってみる遊びです。個々の力に合わせた文字や数字の扱いが大切です。

【ねらい】
①その月の行事を知り，関係のある絵を自由に描く。
②数に興味をもち，1週間のリズムに気づかせながら数字を書いてみる。

【準備・環境づくり】
サインペン，クレヨン，鉛筆，カレンダーにするためのマスの書いてある紙（大きめの紙）

【遊び方・プロセス】
①おはようブックを見たり，年中だったころを振り返りながら，季節ごとの行事などの話をしたりして，描きたいものを決める。
②1～12月まで何を描きたいかを聞き，黒板に書き，誰が何月にするかなどを決める。
③カレンダーにはマス目を書いておく。曜日を書き，日にちを書かせていく（1日のスタート位置は先生が示す。使用ずみのカレンダーの文字を切り抜いて貼る）。10日すぎの日にちは書けない子どももいるので，黒板に1～31の数字を書いておくなどしたり，ところどころ数字を穴埋めするような形で進めていく。
④個々につくった各月のものを持ちより，12か月のカレンダーを仕上げる。

【援助のポイント】
※文字が読めたり，数字が読めても，まだ書けない子どもには，スタンプ（50音）や数字のスタンプ印を使用するのも楽しい。

＜ハンコを押してつくるカレンダー＞
【ねらい】
①その月の行事を知り，関係のある絵を自由に描く。
②1週間のリズムに気づかせながら，ひらがなハンコで曜日を押し，数字ハンコで日にちを押し，楽しんでカレンダーをつくる。

【準備・環境づくり】
サインペン，絵の具，クレヨン，ひらがなハンコ，数字ハンコ，カレンダーにするためのマス目の書いてある大きい紙。

【遊び方・プロセス】
①おはようブックを見たり，年中だったころを振り返りながら，季節ごとの行事の話をしたりし，描きたいものを決める。
②1～12月まで何を描きたいかを聞き，黒板に書き，誰が何月にするかなど決める。
③カレンダーにはマス目を書いておく。曜日はひらがなハンコで押す。日にちは数字ハンコで押す。
④つくったカレンダーを持ちより，12か月のカレンダーを仕上げる。

【援助のポイント】
①文字や数字は読めるが書けない子どもがまだいるので，ハンコを用意し，楽しみながら行えるようにしていきたい。
②ハンコを上手に押すことにより，鉛筆の持ち方にもつなげていきたい。

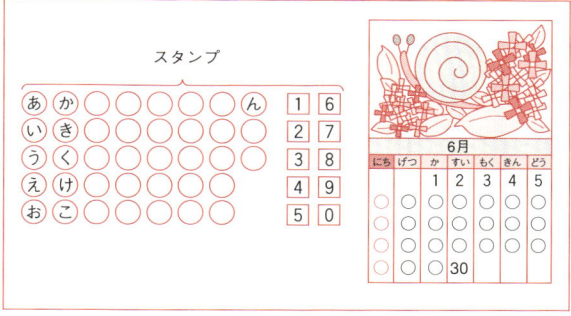

【バリエーション】
①できあがったものをカラーコピーし，地域の老人施設などにクリスマスプレゼントとして贈ると喜ばれることだろう。
②ここでは1か月ごとのカレンダー製作事例であるが，カレンダーの種類（日めくり用・卓上用など）や，できあがったカレンダーのまとめ方（リング・リボン・モール）などに気づかせたり，つくる工夫などに興味を広げてみることも，5歳児の活動として望ましい。

造形　冬

55 編み物

該当年齢 0 1 2 3 4 5 歳児

簡単にできる編み物は,集中力を養ったり指先の細かな機能・工夫する力なども育てます。セーター,バッグ,マフラー,ミノムシなどもでき,おもしろさを発見してくれることでしょう。

【ねらい】
①毛糸で編み上げるおもしろさを楽しむ。
②毛糸の色が交じり合い,変わった模様に,興味を持つ。
③できあがった編み物を身につけて遊んだり,お店屋さんごっこで楽しむ。

【準備・環境づくり】
①場の設定:室内にテーブル・椅子を置き,コーナーをつくる。
②準備:毛糸(極太または太)多色・トイレットペーパーの芯・割り箸・ガムテープ・セロハンテープ・カッターナイフ・ピン止め。

【遊び方・プロセス】
＜編み機をつくろう＞
①トイレットペーパーの芯の長さより2cm長い割り箸を7本つくる。
②トイレットペーパーの芯の周りに,その割り箸を等間隔に1本ずつセロハンテープで貼りつけていく。
③7本の割り箸を均等に貼りつけたら,最後にガムテープを貼り,割り箸が動かないように固定して編み機が完成。

＜編み物を始めよう＞
①好きな色の毛糸を選び,割り箸1本に結び,芯のなかのほうに結んだ毛糸の端を入れておく。
②毛糸を結んだ割り箸から右回りに内・外……と交互にかけていき,2周する。
③2周目のいちばん最初に結んだ割り箸のところから今度は,毛糸は外側にかけていき,その割り箸にある毛糸を指でつまんで,かけた毛糸の上にかぶせながら内側にかける。
④③をずっと続け,好きな長さになるまで編む。
⑤好きな長さになったら10cmくらい残して切り,ピン止めを針代わりにして目をひとつひとつ拾ってとおし閉める。

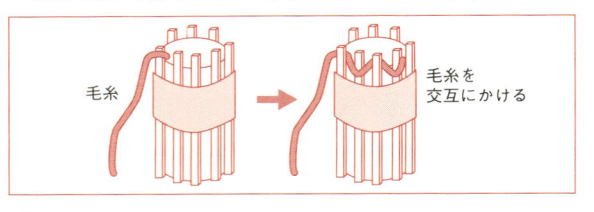

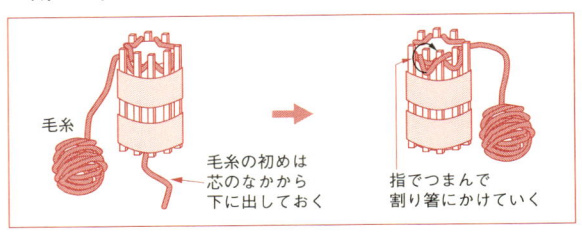

【援助のポイント】
①編み機づくりのときは,割り箸を芯の長さより2cm長めに折るが,折れやすいようカッターナイフで切れ目を入れてあげると子どもも折りやすい。
②割り箸を芯に貼るときも少し難しいので,保育者は手伝ってあげるとよいが,保育者が全部やってしまわず,子どもと一緒につくっていく。
③毛糸を編んでいくとき(指でつまみ,割り箸に1本1本かけていく作業),やっていくうちに,きつくなって編みづらくなってしまうので,1目1目ゆるみをつけるよう注意する。
④最後の閉じ方も目をひとつずつ拾っていくので,少し難しいため,保育者が手伝ってあげる。

【バリエーション】
＜編んだ物で遊ぶ＞
①指にはめられる大きさにして,目や口・耳などをフェルトでつくり,指人形にする。
②指人形をたくさんつくり,お話ごっこにも発展させられる。また,指人形劇なども楽しめる。
③お店屋さんごっこの品物としても楽しめる。

＜協同製作＞
1人ひとりが編んだ毛糸をつなぎ合わせて,ひとつの作品に仕上げてみる。
例:実際に首に巻けるマフラーやセーターなど,保育者の援助はかなり必要となるが,グループごとにテーマを決めて仕上げていくのも楽しい活動になっていく。

56 雪遊び
―かまくらをつくって遊ぶ―

該当年齢：0 1 2 3 **4 5** 歳児

雪は固めたり，まるめたり，変幻自在に形づくることができる自然の素材です。かまくらにはつくる楽しみがあり，その性質を生かし，その後もさまざまな遊びに発展することができます。

【ねらい】
①雪ならではの感触を楽しむ。
②形になる過程を楽しむ。
③友達と協力してつくる楽しさを味わう。

【準備・環境づくり】
①準備：スコップ・シャベル・バケツ・スノーダンプ・適した服装（防寒着）・ゴム長靴・帽子・手袋（毛糸素材の物は，繊維に雪がついてしまい，うまく固められないため，防水性のある手袋を使用したほうが望ましい）。
②適した雪の条件：サラサラしていない重みのある雪。積雪量の多い晴れた日（約80cm以上あれば，なおよい）。

【遊び方・プロセス】
①ひとつの玉をつくり，それを雪の上でころがしながら大きくしていく。
②かまくらをつくる場所に，大きくした雪玉を土台として置き，その上に雪を積み重ねていきながら，ドーム型に形を固めていく。 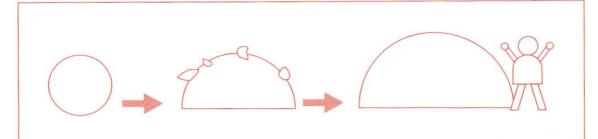
③大人の胸上までの大きさになった程度で（それ以上でもかまわない），入口を決め，掘る範囲をスコップで印づける。
④雪をスコップで掘り，掘り出した雪はドームの上にさらにのせて固めていく。
⑤子どもが入る大きさになったら完成。

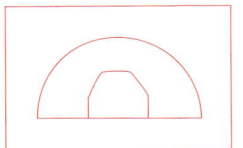

【援助のポイント】
①サラサラした雪は固まりにくく壊れやすい。また，かたすぎる雪（氷状の粒が混じっているもの）は，子どもが怪我をしてしまう恐れがあるため使用しないほうが望ましい。
②土台となる雪玉は，子ども達と一緒にころがし，雪玉が動かなくなるくらいの大きさにする。
③土台の上に雪をのせていく際は，雪は崩れやすいため，子ども達と一緒に足で踏んだり，手で叩いたりして体重をかけながら固めるとよい。
④穴を掘る際は，はじめはスコップで掘っていき，ある程度掘り出したら，ドームのなかをシャベルを使って慎重に広げていくとよい。
⑤ドームを薄くしてしまうと崩れやすく，子どもがなかに入った際にとても危険なため，厚めにつくることが望ましい。

↑小さい雪玉から大きくしていく

【バリエーション】
①つくったその日に遊ぶのもよいが，その日に穴を掘らずジョウロなどを使って水・塩をかけ，ひと晩表面を凍らせることによって，より頑丈になり長持ちもする。
②かまくらに絵や模様をつける場合，絵の具では染み込んでしまうため，カラースプレーを使用するとよりきれいに着色する。
③かまくらの屋根を使って滑り台をつくったり，木の枝やさまざまな素材をつけると，動物かまくらもつくることができる。
④滑り台をする際，防寒着のまま滑ってもよいが，そりを使用する場合は，市販のそりでは屋根に傷がつくため，傷がつかないよう，ナイロン製の肥料袋や米袋にウレタンマットを入れた手づくりのそりを使用すると，おしりもぬれず滑りもよい。

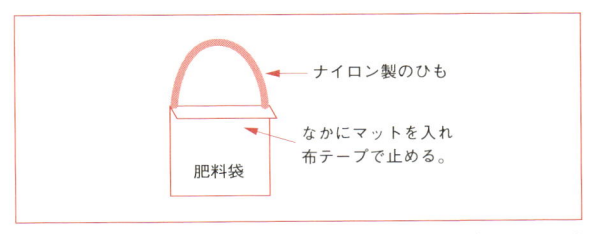

ナイロン製のひも
なかにマットを入れ布テープで止める。
肥料袋

⑤かまくらのなかに，プリンカップなどで型をとっただけの雪のロウソク立てを用意したり，机などを用意し，ままごと遊びなども楽しめる。
⑥かまくらのなかに段ボールを敷くと，保温効果がある。
⑦かまくらの中に，正月・節分飾りなどをする。

造形　冬

57 自分でつくった凧遊び

該当年齢 0 1 2 3 4 5 歳児

お正月遊びのなかで，凧遊びは，凧を揚げるおもしろさと同時に，外で思いきり走り回りながら，からだで風を感じることを楽しみます。自分で工夫してつくり，つくったもので遊べる喜びも味わえるでしょう。

【ねらい】
①自分のつくった凧が飛ぶことをイメージしながら，工夫してつくる。
②どのように走ると凧がよく飛ぶのか，自分のからだで実際に試行錯誤してみる。
③凧を揚げながら思いきり走り回り，からだで風を感じる。

【準備・環境づくり】
①場の設定：凧がよく飛ぶには，少し風のある冬晴れの日がよい。思いきり走り回れるような広い場所。凧づくりは，保育室に製作コーナーを設定して行う。
②準備：和紙・竹ひご・たこ糸・スーパーのポリ袋・スズランテープ・トイレットペーパーの芯・大きめの折り紙・のり・セロハンテープ・はさみ・油性マジックやカラーペンなど。

【遊び方・プロセス】
①和紙と竹ひご，たこ糸でつくった大凧を保育者が広い場所で揚げると，子ども達は，自分も自分もと糸を持って走って喜ぶ。
②子ども達が操れるくらいの大きさの凧をいくつか用意しておき，凧揚げのおもしろさを繰り返し楽しむ。
③いろいろな形やいろいろな種類の凧があることを知り，それぞれ楽しむ。
④自分のつくりたい凧づくりコーナーに分かれて行う。
⑤**スーパーのポリ袋でビニール凧**…袋にマジックで好きな絵を描き，手さげの部分をセロハンテープでつなげる。つなげた部分にひもをつける。そのひもを持って走ると，ビニール袋に風が入って，凧のように舞い上がる。「わーい，ぼくの凧揚がったよー」と大はしゃぎで走り回る。

四角いビニール袋…袋にマジックで好きな絵を描き，ひもをつける位置（バランス）に気をつけて，風を入れ，凧にして遊べる。

折り紙の凧…大きめの折り紙を右図のように折り，顔を描く。ひもをYの字につけて，手に持って走ると風を受けて舞い上がる。

大きなビニール袋の凧…ショッピングバッグの大きい袋の手の部分を取り，袋の両端にスズランテープをセロハンテープで止める。スズランテープの端を持ちやすいように，乳酸菌飲料の空き容器やトイレットペーパーの芯に巻くとよい。袋には好きな絵を描くとよい。

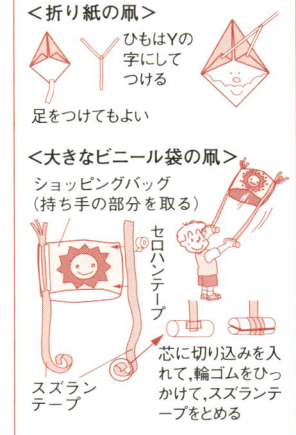

【援助のポイント】
①各々の凧につけるひもの長短は，子どもの年齢が小さいほど，短めにしたほうがよい。操作しやすい，ということで袋に風が入りやすくなる。
②好きな絵を描くとき，油性のマーカーにしないと，飛んでいた凧が下におりてきたときの場所が，水場だったりすると，消える部分があったり，絵がグチャグチャになったりしてしまう。
③凧がひっかからないように，走っているときに人にぶつからないように，ということを気をつける意味でも，広い場所を選ぶことはとても重要。
④凧を持って走り，高く揚げたいときには，風の方向は大切である。風が吹いてくる方向に向かい，凧を見ながら軽く走ると揚がる。保育者はこのことを知っておく必要があるが，子どもは試行錯誤しながら体得するとよい。しかし，あまり凧が揚がらなくて意欲を失いそうな子どもには，「今度は，こっちから走ってみようか」などの提案は必要であろう。

【バリエーション】
二重凧，三重凧…両手にスズランテープを持ち，テープに袋をつけ，そのまま同じテープにもうひとつ袋をつけたり，さらにもうひとつ袋をつけて走ると風が袋に入り，二重，三重の凧になる。

造形　冬

58 スチレン版画
―ためしてみよう―

該当年齢 0 1 2 3 4 5 歳児

スチレン版は鉛筆やマーカーで容易に描け，子どもに抵抗がなく版がつくれるので，使いやすい版画材料であり，写すことを楽しんで取り組めます。

【ねらい】
①写ることに興味を持って遊び，写ることを楽しむ。
②見通しを持って自分のイメージを版に表してつくる。
③描く道具を選んだり線を工夫して，自分のイメージを版に表す。

【準備・環境づくり】
<材料，道具>
①版：スチレン版（カッターで年齢に応じた大きさに切る）
②描くもの：鉛筆，マーカー（油性マーカーの場合，色が見えて描きやすく，油分がスチレンを溶かす効果があるので，版に溝をつけやすく幼児には向いている），竹串，定規など引っかく道具，キャップ，鎖など型押しできる道具。
③インク：版画用絵の具，版画用水性インク（印刷効果がよく，後処理もしやすい）
④紙：版画用紙（吸収性のよい奉書紙，障子紙などが安価）
⑤バレン，新聞紙，ローラーなど

<環境づくり>
版を制作する場所，インクをのせる場所，紙が置いてある場所，バレンで刷る場所，作品を置く場所をそれぞれに設け，子ども達が動きやすいように動線となっているように配慮する。

【遊び方・プロセス】
①お話や生活などから，子ども達に興味を広げる。
②スチレン版に線で描いたり，傷や穴をあけて版をつくる。
③版にローラーでインクをつけて全体にのばし，真上から紙をのせる。
④バレンでていねいに紙の上からぐるぐるとなでる。
⑤紙の片方から紙をめくり，作品棚にのせる。

【援助のポイント】
①導入で，写ることを実際にやってみるなどすると，その感動で興味を強く持つことが多い。
②年中や年長では，版画のプロセスを理解して取り組むことによって，いっそう主体的な活動となる。
③刷り上がったときの喜びが，次にもう1度刷ってみたいという意欲へとつながっていく。その喜びを味わわせるためには，版に紙を置いたら動かさないことや，バレンの使い方など，最小限のことをおさえておく必要がある。

④刷る紙が動かないように，セロハンテープで仮り止めしておくと刷りやすい。
⑤インクをつけるところと刷るところは，保育者が援助する必要がある。また，インクのかたさや量，ローラーの押さえ具合で，描いた浅い線がうまく写らないことがあるので注意したい。

「先生みてみて」と集まる子ども達。カラーペンで描くと，版自体も作品となる。刷ることによって，絵は逆に写って刷られ，子ども達は楽しみながら，何枚も刷っていく。

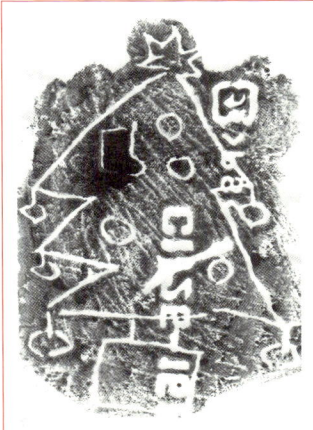

スチレン版画の作品例

59 あやとり
―基本型で遊ぶ―

該当年齢 0 1 2 3 4 5 歳児

まずはダイヤモンドの基本型をできあがりとすることで，みんなが十分楽しむことができます。指が自然に動くようになったころ，基本型を基にした技にステップアップすると，遊びの幅が広がります。

【ねらい】
① あやとり糸がいろいろな形に変化するおもしろさを楽しむ。
② できあがった形をいろいろなものに見立てて遊ぶ。
③ 目標に向かって挑戦しようとする気持ちを持つ。

【準備・環境づくり】
① 中太くらいの毛糸であやとり糸を用意しておく。はじめのうちは，少し短めだとやりやすい。
② まずは，保育者があやとり糸を使った手品や1人あやとりなどを提示し，子ども達の「やってみたい」という気持ちを高める。

【遊び方・プロセス】
① あやとり糸を片方の親指に引っかけて，揺らして遊ぶ（ヘビ）。
② 両方の親指に引っかけてピンと張り，左右に傾けて遊ぶ（坂道）。このとき，先に引っかけてあった親指の近くからもう片方の親指を入れるようにすると，ねじれない。
③ ピンと張り，手を開いたまま両方の小指を引っかけ，のぞき込んで遊ぶ（テレビ）。
④ 手を開いたまま手のひらの真ん中の糸を反対の手の中指で引っかけてピンと張る。もう片方も同様に中指にできた輪の間から糸を引っかけてピンと張る（ダイヤモンドの基本型）。

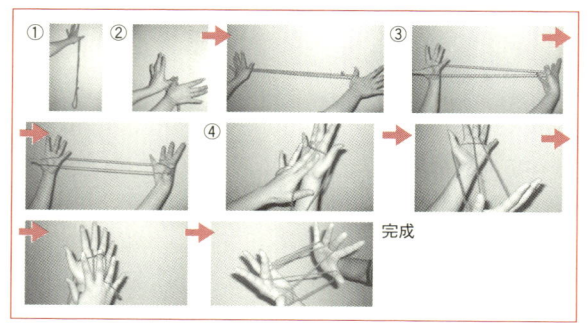

【援助のポイント】
① 動きにくい小指の動きは，今後たくさん入ってくるため，①～③の手順を踏んでいくと，遊んでいるうちに自然に動きがよくなってくる。
② 糸を「とる」という言葉は2つの意味があり，子どもは迷う。「はずす」「ひっかける」とわかりやすいように使い分けていく。
③ 子どもが自由に引っかけて遊んでいる場合は，その姿を見守り，子どもなりにつくったものや技の名前を認め，気持ちに共感する。

【バリエーション】
<マジック>
① 友達や保育者の手首にあやとり糸を1周巻く。このとき，ダイヤモンドの基本型で，はじめに右手から引っかける場合は右回り，そうでない場合は反対巻きにする。
② ダイヤモンドの基本型をつくる。 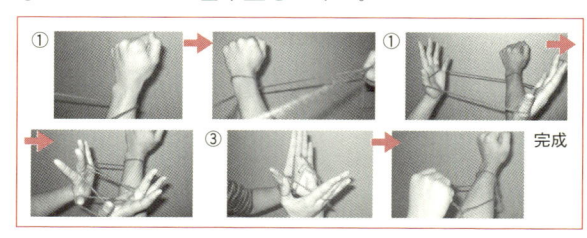
③ ダイヤモンドの基本型の真ん中（ひし形部分）を上からかぶせるように巻いた人の手にとおしたら指をはずし，毛糸を引っ張ると手首から外れる。

<ダイヤモンドタワー>……3～4人
① 1人目がダイヤモンドの基本型をつくる。
② もう1人の子どもが①の下に毛糸をとおしてダイヤモンドの基本型をつくる。
③ ①と②の間に毛糸をとおしてダイヤモンドの基本型をつくる。

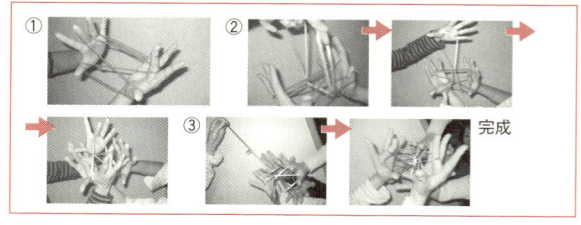

<ほうき>
① ダイヤモンドの基本型で最初の中指を引っかけるときに2回ねじってピンと張る。このときに手のひらの近くでねじるとやりやすい。
② もう片方の中指は①でできた中指の輪の間から糸を引っ張る。
③ 初めに引っかけたほうの親指と小指の糸をはずす。

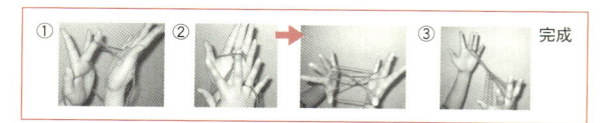

60 壁面製作（持ち寄り製作）

該当年齢：3 4 5 歳児

年齢が低いほど視覚的にわかりやすい情報が大切です。3歳児にとってはじめての園生活で出会う遊びや自然，行事への興味は，壁面をとおしてわかりやすくふくらませていきます。

【ねらい】
① 保育者の壁面への投げかけやきっかけに興味を持ち，イメージをふくらませ，造形表現を楽しむ。
② 自分のつくったもので壁面に参加することで，造形活動を楽しみ，認められることで自信を持つ。
③ 壁面の上で友達の作品と一緒になることで，友達への興味がわき，仲間意識を増していく。
④ 壁面をとおしてみんなで季節の変化に気づいたり，活動への導入やふり返りや再現を行う。

【準備・環境づくり】
① まず，そのときの子ども達の興味をつかむ。
② また，保育者の子ども達に伝えたいメッセージを明確にする（季節なのか，行事なのか，など）。
③ テーマが決まったら，きっかけになるような，子ども達のイメージが刺激されるような壁面上での投げかけを行う（たとえば，遠足前なら，保育者だけが乗っていて，子ども達が乗っていない，遠足の行き先がわかるような大型バスを貼ってみる）。
④ 子ども達が描きたくなったときに，参加できるような画材を用意しておく。
⑤ 保育者が言葉で壁面に気づくような投げかけを行う（先生はあのバスに乗って遠足に行くんだ。みんなも行かない？）。

【遊び方・プロセス】
① 保育者がきっかけとして用意した壁面に刺激された子ども達が，自由に造形活動を行い，壁面に参加してみる。
② 子ども達が参加しながら必要に応じて保育者が変化を加えて，子ども達とともに壁面での造形にイメージの広がりを大切にしながら楽しむ。

【援助のポイント】
① 3歳児は経験が少ないので，経験したことをテーマにするほうがイメージがふくらむ。
② 子どもの得意なところを認めていく。
③ 保育者が貼ってあげるときに，子どもと相談しながら位置を決めていく。
④ 子どもの興味が少なくなったら，様子を見ながら変化をつけていく。
⑤ お弁当を食べながら日常の何気ない会話のなかに壁面の話題を取り入れていく。保育者が日々息を吹きかけることで，壁面製作が子ども達のなかで生き生きと意味を持ってくる。

⑥ 子どもの視線に入り，子どもが貼れる位置がよい。貼るのを手伝うときは，子どもの気持ちを聞きながら行う。
⑦ 次第に壁面がゴチャゴチャしてくるので，壁面の内容を保育者が整理していく。
⑧ 1年間壁面のなかに登場するそのクラスのキャラクターを決めても楽しい。
⑨ 忙しい保育者にとって，やらねばならぬという思いで行うと楽しめなくなり，長続きしない。とにかく楽しんで子どもとともにつくる壁面を心がけることが大切である。子どもの気持ちや興味をひき出せるようにすることが大切である。

【バリエーション】
① 4月は不安な気持ちを解消するために明るくするなど，子どもの発達や興味をとらえた壁面を考える。また，その時期の自然や季節感，共通に経験した遊びや行事などを手がかりとしてみる。
例：鯉のぼり，ダンゴムシ，梅雨，夏休みの思い出，運動会，遠足，果物，クリスマス，お正月，冬など
② 慣れてきたらいろいろな素材を出してもよい（布，モール，つまようじなど）。
③ 子どもがつくったペープサートを壁面に取り入れてもおもしろい。

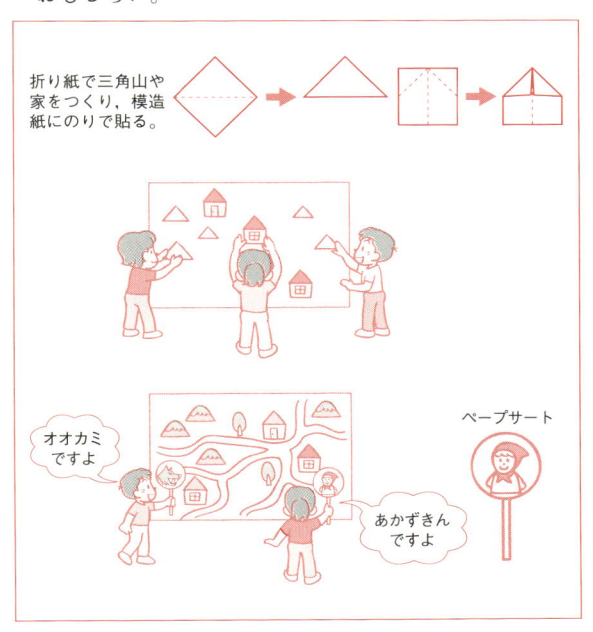

造形　通年

折り紙で三角山や家をつくり，模造紙にのりで貼る。

オオカミですよ／あかずきんですよ／ペープサート

㊽ 素材（廃材）遊び

該当年齢 0 1 2 **3 4 5** 歳児

はさみやセロハンテープなどをはじめて使うようになる3歳児。素材遊びをとおして，自分の手でものを創造していく喜びをたっぷりと味わわせてあげたいものです。

造形　通年

【ねらい】
① 素材遊びをとおして，高く積んだり横に並べたり，切ったりつなげたりと，自分の手でものが変化したり，イメージがふくらんだり，創造していくことを楽しむ。
② 素材に触れたり，組み合わせながら見立てをしたり，イメージをふくらませていく。そして，次第に，頭のなかでイメージしたものを具体的につくり上げていくことを楽しむ。
③ はさみなどを安全に使いながら，道具を使う楽しさを味わう。
④ 友達同士刺激を受けながら，つくったり遊んだりしていく。
⑤ いろいろな素材に触れ，ものの特徴を体得していく。
⑥ セロハンテープやのりの量など，少しずつ適量を伝えていく。

【準備・環境づくり】
① 家庭などに呼びかけて素材を集める。
② 素材を種類別，大きさ別などのように整理し，分類・表示をしておく。また，道具も使いやすいようにワゴンなどに整理して収納しておく。
③ 子ども達の動線を考え，安全に集中してつくることのできるスペースを確保する。
④ できた作品をどのようにするのか，保育者同士で相談しておく。

【遊び方・プロセス】
① 基本的に遊び方は子どもに任せる。
② 道具は安全に正しく使えるように，あらかじめ全員に伝え，さらに遊びながらアドバイスや指導をしていく。
③ 素材の例：空き箱，牛乳パック，トイレットペーパーの芯，カップ類，マッチ，プチプチ，ペットボトルのふた，コルク，毛糸，破紙，ストロー，ドングリ，小枝，新聞紙，広告の用紙，カレンダーなど
④ 道具類：セロハンテープ，ハサミ，のり，ビニールテープ，ガムテープ，ホチキス，油性ペン

【援助のポイント】
① 3歳児にとって，わかりやすく，出しやすく，使いやすいように環境を設定しておく。
② 広告をまるめてつくる剣づくりは，3歳児が繰り返し楽しむ素材遊びである。
③ 保育者は，子ども達のできないところを手助けする。
④ つくったものをどうするかは，保育者同士で話し合っておく。

例：入園からしばらくは母親への思いが強いので，できたものを持って帰りたがる。

⑤ 当初からつくりたいものをイメージしてつくり始めるわけではなく，最初はものや道具と触れ合うこと自体を楽しむ。繰り返し試して遊ぶなかからイメージがふくらんで，イメージに沿ったものをつくれるようになってくる。
⑥ 子どもが素材遊びのなかで，何を楽しんでいるのかをとらえることが大切である。

例：感触なのか，つなげることなのか，など。

⑦ 片づけは，マジックのふたを閉めるなど，そのつど意識できるように言葉かけをしていく。
⑧ 次第にものの大切さも伝えていく。
⑨ 年間とおして素材遊びのできるコーナーがあるとよい。
⑩ 新聞紙などは3歳児が使いやすいように，1枚ずつたたんで準備しておく。
⑪ つくるとき，子どもは立って行う。
⑫ 保育者は，子どもが努力した点やアイデアなどを認める。弁当や帰りの集会のときなどに，他の子ども達に紹介していくことで刺激にもなり，本人の自信にもつながっていく。

【バリエーション】
① 大中小の段ボールも楽しめる。
② 子ども達がつくった作品によって，つくったもので遊べるような環境を用意する。

例：電車や車をつくったときには，線路や道路に見立てられるものを用意する。

③ つくるものがパターン化してきたときなど，保育者が新しいやり方の提案をしてみる。

例：牛乳パックを斜めに切ったものを出してみる，など。

■ Column —道づくり—並べて・つないで—
・点材を中心に…びんのふた，ボタン，木の実，石ころ，おはじき，貝がらなど。
・線材を中心に…マッチ棒，ひも類，釘，割り箸，紙テープなど。
・面材を中心に…画用紙，段ボール，板，葉っぱ類など。
　ときには，材料を整理して，並べたり，つないだりしてみるのもおもしろいでしょう。作品展などにも試してみましょう。

62 折り紙

該当年齢 0 1 2 **3** **4** **5** 歳児

教本どおりに折るだけでなく，自由に折り，見立て遊びをたくさん楽しみましょう。組み合わせたり構成を考えたりして，オリジナル作品ができます。見比べる力や創造性は知的な発達につながります。

【ねらい】
①形が変化するおもしろさやつくり出す喜びを味わう。
②作品を完成させる達成感や満足感を味わう。
③つくったものをごっこ遊びや生活に取り入れて楽しむ。

【準備・環境づくり】
①机などの安定した場所。いっせい活動で行う場合は，保育者と子どもが対面になるとよい。折ったり曲げたりの方向が見やすい。
②**準備**：子どもが色を選びやすいような棚や箱に折り紙を設定しておく。内容により和紙や千代紙，円形折り紙があると意欲につながる。

【遊び方・プロセス】
①保育者につくってもらい，満足する。
②ランダムに折り，形を変え見立てて遊ぶ。
③簡単なチューリップや財布などをつくる。
④友達と同じものを持つことで，親しみを持つ。
⑤保育者の提示したものをつくる。
⑥友達と教え合い，レパートリーを増やす。
⑦本や見本を見ながら，さまざまな作品に挑戦する。何度も繰り返す。
⑧知っている技術で風景や動物園など，平面から立体の集合作品をつくる。

【援助のポイント】
①色彩感覚を養うため，子どもが好む色だけでなく，なるべく多くの色を準備する。徐々に要求や作品に応じて，色や大きさを増やす。
②つくって見せるときは，折り線や押しをかける場所を明確にしていく。一緒に折り進めながら，同じ形か比べていくと，本や見本を見ながら折る力の基礎になる。
③ひとつひとつの過程を実際の折り紙で示して見本を目の高さに掲示しておく。
④台紙に貼り，表情や絵を描き加えることで，作品が豊かになることを知らせる。
⑤立体のものができるようになったら，立つ仕組みやヒントを出して工夫できることに気づかせる。

【バリエーション】
①切り紙…三角形に3回折り，切り込みを入れて広げると，いろいろな模様ができる。1度覚えると，子どもは何回も試して意外性を楽しんだり，模様の美しさにこだわったりする。
②折り方を工夫すると，模様に変化が生まれる。

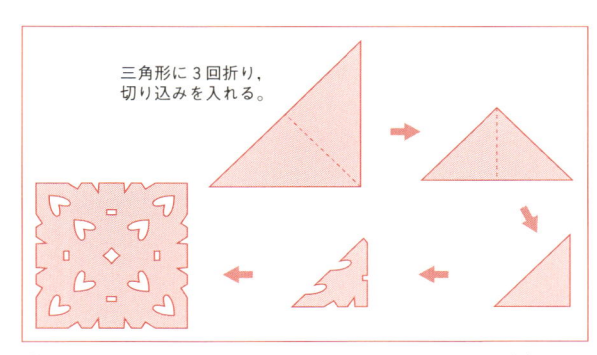

三角形に3回折り，切り込みを入れる。

③節分の升やひなあられ入れに活用…長方形から折る。

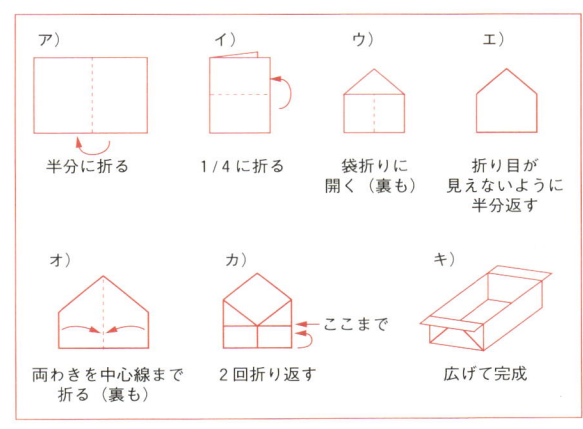

ア) 半分に折る
イ) 1/4に折る
ウ) 袋折りに開く（裏も）
エ) 折り目が見えないように半分返す
オ) 両わきを中心線まで折る（裏も）
カ) 2回折り返す　ここまで
キ) 広げて完成

④1枚の紙からバスケットをつくろう。

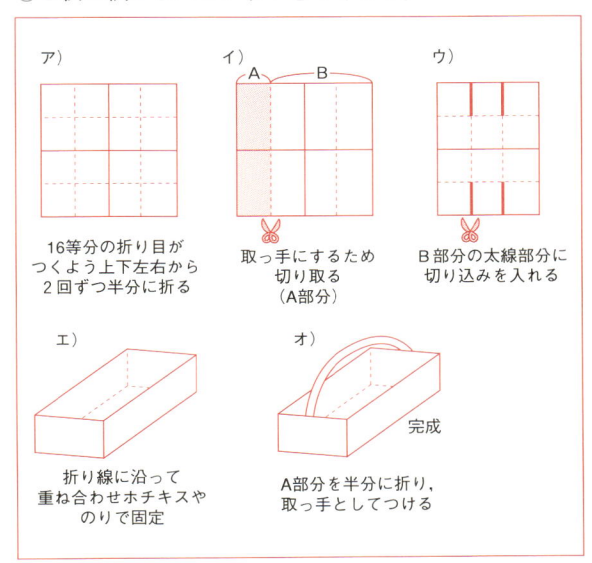

ア) 16等分の折り目がつくよう上下左右から2回ずつ半分に折る
イ) 取っ手にするため切り取る（A部分）
ウ) B部分の太線部分に切り込みを入れる
エ) 折り線に沿って重ね合わせホチキスやのりで固定
オ) A部分を半分に折り，取っ手としてつける　完成

造形　通年

63 かぶったり着たりの紙遊び

該当年齢 0 1 2 3 4 5 歳児

新聞紙は幼児にとって扱いやすく、魅力的な材料です。また、惜しげもなく使える紙のひとつです。かぶったり着たりする製作は、大きな紙だからこそできる活動です。

造形　通年

【ねらい】
①破る、裂く、ちぎる活動をとおして紙の特性を知る。また、切り止めることから広がる遊びを全身を使って行うことで、造形活動への意欲を高め、生き生きとした感情をはぐくむ。
②細長く裂くにはどういう方法があるかに気づく。
③はさみを使わない方法で切るための道具の使用に慣れる。

【準備・環境づくり】
①この活動を行う以前に、新聞紙破りで遊ぶ経験を十分にしておく。
②準備：新聞紙、セロハンテープ、ビニールテープ、メタルテープなど装飾用テープ、シールなど（折り紙や色調の鮮やかな包装紙などをちぎってのりづけする方法もある）

【遊び方・プロセス】
①新聞紙を好きなように破いてみる。
②新聞紙には破りやすく裂きやすい方向性があることに気づかせる。
③途中で切り止める（破り止める）遊びをする。 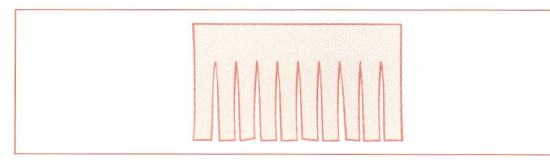
④破り止めることでできたものをさまざまなものにイメージして遊ぶ。

ア）ひらひら遊び

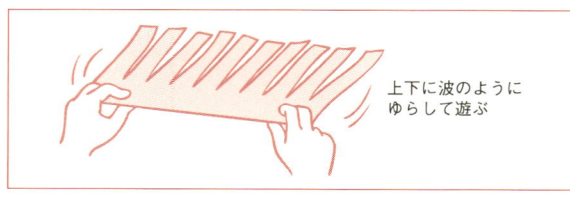

上下に波のようにゆらして遊ぶ

イ）飛ばして遊ぶ

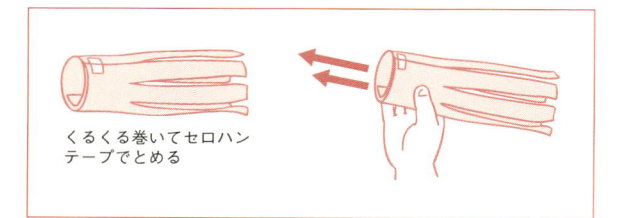

くるくる巻いてセロハンテープでとめる

ウ）着る

エ）スカート・腰みの

オ）かぶるものいろいろ

輪のように貼って冠のように

⑤両端を合わせてかぶり、インディアンの帽子のようにして、遊ぶ。
⑥装飾してみたい意欲がみられたら、しっかりくっつく方法を伝えながら、装飾材料を提供し、もう1度つくり直してもよい。

【援助のポイント】
①紙の性質や、縦目と横目があることには活動中に気づかせておく。
②繊維質の強い紙（版画用和紙、画用紙、新聞紙など）は縦目と横目はわかりやすいが、コピー紙などの印刷紙にはわかりづらいものもある。
③ぬらすと破れやすいことも、小さな紙片を破ったりちぎったりするときに役立つ。

【バリエーション】
鯉のぼり製作のふき流しや、鯉として飾ってもよい。応用してみるのもよい。

64 ピザづくり，おいしそう！

該当年齢 0 1 2 3 4 **5** 歳児

子どもの好きな食べ物のピザやケーキを，砂や画用紙でつくってみましょう。身近な食べ物なので，子どもの想像力はさらに駆り立てられ，クリエイティブな造形遊びができるでしょう。

【ねらい】
① 身近な素材を使ってさまざまなものをつくって遊びながら，工夫や発見を楽しむ。
② ひとつの遊びから次へと発展していくおもしろさ，楽しさを味わう。

【準備・環境づくり】
① 砂場が最適だが，どこでも汚れても構わない場所ならよい。
② 材料，素材は自然の木の実や葉・花などを使うのが楽しい。
③ クッキーなどの丸い金属の容器のふた。テーブル代わりになる板。ナイフのようなもの。薄い板でもよい。

【遊び方・プロセス】
① 湿り気があって型抜きできるような砂を，缶のふたに入れて押し固め，テーブルの上に伏せて型抜きをし，上にトッピングとして好みのものをのせてナイフで切り分ける。

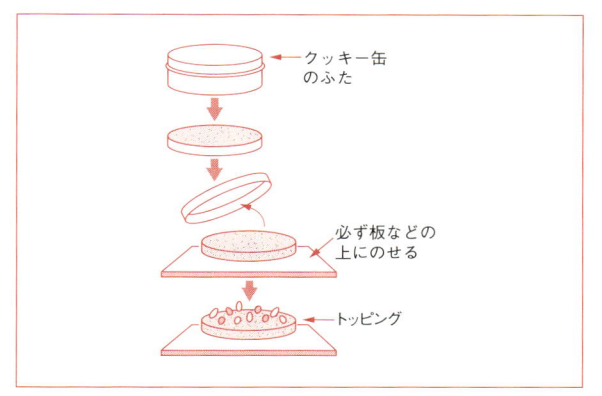

（図：クッキー缶のふた／必ず板などの上にのせる／トッピング）

② ①と同様にふたを伏せて型抜きをしたら，上に白砂を敷き詰め，その上からさらにもう1度型抜きをするとケーキになる。間に白砂でなく，木の葉などを敷くのもよいが，木の実などをはさむと崩れてしまいやすい。

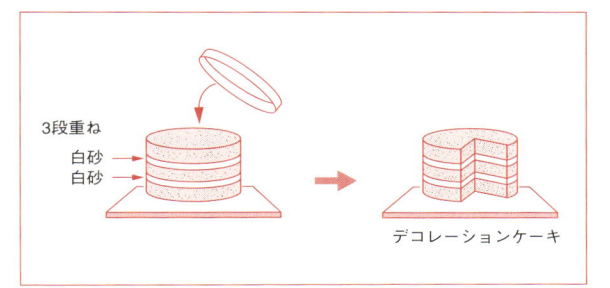

（図：3段重ね／白砂／白砂／デコレーションケーキ）

【援助のポイント】
① 低年齢の幼児の手には，クッキー缶のふたはかなり大きく，扱いが難しいため，保育者が一緒に遊ばないとうまく型抜きができないが，ふだん子ども同士で行っている遊びとは違い，魅力的である。
② つくったピザやケーキを切り分けるところは，幼児には困難だが，保育者が切り分けてあげると，自然に誕生会のような雰囲気が盛り上がるだろう。
③ 一緒に遊んでいるうちに，これまでよりも遊び方に多様性が出てくることが期待される。

【バリエーション】
＜紙皿のピザ＞

より本物に近いリアルなものに挑戦。5歳児くらいになれば，より本物らしくという欲求が高まってくる。
① 市販の紙皿に，絵の具（チーズの黄色）にのりを混ぜたもの（フィンガーペインティングに使うもの）を詰めて，トッピングをのせる本格派。
② のりは鍋に小麦粉と水を入れ，熱してつくるとよい。子どもにも，火に気をつけながら見学させよう。
③ トッピングは不用になったボタンや古毛糸などが雰囲気的にもマッチする。
④ ドングリ，葉っぱ類，木の実，豆など，自然物のトッピングも楽しい。

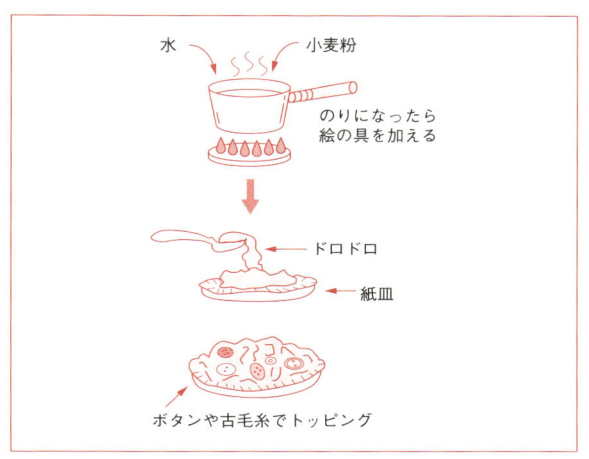

（図：水／小麦粉／のりになったら絵の具を加える／ドロドロ／紙皿／ボタンや古毛糸でトッピング）

⑤ ごっこ遊びが大好きな子ども達。パーティごっこ，誕生会ごっこ，お店屋さんごっこ，いろいろな遊びが展開されることだろう。「さあいらっしゃい，ピザはいかがですか？」の声や，「ハピバースデーツゥユー」の歌声が聞こえてきそう。

造形　通年

65 プレゼントづくり

該当年齢 0 1 2 3 4 5 歳児

母の日や父の日など、行事ごとにプレゼントをつくる機会はたくさんあります。年齢にふさわしい素材を選びながら造形遊びを楽しむとともに、思いやりや感謝の気持ちを育てましょう。

造形　通年

【ねらい】
① 感謝やお祝いの気持ちを持ってプレゼントをつくる。
② プレゼントづくりをとおしてさまざまな素材に触れたり、いろいろな技法を経験したりする。

【準備・環境づくり】
① 紙粘土マグネット：紙粘土・マグネット・絵の具・ニス
② マグネットシート：マグネットシート・油性マジック・リボン
③ お手伝い券：色画用紙
④ プラ板キーホルダーまたは携帯ストラップ：プラ板シート・マジック・ワックスコード
⑤ ブックカバー：缶または箱・ビー玉・絵の具・画用紙・色画用紙・リボン
⑥ ペン立て：ワンカップ空びん・毛糸・フェルト・ボタン・ボンド
⑦ 卒園証書入れ筒：ラップ芯・マーブリング液・リボン

【遊び方・プロセス】
年齢に応じて技法や素材を調整する。

＜マグネット＞
① 適量の紙粘土を好きな形（動物やくだもの・野菜など）につくり、乾かす。
② 絵の具で色づけし、乾いたらニスを塗る。
③ マグネットを接着剤でつける。

紙粘土マグネット

＜マグネットシート＞
① 適当な大きさに切ったマグネットシートに油性マジックで絵を描く。
② 隅にパンチで穴を開け、リボンをとおす。

マグネットシート

＜お手伝い券＞
① 個々の子どもが、自分でできるお手伝いの内容を絵に描く。
② 数枚のお手伝い券を透明な入れ物に入れて、リボンで結ぶ。

お手伝い券

＜プラ板キーホルダーまたは携帯ストラップ＞
① あらかじめパンチで穴をあけておいたプラ板シートに絵を描く。
② オーブントースターで焼く。
③ 穴にキーホルダーやワックスコードをつける。

※ メッセージや名前を入れる場合は、トースターに入れる前に書いておく。

＜ブックカバー＞
① 画用紙を缶や箱のなかに敷く。
② 濃い目に溶いた絵の具のなかにビー玉を入れる。
③ ②のビー玉を①に入れ、缶や箱を傾けてビー玉をころがし、模様を描く。
ア）できあがったものを色画用紙に重ねる。
イ）しおり用にリボンをつける。
ウ）ブックカバーをかける。

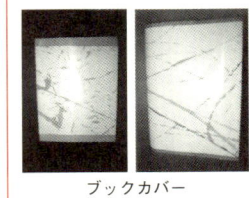

ブックカバー

＜ペン立てA＞
① ワンカップびんの側面にボンドを塗る。
② 毛糸（びんを2〜3周するくらいの長さに切っておく）を巻きつけていく。
※ 毛糸は、太さや色が異なるものを組み合わせるとよい。

ペン立てA

＜ペン立てB＞
① ワンカップびんの側面にボンドを塗る。
② フェルト（ピンキングばさみで適当な大きさに切っておく）を貼る。
③ フェルトの上にボタンを貼る。

ペン立てB

＜卒園証書入れ筒＞
① ラップ芯より大きめの画用紙にマーブリングで模様をつける。
② 端をカットし、ラップ芯に巻きつける。
③ 両端にリボンを貼る。
※ 太めのリボンを巻いて蝶結びすると豪華になる。

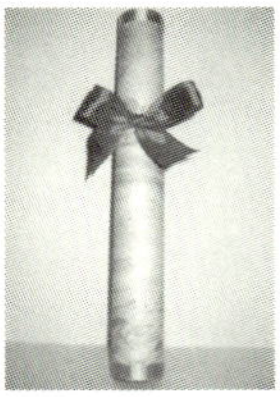

卒園証書入れ筒

【援助のポイント】
① プレゼントの目的や意味を伝え、感謝の気持ちを持てるようにする。
② お父さんやお母さんの仕事の内容や、自分達にできることを考えたり、年長児にお世話になったことを思い出したりするなど、話し合いの場を持つ。
③ プレゼントを渡すときにも、言葉を添えられるよう配慮する。

第2部・実践編

4

言 葉

1 ままごと遊び
―お出かけごっこ―

該当年齢 0 1 2 **3 4 5** 歳児

ままごと遊びは，子どもが自らつくっていく遊びです。「つもり」を大切に，生活のなかの言葉をたくさん使って遊びましょう。「あいさつ言葉」は次の行動のきっかけです。

【ねらい】
① お出かけをテーマに，自分の知っている言葉を使って遊ぶ。
② 自分の生活を，言葉で表現して遊ぶ。
③ 友達や保育者と言葉のやりとりを楽しむ。

【準備・環境づくり】
① 室内やテラスなどにシートを広げて，家の入口を決める。全員の入れる広さにする。
② 出かける先（動物園やお店屋さんなどに見立てた場所）に，マットや椅子，大型積み木などで，全員入れる空間を用意しておく。

【遊び方・プロセス】
① 「むっくりくまさん」の遊び歌から「くまさん，おきて～」の後を替えて遊んでいく。「朝ですよ～。今日はいいお天気。みんなで公園に行きましょう」「おはようございます」「洋服を着て」「さっさっさ」「歯をみがいて」「しゅっしゅっしゅっ」「朝ごはんを食べましょう」「何と言うのかな？」「いただきまーす」「ぱくぱくぱく」「ごちそうさま」「トイレにいって」「カバンにお弁当入れて」「水筒も持って～」「いってきまーす」「何に乗っていく？」「○○」「じゃあ今日は電車に乗って～」……。
② 子どもにそのつど，何と言うのかを聞きながら，言葉によって次の行動に移していく。「こんにちは」「ありがとう」「ただいま」「おかえりなさい」などの言葉をかけながら，次の場面へとみんなでつなげる。
③ お弁当，水筒などの小物をごっこ遊びのなかに差しはさみながら，家に帰ってくるまでの流れを楽しむ。

【援助のポイント】
① 子どもから出る言葉を引き出し，どれも大切にストーリーのなかに取り入れていく。
② 生活のなかの言葉
「あいさつ言葉」は次の行動のきっかけとして使っていく。ありがとう・こんにちは・さようなら・またね……などに気づけるよう援助する。
③ 言葉を楽しく取り込んで，言葉のやりとりを主にして遊びをつなげていく。
④ ストーリーに沿って，場所をみんなで移動することで，「お出かけ」の楽しさを味わう。
⑤ 遊びの最後は「おやすみなさい」「また明日もたくさん遊ぼうね」などとまとめて，次への遊びの継続への期待を持たせる。
⑥ ままごと遊びに必要な道具や素材を保育者が，前日の様子からどんな素材が遊びを広げていくかを予測し，環境の再構成を心がけていく。遊びには，家庭の温かさや演ずる子どもの純粋さを大切にする。

【バリエーション】
① 導入の歌は「あぶくたった」「こけこっこ夜があけた」など寝て起きて「おはよう」で始まるもので，子ども達になじんでいるものを自由に使っていくとよい。
② 目的地を動物園や遊園地，デパート，スーパーなど子ども達と一緒に自由に設定して遊んでいく。「今日はどこへ行く？」と子ども達に聞いてみる。
③ お出かけに使う園カバンや帽子などを各自，身につけると，ごっこ遊びがいちだんと楽しくなる。
④ ♪ むっくりくまさんの遊び
輪の中央にクマ役の1人が座ってねむったまね。他の子どもは手をつないで，輪になってうたいながらまわる。最後に「目をさましたら食べられちゃうよ」でクマ役は「ウォー」と起きあがって，他の子どもを1人つかまえる。つかまった子どもが次のクマになる。クマ役は，はじめは保育者がやるとよい。

白い線

手をつないで輪をつくり
「むっくりくまさん」の歌をうたいながら，まわり，「目がさめたら」クマが起きより，追いかけ，つかまえる。
♪ 白い線の中に入ったらつかまえられない。

白い線

白い線

言葉　春

❷ 劇場ごっこ

該当年齢 0 1 2 3 4 5 歳児

劇場ごっこは，見る側と演じる側がいるため，演じる側の意欲が高まり，やる気を育てます。また，見る側にとっても理解しようとする態度が育ち，幼児の言語感覚を豊かにし，継続的に楽しめる活動です。

【ねらい】
① 劇場ごっこ遊びや，なりきり遊びを楽しむ。
② 劇遊びをとおして，言葉の楽しさや伝えることの喜びを感じる。
③ 多くの人の前に出て，自信を持って発言や行動ができるようになる。

【準備・環境づくり】
① 重ねたマットや机（巧技台）などで舞台をつくる。
② 見る子どものための観客用椅子を用意する。
③ ごっこを進めるためのラジカセ，絵本などを用意しておく。
※ 舞台に大きなもの（木・家・切り株など）を置くことにより，お話の限定につながる。

【遊び方・プロセス】
① 初期に見られる単純なごっこ遊びの楽しさに共感し，その動きを見て楽しむお客さんとして，保育者が参加してみる。
※ 音楽に合わせてからだを動かすなど，自発的な子どもの動きの多くが同じ視点でとらえることができる。
※ 無理に劇との関連を持たせず，ありのままの姿を保育者も楽しむ姿勢が大切である。この認めが，後の活動の広がりにおいて，とても重要となる。
② 初期の活動では，絵本の読み聞かせなどの後にごっこ遊びを十分に楽しむ。この段階では，見てもらうことを意識せずに遊びを深める。
③ 絵本の読み聞かせに合わせて，舞台上で演技することを楽しむ。
※ 繰り返し読まれているものや，単調な繰り返しなど，お話に配慮し理解しやすい絵本を選択する。
④ 十分に遊びを深め，年長児など年齢の高い組の子どもをお客さんとして招待する。
※ 必要以上の盛り上げは，余計な緊張を生む。あくまでも，自然なかかわりのなかで招待できるように配慮する。
⑤ 役を入れ替わったりしながら交代で楽しむ。

【援助のポイント】
日常の遊びのなかに見られるごっこ遊びを自然なリードで，劇場ごっこへと発展していく。
保育者も仲間の1人として参加することが必要である。保育者の楽しげな言動から演じることの楽しさを伝えていくことができる。
突然劇場が登場するのではなく，ごっこ遊びがいつの間にか見せる遊びへと変化していけるように，配慮していくことが大切である。
遊びが十分に深まり，みんなが自然にかかわれるようになれば，BGMや効果音を加えて雰囲気を盛り上げていく。舞台の上だけ電気をつけるなど，特別な扱いからも気持ちが盛り上がることだろう。

【バリエーション】
十分に活動が深まれば，日時を設定して行うことも可能である。
そのことで，目的意識を持ったかかわりや異年齢でのかかわりも深まる。宣伝用のポスターづくりなどを大きい組の子どもにお願いしたりするのにもいい機会となる。年長組の子ども達も，期待感を持てることとなる。

＜保育室内＞
机／ビニールテープ／マット

＜ホールの舞台＞

言葉

春

③ おなべふ
―指占い・名前占い―

該当年齢：0 1 2 3 4 5 歳児

各地方に伝わる伝承遊びのひとつです。最近はあまり遊んでいる姿を見ませんが，触れ合い遊びとして，保育者と子ども，子ども同士で，手と手を取り合って遊ぶワクワク感を楽しみましょう。

【ねらい】
① 保育者と子ども，子ども同士の触れ合いや結びつきを深める。
② 歌やリズムや言葉と，動作を連動させて遊ぶ。
③ いろいろな言葉を知ったり，その言葉の意味に興味を持ったりする。

【準備・環境づくり】
① 準備を必要としないのが，指遊びや手遊びの特長だが，その分，触れ合いを楽しむ温かい雰囲気づくりを心がける。
② 保育者と子どもの1対1のかかわりから始まるが，見ている子ども集団があることで，遊びが子ども達の間に広がっていく。お弁当を食べ終わった子どもから始めるなど，1対1から少人数グループへ，そして徐々に多人数へと進めやすいようなタイミングをつかむ。

【遊び方・プロセス】
＜指占い＞
「おなべふ（もか）」・「あきすとぜねこ（どれみ）」など
① はじめ方のいろいろ
ア）相手の中指の先端に親指を当て，中指の届いたところを始点とする。
イ）相手の手首からはじめる。
ウ）相手の手のひらを叩いて，しびれの強いところからはじめる。

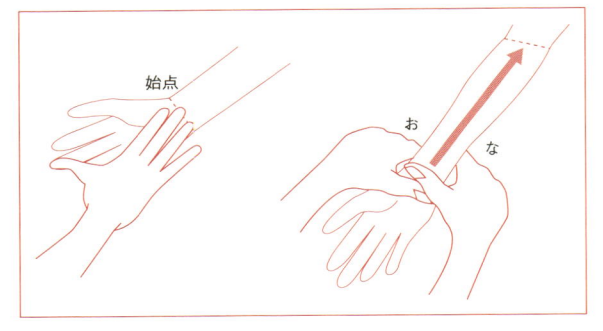

② 進め方
　親指を交互に動かして相手の腕を上り，肘の内側の線を終点とし，終点時の音で，相手の性格や将来，2人の関係などを占って楽しむ。

③ 言葉の意味
　お＝お利口（お洒落）　　ふ＝ふざけんぼ
　な＝泣き虫（怠け者）　　も＝ものぐさ
　べ＝勉強家　　　　　　　か＝賢い

　あ＝愛してる　　ぜ＝絶交　　ど＝独身
　き＝嫌い　　　　ね＝熱烈　　れ＝恋愛結婚
　す＝好き　　　　こ＝恋人　　み＝見合結婚
　と＝友達

＜名前占い＞
「王様，姫様，豚，乞食」・「天国，地獄，大地獄」・「貧乏，大臣，大大臣」・「じじ，ばば，殿，姫」など
　相手の名前の音の数だけ，親指の先端，親指と人差し指のつけ根，人差し指の先端，人差し指と中指のつけ根，というように順に進んでいき，終わった音で，将来などを占って楽しむ。

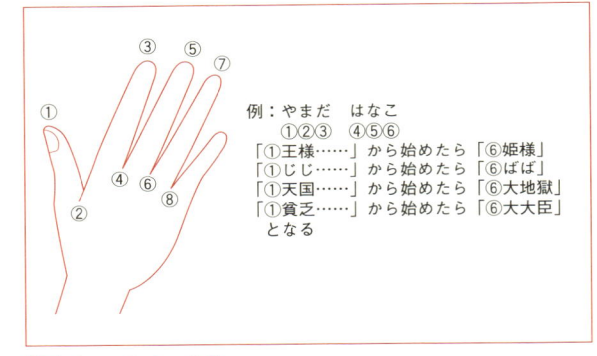

例：やまだ　はなこ
　①②③　④⑤⑥
「①王様……」から始めたら「⑥姫様」
「①じじ……」から始めたら「⑥ばば」
「①天国……」から始めたら「⑥大地獄」
「①貧乏……」から始めたら「⑥大大臣」
となる

【援助のポイント】
① たわいない占いなので，何になっても笑って終わりにできるような，楽しい雰囲気で行う。
② 伝承遊びには，唯一の正しい姿（歌・言葉・遊び方など）というのはない。いろいろな情報を受け止めながらも，遊び方にこだわらず，触れ合いを楽しむことを中心に考えていく。
③ 指占いでは，親指の送り方などで調節してもよい。
④ 名前占いの場合，音数は変わらないので，語群の種類を変えることで違う結果を得ることができる。
⑤ 奇数のときには，両腕を使って3人一組でする。

【バリエーション】
① 指占いは頭音遊び（お＝おりこう）のひとつなので，頭音集めの遊びへと広げてもよい。子ども達とオリジナルな指占いの言葉をつくって楽しむこともできる。
② 年齢にもよるが，指占いやそれにつながる言葉遊びをしているうちに，1音は1文字であることに気づく子どもも出てくる。1音1動作である指占いが，「文字」に興味を持つきっかけとなる場合もあるので，意識して取り上げていくとよい。

言葉　春

④ 砂場遊び
―ダムをつくる―

該当年齢 0 1 2 3 4 5 歳児

砂という性質を巧みに使って，子ども達はさまざまな遊びを創造します。たがいのイメージを共有したり，遊びのズレを巧みに合わせながら，1人遊びから仲間づくりを経験できます。

【ねらい】
① 砂の感触を楽しむ。
② 友達と一緒に遊ぶ。
③ 友達と協力して，目的を持って遊ぶ。
④ 砂や水などの変化に興味・関心を持つ。

（イラスト：「上のほうを固めて！」「もっと深く掘ろう！」「水，持ってきて！」）

【準備・環境づくり】
① 砂場の衛生管理を十分にする（場合によっては消毒をする）。
② 砂場の道具は取り出しやすく，扱いやすいものにする。

【遊び方・プロセス】
① 大きい山をつくりたい子どもが集まってきて，みんなで高くする。
② 山を固めて，子ども達が穴を掘りはじめる。
③ 掘った穴に水を運んできて入れる子どもや，水を増やそうと話し合う子どもがいる。
④ 水の流れを確認し合ったり，水路を増やしたりして，ダムができる。
※ 年齢の低い子ども達は，年長児の様子をみながら，憧れを持ち，一緒に歓声をあげたり，船に見立てたもの（葉や発泡スチロールなど）を浮かべて遊ぶ。

【援助のポイント】
① ダムづくりには水が欠かせない。園によっては，砂場での水の使用を禁止しているところもあるが，遊びの幅，経験の幅，遊びのバリエーションの変化，科学性の芽生えという点から「砂場遊び」には水は欠かせないものである。その際，「苦労する」「工夫する」という経験をするためにも，砂場と水道の位置は，適度な距離があるほうがよい。ホースで直接，砂場に水を入れることは，水を運ぶための工夫，苦労する経験の場を奪うことになる。「水を運ぶ」という行為により，水の重さを実感し，運ぶ道具の選択，歩くときのバランスの取り方を学ぶ。
② 汚れてもよい服装で活動できるようにすること。
③ 遊んだあとの，からだの清潔に注意する。シャワーを利用するなど，遊んだあとの衛生に気を配る。年齢が低いほど，保育者の配慮が必要である。
④ 汚れを予測して始まる前に腕をまくり上げることを促そう。

【バリエーション】
<泥だんごづくり>
① 科学絵本を利用して，「泥だんごづくり」のプロセスを理解できるような工夫をする。
② 種類の違う砂を準備しておき，砂の種類によって使用する水の量も違うことなどを学ぶ。
③ つくった泥だんごをどこに，どのように片づけるのかを保育者とともに考える。

<山くずし>
伝統的にある遊びである。山の中央に棒を立てる。4人または5人が順番に裾野から山を崩していく。最後に棒を倒した者が負け。
① ルールが理解できるように，保育者から遊び方の説明をする。
② 順番などについては，子ども同士の話し合いで決めていくようにする。
③ 山をつくることから協力してできるようにする。

<ダムの決壊遊び>
砂山の頂上にバケツを埋め込み，水をいっぱいにためこむ。ペットボトルやボウルなどで，満水のバケツの水を上から押し流す。いろいろな方向に水が流れ，意外性を楽しむことができる。

■ Column ―砂場遊び・ダムをつくる
・砂場でのダムづくりは，多量の水が用意されるので，新学期の4月当初は，新入園児の生活も考えながら進めていく必要があります。
・ダムづくりは，比較的高度な遊びのひとつで，川づくりや，山のてっぺんから流す遊びのほうが多くなります。
・ダムは，多量の水をせき止め，一挙に流す遊びのため，流れる水の速さや到達する場所も予想しづらく，その意外性に心がひかれる遊びです。保育者の既成概念を取り払い，思いっきり楽しませたいものです。ときに，土の山で試みるのも楽しいでしょう。

言葉　春

❺ あっち向いてホイ

該当年齢 0 1 2 3 **4 5** 歳児

2人そろえば，いつでも，どこでも，だれとでも，楽しく遊べます。ときには勝敗にこだわりを見せるかもしれません。ルールを守って，仲よく友達関係を深めていきましょう。

【ねらい】
① 友達と楽しく遊ぶ。
② 相手の指の動きや動作につられないようにし，反射神経や集中力を高め，慣れてきたらフェイントなどで動作に変化を持たせて遊ぶ。

【準備，環境づくり】
① **場の設定**：室内，園庭，どこでもよいが，他の子ども達の邪魔にならないような場所で遊ぶとよい。
② **準備**：とくになし。2人で組んで遊ぶ。

【遊び方・プロセス】
① 2人向き合う。
② ジャンケンで先攻，後攻を決める。
③ ジャンケンに勝った人が，先攻で始める。
④ 先攻の人は，人差し指を相手の顔に向けて「あっち向いてホイ！」と声をかけ，上・下・左・右のいずれかを人差し指で示す。後攻の人は，「ホイ！」のかけ声と同時に，相手の指の動きをよく見て，顔を上・下・左・右，相手と違う方向に向けるようにする。 
⑤ 指と顔が同じ方向に一致したら，先攻の勝ち。
⑥ 一致しないときは，②のジャンケンから繰り返す。

【援助のポイント】
① まず，保育者が子どもと2人で組んでお手本を見せる。あまり近づきすぎて，指で目をつついたりしないように，適度な幅を取ってから始めよう。
② だんだん慣れてきたら，声の出し方も工夫を持たせ，大きい声であったり，小さい声であったり，ゆっくり言ったり，速く言ったりしていく。
③ 指の動かし方も，ゆっくり動かしたり，速く動かしたりする。声や，動作に変化をつけて遊んでいくと，楽しさも倍増してくるであろう。
④ 保育者がときどき，わざと指さしと顔を同じにして笑いを受けるなどの楽しさも大切である。

【バリエーション】
① 動作を変えた形で，「ビーム・フラッシュ」遊びがある。ウルトラマンのビーム光線の発射を，腕の動作で表現する遊びである。動作は，2人で行う。ジャンケンで先攻，後攻を決める。「ビーム」で向き合って立つ。先攻の人が「フラッシュ」と声をかけ，2人でA・B・Cのなかのひとつの動作を取る。

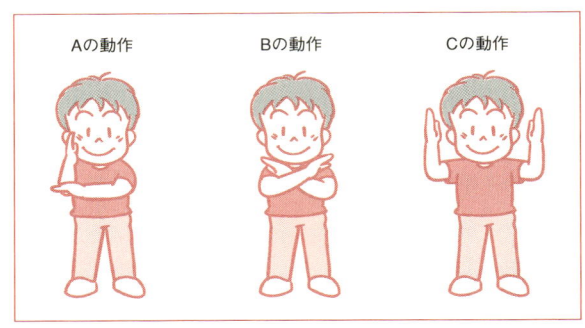

Aの動作　　Bの動作　　Cの動作

動作が一致したときは先攻の勝ちになる。
② 低年齢の子ども向けには，保育者と一緒にできる遊びがある。顔と顔を近づけて，鼻に指をあてて，「鼻鼻鼻,,, お口, 鼻鼻鼻,,, お目目」など，目や口，耳がどこにあるかわかるように，ゆっくりと，優しい声で指をあててあげると，喜んで動作をまねし，大事なスキンシップにもつながる。

■ Column — あっち向いてホイ
・言葉と動作を同時に理解して行動することを，協応動作といいます。幼児の成長過程のなかで，発達上，2つの動作を同時に行うことは3歳以下では難しいといわれます。
・言葉で「頭，頭，お口」，動作は手で頭を押さえながら「頭，頭，頭に」と目でとらえる動作と，言葉が違うと，戸惑いが出て，おもしろく進めていくことができます。身近な動作を言葉と連動させて楽しむよう工夫しましょう。

言葉　夏

❻ ニックネームづくり
―名前探しゲーム―

該当年齢 0 1 2 3 **4** 5 歳児

動物や身近なものの頭音（頭字）や特徴のなぞなぞ遊びをとおして，いろいろなものの名前を推理して楽しみます。その後，保育者や友達の名前や特技，印象などから楽しいニックネームを考えて遊びましょう。

【ねらい】
①動物やものなどの絵カードをとおし，頭音（頭字）や特徴からそのものを推理したり，自分達でもいろいろな名前を考えて楽しむ。
②友達の名前や印象，特技などに興味を持ち，楽しいニックネームを考えるなかで，友達への親しみを深めていく。

【準備・環境づくり】
①いろいろな名前が想像できるような動物や食べ物など，身近なものの絵カード（ネコ・ウサギ・ニワトリ・ゾウ・カタツムリ・ヘビなど）（うめぼし・ラーメンなど）（ショベルカー・ピアノなど）を用意する。

【遊び方・プロセス】
①動物や身近なもの当てクイズをする。

　保育者が示す，頭音（または頭字）や鳴き声，動き，形，色などの特徴から推理し，黒板に貼ってある絵カードのなかから探して遊ぶ。

例1：爪とぎが大好き。
　　　いちばん上に「ね」の音（または字）がつく。
　　　「カリカリ」「ねーね」「ニャーゴ」などと呼ばれることもある。
　　　　（5歳になればここからでもよい）
　　　　　　　↓
　　　絵カードのなかから「ネコ」を選び，どうして選んだのかをみんなに話す。

例2：「トントン」「カンカン」「釘うち君」
　　　　　　　↓
　　　　　（かなづち）

②自分が家の人や身近な人にどうに呼ばれているのかを伝え合う。
③保育者や友達の名前から，頭音などを使って楽しい「ニックネーム」を考え合う。

例：れんたろう→れんれん・れんちゅう・レモン・レンコン

※節をつけて遊んでもおもしろい。
「れ」がつくから「レモン」
「れん」がつくから「れんれん」など

④友達が考えてくれたニックネームのなかから，自分がいちばん気に入ったものを選んで伝える。

例：ぼくは「れんちゅう」がいいな。

⑤友達の特技や印象，楽しいエピソードなどからニックネームを考え合う。

例：かけっこが早いから「ビュンビュン」
　　いつもニコニコしているから「にこちゃん」など

【援助のポイント】
①動物，身近なもの当てクイズは時期や年齢，経験に合わせて絵カード選択や出題の仕方を配慮する。
②自分が家の人に本名以外でどう呼ばれているか伝え合う前に，「さっちゃん」の歌（1番）などを取り入れていくとわかりやすく，楽しい。
③保育者や友達のニックネームを考えるときは，頭音（頭字）などのわかりやすいものから選んでいくようにする。
④「友達の嫌がるようなニックネームはつけない」「友達と楽しく，仲よくなれるようなニックネームを考える」などのルールを決めて遊ぶ。
⑤遊びながら友達への親しみが深まっていくように配慮する。
⑥ニックネームの意味をはじめに伝えること。呼ばれたら，うれしい名前ってなーになどと，それぞれから聞き出し，遊びに入る前に，愛称であることを理解させてはじめる。

【バリエーション】
①文字カードを使い，自分や友達の名前を逆に読んで楽しむ（逆読みニックネーム遊び）。

例：はなこ→こなは
　　やまもとはなこ→こなはともまや

②自分や友達の文字カードを使い，いろいろな言葉をつくって遊ぶ。

例：はなこ→はな・こな・はこ・は（歯または葉），など
　　やまもとはなこ→やま・こや・はと・こま・はなとこや・はなや，など

③家の人の楽しいニックネームを考える。

言葉　夏

❼ 連想ゲーム
―色や形などからの連想ゲーム遊び―

該当年齢 0 1 2 **3 4 5** 歳児

連想遊びは，いろいろなバリエーションで楽しめます。この遊びは，1人ひとりの連想性を育て，内言（心のなかで思う言葉）を豊かにすることで，お話づくりがたやすくできるようになってきます。

【ねらい】
①言葉をとおして想像や連想する楽しさに触れる。
②仲間同士で，言葉の弾みを楽しむ。
③連想するおもしろさや楽しさを味わい，言葉や図形などに興味・関心を持つ。
④ゲームに参加し，ルールのあることに気づく。

【環境・準備づくり】
①連想するゆとりある時間を確保する。
②色紙や型紙など，保育室内にある身近な素材を用意する。
③園庭では，色紙やろう石，枝などの身近な素材で，形や色の名前を地面に書く。
④ときには立体物で色のあるものなども用意する。

【遊び方・プロセス】
ふだんの生活のなかで，保育者が何気なく1対1で向き合うか，あるいは数人のグループをつくる。

あまり型にはめた質問の仕方ではなく，何気なく「ねね，赤いものって言ったら何があるかな～」など，質問してみよう。はじめは，いくつか保育者から提案し，子ども達に答えてもらおう。

一定の流れ（リズム感覚）が伝わるまでは保育者がリードしていく。低年齢では，四角や丸，三角など絵カードをつくっておくと，連想しやすくなる。また，ゲーム的要素を取り入れる場合は，あらかじめ約束やルールを話し合う。その際，回答者に点数を与えたり，カードを用意したりするとよい。

＜色からの連想遊び＞
はじめは，保育者「赤いものはな～に」，子ども「リンゴ」，と連想させる。このように数回練習したら，
・保育者「赤いと言ったらな～に」子ども「リンゴ」
・保育者「黄色と言ったらな～に」子ども「バナナ」
この後は「緑と言ったら」までで止めて，リズムに乗せて答えやすいようにする。「緑と言ったら」「メロン」と言うようにしていく。

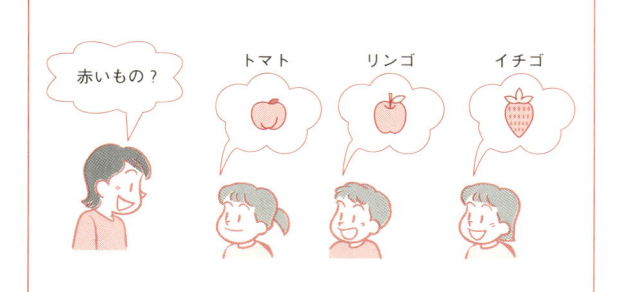

＜形からの連想遊び＞
色と同じ言いまわしで進めていく。保育者「四角いものはな～に」，子ども「とうふ」，保育者「まるいと言ったらな～に」「ボール」，などと質問と答えをリズミカルに続けていく。

また，保育の活動と活動のつなぎで用いる場合は，保育室内で机の並びをひとつのグループや列として，先頭から後尾を決めて，順番に進めていったり，5歳児などは，小学校との接続を意識し，わかった子どもは，手を挙げて答えてもらうなど，いろいろ工夫して欲しい。この遊びは，4歳以上の展開では，約束やルールをつくって，ゲーム的要素を取り入れるとおもしろくなる。

たとえば，あらかじめ子ども達が正解者へのカードをつくり，答えられたらカードを1枚受け取り，グループで何枚集まったか，かぞえたりしながら楽しむとよい。

【援助のポイント】
①一定の感覚やリズムが保たれるようになるまで，保育者がリードしてあげよう。
②慣れてきたら，子ども達自らが色や形のカードをつくるなど，子ども同士の連想遊びが楽しめるようにする。
③連想が途切れぎみになった場合は，リズミカルに手拍子でリズムを取り入れ，連想しやすくしてあげる。
④年齢に合わせて，ステップアップしていくとよい。
⑤ゲーム的要素を取り入れるときは，何も言えない子どももいるので，その子どもへの配慮として，あまり勝敗のはっきりするような遊び方は，好ましくないので注意しよう。
⑥連想できない課題に対しては，保育者がヒントを出してあげるようにする。
⑦4歳児の遊びとして，競う楽しさが経験できるよう，とくにグループ同士で，どのグループが早く連想できるかを点数化して楽しむと盛り上がる。

【バリエーション】
①色の連想遊びや形の連想遊びの他にも，属性の連想遊び（「果物」→「バナナ」）・生活の連想遊び（「バナナ」→「おサル」）などがある。
②連想遊びで連想したものを絵で描き表し，グループでお話づくりを楽しむなど，言語感覚を豊かにする遊びへと発展させていくこともできる。
③言い合うときに，手拍子を交えるとより楽しくなる。

言葉　夏

❽ 電話遊び

該当年齢 0 1 2 3 4 5 歳児

携帯電話が普及している現在，子どもにとっても電話は身近な道具といえるでしょう。その電話を使うことで，自然に会話を楽しむ経験につながっていく活動です。

【ねらい】
①電話機をきっかけに，保育者と言葉のやりとりを楽しむ。また，言葉のやりとりをきっかけに，保育者との気持ちのつながりをより深いものにする。
②友達同士での言葉のやりとりから，言葉そのものを学習したり，話を理解したり，また，仲間意識を強めたりする。
③電話機をつくったり，工夫したりして，遊びの道具を子どもなりに用意する。

【準備・環境づくり】
①できれば3～4歳の子どもの場合は，使わなくなった本物の電話（固定式）を準備する。4歳後半～5歳の子どもの場合は，空き箱などで自分達がつくった電話を使うとよいだろう。
②ままごとコーナーや，家族ごっこに使う道具のなかにさりげなく，本物の（固定式）電話を紛れさせておく。
③携帯電話をイメージして，子ども達が自由につくれるように，小箱，ストロー，セロハンテープ，サインペン，毛糸，幅の狭いリボン（ストラップにする）などを用意した造形コーナーを準備しておく。
④子ども達がつくった携帯電話は，管理がずさんだとすぐに行方不明になったり，つぶれたりして，次に使うときに不便なので，保管場所や飾っておく場所をきちんと整え，いつでもすぐに使えるようにしておく。

【遊び方・プロセス】
①ままごとコーナーや家族ごっこの場面のなかに，それとなく電話機を設置しておき，子ども達自身で気づき，使い始めるのを見守る。

　この場合は"電話遊び"という独立した遊びにはならず，ままごとや家族ごっこのなかで，電話を使って独り言をするような形である。大きな遊びのなかの一部分としての遊びになる。

②保育者が電話をかけるまねをする。たとえば，保育者のそばにいる花子ちゃんのお母さんに，電話をかける動作をする。「花子ちゃんのお母さんですか？いま花子ちゃん，幼稚園（保育園）で，元気に遊んでいますよ」などと，花子ちゃんに聞こえるように話す。

　4歳後半～5歳児などは，自分の家の電話番号を言わせたり，その番号を押させたりするとよい。

③子どもが電話機を使って，1人でかけるまねをして遊んでいるとき，保育者も電話で「もしもし，花子ちゃんですか？ゴリラ先生です。こんど幼稚園でパーティをしようと思うんです。そこで……」などと，電話で（多少大きな声で）話しかけていく（会話につなげていく）。

④子どもから保育者に電話がかかってきたら，二言三言対応した後，そばにいる子どもに電話を替わり，子ども同士で電話を使って会話を楽しむように，段取りをつける。この場合，会話がすぐ途切れる場合もあるので，できれば保育者がそばで，「こんど遊びに来てくださいって言ったら？」などと，会話が長続きするような方向にアドバイスをする。

【援助のポイント】
年齢の低い子どもには，保育者が楽しそうに電話で話している姿を見せ，"楽しそうだな"という気持ちにさせることをまず優先する。その姿を見て，少しずつ保育者との会話に入ってくるようにするとよい。その会話も，簡単な受け答えの「うん」「ううん」「はい」程度で，話が成り立つような展開を心がける。

年齢が進んでくると，保育者と子どもがふつうに会話しているように，対等レベルでの話が展開するような内容や方法を考える。

【バリエーション】
＜携帯電話の工夫＞

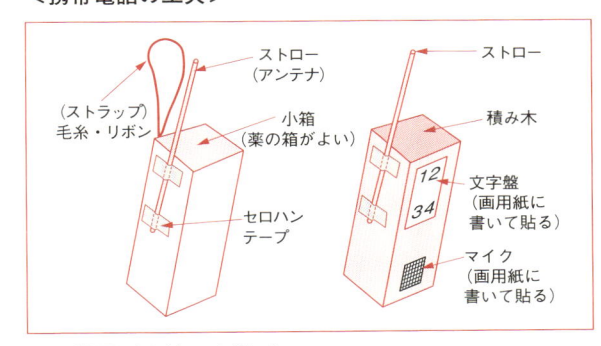

（図：空き箱で作った携帯電話）
- （ストラップ）毛糸・リボン
- ストロー（アンテナ）
- 小箱（薬の箱がよい）
- セロハンテープ
- ストロー
- 積み木
- 文字盤（画用紙に書いて貼る）
- マイク（画用紙に書いて貼る）

＜携帯電話を使った遊び＞
①ドロケイで，泥棒同士，警官同士が携帯電話で連絡を取り合って遊ぶ。
　例：泥棒「こちらドロボウ，いま警官に捕まった，助けにきてくれ！」
　　　警官「いまドロボウを追いかけている，応援に来てくれ！」
②朝の出欠調べなど，携帯電話を使って，「もしもし，○○幼稚園ですか，○○ですが，風邪でおやすみします。」と先生が子ども達に伝えるのも楽しい。

言葉　夏

❾ 替え歌づくり

該当年齢 0 1 2 3 4 5 歳児

余裕をもって活動に取り組んでいたり，とてもリラックスして楽しんでいるとき，思わず歌を口ずさんでいるということがときどきあります。そんなとき，あえて歌詞を替えることを楽しむ遊びです。

【ねらい】
①歌詞をめぐって，友達同士でいろいろと思いつきを言い合って楽しむ。
②子ども同士で替え歌をうたいながら，少しずつ歌詞を替えていく。
③友達がうたっている替え歌を，一緒にうたうことで仲間意識を感じ，いっそうの信頼感を持つ。

【準備・環境づくり】
①元の歌を鼻歌に出てくるぐらいうたい込み，子ども達のレパートリーにする。
②過去に替え歌をつくった園児達がいたなら，そのときの替え歌を「今の小学生のお兄ちゃんとかお姉ちゃんがつくったのよ」と言って，保育者がうたって聞かせる。
③子ども達が考えたり，アイデアを出し合ったりしてつくった歌詞を忘れないように，『絵』（絵カードふうの歌詞カードをつくる）で表しておく。そのための紙を用意したり，絵を描くコーナーを整備する。
④子どもらしい替え歌をつくったら，集会のときなどに他の子ども達に聞かせ，替え歌づくりの楽しさを知らせる。

【遊び方・プロセス】
<自由な遊びのとき（1）>
①子ども達が"家族ごっこ"や"造形的な遊び"などに没頭しているときに，保育者も一緒になって遊びながら，日ごろ子ども達がうたい親しんでいる歌を口ずさんだり，「一緒にうたおうか」などと，誘いかける。
②一緒にうたいながら，保育者がわざと歌詞の一部分を替えてうたう。
③歌詞の一部を替えてうたうおもしろさから，子ども達にも替え歌をすすめる。
④1人のアイデアを，その場にいる子ども達みんなに知らせ，一緒にうたう。

<自由な遊びのとき（2）>
①大積み木などを工夫し，活用してステージをつくる。その上で"替え歌ショー"をする。
②1人ずつステージの上で，自分が考えた替え歌をうたう。
③"劇場ごっこ"のような展開が見られれば，そういった動きを援助する（あくまでも，子ども達の動きに任せていく）。

<いっせい活動のとき>
①クラス全員が一緒にうたうとき，"歌詞カード"の最後に，替え歌の歌詞カード（絵カード）を入れておき，歌詞カードを見せながら保育者がうたう。
②「替え歌をつくってごらん」という働きかけをすると同時に，絵カードを示し，絵カードの興味を高める。
③子ども達がつくった絵カードを見ながら，クラスのみんなでうたう。
④子ども達がつくった歌詞カードはケースなどに入れて，いつでも使えるようにしておく。

<替え歌の対象になった歌>
例："森のくまさん" "ぞうさんのぼうし" "トッテチッテカンカンカン" "はたけのポルカ" "やおやのおみせ"（"パンやのおみせ"）"くいしんぼうのごりら" など

<歌詞>
例：森のくまさん
【6番】
おじょうさん　ありがとう
一緒に　おどりましょ
ラララ　ランラン　ランランラー
ラララ　ランランランランラー

例：はたけのポルカ
【6番】
ろくばんめのはたけーに　ラディッシュをまいたら
となりのゆりぐみが　やってきーて　たべた
はたけーの　まわりで　ポルカをおどろ
ゆりぐみを　つかまえて　ポルカをおどろ

【バリエーション】
<『替え歌大会』>
①生活グループの全員で替え歌を考え，つくる。
②歌詞カードをお客さんに見やすく工夫しながらつくる。
③グループごとにクラスのなかで発表する。

<『歌詞カード』の展示会>
①各自がつくった歌詞カードを壁面に展示する。
②たとえば，「今日はこのカードでうたってみようね」と言って，毎日数枚のカードを使ってクラス全員でうたう。

<『自分の名前で替え歌』ゲーム>
①「ドレミの歌」の節回しを使う。
②自分の名前をあてはめてうたう。
例：やはやおやさんのや，まはマイクのマ（やまだたろうのとき）

⑩ アイウエオの言葉遊び

該当年齢 0 1 2 3 4 **5** 歳児

リズムミカルに楽しくできる遊びです。身近にあるものや大好きなものを表現することで、言葉に親しみがわいてくるでしょう。みんなで言葉を考える楽しさを実感し、声に出して言葉遊びを楽しみましょう。

【ねらい】
①言葉に興味を持てるように、ひらがなで言葉の変化を楽しみます。
②生活の身近にあるものや事柄を取り入れて、子ども達自身から言葉が浮かぶように工夫する。

【準備・環境づくり】
①**場の設定**：室内で椅子に座ったり、敷物に座ったりして、環境を整え楽しむ。
②**準備**：黒板やパネルを利用することもできる。
ア）言葉遊びを始める時期には、室内に五十音表などを子ども達の見える場所に貼っておく。
イ）パネルシアターを利用して、頭文字の絵カードをつくって子ども同士で遊べる環境も用意する。
ウ）スタンプやあらかじめ文字カードを子ども達と一緒につくっておく。

【遊び方・プロセス】
お段の行のかなに（お こ そ と の ほ も よ ろ を ん）、食べ物の名前をあてがい、語呂や言葉の変化を楽しむ。

　あ　い　う　え　おにぎり
　か　き　く　け　コロッケ
　さ　し　す　せ　ソッソッソーセージ
　た　ち　つ　て　とんかつ
　な　に　ぬ　ね　のりまき
　は　ひ　ふ　へ　ホッホッホットケーキ
　ま　み　む　め　もりそば
　や　ゐ　ゆ　ゑ　ようかん
　ら　り　る　れ　ロッロッロールケーキ
わたしも　を（お）なかがいっぱいよ　「ん！」

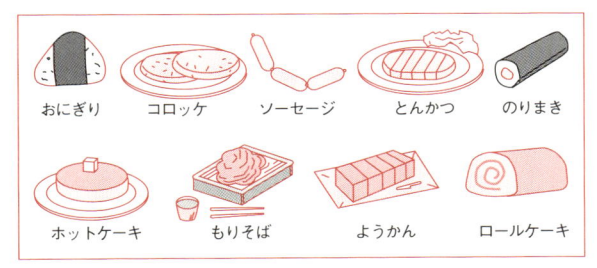

おにぎり　コロッケ　ソーセージ　とんかつ　のりまき
ホットケーキ　もりそば　ようかん　ロールケーキ

【援助のポイント】
①子どもは食べ物や動物などが大好き。まず身近にあるもの、大好きなものなどを取り上げ、言葉にして表現する。
②最初は食べ物からはじめる。保育者がお手本を見せる。パネルを使って、おにぎり、コロッケ、ソーセージなどを描いたものを、パネルに貼っていくと、より具体的でわかりやすく、楽しみも倍増するはずである。
③食べ物でみんながなれてきたら、次は動物、草花などいろいろなものを取り入れて楽しむこともできる。同じ種類のもので揃えるのは少し難しいかもしれない。子ども達の思いついた言葉で始めるとよい。
④子どもからいろいろな言葉が出てきたらジャンル別にして書きとめておくと、整理がしやすく、みんなの言った言葉がすぐにわかる。
⑤「あいうえ　おにぎり」に、メロディーをつけてうたうのも、簡単に覚えやすく効果的である。アイウエオの五十音順を曲に親しみながら、流れに沿って自然に覚えられる。しかし、言葉遊びなので、楽しくできることが重要である。いつも元気のよい子どもだけが中心にならないよう、1人ひとりの声を大事にしよう。
⑥声の出し方にも注意しよう。無理に大きな声を出したり、どなったりしないように、静かに落ち着いた雰囲気づくりを心がけることも大切である。

【バリエーション】
①「数字の歌」を「あいうえお」バージョンにする。「あの字がつくものな～に？アイスクリームだよ。ペロン、ペロン（食べるまねをする）」

「あ」のつくものな～に？

②文字カードを子ども達と一緒につくり、音節遊びに発展させていく。「あ」のつく「あひる」は、3音節からできていることを手拍子でかぞえ、五十音表のマス目をつくり、そのマスの中に1文字ずつ置いて文字を埋めていく。
③あいうえおクイズ、カルタをつくり、表に文字を、裏に絵を描いて、「この頭文字のつくものなーに」とあいうえお順にカルタとりを楽しむ。

言葉　夏

⓫ ペープサート

該当年齢 0 1 2 3 4 5 歳児

表と裏を使い分けながら，即興的に物語をつくる遊びです。思い思いにつくったペープサートを使って，何度も遊びを続けていくうちに，たがいのイメージが共有でき，おもしろい物語が生まれます。

【ねらい】
① ペープサートを使って，それぞれの役になりきって遊ぶ楽しさに気がつく。
② 知っている話に沿ってペープサートを動かしたり，自分達で考えたセリフを言ったりしながら楽しむ。
③ ペープサートを動かしながら，友達と言葉のやりとりを楽しむ。

【準備・環境づくり】
① 準備：ペープサートを自分でつくれるように，画用紙・はさみ・割り箸・セロハンテープなどを使いやすいところに用意しておく。
② 環境づくり：長テーブルに暗幕をかけて簡易な舞台を用意することで，遊び出せるきっかけをつくっていく。保育者が日常使っているペープサートを，いつでも使えるように置いておく。

【遊び方・プロセス】
① 保育者が日常使っているペープサートを，自分達で音楽に合わせて動かして遊ぶ（例：おはようクレヨン，ポンポンポケット，しゃぼん玉とばせなど）。
② 画用紙に思い思いの絵を描いてから，外側の線を切るようにする。次に割り箸を裏に貼り，ペープサートを完成する。
③ できあがったペープサートを舞台（長テーブルに暗幕をかけたもの）で友達と動かし合う。
④ 動かしながら，たがいに会話をしてやりとりを楽しんでいく。

【援助のポイント】
① 保育者が使っているペープサートを，子ども達が使い出せるように，見えるところに用意する。使い始めたら，タイミングを見はからって，音楽を流したりして雰囲気を盛り上げていく。
② 自分達でやってみようとする気持ちを大切にし，必要な材料や用具は状況に応じて提示したり，見えるところに置いて気がつくようにしたりする。
③ 慣れてきたらMDデッキの操作の仕方を知らせ，自分達で扱えるようにする。

【バリエーション】
① OHP（オーバーヘッドプロジェクター）を利用して，つくったペープサートを大きく映し出す。
② 背景をOHPシートに描くことにより，物語ふうにペープサートを動かすことができることに気がつかせていく。

しゃぼん玉とばせ
作詞 古宇田亮順　作曲 家入脩

1. ちちち　ちゅんちゅん　とりさんが　しゃぼん玉をふくらませた
   ブブクブ　ブクブクブ　ふくらませた　かわいい　かわいい　しゃぼん玉
2. ぴょんとこ　ぴょんぴょん　蛙さんが　しゃぼん玉をふくらませた
   ブブクブ　ブクブクブ　ふくらませた　あおい　あおい　しゃぼん玉
3. ぐるり　にょろにょろ　へびさんが　しゃぼん玉をふくらませた
   ブブクブ　ブクブクブ　ふくらませた　ながい　ながい　しゃぼん玉
4. ぽんぽこ　ぽんぽこ　たぬきさんが　しゃぼん玉をふくらませた
   ブブクブ　ブクブクブ　ふくらませた　茶色い　茶色い　しゃぼん玉
5. お耳ゆらゆら　うさぎさんが　しゃぼん玉をふくらませた
   ブブクブ　ブクブクブ　ふくらませた　白い　白い　しゃぼん玉
6. おめめころころ　パンダちゃんが　しゃぼん玉をふくらませた
   ブブクブ　ブクブクブ　ふくらませた　白黒まじりの　しゃぼん玉
7. おはなとんがり　きつねさんが　しゃぼん玉をふくらませた
   ブブクブ　ブクブクブ　ふくらませた　きいろい　きいろい　しゃぼん玉
8. おかおのまっかな　たこさんが　しゃぼん玉をふくらませた
   ブブクブ　ブクブクブ　ふくらませた　くろい　くろい　しゃぼん玉
9. おはなぶらぶら　ぞうさんが　しゃぼん玉をふくらませた
   ブブクブ　ブクブクブ　ふくらませた　大きい　大きい　しゃぼん玉
10. みんなで　みんなで　集まって　しゃぼん玉をふくらませた
    ブブクブ　ブクブクブ　ふくらませた　お空にうかんだ　虹のはし

③ OHPと合わせて，グループでつくったお話に基づいて，ペープサート劇場をつくる。年中少児を招待して発表する喜びを味わわせていく。

← 長テーブルに暗幕をかける

⑫ パネルシアター

該当年齢 0 1 2 3 4 **5** 歳児

1970年代に考案され，全国的に普及した児童文化財のひとつです。だれでも，いつでも，簡単につくれます。手づくりの楽しさを味わいながら，生き生きと演じてみましょう。

【ねらい】
①歌をうたいながら，絵人形を貼って作品の展開を楽しむ。
②絵本や物語，童謡などをパネルシアターで演じ，絵人形の仕掛けや操作を楽しむ。
③当てっこ遊びを楽しむ（シルエットなど）。

【準備・環境づくり】
①場の設定：室内で環境を整え，製作準備をする。そして，完成したもので演じる。
②準備：「パネル（板舞台）」…発泡スチロールの板，フランネル，木工用ボンド
「絵人形」…Pペーパー（不織布），ポスターカラーや油性マジック，鉛筆，はさみ。

【遊び方・プロセス】
<パネルのつくり方>
発泡スチロールの板（軽くて持ち運びによい）を，長方形に切って板舞台をつくる。長方形の板の中心に折り線を入れ，折りたためるようにする。

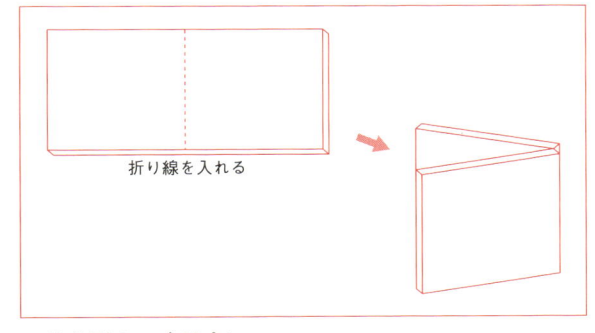

折り線を入れる

<絵人形のつくり方>
①下絵：鉛筆でスケッチブックなどに下書きをする。
②写し：下絵にPペーパーを重ね，油性マジックで写しとる。
③着色：写し取った絵にポスターカラーで塗る。塗った色が混じり合わないように，次に別の箇所を塗り，乾いたら塗りを繰り返す。
④ふちどり：写し取った絵がはっきりと，遠目がきくようにふちどりをする。
⑤切り取り：余白を少し残しながら切り取る。絵によっては線に沿って切り取る場合もある。

【援助のポイント】
仕掛けには，表裏・2枚重ね・組み合わせ・糸止め・差し込み・ポケットなどがある。

①表裏（同じ絵柄で表裏使いたいとき）

ガラスにすかして写す

同一のPペーパーに表裏描く

②差し込み

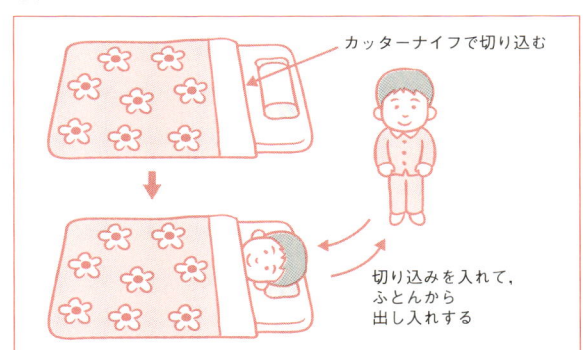

カッターナイフで切り込む

切り込みを入れて，ふとんから出し入れする

③糸の利用（白パネルに白糸を利用すると効果的である。最近は透明の糸も市販されて便利である）

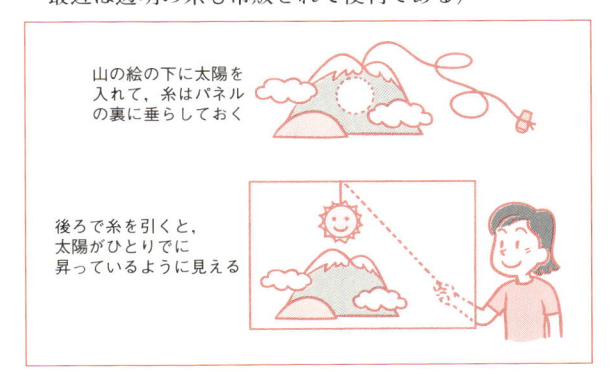

山の絵の下に太陽を入れて，糸はパネルの裏に垂らしておく

後ろで糸を引くと，太陽がひとりでに昇っているように見える

ブラックライトを使って，ひと味違ったパネルシアターを楽しもう。黒く染めたフランネルをスチロール板に貼り，舞台をつくる。絵人形などは蛍光のポスターカラーで描く。演じるときに部屋を暗くする。パネルにブラックライトを当てると蛍光塗料で描いた絵人形や星，月などがキラキラ輝いて浮かび上がり，とても美しく，幻想的な気分を味わうことができる。

言葉　夏

⑬ 劇遊び「大きなカブ」

該当年齢 0 1 2 3 4 5 歳児

大きなカブは登場人物がたくさん出てくるので、いろいろな役になりきって遊ぶことができます。お話のなかの繰り返し言葉は、友達と息を合わせて遊ぶ楽しさを味わえます。

【ねらい】
① せりふや動きのやりとりをとおして、劇遊びの楽しさを味わう。
② 役になりきって表現することを楽しむ。
③ 遊びに必要な場やものを工夫して見立てたり、つくったりして遊ぶ。

【準備・環境づくり】
① 日ごろから、楽しいお話や絵本に親しめる環境づくりを心がける。
② 絵本「大きなカブ」をいつでも見られるようにしておく。
③ 劇遊びに必要な場を見立てたり、つくったりする。
④ お面や絵カードを目に入る場所に置いておく。

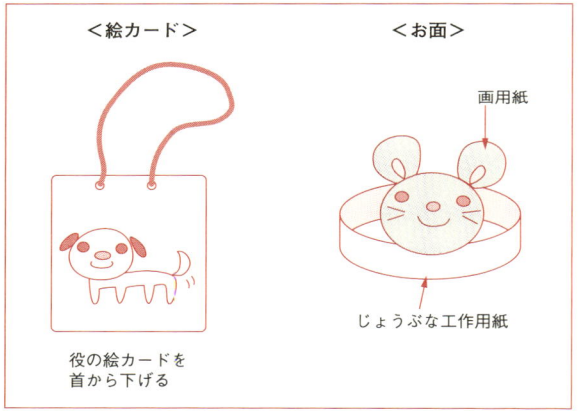

＜絵カード＞
役の絵カードを首から下げる

＜お面＞
画用紙
じょうぶな工作用紙

⑤ 小道具をつくれるよう材料を用意する（画用紙・割り箸・クレヨンなど）。
⑥ 保育者と一緒にビニール袋に砂を入れ、子どもが両手で抱えるぐらいの大きなカブをつくっておく。

【遊び方・プロセス】
① 絵本「大きなカブ」の読み聞かせをとおして、イメージを共有する。
② 大きなカブをつくる（ポリ袋に新聞紙を詰める）。
③ 好きな役になりきって遊ぶ。
④ いろいろな役になって、からだや言葉で表現する。
⑤ 役を決めて遊ぶ。

【援助のポイント】
① 繰り返し劇遊びをして、からだをいっぱいに使う動きや、せりふのやりとりのおもしろさを体得できるようにする。
② イメージどおり小道具などがつくれるよう援助する。
③ 保育者も十分かかわりを持って遊びを盛り上げる。

【バリエーション】
① グループで役を相談して決め、演じて発表し合う。
② 絵本「大きなカブ」の役以外の役を考えて話をつなげながら遊ぶ。
　例：「ウシがネズミを引っ張って……」
　　　「カエルがウシを引っ張って……」
　　　「ライオンがカエルを引っ張って……」
③ 動物の役は「うんとこしょ　どっこいしょ」のところを鳴き声で言う。
④ ペープサートをつくり、話に合わせて動かす。

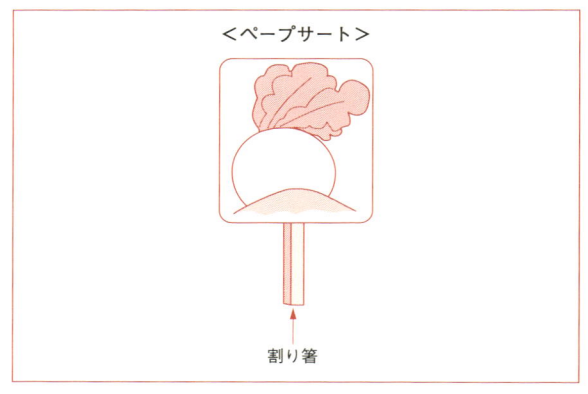

＜ペープサート＞
割り箸

⑤ 保育者が話を進めていく。「うんとこしょ　どっこいしょ」のせりふを言いながら動かす。
⑥ 幕をつくりステージを設定する。子ども達は木の後ろで待つ。中腰で立てる高さにする。
⑦ 指人形や腕人形を使って楽しむ（つくったり、園にある人形を使う）。

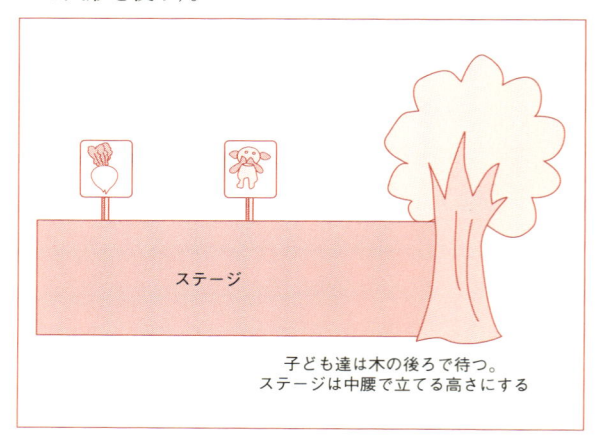

ステージ
子ども達は木の後ろで待つ。
ステージは中腰で立てる高さにする

言葉　秋

⑭ 劇遊び「3匹のこぶた」

該当年齢 0 1 2 **3 4 5** 歳児

劇遊びには，日ごろの生活を劇化するものと，子ども達がふだんから慣れ親しんでいる絵本や物語を劇化する場合があります。子ども達に共通して理解を得られる絵本の物語は，誰もがたやすく参加することができる遊びです。

【ねらい】
①物語に親しみを感じる。
②役になりきり，表現する。
③物語を共有して遊ぶ楽しさを知る。

【準備・環境づくり】
①子どもの手に取りやすい場所に，いつも同じ絵本を置くようにする。
②絵本・素話・手遊びをしながら，物語を子ども達のなかに取り込めるように配慮する。

【遊び方・プロセス】
導入として，手遊びや素話などの過程を子ども達と楽しみながら，徐々に劇化していく。

＜手遊び＞
こぶたちゃんがいえをたて　こぶたちゃんがいえをたて
わらでつくった　いえをたて　ほら　かぜがふいてきた

かぜがふいて　おおかぜに　かぜがふいて　おおかぜに
かぜがふいて　おおかぜに　そのいえはふきとんだ
ぴゅーん

こぶたちゃんがいえをたて　こぶたちゃんがいえをたて
木でつくった　いえをたて　ほら　かぜがふいてきた

かぜがふいて　おおかぜに　かぜがふいて　おおかぜに
かぜがふいて　おおかぜに　そのいえはふきとんだ
ぴゅーん

こぶたちゃんがいえをたて　こぶたちゃんがいえをたて
レンガでつくったいえをたて　ほら　かぜがふいてきた

かぜがふいて　おおかぜに　かぜがふいて　おおかぜに
かぜがふいて　おおかぜに　そのいえはだいじょうぶ！

＜素話＞
保育者のリズムに引き込んでいきながら話す。子ども達がわかる部分は，子ども達からのせりふを待ちながら進めていく。自分も一緒に物語に参加している，と思えるような話しかけを心がける。
お話を語り聞かせるときに，「いつ」「だれが」「どこで」「なにを」「どうした」の構文に気づかせる。

＜鬼ごっこ＞
保育者がオオカミ，園児がこぶたになり，つかまらないように逃げる。

＜引っ越しゲーム＞
園庭に家を2軒描く。クラスの子ども達が移動できるくらいの距離を保つ。1つの家に，煙突を描く。
保育者がオオカミ役を行いながら物語を進行していく。「フー」というオオカミの息の合図で，子ども達は「ピューン」と家から飛び出し，次の家まで走って逃げる。
何度か繰り返し，タイミングのいいところでレンガの家をつくり，オオカミを懲らしめる。

＜「3匹のこぶた」＞
子ども達のなかに話を取り込むことができ，自分達で遊びが展開できるようになったら，劇遊びに自然と移行していく。保育者は，室内に家を描いたり，最初は藁などの小道具を用意しておく。
次第に，藁役をつくったり，替え歌をつくったりと，子ども達の声を主にしながら物語を遊んでいく。

＜発表会＞
遊びも十分，小道具・大道具などが揃ったら観客を招いて発表してみる。役を固定したり，いろいろな役で行ったりと，設定を決めてから行う。
「劇遊び」は，ちょっとした子ども達の発想がきっかけで盛り上がったり，発展したりと，ふだんの子ども達のなかに潜んでいる多くの思いを引き出すことができる。どんな話が好きかなど，子ども達の好きなことをいつもキャッチしておくことが必要になってくる。
話を何度も繰り返すうちに，自然発生してくるような表現を大切にしたい。いろいろな表現を楽しめる保育をふだんから心がけていくことが必要である。

観客を招いて行う発表会

言葉　秋

15 文字ビンゴゲーム（音節遊び）

該当年齢 0 1 2 3 **4** 5 歳児

自由に使える言葉が急に増え，言葉と文字の関係に気づく時期です。記号としての文字が2つ3つと合わさると，意味のある言葉になることを知らせましょう。

【ねらい】
① 音節に気づく。
② 絵と文字の関係を知る。
③ 文字に興味を持つ。
④ 縦・横・ななめの位置関係を知る。

【準備・環境づくり】
① 文字つきの絵カードをつくる（子ども達と一緒に）。裏側は文字だけを書いた面にする。
※ 同じ仲間の言葉を9つ選ぶ（動物・乗り物・果物・野菜・おもちゃなどから，クラス全体でひとつ）。
※ 決めたものをグループごとに1セット（9枚）の絵カードにする。グループ数だけつくる。5〜6人で1グループ。
② 何度も使うことを考えて，カードは厚紙でつくるとか，色はサインペンなどで塗るなどするとよい。クレヨンの場合は色が他についてしまうので，1枚1枚色どめが必要。

例：
サル　イヌ　ネコ　ゾウ
キリン　ウマ　タヌキ　リス
ブタ

動物9種9枚
20cm四方厚紙

※頭文字が異なるように選ぶ

【遊び方・プロセス】
① グループごとに9枚の絵カードを，机の上または床の上に，縦横3枚ずつ好きな位置に並べる（並べ方はグループのみんなで自由に決める）。

例：
サル　ウマ　ブタ
ゾウ　イヌ　リス
ネコ　キリン　タヌキ

② 保育者と子どもが手元のカードを1枚ずつ読み上げる。該当するカードをグループごとにみんなで見つけて，文字だけの裏に返していく。
③ 縦か，横か，ななめに3枚が裏返ったら，「ビンゴ」と言って「あがり」となる。先にビンゴになったグループが勝ち。
④ 絵カードの並べ方を変えて，繰り返して遊ぶ。
⑤ 次にカードを文字面だけにして並べ，保育者の言葉でカードを返して絵の面にしていく。先に3枚並んでビンゴになったグループの勝ちとする。
⑥ カードの読みあげ手を，子ども達の代表（その日の当番など）にして遊びを広げる。

【援助のポイント】
① カードの並べ方の縦・横・ななめをみんなが理解できるようにする。
② 動物の絵と文字の関係がわかるように，絵カードで十分遊んでからゲームに入るとよい。
③ カードを並べたり，読み手を決めたりすることで，みんなが楽しく参加できるようにする。
④ 絵と文字とのつながりに自然に気づけるように，文字への関心を大切にする。
⑤ 子ども達の自由な発想のなかでカードづくりを楽しむとよい。

【バリエーション】
① 違う種類のカードをつくって遊んでみる。動物・乗り物・果物・虫・星・生活の道具など，ものには仲間がいろいろあることに気づき，みんなで探してみる。
② 片面を無地にして，神経衰弱ゲームなどにして楽しむこともできる。
③ 絵カードにあった文字カードをつくって，カルタ遊びに発展させることができる。文字が書けない子どもには，保育者が援助するとよい。
④ 人間ビンゴ。ひとつの属性の絵カードのお面を9個つくり，9人一組で，ビンゴゲームを楽しむ。絵カードと対応する文字カードをつくり，机や床に裏返した文字カードを保育者か子ども達でめくり，ビンゴゲームを楽しむ。この遊びは，ホールや園庭などで，開放的に遊ぶことができる。外で遊ぶときには，ブックカバーなどのビニール粘着シートなどで保護すると水や泥が多少かかっても安心して遊べる。外のときは，ラインカーなどで，9×9のマス目を書き，当たった絵カードの人は，しゃがんだり，立ったりして，周りにわかるようにする。縦・横・ななめがそろったら，次の人と交代しながら，クラスみんなが遊べるようにする。

言葉　秋

16 「あ」のつく人だあれ？

該当年齢 0 1 2 3 **4** 5 歳児

幼児は，文字の認識をひとつの形として読む傾向があります。「あり」という文字は，「あ」があであり，「り」がりであることの認識は，音節遊びの体験によって理解されていきます。文字理解を助長する大切な遊びです。

【ねらい】
①身近な文字の存在に気づき，興味・関心を持つ。
②文字探しや文字合わせなど，遊びのひとつとして楽しむ。
③友達の名前などをヒントにさまざまな文字への理解を深める。

【準備・環境づくり】
①主活動の前後や，ちょっとした時間を利用し，身構えることのない環境で，取り組みやすい雰囲気をつくり出す。
②下駄箱やロッカーなど，ヒントとなるものが近くにある場で活動を行うことで，子ども達の確かめてみたいという欲求に対応していくことができる。
③室内に限らず，言葉が聞き取りやすく，落ち着いて聞くことのできる環境であれば，可能であることを大切にする。
④日ごろから，室内外に文字環境を構成し，親しみを持ってかかわれるようにしておく。

【遊び方・プロセス】
①初期の活動では，文字の読み取りがしやすい先頭の文字で行う。
②同じ頭文字を持つ子どもや同じ文字を名前に含む子どもをヒントに，ひとつひとつの文字に意識を向けられるように展開する。
③初期の活動では，濁音や促音を難しく考えさせず，音を大切に取り組む。
④黒板に書かれた文字や周囲の環境にある文字をヒントに，聞き取った音と書かれた文字を対応して覚えていけるようにする。

【援助のポイント】
言葉を意識して扱う活動においては，1度に多くの内容を理解させようとせず，親しむことを大切にする必要がある。とくに年中児においては，これまでの生活環境により，文字や言葉に対する理解が大きく異なる。この点を十分に理解し，活動を行うことが大切である。

また，強い興味を示した子どもや文字への理解，育ちが見られる子どもにおいても，その力を伸ばしていけるように環境のなかに変化を持たせておくことが大切である。

【バリエーション】
＜文字カード＞
①名前の文字がそれぞれに書かれたカードを用意し，並べ替えて他の言葉を見つけたり，並べ直したりして楽しむ。
②クラスにあるものの名前が書かれたカードを用意し，それを読み，そのものに貼りつけて楽しむ。

＜隠れた文字探し＞
保育者が話し言葉のなかから，意図的にある文字を抜き，そこに入る言葉を考え合う。
「明日は，え○そくだね!!」
「す○とう と ぼう○ ○おる をわすれないでね！」
経験を増すことで，子ども達は言葉が隠れていることを感じるとるようになる。
毎日，ちょっとの時間を大切に活用していく。

＜「さ」ぬき歌＞
まつぼっくりがあったと「さ」・おおきなおやまにあったと「さ」・ごろごろごろごろあったと「さ」・お猿が拾ってたべたと「さ」，と「さ」を言わずにうたって遊ぶ。「あ」を抜いたりして遊んでもよい。

言葉　秋

> あしたはみんながたのしみにしていた　え○そく　だね！
> おべんと○　す○とう　○おる　をわすれないでね

⓱ 郵便屋さんごっこ

該当年齢 0 1 2 3 4 5 歳児

郵便屋さんごっこは，幼児の言語感覚を育てていくうえで大切な遊びです。言語には，話す・聞く・書く・読むという行為があります。手紙や荷物を運ぶ郵便屋さんごっこをとおして，書き言葉を育てるきっかけとなります。

【ねらい】
① 自分が書いた手紙や絵が，相手に伝わる喜びを知る。
② 友達からの返事が返ってくる楽しみを味わう。
③ 手紙が行き交うことにより，たがいの思いが伝わる喜びを味わう。
④ 年長児の遊びを見てまねしたり，自分達でやってみようとする。
⑤ 文字は，特定の人に伝える手段になったり，大勢の人に伝える手段となることに気づかせる。

【準備・環境づくり】
① **準備**：ハガキ大に切った画用紙と書くもの（鉛筆・マーカー・色鉛筆など）を使いやすいところに置く。
② **場の設定**：クラスのなかに投函用のポストを子ども達とつくる。クラスの外には配達用のポストを用意する（2つのポストの使い方は，その必要性について，子ども達とあらかじめ話し合っておく。例：クラスのなかのポスト…町なかにあるポスト。クラスの外のポスト…各家庭の自家用ポストの役割をはたすなど）。
ア）文字ハンコや，包装紙でつくった切手などを用意する。
イ）文字を書くコーナーは，静かで，落ち着ける環境が大切である。
専用のテーブルなどと椅子などの用意ができるとよい。

【遊び方・プロセス】
① それぞれが書いたハガキは投函用のポストに入れる。1日1回クラスで決めたとき（たとえば降園前）にポストから出して，切手の部分にハンコを押して，配達用のポストに入れる。
② 配達用のポストからハガキを出して各自に配る。
③ 誰がそれぞれの役を行うのかに気づかせながら，一連の役割を子ども達で行えるようにする。

【援助のポイント】
① 切手は自分達で絵を描いてもよいが，より本物らしく楽しめるように，使用済みの切手を用意して，のりで貼れるような準備をするのも楽しみが増す。
② 学年や園全体に郵便屋さんごっこが広がっていくときには，各クラスとの連携を密にし，その日のうちにハガキが行き渡るようにして，1人ひとりの期待感が高められるようにする。

【バリエーション】
① クラスから学年へ，学年から園全体で郵便屋さんごっこが楽しめるように，遊び始めたクラスの状況をニュースとして紹介したり，たがいに見に行ったりすることで刺激し合えるようにする。
② 配達用の郵便バッグを子ども達と一緒につくり，役になりきって遊べるようにする。
③ 遊びが各クラスに広がってきたら，投函用のポストを1か所にして共有できるようにし，学年全体でいろいろな友達とのやりとりが自由に行き交えるように工夫していく（例：郵便局づくりなど）。
④ 母の日や父の日，敬老の日など，社会慣習行事などの機会に，本物のお手紙を書く機会をつくり，実際に町のポストに投函させたりすると，より興味が高まる。

18 宝探しゲーム・忍者ごっこ

該当年齢 0 1 2 3 4 5 歳児

文字に興味が薄い子どもでも，絵とひらがな文字を組み合わせることにより，遊びを楽しみながら，知的好奇心が育ちます。また，仲間関係も深まり，グループで遊びを共有しながら達成感を味わうことができます。

【ねらい】
①文字をヒントにしながら，絵から推理したり，問題を解く楽しさを味わう。
②空想の世界を想像したり，つくったりすることを楽しむ。

【準備・環境づくり】
①絵手紙（地図）や絵を描く。
②ポイント用看板（数字や記号など）を遊具など，わかりやすいところにあらかじめ取りつけておく。
③宝物は箱や袋に入れて，グループの数だけ用意し，隠しておく。

【遊び方・プロセス】
①絵本やアニメなどで忍者に興味を持ち，忍者ごっこ（変身ごっこ）を楽しむ。
②地図に興味を持ち，いろいろな地図を描いて遊ぶ。
③地図に描かれた絵と文字を手がかりに，仲よしのグループで宝物を探しに行く。
④クラスみんなで，話し合う場を設ける。誰がどんな宝物をどこに隠して，また，その場所を探す手だてを考えさせて遊ぶ。
⑤保育者が主導となって，あるものをあるところに隠しておいて，保育者がその場所の地図やヒントを出して，子ども達同士で考えさせ，物語をつくっていく。

【援助のポイント】
①子ども達のごっこ遊びを深め，ファンタジーの世界を楽しめるよう，宝の地図を用意しておく。
②遊具やクラス名など，子どもがわかりやすいポイントをいくつか決めておき，各ポイントに番号をつけ，次の場所の指示文を書いておく。
③1か所に集中しないよう3〜5人1組とし，各グループごとに順番を変えた手紙にする。
④文字を読めない子どもには，読んであげるなどの援助を的確に行う。
⑤子どもの文字への興味を考慮し，文字はできるだけ少なくして，絵を多く取り入れる。
⑥宝物を探しに行く場合，あらかじめ地図に基づき，迷路のようにラインを引き，そのとおりに進んでいけるよう配慮する。

例：絵手紙

【バリエーション】
日ごろ親しんでいるお話の内容によって，ごっこ遊びの内容を替えて遊ぶ。

例：ピーターパンごっこ
　　いたずらネズミ
　　魔法使いごっこ
　　節分の鬼
　　キャラクターごっこなど
　　魔法使いからのお手紙
　　呪文解きゲーム
　　宝探しから劇遊びへの発展

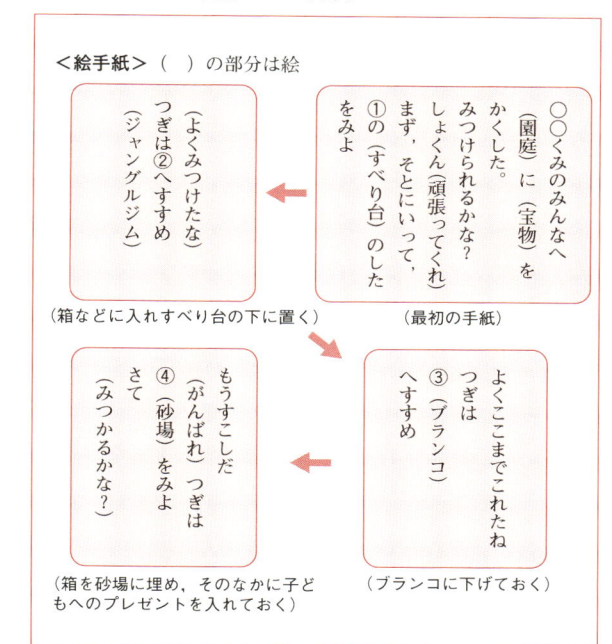

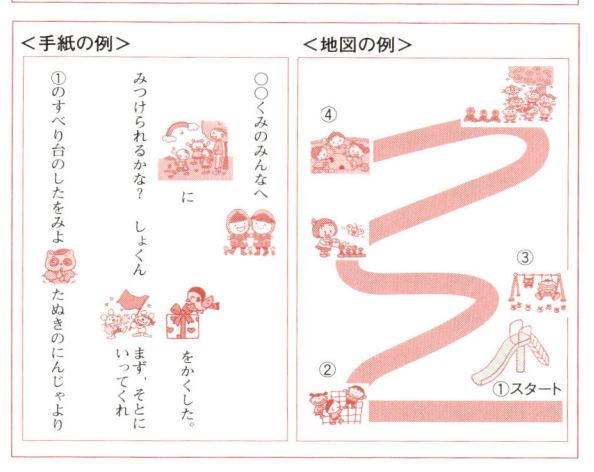

＜絵手紙＞（　）の部分は絵

○○くみのみんなへ
（宝物）をかくした。
みつけられるかな？
しょくん（頑張ってくれ）
まず，そとにいって，
①の（すべり台）のしたをみよ
（最初の手紙）

つぎは②へすすめ
（よくみつけたな）
（ジャングルジム）
（箱などに入れすべり台の下に置く）

よくここまでこれたね
つぎは③（ブランコ）へすすめ
（ブランコに下げておく）

さて④（砂場）をみよ
もうすこしだ
（がんばれ）つぎは
（みつかるかな？）
（箱を砂場に埋め，そのなかに子どもへのプレゼントを入れておく）

＜手紙の例＞　＜地図の例＞

○○くみのみんなへ
みつけられるかな？
しょくん
①のすべり台のしたをみよ
に
をかくした。
まず，そとにいって，
たぬきのにんじゃより

①スタート　②　③　④

言葉　秋

⑲ となえ言葉

該当年齢 0 1 2 3 4 5 歳児

お弁当を食べているときや，朝の集会がはじまる前など，3〜4人がなんとなく集まって，自分達が考えたとなえ言葉で，ひとときを過ごすのも楽しいものです。

【ねらい】
① 伝承されてきた"となえ言葉"のおもしろさや，リズムを十分理解し，それらを感じ取る。
② 伝承されてきた"となえ言葉"の言葉の仕組みを理解し，そのうえに立って，新しい"となえ言葉"をつくり出す。
③ 友達が考えた"となえ言葉"を使って一緒に楽しむ。
④ 友達に自分の考え（アイデア）を伝えたり，友達の考えを聞いたりしながら，新しい"となえ言葉"をつくり出そうとする。

【準備・環境づくり】
① 集会や待ち時間のときなどを利用して，保育者が"となえ言葉"のおもしろさを伝えておく。
② 順番や鬼決めなどで，保育者が積極的に"となえ言葉"を使って，子ども達の身近なものとなるように，日ごろから環境づくりに留意しておく。
③ 保育者だけでなく，年上の子ども達も"となえ言葉"を使っている場面を見せ，年下の子ども達のあこがれの感情を刺激する。
④ 子どもがつくった（考え出した）"となえ言葉"を積極的に保育者のほうで取り上げ，他の子ども達に紹介して，みんなに広めていく。

【遊び方・プロセス】
① 円形になっている友達を1人ずつ順番に指さしながらかぞえ（となえ），最後に指差された子どもをはやし立てて楽しむ。

＜ゴリラだぞー＞
「1（いち）リラ」「2（に）リラ」「3（さん）リラ」「4（よん）リラ」「5（ご）リラ」「花子ちゃんゴリラだぞー」と言ってはやし立てる。

② "となえ言葉"をつくって楽しむ。遊び方は①と同じで，言葉だけを自分で考える。

＜子どもが考えたゴム！＞
「1（いち）ム」「2（に）ム」「3（さん）ム」「4（よん）ム」「5（ご）ム」「ゴム！」と言って喜んでいた。

③ 2人組になって，おたがいに言葉をとなえながら，言葉に合わせて手振りをつけて楽しむ。

＜いちごせんべー＞
「いち（指で1を示す）」「ご（指で5を示す）」「せん（額に人指し指で，横線をかく）」「べー（あかんべーをする）」

＜ぱんつーまるみえ＞
「ぱん（顔の前で両手を打つ）」「つー（指で2を示す）」「まる（顔の前で，両手でまるをつくる）」「みえ（片手をおでこにかざして遠くを眺める）」

＜縄跳び郵便屋さん＞
「ゆうびんやさん，落とし物，ひろってあげましょ，1枚，2枚・・・5枚5苦労さん」

＜お弁当の歌＞
「これくらいの，お弁当箱に，おにぎりおにぎり，ちょっとつめて，きざみしょうがに，ごま塩ふって，（指は2を出して）人参さん，サクランボさん，椎茸さんで（指で4を出す）ゴボウさん，あなーの空いたレンコンさん……筋の通った，フーキ（指で腕を下から肩に指し示し，口で指を吹き飛ばす）」

その他＜アルプス一万尺＞＜もんちっち＞

④ 当番活動を始めるとき，終わるときに，子ども達が調子を整えるために，いつの間にか長年かけて語り伝えてきた"となえ言葉"を楽しむ。

例：「まーるくなーれするよ」「まーるくなーれするよ」「いちにーのさんのしーたけれすこん」「ぱっこんちゅーちゅーかまぼこれすこんぱっこんぱ」「りーだーさん，いってください」

【援助のポイント】
① なるべく子ども達だけで遊び進めていくように，保育者が必要以上に声をかけたり，指導したりしないように，見守る姿勢で接することが大事である。
② 2，3人のグループで生まれた"となえ言葉"は，帰りの集会などでクラス全体の場で紹介するなどして，言葉での遊び方や，遊びの仕組みに気づかせるようにする。

言葉

秋

⑳ 文字で言葉をつくろう

該当年齢 0 1 2 3 4 **5** 歳児

記号としての文字が合わさって，意味のある言葉になることに，楽しく気づいていきます。子ども達の発想や意見をていねいに取り上げて，みんなで遊びをつくっていきましょう。

【ねらい】
①身の回りの言葉に関心を持つ。
②頭文字に気づき，言葉の仕組みに興味を持つ。
③文字をつなげると意味のある言葉になることを知って楽しむ。
④文字の仕組みに気づく（音節遊び）。

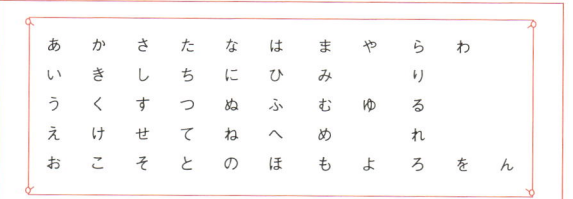

あ	か	さ	た	な	は	ま	や	ら	わ
い	き	し	ち	に	ひ	み		り	
う	く	す	つ	ぬ	ふ	む	ゆ	る	
え	け	せ	て	ね	へ	め		れ	
お	こ	そ	と	の	ほ	も	よ	ろ	を ん

【準備・環境づくり】
①あいうえお表をクラスに貼っておく。
②あいうえおカードをつくっておく（20cm四方の正方形の厚紙の片面に文字を書く）。

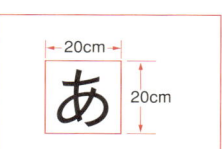

【遊び方・プロセス】
①文字カードを見せながら歌をつくる。
『♪あーのつくものなあに　あかちゃんの　あーひるガーガー』（数字の歌の替え歌で）
『かーのつくものなあに　かささした　かーらす　カーカー』など。子ども達の自由な発言をできるだけ取り入れて，みんなで決めていく。絵にしやすいようなものを選んでいくとよい。
②みんなで考えた歌を，文字カードの裏に絵で描く。全員が1枚か2枚は描くようにカードを配る。
③カードを見ながら，その文字と絵の歌をうたう。グループごとに，またはひとりずつ，いろいろ工夫してみんなで楽しむ。
④言葉づくりをする。
　文字カードを裏にして床にならべて，1人2枚ずつ順番にあけていく。文字が意味のある言葉になったら拍手。濁音や半濁音に置き換えてもよいことにする。

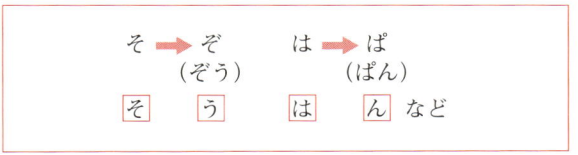

そ → ぞ（ぞう）　は → ぱ（ぱん）
そ　う　　　は　ん　など

⑤文字による言葉づくりに慣れてきたら，2枚から3枚（3文字・ウサギなど），4枚（4文字・ライオンなど）に挑戦してみる。偶然できたおかしな言葉，意味のない言葉でも，みんなでとなえて楽しんでみる。

【援助のポイント】
①はじめの歌遊びのときに，子ども達となぞなぞのように，言葉を考える遊びを十分に楽しむ。
②絵カードの絵を描くことに時間をかけすぎると，子ども達の意欲がそがれて，次の遊びへ発展しにくくなるので気をつけたい。
③文字や言葉の認識には個人差があるので，それぞれの興味や発言を大切にして，その子どもなりの発見を一緒に共感していくようにする。
④この遊びは，2学期中いろいろに変化させて，ゆっくり繰り返して遊んでいきたい。

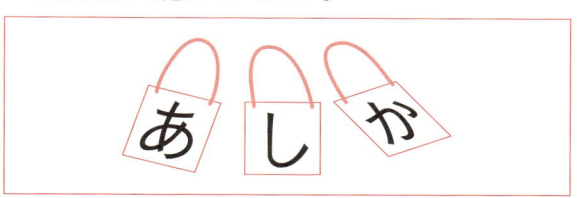

【バリエーション】
①絵文字カードにひもをつけて，プラカードのように各自さげて，音楽に合わせて自由に歩き，音が止まったらとなりの人と手をつないで座る。2人の文字を合わせてみる。意味のある言葉ができたらみんなで拍手して喜ぶ。2人から3人，4人と変化させてみる。
②フルーツバスケット遊びにしてみる。各自絵カードを首にさげて椅子に座り，「あいうえお」の人とか「かきくけこ」の人など，自分の持っているカードの字が言われた人だけ席を替わる。理解に個人差があるので，椅子の数は子どもの数だけそろえて，早さを競うより気づきと席替えをみんなで楽しみたい。

言葉　秋

㉑ OHP遊び

該当年齢 0 1 2 3 4 **5** 歳児

1人の子どもの作品をクラスみんなで楽しめる機械で，専用のフィルムが必要です。最近はOHC（オーバーヘッドカメラ）があり，投影台にのせると大きく映し出すことができます。

【ねらい】
① 自分の描いた絵が，大きな画面に映し出される喜びを味わう。
② 相手の言葉や動きを受けとめながら，自分のイメージをのびのびと表現して楽しむ。
③ グループみんなで考えた話を基に，ストーリーに沿った場面を友達と相談しながら描くことを楽しむ。

【準備・環境づくり】
① 準備：
　ア）OHPシート・油性ペン
　　OHPシートが透明なので，あらかじめ下に白い紙（画用紙など）を重ねておくと，描いている線や絵がわかりやすくなる。
　イ）OHPシートの周囲に画用紙や厚ボール紙でつくった枠を貼れるように用意する。

※枠をつけると取り扱いやすい

② 環境づくり：
　描いた絵がどのように映るのか試せるように，OHP機器をいつでも使えるようコーナーに用意しておく。

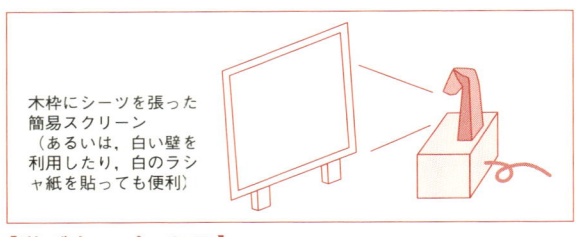

木枠にシーツを張った簡易スクリーン（あるいは，白い壁を利用したり，白のラシャ紙を貼っても便利）

【遊び方・プロセス】
① 取りかかりとして，まず各自が描いた絵が大きくスクリーンに映し出されることに喜びが味わえるように，1枚1枚試しに映していく。
② グループの友達と相談し合ってストーリーを考えたり，シートに絵を描いたりする。

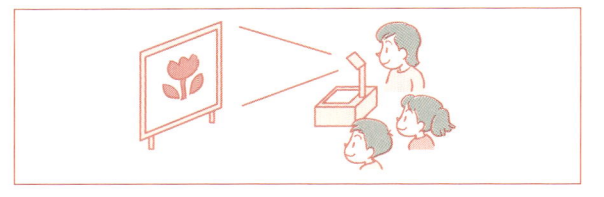

【援助のポイント】
① 描いた絵が大きく映し出されたときに，ともに喜び合えるように周囲の子ども達にも声をかけていく。
② 描いた絵がはっきりわかるように，色を塗った後に黒のマジックでふちを塗るように提案していく。
③ 保育者は最初から手を貸さず，状況に応じて子ども達の発想が生かされるよう，アイデアを出したり，材料や用具を見えるところに用意しておく。
④ 自分達で機器の操作ができるように，やり方を事前に知らせておく。

【バリエーション】
① 映し出されたOHPのスクリーンと，今まで経験したペープサートを取り入れていくことに気がつかせていく。→OHPが背景画となり，ペープサートの主人公をクローズアップすることができる。

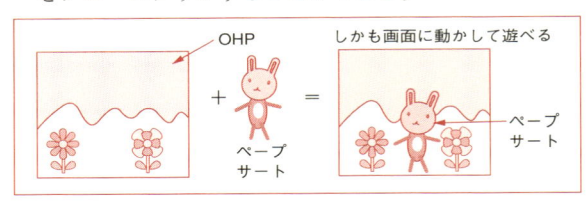

OHP ＋ ペープサート ＝ しかも画面に動かして遊べる／ペープサート

② 影絵遊びをする。
　スクリーンに映し出された影を見て，友達の当てっこをする。

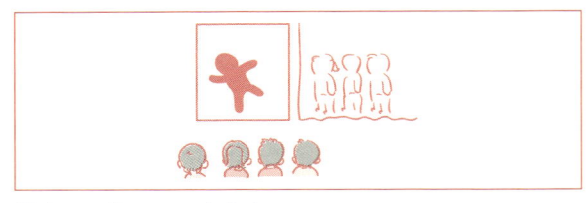

③ ものの当てっこをする。
　はさみ，楽器など身近なもの。

「はさみ」「これなんだ」「次は鈴にしようっと！」　はさみ／スクリーン

④ OHC（オーバーヘッドカメラ＜直接投影機＞）を使って，小さな虫や，自分の小さいころ（赤ちゃん）の写真などを映して，みんなで楽しむのもおもしろい。

言葉　秋

㉒ お話から絵を描く

該当年齢 0 1 2 **3 4 5** 歳児

子ども達はお話が大好きです。聞いたり感じたことを絵に表現することで、お話の世界はいっそう楽しく広がり、想像力や表現力も育っていくことでしょう。

【ねらい】
① お話の世界をイメージして楽しむ。
② 感じたことや描きたいことを絵にする。
③ 想像力や表現力を養う。

【準備・環境づくり】
① 日常、いろいろなお話や絵本に親しめる環境をつくっておく（語り、読み聞かせ、絵本に触れるときや場を持つ）。
② 絵を描くことを楽しめるときや場づくりを工夫する（描きたいときに、いつでも描けるようにしておく）。
③ 描画の材料を準備する。
　紙（画用紙・模造紙などイメージに合わせた素材）
　画材（クレヨン・鉛筆・絵の具・マーカーなど）

【遊び方・プロセス】
①「お友達になってね」のお話を読み聞かせる。子ども達の大好きな話で、友達の大切さを楽しく取り上げている。
② 感じたことや、楽しかったことを話し合う。
③ 役になりきり、劇遊びを楽しむ。
ア）つり橋を渡る怖さなどをからだで表現する。
イ）誕生パーティの楽しさや喜びを表現する。
④ 自分の描きたいことを描く。
⑤ 友達と絵を見せ合い、楽しむ。

【援助のポイント】
① 子ども達が大好きなお話を選ぶ。
② イメージを豊かに描けるように、ていねいに読み聞かせをする。
③ 子どもの感動した心と、表現を受け入れる。
④ 描き始められない子どもには、イメージがふくらむよう援助する。

【バリエーション】
① ペープサートをつくって遊ぶ。
ア）登場人物を描く→割り箸などをつける。
イ）役になりきって動かして遊ぶ。
② 共同画を描く。
ア）1人ひとりのイメージを出し合う。
イ）グループで相談して描く。
③ 好きなお話の紙芝居づくり。
ア）グループに分かれる（6〜8場面程度）。
イ）どの場面を描くか相談して決める。
ウ）全体のお話を、別な紙に場面ごとに書き留めていく。
エ）みんなの前で発表する。

④ お話づくり
　話の続きを考えてつくる。
　「〜したら〜なった」
　「〜だったらいいな」
　など、想像をふくらませて絵に表現する。

「みんなで　はしをわたるぞ」
5歳男児作品

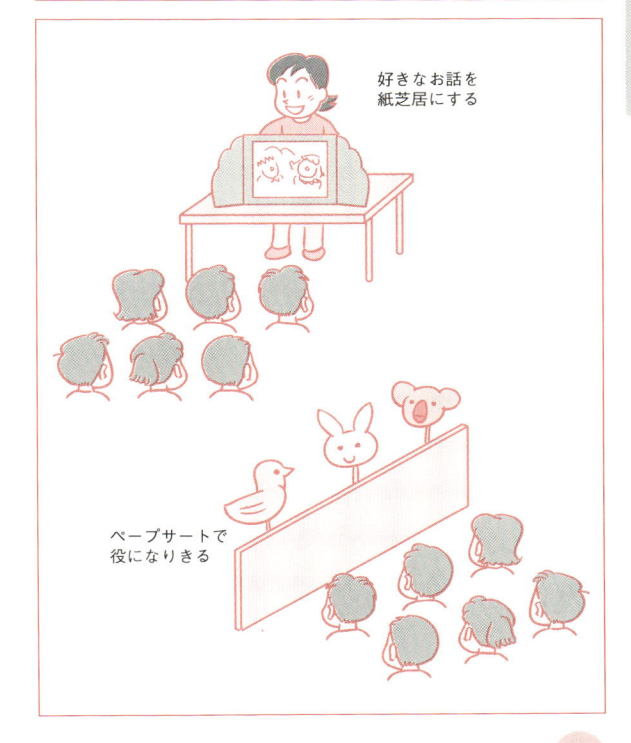

好きなお話を紙芝居にする

ペープサートで役になりきる

言葉

秋

23 オリエンテーリング　指示を聞いて探そう!! ―この葉っぱはどの木の葉っぱ？―

該当年齢　0 1 2 3 4 **5** 歳児

本来，オリエンテーリングといえば，地図と磁石を持って山野に仕掛けた指定地点を発見し，その速さを競うものです。ここでは子ども達の発達に合わせ，園舎内でできる活動を取り上げました。

【ねらい】
①ルールを理解する。
②自分の目で木々や葉っぱを注意深く見る。
③競争の意味を知り，ルールを守り，ずるいことをしない。
④最後までやりぬく。
⑤困ったときは，保育者に尋ねたり友達に聞く。
⑥楽しんでゲームに参加する。
⑦葉っぱの形態の違いや枯れる様子，落ち葉に気づく。

【準備・環境づくり】
①マジック，模造紙，色画用紙，セロハンテープ，スタンプ
②子どもが下準備：6人ずつのグループ（計30人）に分かれ，前日までに壁面を飾る9本の大木の裸木を模造紙に描く。
③保育者が下準備：前日園児が帰宅後，保育者は園庭の木の葉を右のように＜2はシラカバの落ち葉＞と決め壁に貼っておく。さらに，9本の木の葉を貼ったカードをつくる。グループのマーク（□◇▽○☆）に指定の木（1，2，3，5，7，8…グループにより違う）の番号をつけ（写真2），用意しておく。

壁面の木はすべて園庭のあちこちに植えられている。
　1＝ポプラ，2＝シラカバ，3＝サクラ，4＝カキ，
　5＝姫リンゴ，6＝イチョウ，7＝月桂樹，
　8＝ケヤキ，9＝カエデ

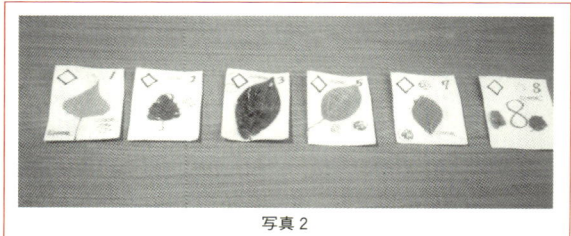

写真1

写真2

言葉

秋

【遊び方・プロセス】
①秋の遠足で森林公園に行き，木々に触れることで，園庭に植えられている木に関心を持つようになる。
②壁面構成とグループゲームを組み合わせ，「園庭の木の葉の様子を観察しよう」と子ども達と活動を相談して決める。
③保育者は木の葉のついた壁面を背にして，グループにカードを配る。ゲームのルールを説明する。
④自分のカードの真ん中の数字（写真2右端）に対応する木についている葉っぱをよく観察して，合図に合わせてスタートする。
⑤何度も確かめ，探し直しに駆けて行く子ども達。保育者のチェックを受け"あたり!!"とスタンプを押してもらい，自分のカードに貼る（写真2左5枚）。
⑥グループ内に見つけられない仲間がいたら，助っ人になる。
⑦グループの勝敗の発表，壁面の木の名前は何か，どこに植えられていたかなどを話し合う（子ども達のなかから幼稚園マップをつくりたい。そして，その地図にこの木を入れようと提案があれば，次の活動に発展する）。

【援助のポイント】
　5歳児になると，グループでの活動がスムーズになる。仲間の力や特徴がわかってくるので，グループづくりを子ども達に任せると，得意な子どもの集まったグループとそうでないグループとで差が出る。特徴が同じようになるよう配慮する。かなり高度なルールなので，説明はていねいに行い，わからないところはみんなの前でも，しっかり聞く態度（質問）を育てるようにしたい。
　早のみ込みの子どもや，気がせくあまり，よく観察せず，保育者のチェックに何度も「NO」が出てしまう子どもがいる。そのような子どもには，やさしく励ますことが大事である。

【バリエーション】
①宝探しのオリエンテーリングをする。
　宝物のありかを，マークをたどって順番に探していき，ポイントに到着させる遊び。
②お泊まり保育などの機会を利用して，場所探しやもの探しを行う。チェックポイントを用意しておき，そこで首から下げた札に印を押していくなど，楽しさを広げて遊ぶ。
③木肌から樹木の名前を当てるオリエンテーリング。
　木肌カード（実際の木に紙を当ててクレヨンで紋様を写し取る）を使い，みんなで何の木かを探し当てる。

24 音節遊び

該当年齢：5歳児

5歳児になると，書き文字への興味が急速にわき，お手紙やレストランのメニューなどを書き始めます。この時期に行う音節遊びでは，文字の構成がいくつの音からできているかを実感できます。

【ねらい】
① 身の回りにある単語は何文字からできているのかを考え，文字に親しみを持つ。
② どんな言葉があるか相談しながら，友達関係を深める。
③ 出た単語を使ってカルタづくりをするなかで，その単語を入れた文字を連ねて文を考える。

【準備・環境づくり】
① 室内で行う。「あ」から「ん」の五十音カードをみんなでつくり，前の机に並べる。札が貼れるように黒板を空けておく。
② 音節遊びの前に，子ども達に音節クイズを出し，遊び方の導入をする。画用紙に何でもいいので，たとえば2文字の単語（カキ），6文字の単語（ホウレンソウ），10文字の単語（とうほくしんかんせん）などのように書いておく。
③ 同じ文字が何度も出る場合のために，画用紙カード（白紙）を用意しておく。
④ カルタの読み札カード（右上に○を書いておく）と，カルタの絵カード（白紙）を用意しておく。
⑤ クレヨンなどは，子ども達があらかじめ準備しておく。

【遊び方・プロセス】
① 音節クイズ。単語が書かれた画用紙を提示し，何文字でできているかを話し合う。少ない文字から始め，徐々に増やしていく。
② 果物，野菜，動物，乗り物など，子ども達に身近なジャンルに分け，ジャンルごとに「名前が3文字の果物は？」，「名前が8文字の動物は？」などと話し合う。
③ 出てきた単語が周りにもわかりやすいように，前の机に置いてある五十音カードを取り上げ，黒板に貼る。このとき，なくなっている文字を使用したい場合は，白紙の画用紙カードに子ども達が文字をクレヨンで書く。

【援助のポイント】
① 文字遊びをあまりしたことがないと，はじめは状況が読めず，楽しむことができなかったり，意味がわからないと思うので，はじめはクイズ形式にしてみんなで一緒に考えられるようにしていく。
② 遊び方がわかってきたら，子ども達の身近なジャンルで音節遊びをする。なかなか出てこない場合は，グループで考えたり，相談し合ったりする。
③ 小さい文字「ゃ」，「ゅ」，「ょ」や，のばす「ー」などは1文字として考えることを伝える。
④ 文字を書くのが難しい場合は，保育者がサポートする。

子ども達が「どれだけ発想できるか」，「クイズにどれだけ答えられるか」ということに夢中になり，書けないという劣等感や，少しばかり書ける優越感に浸ることなく，競い合い協力し合いながら，自然と文字に対して関心が向かうように導くことができる。

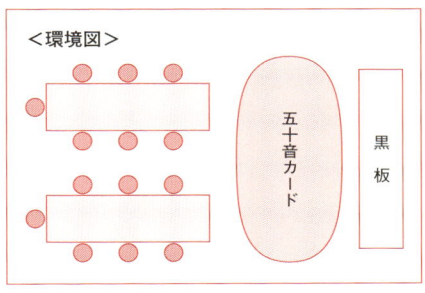

＜環境図＞
五十音カード　黒板

【バリエーション】
＜音節遊びをとおして出た単語でカルタづくり＞
例：3文字の動物「ウサギ」
① 絵カードにウサギの絵を描く。
② 読み札カードの○に「ウサギ」の「ウ」を書く。そして「ウサギ」が混ざった文を書く。
「ウサギがころんだ」
「みみのながいどうぶつはウサギ」など
　文字の正確さや書き順の指導にこだわってしまうと，遊びではなくなるので楽しんで行う。

＜音節の数に合わせてグループに分かれる遊び＞
例：保育者やリーダーが「キリン」と言ったら，「キ」，「リ」，「ン」は3文字なので3人のグループをつくる。いちばん早く，正確にその単語の名前の音節数のグループができたら，そのグループが勝ち。

＜同じ音節の仲間探し＞
例：「あ」のつくもの，3文字のものなどの言葉集めを楽しんだり，ひとつの単語の音節数などをリズムでかぞえたりしながら，言葉や文字の成り立ちに気づく。グループごとに，音節数を使った，玉入れゲームをして楽しむ。

＜楽器をならして，そのリズムに合った言葉を考える＞
例：楽器や手拍子で，言葉のリズムを打ち出し，その言葉が何であるかを考える。「とん・とん」＝「りす」，「とん・とん・とん」＝「コアラ」，「とん・とと・とん」オットセイ，「とと・とと・とと・とと・とん・と」＝「あいすくりーむ」，「とととん・とととん・とんとん・と」＝「みきちゃん・みきちゃん・こんにちわ」などをみんなで楽しむ。

注意…音節遊びは，拗音は音節として数えない。

言葉　秋

㉕ 反対言葉

該当年齢：0 1 2 3 4 5 歳児

生活のなかで何気なく使い，歌などにも出てくる反対言葉をみんなで楽しんでみましょう。実際に比べたり，どんな対のものがあるかを整理していくなかで，ものの認識が深まっていきます。

【ねらい】
① 対の関係にある言葉を知る。
② 歌，なぞなぞ，ジェスチャー，探しっこなど，反対言葉を使ったいろいろな遊びを楽しむ。
③ 遊びながら友達関係を深めていく。

【準備・環境づくり】
① 反対言葉が入った創作話づくりと，それを演じるパネルシアターの準備。
② 反対言葉用の絵カード。
③ 室内にどのような対になるものがあるか，あらかじめ調べておき，意図的に環境構成などをしておく。

【遊び方・プロセス】
① 「大きな太鼓」の歌や替え歌を楽しむ。

（楽譜：おおきなたいこ ドーンドーン ちいさなたいこ トントントン／おおきなたいこ ちいさなたいこ ドーンドーン トントントン）

② パネルシアターを見ながら反対言葉が入った創作話を聞く。
　例：広い草原にぴょん太とぴょん子という兄妹ウサギがいました。上手に跳ねられるようになった2匹はもっと遠くに行きたいと思い，冒険に出かけました（大きい⇔小さい・長い⇔短い・早い⇔遅い・高い⇔低いなど，いろいろなものに出会う）。

③ 保育者や友達で比べっこ遊びをする。
　例：先生は？大きい（ジェスチャー）⇔○○ちゃんは？小さい（ジェスチャー）など

④ 絵カード遊びをする。
　ア）保育者が提示した絵カードと対になる絵カードを探す。大きい⇔小さい（ライオン⇔アリ）など
　イ）2人組で対になる絵カード探しをする。

⑤ クラスにある実際のもののなかから，対になるものを探す。
　ア）保育者が指定した対になるものを見たり，触ったり，持ったり，手で計ったりしながら探す。
　イ）1人（または2人）で対になるものを探し，「椅子は重い⇔人形は軽い」などと言いながら，持ったり，言葉で言ったりする。他の子ども達も，友達が探したものを実際に試して遊んでいく。

（図：短いひも／長いひも，（大きい）⇔（小さい），（かたい）⇔（やわらかい），（重い）⇔（軽い），椅子，人形／長⇔短，大⇔小，厚い⇔薄い，いろいろな積み木）

【援助のポイント】
① 保育者の創作話（パネルシアター）は，子どもの年齢に合わせた反対言葉の教材を選ぶ。
② 保育者や友達との比べっこ遊びは，違いがわかり，反対言葉が出やすいように言葉かけを工夫し，なぞなぞ形式やジェスチャーなども取り入れていく。
③ 絵カード遊びの絵は，反対のイメージがわくように，絵の大きさを変えるなど，内容の工夫をする。2人組での絵カード探しは，一緒に考えて選ぶよう，言葉かけをする。
④ 実物での対になるもの探しは，大きいもの⇔小さいもの，重いもの⇔軽いものなどのやさしいものから徐々に，厚い⇔薄い，長い⇔短い，かたい⇔やわらかい，などへつなげていく。
⑤ それぞれの子どもが探したもののところへ全員で行き，ものを見たり，言葉を聞くようにする。1人で探すことを喜ぶが，うまく見つけたり，伝えたりできない子どもには，保育者がヒントを与えたり，友達と一緒に探すなどの配慮をしていく。

【バリエーション】
① 対になるもの探しを屋外やホールに広げていく。さらに，それぞれが，生活のなかで探してきて伝え合ってもおもしろい。
② 対の仕掛け絵本づくりを楽しむ。
③ 長いの反対なーに「短い」，大きいの反対なーに「小さい」など。

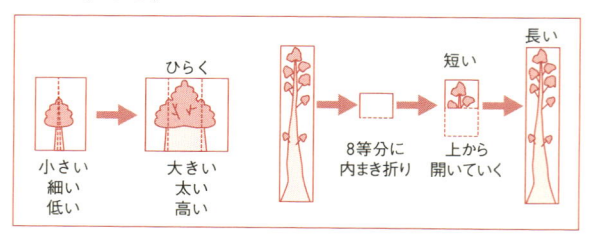

（図：小さい・細い・低い → ひらく 大きい・太い・高い ／ 8等分に内まき折り → 短い → 上から開いていく 長い）

言葉　秋

㉖ 紙芝居ごっこ

該当年齢 0 1 2 3 4 **5** 歳児

紙芝居は，文字の読める子どもも読めない子どもも一緒に楽しめる遊びです。みんなが知っている紙芝居は，絵からお話を思い出しながら創作していきます。その創作力がおもしろく，周囲の子ども達をひきつけます。

【ねらい】
①気がついたことや感じたことを友達に伝え合いながら，お話づくりを楽しむ。
②友達とたがいに思いや考えを出し合い，共通の目的に向かって活動を進めていこうとする。
③相手の言葉や動きを受けとめながら，自分のイメージをのびのびと表現して楽しむ。
④グループのみんなで考えた話をもとに，ストーリーに沿った場面を友達と相談しながら描くことを楽しむ。

【準備・環境づくり】
①準備：画用紙（B3の大きさ，あるいはそれ以上のもの。B4の画用紙をつなぎ合わせてもよい。クラフトテープを裏に貼って四隅を丈夫にしておくと，その後が扱いやすいので便利），クレパス，絵の具
②環境づくり：
ア）グループでつくった話をどのような形で行うかについて，今までのOHPやペープサート劇場を取り上げて，話し合う場を用意する。
イ）以前見たことのある誕生会での大型紙芝居を保育室に置き，活動のきっかけをつくっていく。

【遊び方・プロセス】
①お話づくりをする。
ア）登場人物をグループの友達と考え合う。
例：「僕たちの不思議な夢」の場合
（ケンタ君，ユウキ君，ミカちゃん，ウサギのジョニー，キツネのコン太，ブタのプー吉）
※登場人物が決まったら，「ケンタ君はどんな子なの？」と問いかけ，それぞれの登場人物像のイメージをグループの友達同士で持てるようにする。
イ）話の内容を考える。
ウ）次に題名を何にするか，相談する。
②紙芝居をつくる。
ア）話を場面に分けて，どのように描くか相談しながら進めていく。
イ）登場人物を描く子ども，背景を描く子ども，色を塗る子どもなど，それぞれ分担して自分の好きなところを行っている。
※活動中，場面によってケンタ君の顔が変わるのはおかしいから，同じ子どもが描くことにみんなの話し合いで決まる。
③できあがった紙芝居を使って，おたがいに読んだり見たりし合う（他のグループの紙芝居も見たりする）。
④紙芝居劇場の相談をし，発表に向けて準備する。

【援助のポイント】
①イメージがふくらむように，日常のなかで少し長めのお話を読み聞かせていくことで興味を持たせる。
②自分なりに描いたり，表現していることを十分に認めるとともに，難しいところや行き詰まっているときには，必要に応じてアイデアやヒントを出し，それぞれのイメージがのびのび表現できるようにする。
③発表に向けて，自分達で進めていくという意識が高まるように，紙芝居の題名やポスター，プログラムが必要なことに気づかせ，内容について話し合える場を用意していく。

＜作成時＞　＜発表時＞

【バリエーション】
＜劇場づくりに向けて＞
①発表に向けて，必要な作業や役割があることに気づかせ，「描く人」「貼る人」「配る人」などに分かれて自分達で進めていけるように見守る。
②お客さんに来てもらうには，何が必要なのかに気づかせていく（例：ポスターづくり，チケット，プログラムの他にも会場の設定など）。
③当日の客席や案内役，自分達の発表の準備なども見通しを持ち，クラスの仲間と一緒に行うことに期待感を持って準備できるように見守る。

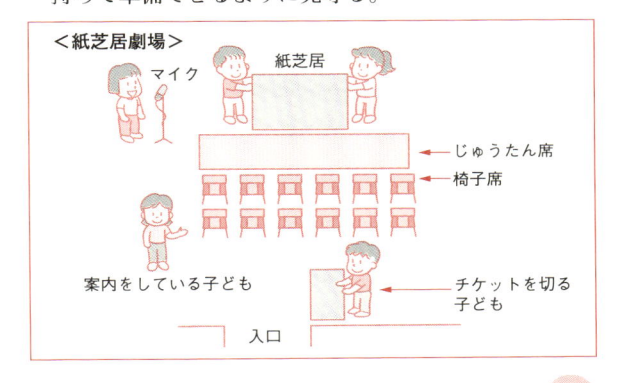

＜紙芝居劇場＞
マイク　紙芝居　じゅうたん席　椅子席　案内をしている子ども　チケットを切る子ども　入口

言葉　秋

㉗ 逆さ言葉遊び

該当年齢 0 1 2 3 **4** 5 歳児

子ども達と文字や言葉について学ぶとき，ついつい指導になってしまいがち。それを，おもしろおかしく，みんなで笑い合いながら自然に身につけることのできる，そんな遊びです。

【ねらい】
①文字に興味・関心を持つ。
②文字を逆さに読むことで，読み方の変化や音の響きを楽しむ。
③ゲーム遊び感覚で行うことで，友達同士でおもしろさを共感し合うことができる。

【準備・環境づくり】
①場の設定：室内。子ども達がクラスに集まり，着席する。活動と活動の合間の遊びとして行ってもよい。
②準備：絵パネル（ものや動物の絵），ひらがなパネル（絵パネルの名前を書いたもの）

【遊び方・プロセス】
　4歳児には文字を読めない子どももいるため，あらかじめクラスでお手紙ごっこやひらがなスタンプなどを遊びのなかで使い，文字に興味を持ちやすい環境をつくる。室内の片づけ場所やものの名前なども，絵と文字の両方で示し，日ごろから自然に文字と親しめるようにしていく。
①ものや動物の絵を画用紙などに描き，パネルにして貼る。
②クイズ形式で，それが何かを子ども達に答えてもらい，そのパネルの横に1文字ずつ，ひらがなで書いた名前を貼る。
例：

③絵パネルを逆さまに貼り直す。
例：

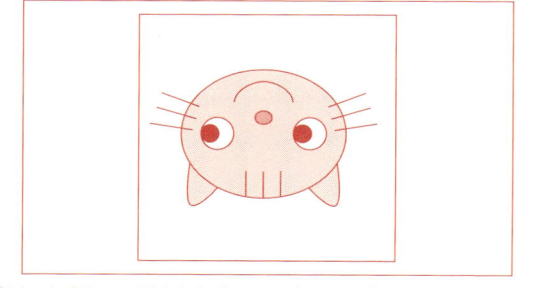

④保育者が「ネコが逆立ちすると？」とたずね，答えを待つ。子どもの答えを待ってから，ひらがなパネルの順番を入れ替える。

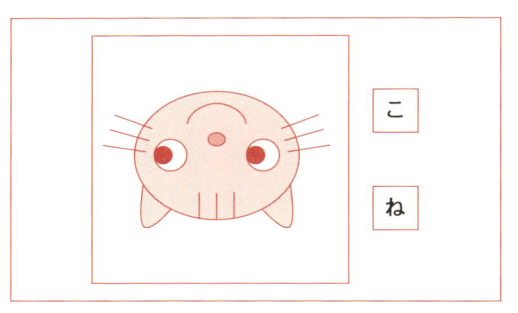

【援助のポイント】
①子ども達が理解できるまでは，短い名前（例：カメ・はな・つき）のものでクイズを行っていき，少しずつ長い名前のものにもチャレンジしていく。また，年長児では，文字パネルを使わずに答えてもらってもよい。
②発達や興味を持つものの違いにより，あまり関心を示さない子どももいるかと思うが，無理に引き込もうとはせず，音の響きのおもしろさや変化を楽しめるように，保育者も共感して行っていく。
③問題を解くときなどに，友達同士で相談し合ったり，わかったときなどには繰り返し声に出して言ったり，友達とのかかわりが増えるきっかけにもなる。
④ふだんの生活のなかで，文字や言葉に強く関心を持ち，得意な子どもは，なかなかクラスでその力を発揮できる場面が少ないが，文字クイズなどでは，その子どものこれまで目立たなかった一面を，多くの友達の前で発揮することができる。いっぽうで，友達関係を変えるきっかけともなるので，保育者がケースバイケースで対応し，かかわっていくことも大切である。

【バリエーション】
①逆さに読んでも同じもの探し。逆さ読みが上手になってきたら，逆さ読みをしても同じに読めるものを探すとおもしろい。
　例：トマト・しんぶんし
②お名前呼び（出欠確認）。絵パネルやひらがなパネルがなくても，逆さ読みができるようになったら，友達の名前でやってみるのもよい。出欠確認の名前呼びなどの場面で，保育者が子どもの名前を逆さ読みをして呼ぶと，誰の名であるかをみんなが考え，わかると本人に伝えたり，友達と一緒に考える様子も見られる。
　例：「まさひろくん」→「ひろまさくん」

言葉

冬

28 学校ごっこ

該当年齢：5歳児

学校ごっこは、年長児の12月が過ぎるころから、子ども達のなかから自然と出てくる遊びです。卒園や進学を意識した自覚が芽生える遊びとして、クラス全体で取り組める楽しい遊びです。

【ねらい】
① 小学校進学への期待を持つ。
② 小学校を意識した活動を行うことで、子ども自身で気持ちを安定させていく。
③ 活動について話し合うことで、情報交換をしながら友達関係を深める。
④ 話し合いをとおして、他の意見を聞く態度を養う。

【準備・環境づくり】
① 保育室に黒板など、小学校と共通の教材を用意する。
② 小学校での生活の様子を題材にした、紙芝居やペープサートなど。
③ 可能であれば小学校見学を行い、実際に子ども達と小学校の授業風景などを参観させていただく。

【遊び方・プロセス】
① 小学校とはどんなところなのか、子ども達の持っているイメージを発表し合う。
② 参観をとおして、小学校ではどのようなことに取り組んでいたか、教室の環境構成などで気づいたことを発表し合う。
③ 机の位置や座り方など、小学校と同じように設定しようとする。
④ 意見を発表する際に静かに手を挙げるなど、気づいたことをクラスでの活動で行おうとする。
⑤ 担任（保育者）から名前を呼ばれる際に、下の名前ではなく、苗字で呼ばれるようにしようとする。

【援助のポイント】
① 年長の3学期になると、小学校という経験したことのない環境に対し、入学への期待がふくらむいっぽうで、通う場所や友達が変わるなど、環境が変わることへの不安が見られることがある。通学途中の小学生の様子を見ることで、今までとは違う生活スタイルを想像し、思いをめぐらせる。
② 保育者がクラスで声かけをする際に、「小学校」という言葉を使うことで、子ども達にとっては励みとなる。
③ 兄や姉が進学している場合は、その様子から小学校へのイメージを持ちやすいが、そうでない場合には、不安や期待といった気持ちが先行しやすい。そういった子ども達の気持ちを受けとめながら、小学校への期待をふくらませる援助が必要である。
④ 小学校への意識を高めることで、身じたくなど、自分の身の回りのことを自分でやろうという自立の意識や、年少の子どもに対しての優しさなど、年長児としての意識がさらに高まる。また、紙芝居や参観をとおして、自分が見たものや感じたことを話し合うことで、自分のイメージを言葉に出して表現しようとする。小学校を意識した活動を"遊び"という形で取り入れ、子ども達に小学校のイメージを持ちやすくし、入学へ向けての気持ちの準備をする援助が必要である。

【バリエーション】
＜小学校座り＞
① クラスで集まるときなどに、小学校での座り方を意識し、椅子を使用し整列して並ぶ。
② 自由な発言や私語をなるべく控え、他の子どもの意見を聞く姿勢を意識する。
③ 全員が見えるところに黒板を置き、子どもからの意見や感想を書き込んでいく。

＜小学生になったら頑張りたいこと＞
紙芝居や参観をとおしてイメージを話し合い、自分なりの「がんばりたいこと」「やってみたいこと」を話し合いの場で発表し合ったり、絵に描いて保育室に飾る。

＜先生ごっこ＞
小学校への見学会などの後に、子ども達に小学校の先生役を演じさせ、幼稚園や保育園の中に、少し小学校の雰囲気を取り入れ楽しむ。保育者は、少し後ろにさがって、子ども達のクラスづくりを見ていく。

> **Column —小学校入学に向けて**
> 保育者と向き合うときを少しずつ長くし、聞く、理解する、話す、態度を育てていきましょう。いつも1巻だった紙芝居を2巻にしたり、絵本の読み聞かせを少し長くしたり、語り合いの時間を設けるなど、工夫していくことが大切です。

言葉　冬

29 お手紙ごっこ
―手紙を書く・カードをつくる―

該当年齢 0 1 2 3 4 5 歳児

大好きな人から手紙をもらうことはもちろん，書くことも大きな喜びです。子どもは手紙を書こうとすることで，自分の気持ちを見つめたり，整理したり，高めたりすることでしょう。

【ねらい】
①気持ちを伝えたり，親しい思いを表現したりする手段として，手紙があることを知る。
②手紙のやりとりをとおして，友達や家族，親戚，知り合いなど，差し出した人と受け取った人の間のコミュニケーションを深める。
③手紙やカードを出すきっかけとなる。社会事象の意味を知ったり考えたりする。
④考えたことを表現し，伝えるための手段として，文字に興味を持ち，文字を書くことへの意欲を高める。
⑤限られた紙面に絵や字で表現するために，伝えたいことをまとめようとする。

> おじいちゃまやおばあちゃまにお食事会の招待状をつくりましょう
> ぼくはおばあちゃんに出すんだ
> どうやってつくるの？

【準備・環境づくり】
①年齢の低いころから機会をとらえて，感謝の気持ちや喜び，悲しみなどの心の動きをしっかりと受け止め，人と人はコミュニケーションをとることでかかわり合って生活しており，それは心地よいものであると実感できるようにする。
②五十音表や文字スタンプなどを用意する。
③包装紙や端紙など，子ども達が自由に手紙遊びに使ってよい紙と，筆記具を常時用意しておく。
④保育室の壁面など，子ども達の身近な場所に，身近なテーマで文字や数字を提示するなど，年齢に応じて意図的に文字環境を整えていく。
⑤文字を書く場合は，姿勢を正して座って書くことができるような場所を用意する。

【遊び方・プロセス】
①手紙やカードを出す目的を知る（招待状・感謝状・年賀状・クリスマスカードなど）。
②目的に特有の言葉やシンボルを知り，それを使いながら，心を込めて手紙やカードを書く（書いてもらう）。

> おじいちゃんの顔描いたんだ！「まってるよ」って書いて
> やさしそうなおじいちゃんね

招待状：「遊びに来てください」…招待者の顔など
感謝状：「ありがとう」…お客さんの顔など
年賀状：「あけましておめでとう」…12支や縁起物など
クリスマスカード：「メリークリスマス」…クリスマスツリーやサンタクロースなど

③返事が来たことを喜び，次の出会いの機会や手紙の交換を楽しみにする。

【援助のポイント】
①子どもの作品はすべて，保育者や保護者へのメッセージである。そのつもりで受け止めていくことで，子どもは作品をとおして気持ちを伝えることの楽しさを知るようになる。
②字を書くことにこだわらず，最初は絵で思いを伝えることを中心に考える。保育者が思いを聞き取り，紙の端や裏に添え書きしていくことで，保育者と描いた子どものかかわりも深まる。
③手紙遊びに限らず，所持品や作品への記名なども，進級にしたがって，少しずつ子どもがやる部分をつくっていくこともできる。しかし，文字を書くことについては，園によって扱いがさまざまであり，保護者の考え方も多様なので，園内での話し合いと合意が必要である。
④筆記具は滑りのよいマーカー類や，やわらかい鉛筆（4B程度）などがよい。

【バリエーション】
＜ポスターづくり＞
①ポスターをつくる目的を知る。
②ポスターで周知する事項（日程や場所など）をみんなで確認し，忘れずに盛り込む。
③見る人の注目を誘うような図柄を考える。

＜郵便ごっこ＞
①学年や園全体で，取り組みの広げ方など，具体的な方法を考える。
②ポストや郵便受けをつくる。
③クラスやグループで話し合い，役割をきめて遊びを楽しむ。

> 何の絵にする？
> 玉入れにしようか？
> 「9時にはじめます」って書かなきゃ！
> 園の名前もいるんじゃない？

言葉　冬

㉚ カルタづくり

該当年齢 0 1 2 3 4 5 歳児

お正月に盛り上がるカルタ遊び。自分達でつくるとさらに楽しみも広がります。カルタづくりや言葉遊びをとおして、文字への関心が高まり、ボキャブラリーも豊富になります。

【ねらい】
① お正月の伝承遊びを楽しむ。
② 絵から文を考えたり、文から絵を描くことを楽しみ、カルタづくりをする。
③ カルタづくりのなかで、文字を知ろうとしたり、書いてみようとする。文字への興味・関心を持つ。
④ 自分達でつくったカルタで一緒に遊ぶことを楽しむ。

【準備・環境づくり】
準備：画用紙（読み札用と絵札用で大きさを変えるとわかりやすい）・まるい紙（色は画用紙と違うほうが好ましい）・のり・鉛筆・消しゴム・マーカー・クレヨン・あいうえお表・文字スタンプ

【遊び方・プロセス】
① 画用紙2枚にまるい紙をそれぞれ貼る。
② 1枚に絵を描き、絵札をつくる。
③ ②の絵札から文を考え、読み札をつくる（1文字目を○の中に書いてから文を書いていく）。
④ 絵札の○の中にも読み札と同様に1文字目を書く。
⑤ カルタを広げる場所を十分とり、読み手と捕り手の距離が余り遠くならないよう注意する。聞き間違えや、聞き取りずらい距離になるとトラブルの原因となる。
⑥ みんなのカルタができあがったら、カルタ大会をして遊ぶ。

【援助のポイント】
① あらかじめ既製のカルタなどで遊びを楽しんでおくと、カルタづくりのイメージが明確になり、つくりやすくなる。
② 何の絵を描くか戸惑ってしまうときには、文から考え、1人ひとりが活動に入りやすいように提案していく。
③ 文字がわからない、書けないことに不安を感じないように、文字スタンプやあいうえお表を用意し、読み札づくりを楽しめるようにする。
④ ユーモアのある文を考えたり、イメージ豊かに描くことができる時期なので、保育者がアイデアを拾いながら形にしていけるように声をかけていく。
⑤ ゲームにおいても、さまざまなアイデアを考えたり思いつき、それを実行していくことができるので、ルールを自分達で考えたり、話し合いながらカルタ取りを楽しむ。
⑥ カルタ取りを行う際には、十分なスペースを用意しておく。また、必要に応じて得点表なども子ども達と作成し、ゲームをわかりやすく楽しめるようにしていく。

【バリエーション】
＜言葉遊び＞
① 自分の名前の文字から文章を考えてみる。
②「すべり台をすべる」に状態を表す言葉を加えて「すべり台をすいすいすべる」、気持ちを表す言葉を加えて「すべり台をすべって楽しい」などと、言葉遊びのなかで文をふくらませる。

＜巨大カルタ大会＞
大きい画用紙に絵札を書き、段ボールに貼りつけて巨大カルタをつくる。
ホールや園庭など、広いところで走って取るダイナミックなカルタ大会を開催してもおもしろい。

＜4歳児では＞
4歳児では文字を書くことが難しいが、自分の名前が読めたり、文字を読むことへの関心は高まっている。
① 読み札を保育者がつくっておく。子ども達の考えた文を保育者が書くなどして、その文や単語からイメージする絵を描いて、カルタづくりを楽しむことができるのではないか。
② 子ども達が絵を描き、そこから文を考えていくのも言葉遊びになっておもしろい。

31 文字カード遊び

該当年齢 0 1 2 3 4 5 歳児

自分の名前のひらがな文字が読めるようになってくるころ，その文字の働きに気づき，いろいろな文字の組み合わせで，言葉ができることに気づいていきます。

【ねらい】
① ひらがな文字に興味を持つ。
② いろいろな言葉をつくって遊ぶ。
③ ゲーム遊びを楽しむ。

【準備・環境づくり】
① トランプやカルタなどのグループゲームを楽しんでおく。
② 清音47文字がある程度読めるようになったら遊ぶ。
③ カルタ大の文字カード（保育者が用意する。あるいは，子どもが書けるようなら一緒につくる）［市販のものや文字積み木でも可］

【遊び方・プロセス】
① 4〜6人くらいのグループで遊ぶ。
② 円陣をつくり座る。
③ 文字カードは裏返しにして真ん中に山にしておく。
④ ジャンケンなどで順番を決め，文字カードを1枚めくる。
⑤ めくったカードの文字が頭音になる言葉を1つ考え，できたらその文字カードをもらう。
⑥ 順番に文字カードをめくり，その文字が頭音になる言葉を考えて遊ぶ。
例：「さ」サル，サイ，サカナ など
　　「い」イヌ，イチゴ，椅子 など

【援助のポイント】
① 遊びに慣れるまで，保育者がリーダーシップを取って遊ぶ。
② 文字を読むことを強要せず，子どもの興味・関心に合わせる。文字に興味がない子どもでも楽しめるよう，文字を言葉の音であることを知らせ，頭音遊びとして文字を使用していく。  
③ 文字は読めるが言葉をイメージできない子どもへは，種類などのヒントを出してあげる。
例：　保「う」動物の仲間でモウと鳴くよ
　　　子「あ，わかったウシ！」
　　　保「そう，大あたり！」など

【バリエーション】
＜遊び方①　異年齢で遊ぼう＞
言葉の頭音に気づくことができるころの縦割り遊びとして行う。この場合，言葉がイメージしやすいヒントを与える。

＜遊び方②　自分の名前文字で遊ぼう＞
自分の名前の文字をばらばらにして，言葉をつくって遊ぶ。
例：さいとうよしこ
　　さい，いと，さとう，うし，こと，こい，よこ，など

32 福笑い遊び

該当年齢 0 1 2 3 4 5 歳児

人，形，やさしい文字，動物など，いろいろな種類の福笑いをとおし，自分の感覚で置いたパーツとできあがった顔の違いを楽しんだり，友達と協力して大きな顔をつくる喜びを味わいます。

【ねらい】

① 自分の感覚で顔のパーツを置き，できあがった顔を楽しむ。
② 上下左右など，位置を表す言葉を使ったり，指示を聞いたりしながら，友達同士協力して顔を仕上げていく喜びを味わう。
③ 顔のベースやパーツを見たり，手で触れたりしながら，いろいろな形や簡単な文字に親しむ。
④ 遊びをおもしろく進めていくなかで，友達関係を深めていく。

【準備・環境づくり】

① 平らな紙にベースを描いておいたり，輪郭がわかるように形に沿って切り抜いてつくったりするなど，何種類か準備しておくとよい。ベースはカラーでもよい。
② 顔のパーツ（髪の毛・眉・目・鼻・口・耳など）を厚い紙でつくっておく。ふつうの人・○△□などの形・「へのへのもへじ」・動物の顔などのパーツを準備する。

③ 大きな福笑い用のマグネット黒板・パーツ用のマグネットカラーシート・模造紙に描いた顔のベース（2〜4種類）を準備し，クラス全体で遊んだり，グループで自由に遊んだりできるように配慮する。
④ 目隠し（手ぬぐいやさらしなどでゴムつきの目隠しを何本かつくっておく）

【遊び方・プロセス】

① 小グループでいろいろな福笑いを楽しむ。

最初は基本になる顔を確認し，次に順番に目隠しをし，自分の感覚で机の上に置いた画用紙などで切り抜いた顔のベースか，ベースを描いた画用紙に，髪の毛，眉，目，鼻，口，耳，ひげなどのパーツを置いていき，できあがった顔をみんなで楽しむ。

次にまわりで見ている友達が「もっと上，右」など原型に近い顔やおもしろい顔になるような言葉かけをし，目隠しをした子どもがその指示に従い，パーツを置いていく。できあがった顔をみんなで楽しむ。

パーツは順番に友達が手渡ししていく。

ア）ふつうの人の顔のパーツで遊ぶ。
イ）長方形・正方形・半円・三角形などの形を顔のパーツにして遊ぶ。
ウ）『へ・の・し』など，ひと筆でかける簡単な文字を顔のパーツにして遊ぶ。
エ）ウサギやネコなどの動物福笑いをする。

② クラス全体で2〜4グループに分かれ，友達と協力しながら，黒板に貼ってある模造紙に描かれた顔のベースにパーツを貼っていく。

模造紙に描かれた大きなベースに目隠しをした子どもが同じグループの子どもの「もっと上」「もう少し右」「そこでいいよ」など，位置を表す言葉や，OKの言葉を聞きながら，基本の顔に近づけるよう，目，鼻，口などのパーツを置いていく。1グループずつ行い，最後に全グループの顔を見て楽しむ。

【援助のポイント】

① 年齢や時期，子ども達の経験・興味に合わせ，顔のベースやパーツを提示し，楽しんで遊べるようにする。
② 遊びながら徐々にパーツを増やしたり，子ども達の発想をうまく取り入れていく。
③ 基本になる顔は，保育者が見本を描いておいたり，遊ぶ子どもが目隠しをする前に，1度置いてみたものでもよい。
④ 目隠しをしたあと，友達が渡してくれたパーツを指で確認したり，ベースを触ったりしながら置いていくよう，言葉かけをしておく。なかにはどんどん置いていっておもしろい顔を楽しむ子どももいるので，自由に遊ぶときには固定化し過ぎず，それぞれが楽しめるように配慮する。
⑤ 黒板を使った遊びでは，基本の顔に近づけるために，位置を表す言葉を正確に伝えたり，聞き取って行動したりすることを意識して遊べるように援助してみる。また，グループで協力しながら顔を仕上げたり，それぞれのグループの顔を比べて楽しめるような配慮を忘れないようにする。遊びに慣れてきたらグループ対抗にする。

㉝ 絵本の読み聞かせ

該当年齢 0 1 2 3 4 5 歳児

絵本の読み聞かせによって，聞く態度と理解する態度を育て，集団で聞くときの周囲との関係に気づいたり，自分の感じたことを人に伝えたりもできるようになります。また，考える力や想像する力を育てます。

【ねらい】
①絵や文字に親しむ。
②絵本をとおして，保育者と触れ合うことを喜ぶ。
③話の内容に興味を持って，自分の生活と関連づけて考えられる。
④科学絵本をとおして，身近な事象に興味・関心を深める。
⑤絵本の内容をさまざまな方法で再現することができる。

【準備・環境づくり】
①季節にあったもの，その時期の遊びに関連ある絵本を本棚に並べておく。
②生活に関連のある絵本を準備する（しつけ・約束・安全・ファンタジー）。
③科学性の芽生えに関連する絵本を用意する。

【遊び方・プロセス】
①保育者が絵本を読み聞かせる。
②好きな遊びのときに，読んで欲しい絵本を持ってくる（保育者の膝の上で読んでもらう）。
③読みたい本を棚から出して読む。
④遊びに使うために，絵本を利用する。
⑤周囲に起きた事象に興味を持ち，観察・調査するために科学絵本を利用する。

【援助のポイント】
①年齢が低いほど，「保育者の声」への反応，「韻」のおもしろさ，「繰り返しのおもしろさ」が感じることのできる絵本を選ぶようにする。
②時期にあった絵本，生活に関連する絵本を選択し，いつでも子どもが取り出しやすいようにしておく。
③イメージを広げ，遊びに深まりを持たせる意味で，絵本を利用する。たとえば，「自動車ごっこ」が始まると，自動車に関連する絵本などを用意し，子どもの目につくところに置いておく。
⑤傷んだ絵本などにも気を配り，可能なものは保育者と一緒に修理する。
⑥保育者自身が絵本に興味・関心を持つことが必要である。
⑦読み聞かせは，まず保育者と子どもと心を繋ぎ，聞く意欲や態度をつくってからはじめる。
⑧子ども達の顔をときどき見ながら，お話しする。
⑨子ども達との距離は，50～60cmくらいとり，半円を描くよう場づくりも工夫しよう。

【バリエーション】
①好きな本をどこにでも持って歩く。
②絵本の印象に残った場面を絵で表現しようとする。
③絵本の世界をからだで表現し，発表会などで発表する。
④個人またはグループで「オリジナル絵本」をつくる（既存の話ではなく，内容もオリジナルな内容にすることが望ましい）。

言葉

通年

34 みんなで楽しくおままごと

該当年齢 0 1 2 3 4 5 歳児

大人の生活を模倣して再現しながらも、つもりや見立ての世界に没入して遊ぶ幼児の「ままごと」の体験は、社会生活への認識を深め、社会性の芽生えを体得する重要な機会となるでしょう。

【ねらい】
① 「何かになったつもり」や「何かを見立てる」遊びに没頭し、想像の世界を楽しむ。
② 日常生活のなかから自発的に興味を持ったことを模倣し、再現する楽しさを知る。
③ 他者とのかかわりのなかで、言葉を使ってのやりとりを楽しむ。

【準備・環境づくり】
① 場の設定：室内の一隅を低い柵などで区切り、小さいじゅうたんやカーペットを敷き、コーナーをつくる。室外のテラスや園庭の木陰などの一角につくってもよい。
② 準備：家庭の台所や食堂、リビングに近いイメージを再現。子どもサイズのもの。テーブルセット（机と椅子）・ガス台セット・流し台セット・食器棚・小さい整理ダンス（エプロン、風呂敷、三角巾、ロングスカートなどの衣類）・移動用の敷物（大小）・食器類（食器セット[木製の物や家庭で不用になったもの。おもに皿、コップ、スプーン、フォーク、タッパー、プリン容器、ザル、かご、お碗、お茶碗、箸、お盆、フライパン、鍋、ボウル、電気釜、しゃもじ、おたま、まな板、果物ナイフ〈先がとがらないもの〉、やかん、ラーメン碗]）・食事の材料になるもの（毛糸やストローの切ったもの、葉・花びら・小石・小枝・木の実・砂・水・粘土などの自然物）・器などに見立てて使うもの（空き容器や空き箱）・掃除セット・化粧セット・お出かけセット・日常使用しているもの（携帯電話や固定電話・新聞・テレビやリモコン・パソコンなど）・人形やぬいぐるみなど。
注…上記にセットと記しているものについては、市販のものでもよいが、保育者や子どもが工夫、応用したもののほうがベターと思われる。

＜用意するもの＞
風呂敷　ひも　エプロンやおふとんに　ぬいぐるみのイヌをつれてお散歩

【遊び方・プロセス】
① 2歳児のままごとは、母親の日常生活のまねからはじまり、母親になった「つもり」遊びや、積み木などを何かに見立てて遊ぶ「見立て」遊びが多い。同年齢の子ども同士のまねっこ遊びも多く見られる。たとえば、だれかが、人形やぬいぐるみをひもで背負わせてもらって母親役になり、プリンカップに砂を詰めてごちそうをつくっていると、それを見た他の子どもも、「やりたい」と言ってくる。

（おとうさんごはんです／ハイ）

② 3歳児のままごとは、1つの家に母親役が2人いても平気だったり、男児が母親役をしたりすることもある。ぬいぐるみや人形を赤ちゃん役にして、かいがいしく世話をしたりする。
③ 4歳児のままごとは、ままごとコーナーで遊んでいる子どものところに、何人か友達が交わって、自然に遊びの集団が形成される。けれども、役の交代などをめぐって欲求と欲求の衝突もあり、「やーめた」と遊びが壊れることも多い。しかし、その後は「〜遊びするものよっといで〜」の呼びかけに、走っていって集まり、また遊び始めたりする。たとえば、砂場に小さいバケツで水を運び、湿らせた砂を丸型やプリンカップに詰めて白砂をかけ、小石・小枝・木の葉・花びらを集めてその上に飾り、バースデーケーキのできあがりを友達同士で喜びあったりする。
④ 5歳児のままごとは、レストランごっこのような広がりのある遊びの展開となる。女児が中心となって想像力豊かな遊びの深まりを見せ、男児はそれぞれ嗜好や興味を持つものに集中して遊び込むことが多い。

（ハイそうです遊ぼうね／もしもしさきちゃんですか／あたしも入れて！）

言葉　通年

35 お姫様ごっこ

該当年齢 0 1 **2 3 4 5** 歳児

2歳を過ぎるころから，幼児の模倣活動は増えてきます。お姫様ごっこは，テレビなどで学び得た共通のストーリーから，たやすく遊びがはじめられるので，早い段階から導入できる遊びです。

【ねらい】
① 「なりきる」ことを楽しむ。
② 自分なりの言葉で楽しむ。
③ たがいのイメージを共有しながら遊ぶ。

【準備・環境づくり】
① スカートや髪かざりなどの衣装を幼児用のタンス，または棚に用意しておく。
② 人形やおんぶひもを用意する。
③ ままごとコーナーにテーブルや食器など，ままごとに必要な道具を準備する。
④ 手づくり，または既製のおもちゃのアクセサリーを準備する。

【遊び方・プロセス】
① スカートをはいて，おもちゃのアクセサリーをつけて，「お姫様」になった気分を味わう。
② ままごとコーナーで，お茶を入れるまねや飲むまねをする。
③ 同じ衣装を着た者同士で，ままごとコーナーで料理をつくるまねをする。
④ つくったもの（見立て）を友達や先生に食べてもらう。
⑤ 人形をおんぶひもでおぶる（必要に応じて保育者が援助する）。

【援助のポイント】
① 衣装の入っている場所の表示をわかりやすくし，取り出しやすくしておくことが必要である。
② 衣装を着て「お姫様になる」ことが目的の子どもと，「お母さん」になって，ままごとコーナーで料理をつくる子どもなど，同じ衣装を着ていても，遊びの内容や意識に個人差があるので，個人差に配慮した援助が必要である。
③ 片づけの段階で脱いだ衣装を「たたんで」「元の場所」に戻すことを習慣づけるようにする。
④ お面やアクセサリーなどは，保育者がつくってあげたり，子どもが描くイメージに合わせて，製作を手伝う。

【バリエーション】
① 遊びの発展した形として，「ふり遊び」「ままごと遊び」がある。
　ア）表現発表会などで使用した衣装などを活用する。
　イ）ままごとコーナーがつくれる場を用意しておく。
② アクセサリーのレプリカ（複製）だけではなく，折り紙や紙粘土などを利用して，オリジナルのアクセサリーなどをつくる場合がある。

アクセサリーがつくりやすいよう，素材を十分に用意する。
③ 簡単なお店遊び（売り手・買い手の役割を意識しないで，並べることが楽しい）に発展する場合がある。

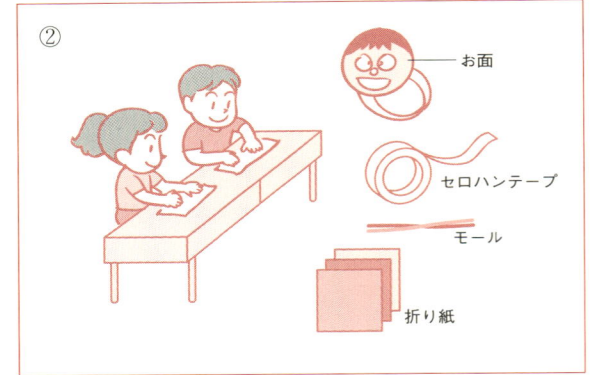

36 劇遊び「オオカミと7匹の子ヤギ」

該当年齢 0 1 2 **3 4 5** 歳児

お話の世界に入ってイメージを共有し、劇遊びをすることは大変楽しい活動です。言葉や身体表現のやりとりを楽しむなかで、表現力が育ち、友達関係も深まっていきます。

【ねらい】
①お話の世界の楽しさを味わう。
②役になりきって劇遊びを楽しむ。
③遊びに必要なものを工夫して見立てたり、つくったりして遊ぶ。

【準備・環境づくり】
①日ごろから、楽しいお話や絵本に親しめる機会や場づくりを心がける。
②劇遊びに必要な場やものを見立てたり、小道具をつくれるよう材料を用意する。
ア）固定遊具や園庭の一角などを家に見立てる。
イ）エプロン・時計台・食べ物・お面・耳・扉・画用紙・段ボール・折り紙・新聞紙・布ぎれなど。
③鬼ごっこやかくれんぼを楽しんでおく。

【遊び方・プロセス】
①お話を聞き、イメージをふくらませる。
②役になりきって遊ぶ（ひとつの役だけでなく、いろいろな役を楽しむ）。
③お面や小道具を自分達でつくり、劇ごっこをする。子ヤギの家だけでなく、少し離れたところにオオカミの家や井戸もつくる。

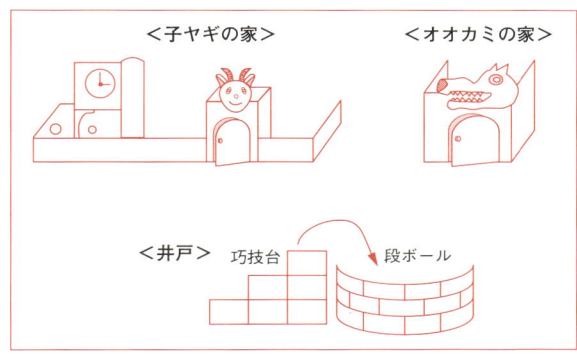

<子ヤギの家>　<オオカミの家>
<井戸> 巧技台　段ボール

【援助のポイント】
①絵本は子どもがいつでも見られるようにしておく。
②イメージどおりに小道具などがつくれるように援助する。「そのつもり」も大切にする。
③子ども中心の活動にしようとあせらず、保育者も十分にかかわりをもって遊びを楽しみ、盛り上げる（年齢に応じて次第に子ども同士で遊べるように工夫する）。

【バリエーション】
<鬼ごっこ>
①つかまった子ヤギはオオカミの仲間にする。

②遊び歌でからだを動かし、役のやりとりを楽しむ。
ア）子ヤギ役・オオカミ役に分かれる。
イ）遊び歌に沿って進めていく。
　オ：トントントン　オ：トントントン
　オ：トントントン
　子：何の音？　子：何の音？　子：何の音？
　オ：お母さんだヨ。　オ：お母さんだヨ。
　オ：お母さんだヨ。
　子：そんな声じゃないよ。オオカミだ！
　子：お母さんかな？　手を見せて。
　子：お母さんかな？　手を見せて。
　オ：はい、どうぞ。　オ：はい、どうぞ。
　オ：ばれちゃった。
　子：そんな手じゃないよ。オオカミだ！
　子：お母さんだ！　お帰りなさい。
　オ：ガォーッ！
　オ：ばれちゃった。

<かくれんぼ>
オオカミが鬼になり子ヤギが隠れる。

<しっぽとり>
①ひっかかって、ころばないような長さに縄を折り、ズボンにはさむ。
②オオカミがしっぽをつけた子ヤギを追いかけ、しっぽを取る。
③しっぽを取られた子ヤギは、オオカミと一緒に残りの子ヤギを追いかける。

<お話の続きをつくって遊ぶ>
①子ヤギの逆襲。子ヤギがしっぽをつけたオオカミを追いかけ、しっぽを取ってつかまえる。
②子ヤギが食べられそうになっているのを助けにくる（途中から遊びに入るきっかけになる）。

<お話ジャンケン>
　子ヤギ・お母さんヤギ・オオカミのポーズと声を決め、ジャンケンを楽しむ。

グー（子）「ブルブル」怖くて震える。
チョキ（お母さん）「チョッキン」はさみを持つふり
パー（オオカミ）「ガォーッ」襲いかかるふり

37 リズム打ち言葉遊び

該当年齢 0 1 2 3 4 5 歳児

保育者や友達と一緒に、いろいろな言葉のリズム打ちや、音節遊びを楽しむなかで、言葉のおもしろさを味わい、語感覚が育っていきます。日々の生活のなかで、繰り返し楽しみましょう。

言葉／通年

【ねらい】
① あいさつ言葉や擬声語・擬態語など、言葉のおもしろさを味わいながらリズム打ちを楽しむ。
② 保育者との言葉やリズムのかけ合いを楽しむ。
③ 音の数に合わせ、動いて遊びながら、徐々に音節に気づいていく。

【準備・環境づくり】
① イメージが広がり、遊びが楽しくなるように、ペープサートや絵カード、楽器などを準備しておく。
② からだを動かしての音の数遊びなどは、ふだんも自由に使えるように環境構成をしておく。

【遊び方・プロセス】
① 言葉とからだ（手拍子・膝・胸）や机、カスタネットなどを使って、保育者とのかけ合い遊びやまねっこ遊びをする。
  ア）保育者に自分の名前を呼ばれたら、同じ動作とリズムで返事をする。
    例：「保育者」手拍子3つで　は－・な こ・ちゃん
    　　「子ども」手拍子3つで　は・あ・い
  イ）あいさつ言葉やおもしろい言葉のまねっこ遊びをする。
    （こ・ん・に・ち・は）（おっ・とっ・とっ・と）など
② 擬声語・擬態語を言ったり、振りをつけたり、歌に合わせてリズム打ちをして遊ぶ。

（楽譜：おきゃくさま　作者不詳　2/4拍子）
トン　トン　トン　どなたで　す
わたしは　ねこです　ニャア　ニャア　ニャア

  ア）おサルが　キャッ・キャッ・キャッ、など
  イ）歌「おきゃくさま」の歌詞を替えながら、机やカスタネットなどで打って遊ぶ（ネコ・スズメ・ウサギなど）。
③ 「ピョンピョンジェスチャー遊び」
  2チームに分かれ、マスの両端から1人ずつ動物や花、食べ物など、保育者の言葉に合わせて両足とびで進み、出会ったらそのもののジェスチャーをする。

【援助のポイント】
① 子ども達1人ひとりの名前を呼びながらのかけ合い遊びは、入園当初などに行うと、保育者や友達への親しみが深まってよい。1人ひとりのそばに行ったり、前から視線を合わせたりしながら、言葉やカスタネットなどを使ったかけ合い遊びを楽しむ。
② あいさつ言葉やおもしろい言葉のまねっこ遊びは、言葉のリズムの楽しさが十分に味わえるような雰囲気づくりや指導の工夫をしていく。
③ 擬声語や擬態語を使った遊びや、「おきゃくさま」のかけ合い遊びでは、いろいろな鳴き声や様子、動きなどに合わせ、リズムや強弱、速度などのバリエーションを変えて遊び、言葉のおもしろさを感じ取りながら豊かな表現につながるよう配慮する。また、遊びの展開を見て、役割を交代したりして楽しめるようにする。
④ 「ピョンピョンジェスチャー遊び」では2つ・3つ・4つの音など、いろいろな言葉の音の数に合わせて、リズミカルに跳ねて進めるよう、伝え方を工夫する。
⑤ 言葉のおもしろさから、徐々にいろいろな音節分解遊びにつなげていくとよい。

【バリエーション】
4～5歳になったら階段などを使い、ジャンケン遊びのひとつである、「グリコのおまけ」をする。言葉やジャンケンを楽しみながら、スタートから誰が早く到着するかを競って遊ぶ。
① チョキで勝ったら「チョ・コ・レ－・ト」または「チ・ヨ・コ・レ－・ト」と言いながらその数を進む。
② グーで勝ったら「グ・リ・コ」または「グ・リ・コ・の・お・ま・け」
③ パーで勝ったら「パ・イ・ナ・ッ（ツ）・プ・ル」と言いながら進む。

㊳ トントン何の音？

該当年齢 0 1 2 **3 4 5** 歳児

身の回りのものを叩くことで，いろいろな音に興味を持ち，耳を傾ける姿勢を育てたいものです。こういった経験の上に，合奏が位置づくようになるといいですね。

【ねらい】
① 自然界の音に耳を傾け，興味・関心を持つ。
② どんな音がするのかなという好奇心を持つ。
③ きれいな音を好むようになる。
④ いろいろな音をさせて，好みの音を探すようになる。
⑤ 友達と一緒になってたがいに教え合いながら，音に関する経験を重ねる。

【準備・環境づくり】
① お弁当のときや朝の時間など，園生活の節目のときなどで，虫の鳴き声や自然界の音（風の音，雨だれの音などのCDによる）を事前に聞かせておく。
② 保育者が努めて身の回りの音に注意を傾け，「ほら，聞いてごらん，なんか聞こえるよ」というような言葉をかけ，ことあるごとに子ども達に働きかける。
③ 遊びのときなどに，保育者が子ども達と一緒に"もの"を叩いて，音色の違いや響きの違いを話題にし，"音探し遊び"をやって見せ，興味・関心を高めるようにする。
④ "音探し遊び"に適した道具（例：割り箸，スプーン，竹の棒，木琴などの打棒，トライアングルの打棒，五寸釘，小石など）を豊富に用意しておく。
⑤ 朝や帰りの集会などで，子ども達の発見を他の子ども達に紹介しながら，興味・関心を刺激したり，情報交換を頻繁にする。

＜いっせいに取り組む場合＞
―音当てゲーム―
【遊び方・プロセス】
① 音が出るものを探しておく。
　例：空き缶，ペットボトル，積み木，花瓶，コップ，打楽器＝銭太鼓，トライアングルなど
② いちばんよい音を出せるものを打棒として選んでおく。
③ "はてな（？）ボックス"を段ボール箱でつくり，そのなかに，音の出るものをひとつ入れる。
④ 子ども達の前で，箱のなかで音を出してみせ，何の音かを当てさせる。

【援助のポイント】
① "はてなボックス"に音源を入れるとき，子ども達に見られないように工夫する。
② 部屋にカーテンを引くなどして，ふだんと少し違った雰囲気をつくり，聞くことに集中させる。
③ 早く答えがわかっても，他の子どもが考えているので勝手に答えを言わせない。

＜自由な遊びのときに取り組む場合＞
―音探し遊び―
【遊び方・プロセス】
① 子ども達がいつでも打棒を持ち出せるように，豊富に用意しておく（【準備・環境つくり】④を参照）。
② 打棒は"金属""竹や木""球状（布，ゴム，木製）"などいろいろな種類のものを分類して用意しておく。
③ 空き缶やプラスチック容器，箱などをそれとなく用意しておく。
④ 子ども自身が選んだ打棒を持って，保育室をはじめ園内中に出かけ，ものを叩いてみる。
⑤ 音色や響きの違いを見つけることを楽しむ。
⑥ 打棒の違いで音色や響きが違ってくることを楽しむ。
⑦ とくにきれいな音を見つけたら，保育者や友達に知らせる。または，自分達だけの"秘密の場所"にして"ないしょ"を共有して楽しむ。

【援助のポイント】
① "もの"を叩くときは，「いい音聞かせてください」という気持ちで叩くのだよ，というように，叩き方の指導をきちんとしておく。とくに，床や壁，ドア，あるいは，机，椅子，といったものには注意をする。
② 自分達だけの"秘密の場所"については注意して観察し，友達の排除が度を越して行われるようなときは，保育者が状況に応じて仲介に入るようにする。
③ 人間や動物，植物などは叩かないようにする。
④ 子ども達だけで遊ぶのでなく，保育者も率先して探し，徐々に子ども達だけの活動に移行していく。

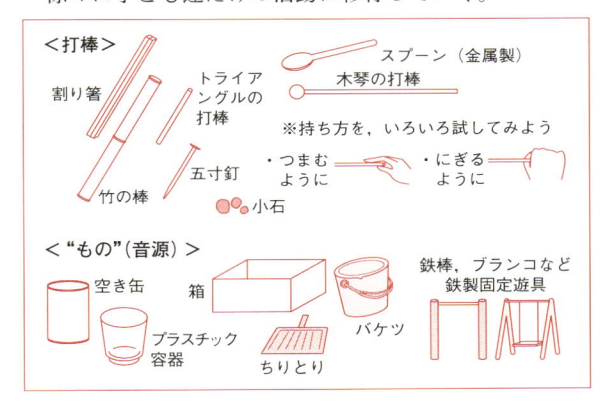

言葉　通年

＜打棒＞
割り箸　竹の棒　トライアングルの打棒　スプーン（金属製）　木琴の打棒　五寸釘　小石
※持ち方を，いろいろ試してみよう
・つまむように　・にぎるように

＜"もの"（音源）＞
空き缶　箱　バケツ　鉄棒，ブランコなど鉄製固定遊具　プラスチック容器　ちりとり

㊴ わらべうた遊び

該当年齢 0 1 2 3 4 5 歳児

わらべうたは本来，遊びのひとつとして伝承されてきたものです。したがって，遊び方もよりおもしろく変形してきました。自分達で少しずつ変化させる楽しさも伝えたいものです。

【ねらい】
① 友達と声をそろえてうたうことをとおして，音の高低やテンポなどを気にするようになる。
② 友達の歌声を聞いて，自分の発声に留意し，きれいな声を出そうとする。
③ 遊び方のルールに従うことによって，集団遊びの楽しさを体験する。
④ 友達同士で教え合ったり，手伝ったりという動きから，一緒感や協力の達成感を味わう。

【準備・環境づくり】
① クラスのなかでわらべうたを知っている子どもがいたら，その子どもを核に広まっていくように，保育者が伝承の働きをする。
② 最初のころは保育者が率先して，わらべうたで遊ぶようにし，興味を持った子どもを仲間に誘い込むようにする。
③ 室内の場合，つまずきそうなもののない広い空間を用意する。
④ 遊びを知らないために，仲間に入れないということがないように，一部の子ども達の動きをクラス全体に広げるような根回しをしておく。

【遊び方・プロセス】
『ウチノウラノ』
① 遊び方
　まるくなって，みんなで下図のようなしぐさをする（○＝両手を交互に顔の前で，ネコの前足のように8回動かす。×＝ほほを4回なでる。△＝口を4回なでる。□＝額に手をかざして向こうのものを見るようにする）。鬼を決め，その子どもは同じしぐさをしながらみんなの前をまわり「チョイトカクス」の「ス」で誰かの前に止まり，その子どもと交代する。

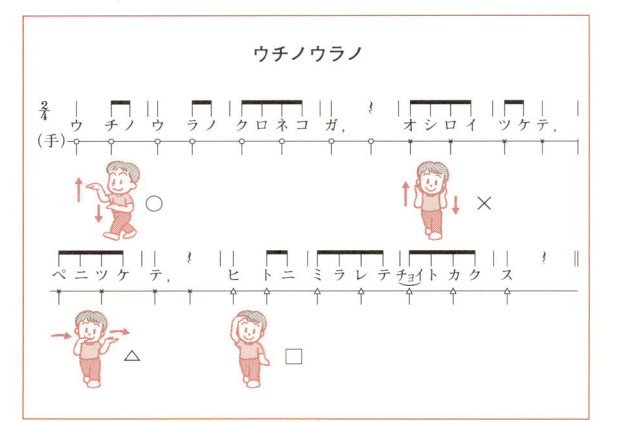

② 本来の遊び方
ア）椅子を大きな円形に並べる。
イ）子ども達はネコになって椅子に座ったまま図のような動きをする。
ウ）鬼になった子どもは，円形の内側を歌に合わせて歩き，歌の最後のところで，いちばん近くの子どもの肩を触って鬼を交代する。

③ 変形1
ア）ハンカチ落としの遊びのように円形に座る。
イ）鬼になった子どもは，ネコ役の子ども達の後ろを歌に合わせて歩き，歌の最後のところで，いちばん近くの子どもの背中を触って鬼を交代する。

④ 変形2 （希望者だけが集まって行う場合）
ア）ネコ役になった子ども達は，椅子を円形に並べて座る。開始と同時に椅子から離れ，歌に合わせて動作をしながら，椅子の円内を自由に動く。
イ）鬼は椅子の上に立って見ている。
ウ）ネコは歌の終了と同時に，両手で顔をおさえてその場にしゃがむ。
エ）鬼はしばらく間をおいてから，犬の鳴き声をし，それを合図に，ネコは急いで椅子に逃げ帰ろうとする。鬼はネコが椅子に座る前にお尻を叩く。
オ）お尻を叩かれた子どもが次の鬼になる。

【援助のポイント】
① 最後の"ヒートニミラレテ，チョイトカクス"で間をおいて"〜，わんわんわんわん"という部分が子ども達にとって非常に楽しいところだが，楽しすぎてふざけたり，めちゃくちゃな行動をとる場合がある。拍やリズムが無視され，わらべうたのねらいがないがしろになることもあるので，十分に配慮する。
　音楽的な経験を大事にしながらも，ゲーム的な楽しさを伝えることを考えると，参加人数は3歳児で3〜5人，4歳児で5〜8人を目安とする。
② わらべ歌は，日本古来から伝わる子どもがうたいやすい言葉遊び歌なので，保育者がリードしながら，教えるようにする。
　わらべ歌には，地方ごとに方言や異なる言葉が出てくることがある。ときには，言葉の意味を解説してあげることも必要となる。

言葉

通年

㊵ 戦いごっこ・アニメのヒーロー

該当年齢 0 1 2 **3 4 5** 歳児

戦いごっこは，おもに男児にとって大好きな遊びです。ごっこ遊びのなかで交わされ，イメージを共有するための言葉は，表現力をつけ，想像性を高め，仲間関係を育てていきます。

【ねらい】
① 家庭でテレビアニメに親しんでいる子ども達が，アニメのヒーローになりきることで園での生活に溶け込み，気持ちを安定させ，仲間とのかかわりを深める。
② 自分の持っている情報を友達に伝え，本物らしく表現することで伝え合う喜びを味わう。
③ 友達と一緒に演じ，戦い競い合うなかで，友達とのずれを感じたり，友達のまねをしたりして，動きを精練し，工夫する。

【準備・環境づくり】
① 保育室のコーナー2か所や廊下・ホール。他の園児の遊びを妨げない空間。
② 段ボールなどの囲いや，安全な素材でできた大型積み木。
③ ナイロンのカラフル無地の風呂敷。
④ 帽子や目印になるバンダナ，かんむりなど。
⑤ 剣・こん棒・鉄砲や，弾丸をつくる新聞紙・広告紙など。
⑥ 紅白球（運動会の玉入れ用）など。

【遊び方・プロセス】
① 保育者のそばを離れないが，毎日見ているテレビアニメのことを話し「一緒に遊んで！」（3歳）と依存する姿が見られる。
② 「剣をつくってあげようか？」と誘うとうなずき，マントも着ると要求する。
③ マント（風呂敷）を首に巻き，新聞紙4枚を重ねてくるくる巻き，子どもの求めるカラービニールテープ（2グループになるよう紅白2色）の剣をつくって渡す。
④ 友達の扮装した姿を見て，他の子ども達が興味を示して集まってくる。
⑤ 戦いごっこが展開する人数になったところで，剣のカラーで2グループの陣地を決め，戦いをする。
⑥ 自分がいちばんのヒーローのつもりで，大声を出したり，剣を振り回したりして遊ぶ。
⑦ 簡単なルールを決め，勝敗をつけようと主張する姿が見られる。

【援助のポイント】
入園間もない3歳児はどう遊んでよいかわからない。保育者となんとか関係をつくり，安定したいと思っている。いま関心を持っているTVの話題を，そっと保育者の耳元でささやく。その言葉でのかかわりをきちんと受け止め，他の子ども達とのかかわりに広げていくようにする。剣やマントといった小道具（もの）が介在することで，言葉でのコミュニケーションが未発達な時期にある年少期のかかわりをスムーズなものにする。私も，ぼくもつくって欲しい，つくってもらえたという思いは，保育者への信頼感を生み出す。また，仲間の存在を共通の姿をした遊びの仲間，競い合う仲間として意識するきっかけにもなる。競い戦うという意識は，「同じ」「違う」，「強い」「弱い」と対極の言葉や比較の言葉が使える育ちから生まれる。保育者は，「あれと同じにして」，「すごいね～」，「もっと」，「○○みたい」，といった言葉を温かく取り上げ，仲間関係づくりに生かすように援助したい。

① 幼少期はからだのバランス，動きの加減がわからないので，危険のないよう注意すべきである。新聞紙のまるめ方は，かたすぎず握りやすいように，顔をめがけて叩いたり振り回したりしないよう，機会をとらえて声をかけるようにする。
② 子ども達の動きがスムーズになり，競争の意識が芽生えたところで紅白に分かれ，剣の引っ張りっこ，紅白玉の投げっこの競争へ導く。3歳児は1対1で，保育者が両者の名前を呼びながら応援すると，相手の名前を覚えるし，また，周りの子ども達にとっても応援する楽しさを知り，自分も参加したいという気持ちにつながる。言葉は遊びの場で仲間とかかわり，ものを使い，感じ，工夫する（考える）ことをとおして磨かれる。保育者はその場で交わされる言葉に心を配りたい。

【バリエーション】
4歳児は競争をするということが，どういうことか理解している。紅白に分かれて，早く相手の陣地に侵入するドン・ジャンケン，しっぽとり，単純なドロケイごっこなど，グループ遊びの興味の育ちに合わせてハチマキ，帽子などの印を子ども達と一緒に考え提案しよう。

言葉／通年

㊶ 宅配便ごっこ

該当年齢 0 1 2 3 4 5 歳児

お店屋さんごっこを楽しみ，みんなで協力して遊びながら社会の仕組みを知り，そのなかでいろいろなお店があり，ものには種類があることに気づいていきます。

【ねらい】
① 日々経験している買い物ごっこや，宅配便屋さんになって楽しむ。
② お店の品物を届けてくれる宅配便屋さんになり，いろいろなお店の品物を届けて遊ぶ。
③ お店によって届ける品物が違うことを知る。

【準備・環境づくり】
① 宅配便の仕事に興味が持てるような観察絵本を用意しておいたり，いろいろな仕事について興味を持てる環境を用意しておく。
② 子ども達が主体的にお店屋さんごっこができるように，たくさんの品物を用意しておく。段ボールなど，自動車にする素材，スタンプなど。

【遊び方・プロセス】
① 他のクラスや事務所への届け物があるときに，「お届けものです」といい，カードを持っていって印鑑（スタンプ）を押してもらう。
② お店屋さんごっこで遊んでいるとき，品物を届けることで宅配便ごっこが始まる。
③ 宅配便の仕事の流れをビデオや絵本で調べ，興味を持ち，印鑑や伝票，自動車などが必要であることに気づき，つくろうとする。

【援助のポイント】
① 先生のお手伝いが大好きな子ども達なので，お手伝いを楽しませてあげられるよう「宅配便屋さんになってね」と伝えていく。
② いろいろな職業の仕組みに興味を持ってくるので，仕事の流れがわかる観察絵本やビデオなどをとおして，興味が持てるようにしていく。
③ 伝票や印鑑，自動車などの材料を用意し，子どもの要求に応じられるようにしておく。
自動車：段ボール箱，大型積み木など
印　鑑：子ども用のスタンプ，または使い古しの印鑑
伝　票：白ボール紙や画用紙にひもをつけ，首に下げられるようにしたものをつくれるよう，援助していく（届けた先の人にスタンプを押してもらう）。

【バリエーション】
子どもと一緒に段ボールなどでポストや郵便物，バッグなどをつくって遊びを広げていくと，楽しさが増す。

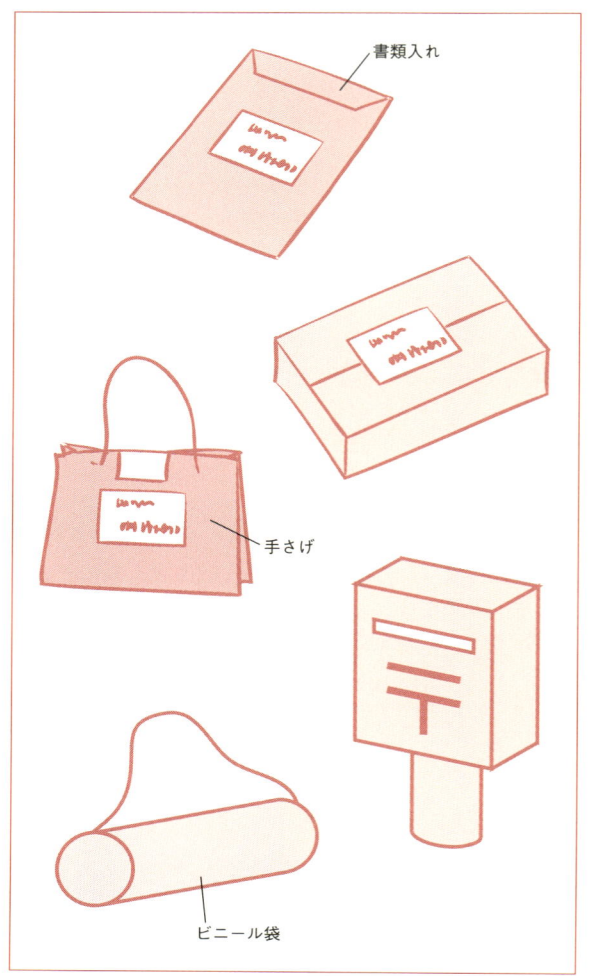

リボンを首にさげる

でんぴょう

ここにスタンプを押してください。

本物の伝票を使って遊んでみてもよい。

書類入れ

手さげ

ビニール袋

㊷ 4コマまんが
—4コマのお話づくり—

該当年齢 0 1 2 3 4 5 歳児

子どもは自分で感じたこと，考えたこと，思ったことをいろいろな形で表現しようとします。話のつながりを4つのコマ送りで，マンガふう，あるいは絵本や紙芝居ふうに表してみましょう。

【ねらい】
①話の内容を絵に表し，流れを4つのコマ送りにし，表現することの楽しさを味わう。
②話を想像してつくったり，絵で表すおもしろさを味わう。
③自分でつくるマンガや絵本のおもしろさを味わういっぽう，友達の作品に興味を持ち，見たり感想を伝えたりする。

【準備・環境づくり】
　日ごろ，子どもが自分のイメージを絵に表現する楽しさやおもしろさが味わえるよう，子どもの感動する場面や感動した事柄をとらえ，いろいろな表現の材料（クレヨン，絵の具そのほか）を使い，絵を描く機会をつくっておく。また，保育者は子どもの思いや考えの聞き役になり，お互いに話相手になる環境をつくっていく。
準備：画用紙（八ツ切判），クレヨンあるいはマーカー，鉛筆

【遊び方・プロセス】
①画用紙を2回折りにしてから開き，できた折目をクレヨン（マーカー）でなぞり，4つの部屋をつくる。
②4つの部屋の隅の好きな位置に1，2，3，4と番号をふる。 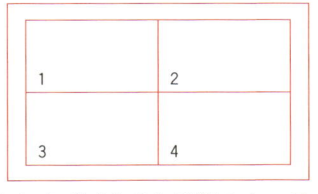
③保育者が「1の部屋のお話をしますから，それを聞いて絵を描いてみましょう」と伝え，たとえば「あるお天気のよい日にカメさんが野原に散歩に行きました」と話し，子どもがそれを聞いて自分のイメージで絵を描く。
④保育者は「次は2の部屋にいきます。そこでカメさんはブランコに乗って遊んでいました」と伝えて，子どもはまた，それを2に絵で表現する。
⑤保育者は「次は3の部屋にいきます（そこで3のストーリーを話してもよいし，または「カメさんはどうしたのでしょうか，続きのお話を自分で考え，絵に描いてみましょう」と伝える）」。 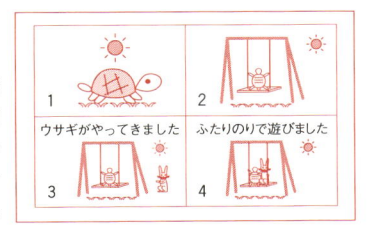
⑥子どもが描いた絵について話を聞き，保育者は絵の際（きわ）に子どもが言った言葉をまとめ，字を書く。

【援助のポイント】
①保育者の話を聞き，自分のイメージを絵にして表すが，話の内容は子どもの表現力を考え，イメージしやすい話を選ぶ。
②クラス全体で行うときは，子どものペースがそれぞれ違うので，間（ま）を十分にとりながら次へ進むとよい。
③何回か繰り返すうちに，子ども自身要領がわかってくるので，1コマ目まで話をし，後は子どもの想像にまかせて話をつくっていけるようにしてみる。
④お話づくりや絵本づくりのスタートとして行うと，子ども自身の発想でいろいろな絵本をつくることができるようになるので，段階を経ながら行うとおもしろい。

【バリエーション】
＜絵本をつくる＞
　つくった4コマまんがから，それを組み合わせて絵本に仕立てる。
①4コマを切り離し，1コマずつ内側に折り込む。
②1コマ目の片側にのりをつけて2コマ目を貼る。

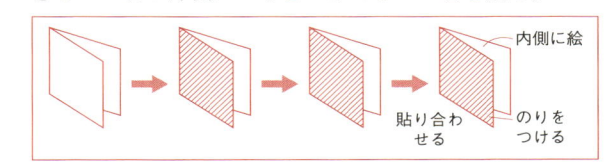

③同様に2～4コマ目を貼り合わせていく。
④4コマが合わさったら，ほかの画用紙を用意し，表紙をつくり，つながった4コマに貼り合わせ，表紙に絵や題名を書き，裏表紙に名前を書いてできあがり。

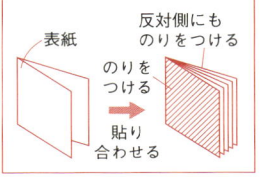

＜3コマ絵本＞
①画用紙を用意し，3回折りをする。
②1回折りのところへ戻し，図のところに切り込みを入れる。
③横長に折り返し，左右を持ち，押すと真ん中が開き重なる。
④それを折ると，3見開きの本になるので，お話をつくり絵を描いて絵本にする。

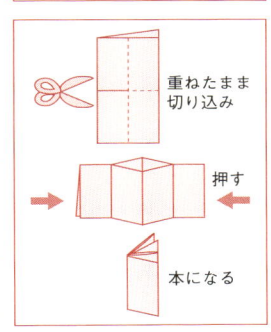

43 絵本・図鑑っておもしろい

該当年齢 0 1 2 3 4 5 歳児

絵本は子ども達が感性を育て，想像力を広げていくための大切な友達です。また，図鑑は彼らが抱いた興味をさらに深め，新たな感動から次なる知的な営みへと発展していく手がかりとなります。

<絵本>
【ねらい】
①幼稚園の日常をもとにしながら，ファンタジーの世界で遊ぶ楽しさを味わう。
②きれいな色づかいで描かれた絵を楽しむ。
③友達の前で自己表現することを楽しむ。

【準備・環境づくり】
子どもが興味・関心を持つ絵本を選ぶ。
子ども達は絵本が見えやすい場所に集まって座る。

【遊び方・プロセス】
①保育者がゆっくりていねいに読む。
②読み終わったところで，子ども達にどう思ったか投げかける。また，絵を再度見て楽しむ。
③子どものいろいろな感じ方，考え方，表現を取り上げ，クラス全体で共有し，楽しむ。

【援助のポイント】
①子ども達が絵本の世界に入り込めるよう，下読みをしっかりしておく。
②自分達の幼稚園生活をもとにしながらも，存分に空想の世界で遊んでいるか，感性が働いているか，子ども達の表情を確認しながら読み進める。
③どの子どもにも，自由に思ったことが表現できる場を保障し，その子どもなりの読みとり，思い，意見などをクラスみんなで共有することを楽しむ。

<図鑑>
【ねらい】
①自然の事象に興味を持つ。
②自分達の体験として具体的に取り込み，試しながら遊びを発展させ，楽しむ。

【準備・環境づくり】
①図鑑は常に手にとりやすいところにおく。
②子どもが興味を持ったもので不足している資料は図書館などを利用し，直ちに用意する。
③月刊総合絵本の付録ミニ図鑑なども，常に子どもが自由に使えるような場所（子どもの引き出しなど）に置いておく。

【遊び方・プロセス】
子どもが興味・関心を持った虫や植物を見つけたときに，その名前や飼育の仕方や栽培のやり方など，子どもと一緒に図鑑で調べてみる。また，それにより知ったことを，実際に利用して，名前の確認をしたり，飼育や栽培で虫や植物を育ててみる。

【援助のポイント】
①子ども達の興味・関心の方向を常に感じ取り，その発展に必要となる適切な図鑑を用意する。
②自然に対する興味や発見，かかわり（アリの巣づくり，ドングリの発芽など），子ども達からの自発的な実践を大切にし，発展させていく。
③結果の検証や確認，知識の取り入れと広がりのため，大いに図鑑を使う。
④図鑑は，比較的厚く重いので，外などに持ち出すときは，コピーなどをしたりして，調べやすい環境づくりを心がける。
⑤図鑑は，主にモノの名前を調べたりするものなので，保育者がそのモノの性質や匂い，形，色，触感などを補ってあげると，より関心が高まり，子ども同士の対話を繋ぐ要因ともなる。
⑥絵本の読み聞かせは，観る側の位置関係に配慮する。

【バリエーション】
①絵本の読み聞かせは，個別に読み聞かせをする機会も大切にするとよい。単に，内容の理解や聞く態度など以外に，子どもが保育者に求めようとするときにも，絵本が媒介することがよくある。幼児の心の内をつなげていくとよい。
②絵本の読み聞かせの習慣がついてきたら，ときに物語を聞かせていくことも大切である。
③5歳児の後半では，自作の絵本づくりにも，挑戦してみるとよい。

44 お話づくり

該当年齢 0 1 2 3 4 5 歳児

絵本や物語など，絵画を含めた総合表現の前に，たくさん言語表現を経験しておきましょう。会話のおもしろさや読み聞かせの楽しさから，話を考えることができるでしょう。想像から創造力へつながります。

【ねらい】

①話や文を考えたりつくったりする楽しさを味わう。
②文のつくりや仕組みを知り，表現力を豊かにする。
③つくった話や文を友達や保育者に伝え，共感し合う。

【準備・環境づくり】

話や文の基本は話し言葉。語彙をたくさん持っていることが土台となる。

３歳児から絵カードや実物で名前を覚え，さらに，頭字遊び，逆さ言葉，反対言葉，形容詞遊びなどをしてため込んだ言葉を整理していく。友達からの刺激は大きい。また，伝えたい相手がいること，話したときに反応してくれる仲間がいることも大切である。

保育者は視覚教材を与えたり，話す場や言葉遊びの機会を意図的に取り入れよう。

【遊び方・プロセス】

＜３歳児＞

①簡単な質問に答える（名前，好きな食べ物など）。
②２語文「○は～です。」を名前構文としてやりとりを楽しむ。
③手づくりカルタをつくり，保育者が短い文をつける。そのなかで「どんな」を表す形容詞に気づかせていく。
④簡単な絵を見て，登場人物の気持ちを言葉にしたり，どうなったかを考える。

＜４歳児＞

①１人ずつ話す場を設けて，出来事やひとつの事柄について思ったり気づいたことを話す（生活体験の整理の場）。
②保育者のリードで「誰が誰とどこで何をした」のように条件を与え，それについて考える。友達とつなげるとさまざまに展開するストーリーを楽しむ。
③続き話といって，物語や簡単な素話の先がどうなったか話をつくる。
④絵カードや言葉のサイコロなどを補助教材として使用すると，絵画表現へ導くヒントとなる。

＜５歳児＞

①「いつ，だれが，どこで～をした」に感情や季節，情景などをふくめて話の起承転結の流れを知る（５Ｗ１Ｈ）。
②考えたことやつくった話を絵や文字を加えて表現し，発表する。
③４コマお話の枠をつくって，そこに絵を描いてお話にして，発表し合う。

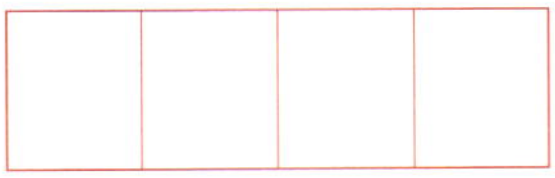

【援助のポイント】

①話すおもしろさや伝え合う喜びを味わえるよう，１人ひとりの話をよく聞いてあげる。また，クラスで聞き合える仲間関係を築いておく。
②創作話は出来，不出来を評価するよりも，その子どもの考えた世界観に語尾を繰り返して共感したり，具体的に答えやすい質問で導き，内容を深めながら次回のヒントにする。
③お話づくりの基本は言語表現。内面の充実や開放がよりよい表現につながる。また，子どもの体験を増やし，その場で状況，状態，感動を言語化していけるようにしよう。

【バリエーション】

①４歳児は１人ひとりの表現を楽しみ，発表で刺激し合う。
②５歳児はグループでひとつの絵本や紙芝居を共同作業でつくるのもいい。その際，絵本や紙芝居の仕組みや特性を知らせる。

45 サイコロ遊び（お話づくり）

該当年齢 0 1 2 3 **4** 5 歳児

子ども達はお話づくりが大好きです。友達とイメージをふくらませてお話づくりを楽しみながら、想像力や思考力を培います。また、構文の仕組みに気づき、文章力が身についてきます。

【ねらい】
① 友達とイメージを広げながらお話づくりを楽しむ。
② ストーリーのあるお話をつくる。
③ 創造力や思考力を養う。
④ 構文の仕組みに気づく。

【準備・環境づくり】
① 絵カード
　□人物（男の子・女の子・お父さん・お母さん・お兄さん・おじいさん）
　△場所（幼稚園・おうち・遊園地・公園・畑・海）
② サイコロ 1 個
③ サイコロカード
　○動作（砂場遊び・折り紙・苗植え・洗濯・水泳・ブランコこぎ）
④ 黒板

【遊び方・プロセス】
＜2人組やグループで（4歳児）＞
① 絵カード全部を使って「だれが・どこで」のお話をつくる。
　「人物」「場所」の絵カードをそれぞれ確認してから、1枚ずつ選んでお話をつくって黒板に貼る。
　例：男の子が遊園地へ行きました。
② 次に「動作」「なにをした」のサイコロの絵をそれぞれ確認してから選んで、「だれが・どこで」に足す。
　例：男の子が遊園地で、観覧車に乗りました。
③ 絵カードを「人物サイコロ」・「場所サイコロ」・「動作サイコロ」にはめて、同時にころがして偶然にできるお話のおもしろさを楽しむ。

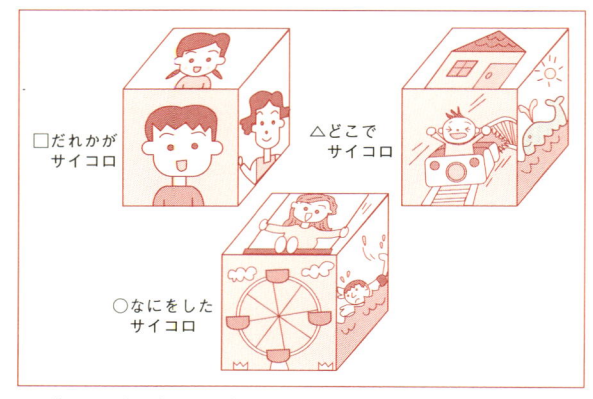

□だれがサイコロ
△どこでサイコロ
○なにをしたサイコロ

＜グループで（5歳児）＞
短いお話をつなげて次々に話をつくり発表する。

① 共通の経験をもとにグループで次々に話をつくる。
　例：・みんなで動物園へ行きました。
　　　・パンダが笹をおいしそうに食べていました。
　　　・ゾウがのっしのっしと歩いていました。
　　　・ゾウの背中にのりたいなぁと思いました。
　つくった話をグループごとに発表する。
② 想像したお話をグループで次々と足していく。
　例：・ピーターパンが幼稚園にやってきました。
　　　・みんなは大喜びでいっしょに遊びました。
　　　・ピーターパンといっしょに海賊島へ行きました。
③ 短い話を自由につぎ足して長いお話をつくる。
　例：・ぼく達はロケットで宇宙探検に出かけました。
　　　・宇宙基地で宇宙飛行士さんから月の話を聞きました。
　　　・それから月へ探検に出かけました。

【援助のポイント】
① 「人物」「場所」「動作」を表す助詞「が」「で」「を」を保育者が意識して使い、話のつながりをわかりやすくする。
② 子どもの言葉を整理し、わかりやすくする。
③ 「人物＋場所＋動作」は、文やお話の基本になるので、ていねいに取り組む。
④ 保育者の言葉かけでお話の方向性が変わるので、発言や助言を工夫する。
⑤ 絵カードやサイコロを効果的に使う。
⑥ 活動後、絵カードやサイコロは自由に使えるようにする。

【バリエーション】
① 「人物」「場所」「動作」を置き替えてみる。
　絵カードやサイコロを替えたり、種類を増やす（動物・食べ物・乗り物・表情など）。
② 大好きな歌の続きを考えてつくりうたう。
　大好きなお話の続きを考える。
③ つくったお話を絵本・紙芝居にする。
④ ペープサートをつくる。
　登場人物・舞台をつくり演ずる。
⑤ お話サイコロで遊ぶ。
　ビニールファイルに1から6まで番号をつけ、そこに子ども達が書いた絵を差し込む。サイコロを振り、出た目と同じ番号のファイルから、絵を取り出し、お話をつくり、みんなに語り聞かせる。お話の目をつなげ、○○して○○して、そして○○して、○○した。などという遊びが楽しめる。

言葉　通年

46 伝言ゲーム（音の数いくつ）

該当年齢 0 1 2 3 4 5 歳児

言葉が伝わる楽しさが実感できる遊びです。人から人へ伝わるときに、間違って伝わったり、正しくうまく伝えられたり、ドキドキわくわくする遊びです。

【ねらい】
① 仲間づくりを楽しむ遊び。
② 文字への興味・関心を持つ。
③ 絵カードを見て、音節数だけカスタネットや手で音打ちして、正しく伝えることを楽しむ。

【準備・環境づくり】
絵カード（音節数が1〜6までの絵カード）
※コップ・キュウリなど特殊な音節の数え方をする絵カードは除いておく。

【遊び方・プロセス】
① 絵カードを最初（先頭）の子どもに見せ、最初の子どもは音節数だけ、カスタネットを打ってみる。
② 次の子どもは、最初の子どもが打った音節数と同じように、カスタネットを打つ。
③ 次々にカスタネットを打ち、まわす。
④ 最後の子どももカスタネットで打ち、次に、最初の子どもともう1度一緒に打ってみる。そのときに、最初の子どもは、カードの絵を言いながら打ち、正しく伝わったか確認する。

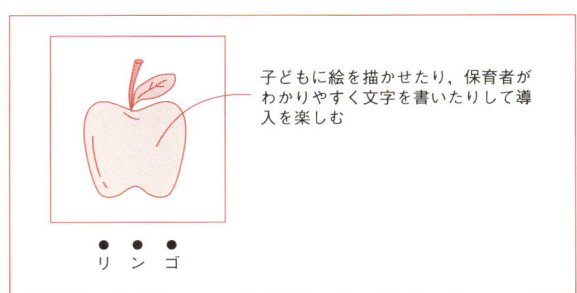

子どもに絵を描かせたり、保育者がわかりやすく文字を書いたりして導入を楽しむ

● ● ●
リ ン ゴ

【援助のポイント】
① どの子どもも先頭になり、カードから音節数を読み、打つことを楽しむ。
② 円になって行う（5〜6人の円）。

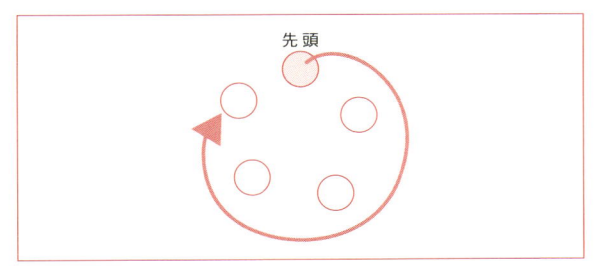

先頭

③ カスタネットの音がみんなに聞こえてしまうが、不安なくすすめることができる。

④ 最後の子どもと最初の子どもで確認することによって、ゲームとして行える。
⑤ タンバリンなどを使用しても、楽しくできる。
⑥ 言葉を伝えることは、まだ上手にできないので、このやり方で楽しむことにより、伝言ゲームにつなげていきたい。

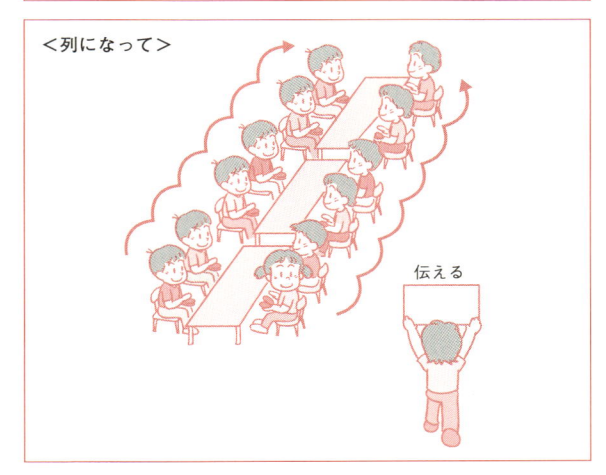

＜輪になって＞

＜列になって＞

伝える

■ Column—伝言ゲーム
・初めは、保育者から幼児2〜3人に伝える遊びから広げていきます。
・言葉の伝わるおもしろさや楽しさが楽しめるように工夫します。
・文章の伝言から、動物の名前をいくつかつなげて伝言したり、鳴き声をいくつかつなげて伝言したり、宝探しや、迷路伝言など、身近な生活の言葉を使って伝え合う楽しさを育てることが大切です。

言葉　通年

47 絵本づくり
—「ぴいちゃんの物語」—

該当年齢 0 1 2 3 4 5 歳児

大切な生命が消えてしまったときに、子ども達はどうとらえていくのでしょうか。あらゆる生命の大切さから、自分を尊重していくことも学んで欲しいと思います。そんなきっかけづくりとなる「絵本づくり」です。

【ねらい】
①自分の気持ちや、考えを描画で表現する楽しさを味わう。
②小さな生き物の生命を考えると同時に、自分の生命の大切さを感じる。
③５Ｗ１Ｈで物語を考える楽しさを味わう。

【準備・環境づくり】
①子ども達からの声を大切にしながら、起承転結を考えて物語が続いていくようにする。
②小動物の死を現実のものとして受け止め、天国へ行ってからどうしているかを考えていく。
③絵本づくりは、菓子箱のふたに画用紙を数枚ホチキス止めし、背表紙と菓子箱横をガムテープで留め、背表紙（菓子箱脇）に題名を書く。

【物　語】
＜プロローグ＞
かわいがっていた鳥のぴいちゃんが突然死んでしまいました。みんなで、「どうか天国へ行かれますように」と、お祈りをしました。
①ぴいちゃんは天国に行きました。神様にとても優しくしてもらいました。
②でも、ぴいちゃんは幼稚園のお友達と一緒にいたことを思い出して悲しくなりました。「僕にも、またお友達が欲しいなあ」。
③ぴいちゃんはお友達を探しに行きました。たくさん、たくさん歩きました。
④とうとうぴいちゃんはお友達を見つけました。そして、神様にお願いしました。「今度はずーっと一緒にいられますように」。

【絵本づくり】
園児が拾ってきた、鳥の赤ちゃん。どうやら巣から落ちてしまったようだ。子ども達と相談して、園で育てることに決めた。「かわいい」と声をそろえるものの、どうしたらいいかわからない様子のため、保育者から図鑑で調べたらどうかと発案してみる。

園にある図鑑を調べて、なんとかカモの赤ちゃんではないか……という結論に達するが、親と離れたため、次第に弱っていった。暖かくしたり、ミルクをあげたり……と献身的に世話をする子どもや、気にはするものの近づけない子ども、まったく関与しない子ども……と三者三様だった。

園に来てから２日後に冷たくなっているぴいちゃんを見つけ、死について考えるよいチャンスだと思い、子ども達に実際に見せることにした。

「かわいそう」「さびしかったのかな」「寒かったのかもしれないね」と言う声とともに「しょうがないよ」「ふーん。そう……」と言う声もあがる。

お墓をつくり、クラスの子ども達と一緒にお祈りをするが、そこでも一生懸命にお祈りをする子ども、「早く遊びたい」と言う子どもがいた。

子ども達に、「ぴいちゃんはどこへ行ったのか」と問いかけると「天国へ行ったと思う」と大半の子どもが答えた。

ゲーム機があふれる昨今、園児たちもゲームで遊ぶようになる。ゲームのなかの主人公の生命はすぐに結末を迎えたり、途中で倒れてしまう設定が多い。途中で嫌になればリセットし、また、ボタンを押せば生命が復活する。そのことが子ども達の感情を支配し、バーチャルの世界と現実の世界を入り混じって考える傾向にある。生命は１度きり、だから自分のことも、相手のことも、地上にあふれる生命すべてを大切に思って欲しい。そう考え、実際に死に触れさせ、また、その後を想像して描画で表現してみた。

子ども達からの意見を基に物語を考える。その後、グループに分かれ、そのあらすじを基に絵を描いていく。

製本し、代表者が表紙を描き、クラスの絵本コーナーに並べた。

【効　果】
生命についてはなかなか伝わらないこともあったが、お弁当を残す子どもが減ったり、花壇に咲いている花に水をあげたり……と自分で感じ取ったことを自分なりの表現の仕方で表していた。絵本も思い出したように手にとり、１人でじっくり見る子ども、友達とささやき合いながら見る子どもと、さまざまだった。

今後も地球上の生物の一員として、生命について感じ、考え、実行に移していって欲しいと痛切に感じる。

■ Column ──絵本づくり
・絵を描き、文章をつくる方法と、文章を書いて、絵を描く方法があります。
・子ども達が描く世界の言葉を保育者が書き留めてあげ、絵を描くときに、保育者が言葉を再生してあげていくと、比較的書きやすくなります。
・元となる童話や物語を変化させていくと、絵本づくりも、比較的取り組みやすく、楽しめます。

言葉　通年

㊽ 絵描き歌

該当年齢 0 1 2 3 4 5 歳児

簡単な歌に合わせ，知っている文字や数字などの形を手がかりに，絵を描いていく絵描き歌は，できあがりを気にすることなく，誰でも楽しめます。遊びながら文字や数字を覚える子どももいるでしょう。

【ねらい】
① わらべうたと同様に，歌詞の言葉にぴったり合った，絵描き歌の音程やリズムを楽しむ。
② 簡単な形を組み合わせることで，少し複雑な形も描けることを知る。
③ できあがりの上手下手を気にせず絵を描くことや，友達と同じ絵を描くことを楽しむ。

【準備・環境づくり】
① 絵描き歌には，地方によっていろいろな型がある。種類を豊富に調べておき，子ども達の興味に合ったものから取り上げていく。
② 繰り返し描くことで描き順や歌を覚えてくるので，壁面などに大きく掲示したり，歌のカセットを用意したりし，子どもが自分のペースで楽しめるようにしておく。
③ 屋外ではろう石や白墨を使うことが多いが，地面に木切れで描くことも，大いに奨励したい。

【遊び方・プロセス】

「アヒル」
① にいさんが ② さんえんもらって ③ まめかって ④ おくちをとんがらして
⑤ アヒルの子 ⑥ がぁ！

「タヌキ」
① さんちゃんが ② さんぽして ③ さんえんもらって ④ まめかって
⑤ おくちをとんがらして ⑥ ぼくタヌキ ⑦ ポコポン！

「タコ」
① ミミズがさんびきよってきて（はってきて） ② たまごをみっつかいました（おせんべさんまいたべました） ③ あめがざあざあふってきて
④ あられもぼつぼつふってきて ⑤ あっというまにタコにゅうどう

「カッパ」
① ぼうがいっぽんあったとさ ② はっぱかな ③ はっぱじゃないよカエルだよ
④ カエルじゃないよアヒルだよ ⑤ アヒルじゃないよカッパだよ

「コックさん」（①〜④は「カッパ」と同じ）
⑤ ろくがつむいかのろんかんで ⑥ あめがざあざあふってきて ⑦ さんかくじょうぎにひびいって
⑧ あんぱんふたつにまめみっつ ⑨ こっぺぱんふたつくださいな ⑩ しょくぱんひとつくださいないつのまにやらコックさん

「お姫さま」
① のんちゃんのんちゃん ② はしかけて ③ おおやまこやまに ④ はながさき
⑤ めだまやきふたつできました ⑥ あめがざあざあふってきて ⑦ めはなをつけておひめさま

「お殿さま」
① へのへの ② もへじ ③ どじょうがでてきて ④ たまごでて ⑤ はしごをかけたらおとのさま

「そうすけ」
① さし ① すせ ① そうすけ

「つるさん」
① つる ② さんは ③ まるまる ④ むし

【援助のポイント】
① 歌のリズムやテンポに合わせて描いていくことは，思いのほか難しく，個人差も大きい。はじめての絵描き歌をするときは，まず保育者と子ども1対1で，または少人数で，歌や会話を楽しみながら行うようにする。
② できた喜びを感じ，楽しく経験が重ねられるように，難易度を考慮し，段階を踏んで取り上げる。
③ 描画に抵抗感がある子どもや，概念画に陥っている子どもへの刺激として取り組んでみてもよい。

【バリエーション】
ジャンケンの勝敗と絵を描くことを組み合わせた「ジャンケン絵描き遊び」も楽しい。2人で同じ絵を1筆ずつ描いていく。ジャンケンに勝つと1筆描くことができ，先に絵ができあがったほうが勝者となる。

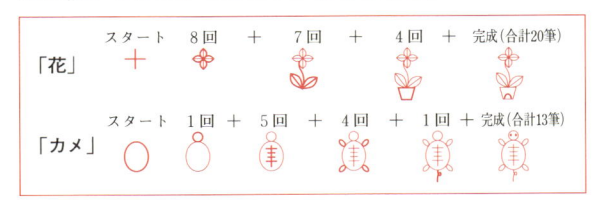

「花」 スタート ＋ 8回 ＋ 7回 ＋ 4回 ＋ 完成（合計20筆）
「カメ」 スタート ＋ 1回 ＋ 5回 ＋ 4回 ＋ 1回 ＋ 完成（合計13筆）

言葉　通年

㊾ 名前遊び

該当年齢 0 1 **2** 3 4 5 歳児

これなに？ リンゴ！ これは？ ミカン！ 2歳児がおもしろがって名前をいい当てていきます。また、いろいろなヒントを聞き、真剣に名前を当てていく年長児。名前を「当てる」って楽しいことなのですね。

【ねらい】
①身近な人やものの名前に興味を持つ。
②名前の"当てっこ"をしながら、人の話を最後まで聞くことの喜びを感じる。
③生活のさまざまな場に書かれている文字を読むことにも興味を持つ。
④目で見、耳で聞いたことを楽しんで話してみる。

【準備・環境づくり】
①年少児の遊びには、絵カードを用意するとよい。
②年長児では絵を文字に変えて遊ぶのもよい。
③日々の生活のなかで、子ども達の"これ""あれ""それ"に○○だね、△△というんだよ、と名前の確認をしていくことも大切なことである。
④子ども達自身がカードをつくりたいという思いが育ってきたときには、画用紙その他必要と思われるものを出してあげよう。

```
<カードのつくり方>
   表   裏        表   裏
  (?) (ネズミ)    [?] [リンゴ]
 （ペープサート型） （手で持つ）
```

・透けて見えないように二重にする。
・表は同じにする（表を見て裏がわかっては楽しくない）。
・絵が苦手なら、チラシや雑誌の切り抜きを利用してもよい。
・子どもの写真を使って、お友達の名前当ても楽しい。

【遊び方・プロセス】
子どもと保育者は向かい合う。カードを手に"あなたはだあれ？"と聞いてみてと促す。

例：子「あなたはだあれ？（カードの表を見て）」
　　保「わたしはからだがとっても小さいです。でも歯が強く、なんでもかじります」
　　子「イヌ！ うちのイヌ、骨かじるよ」
　　保「違いました。手の上にのるくらい小さいです。しっぽがとても長いです」
　　子「ネズミ！」

ここでカードの裏面を見せて"当たり！"とする。答えが出なければヒントを続けて。

例：子「あなたはだあれ？」
　　保「食べられます」
　　子「お菓子！」
　　保「そう、お菓子食べられるね。でも、わたしは赤くて（いろいろな色があることは承知のうえで）大きな木についていました。畑でおじさんやおばさんに取られて、箱に入れられてお店に来ました」
　　子「リンゴ！」
　　保「大当たり！（ヒントをさらに出す必要があったら考える）」

カードを見せてあげる。

例：子「あなたはだあれ？」
　　保「お道具箱のなかに入っています」
　　子「クレヨン、はさみ、マーカー……」
　　保「ひとつね。紙を切ることができます」
　　子「はさみ！」

答えはあくまでカードの裏面に描かれたものとする。子ども達の身の回りの"もの"すべてが遊びの対象になる。
※やりとりのなかの子どもの言葉は仮想である。

【援助のポイント】
子ども達が今、どのようなことに興味を持っているか、ものの名前の理解がどの程度できているかなどを考えに入れ、生活の流れや発達をとらえて遊びのテーマを選ぼう。

カードの表を見ただけで裏（答）がわかってしまうようでは「おもしろさ」が半減する。子どもの目は鋭い。カードのキズやよごれにも注意しよう。ヒントの出し方にも工夫をして欲しい。

【バリエーション】
実物（リンゴ、ミカン、小さな道具類など）を机や台の上に置いて、布や箱で覆ってカードの表裏で遊ぶ要領でヒントを出してみてもよい。

カードにする場合、分類をすることで同じ仲間を意識するのもよい（動物、虫、花、スポーツ、料理メニュー、乗り物、野菜、魚、鳥、おやつ、働く人、物語の主人公・登場人物など）。

運動会で園庭に張りめぐらされた国旗に興味を持ったときなどには、国旗を見て国名を当てていくというのも、ひとつ取り入れてみてはいかがだろうか。

子どもが興味を持ったときは大変な吸収力を示す。知りたい子どもは図鑑などで調べたりする。子どものやりたい、知りたい気持ちをとらえて遊びを展開してあげて欲しい。興味が失せたらあっさり忘れるのも子どもの特性かもしれない。

言葉／通年

50 「もし〜だったら」遊び

該当年齢 0 1 2 3 4 5 歳児

子どもは自分を"だれか"に置き替えたり，積み木などを別のものに見立てたりすることが大好きです。そんな子どもの思いを遊びにしてあげたら，想像の世界が広がり，たくさんの言葉も出てくることでしょう。

【ねらい】
①身近な人やものになってみて，想像の世界を広げて楽しむ。
②イメージしたことをお話しして，友達とかかわることを喜ぶ。
③想像したことをともに楽しみながら，"ごっこ遊び"へと展開していく。

【準備・環境づくり】
①絵本，紙芝居，お話などに触れ，想像の世界の入口をたくさん用意してみよう。
②草花の栽培や小動物の飼育などをとおして，感じる心が育つ機会を多く持とう。
③身近な社会の出来事も，子ども達にわかりやすく話してあげよう。知らない世界へのあこがれが子ども達の想像を駆り立てることであろう。
④「〜になってみる」ための小道具も用意してみよう。子ども達の求めに応じて一緒に工夫するとよい。
⑤身近にある素材などを示し，「もし○○ちゃんがお空を飛べる鳥だったら」などと想像しやすい「もし〜」をいろいろ発案してみてから，子ども達にお話づくりをさせていくとわかりやすい。

【遊び方・プロセス】
お話を聞いたり体験したことをもとにして始めよう。動きが予想されるときは，机や椅子は片づけて広い空間を確保する。

例：海にかかわりのある絵本などに親しみ，興味が持てたときに，小道具などの用意も子どもに気づかれないように取り出せる工夫をしておこう。子どもの思いを引き出すための導入は十分してから始めよう。
※子どもの言葉は仮想である。
保「海に行ってみようか」
子「行く行く。遠いよ。ヤダーッこわい……」
保「お部屋が海だったら〜どう？」＝待つ＝
子「ここが海なの〜？」
保「ここが海なの！　みんなは？」
＝子どもが動き出す前に，イメージの共有をしてみよう＝
　音楽を入れたり"小豆"で波の音を入れたりするのも効果的である。
「そこにいるのはだれですか？」
子「魚でーす（次々魚になっていく）。サメだぞー！クジラだよー！」
保「海のなかにいるのはお魚さんだけかな？」
子「タコのおばさん，カメもいる……。貝も，サケ，サンマ……（思い思いの言葉が出てくるいっぽうで，イメージのわかない子どももいる。自由な発言をしばらく受け入れる）」
保「みんなで海のなかで遊ぼうか（スズランテープ30cmくらいに切ったものを束にして，輪ゴムで止め手につけて水のなかのイメージをつくってもよい）」
子＝動きとともに思い思いの言葉が出やすくなるだろう＝
「海です，海です，スイスイ，行くぞー，おいしいものはないですか……」
保＝子どもの動きを見て小道具を登場させていく＝
「海のお魚さーんどこに行くんですかー？　あそこに大きな岩がありますねー。行ってみましょうか」
子「お化けがいるかもしれないぞ。コワーイ！」
保「ぶつからないように，海のなかには道もないし信号もないから気をつけてくださーい」

あえて海でなくても展開される遊びかもしれない。保育者が「しかけ」たことで遊びはさまざまな方向に向かっていくことだろう。

【援助のポイント】
いっせいの場面で一緒に遊ぶより，自由な場面で子どものなかから出てきたものを，保育者が取り上げてあげることが大切ではないだろうか。小さな積み木をケーキに見立てて"おいしい！"と言って喜ぶ子ども。食パンをかじるたびに"バス""ゾウさん""ネコ"。小さくなって"赤チャン"と最後の一口を食べきる子ども。ラップの芯を望遠鏡に見立ててジャングル探検に出かけていく子ども。子どもの実態をとらえて，いま子ども達のなかで，はやっているものに着目して，環境設定していくことがいちばんの援助になる。

【バリエーション】
①風になってみる。
②水になってみる。
③石になってみる。
④身近な人になってみる。
⑤物語の主人公・登場人物になってみる。
⑥もし，「水道からジュースが出てきたら」。
※動きのあるものないもの，子ども達の思い描くものは限りなくある。保育者もまた楽しんでとらえてみよう。

言葉　通年

51 ナゾナゾ遊び

該当年齢 0 1 2 3 4 5 歳児

ものの特徴を表す言葉をヒントにナゾナゾ遊びをすることで，言葉のおもしろさや推理することの楽しさを味わうことができます。また，ものの特徴をヒントにすることで興味や関心が広がります。

【ねらい】
①言葉のおもしろさを楽しむ。
②ものの特徴を表す言葉をヒントに，「なんだろう」とものごとを推理する楽しさを味わう。

【準備・環境づくり】
①子ども達と一緒につくった絵カードやペープサートなどをあらかじめ用意しておき，ヒントを出す場合はそれを見て考えられるようにしておく。
②子ども達と一緒に，ナゾナゾ遊びの導入として保育者が，あらかじめ用意したものを，ナゾナゾで当ててもらう対話を数回繰り返すと，子ども達同士で遊び始めることができる。

【遊び方・プロセス】
①保育者が絵本の読み聞かせや，紙芝居などの登場人物・動物などを子どもに知らせるとき，その特徴をヒントにして名前など当てる遊びを楽しむ。
②色や形，種類などを表す言葉を知る言葉遊びを楽しむ。考えられた言葉をペープサートにしたり，絵カードにして楽しむ。
③ものの特徴をヒントにしてナゾナゾ遊びを楽しむ。
④遊び方：
  ア) ♪ナゾナゾなあに，ナゾナゾなあに
  　（リズミカルに手拍子を8回しながらみんなで言う）
  イ) ヒントを出す人は，ペープサートの絵が見えないようにする。
  　例：「大きな動物です」
  　　「のっしのっし歩きます」
  　　「鼻の長い動物なあに」（ゾウ）
  　例：「赤いものです」
  　　「丸いものです」
  　　「くだものです。なあに」（リンゴ，サクランボなど）
  　例：「つるつるしていて」
  　　「水の中にいて」
  　　「ときどき飛び跳ねるものなーに」（カエル）

【援助のポイント】
①伝承されているはぐらかしのナゾナゾではなく，遊びのルールは色や形，種類などをヒントにし，子どもの発達を大切にしながら遊びを進める。
②発達に応じ「何をするものか」「いつ使うのか」などヒントがあることを気づかせていく。
③保育者がヒントを出す場合は，言葉の語頭の音を手がかりに，子どもが「なんだろう」と推理する楽しさを味わえるようなヒントの出し方があることを気づけるようにする。
例：
第1ヒント　「食べるものです」
第2ヒント　「甘くて冷たいものです」
第3ヒント　「"あ"がつくものです」（アイスクリーム）
第1ヒント　「乗り物です」
第2ヒント　「大勢の人を乗せます」
第3ヒント　「空を飛びます」（飛行機）

【バリエーション】
①お空のナゾナゾ
空や天候に関するものを当てて遊ぶ。
「朝昇ってきて夜にさようならするのなあに」（太陽）
「真っ黒な入道雲が出てきてゴロゴロピカピカ光り，大雨になるのなあに」（雷）
「夜，お空できらきら光っている黄色いものなあに」（月，星）
「雨がやむとお空に七色の橋なあに」（虹）

<おはなしナゾナゾ>
童話などお話の登場人物を当てて遊ぶ
「赤い頭巾をかぶりオオカミに食べられてしまったのはだあれ」　　　（あかずきん）
「サル，イヌ，キジをつれて鬼退治したのはだあれ」　　　（ももたろう）
「お空を飛んでネバーランドに行ったのはだあれ」　　　（ピーターパン）
「ガラスの靴をはいてダンスをしたのはだあれ」　　　（シンデレラ）
「竹から生まれて月に帰って行ったお姫様はだあれ」　　　（かぐや姫）
「カメに乗って，竜宮城に行ったのはだあれ」　　　（浦島太郎）
「レンガのお家をオオカミに吹き飛ばされなかったのはだあれ」　　　（3匹の子ブタ）

> **Column—ナゾナゾ遊び**
> ・だれもがたやすく予想できる絵カードの一部を示し，実は予想外のものであったりすると，子ども達はとても喜びます。単純に当ててしまうものから，次第に難易度を高くし，予想外なものを工夫するとよいでしょう。
> ・ナゾナゾは，連想力を育てていく大切な遊びです。

52 しりとり

該当年齢 0 1 2 3 4 5 歳児

ものの名前の終わりの音を次のものの名前のはじめに置いて、順番に言い合う言葉遊びです。人数が多くても少なくても、また場所も選ばずにどこででも楽しむことのできる遊びですね。

【ねらい】
①繰り返し遊ぶなかで、頭文字や末尾の音に興味・関心を持つ。
②ものの名称を出し合って、より多くの名前を知ろうとする。
③ルールに変化をつけ、スリルを楽しむ。

【準備・環境づくり】
①日々の出席確認をするとき、ⓐがつく、ⓚがつくなど、名前のなかの共通音を意識してみよう。
②身近で、とくに園内で目にする文字のなかに同じ字、違う字に気づくようなかかわりを持とう。
　たとえば：くれよん、くつ→ⓀがⒸが同じだね。
　　　　　　よしおくん、よしこちゃん→ⓄとⒸがちがうだけだね。
　しりとり遊びに入る前に！
③頭文字で遊ぶ
　ⓐのつくものあつまれ！！　　あり、あめ……
　ⓚのつくものあつまれ！！　　かき、かさ……
　Ⓢのつくものあつまれ！！　　さけ、ささ……
④ものの名前の終わりについた1音を、今度は頭にしてどんなものがあるか言い当ててみる。
　あⓇのつくもの！　　りんご、りす……
　あⓂのつくもの！　　めだか、めがね……
　かⓈのつくもの！　　きしゃ、きりぎりす……
　かⓈのつくもの！　→アレッ、Ⓢのつくもの、さっき言ったよね。
　といった気づきをいくつかしてみよう。
⑤頭文字で遊んだり、終わりの音を次のものの頭につけて遊んだりしているなかで、ⓝがついたものがない！という気づきもするだろう。
　たとえば：やかん、しゃしん、きりん、あかちゃん　など
　さて、ウォーミングアップをしたら、しりとり遊びをクラスみんなでしてみよう。

【遊び方・プロセス】
①保育者と子ども達が交互に言い当ててみる。はじめは"早い者勝ち"でよい。
②みんなで言うとよく聞こえない！という気づきが出たら、順番にしていくとよい。
③クラスを2分して、赤組、白組で交互に言い合う。しかし、ここでも複数の声が1度に出てくる。言う人に目じるしになるものを持ってもらうとわかりやすいだろう。ぬいぐるみなどを渡してバトンにしてみるとスムーズになる。
④輪になって座り、バトン（わかりやすい物）を持った人が言う。言ったら隣の人にバトンを渡していく。
⑤ⓝがついたら輪のなかに入って座る。
　遊び方は工夫次第で何通りも出てくることだろう。子どもの姿を見ながらアレンジしてみて欲しい。

【援助のポイント】
①言葉は目に見えない。集中していても、ときどき聞き違えたりして混乱することもある。カードに絵や文字を書いて示してみることもひとつの方法である。
②年少児ではまだ"しりとり"の理解が難しいかもしれない。先に示したように、ナゾナゾ形式で遊んでみるとよい。
③室内でいっせいの場面だけでなく、通園バスのなか、散歩の途中で見たものなどから自然発生的にこの遊びが始まることがある。危険のない限り、このようなときの遊びも保障してあげよう。

【バリエーション】
①ものの名前を次々言い当てていくうちに、ものでないものが出てくる。"あかるい、くらい、やさしい、おもい"。さて、これらはものなのかな、という気づきが子ども達から出てくることだろう。
②ルールも少しずつ複雑になってくる。さまざまな「もの」が入り乱れてきたときは、分類してあげよう。花、鳥、動物、乗り物、地名、鉄道路線名、料理のメニュー、野菜、遊具、人名など、子ども達は図鑑を持ち出して多くのことを知ろうと張りきったりする。また、文字数を限ってみるのもおもしろい。2文字、3文字、4文字以上などで遊んでみよう。
③しりとり遊びをして、出てきた動物やモノを絵に描き表しカード化する。カルタのように誰かが、たとえば「リス」と言ってカードを取り、スタートする。その後は「スイカ」、「カボチャ」、「やかん」というように、しりとりで絵カードを探して遊ぶ。5歳児であれば、11月以降の冬場の室内遊びで楽しめる。

言葉　通年

> **Column ―しりとり**
> ・3、4、5歳児の語い数は急速に増加します。しかし、これらは自然に増えるのではなく、子どもの言語環境が大きく影響します。環境としての保育者の声やかもし出す雰囲気は、きわめて重要であることを認識したいものです。

53 ジェスチャーゲーム
—なにしているの—

該当年齢 0 1 2 **3** 4 **5** 歳児

言葉以外でも動作で「なにをしているか」を伝えられることを知り，推理するおもしろさを味わい，動きを表す言葉に気づいていきます。グループ活動をとおして，仲間関係が深まるようにしたいものです。

【ねらい】
①言葉以外の動作で相手に伝えられることを楽しむ。
②グループで協力し，考えた遊びを共有することの楽しさを知る。
③絵に描かれていることをまねる楽しさを味わう。
④いろいろな動きを表す言葉があることを知る。

【準備・環境づくり】
①動作を表すことができる絵カードを用意しておく。
②保育者は日々の生活のなかで伝えたい事柄を，言葉以外のジェスチャーで伝え，子ども達を楽しませて，ジェスチャーのおもしろさを伝えていく。

【遊び方・プロセス】
①当番の子ども達や希望する子ども達がジェスチャーをし，みんなに当ててもらう。
②園庭などで，年長児がリーダーシップを取り，異年齢の子ども達と遊ぶ。
③クラスの仲間とジェスチャーゲーム遊びを楽しむ。
④子ども達にルールや約束をあらかじめ伝える。言葉を使わないで，見えないものを，手やからだで表現して当てる遊び。机の上に大きな箱を用意し，箱の中に入っているものを，ジェスチャーで当てさせていく。ごっこ遊びで使っているものを題材にするとよい。

【援助のポイント】
①仲間関係が深まるようなグループ活動を多く経験できるようにする。
②子ども同士の話し合いがうまくいかない場合には保育者がアドバイスをし，自信を持って表現できるよう援助する。
③ジェスチャー内容がイメージしやすいよう，絵カードや絵本などを用意しておく。
ア）2グループに分かれ（1グループ5，6人），ジャンケンをする。
イ）手をつないで5mくらい離れて向かい合う。
ウ）勝ったチームから始める。
　　勝ちチームA「やれやれやれやれ，こんにちは」
　　負けチームB「なにしているの？」
　　絵カードを選ぶその動作を考える。
　　A「これからはじめます」
　　　例：ボールを投げるジェスチャーをする。
　　Bはそれを見て何をしているか考え答える。
　　　例：ボールを投げているの，野球をしている，など

ＡＢ交代し遊びを続ける。

【バリエーション】
＜お仕事なあに（5歳児）＞
　遊び方の隊形とルールは同じで，動作を当てるだけでなく職業を当てて遊ぶ。
ア）2グループに分かれ（1グループ5，6人），代表者がジャンケンをして先行チームを決める。
イ）手をつないで5mくらい離れて向かい合う。
ウ）勝ったチームから始める。
　　勝ちチームA「やれやれやれやれ，こんにちは」
みんなで手をつなぎ7歩前進する。負けチームは7歩後退する。
　　負けチームB「お仕事はなんですか」
　負けチームはみんなで手をつなぎ7歩前進する。勝ちチームは7歩後退する。
　Aグループは何屋さんにするかみんなで考えたり絵カードのなかから選ぶ。
A「これから始めます」
　例：レストラン
　・おじぎをする子ども「いらっしゃいませ」
　・料理をする子ども
　・お客になり食べるまねをする子どもなど
B「レストラン！」
A「当たりです」
ＡＢ交代し遊びを続ける。

54 素話をきく ―クモの糸―

該当年齢 0 1 2 3 4 **5** 歳児

保育者の膝を囲んで座る。あるいは膝に乗った子ども達に，目や表情を見ながら保育者が語る素話は，保育者と子どもの間に親近感や信頼感を築くうえで年齢を問わず効果的です。

【ねらい】
①保育者の語りかける素話を集中して聞く態度を育てる。
②話のリズム，語りの雰囲気からストーリーの意味することを想像し，感じる。
③物語の内容に浸る経験をする。
④伝えようとしている内容を考える。
⑤言葉の持つニュアンス・ひびきから受ける微妙な感じを体験する。
　この遊びでは，言葉の持ついろいろな側面の理解に加え「他者とともに，思いやりの気持ち，自分さえよければよいか？…」などを考えて欲しい。

【準備・環境づくり】
①「素話をきく」は実は年齢を問わず可能だが，子どもの発達に合った題材を選ぶ。たとえば，『先生が夕べ見た夢』などの創作，あるいは昔話，民話などあるが，この事例は，卒園を控えた３学期の「芥川龍之介作にもとづく，お釈迦さまのお話」である。
②保育者の表情が子ども達の目によく見え，しかも子ども達の表情もとらえられる，明るい場所で行う。
③落ち着いた保育室内。保育者は園児用の椅子に腰掛け，子どもは床に座る。
④子ども達は指遊びで「天国，地獄，大地獄……」などをして，天国・地獄という言葉の意味を知っておく。

【遊び方・プロセス（お話のあらすじ）】
　ある夏の朝，池のほとりをお釈迦さまが散歩をされていた。池にはハスの花が美しく咲き，気持ちのよいそよ風にお釈迦さまは『なんてすがすがしい朝だろう』とお思いになった。ハスの葉の間から池の底をのぞかれると，池の底は，どろどろ，針の山，血の池……の地獄。生きていたとき，人をいじめたり，ものを取ったり悪いことをして地獄に落ちた人びとが苦しんでいる姿があった。そのなかに，カンダタという名前の男に目を止められた……。お釈迦さまはカンダタがよい行いをひとつしたことを思い出され，天国へ引き上げてあげようと思われた……。ハスの花にはクモが巣を張り，朝露をとめ，きらきらと輝いていた。お釈迦さまは，そのクモの糸を１本そっとカンダタの上にたらしてあげた。カンダタは「やれ，うれしや，天国へ」と，クモの糸を登り始め，もう１歩で池の上。今抜け出した地獄へ目をやると，カンダタが登ってきた糸にはたくさんの罪人が続いて登ってくる。カンダタは，「これは俺の糸だ！！」と叫んだ。とたん，手元から糸が切れ，カンダタは，元の地獄の泥沼にまっさかさまに落ちていった。お釈迦さまは，悲しそうなお顔で歩いていかれた。

【援助のポイント】
①この素話は，仏教説話のひとつで，天国や地獄といった生前の行いによって振り分けられるとした死後の世界が描かれている。初夏の静かな池のすがすがしさ，ハスの花の美しさ，それと対比させた地獄のすさまじい汚さや怖さをイメージし，感じることができるよう，澄んだ抑制の効いた口調で話しかけると効果的である。小学校入学を控えた時期の子ども達であるので，お釈迦さまのやさしさや，自己中心的なカンダタの性格づくりも，あまり保育者がリードしないようにすることが，想像し考える力を育て，行動の規範にするというねらいを達成するためには大切であろう。
②子ども達の話を聞く様子をよくとらえながら，話し進めるが，話し終えてから，質問する子ども，感想を話す子ども，受け止め方や思いはさまざまである。お話の余韻を壊さないよう，１人ひとりに向き合い，応じるかかわりが大切である。
③擬音や擬態語などを取り入れたり，子ども達に，登場人物や動物が語りかけるようにすると臨場感がでて盛りあがる。

【バリエーション】
①素話では，さまざまのジャンルのものを取り上げることができる。日本昔話，子ども達が生活する地域社会に語り継がれている民話，外国のお話，一口話など。
②保育者が話すばかりではなく，子ども達がお話をつくり，素話をするという活動も取り入れるようにしてみよう。

言葉　通年

55 ニュースごっこ

該当年齢 0 1 2 3 4 5 歳児

生活のなかでの経験や感じたことなどを友達の前で発表するニュースごっこ。楽しく発表できる場をつくり、自分の言葉で友達に伝えることで思いもより強くなることでしょう。

言葉／通年

【ねらい】
①生活のなかで経験したことや感じたことを保育者や友達に言葉で伝える。
②だれが何をした、何がどうだった、などの簡単な構文力を培う。
③友達の発表を聞いて共感したり、話している内容をイメージしながら、関心を持つ。

【準備・環境づくり】
週明けや学期のはじまりに、活動をとおして子どもが大きな体験をする前や後に取り入れていく遊びのひとつ。伝え合うおもしろさをとおして、自分の体験や思っていることを伝える場を用意したり、道具をつくる。

＜マイクや段ボールでつくったテレビ＞
①代わりばんこにマイクを向けられたり、自分で持つことで「話をする」意識が生まれやすい。また、子ども達が親しみやすいテレビニュース番組のような雰囲気で進められて、見ている子ども達も楽しめる。
②高い台に上がることにより特別な感じを持ったり、見ている子ども達も注目しやすい。
③段ボールでテレビをつくって、画面から顔を出して、ニューススタイルで話ができるようにすると楽しい。

【遊び方・プロセス】
①保育者や友達が「今日は○○ちゃんがいちばん楽しかったことあるかしら」「これから7じのニュースをはじめまーす」など、誰もが楽しく話ができる場を保育者が盛り上げていく。
②グループごとに、あるいは1人ずつ前に出てきて発表する。「○○はどうでしたか？」「そのとき○○ちゃんはどうしたのですか？」など、ときには保育者がリードしながら話を引き出していく。また、保育者がマイクを持ち、インタビューをするようにマイクを向けてあげるのもよい。
③発表が終わったら「ありがとうございました」と言葉をかけたり、拍手をする。保育者だけでなく、クラスの子ども達みんなですることにより、最後まで楽しく聞けたという意思表示にもなり、発表した子どもも喜びや充実感が感じられる。
④1度にあまり大勢はできないので、3～4人ずつくらいに分けて発表するとよい。何日かにわたってこのような機会をつくっていくと、子ども達も「今日はだれかな」などと期待が大きくふくらむ。

【援助のポイント】
①人前で話をすることが好きな子どももいれば苦手な子どももいるので、それぞれに合った援助が必要である。好きな子どもは、自身の言葉で思うとおりに話せるようにしてあげるとよいが、一文が長くなってしまうと聞き手に伝わりにくいので、適当なところで相づちを入れたり、質問を入れるなどしていく。
　苦手な子どもには、無理に話をさせようとするのではなく、ひとつずつ保育者が質問して返答をクラス全体に伝えていくようにしたり、言葉が足りない部分を補ってあげるようにする。自分が体験したことを友達に伝えて、共感してくれたり関心を持ってくれることが、大切である。
②話し手が一方的に発表するだけでは聞き手の子ども達も飽きてしまうので、質問をしたいことや感想などを引き出し、子ども達同士のやりとりができるようにする。
③話し手の子どもと保育者は、少し距離をおいて正面に立つとよい（聞き手の子ども達の後ろ）。そうすると話し手の子どもは正面を向き、大きな声で話ができるようになる。しかし、慣れていない子どもや苦手な子どもは保育者がそばにいてあげたほうがよい場合がある。
④5歳児は構文力や話し方についても身につけて欲しいので、「どこに行きましたか」「遊園地」のように体言止めにならないよう、「遊園地に行きました」と、話し言葉とは違っていねいな言葉づかいをぜひ伝えていきたい。

【バリエーション】
①特別な機会でのニュースごっこに慣れたら、毎日の習慣として取り入れてもよい。「今日いちばん楽しかったこと」「クラスのみんなに教えたい発見」「びっくりしたこと」など、身近なことやその日のことなどに絞って行う。
②進行役を保育者から子どもにバトンタッチする。マイクを向ける役を子ども達で交代にし、保育者はフォローに回ると、子ども達の視点での話の引き出し方や質問など、ひと味違った楽しさが感じられる。
③小さな環境からダイナミックに大きな環境まで、さまざまなスタジオをつくって楽しむ。段ボールで大型のカメラを用意したり、アナウンサーのテーブルに花を飾るなどして、放送局のような雰囲気づくりをする。

56 恐竜のこと知ってる？
―いつの間にかカタカナ覚えちゃった―

該当年齢 0 1 2 3 4 5 歳児

恐竜についての関心は，子ども達の世界観を大きく揺さぶるのでしょう。知的好奇心を育て，図鑑で調べる力，伝え合う力が育ちます。カタカナの無理のない習得にもつながります。

【ねらい】
① ティラノサウルスやステゴサウルスといった恐竜の名前を披瀝しながら，恐竜になりきってごっこ遊びをすることで，同じ興味を持つ友達が増え，所属意識が深まってくる。
② 舌を噛みそうな奇妙な名前と，恐竜の恐ろしい特徴のある姿を瞬時に結びつけ，覚えてしまう。
③ 恐竜についての情報を知らせ合う（ＴＶや恐竜図鑑，絵本など）ことをとおし，もっと知りたいという意識が高まり，カタカナを読むようになる。
④ 恐竜の特徴や性質を調べたり，教え合ったりするなかで，分類の基礎（概念化）を身につける。

【準備・環境づくり】
① 4歳児の生活も落ち着いてくると，備えつけの絵本や図鑑に手が伸び，からだの仕組みや大昔の暮らしへの興味・関心が広がる。そんな時期をとらえ，次のような準備をする。
② 保育室の絵本のコーナーには，恐竜図鑑・絵本を置く。
③ 恐竜のモデル（玩具）や，怪獣（玩具）などもコーナーに置くようにする。
④ 絵を描いたりつくったりできるように画用紙や厚紙，水性カラーペン，鉛筆をすぐ使えるよう準備しておく。

【遊び方・プロセス】
① 恐竜と怪獣はまったく違うと，子ども達が口々に保育者に教えてくれる姿は，説明する力が育っている証であり，きちんと受け止めて聞くようにしたい（話す・聞く態度）。
② 図鑑や絵本のなかからお気に入りの恐竜を探し出し，教え合ったり，知っている特徴や性質を得意げに話す子どもがいる。
③ 図鑑や絵本の解説を調べ，読めないカタカナを保育者に聞きにくる子どもや，画用紙に描いた恐竜に図鑑どおり名前を書く子ども，こんな書き方でよいか確認する子どもがいる（調べる・読み・書く）。
④ 図鑑の恐竜を写し取り，色づけをして冠に仕立て，恐竜の戦いごっこをする。

【援助のポイント】
① 4〜5歳児になると，科学的な興味・関心の対象が未知の世界に広がり，とくに不思議な大型の恐竜には『恐竜博士』が登場し，一躍クラスのヒーローになることがある。保育者はすかさず，その仲間入りをし，共通の活動に持っていくよう援助したい。恐竜のからだつきにはさまざまな特徴があり，それに伴って日常とは違う名前があるが，子ども達はその特徴を説明しあって知識としてため込んでいく。「この字はなんて読むの？」「こんな書き方でいい？」と仲間に聞いたり教え合ったりする姿が見られる。このような仲間関係を温かく見守ってやるなかで，いつの間にかカタカナの「読み」や「書き」を習得していく。

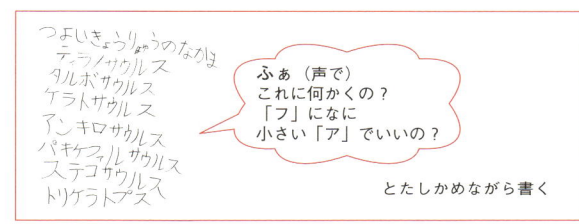

> つよいきょうりゅうのなかま
> テラノサウルス
> タルボサウルス
> ケラトサウルス
> アンキロサウルス
> パキケファルサウルス
> ステゴサウルス
> トリケラトプス
>
> ふぁ（声で）
> これに何かくの？
> 「フ」になに
> 小さい「ア」でいいの？
>
> とたしかめながら書く

② 子どもの取り組みの姿には，違いがある。たとえば，名前をたくさん覚えて得意になる子ども，からだの特徴を深く追求する子ども，食べ物に関心がある子ども，生きていた時代の違いや，他の生き物との関係に興味を向ける子どもなど，おたがいの知識や理解を自慢し，競い合う姿が見られる。また，知ったことを言葉で表現するばかりではなく，からだで表現する子ども（動きを工夫して恐竜ごっこ…4歳児），絵に描いて表現する子どももいる。なかには，よりリアルさを求め，薄い紙を図鑑に載せ，なぞる方法を見つける子ども（5歳児）もいる。さまざまな子ども達の取り組む姿を，意欲的な態度の育ちにつなげるよう言葉かけをしたり，環境構成していく援助が大事である。

恐竜の大きさを画用紙2枚をつないで表現する。

言葉　通年

57 ABCぼく全部言えるよ！わたし書ける！

該当年齢 0 1 2 3 4 5 歳児

子ども達を取り巻く世界には，外来語があふれています。外国人の子どもが在籍していたり，英語教育を取り入れているところもあります。日本語と外国語の文字や音の違いを楽しむ機会にしてもよいでしょう。

【ねらい】
① 新しい文字や言葉に触れた感動を受け止めることで，学びの意欲が高まり，未知の事柄への意欲が生まれる。
② 仲間に伝え合ったり，教えられたりで関係が深まる。
③ さまざまな商標の表示に気づき，ひらがな・カタカナとは違う表記を探し，さらに外国の文字や言葉への関心が広がる。

【準備・環境づくり】（名札づくりの経過）
例：（5歳児）「外国のお友達が来る」

4歳児クラスに，2学期の9月からエリザベスが編入した。
① 受け入れに当たって，クラスの子どもに新しい友達の編入を伝え，温かく迎える話し合いをする。
② 前日，子ども達と一緒にロッカー，靴箱など持ち物に，Elizabethと名札をつけ小さくカタカナをふっておいた。
③ 「あっ，外国人みたいな名前だ！」と感動の声を挙げる子ども，「エリザベスって，イー（E）で始まるのね！」と言う子ども，不思議そうな表情をする子ども，「ＡＢＣ……」と口ずさむ子ども，とさまざまな反応を示す。
④ 当日，新入りの外国の人と言うことで，子ども達は好奇心や親切心から，心からの世話をする。
⑤ 自己紹介をし合っているうちに，里奈が「わたし英語で名前書ける！」と画用紙とマジックを求める。RINAと書き，その後，アルファベットへと発展していく。

```
ABCDEFGHIJKLMNO
PQRSTUVWXYZ
```

【遊び方・プロセス】
① 子ども達の「わたしもつくる」，「ぼくもつくって」という声に応じて，以下のものを用意する。
　15×8cmの大きさの画用紙
　黒のマジックペン（中字用）
　ローマ字の文字盤
② 文字盤に書いてあるひらがなから自分の文字を探して，紙を回したりからだをねじったりしながら書く。
③ 横書きは，左からがわからず，右から書いてしまい友達に指摘される子ども，別の紙に書いて確かめに来る子ども，1文字1文字書いては，エリザベスに声を出して教える子どもなどさまざまである。イラスト入りの名札までできた。

言葉　通年

④ イントネーションの違いに応じて，自分の名前を恥ずかしそうに，しかもくすぐったい表情をしながらまねて声に出す子どももいる。
⑤ 胸にローマ字つづりの名札をつけた子ども達，おたがいの名札を見せ合って誇らしそうである。

【援助のポイント】
① 子ども達のやさしさから生まれた活動である。決して急がず，求めに応じたかかわりをするよう心がける。突然の展開に，書くこと読むことに不安を感じている子どももいる。ひとつのマークとして，提示してやることも効果的である。
② 名札づくりから，鈴木君が「ぼくの名前の車があるよ！」と，仲間に話したことから，アルファベット探しに興味が移ったグループが出現した。そのことから，「ぼくの家はトヨタ」，「わたしの家は日産」と言いながら，保育者にスペルを聞き，書いている。また，「トイレの便器のＴとＯとＴＯってどういうこと？」とか，「じゃるってどうしてJALって書くの？」「あなたは読めるけど」と，説明が難しい質問を寄せてくる。
③ 保育者は，発達に応じた背伸びをしない形で，一緒に不思議がり，一緒に確かめながら教えてあげるようにすることが大切である。子どもとともに探してみると，ふだんの生活のなかには，アルファベットが意外に多く使われていることに気づくと思う。子どもの発見に感動することが大切である。

【バリエーション】

```
TOTO      NISSAN
TOYOTA    JAL
```

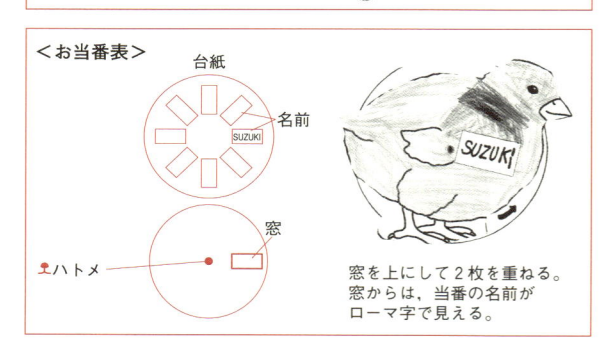

＜お当番表＞

台紙
名前
SUZUKI
窓
ハトメ
SUZUKI

窓を上にして2枚を重ねる。
窓からは，当番の名前がローマ字で見える。

58 あのねノート

該当年齢 0 1 2 3 4 **5** 歳児

「あのね」は，子どもがよく言う言葉です。見たこと，聞いたこと，感じたことを伝えたり，相手の話を聞き，楽しんだりする遊びです。週明けなど，生活発表として学級で楽しむ活動です。

【ねらい】
①自分の経験したことや感じたことを，自分なりに表現する。
②自分の経験したことや感じたことを，自分なりに相手に伝えようとする。
③自分の思いを伝えることで，相手にもさまざまな思いがあることに気づく。

【準備・環境づくり】
①保育者が自分の思いや発見を子ども達に伝え，言葉に出して表現する姿を見せる。
②遊びの時間やクラスで集まったときなどに，子ども達が保育者に対して，自分の気持ちを話す時間を十分にとる。
③紙芝居や絵本などの読み聞かせを十分に行い，言葉に対する感覚を養う。
④話し合いの場をとおして，自分の思いを言葉にする機会を設ける。

【遊び方・プロセス】
①家庭でのことや楽しかったことなど，保育者に対し伝えようとする。
②夏休みや運動会などの際に，心に残ったことを経験画として描いてみる。
③他の子ども達と共通の体験をすることで，おたがいに思いを伝え合ったり共感する。

【援助のポイント】
①子どもは，悲しいことやうれしいことがあったとき，表情や仕草などを全身で表現する。その思いを保護者や保育者に認めてもらい共感することで，さらに思いを強くしたり，立ち直るきっかけになることがある。
②とくに，運動会で速く走ったことなどの，自分がとても楽しかったことや，友達とトラブルになり悲しい思いをしたことを保育者に伝えようとする姿が見られる。保育者がゆっくりと話を聞き，ときには思いを代弁し，子どもの心に寄り添うことで，子どもの心は満たされる。そういった経験を繰り返すなかで，思いが伝わり受け止めてもらううれしさを感じ，思いを伝えたいという気持ちが育まれる。
③十分に気持ちを受け止めてもらう経験をした子どもは，自分以外の人にもさまざまな思いがあることを感じ，相手の気持ちや思いを聞こうという姿勢が見られる。自分の思いを十分に出し，十分に受け止めてもらうという経験は，この時期の子どもにとって，とても大切な経験である。
④「あのね」という，子ども達が思いを伝える際に日常的に使っている言葉を出すことで，文章や絵を描くということにとらわれず，会話のように思いを出すことができる。より自然に，子どもの思いがみられる。
⑤大きなイベントではなく，日々の小さな発見を伝え合い，共感し合うことは，子どもの心に大きな影響を与える。子ども達の小さなつぶやきに耳を傾け，十分に気持ちが発揮できるよう援助することが大事である。

【バリエーション】

＜パパあのね＞
①より身近な人に，自分の思いを伝える。
②対象を保育者ではなく保護者にすることで，より家族のコミュニケーションがとりやすくなる。

＜あのね発表会＞
①保育者に対してだけではなく，他の子ども達にも向け，自分が発見したことやつくったものなどを発表する。
②発表者への感想や意見などを伝え合う時間を持つ。

＜あのね大賞＞
①1学期間や1年間などの期間を決め，それぞれの心にいちばん残っている「あのね」を描く。
②1年間を振り返ることで，自分の成長に気づき，喜びを感じる。
③保育室に掲示をし，おたがいに自分の思いを発表し合う。

＜あのねノートづくり＞
①ノートではなく紙を使用した場合，クラスに掲示したものを含めてまとめる。
②表紙などを自分なりに工夫し，自分でつくりあげる楽しさを味わうとともに，自分の描いたものを振り返る機会を持つ。

＜みんなに伝えたい・あのね掲示板＞
ホワイトボードの掲示板を用意し，たれもがいつでも，「あのね……」と書き込みできる掲示板も，5歳児になれば楽しめる。伝え合う楽しさを実感させる。

> **Column—あのねノート**
> ・子どもが言葉を伝えようと話すとき，「あのね」「うんーと，えーと」と言葉と言葉をつなぎ，文章を組み立てていくとき「間伸び」の言葉をよく使います。聞き手は待つことが大切で，妥当な言葉が見つからず，詰まってしまうときは，なるべく気づけるよう言葉を補ってあげると負担にならず楽しめます。

言葉　通年

第2部・実践編

5

音　楽

❶ むっくりくまさん

該当年齢　0 1 2 **3** 4 5 歳児

クマになりきって遊ぶことを楽しむ子ども，逃げることを楽しむ子ども。遊びの楽しさいろいろです。少ない人数でも，たくさんでも楽しく遊ぶことができます。

【ねらい】
① 追いかけたり，追いかけられたり，友達と遊ぶ楽しさを味わう。
② 思い切り走ったり，声を出したり，心身を発散する心地よさを楽しむ。

【準備・環境づくり】
① 場所の設定：室内・戸外
のびのびと走ったり，ぶつかり合わずに遊べる場を確保する。
② 準備：クマのお面などを用意しておくと，役割がわかりやすく楽しめる。

【遊び方・プロセス】
① むっくりくまさん　むっくりくまさん穴のなか　むっくりくまさん　むっくりくまさん穴のなか

クマ役を1人決める。他の子どもは手をつないで円をつくり，うたいながら左方向にまわる。クマ役の子どもは，円のなかで両手を左ほほに当て，寝ているふりをする。

寝ているクマ

② 眠っているよ　ぐーぐー
ねごとを言ってる　むにゃ　むにゃ
目をさましたら　目をさましたら　食べられちゃうよ
円の中心（クマ役）にだんだん近づく。

クマのほうへ歩く

③「クマさん　起きて！」
クマは起きて子ども達を追いかける。
捕まえられた子どもがクマ役と交代。

むっくりくまさん
作詞　志摩　桂　スウェーデン民謡

むっくりくまさん　むっくりくまさん　あなのなか
ねむっているよ　ぐう　ぐう　ねごとをいって　むにゃ　むにゃ
めをさましたら　めをさましたら　たべられちゃう　よ

【援助のポイント】
① 最初は，保育者1名がクマ役，1名が子ども役になって，歌や役をリードしていくことで，遊び方が子ども達にわかりやすくなる。
② 保育者がもっぱら追いかけ役となり，大好きな保育者との追いかけっこで，さらに楽しく逃げるスリルを楽しめるように配慮する。
③ 友達と，ワー，キャー叫びながら，共通の楽しさが体験できるように声をかけたり，保育者もともに笑い合う場をもっていく。

【バリエーション】
① クマ役を増やすことで遊びの展開が早くなり，より楽しめる。
② 親子でむっくりクマさん
クマ役をお母さん達に，子どもが周囲に円になって，運動会やレクリエーション大会で行っても，会場もうたうことで参加することもでき，バリエーションを変えてゲームを楽しめる。

音楽　春

❷ おべんとばこ

該当年齢　0 1 2 **3 4 5** 歳児

お弁当の始まる季節（春）や遠足などで戸外でお弁当を食べるとき，遠足に行くバスのなかなどでも楽しめます。実際にはないお弁当に子ども達は大喜び！「もっと食べたい！」という声が聞こえてきそうです。

【ねらい】
①お弁当に期待を持つ。
②大小のお弁当をつくるなどして，表現力を養う。
③指で数を表すことで数に興味を持つ。

【準備・環境づくり】
もうすぐお弁当が始まる，という時期や時間をねらって行うと効果的。楽しい雰囲気づくりを心がけること。

【遊び方・プロセス】
①お弁当の話をして，雰囲気づくりをする。
②みんなでお弁当をつくっちゃおう！
③先生のまねっこしてつくってね！

おべんとばこ　わらべうた

（楽譜）
これくらいの おべんとばこに おにぎり おにぎり
ちょっとつめて きざみしょうがに ごましおふって
にんじんさん ごぼうさん あなーのあいた
れんこんさん すじのとおったふき

♪これくらいの おべんとばこに
（両手，人差し指で顔の前で2回四角を描く）

おにぎり おにぎり
（手を上下にひっくり返しおにぎりをつくる動作）

ちょっと つめて
（両手でおにぎりを3回つめる動作）

♪きざみしょうがに
（右手が包丁，左手がまな板とし右手を上下させしょうがをきざむ）

ごましおふって
（両手をグーパーさせてごまをふりかける様子）

にんじん
（両手の指を2本たてる）

♪さん
（両手の指を3本たてる）

ごぼう
（両手の指を5本出す）

さん
（両手の指を3本たてる）

あなのあいた
（親指，人差し指で輪をつくり左右に振る）

♪すじのとおった
（左腕の上を右人差し指でたどる）

ふ
（左手のひらに息を吹きかける）

き
（左手の上に右手をパシッと合わせる）

【援助のポイント】
①言葉の調子やイントネーションを大切にする。
②子どもには知名度の低い食べ物（ふき）が出て来たり，食べ物を数字で表していたりする手遊び。はじめはリズムに合わせて楽しみ，ちょっと慣れてきたらその意味を教えてあげるとよい。食べ物を数字で表していることについては，遊ぶ前に，クイズ形式などで教えてあげるのもよい。

【バリエーション】
①誰のお弁当をつくるかを設定して大きさを変えて行う。
・アリのお弁当（極小）
・ネズミのお弁当（小さい）
・ウサギのお弁当（中くらい）
・ゾウのお弁当（大きい）
・クジラのお弁当（特大！）
・先生のお弁当（子ども達がどんな大きさを表すか……楽しみ！）

②サンドイッチバージョン
これくらいの お弁当箱に
サンドイッチ サンドイッチ
ちょっとつめて
からしバターに粉チーズふって
イチゴさん ハムさん
まあるいまあるいサクランボさん
筋のとおったベーコン！

サンドイッチ サンドイッチ
（手のひらで顔を上下にはさむ）

からしバターに
（左腕をパンに見たて右手でバターを塗る動作）

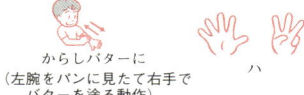

ハ　ム　さん

ベー
（アッカンベーする）

コン
（グーで頭をコツンとうつ）

③「ニンジンさん（指2本3本）ゴボウさん（5本3本）」で終わりにせず，
・イチゴさん（1本5本3本）
・ニンジンさん（2本3本）
・サクランボさん（3本3本）
・シイタケさん（4本3本）
・ゴボウさん（5本3本）
と，バリエーションを増やすことで，数への興味・関心を広げていくきっかけとなる。

④子どもと一緒にお弁当の中身を考え，あわせて，からだの動きも考え，替え歌をつくる。

❸ 先生とお友達

該当年齢 0・1・2・3・4・5歳児

新しいクラスになり，先生が替わったらまずうたいたいですね。「先生とお友達」。この言葉自体が子どもの心をうれしさでいっぱいにしてくれることでしょう。

【ねらい】
① 先生に親しみを持つ。
② 新しいクラスになったこと（大きくなったこと）を喜ぶ。

【準備・環境づくり】
① 「これから先生と楽しいことをいっぱいして仲よくなろう！」そんな話をするなどして，雰囲気づくりを大切にする。
② 子どもと先生がちゃんと相対する隊形でうたう。握手，にらめっこなどの動作が入るので，ピアノはなくてもよい。

【遊び方・プロセス】
① 子どもが歌に馴染むまではピアノなしで，動作を入れながら伝える。
② 慣れてきたら保育者はピアノを弾き，動作は子ども達に任せるようにし，あいさつ，握手，にらめっこ以外のところはピアノに合わせて歩くのもよい。4月などは毎日の朝の集まりの歌にも適している。

【援助のポイント】
4月は，新入園はもちろん，進級した子ども達も新しいクラスや先生に喜びながらも緊張を隠しきれないときである。子ども達の緊張をほぐし，大きくなったことの喜び（1つ大きな学年になった）をひきだすための1曲となるよう，子ども1人ひとりの顔をしっかりと見ることを大切にしてうたうよう，心がけたい。

【バリエーション】
① 「○○ちゃんとお友達〜」など，個人名を入れる（先生だけでなく，こうすることで，友達の名前を覚えることもできる。名前を呼ばれる側もうれしい気持ちでいっぱい！）。
② 「○○組さんとお友達〜」など，クラス名を入れる（ピアノに合わせて歩き，握手，あいさつ，にらめっこを出会った友達と行っても楽しい）。
③ 先生と遊びたい（したい）ことを入れる。
  ・かけっこしよう，ヨーイドン！
  ・お弁当食べよう，いただきます！
  ・抱っこをしてね，
    ギュ，ギュ，ギュ！
  ・指切りしよう，ネ，ネ，ネ！
  ・ジャンケンしよう，ジャンケンポイ！
  （子ども達に問いかけて一緒につくってみよう）
④ 握手する場所をかえる。
  ・あしであくしゅしよう，ギュ，ギュ，ギュ
  ・せなかであくしゅしよう，ギュ，ギュ，ギュ
  ・かたであくしゅしよう，ギュ，ギュ，ギュ

先生とお友達　作詞　吉岡治　作曲　越部信義

❹ おはなしゆびさん

該当年齢 0 1 2 **3 4 5** 歳児

大好きな家族が出てくる手遊びです。お父さんみたいに笑ったり，お母さんみたいに笑ったり，ワクワク楽しくなること間違いなしです。自分の家族のことを発表する場ともなります。

【ねらい】
① 友達と一緒に声に出してうたう楽しみを味わう。
② ひとつひとつの指の呼び名に合わせた声や歌の表現を楽しむ。
③ 指の名称を子ども同士が共通理解し，いろいろな指の動きに興味を持つ。
④ 大好きな家族のメンバーのことをうたいながら，家族への思いを表現する。

【準備・環境づくり】
① クラスのみんなや少人数で集まるときに，遊びに慣れるまでは，保育者の手の動きが見えやすいように集まる隊型を考える。
② 新学期などは，子ども達に親しみやすい家族が出て来る手遊びをするので，慣れない環境のなかでも自然体で遊びに興味を持てる。
③ 5人の家族について，「どんなパパなのかな？」「ママは？」とそれぞれの雰囲気をみんなで発表し合い，自分の家族のことなどの発表の場をつくってから，遊びを始めると，より親しみを持って遊びに参加できる。

【遊び方・プロセス】

【援助のポイント】
指を1本ずつ出すのが難しい子どももいるので，細かな指の動きよりも，歌自体のおもしろさを楽しめるようにする。

【バリエーション】
① それぞれの指をクラスのなかのお友達の名前に変えてうたうのも楽しい。選ばれたお友達は自分で笑い方などを考え発表したり，うたったりする。
② 他にいるお家の家族について聞き，5人の家族の他にいる家族のメンバーに入れ替えてうたってみる（おばあちゃん，おじいちゃんなど）。
③ 家族みんなのペープサートや指人形づくり
　歌に合わせて楽しめるペープサートや指人形をつくる。つくった人形を使って歌のなかで楽しく表現する。
準備：子どもが持ちやすい長さの割り箸や画用紙，折り紙など。

音楽　春

おはなしゆびさん
作詞　香山美子　作曲　湯山昭

1. このゆびパパ　　ふとっちょパパ
2. このゆびママ　　やさしいママ
3. このゆびにいさん　おおきいにいさん
4. このゆびねえさん　おしゃれなねえさん
5. このゆびあかちゃん　よちよちあかちゃん

やあやあやあやあ　ワハハハハハ
まあまあまあまあ　ホホホホホホ
オスオスオスオス　ヘヘヘヘヘヘ
アララララララ　　ウフフフフフ
ウマウマウマウマ　アブブブブブ

お　ー　はなし　　する

❺ まがりかど

該当年齢 0 1 2 **3 4 5** 歳児

自分達の身近な家族を，指を使って表現する手遊びです。ケンカは友達同士でもよくあるもの。うたうように最後は握手をして，仲直りができるといいですね。

【ねらい】
①子どもにとって身近な家族になりきって，表現するおもしろさを感じる。
②指の名称について興味を持つ。
③友達とリズムに合わせて，右，左の指を交互に動かすおもしろさを味わう。

【準備・環境づくり】
①先生と一緒に1人対クラスの自由隊形で。
②友達同士で遊ぶ。

【援助のポイント】
①友達と声やリズムを合わせて遊ぶことが楽しい時期。指を子どもの身近な家族に置き換えて，歌に合わせて保育者も一緒になって表現しよう。
②おにいさんだったら，おねえさんだったら，なんて言うのかな？と考えてみることもよい。
③「〜ぶつかって」は自分達もよくある出来事。

【バリエーション】
①指の名称をすべて使って遊んでみるのも楽しい。薬指を出すことは難しい子どももいるので，「おねえさんとあかちゃんが」と，薬指と小指を同時にださせてもよい。
②おこりんぼさん，泣き虫さん，元気な子。この指はどんな子かな，と指の特徴から歌詞をつくってみることもできる。
③友達の名前に置き換えて遊ぶこともできる。なんて怒るかな？の問いかけに。

まがりかど
作詞 今井弘雄　作曲 倉橋惣三

1. とうさんが／2. かあさんが／3. あかちゃんが　かけてきて　とうさんが／かあさんが／あかちゃんが　かけてきて
まがりかどで ぶつかって おまえがわるいんだぞ（あなたがわるいのよ）
おまえがわるいんだぞ（あなたがわるいのよ） ふたりそろって プン プン プン／ワッ ハッハッ／シク シク シク

（1番）
♪とうさんが　かけてきて　とうさんが　かけてきて
左の親指を出す　左の親指を動かしながら上にあげる　右の親指を出す　右の親指を動かしながら上にあげる

♪まがりかどで　ぶつかっ　て　おまえがわるいんだぞ
左右の親指を立てたまま前後に振る　親指同士を1回ぶつける　親指をはなす　左の親指で右の親指を上から押さえる

♪おまえがわるいんだぞ　ふたりそろって　プンプンプン
右の親指で左の親指を上から押さえる　親指同士を2回ぶつける　両腕を組み，リズムに合わせて上下に動かす

（2番）
♪かあさんが　かけてきて　かあさんが　かけてきて
左の中指を出す　左の中指を動かしながら上にあげる　右の中指を出す　右の中指を動かしながら上にあげる

♪まがりかどで　ぶつかっ　て　あなたがわるいのよ
中指を前後に振る　中指同士を1回ぶつける　はなす　左の中指で右の中指を上から押さえる

♪あなたがわるいのよ　ふたりそろって　ワッハッハッ
右の中指で左の中指を上から押さえる　中指同士を2回ぶつける　両腕を組み，リズムに合わせて上下に動かす

（3番）
♪あかちゃんが　かけてきて　あかちゃんが　かけてきて
左の小指を出す　左の小指を動かしながら上にあげる　右の小指を出す　右の小指を動かしながら上にあげる

♪まがりかどで　ぶつかっ　て　おまえがわるいんだぞ
小指を前後に振る　小指同士を1回ぶつける　はなす　左の小指で右の小指を上から押さえる

♪おまえがわるいんだぞ　ふたりそろって　シクシクシク
右の小指で左の小指を上から押さえる　小指同士を2回ぶつける　両腕を組み，リズムに合わせて上下に動かす

図は鏡に写したように示している

音楽　春

❻ おせんべ焼けたかな

該当年齢 0 1 2 3 4 5 歳児

おせんべ焼けたかな？と言いながら触れ合うことで，楽しい気持ちを共感し，年度初めの緊張感を解きほぐすことができます。先生の優しい声とあたたかい手で子どもは安心するのかもしれませんね。

【ねらい】
① 保育者や友達に親しみ遊ぶ。
② 言葉のくり返しを楽しむ。
③ 保育者や友達と一緒にうたったり触れ合ったりし，気持ちの安定を図る。

【準備・環境づくり】
① 室内ではあまり広すぎず狭すぎず，数人の子どもが丸くなってゆったりと座れる広さを確保する。丸くなったときに全員に手が届くくらいの間隔をとる。
② 園庭では，陽の当たる場所などあたたかい場所を見つけ，日向ぼっこをしながら行うとよい。

【遊び方・プロセス】
① 数人の子どもで円をつくり座る。
② 親を1人決める。
③ 手の甲を上にして両手を出し，親が歌に合わせて順番に指さしていく。

　　♪おせんべ　焼けたかな
　　　（みんなでうたいます）

おせんべ焼けたかな　わらべうた
（楽譜：お・せ・ん・べ・や・け・た・か・な）

④ 焼～け～た～か～な　の"な"で終わったら，せんべいをひっくり返すことをイメージし，手を裏返す（手のひらを上に向ける）。

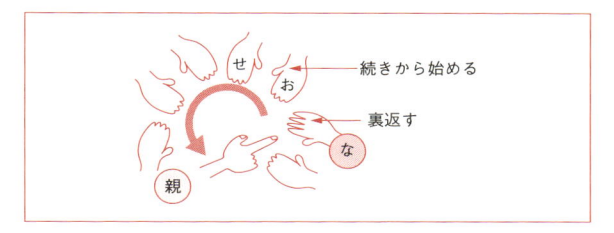

⑤ くり返し行う。手のひらで な で止まったら，その手を下げる。

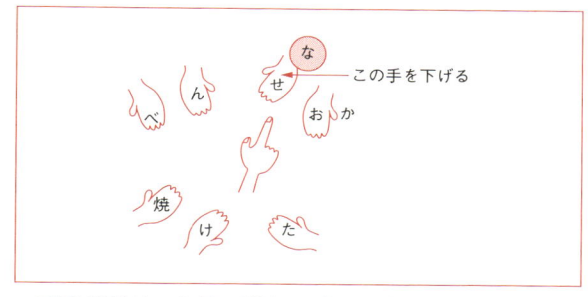

両手が下がった子の勝ち。残りの手が1つになるまで続ける。

【援助のポイント】
① 最初は保育者が親になり，進めていく。慣れてきたら交代で親を楽しんでいけるようにする。
② スキンシップをとることを楽しみながら進めていく。

【バリエーション】
① 慣れてきたら，歌詞を少し長くしてみる。
　　♪おせんべ　おせんべ　焼けたかな
② 歌詞を替えて（つけ足して）みる。
　　♪おせんべ　焼けた
　　　どのおせんべ　焼～け～た
　　　このおせんべ　焼～け～た
③ せんべいの味を考えて楽しむ。
　　♪おせんべ　焼～け～た
　　　なにあじせんべい　焼～け～た
　　　しょうゆせんべい　焼～け～た
　　　（味噌でもいいですね）
ア）子ども達と好きな味のせんべいにしてみたり，せんべいを食べるまねをしたりしながら，スキンシップを楽しんでいくとよい。
イ）最後まで残った子どもを勝ちにしてもよい。
ウ）いちばん最初に両手が下がった子が，次の親になるようにしてもよい。

▍Column─伝承遊び
今でもたくさんの伝承遊びがあります。昔はもっといろいろな遊びがあったことでしょう。そのなかで，子ども達が本当に楽しいと思ったものがずっと伝わってきたはずですから，その遊びがつまらないわけがありません。伝承させなければ，というのではなく，楽しんで遊んでほしいものです。

音楽　春

❼ 大型バス（バスごっこ）

該当年齢 0 1 2 3 4 5 歳児

「おとなりへ，はい！」。リズミカルなかけ声のやりとりを楽しみます。乗り物に乗った気持ちが伝わり合います。2〜3人でも，クラスみんなでも楽しめて友達とのかかわりが始まります。

【ねらい】
①活動（バス旅行）への期待を高める。
②リズムを楽しむ。
③友達と一緒の楽しさを広げる。

【準備・環境づくり】
①バスの座席のように，横に座れる場所をつくる（椅子を並べる・階段・ベンチなど）。
②手づくり切符など。

【遊び方・プロセス】

バスごっこ
作詞 香山美子　作曲 湯山 昭

1〜3 おおがたバスに のってます
きっぷをじゅんに いろんなとこが だんだんみちが

わたしてね　おとなりへ ハイ　おとなりへ ハイ
みえるので　よこむいた ア　うえむいた ア
わるいので　ごっ(ッ)つんこ ドン　ごっ(ッ)つんこ ドン

おとなりへ ハイ　おとなりへ ハイ　おわりの
したむいた ア　うしろむいた ア　うしろの
ごっ(ッ)つんこ ドン　ごっ(ッ)つんこ ドン　おしくら

ひとは　ポケットに！
ひとは　ねーむった！
まんじゅ　ギュッギュッギュッ！

♪大型バスにのってます
　切符をじゅんにわたしてね
①バスに乗っているように椅子に座り，運転する動作をする 

♪おとなりへハイ！ おとなりへハイ！
　おとなりへハイ！ おとなりへハイ！ 
②切符を隣にまわす動作を繰り返す

♪おわりのひとは　　　ポケットに
③両手をにぎり，からだを左右に振る
④切符をポケットに入れる動作をする

※2，3番も5小節目からは，歌詞にそった動きをそれぞれ考える。
例：「よこむいたア」〜首を横・上・下・後ろへ。
　　「ごっつんこドン」〜隣の子どもとぶつかり合う。

【援助のポイント】
①リズムの楽しさが十分に感じられるような雰囲気をつくる。
②友達と一緒のうれしさや楽しさに共感する。

【バリエーション】
①歌詞を子ども達の発想を生かして部分的に替え歌にしたり，動作も子ども達と考えると楽しさが増える。
　例：
　「おおがたバス」を他の乗り物にして〜
　「おとなりへハイ！」で手づくり切符を次々に渡していくとおもしろい。
　「よこむいたア」を「やまみえたア」にして，アで手をかざす，など。
②大人の膝の上に子どもを座らせて，手をもってあげて遊ぶとスキンシップを楽しむことができる。「よこむいた」「ごっつんこ」などは，からだ全体でやるとさらにおもしろいだろう。

❽ ロンドン橋おちた

該当年齢 3・4・5歳児

リズミカルで，元気いっぱい楽しめる集団遊び歌です。小さい子ども達から幅広く遊ぶことができます。橋の役を保育者がやるだけでなく，子ども同士でも楽しめます。

【ねらい】
① 歌をうたいながらからだを動かすことにより，リズム感を養う。
② 仲間意識が芽ばえ，集団で遊ぶことの楽しさを味わう。
③ 集団で遊ぶことの楽しさを味わいながら，遊びのルールに気づく。

【準備・環境づくり】
室内であれば，なるべく広い場所を準備できればよい。保育室内で行う場合には机や椅子など，つまずいて転んだりしないような環境構成が必要である。ピアノなどの伴奏があってもなくてもどちらでも楽しむことができる。

【遊び方・プロセス】

ロンドン橋おちた イギリス民謡
ロンドばし おちた おちた おちた
ロンドばし おちた さあ どう しましょう

① 2人が向かい合わせになり，両手をつないでトンネルをつくり，橋の役になる。

② その他の子ども達が並んで，橋のトンネルの下をくぐって遊ぶ。

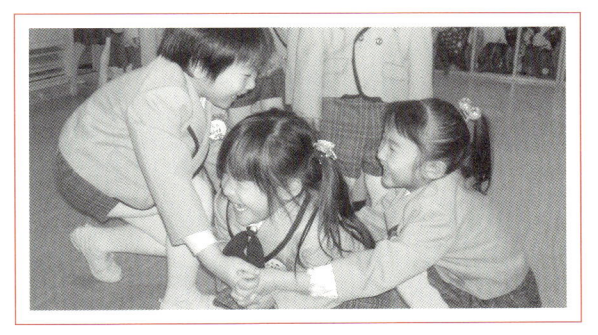

③「さあどうしましょう」のところで橋のトンネルが落ちてきて，そのとき橋のなかに閉じ込められた子どもが次の橋の役になる。

【援助のポイント】
① 怪我やトラブルがなく，遊びが楽しく行えるように，橋をとおる子ども達は同じ方向から進むよう声をかける。
② 橋の役をしたくてわざと遅くとおったり，おふざけをする子どもも出てくるので，同じ子どもが何度も当たらず，なるべく平等になるように配慮する。
③ 動きばかりではなく，元気いっぱい声を出して楽しめるよう声かけをする。
④ 子ども同士で楽しく和気あいあいと楽しみながら，仲間とのかかわり合いや遊びのルールを理解していけるよう援助する。

【バリエーション】
① あらかじめ橋の一方をリンゴ組，もう一方をバナナ組と決めておく。橋のなかに閉じ込められた子どもに，「リンゴとバナナのどっちが好き？」と聞き，言ったほうの橋の子どもの後ろにつながせて，長いほうが勝ちなどとすることもできる。または，橋のなかに閉じ込められた子どもが，橋の子どものうち一方とジャンケンをし，橋の子どもが勝ったら後ろにつながせ，負けたら元の列に戻る。なお，橋の子どもは交代でジャンケンをする。
② 橋をくぐる子ども達が列車のようにつながったり，しゃがんだりハイハイしたりスキップしたりと歩き方やとおり方を工夫する。
③ 橋を2，3か所につくって遊ぶ。
④ 笛やタンバリンの合図で方向転換する。

音楽　春

❾ あぶくたった

該当年齢 0 1 2 3 4 5 歳児

鬼が『とんとんとん，何の音？』と聞かれ，いろいろな音を想像して伝えたり，お化けが出てきて追いかけられるドキドキ感を味わうことができます。何度も繰り返して楽しめる昔ながらの伝承遊びです。

【ねらい】
① はじめての集団遊びで保育者や友達と触れ合うことを楽しむ。
② 何度も繰り返し遊びながら，ドキドキ感・ワクワク感を味わう。
③ 身近な生活のなかの言葉やリズムに親しむ。

【準備・環境づくり】
場の設定：
① 園庭や室内の広いスペース（体育館など），危険がなく走ることのできるスペースがある場所。
② 逃げ込む場所の設定（人数によって十分なスペースをとる）。

【遊び方・プロセス】
　鬼役を囲み，子役が円をつくり，鬼役の周りをまわりながら歌をうたう。

わらべうた＜あぶくたった＞

　あぶくたった　にえたった
　にえたかどうだか　たべてみよ
　むしゃむしゃむしゃ　まだにえない

※２回繰り返し

　あぶくたった　にえたった
　にえたかどうだか　たべてみよ
　むしゃむしゃむしゃ　もうにえた
　とだなにいれて　かぎをかけて
　ガチャガチャガチャ
　おうちにかえって　ごはんをたべて
　むしゃむしゃむしゃ
　おふろにはいって　ゴシゴシゴシ
　おふとんしいて　でんきをけして　ねましょう
　鬼→トントントン　　　子→何の音？
　鬼→風の音　　　　　　子→あ～よかった
　鬼→トントントン　　　子→何の音？
　鬼→雨の音　　　　　　子→あ～よかった
　鬼→トントントン　　　子→何の音？
　鬼→お化け～!!　　　子→きゃ～!!!（逃げる!!!）

① 「むしゃむしゃむしゃ」では，子役が鬼役に近づき，食べるまねをする。
② 「とだなにいれて……」は，鬼役を戸棚に入れるふりをし，カギをかける。
③ ごはん，おふろ，おふとん，でんきなど，子役がふりをして遊ぶ。その間，鬼は「トントントン」までじっと待つ。
※鬼は，みんなを追いかけ，つかまったら次の鬼になる。

【援助のポイント】
① 3歳児ならば，鬼役に保育者・逃げる役にもう1人保育者，2人の保育者で遊びを進める（もしくは，どちらかに年長児にはいってもらう）。
② はじめのうちは保育者が鬼となり，「何の音？」と聞かれたときにさまざまな答えを言い，子ども達にもいろいろな音が想像できるようにする。慣れてくると，子ども達も2，3人で鬼役をし，楽しめるようにする。
③ 身近な生活のなかでの言葉を使い，楽しめるようにする（動作を入れながら行うことで楽しめる）。

【バリエーション】
① 生活の動作は，遊びながら自由に想像し，取り入れながら遊ぶとオリジナルの"あぶくたった"を楽しむことができる。
② 伝承遊びなので，地域によって歌詞が異なり，左の歌詞はその1例である。どれが正しいということはなく，地域に根づいた「あぶくたった」（「あわぶくたった」の地域もあり）をよく理解したうえで，幼稚園では行うようにすること。
③ 「トントントン」「何の音？」のやりとりで遊ぶ。
　　保育者が「トントントン」のかわりに「ガツンガツンガツン」などと言い，子どもと一緒に何の音かを考える。
④ 「何の音？」を動作で楽しむ。
　　子ども達から「何の音？」と問いかけられたとき，「手をあげる音」などと，子ども達が何かしら動作ができるように返す。

⑩ あくしゅでこんにちは

該当年齢 0 1 2 3 4 5 歳児

手と手をつなぐ，握手する。それはいちばんシンプルなスキンシップ。そのスキンシップで最大限に遊びましょう。歌に合わせてからだを動かすことで，さらに親しみが増します。

【ねらい】
①歌に合わせてからだを動かすことを楽しむ。
②握手をとおして，さまざまな子どもとかかわる。

【準備・環境づくり】
①歩きまわれる環境を用意する。
②ピアノやギターで演奏する。もしくは，楽器なしでうたってもよい。

【遊び方・プロセス】
①「てくてくてくてくあるいてきて」
　1人で歩き，握手をする相手を見つける。
②「あくしゅでこんにちは」
　見つけた相手とリズムに合わせて握手する。
③「ごきげんいかが」
　手を振りながら，相手と別れる。
④2番「もにゃもにゃ～」
　近くにいる子と話をするふりをする。
⑤「あくしゅで～」
　②，③と同じ。

【援助のポイント】
①歩き方や握手の仕方などを前もって決めるのではなく，1人ひとりの表現の仕方を認めるようにする。
②歌はからだを動かしながら，覚えるようにする。
③2人で握手することを前もって決めてしまうと，握手できない子どもが出てくる可能性があるので，3人でもよいことを伝える。
④親子でも簡単にできる遊びなので，参観のときなどの親子遊びなどで紹介し，家庭でも楽しんでもらうきっかけをつくるのもよい。

【バリエーション】
①テンポを変える
・テンポを速くして早足に歩いたり，遅くしてゆっくりと歩いたりする。
②いろいろな場所で握手
・「あくしゅでこんにちは」の部分を「おしりでこんにちは」「せなかでこんにちは」などと変える。
・握手するように言われた場所で他の子ども達と握手する。
③多人数にする
・「あくしゅでこんにちは」の前に人数を指定する。
・その人数で集まって，握手をする。
④自己紹介をする
・「あくしゅでこんにちは」の後，歌をいったん止め，その間に自己紹介などをする。
・しばらくしたら，「ごきげんいかが」と歌を再開する。
⑤動物であくしゅ
・ある動物を仮定し，その動物になって行う。
　例：ウサギで「ピョン・ピョン・ピョン・ピョンあるいてきて……」
　　　イヌで「ワン・ワン・ワン・ワンあるいてきて……」

音楽　春

あくしゅでこんにちは
作詞 まど・みちお　作曲 渡辺茂

1. てくてくてくてく あるいてきて
2. もにゃもにゃもにゃもにゃ おはなしして

あくしゅで こんにちは
あくしゅで さようなら

ごきげん いかが
また また あし た

⓫ おはようクレヨン

該当年齢 0 1 2 **3 4 5** 歳児

絵本や紙芝居とは違った楽しみがあるペープサート。イメージしたものが動くなんて，子ども達にとっては夢のような時間なのかもしれません。子ども達の歌に合わせて演じられると楽しいですね！

【ねらい】
① 保育者と一緒に歌をうたったり，ペープサートを見たりすることを楽しむ。
② 歌を聞きながらイメージを広げ，クレヨンの色を知る。

【準備・環境づくり】
① 場の設定：室内で広い場所を確保。子ども達が見やすいように少し高さをつくって行う。
② 準備：台，台の上に敷く布（イメージ・場面に合わせて色を選ぶ），割り箸（角材），画用紙（白ボール紙），水性マーカー（クレヨン，マジック，絵の具など），のり，セロハンテープ，トイレットペーパーの芯，背景など。

【遊び方・プロセス】
① 歌のなかから何を絵にするかを決める。
例：

おはようクレヨン　谷山浩子　作詞・作曲

1. あかいクレヨン　いちばんさきに　は
2. みどりのクレヨン　にばんめおきて　あ
3. あおいクレヨン　おさらになって　ピン
4. ちゃいろやけた　トーストのうえ　き

このなかで　めをさました　オハ
かいトマト　すぐにみつけた　オハ
クのクレヨン　テーブルクロス　オハ
いろいバター　オレンジマーマレード　オハ

ヨウオハヨウオハヨウ　ぼくはだれかな？　あか
ヨウオハヨウオハヨウ　ぼくはだれかな？　みど
ヨウオハヨウオハヨウ　ぼくはだれかな？　しろ
ヨウオハヨウオハヨウ　ぼくはだれかな？　ぼく

い　あかいあかい　そうだ　トマトかもしれない！
り　みどりみどり　そうだ　レタスのはっぱ！
い　しろいしろい　そうだ　ミルクのコップ！
の　ぼくの　あさ

ごはんにおいで！そうだごはんにおいで！そうだごはんにおいで！

② 割り箸をつけ，両面になるようにのりづけをする。
③ 歌に合わせてペープサートを動かす。その際，動きが単調になってしまいがちなのでステージを十分に使って行うようにする。

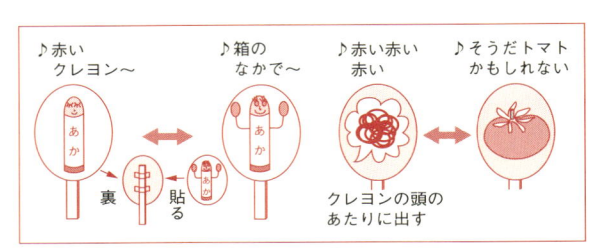

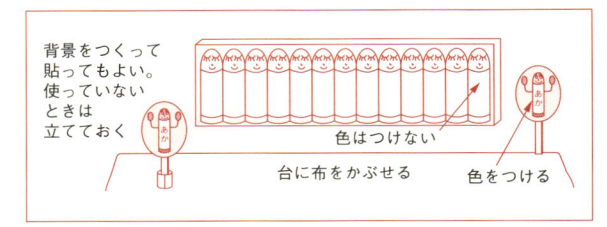

♪赤いクレヨン～　♪箱のなかで～　♪赤い赤い赤い　♪そうだトマトかもしれない

裏　貼る　クレヨンの頭のあたりに出す

背景をつくって貼ってもよい。使っていないときは立てておく
台に布をかぶせる　色はつけない　色をつける

【援助のポイント】
① 歌を知らせておき，一緒にうたいながら，ペープサートを楽しめるようにする。
② 保育者1人で行う場合には，トイレットペーパーの芯をいくつか用意しておき，使わない物は芯にはめ，置いておけるようにする。

【バリエーション】

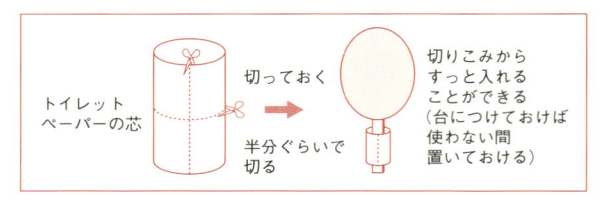

トイレットペーパーの芯　切っておく　半分ぐらいで切る → 切りこみからすっと入れることができる（台につけておけば使わない間置いておける）

① 歌のなかに出てくる歌詞以外の色で，子ども達と一緒に考えたものを，ペープサートにしてみる。
② 5歳児などは，子ども達でつくれるように材料を用意してもよい。
③ 絵を描くだけでなく，色画用紙を貼り合わせてつくってみてもよい。また，毛糸や模様のある折り紙などいろいろな素材を使い立体感を出せるようつくってみてもおもしろい。
④ 絵を描くことが苦手な場合には，絵本などをカラーコピーしたり，カット集をコピーしたりして色を塗るだけという方法もある。あまり気負わずにつくってみるとよい。くり返し行っていくなかで自分が楽しく演じられる方法（つくり方）を探していく。

音楽　春

298

⑫ 花いちもんめ

該当年齢 0 1 2 3 4 5 歳児

花いちもんめは子ども達が大好きな伝承遊びのひとつです。ジャンケンをするドキドキ感や，好きなお友達を呼ぶ楽しさを味わいながら，友達関係を広げていくことができる遊びです。

【ねらい】
①保育者や友達と手をつなぐことで安心感を持つ。
②友達の名前を覚える。
③友達や保育者と一緒に歌をうたいながらからだを動かす楽しさを味わう。

【準備・環境づくり】
室内でも戸外でも遊ぶことができるが，室内の場合には大きく動けるよう広いスペースをとることが必要である。戸外の場合にはあらかじめ石拾いなどしておくとよい。周りに危険なものがないかを確認し行う。

【遊び方・プロセス】
①２グループに分ける（６〜10人くらいで行うとよい。しかし多い人数でも十分に楽しむことができる）。
②次のような歌に合わせて遊びを進める。
A：ふるさとまとめて　花いちもんめ（第１グループが前進，第２グループが後退）　以下繰り返し
B：もんめ　もんめ（第２グループが前進，第１グループが後退）
A：花いちもんめ
B：隣のおばさん　ちょっと来ておくれ
A：鬼がいるから　行けないよ
B：座布団かぶって　ちょっと来ておくれ
A：座布団ぼろぼろ　行けないよ
B：おかまかぶって　ちょっと来ておくれ
A：おかま　底抜け　行けないよ
B：あの子が欲しい
A：あの子じゃ　わからん
B：その子が欲しい
A：その子じゃ　わからん
B：相談しよう
A：そうしよう
③グループごとに円陣をつくって誰をもらうか相談する。決まったら１人指名する。
A・B：決〜まった！！
A：〜ちゃんが欲しい　花いちもんめ
B：〜ちゃんが欲しい　花いちもんめ
④ジャンケンをする
A・B：ジャンケンポン
⑤負けた子は勝ったグループに入り，歌を繰り返す。その際，最初の下線部分を下のように変える。
A：勝ってうれしい　花いちもんめ
B：負けて悔しい　花いちもんめ

※歌は地域によって違いがある。地域ごとの歌を楽しむようにすること。

【援助のポイント】
①はじめは歌をうたうことから始め，十分に歌に親しんでから遊びを知らせる。
②歌が長いと感じる場合には省略してうたい，慣れてきたら少しずつ長くしていく。

> 隣のおばさん　ちょっと来ておくれ
> 鬼がいるから　行けないよ
> あの子が欲しい
> あの子じゃわからん
> 相談しよう
> そうしよう

③遊びが進むと，友達と勢いをつけて前進したり後退したり，ときには転んだり引きずられたりすることを楽しみ始めるので，怪我がないよう注意していく。
④友達を指名するときには，同じ子どもの名前が続いてしまうこともあるので，なるべくたくさんの子どもの名前を呼んでいけるよう，遊びのなかで保育者が提案していく（それをルールとはしない。みんなが楽しく遊べるように，自然に誘導していく）。

【バリエーション】
歌詞を替えることで，イメージがふくらんでいく。
♪鬼がいるから行けないよ
　→子ども達がイメージする怖いものを当てはめていく。
♪座布団かぶって〜
　→怖い物を防ぐものを考え当てはめていく。

⑬ 山小屋いっけん

該当年齢 0 1 2 **3 4 5** 歳児

ストーリー性のある歌詞なので，関心を持ちやすい手遊びです。「たすけて！」「たすけて！」と友達みんなで同じ言葉を唱えたり演じることで，仲間意識を感じながら楽しめます。

【ねらい】
①お話のストーリーやリズムを楽しむ。
②友達と一緒の楽しさを味わう。

【準備・環境づくり】
　3歳児が遊ぶ場合には，ストーリーがわかりやすいようにパネルシアターなどを準備する。

【遊び方・プロセス】
①歌詞にそったお話をする。
②保育者が動作をつけながらうたう。
③保育者のまねをしながら遊ぶ。

【援助のポイント】
①お話の楽しさが伝わるように話し方を工夫する。
②曲はお話しするようにうたい，興味がもてるようにする。
③動きはわかりやすいように大きくゆっくり行う。
④「たすけて！」〜のところは，子ども達がウサギになりきって表現しながら，友達と一緒の楽しさが感じられるように雰囲気づくりをする。

【バリエーション】
①「ウサギ」を「パンダ」「クマ」など，子ども達の好きな動物に置き換えて遊ぶと楽しめる。
②「猟師の鉄砲〜」のところを，怖いものを話し合って変えてもよい。
　例：森のオオカミ〜・かみなりさま〜など
③パネルシアターでストーリーを楽しむ方法もある（低年齢児に効果的）。

④「たすけて！〜おじいさん」を次のようにアレンジしても楽しい。

手をあげ降参しているように 　　両手をグーにしてからだを震わせる

⑤「もう大丈夫だよ」の動作は，3歳児にはわかりにくいので，次のようにすると動きやすい。

♪もう　　だいじょうぶ 　　だよ

⑥年長児の場合，ストーリーに出てくるものや怖いとき・安心したときなどの表現を，自分達で考えて楽しむのもおもしろい。

山小屋いっけん
作詞　志摩　桂　アメリカ民謡

やまごやいっけん ありました　まどからみている おじいさん
かわいいうさぎが ピョン ピョン　こちらへにげてきた
たすけて！ たすけて！ おじいさん　りょうしのてっぽう こわいんです
さあ さあ はやく おはいんなさい　もうだいじょうぶだ よ

♪山小屋いっけんありました
①両手で山小屋の形をつくる

♪まどからみているおじいさん
②両手を丸めて目に当てて左右に動かす

♪かわいいウサギがピョンピョンピョン
③左手でウサギをつくり，ピョン〜と3回前方に跳びだすようにする

♪こちらへにげてきた
④そのウサギを右から左へ動かす

♪たすけて！たすけて！〜おじいさん
⑤手を口に当て叫ぶ！

♪猟師の鉄砲こわいんです
⑥両手で鉄砲を持つ

♪さぁさぁはやくおはいんなさい
⑦両手で4回手招きをする

♪もう大丈夫だよ
⑧左手でウサギをつくり，右手でウサギをなでる

音楽　春

⑭ 小さな庭

該当年齢 0 1 2 **3 4 5** 歳児

春の心地よい日差しに，元気よく芽を出すお花を表現しましょう。保育者はそれぞれの持つイメージの表現を大事にしながら共感できるといいですね。

【ねらい】
① 春の花に興味を持つ。
② 花をイメージしながら，成長の様子を表現するおもしろさを味わう。
③ 大・中・小の大きさの違いを表現する。

【準備・環境づくり】
① 花壇や野原に出かけ，春の花に興味を持つ。
② 自分達で種をまいて育ててみる。
③ 先生と一緒に1対クラス自由隊形で。
④ 友達同士で遊ぶ。2，3人から大勢へ。

【遊び方・プロセス】

（1番）

ちいさなにわを — 両手の人差し指で，小さな四角を描く

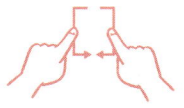

よくたがやして — 両手の人差し指を曲げたりのばしたりしながら左（右）から右（左）へ波形を描いていく

ちいさなたねを — 両手の人差し指で，小さな円を描く

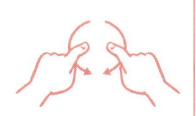

まきました — 左手のひらから右手でたねをつまんで2回，まく動作をする

ぐんぐんのびて — 手のひらを合わせ，左右に細かく振りながら，下から上へのばしていく

はるになって — 両手を頭のところから左右にひらひらさせながら下へおろす

ちいさなはながさきました — 両手の手首をくっつけて，小さなつぼみをつくる

ポッ！ — 両手の手首をくっつけたまま，指の先を少しあける

（2番）

「ホワ」

- 2番，3番ともに1番と同じ動作をしますが，動作はだんだん大きくしていきましょう。
- 2番の最後の「ホワ」では，両手首をくっつけて大きく指を開きます。
- 3番の最後の「ワッ」では，両手を上に高くあげて，指も開きます。

出典）田中靖子監修『手あそび，ゆびあそび　うたあそび』アド・グリーン企画出版より

【援助のポイント】
① 何の花の種をまこうか？　子ども達に尋ねてからやってみると，イメージが持てて楽しくできる。
② 1人ひとりの表現を大事にする。大きくなる楽しさ，お花を咲かせる楽しさを味わう。
③ それぞれ咲いたお花を「きれいだね」と1人ひとり保育者が認めることも大切である。
④ 自分がイメージしたものをからだを使って表現するおもしろさを，保育者も共感する。

【バリエーション】
① 大きな庭，中くらいの庭，小さい庭のように大きさを変えることで，指から手や腕やからだ全体を使って表現するおもしろさを味わえるとよい。
② 咲いた花のにおいをかぐ，ちょうちょがとんでくるなど，歌が終わった後に，ちょっとした話を付け加えて，イメージを広げる。
③ 大きさの変化とともに，うたうはやさもかえてみる。
④ 2人組，3人組になって，もっと大きな畑を協力してたがやしてみる。

小さな庭
不詳

ちいさなにわを　よくたがやして　ちいさなたねを　まきました
ちゅうくらいのにわを　よくたがやして　ちゅうくらいのたねを　まきました
おおきなにわを　よくたがやして　おおきなたねを　まきました

ぐんぐんのびて　はるになって　ちいさなはなが　さきましたポッ！
ぐんぐんのびて　はるになって　ちゅうくらいのはなが　さきましたホワ！
ぐんぐんのびて　はるになって　ちいさなはなが　さきましたワッ！

音楽　春

⑮ 竹の楽器づくり

該当年齢 0 1 2 3 4 **5** 歳児

竹は昔からさまざまな道具や遊びに利用されてきました。ひとつの素材を工夫して扱うなかで、その特性に気づき、生かした使い方ができるようになります。竹の楽器づくりもそのひとつです。

【ねらい】
① 身近な素材に触れ、いろいろな音色の違いに関心を持つ。
② 先生やお友達と一緒に竹で楽器をつくる。
③ 竹の楽器を組み合わせて遊ぶ。

【準備・環境づくり】
① **場の設定**：竹の楽器づくりでは、なたやノコギリを使ったり、作業中は竹くずや切れ端が出たりするので、戸外のかたい平らな地面での作業が適している。
② **準備**：竹（さまざまな太さのもの）・かなづち・ノコギリ・なた

【遊び方・プロセス】
＜ブンカカ（竹を縦に細く割ってつくった2本1組の楽器）＞
① 手でにぎれる太さのものを選び、持ち手や打つ場所を考えて切る。
※ よく乾いた竹のほうが音がよい。
② なたを使い、節のところまで1本1本割っていく。
※ コンクリートなどのかたい地面の上で行うと適度に力が加わり割れやすい。
③ 手のひらやからだ、竹同士をこすり合わせ、さわやかな音がすれば完成。
※ 竹と竹に隙間がないと共鳴しづらいので、大きめのビー玉を筒のなかに差し込んで、竹同士を広げるなど、工夫が必要。

およそ30cm　4〜5cm　なた　節

＜竹の太鼓＞
① 太めの竹を準備し、十分乾燥させる。節は残したまま、上手に切る。
② ノコギリで切りこみを入れる。 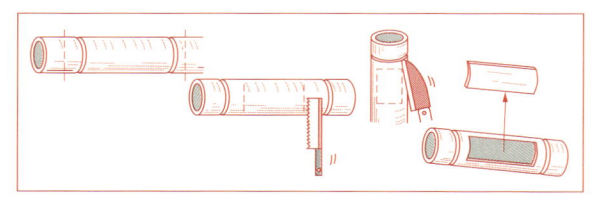
③ 竹の繊維に向かって、切りこみ口になたを差し込み、上からかなづちで叩き割っていく。

※ さまざまな穴の大きさで音が変化する。小さい穴（低音）、大きい穴（高音）。

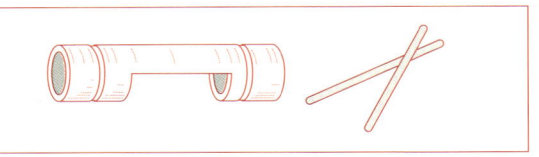

④ 共鳴する穴を下に向け、竹の棒で叩けば完成。

【援助のポイント】
① ふだんから竹を身近なものとして感じられるように、春の園外散歩ではタケノコから竹へ成長する過程を見たり、竹包みご飯や竹馬づくりなどをとおし、さまざまなおもしろさや楽しさが味わえる素材であることに気づく。
② 竹そのものを使って音を出す楽しさを十分に味わったうえで、楽器づくりをしていく。
③ 楽器づくりの過程で音やつくり方を工夫しながら、つくる様子を子ども達に感じさせる。
④ ノコギリやなたなどの危険な道具を多く使うため、保育者が中心になって行うが、安全には十分留意する（ノコギリ程度なら、子どもも可能なので、保育者が援助しながら体験させる）。

【バリエーション】
① 竹1本をまるまる使い、節ごとに大きさの違う共鳴口をあけて叩く。
　ア）アンサンブルをしてもおもしろい。
　イ）南国の明るいリズムが楽しめる。

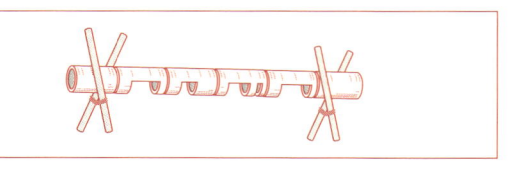

② 竹の太鼓の竹の切れ端を使って、さらに竹の木琴づくりに挑戦！！
　ア）竹の切れ端に電動ドリルで穴をあけ、毛糸をとおす。
　イ）棒にア）の切れ端をぶら下げる。
　ウ）土台をつくりイ）を固定させて完成。
※ 竹の長さや叩くものによって音が変化する。

⑯ アブラハムの子

該当年齢 0 1 2 3 4 5 歳児

心地よい音楽に出会うと，子ども達は全身でそれを感じ取ります。楽しい歌に合わせて，どんどん動きが増えていくおもしろさは，仲間との共感を味わわせてくれることでしょう。

【ねらい】
① からだの動かす部位を増やしながら，リズムを動作で刻む楽しさを味わう。
② からだを動かし，まねっこ遊びをしながら自分自身の左右の認識を体感する。
③ 友達のなかで楽しく自己主張する楽しさを味わう。

【準備・環境づくり】
① 場所の設定：十分にのびのびとからだを動かせるよう，保育室や戸外でも間隔に配慮する。
② 準備：鼓動を感じやすいように，ウッドブロックなどの簡単な打楽器を用意するとよい。

【遊び方・プロセス】
楽譜と歌詞：

アブラハムの子
作詞者不詳　外国曲

（楽譜）
アブラハムには しちにんのこ ひとり はのっぽで
あとは チビ みーんな なかよく くらしてるさあ
おどりましょう，みぎーて，みぎーて， しょう，みぎーて，みぎー
毎回増やしてBis.（最後）　最終回　Coda
て，ひだりて，ひだり て　　て　おしまい!!

（1番）
アブラハムには 七人の子
ひとりは　のっぽで
あとはちび
みんな　なかよく
暮らしてる
さあ　踊りましょう
右手（右手）

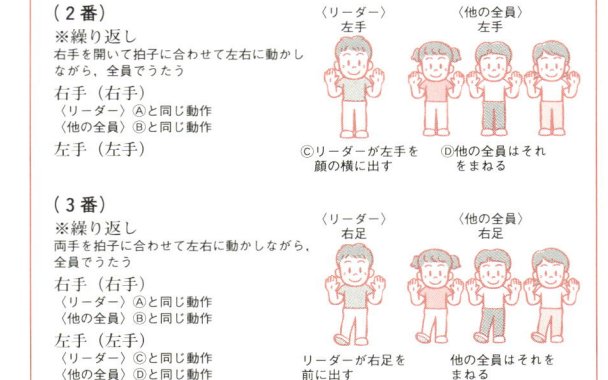

※リーダーがうたう。
※他の全員はそのまま聞いている

Ⓐリーダーが右手を顔の横に出す　Ⓑ他の全員はそれをまねる
〈リーダー〉右手　〈他の全員〉右手

（2番）
※繰り返し
右手を開いて拍子に合わせて左右に動かしながら，全員でうたう
右手（右手）
〈リーダー〉Ⓐと同じ動作
〈他の全員〉Ⓑと同じ動作
左手（左手）
Ⓒリーダーが左手を顔の横に出す　Ⓓ他の全員はそれをまねる
〈リーダー〉左手　〈他の全員〉左手

（3番）
※繰り返し
両手を拍子に合わせて左右に動かしながら，全員でうたう
右手（右手）
〈リーダー〉Ⓐと同じ動作
〈他の全員〉Ⓑと同じ動作
左手（左手）
〈リーダー〉Ⓒと同じ動作
〈他の全員〉Ⓓと同じ動作
リーダーが右足を前に出す　他の全員はそれをまねる
〈リーダー〉右足　〈他の全員〉右足

（4番）
※繰り返し
右手（右手）
左手（左手）
右足（右足）
左足（左足）

（5番）
※繰り返し
右手（右手）
左手（左手）
右足（右足）
左足（左足）
頭（頭）

（6番）
※繰り返し
右手（右手）
左手（左手）
右足（右足）
左足（左足）
頭（頭）
おしり（おしり）

（7番）
※繰り返し
右手（右手）
左手（左手）
右足（右足）
左足（左足）
頭（頭）
おしり（おしり）
まわって（まわって）
おしまい

【援助のポイント】
① 保育者が音程を正しくきれいにわかりやすく楽しくうたってリードしていく。
② 動きを増やすときには，子ども達の意見を聞きながら，からだの部位以外にもさまざまな動きを取り入れていくとよい。たとえば，ジャンプ・回転・拍手・歌，曲に合わせてからだを動かすことにより，リズムや強弱などの感覚を身につけていく。

【バリエーション】
① リーダーを交代して遊ぶ。
　リーダーを交代して子どもが行う。クラスの友達のなかで1人ひとりが自己主張できる遊びのひとつ。
② 替え歌にして遊ぶ。
　からだの部位を友達の名前に変えて遊ぶ。
♪○○ぐみには24人の子　ひとりはのっぽで　あとはチビみんななかよく暮らしてるさあ踊りましょう！
○○ちゃん!!
　次々に，名前を呼んで人数を増やしていく。

⑰ 草笛

該当年齢 0 1 2 3 4 **5** 歳児

楽器がなくても、音を楽しむことができます。身近にある葉っぱが楽器へと早替わり。最初は音を出すのが難しくても、慣れてくると、いろいろな吹き方が楽しめるようになってきます。

【ねらい】
① 身近にある自然で遊べることに気づく。
② 身の回りの自然に目を向ける。
③ 自分でつくれる喜びを感じる。
④ 音が出せたことによる達成感を感じる。

【準備・環境づくり】
① 固くない、薄い葉を探す。

【遊び方・プロセス】
① マテバシイやツバキの葉などを、先のほうから巻く。
② 下まで巻いたら片側を指でかるくつぶす。
③ つぶした側から、丸めた葉のなかほどまでくわえ、息を吹く。
④ 最初は音が出ないこともあるが、つぶし方や巻き方を変えてみる。

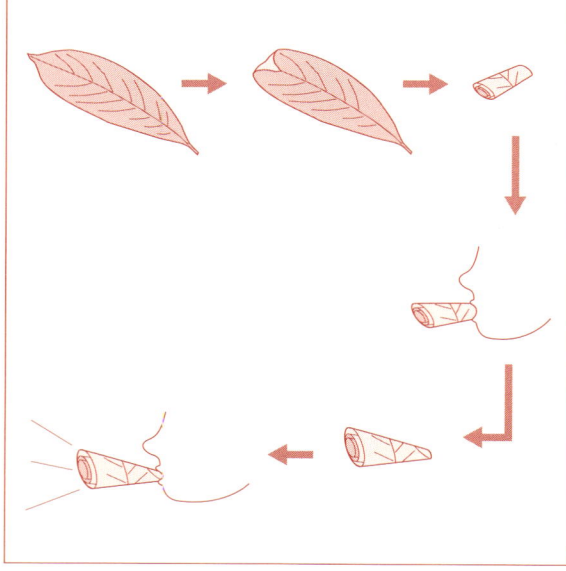

【援助のポイント】
① はじめてやる子には難しいので、「親指の間を使う草笛」や、「唇に当てて鳴らす草笛」「茎を折って吹く草笛」など比較的簡単なものから行うとよい。
② 自由に葉の取れる場所で行う。
③ 屋内よりも屋外で行うほうがよい。
④ 身近な環境で、音の出せる葉と、出しにくい葉を事前に知っておく。
⑤ 葉の匂いや形状の違いも確認しながら草笛をつくる。
⑥ 口にくわえてはいけない葉もあるので留意する。

【バリエーション】
＜親指の間を使う草笛＞
① 柔らかく、薄い葉を用意する。
② 左右の手の親指で挟み、ピンとはる。
③ 親指の間に息を吹き込み、音が出たら成功。

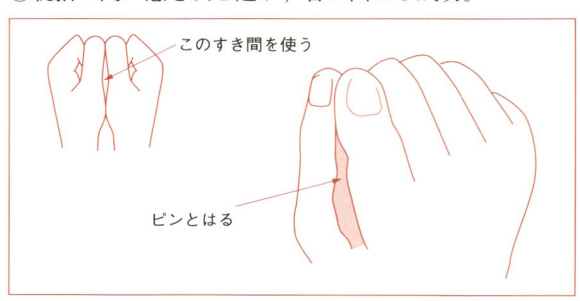

このすき間を使う
ピンとはる

＜唇に当てて鳴らす草笛＞
① イチョウの葉のような放射型の葉脈を持つ葉は不適。
② 葉を横に持ち、唇に当てる（真ん中の太い葉脈より上を唇に当てるのがコツ）。
③ 葉と上唇の間を息がとおるように吹き、音が出たら成功。

＜茎を折って吹く草笛＞
① 川原や原っぱ、公園などでスズメノテッポウなどの草を使う。
② 内側を引き抜き、先端からいちばん目の節を切る。葉を折り返して息を吹き込む。音が出たら成功。

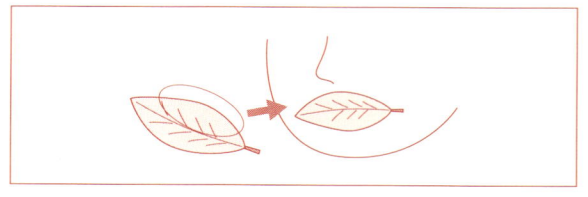

ア）葉によって、どんな音がするのか、その違いを楽しむ。
イ）いろいろな葉で、いっせいに音をだす。
ウ）数人が並び、いっせいに吹く。そのうち1人だけが、音をならし、誰がならしたかを当てる。

＜豆知識＞
草笛は他にもいろいろな植物でつくれますが、なかには触るとかぶれるなど有毒なものがあるので、注意が必要です。たとえば、ウルシ、ヌルデ、キョウチクトウなどはその代表で、園内になくても、遠足などで園外に出たときには十分な注意が必要になります。

音楽　夏

⑱ 牛乳パックのギター

該当年齢 0 1 2 3 4 **5** 歳児

子ども達は、音が鳴るものが大好きです。身の回りにある廃材（牛乳パック）と輪ゴムを使ってつくるギターに、さまざまな気づきや、楽しさを味わうことでしょう。

【ねらい】
①身の回りにある廃材（牛乳パック）を利用し、遊ぶ楽しさを味わう。
②輪ゴムで音が鳴る様子に興味を持つ。
③他児のイメージを知り、刺激し合いながら自分のイメージを持って、模様をつける。

【準備・環境づくり】
①はさみを用いるため、じっくりと取り組めるよう、室内に机と椅子を用意したほうが好ましい。
②鉛筆、はさみ、のり、油性ペン、セロハンテープ、輪ゴム2本、色画用紙など。牛乳パックに切りこみを入れたもの（下図）、くり抜いた部分の牛乳パック。

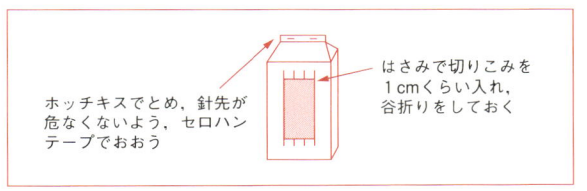

（図：ホッチキスでとめ、針先が危なくないよう、セロハンテープでおおう／はさみで切りこみを1cmくらい入れ、谷折りをしておく）

【遊び方・プロセス】
①牛乳パックの余り紙に、ギターの持ち手の絵を描く。■や■など。
②色画用紙などに鉛筆で好きなように模様を描く。
③①と②をはさみで切る。
④切った模様をのりで貼る。
⑤油性ペンで①に弦を描く。
⑥ギターの持ち手を牛乳パックの開け口のところに、セロハンテープで貼る。
⑦谷折りをした部分に輪ゴムをかけてセロハンテープで貼り、反対側まで輪ゴムを引っ張り、同じくテープでとめる。それを2か所行ったら、真ん中の部分も折り上げ、上から側面にわたるようにとめる。

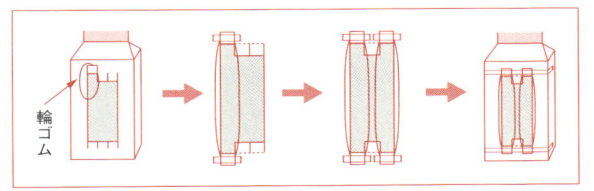

（図：輪ゴム）

⑧できあがったギターで遊ぶ。

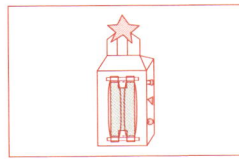

【援助のポイント】
①輪ゴムをかけるところがわかりにくいかと思うので、大きな見本で、輪ゴムのかわりにリボン、色のついたテープなどを用いて説明すると、わかりやすい。
②模様を描く際、あまり小さく細かく描いてしまうと切りにくくなってしまうので、声かけをし、自分で考え判断できるよううながす。
③準備の欄に「色画用紙など」と記入してあるが、"折り紙で切り紙にして模様にしたい" "毛糸を使いたい" などの発想に応じて、対応できるよう、いろいろな素材も用意しておく。
④つくり終わって、それでおしまいにするのではなく、楽しく遊べるよう、ピアノを弾くなどして雰囲気づくりをするとよい。
⑤子ども達のいろいろな作品や発想を紹介することで、刺激し合い、たがいのよさを認め合う心、友達と相談し工夫しながら遊びをつくり出す育ちにつなげられるよう、配慮する。

【バリエーション】
①できあがったギターの弦（輪ゴム）の下に割り箸を斜めに置くと、高い音が出たり低い音が出たりする。他にも、容器（コップなど）に入れる水の量を変えたりすることでも音の高低が出るので、興味・関心を持って遊べるとよい。
②ギターや他に音が鳴るものなど（容器に入れる中身によっても音が違う）で、合奏ごっこや、リズム遊びをしたり、また本物の楽器遊びをしたりして楽しむ。
③ギターづくりをきっかけとし、自分のイメージの作品をつくったり、友達と相談し協力してつくったりできるよう、いろいろな素材の廃材を用意して環境づくりをしておくとよい。

④CDなどで音楽を流し、それにあわせて、みんなでギターを弾く。
⑤ギターだけではなく、ドラムなどもつくり、バンドをつくる。

音楽　夏

⑲ お寺の和尚さん
―わらべうた―

該当年齢 0 1 2 3 **4 5** 歳児

簡単な動作を伴ってうたい、最後のジャンケン勝負を楽しむ遊びです。
とてもシンプルなわらべうたで、子ども達はすぐに覚えることでしょう。

【ねらい】
リズミカルに相手と呼吸を合わせて繰り返し遊ぶうちに、人への信頼感を強めていく。

【準備・環境づくり】
他の保育者に協力を頼み、子ども達の前で行ってみる。
「芽が出てふくらんで」は表情豊かに！

【遊び方・プロセス】
2人で遊ぶのが基本。

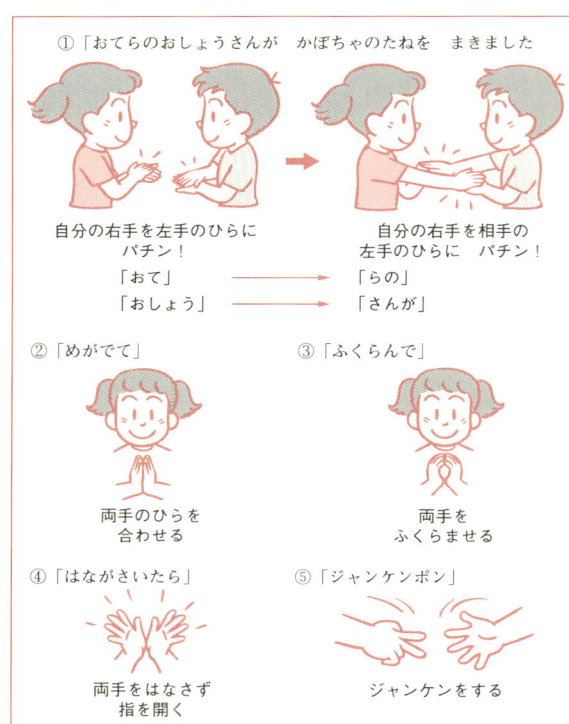

① 「おてらのおしょうさんが かぼちゃのたねを まきました」
- 自分の右手を左手のひらに パチン！
  - 「おて」
  - 「おしょう」
- 自分の右手を相手の左手のひらに パチン！
  - 「らの」
  - 「さんが」

② 「めがでて」両手のひらを合わせる
③ 「ふくらんで」両手をふくらませる
④ 「はながさいたら」両手をはなさず指を開く
⑤ 「ジャンケンポン」ジャンケンをする

【援助のポイント】
① はじめに「せっせっせーのよいよいよい」を加えるとうたい出しやすい。
② はじめから、手を合わせてうたうのは難しいので、まずは保育者の手を叩くだけにし、簡単なことから、徐々に難易度を上げていく。
③ 兄弟や地域からの伝承で、歌が徐々に長くなっている場合がある。新たな「お寺の和尚さん」ができるように援助してもよい。その場合、人を傷つける言葉などには注意が必要。

【バリエーション】
① 5～6人で遊ぶこともできる。
この場合、円になり、右手を右側の子どもの左手にあわせるようにし、ジャンケンは、保育者とするか、全員か、右側の子どもにするなどとする。
② 年齢が低くジャンケンが難しい場合でも、手遊びとして楽しむことができる。

音楽　夏

お寺の和尚さん
わらべうた

おてらの おしょうさんが かぼちゃの たねを まきました
た めがでて ふくらんで はながさいたら ジャンケンポン

⑳ かえるのがっしょう

該当年齢 0 1 2 3 4 **5** 歳児

相手の声をよく聞いて輪唱してみましょう。とてもシンプルな歌ですが，カエルが鳴いている姿が目に浮かぶ曲です。うたうだけでなく，身体表現としても楽しめるでしょう。

【ねらい】
自分で好きなようにうたうだけでなく，相手の声にも耳を傾け，相手に合わせていける協調性やハーモニーの美しさを感じ取れる感性を養う。

【準備・環境づくり】
①歌をうたいおぼえる。
②クラス全員でうたうことに慣れてきたら，クラスを2グループに分けて，まずおたがいの歌を聞き合ってみる。
③他の保育者や保護者に手伝ってもらい，子ども達の前で輪唱してみる。

【遊び方・プロセス】
①クラスをⒶⒷグループに分ける。
②Ⓐが2小節先行してうたったらⒷが続けてうたい出す。

【援助のポイント】
①保育者が，出だしのタイミングを指揮する。
②他の保育者や保護者に協力を頼み，各グループのリーダーとしてうたってもらう。
③輪唱が理解しやすいように，友達の歌を聞く場面をつくる。
④輪唱を聞いた感想を話し合い，相手に合わせてうたうことできれいに心地よく聞こえることに気づくように配慮する。
⑤かえるが鳴いているイメージがつかみにくい子どもがいるかもしれないので，絵や図鑑などで理解が深まるようにする。

【バリエーション】
①「かえるのがっしょう」の音探しをしてみよう。
②石や貝がらをこすり合わせたりして「かえるのうた」のイメージを広げよう。
③グループを増やしてみよう。
④3つ以上のグループは子どもだけでは，幼児には難しいかもしれない。集会や参観などのときに，保育者や保護者にリーダーになってもらい，たくさんのグループで輪唱するのもよい。
⑤振りつけをする。
⑥たとえば「ケケケケ」のところでジャンプするなどの振りをつけると，輪唱の順番でジャンプすることになり，楽しさも増えていく。
⑦輪唱をする，小節を変える。2小節を1小節や4小節など，変化させ，その違いを楽しむ。

音楽 夏

㉑ 毛虫が三匹

該当年齢 0 1 2 3 4 **5** 歳児

とても短く楽しい歌詞なので，子どもはすぐに覚えることでしょう。輪唱はすぐにできないかもしれませんが，保育者がまずは楽しんでやってみましょう。

【ねらい】
① みんなでうたうことを楽しむ。
② 「輪唱」といううたい方があることを知る。

【準備・環境づくり】
① ピアノなどによる伴奏（手拍子でもよい）。
② 少人数より多人数のほうがうたいやすい。
③ グループに分けられるように子ども達を座らせる。

【遊び方・プロセス】
① みんなでとおしてうたう。
② 最後の「キャッ！」で両手をあげ，びっくりした感じにする。
③ 2つのグループ（Ⓐ，Ⓑとする）に分ける。
④ Ⓐが先にうたい，2小節（「けむしがさんびき」）後にⒷがうたう（輪唱）。
⑤ ④を繰り返す。
⑥ 慣れてきたら，Ⓐ，Ⓑの順番を反対にする。

【援助のポイント】
① 保育者1人より，各グループにリーダーとして保育者がいたほうがやりやすい。
② 2グループに慣れてから，3，4グループにしたほうが理解しやすい。
③ 最初は手拍子のほうがうたいやすい。
④ 歌の上手下手ではなく，「輪唱」の楽しさを伝えていきたい。

【バリエーション】
＜間隔を狭くする＞
① 2小節ができるようになったら，輪唱の間隔を1小節（「けむしが」）にする。
② 1小節ができたら，2拍（「けむ」）にする。
③ 最終的には1拍（「け」）で輪唱をする。
④ 1拍の場合，最後の「キャッ！」の部分がグループごとに連続するので，違う楽しさがうまれてくる。

＜いろいろな動物にする＞
① 「けむし」「ねずみ」の部分を他の動物に変える。（たとえば，こねこ）
② その動物の動作の音を考えて詞をつくる。
（例：こねこがさんびきかくれたぞ，にゃあ，にゃあ，にゃあ，にゃあ　どこだろう……）

＜振りつけを考える＞
① 歌詞に合わせた振りつけや指の動きを考え，踊りながら輪唱をしてみる。
例：「けむしがさんびきかくれたぞ」→人差し指を毛虫に見立て，動かす。
「ぞろぞろぞろぞろどこだろう」→手をひたいにかざし，探す振りをする。
「ここらにいそうだみつけたぞ」→ある場所を指さし，見つけた振りをする。

＜「ぞ」で手をあげる＞
① いちばん最後の「ぞ」で両手をあげる，もしくは，歌詞のなかにある「ぞ」の部分で手をあげる。
② 輪唱なので，グループごとに手をあげる場所が異なり，波打つように見える。

音楽　夏

毛虫が三匹　　作詞　栗原道夫　作曲　小宮路敏

1. けむしが　さんびき　かくれたぞ
2. ねずみが　さんびき　かくれたぞ

ぞろぞろ　ぞろぞろ　どこだろう
ちょろちょろ　ちょろちょろ　どこだろう

ここらに　いそうだ　みつけたぞ　（キャッ!）

22 音遊び

該当年齢 0 1 2 **3 4 5** 歳児

生活のなかにはたくさんの音があふれています。どんな音があるか確かめてみましょう。また，自然物を使って音をつくって遊んでみましょう。そして，自然のなかから発見して遊んでみましょう。

【ねらい】
①音の発見を楽しむ。
②音が交ざり合って変化する様子に興味を持つ。
③自然物（ドングリ，砂，実，葉など）を使って自分で音をつくり出すことを楽しむ。

【準備・環境づくり】
①場の設定：公園，林のなか，原っぱなど身近な自然のあるところ（事前に身近な自然の音が聞けるところを，下調べしておくとよい）。
②準備：紙コップやプリンカップ，牛乳パックなど，なかが見えるものと見えないもの。セロハンテープ，ガムテープ。

【遊び方・プロセス】
①自然のなかにはどんな音があるのか探したり，音の違いを発見し楽しむ。
②聞こえてきた音を声に出してまねしてみたりすることを楽しむ。
③なかの見えない容器に自然物を入れ，どんな音がするのか聞いてみる。また，なかに何が入っているのか当てて楽しむ。
④自分で自然物を集めて容器に入れてみたり，自然物をこすり合わせたりして，音をつくり出すことを楽しむ。

【援助のポイント】
①自然のなかにどのような音があるのか，保育者が先に言ってしまわず，子ども達と一緒に探していく。
②子どもの気づきを大切にしていく。
③自然の音といっても，時期・年齢・発達によって子どもの興味の示し方が違うので，この発達の違いをふまえて，環境を構成したり言葉をかけたりしていくことが大切である。

【バリエーション】

＜音探し＞
日常生活のなかで聞こえてくる音に耳を傾ける（雨の音，風の音，葉っぱの音，虫の鳴き声，足音など）。

＜どんな音？＞
自然の森や林に行って目をつぶり，どんな音が聞こえてくるか耳をすまして確かめてみる（工作用紙をまるめてメガホンをつくり，耳に当てて音を聞いてみる）。

＜マラカスづくり＞
プリンカップを2つ合わせる。なかにドングリなどを入れて，どんな音がするのか聞いてみる。
※入れ物を変えてつくってみる（牛乳パック・ペットボトルなど）。

＜音当てゲーム＞
①なかの見えない容器を準備する。
②音を聞き，どんな音がするのか，何が入っているのか，子ども達と一緒に考えてみる。

※なかの見えないもの

＜水で音づくり＞
①コップに水を入れて叩いて，音を聞いてみる。
②水の量を変えて，音の高さや違いに気づいて楽しむ。

音楽　秋

㉓ げんこつやまの たぬきさん

該当年齢 0 1 2 3 4 5 歳児

よく知られているわらべうたです。ジャンケンの仕組みがわかり，勝ったり，負けたり，友達とうたいながら一緒に遊ぶことを楽しみます。地域によって歌詞が異なるかもしれませんが，その地域のもので楽しんでください。

【ねらい】
①友達とリズムに合わせて表現遊びをしたり，ジャンケンをするおもしろさを味わう。
②ジャンケンの仕組みを知り，ルールを理解して遊ぶ。

【準備・環境づくり】
①保育者と子ども達。
②友達同士。

【遊び方・プロセス】

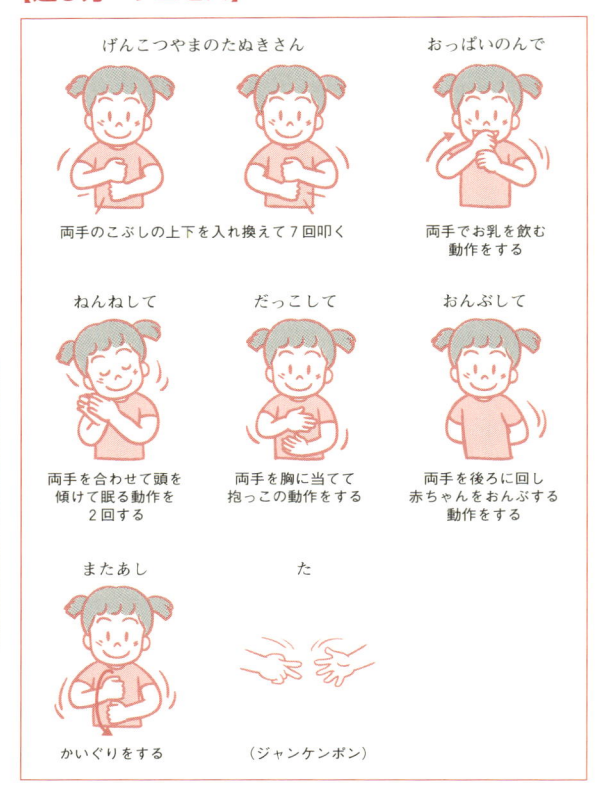

げんこつやまのたぬきさん
両手のこぶしの上下を入れ換えて7回叩く

おっぱいのんで
両手でお乳を飲む動作をする

ねんねして
両手を合わせて頭を傾けて眠る動作を2回する

だっこして
両手を胸に当てて抱っこの動作をする

おんぶして
両手を後ろに回し赤ちゃんをおんぶする動作をする

またあした
かいぐりをする

（ジャンケンポン）

【援助のポイント】
①はじめは，保育者と子ども達で「またあした」とジャンケンを出し合うことが楽しく，出したものが先生や友達と同じだった！　違った！　と繰り返しおもしろがる。
②この時期は，勝ち負けのジャンケンの仕組みもわかって楽しめるようになるので，「～ちゃんに勝った！」と繰り返していくうちに，「相手が何を出すから自分は何を出そうかな？」と「勝つためには？」と考えるようにもなり，友達同士で繰り返しやることを楽しむ。

【バリエーション】
①先生と一緒に1対クラス自由隊形で。
②友達同士で遊ぶ。2，3人から大勢へ。
③ジャンケンで勝ったほうが相手の手を取り，「㊻いっぽんばし」をする。

音楽　秋

げんこつやまのたぬきさん
わらべうた

げん こ つ や ま の　た ぬ き さ ん　おっ ぱい の ん で
ねん ね し て　だっ こ し て おん ぶ し て　ま た あ し た

24 大きな栗の木の下で

該当年齢 0 1 2 **3 4 5** 歳児

友達同士，コミュニケーションを取りながら遊ぶ楽しさが少しずつわかってくるころです。歌をうたいながらリズム遊びをすることも，とても喜びます。友達と向かい合っただけで，クスクス笑いが聞こえてきそうです。

【ねらい】
①季節感のある歌遊びをする。
②大きな声で歌をうたったり，からだを動かして楽しむ。
③友達とコミュニケーションを取りながら遊ぶ。

【準備・環境づくり】
①保育室などの室内で自由にからだを動かせるスペースをつくる。
②ピアノなど子どもがうたいやすい楽器を用意する。

【遊び方・プロセス】
①保育者が子ども達に弾きうたいをしたり，音楽CDを流したりしながら曲に親しめるようにする。
②歌をうたうことに慣れてきたら，歌詞に合わせて保育者が身振りをし（図参照），子ども達も保育者のまねをしながらからだを動かしてみる。
③1人で歌をうたいながら，からだを動かせるようになったら2人組をつくり向き合ってやってみる。

【援助のポイント】
①最初は椅子や床に座って行うと落ち着いた気持ちで活動に参加しやすい。
②歌詞に合わせて身振りをするとき，「おおきな」「あなた」「わたし」など，子ども達でも表現しやすい言葉は一緒に考えながら進めていくと，子ども達も自分で振りを考えたという満足感や達成感が持て，よりいっそう親しみを持って活動に参加できる。
③まだ，自分達で2人組みをつくることが難しい子ども（自分から2人組みをつくろうとしない，嫌がるなど）もいるので，必ず保育者がそのときの状況や環境に合わせて言葉をかけたり対応しながら，みんなが楽しい気持ちで参加できるようにする。

【バリエーション】
<替え歌>
①「おおきな　くりの　きのしたで～」（くりの部分を替える）
　　おおきな　ミカンの　きのしたで～
　　おおきな　リンゴの　きのしたで～　など
　　　子ども達と話し合いながら身近にある木に替えてみる。
②「おおきな　くりの　きのしたで～」（おおきなの部分を替える）
　　ちいさな　くりの　きのしたで～
　　ちゅうくらいの　くりの　きのしたで～　など
　　　声や身振りを大・中・小に分けてみる。
③「た」の部分だけ，うたわないといったルールを加える。

<歌の速さを変える>
④1回目「おおきな　くりの　きのしたで～」（ふつうの速さ）
　2回目「おおきな　くりの　きのしたで～」（少し速く）
　3回目「おおきな　くりの　きのしたで～」（とても速く）
　　速くしたり，遅くしたり変化をつけてみる。

<園庭などに大きな木があったらその下でやってみる>
　また，「おおきなくりの　きのしたで」の音楽を流しながらやってみると，ピアノや楽器とは違ったリズム遊びの雰囲気が楽しめる。

大きな栗の木の下で
作詞　平多正於　外国曲

おお　きなくりの　　きのした　で
あ　な　た　と　　わ　た　し
なか　よ　く　　あそ　び　ま　しょう
おお　きなくりの　　きのした　で

<アドバイス>
● 「おおきな」だけでなく，「ちいさな」木の名前を考えて小さい動作をつけて遊んでもおもしろいだろう。
● 「おおきなやし」はフラダンス，「おおきなさくら」は日本舞踊などと，替え歌をつくって遊ぶと楽しさも増す。

音楽　秋

㉕ かごめかごめ

該当年齢 0 1 2 3 4 5 歳児

最も広く知られている伝承遊びです。みんなで手をつないだり触れたりすることで，友達への安心感が育ちます。また，うたいながら動くことで，全身でリズムを楽しめます。

【ねらい】
①保育者や友達への安心感を育てる。
②友達と一緒にリズムや歌で遊ぶ楽しさを味わう。
③友達の名前に関心を持つ。
④ゲーム（当てっこ）のスリルを楽しむ。

【準備・環境づくり】
保育室などでするときは，手をつないでまわるので机や椅子を片づけて広くする。

【遊び方・プロセス】
①みんなで手をつないで輪をつくる。
②鬼を決め，鬼は両手で目隠しをして中央にしゃがむ。
③みんなで歌をうたいながら鬼の周りをまわる。
④「だ〜れ」で全員がしゃがみ，鬼の後ろになった子どもが，身近な動物の鳴きまねをする。
⑤鬼はその声を聞き，後ろの子どもの名前を当てる。
⑥名前が当たらなかったときは，再度ヒントを出して遊ぶ。

かごめかごめ　わらべうた

か　ごめ　かごめ　かごの　なかの　とりーは
いつ　いつ　でや〜る　よあ　けの　ばん　に
つると　かめがすべった　うしろのしょうめん　だ〜れ

【援助のポイント】
①年少児には，手をつないでうたいながら歩くのは難しい子どももいるので，歩きやすいリズムで進める。
②鬼になりたがらない子どももいるので，無理をせず，やりたい子どもに交代するなどして，みんなで遊ぶ楽しさが感じられるよう配慮する。 
③名前を覚えていない子どもが，友達の名前に関心を持つきっかけになるようなかかわり方を心がける。
④遊びがわかりやすく楽しくなるように，友達の当て方を工夫する。
⑤はじめは保育者と一緒に，年長・中・少児を仲間にしながら，子ども達同士で楽しむ遊びになるように見守っていく。

【バリエーション】
＜「うしろの正面だ〜れ」の工夫の仕方＞
①「……だ〜れ」で，鬼が目隠しをしたまま立って，後ろ向きに歩いていき友達に触る。触られた子どもが鬼になる。

②鬼の真後ろに誰もいないときには，両隣の子どもがジャンケンをして決める。
③当てっこ遊びに発展〜（4〜5歳児向き）。
ア）鬼が中央で「どんな人？」と聞くと，みんなで「かわいい人」「赤いスカートをはいている人」「いのつく人」などと，鬼の後ろに座った子どもの特徴を言って当てる。
イ）鬼が質問をして周りの子どもがそれに答えることによって当てる。
例：鬼「名前のいちばんはじめの字はな〜に？」「好きな遊びはな〜に？」「好きな色はな〜に？」など。
ウ）鬼が「声を出して」と言うと，後ろに座った子どもが「○○ちゃん」と，自分の声を変えて鬼の名前を呼ぶ。

音楽　秋

㉖ マラカスづくり

該当年齢 0 1 2 3 4 5 歳児

手づくり楽器の定番のマラカス。身近な素材を使い,オリジナルの楽器をつくります。プリンカップやフィルムケースを使うと,どんな音が出るのでしょう?

【ねらい】
① 身近にある素材から音の出るマラカスがつくれることに気づき,さまざまな素材を利用して,マラカスづくりを工夫する。
② マラカスをつくる素材やなかに入れるもので,どのように音が変化するのかに興味を持つ。
③ 手づくりマラカスで音楽に合わせて音を出したり,自分達でリズムをつくり,楽しく合奏遊びに参加する。

【準備・環境づくり】
① お家の方にも協力していただき,マラカスづくりに使用できそうなリサイクル品(廃材)を各家庭より集める。
② 子ども達が自分で素材を選び,マラカスづくりにスムーズに入れるように,さまざまな素材を手に届くところに準備しておく。
③ "音"に関して興味を持てるように,ふだんの遊びのなかからも音探しや音の鳴る瞬間を意識していく。
④ マラカスのなかに入れるものは,子ども達が集められる木の実や小さな石,または豆やトウモロコシの実などで工夫できるようにする。

【遊び方・プロセス】
① プリンカップやフィルムケースなどを準備する。

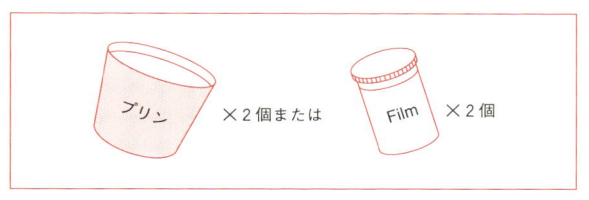

（プリン ×2個 または Film ×2個）

② なかに入れるものを選び,選んだカップなどに入れ,テープで中身が飛び出さないようにとめる。

（豆　木の実　お米　→　カップ）

③ ビニールテープ,シールなどで周りを飾る。

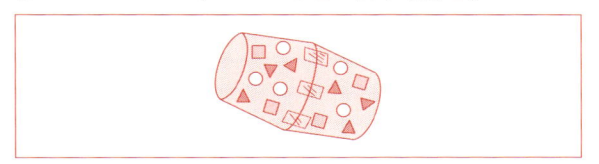

【援助のポイント】
① 廃材と廃材をくっつけたり,キャップを閉めたりする際に,中途半端になるとなかに入れたものが出てしまうので,製作した子どもと一緒にその部分を確認するようにする。
② 楽器をつくりっぱなしにしないように,音遊び,合奏ごっこなど,マラカスでの遊びが広がるようにステージをつくったり,発表会を行ったりする。その際,音を出しやすいCDを用意したり,発表できる場の環境を構成する。

【バリエーション】
① 廃材を使ってのマラカスづくりでは,固い容器をイメージするが,紙袋に絵を描き,そのなかに思い思いのものを入れても,簡単マラカスがつくれる。

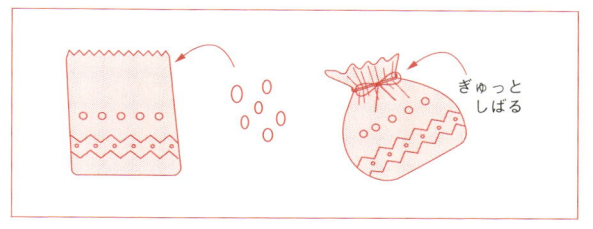

（ぎゅっとしばる）

② ペットボトルや透明の容器でつくる場合は,色紙や紙テープを小さく切り,容器の中に一緒に入れると,外から見てもとてもきれいに見える。

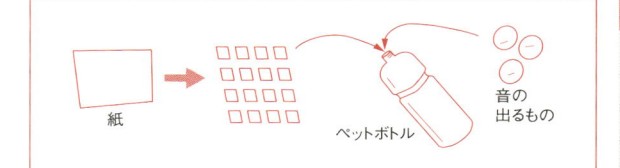

（紙　→　ペットボトル　音の出るもの）

■ <豆知識> 世界のマラカスについて

　マラカスは本来,マラカという木の実のなかに種や小石を入れてシェイクし,音を楽しむ楽器です。単数でマラカ,複数でマラカスと呼ばれています。とても有名なラテン楽器です。しかし,同じような楽器でも,他の国々に行くと使われている素材が違うことがあります。暖かい国ではヤシの実や,または他の木の実が使われていたり,動物の皮を使ったマラカス,木の皮をはいで乾かして編んだりしたものを使ったマラカスなども見つけることもできます。それぞれを手に取ることで,国の風土や環境に気づくことができます。

　最近では,民芸雑貨展で容易に見つけることができるので,それらに触れることで,他国に興味を持つきっかけにもなります。

27 ドングリマラカス

該当年齢 0 1 2 3 4 5 歳児

自分達が見つけたドングリをマラカスに！大きなドングリ、小さなドングリ、たくさん入れたら？とさまざまな音の違いに気づき、遊びがふくらみます。

【ねらい】
① 自分達で拾ってきたドングリが楽器に使えることに気づき、楽器づくりに意欲的に参加する。
② ドングリ拾いへの意識も高まり、他の木の実やドングリの種類への興味が高まる。
③ ドングリの数や、ドングリを入れる容器の変化により、音の違いがあることに気づき、音を楽しむために、さまざまな工夫をする。
④ 手づくりのマラカスで、リズム打ちをしたり、曲に合わせたりと、合奏ごっこを楽しむ。

【準備・環境づくり】
① 自分達で拾ったドングリが楽器への遊びに広がるように、ドングリを入れるリサイクル品（廃材）が手に届きやすいようにしておく。
② 子ども達が自分で素材を選び、マラカスづくりにスムーズに入れるように、さまざまな素材を手に届くところに準備しておく。
③ "音"に関して興味をもてるように、ふだんの遊びのなかからも音探しや音の鳴る瞬間を意識していく。

【遊び方・プロセス】
① ドングリを拾ったり、集めたりする。
② ペットボトルの空き容器にドングリなどの木の実を入れ、しっかりふたを閉める。
③ ふたの口をビニールテープで巻きつける。
④ 音を楽しんだり、リズム打ちをしたり、音楽に合わせて合奏ごっこを楽しむ。

【援助のポイント】
① マラカスのなかに入れるドングリの大きさや種類に、いろいろあることにも気づけるように、本や図鑑を子ども達の目に見えるところに出しておくようにする。
② なかに入っているドングリそのものや、数・大きさによって音の違いがあることに気づけるにようにする。透明の容器を使うと、中身がよく見えて、子ども自身でそれを意識できる。
③ ドングリのなかには虫に食われているものもあるので、扱うときに注意する。

【バリエーション】
＜ヒョウタンでもマラカス＞
① ヒョウタンを乾かす（しっかりと乾かすには何か月もかかる）。
② 茶色になったヒョウタンのてっぺんに直径5mmほどの穴をあけ、種をすべて取り出す。釘や針金を使うとなかまできれいに空っぽになりやすい。
③ お米や豆、小さな木の実など、音を確かめながらなかに入れるものを決める。
④ 最後に棒を差し込み、穴をふさぐ。棒が取れないように接着剤などでつけるとしっかりする。

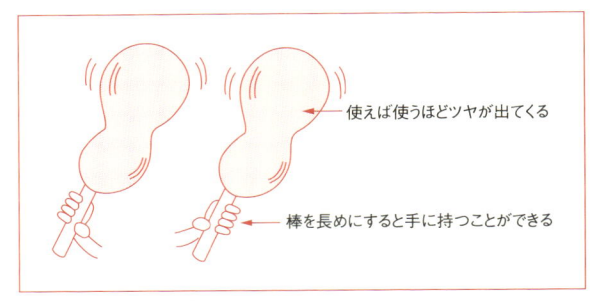

使えば使うほどツヤが出てくる
棒を長めにすると手に持つことができる

＜他の材料でつくるマラカス＞
容器や中身の材料を変えることで、音の違いや響きを楽しもう。
　容器：プラスチックの空容器
　　　　ペットボトルなど
　中身：豆（小豆、大豆など）、米、小石、ビーズなど

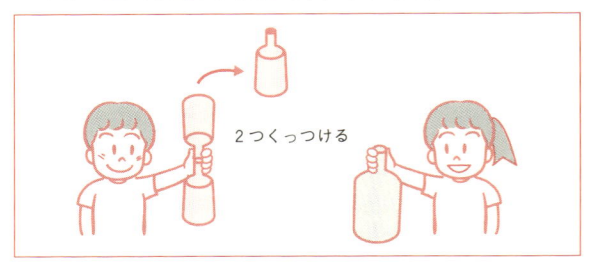

2つくっつける

つくったもので発表会をしたり、運動会などの応援の道具のひとつとして使うのもよい。

㉘ なべなべそこぬけ

該当年齢 0 1 2 **3 4 5** 歳児

友達と手をつないで，顔を見合わせることがうれしい時期。手を振り合うだけでも楽しくなります。わらべうた遊びは，仲間意識を深めるためにも繰り返し遊びましょう。

【ねらい】
①友達と一緒にうたいながら，一緒に遊ぶおもしろさを味わう。
②友達と一緒に，わらべうたのリズムを感じながら，隊形の変化を楽しむ。

【準備・環境づくり】
スペースが少しあって，2人いればどこでも遊べる。

【遊び方・プロセス】
①2人組みになる。
②向かい合って，手をつなぐ。
③「なべなべそこぬけ　そこがぬけたら」……つないだ手を左右に振る。
④「かえりましょ」……手をつないだまま，180度回転し，背中を向けあう。
⑤歌を繰り返し，「かえりましょ」で元の向かい合った姿勢に戻る。

【援助のポイント】
①友達と手をつないで，顔を見合わせることがうれしい時期。手を振り合うだけでも楽しくなってしまう。ひっくり返るときには，2人の気持ちが合わないとくぐれないが，この時期の子ども達は，自然とどちらかがリードしてくぐってしまう。もし混乱していたら，そのときに援助が必要となる。つないだ手を山にして，どちらをくぐるか相談しよう。何度となく繰り返すなかで，自分達のいきが合ってきて，背中合わせになったとき，また戻れたときのおもしろさは格別である。
②歌とからだを動かすことを同時にするのは，最初は難しいので，歌を覚えてから，からだを動かすようにするとよい。
③どうしたらできるかを教えるより，2人で考えさせるような援助をする。
④背中合わせから，戻るほうが難しい。

【バリエーション】
①この遊びは2人だけではなく，3人でも4人でも遊ぶことができる。ただ，2人の場合はスムースにいくが，3人以上になると途端に難しくなるようである。つないだ手のどこを山にしてとおっていくかを決めて，そこをとってひっくり返る。また，戻るときも最初は混乱するが，繰り返しわかっていくとおもしろくなっていくようである。
②徐々に増やしていくごとに，相談したり，リーダーシップをとる子どもも出てくるので，クラス全員で取り組んでみることも楽しいはず。180度回転することを考えに入れて，クラス全員で手をつないだときのスペースくらいがあることが望ましい。
③いくつかのグループ対抗で，30秒間で何回できるかといった競争にする。その際，歌にあわせるより，ひっくり返ることを楽しむようにする。

なべなべそこぬけ　　わらべうた
な べ な べ　そ こ ぬ け　そ こ が ぬ け た ら　か え り ま しょ

♪なべなべそこぬけ
♪そこがぬけたら
♪かえりま
♪しょ

音楽

秋

315

㉙ 空き缶・バケツ太鼓

該当年齢：0 1 2 3 **4** 5 歳児

太鼓をつくることは形や装飾から始めるのではなく、子ども達の遊びのなかでの音への気づきや、友達との共感から導入します。かかわりながら創意工夫していくことを大切にしていきましょう。

【ねらい】
①廃材からいろいろな音の出るものを見つける。
②空き缶を利用していろいろな音の違いに気づき、友達とリズムを合わせるおもしろさを味わう。
③友達と空き缶を組み合わせて、新しい楽器をつくることを楽しむ。
④できた楽器で演奏会を開くことを楽しむ。

【準備・環境づくり】
①粉ミルク缶、飲料缶、果物缶、お菓子缶などを子ども達が持参。
②叩くものとして、割り箸、広告紙をまるめたもの、ストロー、木琴・鉄琴のばち、小太鼓のばち、大太鼓のばちなども用意。
③つくるとき（装飾したいとき）のために、ガムテープ、ビニールテープ、セロハンテープ、リボン、布、ボンドを用意。
④机を用意し、自分で好きな缶の音を出して遊べるスペースをつくる。

【援助のポイント】
①缶によっていろいろな音が出ることや、音の違いに気づく。叩くものも変えながら一緒に音を出すことや、その音の違いを共感できるようにする。
②友達同士で同じ音を見つけあうなど、友達とかかわりながら遊んだり、考え合っていけるようにしていく。
③1個の同じ缶であっても、上、横、内側から叩くことで違う音が出てくることをおもしろがる。
④缶を組み合わせたり、向きを変えることで、また違う音ができていくことに気づいていく。
⑤保育者のピアノに合わせて、友達と一緒に叩くことをおもしろがる。
⑥見つけた音を友達や保育者に共感されたことで、ガムテープやセロハンテープを取り出して、太鼓をつくろうとする。友達と相談し、工夫しながらつくる様子がみえる。 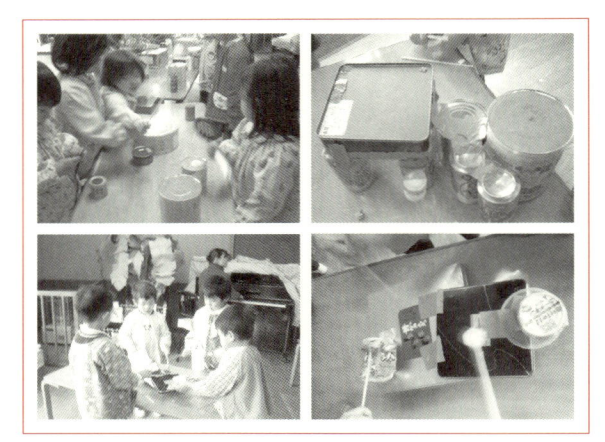
⑦友達と一緒につくった楽器で、自分達の決めた曲に合わせてリズムを叩く。
⑧音に合わせて、太鼓を叩けるよう、いろいろな種類のCDを用意する。

【バリエーション】
①つくった楽器を使って発表会ごっこをする。
②太鼓以外の楽器もつくりたいと発展し、缶と缶をくっつけることでマラカスやシンバルなどもつくり、曲の効果的リズム音として使っていく。
③合奏ごっこを成り立たせるために、歌をうたう人や指揮者も決め、それぞれ役割を分担する。

音楽　秋

㉚ やきいもジャンケン

該当年齢 3・4・5歳児

ジャンケンの勝ち負けの理解ができるようになり，勝敗を楽しめるようになります。
季節感のあるジャンケン遊びです。ホカホカなやきいもを想像しながら楽しめるでしょう。

【ねらい】
① 友達とジャンケン遊びを楽しむ。
② ルールを持った遊びを知る。
③ 表現遊びを楽しむ。

【準備・環境づくり】
① ジャンケンしている相手が全員見わたせる位置に立つ。
② グー・チョキ・パーの札などをつくっておく。
③ 勝った人へのご褒美に，やきいもなどを紙や布などで製作しても楽しい。

【遊び方・プロセス】
① 最初は保育者との対戦にして進行していく。
② それぞれに自分の好きな形のやきいもを手で表現し，やきいもジャンケンをする。
③ 勝者は，そのやきいもを食べることができる。
④ 代表の子どもとの対戦にしたりして，遊びを盛り上げる。

やきいもグーチーパー
作詞 阪田寛夫　作曲 山本直純

①やきいも　やきいも　おなかが　②グー　③ほかほか　ほかほか　あちちの
④チー　⑤たべらなくなる　なんにも　⑥パー
やきいもの形をつくって左右にゆれながら
少し身をかがめておなかのところでグー
手のひらを上にして指でホカホカ
かたのところでチョキ
口のところで指をパクパクさせ食べるふり
かたのところでパー（両手をひろげる）

⑦それ　やきいも　ジャンケン　⑧グー　⑨チー
拍手を5回
かたのところでグー（げんこつをつくる）
④と同じ

⑩パー　⑪そーれじゃんけーん　⑫ポン!!
⑥と同じ
胸のところで手をげんこつにしてグルグル回す

【援助のポイント】
① ジャンケンのルールを全員が理解しているか確認しながら一緒に楽しむ。
② 大きなやきいも，小さなやきいも，中くらいのやきいもなど，大きさを変えて表現の仕方や歌のテンポを変えてみる。
③ 保育者が一方的に押しつけていくのでなく，子ども達のなかから出てくる表現や発想を大切にする。
④ 代表の子どもが前に立ったときも，そばに添って安心感を持たせるよう援助する。
⑤ 終わりは，心もおなかもいっぱいという充実感を味わっているかどうか，遊びの終わりを見極める。

【バリエーション】
＜2人組になって対戦する＞
　保育者はピアノの伴奏をし，勝った子どもは負けた子どものつくったやきいもを食べることができ，負けた子どもはくすぐられる，あいこの場合はやきいもを戸棚にしまっておくなど，子ども達同士でルールを発展させていく。

＜足ジャンケン＞
　足ジャンケンにすることにより，からだをいっそうダイナミックに動かす遊びになる。

＜替えうたにする＞
　やきいもだけでなく，他のたべものにして遊ぶ。

音楽　秋

㉛ 音づくり遊び

該当年齢：0 1 2 3 **4** 5 歳児

石ころ，棒きれ，ドングリ，古釘やねじ，落ち葉などなど。廃材や道具の使い方を工夫できるようになった子ども達と，音をつくるおもしろさを広げていきましょう。

【ねらい】
①容器や素材の組み合わせで，音が変化するおもしろさを楽しむ。
②つくった音を聞き合い，それぞれの音の違いに興味を持つ。
③音をいろいろな歌に合わせて遊ぶ。

【準備・環境づくり】
①場所の設定：室内・戸外
　室内でもよいが，園庭の木陰やテラスにテーブルを用意して行うと，自然物を取り入れた音づくりが展開しやすい。
②準備：
　A：ドングリ・小豆・数珠玉・小石・ストローを切ったものなど。釘・ゴム・糸。
　B：空き缶（お菓子やジュースなど）・空き容器（プリンカップ・フィルムケース・ペットボトル・スプーンなど）・セロハンテープ・ビニールテープ。
　C：木ぎれ・竹・バケツ。

【遊び方・プロセス】
①Bの容器にAの材料を入れ，音の調節をする。

②容器に入れる材料や量を調節し，音の変化や調節を試みながら行う。

③Cの素材を叩いたり，こすったり，叩くものを代えていろいろな音をつくって遊ぶ。

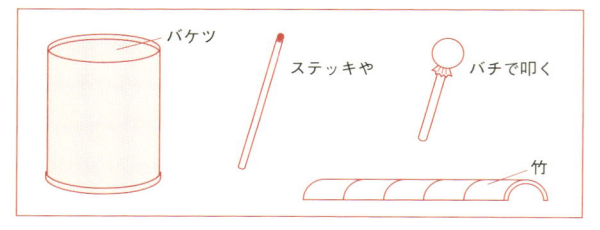

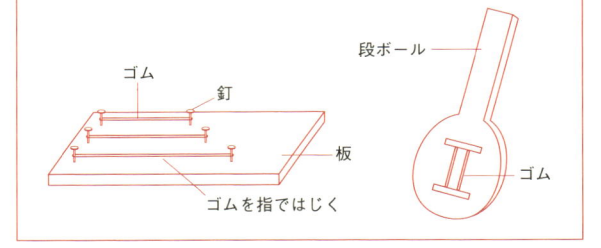

【援助のポイント】
①容器を集めたり，自然物を集めることも，保育者が前もってやってしまうのではなく，子どもと一緒に集めたり，家庭に協力してもらいながら準備していく。
②音の調節をしていく。
③さまざまな経験ができるよう素材を用意する。
④音をつくる遊びの前に，さまざまな音を探す遊びなどを取り入れる環境を用意する。

【バリエーション】
＜つくったもので遊ぶ＞
　でき上がった楽器を使って，音楽会気分で演奏して遊ぶ。他の学年やクラスに招待状を出して，お客さんに来てもらうことで表現する楽しさがふくらむ。

＜その他の音づくり＞
①空きびんシロホン
　びんのなかに水を入れて叩いてみる。水の量やびんの大きさで音が変化する

②空き缶シロホン
　いろいろな種類の缶や，少しへこませた缶などで音が変化する 

③⓯の「竹の楽器」や⓲の「牛乳パックのギター」などとあわせて演奏するのもよい。

音楽　秋

32 ずいずいずっころばし
―わらべうた―

該当年齢 0 1 2 3 4 5 歳児

昔ながらのわらべうたをとおして，スキンシップを楽しみましょう。鬼を決めたり，勝ち抜き戦としても遊べます。子どもだけでなく，親子のふれあい遊びとしてもよいでしょう。

【ねらい】
仲間と同じリズムを共有し，はずんだ気持ちを楽しむ。

【準備・環境づくり】
①子どもがまるく1列に座る。
②保育者が歌をうたうのであれば，該当年齢より低い年齢でもできる。1～2歳では，歌をうたいながら，手を叩いてあげるだけでもよい。

【遊び方・プロセス】
①グループで輪になってすわり，リーダーを決める。
②両手を軽く握って前に出す。
③リーダーは，歌に合わせて右人差し指でこぶしにふれていく。またはこぶしのなかに指を入れてもよい。
④歌がおわったときにこぶしをふれられた子どもが次のリーダーとなる。

【援助のポイント】
リーダーは○印のリズムで右人差し指を動かしていく。

ずいずい　ずっころばし
ごまみそずい
ちゃつぼに　おわれて
とっぴんしゃん

ぬけたら　どんどこしょ
たわらの　ねずみが
こめくって　チュウ
チュウ　チュウ　チュウ
おっとさんが　よんでも
おっかさんが　よんでも
いきーっこなーしよ
いどのまわりで
おちゃわん　かいたの　だーれ

【バリエーション】
歌が終わったときにふれられたこぶしをだんだんはずして，最後に残った子どもが勝ちとなる「勝ち抜き戦」としても楽しめる。
①歌をだんだん早くしたり，ゆっくりにしたり，また，指で強く，こぶしにふれたり，なでてあげたりと，スキンシップを楽しむようにする。
②こぶしをふれるところを，指で○をつくるようにし，そのなかに，指を入れるようにしてもよい。

音楽　秋

㉝ ダンス

該当年齢 0 1 2 3 4 5 歳児

子どもは音楽を聴いて，自然とからだを動かし，楽しみます。それを，「ああしろ，こうしろ」ではなく，自然と生まれた動き，ダンスを大切に，広げていきましょう。

【ねらい】
① 音楽に合わせてからだを動かすことを楽しむ。
② からだでさまざまな表現ができることを知る。
③ さまざまな音楽があることを知り，イメージを深める。

【準備・環境づくり】
① 子ども達が踊りやすい音楽を日ごろから探し，集めておく。
② からだが動かせる広い空間を用意する。
③ さまざまな動きができるように，さまざまな種類の音楽や舞台などの環境を用意する。

【遊び方・プロセス】
① からだが動きやすいような，リズミカルな音楽をかける。
② 子どもから出てきた動きを拾い，みんなでそのまねをする。
③ 楽器やポンポンなどを用いて，さまざまな表現ができるように工夫する。
④ さまざまな種類の音楽をかけ，その音楽のイメージを考え，からだで表現する。

【援助のポイント】
① 上手に踊る，全員であわせることを目的とするのではなく，子どもから出てきた動きを発展させるようにする。
② 同じような雰囲気の曲だけではなく，さまざまな種類の音楽（たとえば，ポップな曲，クラシック，さまざまな国の曲など）を聴き，その音楽からイメージできるようにする。
③ 保育者も一緒になって踊り，さまざまな動きが出る雰囲気づくりを心がける。
④ 競争をさせたり，子どもから出てきた意見を否定したりしない。

【バリエーション】

＜まねっこダンス大会＞
① 舞台を用意し，音楽をかける。
② 保育者が舞台に上がり，保育者の踊りのまねをする。
③ しばらくしたら，子どもを1人舞台に上げ，その子どものまねをする。
④ いくつかのダンスをしたら，違う子どもが舞台に上がり，その子どものまねをする。
⑤ それを繰り返す。

＜動物ダンス大会＞
① 森のダンスパーティなどと仮定し，さまざまな動物が集まる（ウサギやゾウなどになって，保育室内を歩き，パーティ会場に集まると仮定する）。
② いくつかの動物が集まったと仮定してから，音楽をかける。
③ 音楽に合わせて，「いちばん最初にウサギが踊ります」などとし，その動物になって踊る。
④ しばらくしたら，動物をかえる。
⑤ 突然，違う動物に変化させたりする。

＜ストップダンス大会＞
① 音楽をかけ，ダンスをする。
② 突然，音楽を止める。
③ 音楽を止めると，その姿勢で，からだをとめる。
④ ふたたび音楽をかけ，ダンスを始める。
⑤ それを繰り返す。

＜いろいろダンス＞
① さまざまな曲調の音楽を組み合わせたテープをつくる。または，キーボードのキーにさまざまな曲を割り当てる（明るい音楽が突然，暗い音楽に変わったりするように曲づくりは工夫する）。
② 曲調にあわせて踊りを変化させる。

＜言葉でダンス＞
① 音楽を使うのではなく，さまざまな言葉からイメージしたダンスをする。
② たとえば「ダン・ダン・ダン」「ビヨヨョーン」「パラン・パラン」などの擬音にあわせて，からだを動かす。
③ その擬音にリズムをつけていく。
④ 擬音を組み合わせて，それにあわせてからだを動かす。
⑤ 言葉を突然変えるなどする。

34 椅子とりゲーム

該当年齢 0 1 2 3 **4 5** 歳児

ふだん使用している「椅子」がゲームとして楽しめることを知り，遊びをとおしてルールを守る大切さを知ります。また，音楽を感じながら機敏に動く敏捷性も養うことができるでしょう。

【ねらい】
①室内でルールのあるゲームをすることで，親密感が芽ばえ，友達と一緒にかかわりながら遊ぶ楽しさも知る。
②椅子を使用して，簡単なゲームを行い，ルールを守って遊ぶ大切さを知る。
③ゲームをとおして遊びながら，我慢をしたり友達を応援したりする気持ちを育む。
④勝負に勝つための方法を考え，工夫しながらゲームに参加する。

【準備・環境づくり】
①保育室やホールなどの室内に，椅子の背もたれが中央になるよう円形に並べる（写真）。 
②人数よりも1脚少ない数を並べる。
③周囲に危険なものがないか確認し，なるべく広いスペースをつくっておく。
④ピアノやオルガンなどの楽器や，CDデッキなど音楽がかけられる機材を用意しておく。
⑤みんなが楽しめるよう，行進曲など誰でも知っている曲の楽譜，カセットやCDもあらかじめ用意する。

【遊び方・プロセス】
①子ども達全員が外向きで椅子に腰かける。
②1度，回り方や腰かけ方の練習をする。音が止まったらなるべく早く腰かけるという経験を全員で行い，本当のゲームのときに戸惑わないようにする（練習のときは全員が腰かけられるよう，人数分の椅子を用意）。
③実際に椅子を減らし，全員が立ち，準備する。
④保育者は曲を弾く（曲をかける）と，子ども達は椅子の周りを回る。
⑤曲を止め，子ども達は自分で考えて空いている椅子を探し，腰かける。
⑥椅子に腰かけられなかった子どもが，次への期待を持てるよう言葉かけをし，円の外に出て応援してもらう。
⑦椅子の数を減らし，全員が立ち，ゲームを再開する。どんどん繰り返してゲームを続けていく。
⑧途中，曲のスピードや，曲調を変えてもよい。
⑨いちばん最後に残った子どもがチャンピオンとなる。頑張ったことをほめ，その他の子ども達からも感嘆される。
⑩続けられるときは，2回戦・3回戦……と行っていく。

【援助のポイント】
①初めて行うときには，回り方の方向，前の人を抜かずに回ること，友達のことを押さないなどの約束をし，ゲームなので椅子に腰掛けられないことがあるということをもう1度確認して始めるとよい（泣いたりパニックになったりする子どももいると予測するとき）。
②腰かけられなかった子どもも応援できるように，壁の周りなどに椅子を並べて，応援席をつくるとみんなで楽しめる（図）。 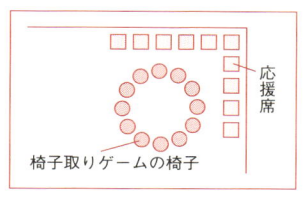
③楽しめるマーチなどの曲や子ども達の知っている曲などを選ぶと，腰かけられなかった子どもも一緒にうたったりでき，飽きずに応援できる。
④椅子の数が減っていくと，だんだん椅子のすぐ近くを回るようになるので，離れて回るように促す。
⑤怪我につながりそうなときには，曲をすぐ止めたり，曲が止まっていないのに，腰かけようとしている子どもが見られたときには，曲を長く弾いたり（かけたり），その場面に応じて臨機応変に変えることも大切となる。

【バリエーション】
①椅子を減らす数を1脚ずつだけでなく，1度に4，5脚ずつ減らしていく。
②クラス全員で行うのではなく，女の子だけ，または男の子だけでゲームを行い，女の子のチャンピオン・男の子のチャンピオンを決める。
③回るときの歩き方をふつうの歩き方だけではなく，動物の歩き方にしたり，ケンケンにしたり，おすもうさんの歩き方にしたり……，指定してみんなで同じ格好で回る。
④曲を止めるのを保育者ではなく，子ども達のなかのたとえば，腰かけられず応援している子どもに笛などを吹いて決めてもらう。
⑤椅子の並べ方を変形にしてゲームを始める。たとえば，四角・三角・楕円・ハートなど。 
⑥以上に書いた方法をひとつずつ取り入れ，ゲームを行うのもよいが，いろいろと組み合わせて行うと，さらに楽しめる。

音楽 秋

㉟ ドングリ笛

該当年齢 0 1 2 3 4 **5** 歳児

ドングリは子ども達に親しまれ，身近に感じられる自然物のひとつです。ドングリの生態や遊び方について，調べたりつくったりしてみましょう。意外な発見をし，知的好奇心が高まっていくことでしょう。

【ねらい】
①身近な自然にかかわりながら，自然への興味・関心を深める。
②ドングリの種類や名前，生態を調べながら，知的好奇心を高める。
③よい音を出すための試行錯誤を繰り返しながら，根気強く取り組み，完成させた喜びを味わう。
④友達と一緒に苦心したところを教え合ったり，鳴らし方を工夫したりして遊びながら仲間関係を深めていく。

【準備・環境づくり】
①散歩や園外保育に出かけた先の遊歩道や公園。
②園舎内のテラスや玄関など，ざらざらしたコンクリートのような固い場所。
③いろいろな種類や形のドングリ。大きめのドングリがつくりやすい。
④中身をくり抜くためのようじ，ヘアピン，釘などを用意する。

【遊び方・プロセス】
①ドングリの頭（平らな方）をコンクリートやブロックなどでこすり，なかの実が見えてくるまで削る。
②なかの実をようじやヘアピン，釘などで掘り出し，からっぽにする。
③下唇を穴にあて，息がなかに入るようにして吹く。初めは力強く吹いてみる。コツがつかめるとよい音が出る。
④息を強く吹いたり弱く吹いたり，調節しながら音の出方を工夫する。

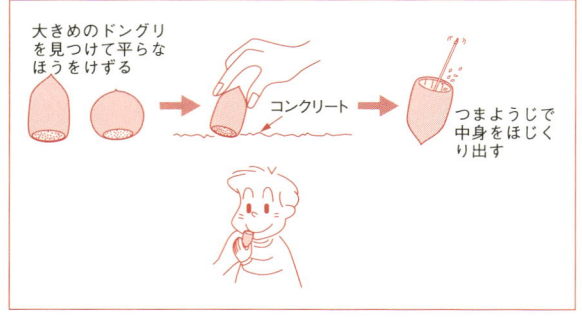

【援助のポイント】
①ドングリの種類によっては割れやすいものもあるので，実際に経験しながらドングリの質の違いや扱い方に気づかせ，ドングリ笛に適したドングリを選び出せるようにする。
②大きめのドングリのほうが削りやすいので，初めは大きめを選ぶよう声をかけるが，慣れてきたらいろいろなドングリに挑戦して，音の出方の違いに気づかせていく。
③ドングリの中身はていねいにほじくり出すほうがよく鳴ることを伝えていく。また，ほじくる際につまようじや，釘などの扱いに注意させ，怪我のないように配慮する。
④音がうまく出るまでに時間を要するが，あきらめずに取り組めるよう，吹き方のコツを助言したりがんばっている姿を認めていく。
⑤自分なりに工夫したところを友達同士教え合ったり，音が出たときの喜びを共感できるよう援助していく。
⑥ドングリの大きさや形によっても音色がちがうなど，新しい発見や驚きが持てるように，みんなで音の比べっこをしたりして興味・関心を深めていく。

【バリエーション】
<でんでん太鼓>
①段ボールやボール紙（しっかりした物）に割り箸を刺し，たこ糸を貼る。
②たこ糸の先に，コナラとからを接着剤でたこ糸をはさんでくっつける。
③段ボールには好きな絵を描いたり，飾りをつけるとより楽しめる。

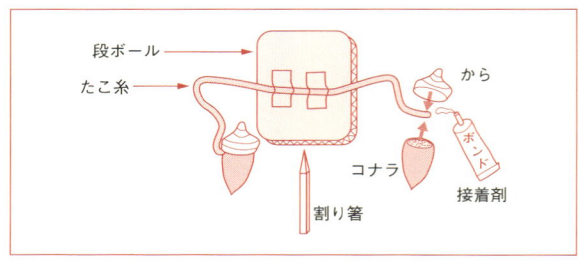

<ドラム>
①クヌギに長めの竹ぐしを刺して桴（ばち）をつくる。
②大きめの空き缶を叩いて遊ぶ。

<ドングリクラッカー>
①クヌギに穴をあけ，たこ糸をかたい棒に結んで穴にとおす。
②2～3個一緒に持って上下に動かしてカチカチ音を鳴らして遊ぶ。

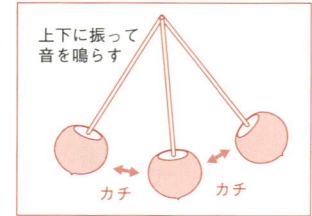

36 つばき笛

該当年齢 0 1 2 3 4 **5** 歳児

秋の自然に親しみながら，自然への興味・関心を深めていきます。自然物を利用して遊ぶなかで，試行錯誤を繰り返し，完成させる喜びを味わいます。友達同士教え合うことで，より仲間関係が深まっていくことでしょう。

【ねらい】
①秋の自然を見つけて匂いを嗅いだり，触れたりして感触を楽しむ。
②草花の名前や種類・生態を調べながら，知的好奇心や自然への興味・関心を深める。
③自然物を利用して，試行錯誤をしながらつくり上げていく喜びを味わう。
④友達と一緒に探したり，教え合ったりしながら，つくったもので遊ぶことを楽しむ。

【準備・環境づくり】
①園舎内の植木。散歩や園外保育に出かけた先の路や公園。
②草笛に利用しやすい草花。ツバキ，マサキ，カキの葉，サカキ，ショウブの葉，スズメノテッポウ，タンポポの茎など（毒性のないものならなんでも挑戦してみるとよい）。
③草笛は身近にある葉っぱを使って遊べるが，注意しないと小動物の卵が産みつけられていたり，毛虫（チャドクガなど）がついていることがあるので気をつける必要がある。
④直接口につけて吹くので拭いてから使うとよい。

【遊び方・プロセス】
＜その１＞
①葉っぱの先を少し切り落とす。
②葉先のほうからちょっと斜めにくるくると巻いていく。
③細いほうを吹き口にし，１度指で押しつぶしてから巻き戻らないように軽く持って吹く。
④初めは，力強く息を吹き込んでみる。音が出始めたら，息の吹き込み方の強弱を調節しながら，音の出し具合を工夫する。

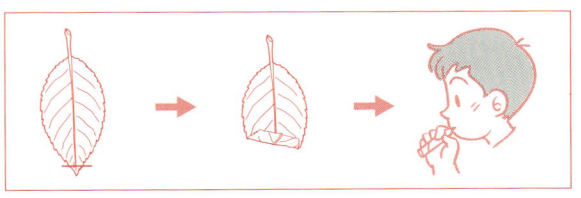

＜その２＞
①葉っぱを唇にあてて，人さし指と中指で葉っぱの両端を押さえて吹く。
②葉っぱの張り具合や，指の間隔などを微妙に変えながら吹く。

③唇がくすぐったい感じがするが，息の出し方を工夫して音の出る感覚をつかみながら吹く。

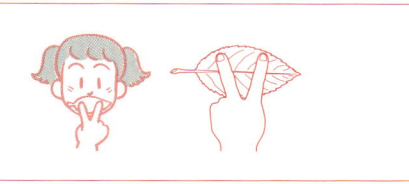

【援助のポイント】
①音が出る要領をつかむまでに時間がかかるが，あきらめずに取り組めるよう，押さえ方や吹き方のこつを教え，音が出たときの喜びや満足感が味わえるよう配慮する。
②実際に経験しながら，固い葉っぱは音が出にくく折れやすいことなど，葉っぱの特徴に気づいたり，葉っぱの種類や形，大きさによっても音色がちがうなど，新しい発見や驚きが，知的好奇心や興味へと広がっていくことが大切である。
③指の押さえ方や吹き方など，自分なりに工夫したところを友達同士で教え合えるように，そして音が出たときの喜びを共感できるよう援助していく。
④園舎外に散歩や園外保育に出かけるときには，あらかじめその場所の安全面を確認したり，毒性のある葉っぱやからだに悪影響を与える虫（チャドクガなど）がいるかどうかを点検しておく。

【バリエーション】
＜ツバキの実を使って＞
大きな種を見つけてコンクリートの上でこすり，穴をあける。
ツバキの実→コンクリート→釘でなかをほじくり出し，穴をあける→穴を唇に押し当てて吹く。

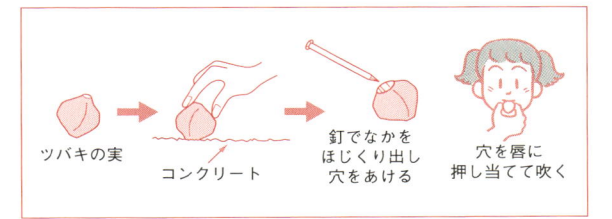

＜タンポポ笛（草笛）＞
茎を３〜４cmくらいの長さに切り取る。片方の切り口に切り込みを入れ，切り込みの入ったほうを唇にはさんで強く吹く。太さや長さの違いによって音がちがう。

㊲ アルプス一万尺

該当年齢 0 1 2 3 4 5 歳児

昔から親しまれている伝承遊びです。2人で向き合って調子を合わせるおもしろさを共感することで、心地よさが伝わります。こういったかかわりのなかで、よりいっそう仲間関係が深まっていくことでしょう。

【ねらい】
① 友達と一緒にリズムに合わせた動作をする楽しさを味わう。
② 繰り返し行うことで歌と動作がつながり、リズミカルに手を動かすことの気持ちよさを味わう。
③ 友達と調子を合わせながら、速い遅いなど変化をつけたり、より難しいものへと工夫して遊ぶ。
④ 最後まで間違わずにできた喜びや、難しいものへ挑戦した満足感を味わう。

【準備・環境づくり】
① 保育室・園庭など、場所を選ばずどこでもできる楽しい遊びである。
② 手遊びとしてだけでなく、みんなで楽しくうたえる曲のひとつとして親しんでおくとよい。
③ 集まりの時間の合間や待ち時間にも、みんなで楽しめる遊びである。

【遊び方・プロセス】

① 2人組になり、向かい合い両手をつなぐ。
② 「せっせっせのよいよいよい」で始める。「せっせっせの」で両手をつないだまま上下に振り、「よいよいよい」でそのまま左右に交差させて振る。
③ 歌に合わせて、次の動作を繰り返す（図）。

【援助のポイント】
① リズミカルで楽しい歌なのですぐに覚えるが、動作をつける前に口ずさめるようになっていると、より動きが覚えやすい。
② 楽しくゆったりとした雰囲気のなかで、友達と触れ合い協調しあうことで心の交流を図る。
③ 歌に合わせて反射的に動作が出てくるように繰り返すことで、リズム感や反射機能を培う。
④ スピードを上げることで、変化をつけ集中力を高めていく。また、できたことをともに喜んだりおたがいを認めあえるように配慮する。
⑤ 友達同士教え合ったり、遊びを工夫している姿を認め、自分達で遊びを進めていくことの楽しさが味わえるように援助する。

【バリエーション】
① 手の形の動作を変え難しさを加えていく。
　2小節（同じ）　　2小節（変化）
　2小節（同じ）　　2小節（変化）
　この形で繰り返す。
　＜変化1＞（図）

　＜変化2＞（図）

② 変化1と変化2を交互にやってみるなど、組み合わせで違うバリエーションが楽しめる。
③ これらの動きで、別のリズミカルな4拍子の歌で遊ぶこともできる。子どもと一緒に知っている歌で試してみるのもおもしろいであろう。

38 楽器を使ったゲーム遊び
—宝物探し—

該当年齢 0 1 2 3 4 **5** 歳児

楽器遊びの導入を持ち方や演奏方法からはじめると，十分に楽しむというより，緊張してしまいがちです。そこでまずは楽器と仲よくなる遊びを時間をかけて楽しみましょう。

【ねらい】
①楽器と親しみ，さまざまな楽器があることを知る。
②持ち方や音の出し方などの指導から導入するのではなく，まず手にしてみて，好きなように音を出してみる。
③自然に音の強弱がわかるようになる。さらに，だんだん音を大きくするクレッシェンドやその逆のディミヌエンドがわかる。

【準備・環境づくり】
　子どもの人数分，手に持って音の出せる楽器を用意する。市販の楽器だけではなく，外国の民族楽器や，旅行先で見つけた音の出る民芸品，手づくり楽器や，台所のざるや泡立て器などの家庭用品で音の出るものなども用意できれば楽しい。
・宝物1個（人形でもボールでも何でも）。
・宝物を隠す箱。あるいはそれに替わるもの。

【遊び方・プロセス】
①保育室かホールの広い場所にたくさんの箱をばらばらに置いておく。そのなかのひとつに宝物を隠す。
②鬼役の子どもは後ろを向いていて，どこに隠したかを知らない。
③他の子どもは全員，どこに隠すかを見て知っている。
④鬼役の子どもは宝物をさがして箱の間を歩き始める。他の子どもは鬼の歩きを見ていて，宝物に近づいたらだんだん大きな音にして，遠ざかったらだんだん小さい音にして知らせる。
⑤鬼はその音を頼りにして宝物を見つける。

【援助のポイント】
①持ち方や叩き方をはじめから細かく言わず，好きなように叩けばいいことにする。だんだん大きくしていくべきところで，急に大きい音で叩く子どももいるだろうが，回数を重ねるうちに，力の入れ方などを自分でコントロールしようとするようになる。
②1回ごとに別の楽器を持てるように，工夫して楽器を交代させる。
③鬼が宝物に近づいたとき，緊張して音を出せていない子どもがいたら，好きなように叩いていいのだということを個別に伝える。

【バリエーション1】
＜うしろの正面だあれ？＞
　4歳児　5～10人くらい　室内外どちらでも。
①準備・環境：好きな楽器を子どもが1人1個持つ。
②ねらい：幼児にとっての楽器はひとつの遊具であると考え，工夫しだいで，いろいろな音が出せるものだということを伝える。
③遊び方：わらべうたの「かごめ」を楽器を持ったまま遊ぶ。歌の最後で「後ろの正面だあれ」とうたったとき，真後ろの子どもは楽器を鳴らす。その音を当てる。
④援助のポイント：名前を知らない楽器のときは，ガラガラ！とか，しゃらしゃら！などの擬音語で答えてもいいことにして，必要に応じて保育者がそこで名前を伝える。

【バリエーション2】
＜絵本に音をつける＞5歳児
①ねらい：楽器が効果音として使われるおもしろさを知る。
②準備・環境づくり：何度も読み聞かせに使った絵本のなかで擬音語や擬態語が出てきたり，足音や自然の風の音などが出てくる絵本を選ぶ。絵本に効果音をつけるとしたらどのような音がいいかを考え，必要な音に使える楽器を用意する。このとき市販の楽器だけではなく，新聞紙をまるめる音や，箱に小豆を入れたものなども加えるとおもしろい。
③遊び方：例
ア）いろいろな動物が順に出てくる絵本の場合，「○○がとっとこやってきました」と読んで，どんな音かな？と子ども達に聞いてみる。

タンタタ ♩♫

のリズムでそこを太鼓で叩くことが決まったら，次を読む。また○○の音がするけど……こんどは何の音が合うかしら？
という具合に順次音を決めていく。
イ）全部決まったら，楽器担当の子どもは絵本を読む保育者の横に並んで立って，準備完了！
ウ）先生はゆっくり絵本を読み，音が入るところでは「とっとことっとこ」など，2，3度繰り返して読む。

39 合奏

該当年齢 0 1 2 3 4 5 歳児

「合奏」というと，難しく考えてしまいがちで，子ども達にも負担をかけてしまう場合があります。そうではなく，もっと簡単に楽しめる合奏を考えていきましょう。

【ねらい】
① からだでリズムを感じたり，拍子に合わせて叩くことの心地よさを味わう。
② 同じリズムの繰り返しをして合奏を楽しむ。

【準備・環境づくり】
＜編曲＞
① 合奏にするためのリズミカルな曲を選ぶ。
② 曲全体を 2 ～ 4 の部分に区切る（いくつに区切るかは，曲の長さによるが，伴奏形が変わったところ，歌詞の感じが変わったところなどを探して区切る。4 小節単位の曲が多いので，4 小節ごとに，区切るかどうかを考えていくとよい）。
③ 区切った部分ごとに何の楽器で演奏するかを決める（たとえば，始めの 8 小節は金属楽器のみで，次の 8 小節は木製の楽器の音だけ，という具合に音色を決めていく。同時に演奏する楽器の種類を多くしたり単一にしたりすると変化に富む）。
④ 楽器ごとのリズムオスティナートを決める（オスティナートとは，ある一定のパターンを繰り返す伴奏法のこと）。

【遊び方・プロセス】
① 合奏にする曲をよく覚える。歌の曲であるならば，十分なじむまでうたう。歌のない曲ならば，よく聞いてダンスにして踊って遊ぶなど，からだになじませる。
② 曲を聞きながら手拍子を打つ。全曲をとおしてずっと拍打ちをしたり，膝うちと手拍子を交互に行ったりする。
③ 各楽器のオスティナートリズム（繰り返しリズム）を曲に合わせて，手拍子や膝打ちで叩いてみる。
④ 手拍子で叩くことができたその手に楽器を乗せる。そうすれば簡単に楽しくリズム打ちができる。

【援助のポイント】
① いろいろなリズムを覚えるための練習をせずに，たったひとつのリズムパターンを保育者に合図されたときだけ繰り返すので，大変簡単で，しかも楽しいので十分に楽しめるだろう。
② 楽器を使った分担合奏をする目的を考え，簡単なオスティナートリズムの繰り返しで拍子に合わせることを大切に行う。
③ ピアノ伴奏をすることによって，子ども達全員に目が行き届かなくなってしまう場合は，CD や MD を利用して，子ども達と一緒に楽器を鳴らす。

オスティナートの簡単合奏例

（カスタネット／タンバリン／すず のリズム譜）

※リズムオスティナート：このリズムパターンをある一定区間繰り返して演奏する

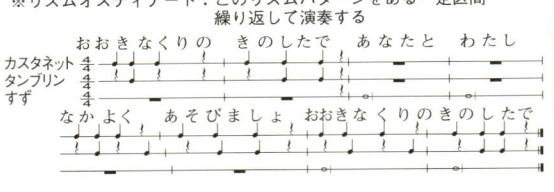

（「おおきなくりのきのしたで　あなたと　わたし　なかよく　あそびましょ　おおきなくりのきのしたで」の楽譜）

【バリエーション 1】
＜ボディパーカッション（からだを叩いて出る音）による合奏＞ 5 歳児　室内

① ねらい：からだでリズムを感じるために，もっとも素朴なリズム遊びであるボディパーカッションで歌の伴奏をする。
② 準備環境：2 つのグループに分かれ，それぞれ好きな食べ物の名前を言いながら，その言葉に合うリズムを手拍子で叩く。
　4 拍子に合うように休符で調節する。（例：トマト※）各グループで 1 つの言葉を決め，そのリズムオスティナートをずっと叩く。好きな歌を選んでおく。
③ 遊び方：例

A グループのリズム：チョコレート（手拍子で）

（リズム譜）

B グループのリズム：ポッキーじゃがりこ（膝たたきで）

（リズム譜）

A が 4 回そのあと B が加わり 4 回行ったら，うたい始める。

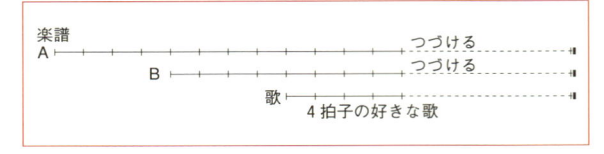

（楽譜：A つづける／B つづける／歌 4 拍子の好きな歌）

● 援助のポイント：子ども達の好きな食べ物のなかから 4 拍子にして叩ける（つまり子ども達の能力を超えない）リズムパターンを一緒に決めて遊ぶ。

㊵ オオカミさん

該当年齢　0　1　2　3　4　5　歳児

友達とワーキャーと叫びながら共通の楽しさを体験できます。遊びそのものを工夫する楽しさやおもしろさを伝えながら、仲間のなかで充実する喜びを伝えていきましょう。

【ねらい】
① ルールのある鬼ごっこを楽しむ。
② 追いかけたり追いかけられたり、友達と遊ぶ楽しさを共感する。
③ 走りながらよけたり止まったり、敏捷性を身につける。

【準備・環境づくり】
① **場所の設定**：室内・戸外
　のびのび走ったり、ぶつかり合ったりせずに安全に逃げられるスペースを確保する。あまり広すぎると捕まえられず鬼があきてしまうので、範囲を決めておく。
② **準備**：鬼がわかりやすいように、帽子やオオカミのお面を用意する。オオカミの家と子どもの家がわかるように、サークルを描いたり場所を決める。

【遊び方・プロセス】
① オオカミの家と子どもの家を7〜10mくらい離してつくる。

② オオカミ（鬼）を決め、オオカミと子どもはそれぞれ自分の家に行く。オオカミは子ども達に背を向け立つ。
③ 子どもは「オオカミさん　オオカミさん　今何時？」とオオカミのほうへ近づいていく。オオカミは「○○時！」と適当な時間を答える。この問答を繰り返しながら、子どもがオオカミに近づいたところで、オオカミは「いま、夜中の12時」と答え、子ども達を捕まえる。
④ 無事に子どもの家に逃げ込めた子どもはセーフ。途中でオオカミに捕まえられた子どもは、オオカミの仲間にはいり、一緒に子どもを捕まえる。
※ 地域によっては、「おやつの時間」「夜ごはん」など、子ども達を捕まえる時間は違うようなので、そこは、地域性を考えることと、子ども達と何時がいいか話をして決めるのもよいであろう。
※「○○時」のところを「まだ、朝の6時、眠たいんだよー」などとおもしろく言うことにより、遊びが盛り上がる。また、逆に「○○時！」とはっきり早く言うことで、スリルを楽しめるようにもなるので、子ども達の姿をよく見て、遊び方を変えてみるとよい。

【援助のポイント】
① なかなか捕まえられなかったり、捕まらなかったりすると抜けてしまったりするので、バリエーションを示し仲間と遊ぶ楽しさを味わえるようにする。
② 捕まえられて泣いてしまったり、転んでやりたくなくなったり、小さなアクシデントにも言葉をかけたり手をつないだりして援助していく。

【バリエーション】
＜ごっこ遊び＞
子ども：「オオカミさん　オオカミさん！」
オオカミ：「いま、起きたところだよ」（起きたしぐさをしながら）
子ども：「おねぼうだな！」「オオカミさん　オオカミさん」
オオカミ：「いま、パンツをはいたところだよ」
子ども：「早く　早く」「オオカミさん　オオカミさん」
オオカミ：「いま、顔を洗ったところだよ」
子ども：「きれいに洗ってね」「オオカミさん　オオカミさん」
オオカミ：「いま、子どもを食べに行くところだよ！」
※ ズボンをはいたところだよ、シャツを着たところだよ、テレビを見ているところだよ……など子ども達の生活や遊びで体験していること、やりとりの言葉やからだで表現して遊ぶと楽しい。

▎Column ─ ごっこ遊び
　子ども達が大好きなごっこ遊び。なりきる、まねをする、創造する。子ども達の頭のなかには、とてもすてきな世界が広がっていることでしょう。その世界が広がれば広がるほど、頭はやわらかくなり、さまざまなことに興味を持ち、いろいろなことを吸収できるようになります。たくさんのごっこ遊びを、保育者も子どもと一緒になって楽しめるとよいでしょう。

㊶ ごんべさんの赤ちゃん
―アメリカ民謡―

該当年齢 0 1 2 3 4 5 歳児

保育者の動作をまねしながらうたう楽しさを味わいます。個別でも仲間と一緒でも楽しめます。
歌も動作も両方楽しめる遊びです。

【ねらい】
①動作をつけてダイナミックにうたう。
②サイレントシンギングでリズム感やフレーズのおもしろさを味わう。

【準備・環境づくり】
実際にかぜがはやる時期を見計らって保育者がまず子ども達の前でゆっくりとうたってみせる。

【遊び方・プロセス①】

① 「ごんべさんの」 
てぬぐいでほおかむりのイメージ

② 「あかちゃんが」 
赤ちゃんを抱っこするイメージ

③ 「かぜひいた」 
両手をおでこにそえる

④ 「クション」 
オーバーにくしゃみをする

⑤ 「そこで、あわてて」 
4回手拍子をする

⑥ 「しっぷした」 
胸に両手をあてる

【遊び方・プロセス②】
＜サイレントシンギングで遊ぶ＞
①「ごんべさん」部分だけうたわず、ジェスチャーのみで表現をし、他の部分はうたいながらジェスチャーをつける。
②「ごんべさんの赤ちゃん」の部分をうたわずジェスチャーのみで表現する。
③「ごんべさんの赤ちゃんがかぜひいた」の部分をうたわずジェスチャーのみで表現する。
④全曲ジェスチャーのみで表現する。

【援助のポイント】
＜遊び①＞
①はっきりした声と動作を心がけて、表情ゆたかに子ども達に伝えていく。
②テンポはゆっくりめに行い、慣れてきたらさまざまなテンポで楽しんでみる。

＜遊び② サイレントシンギング＞
歌詞や動作をおぼえてしまえば、それほどむずかしくはないが、「心のなかでうたう」ことを忘れずに行う。

【バリエーション】
登場人物についてイメージを広げていけるような問いかけをしてみる。
例1:「ごんべさん」てどんな人？
　　服装や仕事など、より具体的な意見を子ども達に聞きながら、それらしい「ごんべさん」のジェスチャーを考えてみる。
例2:「しっぷしてもらった赤ちゃん」は、どう思った？

など

ごんべさんの赤ちゃん

作詞者不詳　アメリカ民謡

ごん べさん のあ かちゃんが か ぜひ いた　ごん べさん のあ かちゃんが か ぜひ いた
ごん べさん のあ かちゃんが か ぜひ いた　と て も あ わ てて しっぷ した

㊷ 音楽会ごっこ

該当年齢 0 1 2 **3 4 5** 歳児

自分の思いを出し，相手の思いを受け入れながらイメージを共有して展開していくごっこ遊び。うたったり踊ったりさまざまな表現をして，友達と一緒に遊ぶ楽しさを味わうことで，仲間関係が深まっていくことでしょう。

【ねらい】
①音楽を聴きながら，リズムに合わせてうたったり踊ったりのびのびと表現することを楽しむ。
②自分の思いやイメージを表現しながら，友達とかかわって遊ぶことを楽しむ。
③友達と一緒に，演ずる人や見る人などの役柄を決めたり，遊びの工夫をしながらイメージを共有して遊ぶ楽しさを味わう。
④友達や異年齢児の遊びに刺激を受けながら，自分達の遊びに取り入れて遊ぶ。

【準備・環境づくり】
①子ども達が自由に遊べる空間と，たっぷり遊び込める時間を考慮しておく。
②遊びに必要な道具をいつでも使えるような場所に設定しておく。
③CDデッキに印をつけるなどして，自分で操作できるようにしておく。
④日ごろから異年齢児との交流を深めておく。

【遊び方・プロセス】
①音楽に合わせてうたったり踊ったり，自由にのびのびと表現をする。
②友達と同じ場所で一緒にうたったり，まねをして踊ったりしながら楽しさを共感して遊ぶ。
③保育者や友達に見てもらったり認めてもらうことで，表現することの喜びを感じる。
④見てもらうことを意識して，舞台を設定したり椅子を並べるなど，友達とイメージを共有しあってごっこ遊びを展開していく。
⑤お誕生日会での発表を見たり，異年齢児の音楽会にお客さんとして参加するなどして，まわりからの刺激を受ける。
⑥より具体的になった音楽会の共通イメージをもって，今度は自分達が発表する側になり，異年齢児を招待する。

ゴザを敷いたり，椅子を並べたりして，聴く人と演奏する人の区別がつきやすいように場を設定する

【援助のポイント】
①子ども達が音楽に合わせてうたったり踊ったりできるように，取り扱いやすい場所にCDデッキやCDなど，遊びに必要なものを用意しておく，また，自分達で選曲したりデッキの操作ができるように印をつけるなどの工夫をしておく。
②子ども達が自分達で遊びを展開し始めたら，保育者はなるべく声をかけず見守る姿勢をとり，トラブルが起きたときなど，必要に応じて言葉かけをするよう心がける。
　ただし，子どもの表現が広がるような環境構成や援助は心がけておく（たとえば，ダンスになりそうなときに必要に応じて，ポンポンを出すなど）。
③演ずる側と見る側の区別がつきやすいよう場所を整理する。また，保育者は見る側になって1人ひとりの表現のよさを認めたり拍手を送るなど，演ずることの心地よさや喜びが味わえるよう配慮する。
④常日ごろから，さまざまな遊びをとおして異年齢児との交流が深められるような環境づくりをしていく。
⑤異年齢児の音楽会にお客さんとして参加するなど，表現方法や取り組み方についての刺激を与え，自分達の遊びに取り入れられるようなきっかけをつくっていく。
⑥みんなで一緒にすることの楽しさが経験できるように，クラス全体で取り組む活動へと遊びを展開していく。

【バリエーション】
＜手づくり楽器も加えて＞
ドングリマラカスや空き箱の太鼓など，身近にある素材を使って楽器づくりをする。「おもちゃのチャチャチャ」…"チャチャチャ"の部分だけ手づくり楽器を使って音を鳴らすなど，うたうだけでなく効果音として手づくりした楽器を使った音楽会も楽しい。自分でつくった楽器を使う満足感がプラスされ，より楽しめる。

＜表現遊びでも＞
この時期の子ども達は，見立てたりいろいろなものになって表現することを喜ぶ。ウサギやリスなど，自分のなりたい役になってお面をつけたり衣装をつけることで，より表現することの喜びや楽しさが広がり，満足感が得られる。
これらの活動から発表会へと展開していくことができる（合奏，踊り，劇など）。

㊸ お正月の餅つき

該当年齢 0 1 2 3 4 5 歳児

古くから伝わる日本の行事を，遊びのなかに取り入れながら伝えていきたいものですね。手遊びをとおして，友達や保育者とのかかわりがより深まります。

【ねらい】

①歌に合わせてからだを動かすリズム感覚を楽しむ。
②友達や保育者と一緒に行うことで楽しさを共有する。
③繰り返し行うことの楽しさを味わう。
④速い遅いなどのリズムを変え，敏捷性や反射機能を養う。
⑤最後まで間違わずにできた喜びや満足感を味わう。

【準備・環境づくり】

①日本の伝統的な行事の１つであるお正月や餅つきについて，絵本や紙芝居，写真などをとおして知らせておく。また，餅つきに使う道具（臼・杵・せいろなど）の名称について教えてあげるとよい。
②幼稚園や地域の餅つき大会に参加するなど，実際に餅つきの経験をしたことがあるとより楽しめる。
③保育室や園庭など，場所を選ばずどこでもできる楽しい遊びである。
④集まりの時間の合間や，ちょっとした待ち時間にも楽しめる遊びである。

【遊び方・プロセス】

①みんなで一緒に歌をうたったり，歌詞に合わせて振りを覚えたりして楽しむ。
②２人が向き合い“つき手”と“こね手”を決める。
ア）おしょうがつのもちつきは（図）“つき手”も“こね手”も４拍のリズムで振り下ろして打ち続ける。

イ）トーントーントッテッタ
“こね手”だけ「テ」の部分ですばやく相手の臼をたたく。
ウ）トーントーントッテッタ（上に同じ）

エ）おっこねたおっこねた（図）“こね手”だけ「こね」の部分で相手の臼の上で円を描くようにすばやく回す。

オ）おっこねおっこねおっこねた（上に同じ）
カ）トッツイタトッツイタ（図）“こね手”だけ「ツイ」の部分で相手の臼の上に手をすばやくさし込む。

キ）シャーンシャーンシャンシャンシャン（から最後まで）（図）“こね手”だけ音符のＡ・Ｂ・Ｃに従い“つき手”のＡ（上）Ｂ（中）Ｃ（下）で手拍子をする。音符のメロディーのリズムですばやく手拍子を入れていく。

【援助のポイント】

①近年，お正月の過ごし方は各家庭でかなり違ってきており，餅つきの経験のない子どもがほとんどである。日本の伝統的な行事であるお正月や餅つきの様子を，絵本や紙芝居，写真などを使って知らせたり，餅つきに使う道具の名称なども伝えていくとよい。
②幼稚園行事のなかに，餅つきの経験ができる行事を組み込んだり，地域の餅つき大会に参加するなど，実際に体験できる場を通して日本の文化を伝承していく。
③子どもが喜んで遊びに参加できるように，保育者自身がその遊びを楽しみ，楽しさを伝えていくことが大切である。また，擬音や言葉のおもしろさ，リズミカルな動きの楽しさを伝えていく。
④動きが速いので覚えるまでに時間がかかるが，歌に合わせ反射的に動作が出てくるように繰り返すことで，リズム感や反射機能を培う。
⑤覚えてきたら，ゆったりとした雰囲気のなかで友達と自由に取り組み，触れ合う心地よさや楽しさを共有しながら遊べるように配慮する。
⑥友達同士教え合ったり,遊びを工夫している姿を認め,自分達で遊びを進めていくことの楽しさが味わえるよう援助する。
⑦地域によってお正月ではなく，十五夜であったりするので，その時期や地域にあわせて遊ぶ。

㊹ 好きな歌をうたう

該当年齢 5歳児

さまざまな経験や心情体験・情景を歌でふりかえることで，園での経験がより思い出深く心に刻まれ，成長が実感できることでしょう。チームをつくって歌合戦をしても楽しめます。

【ねらい】
① うたう楽しさや心地よさを味わう。
② 今までの経験をふりかえり，歌を選ぶことで思い出を友達と共感する。
③ 自分の成長を自覚し，自信と希望をうたうことで実感して表現する。

【準備・環境づくり】
① 場所の設定：室内・戸外
② 準備：園生活のなかで，子ども達の音や音楽との出会いをつくり出しておく。

【遊び方・プロセス】
① いろいろな遊びや暮らしの出来事や行事を思い出し，うたったり話し合って季節や行事などカテゴリーに分けていく。
② ホワイトボードや黒板，大きな紙などに書きだして，話し合いが視覚でもわかるようにする。
③ 「○○組歌カレンダー」や「うたって大冒険！」など，歌をつないでお話をつくるなど，選んだ歌を組み合わせて遊ぶ。

例：「歌のカレンダー」

きせつ		うた
はる	4月 5月	・チューリップ ・お花がわらった ・――――
なつ	〜	・――――

例：「うたって大冒険」
♪「めざせ宝島」（宝島へ出発！）→♪「ハメハメハ大王」（南の島）→♪「くいしんぼうのゴリラ」（ゴリラと対決）→♪「やったねぼくらの大冒険」（やったねぼくらの運動会のかえ歌）

【援助のポイント】
① 朝や帰りの集いの際に，子ども達にうたいたい歌を聞くなど，子どもの意見を取り入れる機会をふやしていく。
② 遊びや暮らしの歌，行事や季節の歌などをうたいながら，そのときのエピソードやうれしかったことなどを言葉や写真で伝えながら，楽しめるよう援助する。
③ 保育者自身が楽しくうたい，リズムやメロディー，歌詞をとらえて心地よくうたう。
④ さまざまな体験に心を動かしてきた子ども達にとって，卒園を間近にしたこの時期は，心情の高まりがみられるもの。子ども達の気持ちが口からこぼれ落ちて歌になって出てくる場面に出会うこともある。そのときの子ども達の自然な様子を大切にしていきたい。

【バリエーション】
① 歌合戦をしよう。
ア）小さいクラスのときから親しんできた歌（童謡・童歌・生活の歌など）や手遊び，運動会などで踊った曲など，自分達の知っている歌をみんなで出し合う。
イ）クラスやチームに分かれてテーマを出し合い，うたっていく。

テーマ　遠足
Aチーム　♪「どうぶつえんだぞー」
Bチーム　♪「大型バス」

テーマ　夏
Aチーム　♪「うみ」
Bチーム　♪「スイカの名産地」

テーマ　1年生

② 歌の本をつくろう。
　卒園の記念に，卒園児から在園児に向けて，幼稚園での四季や生活の歌をまとめ，本をつくる。
　歌の歌詞からイメージする絵を子どもが描き，保育者が歌詞を書く。

※日常生活の中で，歌は保育者が選んでいることが一般的だと思われる。保育の上でこれは当然のことであるが，ときには順番で，子ども達がそれぞれの家庭でうたっている歌をみんなに教え，クラス全員でうたうというのもよいだろう。

> **Column ― 好きな歌を見つける**
> 近年，メディアの発達などで，子どもの歌は以前より増え，新しいものにはよい歌がたくさんあります。しかし，なかには，大人には心地よいけれど，子どもにはうたいにくい歌，情景を思い浮かべるのが難しい曲もあります。保育者は新しい歌に目が行きがちですが，昔からの曲にはうたいやすくイメージしやすいものが多いので，新旧問わず，子ども達といろいろな歌を楽しんでほしいものです。

㊺ むすんでひらいて

該当年齢 0 1 2 3 4 5 歳児

手をパチパチできるようになる1歳前後には，だんだん音楽に合わせて，からだを動かせるようにもなってくるので，小さいうちから楽しむことができます。

【ねらい】
①リズムに合わせてからだを動かすことを楽しむ。
②いろいろな動作を取り入れて，楽しみながら表現力が豊かになるよう促す。
③音楽に合わせて歌をうたいながら表現することを楽しむ。

【準備・環境づくり】
いつでもどこでも気軽に行うことはできるが，いろいろなバリエーションを交えて行うためには，広い場所で行うのが望ましい。

【遊び方・プロセス】

むすんでひらいて
作詞者不詳　作曲 ルソー

①1～4小節：両手をグーで4回振り，パーで4回振る。
②5～8小節：手拍子を4回してグーを3回振る。
③9～12小節：パーで4回振り，手拍子を4回打つ。
④13～16小節：手を4回キラキラと動かす。その後，歌詞に合わせた動作を行う。
⑤①から②まで繰り返す。

【援助のポイント】
この手遊びは，手を認識できるようになる1歳前後の子どもでも楽しめる。手と手を合わせて拍子ができるくらいのころから，曲に親しませて遊ぶことができる。また，同じメロディーで遊びをどんどん発展させて楽しむことができる。

【バリエーション】
<「その手を上に」から>
①上にあげた手を，キラキラと動かして，「おひさまキラキラ　おひさまキラキラ　おひさまキラキラ　ひかってる」
②「おかおをあらい（顔を洗う動作）　おくちをすすぎ（歯磨きをする動作）　コロコロうがいを　げんきよく（うがいをする動作を2回）　おててをあらい（手を洗う動作）　つめを切って（つめを切る動作）　そのてを○○に……」

<「その手を下に」から>
手を下にしたまましゃがんでジャンプしながら「カエルがピョンピョン　カエルがピョンピョン　カエルがピョンピョン　とんでいる」と跳ね回る。

<「その手をよこに」から>
手を横に広げて飛行機のような形をつくり，「飛行機ブンブン　飛行機ブンブン　飛行機ブンブン飛んでいる」と言いながら飛び回る。

<その他>
いろいろな動物に変身する。
例：タヌキがぽんぽん，おさかなスイスイ，ウサギがピョンピョン

音楽　通年

㊻ いっぽんばし

該当年齢 0 1 2 3 4 5 歳児

1対1のスキンシップがはかれるくすぐり遊び歌です。友達同士でも楽しめますが，保育者と園児のスキンシップを図ることもできます。また，親子のスキンシップとしてもよいので，参観などのときでも遊べるでしょう。

【ねらい】
① 1対1でスキンシップを図りながら，信頼関係や仲間意識を培う。
② くすぐり遊びをとおして一緒に笑ったりしながら情緒の表出を促し，表現することの楽しさを味わう。

【準備・環境づくり】
　いつでもどこでも行うことができる。

【遊び方・プロセス】
① 2人で向かい合い，1人が相手の手を持って行う。
② 1～2小節：手のひらに人差し指でトントンと触り，こちょこちょで手のひらをくすぐる。
③ 3～4小節：手のひらをたたいてつねる。
④ 5～6小節：腕をのぼっていってわきの下をくすぐる。

【援助のポイント】
① やさしく微笑みかけながら手に触れてあげる。
② 保育者と子ども，子ども同士の1対1での触れ合いを大切にしてあげるようにする。

【バリエーション】
① いっぽんばしは指1本で行い，続いてにほんばしを指2本で行う。続いて3，4，5と増やし，最後の5本のときにくすぐりを大きくする。
② ほっぺでいっぽんばしを行う（その場合，階段のぼっての部分を階段さがって……にして，ほっぺから下るようにする）。

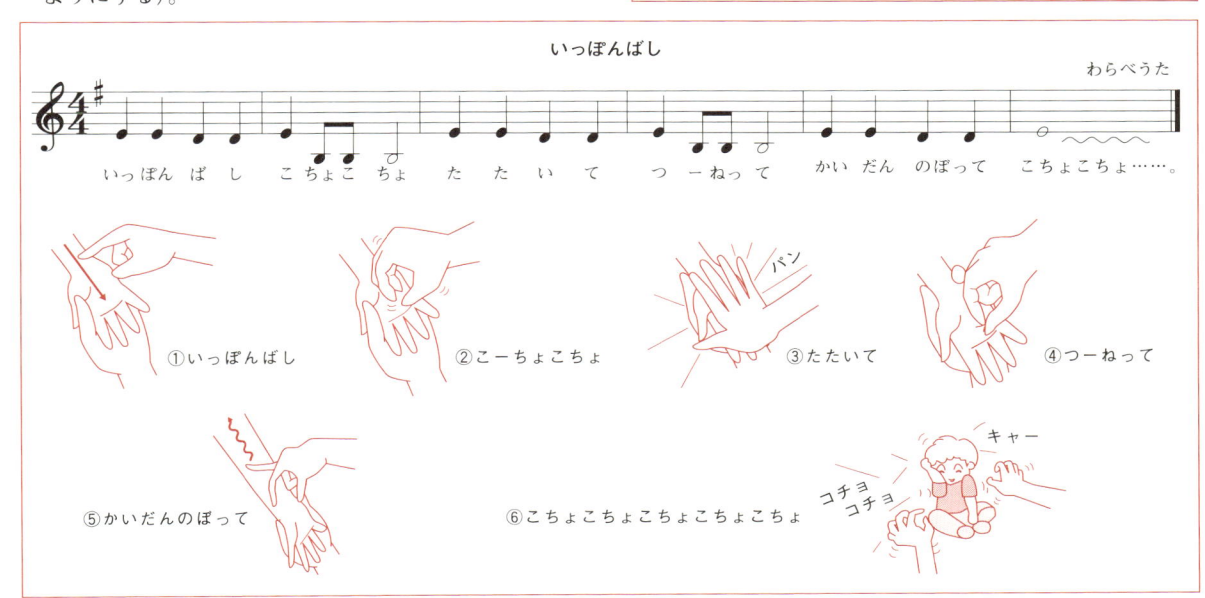

いっぽんばし　　　わらべうた

いっぽん ばし こちょこ ちょ たたいて つーねって かいだん のぼって こちょこちょ……。

① いっぽんばし
② こーちょこちょ
③ たたいて（パン）
④ つーねって
⑤ かいだんのぼって
⑥ こちょこちょこちょこちょこちょ（コチョコチョ キャー）

音楽　通年

㊼ リズム遊び
―わらべうたで遊ぶ―

該当年齢 0 1 **2** 3 4 5 歳児

リズムの基本は拍子に同期させることなので、たとえば2拍子の曲ならイチ，ニ，イチ，ニ，と手拍子などで合わせたり，曲に合わせて，歩いたりしてみましょう。

【ねらい】
「おせんべ焼けたかな」（❻）
「お寺の和尚さん」（⓳）

　上記のようなわらべうたをうたいながら，拍子に合わせて相手の手に触れる遊びは，簡単に楽しくできるので，2，3歳のころに親子で，あるいは保育者と繰り返し遊びたいものである。

【準備・環境づくり】
　2人で向き合う。
　抱っこしたままでも，座った状態で向き合ってもよい。

【遊び方・プロセス】
　この2曲はたった2音で（ドとレだけでうたえる）構成されている。そのため，音程感覚を養う意味でも，2歳児がはじめてうたう歌としては最適だと言える。わらべうたのなかでも，これらの曲は言葉と拍が合っているので，同期を目的としたときには大変ふさわしい（上がり目下がり目・あぶくたったなどは動きとことばが拍で同期していない）。

【援助のポイント】
　手合わせのとき，まだ右手を歌に合わせて動かすことができない年齢の子どもは，拍ごとに握ってもらうことで拍子を感じることができる。拍に合わせてしっかり握ってうたってあげる。

【バリエーション１】
＜「大型バス（バスごっこ）」香山美子作詞　湯山昭作曲（❼）＞
　3歳　室内外　バス遠足の前などに。
①ねらい：からだが自然に動き出すような楽しい歌をうたいながら，リズムに合わせる楽しさを感じる。
②準備：子ども達の耳に馴染むまで何度かうたっておく。
③遊び方：おとなりへハイのハイのところで手拍子を打つ。その後，5〜8小節はすべて4拍目に手を打つ。手拍子を隣の友達の膝にしたり，足踏みにしたり，いろいろな場所に代えて楽しむ。
④援助のポイント：拍子にきちんと合う子どももいれば，うたうことは大好きなのに，ちっとも拍子に合う動きができない子どももいる。できるできないよりも，心から楽しんでいるかどうかをよく見て一緒に楽しもう。
　保育者が，リズムをとれない子どもの両手をつかんで動かして教えている姿をみかけるが，効果的ではない。子どもの意思が反映されないからである。その子どもがまねできるように向き合って，目の前でリズム打ちを見せてあげよう。興味をみせはじめたら模倣できるように導く。

＜あくしゅでこんにちは＞
4歳児　10人以上なら何人でも。
①ねらい：手合わせ遊びの部分では拍の同期を楽しみながらからだで拍節を感じる。チェーンゲームのように8小節ごとに，相手が代わるおもしろさを味わう。
②準備環境：2人組みで向き合ったまま一重の円になる。参観日などに，最初は親子で向き合って踊り始めると，1回りで親はわが子の友達全員と踊ることができる。
③遊び方：
ア）あくしゅで……右手と右手であくしゅをする
イ）こんにちは……左手と左手であくしゅをする
ウ）ごきげん……胸の前で2回拍手
エ）いか……相手に両手の平をむけ1回合わせる
オ）が……ウ）とエ）を繰り返す
カ）てをつないで……円の内側の手をつなぐ
キ）まわりましょ……円の外側の手をつなぐ
ク）さあ，くるくるくるっと……左回りに両手をつないだまま半周まわる（位置を交代する）
ケ）またね……その場でジャンプし真後ろを向くと，目の前には新しい相手が！

あくしゅでこんにちは
作詞・作曲　細田淳子

2人ずつ向きあって手をとり一重の円になっている様子

音楽　通年

㊽ いとまきのうた

該当年齢 0 1 2 3 4 5 歳児

子ども達の大好きな表現遊び歌として，2歳ぐらいの子ども達から，バリエーションをつけながら幅広く楽しむことができます。歌もかんたんなので，すぐおぼえられます。

【ねらい】
①歌に合わせてからだを動かすことにより，リズム感を養う。
②からだを動かしながら表現することの楽しさを味わう。
③表現遊びをとおして，保育者や子ども同士のかかわり合いを深める。

【準備・環境づくり】
からだを動かせる場所さえあれば，いつでもどこでも遊ぶことが可能ではあるが，ピアノや広い場所の確保が可能であれば，遊びにも広がりをもたせられる。

【遊び方・プロセス】
＜歌詞＞
1. いとまきまき　いとまきまき
　 ひいてひいて　トントントン
　 いとまきまき　いとまきまき
　 ひいてひいて　トントントン
　 できたできた　こびとさんのおくつ

2. たねまきまき　たねまきまき
　 ふんでふんで　トントントン
　 たねまきまき　たねまきまき
　 ふんでふんで　トントントン
　 できたできた　こびとさんのむぎばたけ

いとまきのうた
作詞者　香山美子　作曲　小森昭宏

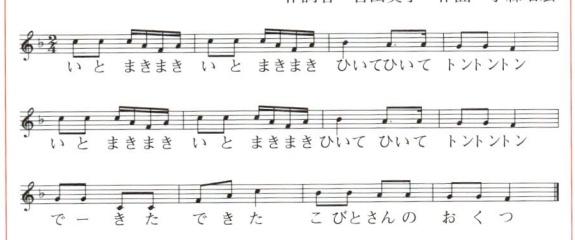

＜図解＞
両手をグーにする。 
（1番）
ア）1・2小節：グーのままぐるぐる回す。 
イ）3小節：グーのまま両肘を後ろに2回引く。 
ウ）4小節：グーのまま胸の前で3回打ち合わせる。 
エ）5〜8小節：ア）〜ウ）を繰り返す。
オ）9・10小節：手拍子を7回打ちながら回る。 
カ）11・12小節：足を4回指差す。 

（2番）
ア）1・2小節：左手でまるい入れ物をつくり，右手で種をまく動作を2回行う。 
イ）3小節：足踏みをする。 
ウ）4小節：3回ジャンプする。 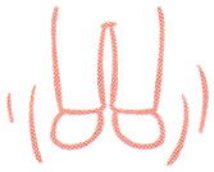
エ）5〜8小節：ア）〜ウ）を繰り返す。
オ）9・10小節：7回手拍子しながら回る。 
カ）11・12小節：左手を腰にして遠くを4回指差す。 

【援助のポイント】
2歳ぐらいになると，からだを使いながらリズムに合わせて動くことに非常に興味を示す子ども達ではあるが，年齢に応じて楽しめる動きが少しずつ変化するので，動きにバリエーションを持たせ，どのように工夫したら子ども達が楽しんで行えるか，というプロセスを重視して遊べるようにする。

【バリエーション】
＜年齢の低い子どもには……＞
ゆっくりのテンポで1番からはじめる。曲調やリズムに慣れてきたら，急にテンポを上げてみたり遅くしたりするのも楽しめる。

＜その他のバリエーション＞
①歌詞の「できたできた」の次に「○○ちゃんのおくつ」など，園児の名前を入れてあげると非常に喜ぶ。
②子どもに何が欲しい？　と尋ねてそれをみんなでつくってあげるのも楽しめる。
例：「かなづちトントン　かなづちトントン　木をはこんでトントントン　できたできた○○ちゃんのおうち」「粉をまぜまぜ　粉をまぜまぜ　あわだてまわしてとんとんとん　できたできた○○ちゃんのケーキ」
③広い場所では，歩いたりスキップをしたりしながら行うこともできるが，ピアノなどのない場所や狭い場所でもアレンジして行うことができる。

音楽　通年

㊾ コブタヌキツネコ

該当年齢 0 1 **2** **3** **4** **5** 歳児

これはしりとり歌です。子どもに馴染みのある動物が登場し，歌詞も簡単。鳴き声部分を用いれば，2歳児からすぐに楽しめます。また，しりとりを意識すれば，5歳児でも楽しむことができます。

【ねらい】
① リズムに合わせ，いろいろな動物の鳴き声や動作を楽しむ。
② バリエーションを考えることで創造性を養う。
③ しりとりに興味をもち，その楽しさやおもしろさを知る。

【準備・環境づくり】
年齢が低い場合は，動物のペープサートなどを用意することで，興味がわくよう促すことができる。

【遊び方・プロセス】
保育者の後について言葉を繰り返していけば，覚えやすいメロディも手伝って，すぐに楽しめる。ピアノで伴奏をつけるより，動作を入れて楽しもう。

　　子ブタ→指で鼻の先を持ち上げる
　　タヌキ→両手で腹鼓をうつ
　　キツネ→頭の上で耳をつくる
　　ネコ→両手を軽く握り，手招きする

【援助のポイント】
① まずはリズムや鳴き声で楽しもう。ピアノに頼らず，しっかりと子どもの表情を見ながら行うこと。
② 年齢が上になると，この歌のおもしろさ（しりとりになっている）がわかるので，それを利用してバリエーションを広げて楽しむとよい。

【バリエーション】
① しりとりを意識せず，いろいろな動物の鳴き声や動作を表す言葉で楽しむ。
　　子イヌ（キャンキャン）
　　ウサギ（ピョンピョン）
　　ライオン（ガオガオ）
　　ヘビ（ニョロニョロ）
② 保育者が動物の名前を言ったら子どもはその鳴き声や動作を表す言葉を言う（またはその逆）。歌詞以外の動物でも楽しめる。
　　例：（保）子ブタ　（子）ブーブー
　　　　（保）タヌキ　（子）ポンポコポン
　　　　（保）ゾウ　　（子）パオーン
③ しりとりで遊ぶ。
　・子ジカ（トコトコ）→カメ（のそのそ）
　　→メダカ（スイスイ）→カラス（カァカァ）
　・くるま（ブーブー）→まくら（グーグー）→ラッコ（コンコン）→こま（グルグル）
④ 歌詞に出て来るもののお面をつくって，表現遊びにも発展できる。

音楽　通年

コブタヌキツネコ
作詞・作曲　山本直純

㊿ いっぴきの野ねずみ

該当年齢 0 1 2 **3 4 5** 歳児

1匹の野ネズミからだんだんとネズミの数が増えていく手遊び。ネズミの数に合わせて鳴き声もどんどん大きくなり，楽しさもふくらみます。ネズミたちの様子を想像しながら遊ぶとよいでしょう。

【ねらい】
①友達と一緒に声に出してうたったり，指を動かす楽しみを味わう。
②リズムに合わせて，ネズミの鳴き声を楽しみながら手遊びに参加する。
③差し出す指の数が次第に増えることで，数字の増減を意識する。

【準備・環境づくり】
①クラスのみんなや少人数で集まるときに，遊びに慣れるまでは，保育者の手の動きが見えやすいように集まる体型を考える。
②ネズミのペープサートや指人形などを使い，歌の楽しさをイメージできるようにする。
③ネズミの数が増えていくように，ネズミの鳴き声も増えることを伝え，大きな鳴き声を楽しめるように声をかける。

【遊び方・プロセス】

いっぴきの野ねずみが
鈴木一郎 作詞
外国曲

1. いっぴきの のねずみが あなぐらに
2. にひきの のねずみが あなぐらに
3. さんひきの のねずみが あなぐらに
4. よんひきの のねずみが あなぐらに
5. ごひきの のねずみが あなぐらに

右手人さし指を立て
リズムに合わせて出す

左手人さし指を立て
リズムに合わせて出す

やって きて チュチュチュチュチュチュチュチュ とおさわぎ
やって きて （チュ を16回繰り返す） とおさわぎ
やって きて （チュ を16回繰り返す） とおさわぎ
やって きて （チュ を16回繰り返す） とおさわぎ
やって きて （チュ を16回繰り返す） とおさわぎ

2本の指をリズムに合わせて，指先を交互させる

指を振りながらからだの後ろに指を隠す

①2番目から順に指を増やしていく。
②3，4，5番目とネズミの数を増やす。♪ちゅっちゅっのところが増えたら，声を大きくしたり（ネズミの数に合わせて），早くしたりする。
③遊びに慣れてきたら，5匹で終わりにするのではなく，4匹から3匹と数を減らして，最後は
♪0ひきの 野ねずみが あなぐらに あつまって シィ……ン で終わる。

【援助のポイント】
①1番，2番と歌が進むと同時に，ネズミの数が増えることを意識できるようにする。ネズミが増え，鳴き声が増える楽しみが伝わるようにする。
②ネズミが増えるごとに，ネズミの鳴き声が増えていくので，途中で数がわからなくならないように指を突き出すなどして，あと何匹の鳴き声をするのかがわかりやすいように工夫する。しかし，数ばかりにとらわれず，何度も続く鳴き声を楽しむようにする。
③ネズミの数が増えたとき，様子が想像できるよう言葉がけをする。

【バリエーション】
＜手遊びが触れあい遊びに＞
2人組になり，1人ずつの1本の指を使い，2人で向かい合って手遊びを行う。♪チュチュチュッ♪のところは，友達の指と指を絡めて，子ども同士のふれあいを楽しむ。

＜自分達のオリジナル手遊びへ＞
ステップ1："ネズミ"を他の動物に替え，鳴き声や表現する音（動きなど）も子ども達と考え，オリジナルな手遊びへと展開していく。
　　　　　　ネズミ → ウサギ
　　　　　　チュチュチュッ→ ピョンピョン
ステップ2：ネズミのときはネズミに合ったテンポを考え，他の動物に替えたときは，その動物に見合ったテンポや声のトーンを考えながら行う。
　　　　　　ネズミ→声を小さく，早めのテンポ。
　　　　　　クマ→大きな声で，ゆっくりと。

音楽　通年

51 あたま・かた・ひざ・ポン

該当年齢 0 1 2 3 4 5 歳児

あたま・かた・ひざなど，自分のからだに触れながら楽しむ，歌遊びです。お友達と一緒に行うことで楽しさも広がります。からだの部位を覚える遊びとしても遊べます。

【ねらい】
①友達と一緒に声に出してうたったり，からだを動かす楽しみを味わう。
②ひとつひとつのからだの部分の名称を知り，歌に出てこない部分の名称にも興味を持つ。

【準備・環境づくり】
①座ったり，立ってうたったりと集まる人数とスペースにより動ける空間を考えて行う。
②ロンドン橋のメロディーに合わせた手遊びなので，はじめての子どもでも親しみを持ちやすく参加しやすい。慣れない環境に集まった子ども達でも無理なく始められる。
③歌の前に，保育者が，「あたま」と言いながら頭に手を持って行き，子ども達も一緒に行う。同様に「かた」「ひざ」なども保育者の呼びかけで，子どもが合わせてからだの各部に手を持って行く遊びをふだんの生活のなかで取り入れていると，スムーズに歌と一緒に動くことができる。

【遊び方・プロセス】
『ロンドン橋落ちる……』のメロディーでうたい，「あたま」のときは【頭】をおさえて，「かた」のときは【肩】を，ひざのときは【膝】をおさえる。「目・耳・鼻・口」も同様に。ポンのところは，拍手を1回する。

【援助のポイント】
動きばかりにとらわれず，リズミカルに歌のテンポと動きを楽しめるように配慮する。

【バリエーション】
＜ステップ①＞
遊びに慣れたら「あたま・かた・ひざ・ポン・ポン…」と，ポンとする拍子を2回，3回と増やす。
＜ステップ②＞
歌の歌詞にないからだの部分を子ども達と考え，替え歌を楽しむ（こし，おへそなど）。
＜ステップ③＞
事前に決めずに，保育者がうたいながら触る箇所を決めていく。毎回違うからだの場所に，子ども達も楽しみながら，多少緊張しながら保育者の次の歌を楽しみにできる。次第にそれができるようになったら，子ども達が順番に前に出て，うたいながら他の子どもをリードする。
＜ステップ④＞
保育者がわざとうたいながら違う箇所をさわってみる。子ども達はその動きにつられずに，歌の歌詞にでてくるとおりの動作をする。
＜番外編＞
友達や親子など2人組になり，うたいながら相手の頭や肩に触れる。新学期や新しい環境のなかで，人とのふれあいが楽しみにつながったり，新しい出会いのきっかけになる。

音楽　通年

52 お誕生月なかま

該当年齢 0 1 2 3 4 5 歳児

楽しく歌をうたいながら，友達のことを知ることができるとともに，決まった振りつけではなく，自由な発想，表現を楽しみます。自分の産まれ月のときだけではなく，見ている人も楽しめます。

【ねらい】
①歌と踊りをとおして，友達のことをよく知る。
②自由な表現を楽しむ。
③友達の自由な表現を認める。

【準備・環境づくり】
①うたい踊れるようなスペースとリラックスした気持ちが持てるような雰囲気づくりを心がける。
②子ども達と大きな円をつくり，中央にスペースを取る。
③ピアノやギターなどができれば演奏を。なければ手拍子でもできる。

【遊び方・プロセス】
①子ども同士で手をつなぎ，ひとつの大きな円をつくる。
②手をつないだまま，3歩前進，4歩目で止まる。
③3歩下がって4歩目で止まる（繰り返し）。
④「ラララン」以降は◯月生まれの子どもが円の中央で自由に戻り，歌の終わりとともに円に戻る（それ以外の子ども達は手拍子）。
⑤12月まで繰り返す。

【援助のポイント】
①1人で踊るのが恥ずかしいようなら，保育者が一緒になって踊ったり，同じ誕生月の子ども達が手をつないで踊るなどの工夫をする。
②全員が参加できるように，手拍子などで盛り上げる。
③盛り上がっているようなら，「ラララン」以降は2回繰り返してもよい。
④決まった振りつけなどを決めず，また，他児の表現を認める雰囲気づくりをする。

【バリエーション】
①歌詞を変える。
　「◯月生まれ」のところを……
　「ズボンをはいてる」
　「朝，パンを食べてきた」
　「◯◯組の」
　などと変え，それらに当てはまる子ども達が踊るようにする。
②出席をとる代わりに……。
　「『あいうえお』のつくお友達〜」と呼び，ふだんとは違う出席をとってみよう。
③発表会の最後に……。
　発表会の劇の最後にこの歌を使って，
　「おじいさん役のお友達〜」
　と役柄に合わせてを紹介するのもいい。

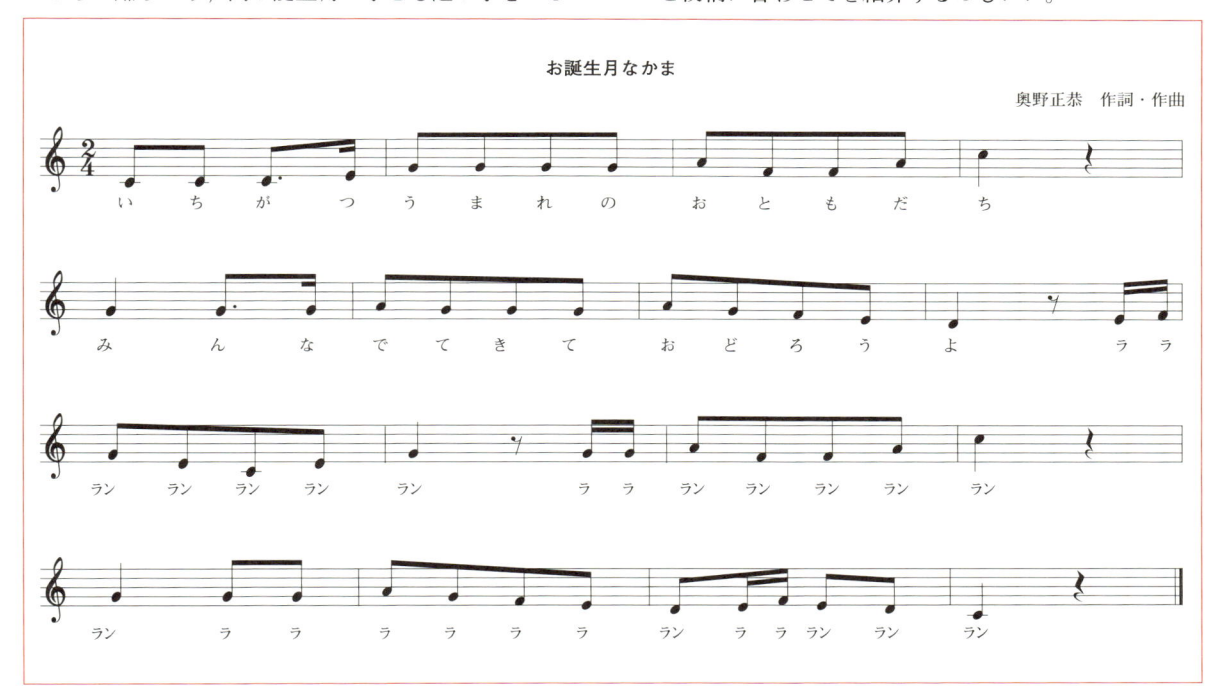

お誕生月なかま

奥野正恭　作詞・作曲

（いちがつうまれのおともだち　みんなできておどろうよ　ララ　ランランランランラン　ララランランランランラン　ランララララララ　ランラランランラン）

音楽　通年

53 グーチョキパー

該当年齢 0 1 2 3 4 5 歳児

まだジャンケンのルールが十分に理解できていない子どもでも「グー，チョキ，パー」という言葉は大好き！グー，チョキ，パーの形をなんとか手で形づくることができれば，すぐに楽しめます！

【ねらい】
① 「グー，チョキ，パー」をいろいろなものに見立て，創造力を養う。
② 音楽に合わせ，手を3つの形に動かしたり，組み合わせることを楽しむ。
③ 「グー，チョキ，パー」に興味を持つ。

【準備・環境づくり】
① グー，チョキ，パーを知っているかどうか問いかけ，この形でいろいろなものをつくれることを話し，楽しい雰囲気づくりをする。
② グー，チョキ，パーでつくれるものを実際に見せて，何に見えるか子どもに当ててもらい，イメージをふくらませるのもよい。

【遊び方・プロセス】
① グー，チョキ，パーの形を伝え，手を動かしてみる。
② 歌に合わせて一緒にやってみる。

【援助のポイント】
① 右手，左手の部分は「片手がグーで〜」としてもよいが，「右手が〜」と行うことで，右手左手の意識が自然とできてくる。この場合は，子どもと相対する保育者は鏡あわせで左手，右手と出す基本を忘れないように。
② 初めは両手同じもの（グーとグー，チョキとチョキ，パーとパー）が簡単。その後，左右違うものをつくると変化がつき，新たに楽しめる。
③ グー，チョキ，パーで十分表現することが楽しめたころには「グー，チョキ，パー」で行うジャンケンを教えてあげるのもよい。ジャンケンを教えてあげるきっかけづくりの手遊びにもなる。

【バリエーション】
<グーとグー>
ゴリラ，ミッキーマウス（耳），アンパンマン（ホッペ），てんぐ
<チョキとチョキ>
カニ，バルタン星人，床屋さん，メガネ
<パーとパー>
チョウチョ，とり，ウサギ，お化け
<グーとチョキ>
カタツムリ，アイスクリーム
<グーとパー>
ヘリコプター，目玉焼き，野球（グローブとボール）
<チョキとパー>
ラーメン，お寿司

※ 大人が考えるより，子ども達に問いかけてみると，楽しいバリエーションがいっぱいできる。年長組が考えたものを年中・年少組に教えてあげるなどして，学年交流がもてたりしても有意義。

※ 2人組の4本の手で何ができるか考えるのもよい。

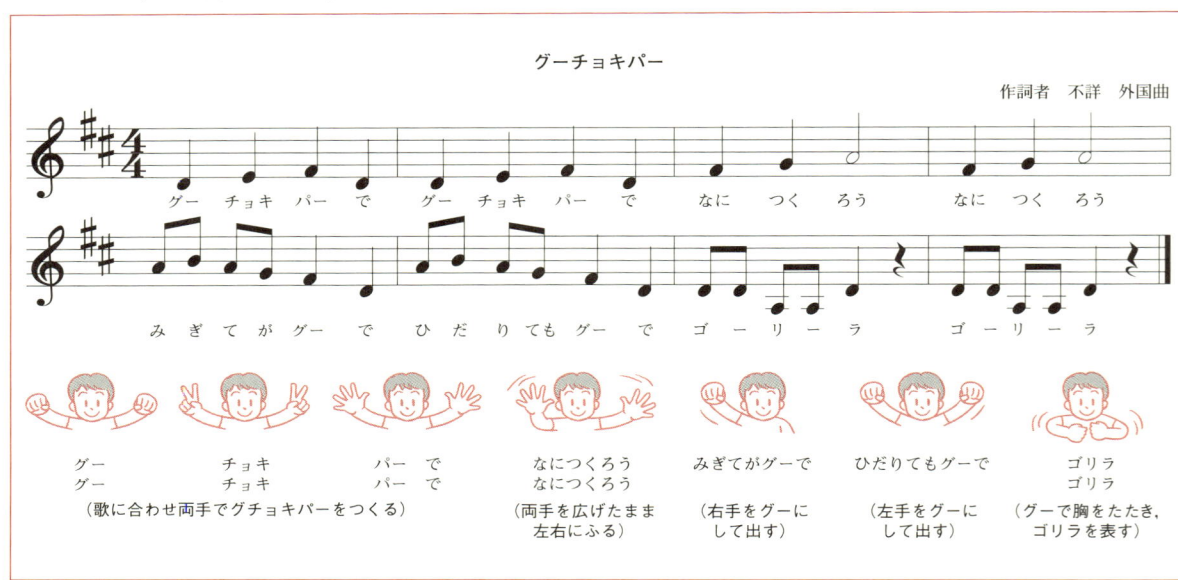

グーチョキパー

作詞者 不詳 外国曲

グー チョキ パー で グー チョキ パー で なに つくろう なに つくろう
みぎてが グー で ひだりても グー で ゴー リ ラ ゴー リ ラ

| グー | チョキ | パー で | なにつくろう | みぎてがグーで | ひだりてもグーで | ゴリラ |
| グー | チョキ | パー で | なにつくろう | | | ゴリラ |

（歌に合わせ両手でグチョキパーをつくる）（両手を広げたまま左右にふる）（右手をグーにして出す）（左手をグーにして出す）（グーで胸をたたき，ゴリラを表す）

54 好きな音さがし

該当年齢 0 1 2 3 4 5 歳児

音や動きにかかわる表現活動の基本は，音を聞くことです。音に興味を持たせ，聞く耳を育てることから始めたいものです。そのために，音さがしはぴったりの遊びです。

【ねらい】
　試したり工夫したりして，自分の好きな音をみつける。

【準備・環境づくり】
①500mlの透明なペットボトルの空き容器（できれば口の大きいもの）。
②大豆，数珠だま，アズキ，乾燥トウモロコシ，コナラのドングリ，スダジイのドングリなど。
③サンプル（はっきり音の違うマラカス）を3種類くらいつくっておく。
④装飾用に油性マジックインク数色，カラービニールテープ。

【遊び方・プロセス】
①環境や季節によるが，できれば子ども達と一緒に数珠だまやドングリを取りにいく。
②ペットボトルに好きな物を入れて振ってみる。
③振った音を友達の音と比べてみる。
④中身や量を変えてみる。
⑤保育者のサンプルマラカスの音を聞いてみる。数日間，いろいろな音を試してみて，好きな音をさがす。
⑥音が確定したら，しっかり封をしてマジックやビニールテープで装飾する。

【援助のポイント】
①音をよく聞くことが目的なので，よく聞けるように環境を考える。
②音を変えるには，なかに入れる物を変えるだけではなく，量を変えることも大きな要素である。
③お気に入りのマラカスができたら，それを振りながら歌をうたったり，曲に合わせて踊ったりしてみる。
④発表会などで保護者の前で演奏する場合は，楽器の中身を各自が決めるまでの過程を手紙などであらかじめ伝えておく。

【バリエーション1】
＜お揃いの音さがし＞
　3～5歳
①ねらい：音に集中してよく聞く。
②準備：中身の見えない同じ大きさの容器を10個くらい用意する。まったく同じ中身のマラカスを2個ずつつくる。2個がおそろいである印のシールを裏に貼っておく。
③遊び方：机などの上に全種類の音のマラカス5個を並べる。
　残りの5個のマラカスはかごに入れ，自分の手にしたマラカスの音を聞き比べて，同じ音はどれかをさがす。
④援助のポイント：違いがよくわかるような音にすることや，選ぶ音を2種類にすることで，3歳児でも遊べる。様子を見ながら，年齢によって選ぶ数を増やすといい。

【バリエーション2】
＜音はどこへ？＞
　5歳児　静かな室内
①ねらい：耳を澄まして音に集中して聞くこと。
②準備環境：静かな室内で子ども達は，床に間隔を取って広がって座る。床に座ることが難しければ，保育室などで椅子に座ってもよい。
　保育者はトライアングルなどの残響の長い楽器をひとつ手に持つ。
③遊び方：保育者はトライアングルを鳴らしながら子ども達の間を歩く。子ども達は目を閉じて音を聞き，音がどちらの方向から聞こえるかを注意深く聞き，聞こえた方向を指差す。
④援助のポイント：足音がしないように歩く。最後に子ども達が指差した方向と保育者の立ち止まった場所がずれてしまっても，それを指摘しないようにする。

音楽　通年

55 にらめっこ

該当年齢 0 1 2 **3 4** 5 歳児

1対1のかかわり合いから、友達関係や保育者との信頼関係をより深めていくことができるわらべうたです。ルールはありますが、楽しむ、かかわることが大切です。

【ねらい】
① 向かい合って遊ぶことにより、友達とのかかわりが生まれ、遊びを共有することを楽しみながら、友達関係をより深めていく。
② 笑いを共有しながら仲間意識を高めていく。
③ 勝ったり負けたりしながら、相手とのかかわり合いを学ぶ。

【準備・環境づくり】
いつでもどこでも行うことができる。

【遊び方・プロセス】

にらめっこ　　わらべうた

だるまさんだるまさん　にらめっこしましょう　わらうとまけよ　あっぷっぷ

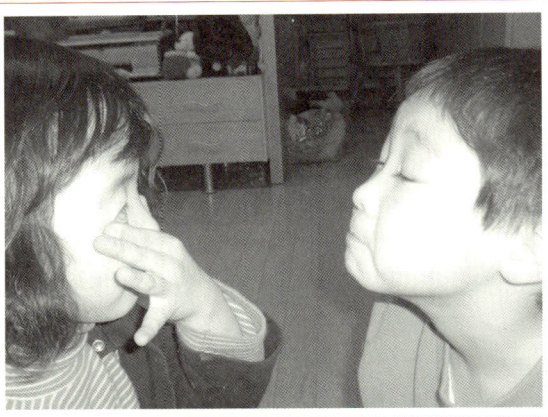

＜歌詞＞
だるまさん　だるまさん
にらめっこしましょ
わらうとまけよ
あっぷっぷ

「あっぷっぷ」のところで無表情、あるいはおかしな表情をつくって、どちらか先に笑ったら負けとなる。

【援助のポイント】
＜ルール＞
① にらめっこの途中で歯を見せて笑ったら負けとなる。
② にらめっこの途中で目をつむったら負けとなる。
※1人ジャッジがついて、ルールを守っているか見守る。

【バリエーション】
①「だーるまさん、だーるまさん」のところを、園児の名前にして遊ぶ。
※「ゆみちゃんめぐちゃんにらめっこしましょ……」
にらめっこする同士、おたがいの名前で遊ぶのもいいし、誘いかけようとする園児が一緒ににらめっこしたい園児にうたいかけながら誘っていくのも楽しい。
②「だるまさん　だるまさん　にらめっこしましょ」を「○○ちゃん　○○ちゃん　くすぐりっこしましょ　わらうとまけよ　あっぷっぷ」といってくすぐり合いをする。「○○ちゃん　○○ちゃん　ケンケンしましょ　ころんだらまけよ　ケンケンケン」として、片足で立って、両足をついたら負けとするなど、替え歌にして楽しむこともできる。
③ 自分の顔ではなく、相手の顔をおもしろくする。勝ち負けではなく、スキンシップを楽しむ。
④ 保育者1人対子ども達でにらめっこをする。そのとき、子ども達はいろいろな顔をするので、その顔をみんなで見合って楽しむ。

Column ―音を楽しむ

なぜ、幼稚園・保育所で、歌をうたったり、楽器遊びをしたりして、「音楽」を楽しもうとするのでしょうか？　その答えはさまざまです。でも、「歌手を育てる」「音楽家にする」ため、などと答える保育者は1人もいないでしょう。にもかかわらず、保育現場で音楽の技術が中心になってしまったり、上手にうたうことだけを求める場面に出会うことがあります。しかし音楽は、読んで字のごとく、「音を楽しむ」のが本来の姿です。もっと肩の力を抜いて、楽しんで音楽に触れて欲しいと思います。

音楽　通年

56 ホルディア

該当年齢 0 1 2 3 **4 5** 歳児

1番→2番→3番……とうたっていくごとに新たな動作を増やしていきます。遊びになじんできたらテンポを早くしたり、さまざまな動作を加えたりすると、繰り返し楽しめるでしょう。

【ねらい】
①動作が少しずつ追加され物語が進んでいくことから、集中力や想像力を高める。
②友達や保育者と一緒に手を動かしたりうたったりすることの楽しさを知る。
③リズム感や表現力を育てる。

【準備・環境づくり】
室内で子ども達に、保育者の前に集まってもらう。床に座っていてもできるが、膝を叩く動作があるので、椅子に腰掛けているほうがやりやすい。

【遊び方・プロセス】

ホルディア
作詞 不詳 オーストリア民謡

（1番）
①しず（お休み）
②か ひざを叩く
③な もり 肩を2回叩く
④のな 膝を叩く
⑤か きを 肩を2回叩く
⑥き 膝を叩く
⑦る お 肩を2回叩く
⑧とー きつつきおじいさんはたらきもの ①～⑦繰り返し
⑨ホルーディーア 膝を左右左右と早く叩く
⑩ホル 膝を叩く
⑪ディヒヒア 肩を2回叩く
⑫ホル 膝を叩く
⑬ディ 肩を一回叩く
⑭ クク 親指だけのばし2回出す
⑮ホルディヒヒア ホルディクク ホルディクク ホルディヒヒア ホルディクク ⑩～⑭繰り返し
⑯ホー 膝を左右左右と早く叩く

（2番）
「おじいさんが木を切っていると、そこへ何か白いものが『サッ』と現れました」
⑨のホルディアから繰り返して "クク" の後に「サッ」を入れて続ける（3～5番も同様）
「サッ」両手を斜めに下げる

（3番）
「白いものを見たおじいさんは驚いて『ハッ』としました」
「サッ」「ハッ」両手をあげる

（4番）
「白いものが『ピョンピョン』と動き出しました。それは森に住むウサギでした」
「サッ」「ハッ」「ピョンピョン」両手を頭につけ、2回動かす

（5番）
「おじいさんはそれを見て『ホッ』としました」
「サッ」「ハッ」「ピョンピョン」「ホッ」両手を交差し胸につける

【援助のポイント】
①リードは保育者がしつつも、このころの子ども達は、物語を空想しながら発展させていくことができるようになるので、その発想を取り入れながら盛り上げていくようにする。
②保育者が子ども達の発想を楽しんで取り上げていくことで、発言することの楽しさや満足感を味わうことができる。
③初めはゆっくりとしたテンポで行い、慣れてきたら早くし、動作を追加する。
④4歳児、5歳児の理解度を見極め、物語の内容や長さを配慮する。
⑤「サッ」「ハッ」のところは毎回同じではなく、他のものを登場させ、それに合わせた動作をする。
　例：白いものはなんと、お化けでした→「ヒュ～」
　　　おじいさんは急いでお家へ入りドアを閉めました
　　　→「バタン」など

【バリエーション】
①膝→肩→肩の他に「膝→ポン（手を叩く）→肩」や、「膝→肩→頭」など叩く場所を変える。
②物語を子ども達と考えたり、他の保育者を登場させたりなど、クラスのオリジナルのものを考える。

音楽　通年

57 ちゃつぼ

該当年齢 0 1 2 3 4 5 歳児

"ちゃちゃつぼ……"の歌に合わせながら，手を動かしていきます。歌のとおり最後にはふたをつくりますが，意外と大人にも難しいです。どの子ども達もとても集中して遊ぶ伝承遊びです。

【ねらい】
①歌に合わせながら，手を動かし最後にできたときの喜びを感じる。
②伝承遊びを楽しむ。

【準備・環境づくり】
　どの場所でも集中して，楽しむことができる。待ち時間，朝の時間，帰りの時間など，ちょっとした時間を見つけて取り入れてみよう。

【遊び方・プロセス】
＜ちゃつぼ＞
　ちゃちゃつぼ　ちゃつぼ
　ちゃつぼにゃ　ふたがない
　そこをとって　ふたにしろ

例：①左手でこぶしをつくる
　　　右手は，パーで左手のこぶしの上にのせる（ふた）
　　②左手でこぶしをつくる
　　　右手をパーで左手のこぶしの下にする（底）
　　③右手でこぶしをつくる
　　　左手はパーで右手のこぶしの上にのせる（ふた）
　　④右手でこぶしをつくる
　　　左手はパーで右手のこぶしの下にする（底）

ちゃ…①	休み…④
ちゃ…②	ちゃ…①
つ …③	つ …②
ぽ …④	ぽ …③
ちゃ…①	にゃ…④
つ …②	ふた…①
ぽ …③	がな…②
い …③	て …④
休み…④	ふた…①
そ…①	にし…②
こを…②	ろ …③左手が右手のこぶしの
とっ…③	ふたになり完成!!

【援助のポイント】
①両手が難しいようであれば，片手で（①→②→①→②）の繰り返しで行うとよい。
②片手でできるようになると，両手でゆっくりと行う。
③リズムに合わせて行えるようにする。
④だんだんテンポをアップし，楽しむ。

【バリエーション】
＜"ふたをとってそこにしろ"バージョン＞
　『ちゃちゃつぼちゃつぼ』の1回目の"休み"で④の動作であるが，その前の部分のちゃつぼーと伸ばし，③の動作で1カウント止まる。次の"ちゃ"は，④の動作から始まり，最後は『底にしろ』で終わる。

＜2人組で＞
　できるようになり，慣れてきたら少し難しいが2人組で向かい合い，左手のこぶしの上に相手の右手が上にのり，右手は，相手の左手のこぶしの上にのせて，ちゃつぼをする。

音楽　通年

ちゃつぼ　　　　　　　　　　　　　　　　　　　　わらべうた

ちゃ ちゃ つ ぽ ちゃ つ ぽ ちゃ つ ぽ にゃ
ふ た が な い そ こ を とっ て ふ た に しろ

①の動作　②の動作　③の動作　④の動作

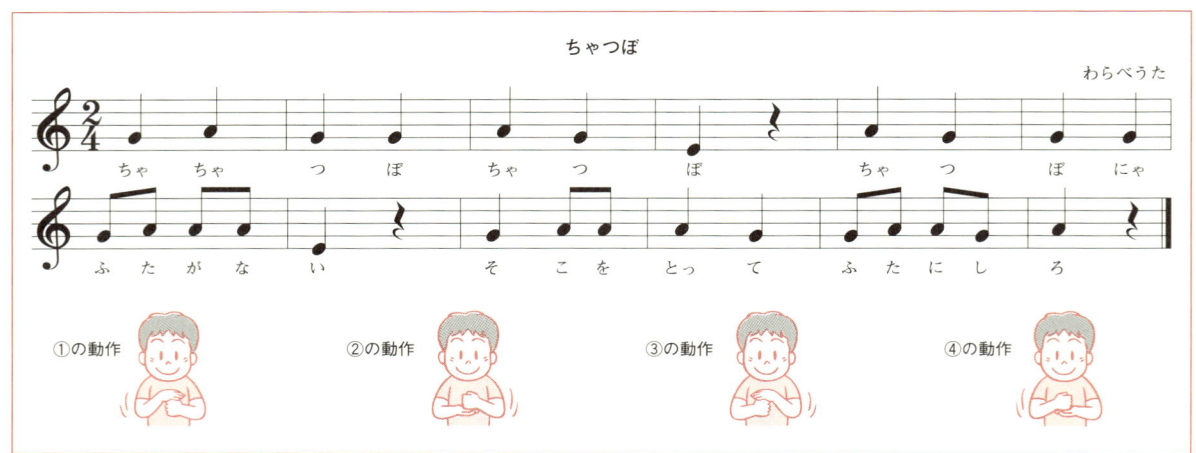

58 とおりゃんせ

該当年齢 0 1 2 3 4 5 歳児

わらべうたとして，日本人の耳によくなじむ遊び歌です。叙情あふれる曲調ですので，やさしく語りかけるようにメロディーを感じとりながら遊びましょう。

【ねらい】
①うたいながらからだを動かし，音感を養う。
②集団遊びをとおして仲間意識を高める。
③集団で遊ぶことの楽しさを味わいながら，遊びのルールに気づく。
④大人との掛け合いを楽しみながら音楽を感じとる。

【準備・環境づくり】
　室内であればなるべく広い場所を準備できればよい。室内で行う場合には机や椅子など，つまずいて転んだりしないような環境設定が必要である。

【遊び方・プロセス】
＜歌詞＞
子：とおりゃんせ　とおりゃんせ
　　ここはどこの　ほそみちじゃ
親：てんじんさまの　ほそみちじゃ
子：ちょっととおして　くだしゃんせ
親：ごようのないもの　とおしゃせぬ
子：このこのななつの　おいわいに
　　おふだをおさめに　まいります
親：いきはよいよい　かえりはこわい
　　こわいながらも　とおりゃんせ
　　とおりゃんせ

①ジャンケンで親を2人決める。親になった人は手をつなぎ，アーチをつくる。
②その他の子ども達はうたいながら，ゆっくり歩きながら並んでアーチの下をくぐって遊ぶ。
③親になった子どもは，下をくぐる子ども達と掛け合いでうたう。
④親は歌の終わりにアーチを下げる。つかまった子どもは親に揺さぶられ，親を交代する。

【援助のポイント】
①怪我やトラブルがなく，遊びが楽しく行えるように，アーチをくぐる子ども達は同じ方向から進むように声をかける。
②親の役をしたくてわざと遅くとおったり，ふざけたりする子どもも出てくるので，同じ子どもが何度も当たらず，なるべく平等になるように配慮する。
③動きばかりではなく，元気いっぱい声を出して楽しめるよう声かけをする。
④子ども同士で楽しく和気あいあいと楽しみながら，仲間とのかかわり合いや遊びのルールを理解していけるよう援助する。

【バリエーション】
①下をくぐる子ども達が列車のようにつながったり，しゃがんだりハイハイしたりスキップしたりと，歩き方や通り方に工夫する。
②アーチを2，3か所につくって遊ぶ。
③笛やタンバリンの合図で方向転換する。

音楽　通年

とおりゃんせ　わらべうた

とお　りゃん　せ　とお　りゃん　せ　ここ　は　どこ　の　ほそ　みち　じゃ
てん　じん　さま　の　ほそ　みち　じゃ　そーっ　と　とおして　くだしゃんせ
ごよう　の　ない　もの　とお　しゃ　せ　ぬ　この　こ　の　ななつ　の　お　い　わい　に
お　ふだ　を　お　さめ　に　まい　り　ます　いき　は　よい　よい　かえり　は　こわい
こ　わい　ながら　も　とお　りゃん　せ　とお　りゃん　せ

第 2 部・実践編

6 コンピュータ

① コンピュータでお絵描き

該当年齢：5歳児

マウスを動かすことにより，画面に自分の絵が形となり，現れてくるおもしろさがあります。さまざまな機能を試してみようとする好奇心も育ち，新たな発見をして遊んでいくことでしょう。

【ねらい】
① コンピュータに興味を持つ。
② コンピュータの使い方を遊びのなかで知る。
③ コンピュータでお絵描きをすることの楽しさを味わう。
④ 絵の描き方，保存の仕方などのさまざまな機能を自分の体験から知り，他の子ども達と情報交換をするなかで，友達関係を深める。

【準備・環境づくり】
① コンピュータがある室内。
② お絵描きができるソフト。
③ プリンタ（描いた絵を印刷できるように用紙をセットしておく）。
④ 使い方，遊び方を子ども達がわかりやすいように提示しておく。

【遊び方・プロセス】
① コンピュータを使うにあたり，守らなければならない約束，扱い方を子ども達に話す（紙芝居にするなど）。
② 保育室のコンピュータの近くにも，約束事，絵の保存の仕方などを描いた紙を貼っておく。

> おみずをかけないでね！
> どろんこのてでさわらないで！！

③ 実際にマウスを使い，自由にお絵描きを楽しむ。
④ お絵描きをし，楽しむなかでコンピュータのいろいろな機能を試し，覚えていく。

【援助のポイント】
① 特定の子どもだけにならないよう，クラスの子ども達がまんべんなくコンピュータに触れるように配慮する。
② 保育者があらかじめコンピュータを手際よく操作できるように熟知しておく。
③ 遊びへの言葉かけや援助は必要ではあるが，あまり指導性が強くなりすぎないようにする。
④ 子どもの必要に応じて声をかけたり，手を貸したりして，コンピュータに対しての苦手意識を持たないよう配慮する。

【バリエーション】
① 保存する。
　描いた絵をコンピュータに保存し，後日続きを描いたり，友達と見せ合って遊ぶ。
② 印刷する。
ア）描いた絵を印刷し，余白に色をつけたり，絵をつけ加えて遊ぶ。
イ）描いた絵を切り取って遊ぶ。
③ 描いた絵を使っての作品づくり。

＜うちわ＞

うちわの骨に子どもの描いた絵を貼る

＜小物入れ＞

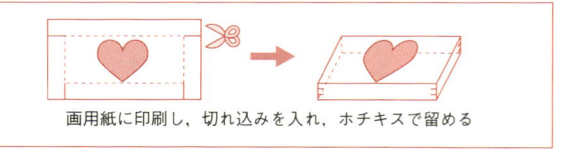

画用紙に印刷し，切れ込みを入れ，ホチキスで留める

＜カレンダー＞

子どもの描いた絵を，カレンダーの日付がついている台紙に貼りつける

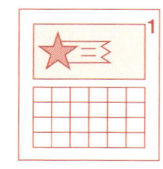

＜シールづくり＞

シール用の紙に印刷をする

④ 自分の名前を書いて印刷し，掲示物や絵に貼る。

コンピュータ　通年

❷ コンピュータで紙芝居（個人）

該当年齢 0 1 2 3 4 **5** 歳児

クレヨン，色鉛筆，絵の具などの画材はとてもよいものですが，コンピュータにはコンピュータなりの，既存の画材にはない良さがあります。欠点も把握したうえで，うまく使ってみましょう。

【ねらい】
①既存の画材とは違った道具で，表現を楽しむ。
②コンピュータの「消せる」「やり直せる」という特性を生かして，不安を持たずにのびのびと表現し，新しいイメージの広がりに挑戦する。
③ストーリー全体を見とおしてイメージし，そのイメージのうえで各場面を構築する。
④友達と見せ合うことで自信をつけたり，友達の表現を参考にしたりして，表現の幅を広げる。

【準備・環境づくり】
①まず必要なものは，コンピュータとお絵描きのソフトウェアである。
②順番を待つなどといったことがないように，コンピュータの台数はできるだけ多いほうがよいが，予算やスペースに限りがあるので，その範囲内でできるだけ多く用意したい。
③ふつうのお絵描きと同じように考えるべきなので，特別に「コンピュータルーム」などを設置しないほうが，子どもの活動が柔軟で伸びやかになる。しかし，保育室に何台ものコンピュータを設置できないならば，出入り自由のコンピュータスペースを用意するのもよいだろう。
④ソフトウェアについては，環境や保育方針によって相性があると思われるので，インターネット検索で「お絵描きソフト」などで検索して探してみるのもよいだろう。
⑤一部のソフトでは，子どもの描いた絵を紙芝居のようにつなぎ合わせる機能があるが，それ以外のソフトではそのような機能がついていない。そこで，スライドショーのソフトウェアも必要である。これについては市販，オンラインソフト合わせて，さまざまなものがあるので，使いやすいものを入手する。なかにはページめくり時の効果をつけたり，音を入れたりできるものがあって楽しいが，子どもだけの力では難しい場合もあるので，保育者の手助けが必要になる。

【遊び方・プロセス】
①基本的には，既存の画材でのお絵描き，紙芝居づくりと同様の遊び方，プロセスである。子どもも保育者も「コンピュータだから」という特別な意識を持つと，かえって自由な表現ができなくなる。
②最初は紙芝居づくりを意識せず，お絵描きを楽しむことが大切である。そのうち，絵本や紙芝居づくりに興味を持ったり，劇遊びの経験からそのストーリーを紙芝居にしたいなどの要求が生まれたとき，コンピュータでの紙芝居づくりを提案するのもひとつの方法である。

【援助のポイント】
①「遊び方・プロセス」と同様，既存の画材でのお絵描き，紙芝居づくりの際の援助と同じであるが，コンピュータであることで，特別な意識を持ったり不安に思ったりする子どもには，のびのびとした気持ちを持つよう促す援助が必要な場合もある。
②コンピュータのお絵描きソフトは多機能で，クリックしただけで虹色の図形が描けたりする。子どもによっては，本来のお絵描きよりもそのような機能を楽しむだけの状態になることもある。しかし，子どもは次第に自分が描きたいものを発見し，今まで楽しんできた機能を組み合わせて，おもしろい絵を作成するようになるので，あまりそのことを注意したりせず見守り，最低限のアドバイスをする程度でよい。
③コンピュータの特徴である「消せる」「やり直せる」ということによって，いいかげんな取り組みに流れてしまう子どももいるので，とくに年長児の場合は「できあがりのイメージを持って」「集中して」取り組めるような援助を大切にしたい。逆に，既存の画材でのお絵描きに不安を持つような子どもが，「やり直せる」という安心感からのびのび取り組めるといったメリットもあるので，子どもの様子を見ながらの援助を心がけたい。
④紙芝居ができたら，友達に見せたり発表会を催すなどして，自信を深めるとともに刺激し合う状況をつくってあげたい。そのために，コンピュータをプロジェクターにつないで大画面で発表するなどの工夫もよいだろう。

【バリエーション】
お絵描きソフトウェアによっては，画像を取り込めたり貼りつけたりできる機能がある。
この機能を使うと，写真入りの絵や紙芝居を製作することができる。自分や友達，保育者，ペットなどの写真を取り入れた，従来の紙芝居では表現できないようなものがつくれるわけである。子ども達にデジカメを貸し与えることも工夫のひとつである。
このような活動については，「❻デジカメ撮影画像をもとにお絵描きをする」を参照のこと。

❸ コンピュータ紙芝居づくり（グループ）

該当年齢：0 1 2 3 4 **5** 歳児

コンピュータではいろいろな遊びができます。自分達で描いたお絵描きをつなげて，声を入れ紙芝居をつくりあげることで，喜びや達成感を味わうことができるでしょう。

【ねらい】
① イメージをふくらませながら友達同士で意見を出し合い，お話づくりを楽しむ。
② マウスを使ってお絵描きをしていくなかで，コンピュータのいろいろな機能を覚えて楽しむ。
③ 紙芝居づくりのなかで，友達と考えたり相談したりしながら関係を深めていく。

【準備・環境づくり】
① 場の設定：室内の使いやすい場所にパソコンを設置しておく。電源を入れておいたり，使ってもいい時間や扱い方などの約束を決めておく。
　コンピュータの使い方や，描いた作品の保存の仕方などを，子どもがわかるように紙面に表し，見やすいところに貼っておく。
② 準備：画用紙数10枚（絵コンテを描くため），クレヨン，パソコン数台（ファインアーティスト，キッドピクスなどお絵描き用ソフトや録音用など），マイク（声入れ用）

【遊び方・プロセス】
① コンピュータのお絵描きを自由に楽しんで，慣れてきたころから始める。
② 保育者がつくった作品や過去の作品などがあれば，子ども達に見せて，自分達でもつくってみたいという気持ちになるような導入をしていく。
③ クラスのなかで数人ずつのグループをつくり，そのなかでお話づくりをする。
④ できたお話をまずは画用紙に描いていき，絵コンテの紙芝居をつくる。
⑤ 絵コンテを見ながら，実際にコンピュータで絵を描いていく。
⑥ 場面にあったセリフなども考え，マイクを使って声を入れる（歌をうたったり効果音を入れてみたりと工夫して楽しむ）。
⑦ 完成した作品を見せ合って楽しむ。

【援助のポイント】
① 子ども1人ひとりの必要に応じて声をかけたり，はじめは手を貸したりして苦手意識を持たないような配慮をする。
② 保育者自身が操作を習熟しておくことも必要である。
③ 遊びのヒントは与えるが，あまり指導性が強くならないように注意する。
④ 作成途中で他のグループの作品を見せ合ったり，子ども同士でいろいろな機能を教え合ったりする姿を大切にしながら，意欲的に取り組めるよう援助する。
⑤ いろいろな子どもが順番で使ったり，遊んでいけるように配慮する。
⑥ 作品の作者がわかるように，自分達の名前を入れたり，キャストのページなどをつくって子ども達を紹介していくなど工夫する。

＜絵コンテづくり＞

自分達でつくったお話を画用紙に描いていく

＜紙芝居作成・声入れ＞

みんなでせりふを考え，場面ごとに入れていく

＜紙芝居作品（表紙）＞

このようにできあがった作品をみんなで見せ合い，楽しむ

【バリエーション】
① グループの作品という形ではなく，個人で描いた絵に声を入れて，自分だけのオリジナルの作品をつくる。
② できあがった作品を大きなスクリーンに映し出し，コンピュータ上映会を開き，お家の人や低年齢のクラスのお友達に見せて，見せる喜びを知る。
③ コンピュータの作品をプリントアウトして展示したり，紙芝居をつくり自分達で読み合って楽しむ。
④ 幼稚園での思い出を紙芝居などでつくり，クラスの作品をつくっていく。

④ コンピュータで共同絵画製作

該当年齢 0 1 2 3 4 **5** 歳児

コンピュータで描いた絵は，保存しておけばいくら描き足しても，元の絵は元のままです。その特性を生かして，コンピュータならではの共同製作にチャレンジしましょう。

【ねらい】
①友達同士でイメージを共有し，さまざまな表現に挑戦する。
②友達のイメージから刺激を受け，自分のイメージを加えることで新たな世界が広がることを感じる。
③自分が描いた絵に友達が描き加えることで，思いもしなかったイメージの広がりを感じ，共同で作業することの楽しさを知る。

【準備・環境づくり】
①コンピュータとお絵描きソフトが必要である。この点については「❷コンピュータで紙芝居（個人）」を参照のこと。
②1人の子どもが描いた絵に複数の子どもが描き足すような遊びなので，「個人が描いた絵を保存するフォルダ」と「他の子どもが描き足した絵を保存するフォルダ」をつくっておく。
③だれでもが「個人が描いた絵」を自由に見られるように，フォルダ名はわかりやすくしておく。できれば，画像のカタログを閲覧できるようなソフトウェアを使い，子ども達がすべての絵を簡単に見られるような環境を用意したい。
④画像閲覧用ソフトウェアについては，たとえば以下のページで探すことができる。
http://www.vector.co.jp/vpack/filearea/win/art/graphics/filer/index.html

【遊び方・プロセス】
①まず，1人の子どもがコンピュータで絵を描き，「個人が描いた絵を保存するフォルダ」に保存する。それを他の子どもが開き，その絵に刺激を受けたイメージをもとに描き足していく。
②できあがったら別のファイル名をつけ，「他の子どもが描き足した絵を保存するフォルダ」に保存する。最初に子どもが描いた絵には，「〇〇〇〇1」「〇〇〇〇2」（〇〇〇〇は子どもの氏名）のようにファイル名をつけ，「〇〇〇〇1」をもとに他の子どもが描き足した絵には「「〇〇〇〇1△△△△1」のように，「だれのどの元絵にだれが描き足したのか」がわかるようにしておく。
③元絵には，他の子どもが描き足してもよく，そうすると「〇〇〇〇1」をもとに「「〇〇〇〇1△△△△1」，「〇〇〇〇1××××1」……と，同じ元絵からいろいろなバリエーションが生まれてくる。

【援助のポイント】
①最初の絵を描く子どもには，「だれか他の子どもが描き足してくれる」ということの意識を持ってもらうように，「お友達はどんな絵を入れてくれるかなあ」などの言葉かけをするとよい。
②描き足した絵はプリンタで印刷し，保育室の壁面に貼り出して，まだ興味を示していない子ども達の関心を高めたり，バリエーションがいくつかたまったらプロジェクターなどで発表する場を設けて，同じ絵からいろいろなイメージが広がるのだということを子ども達が実感できるような機会をつくりたい。
③元の絵を描いた子どもは，描いたら関心がなくなる場合もあるので，他の子どもが描き足したら元の絵を描いた子どもに報告するよう促すと，最初の子どもも「また描いてみよう」とか「友達の絵に描き足してみよう」という意欲を持たせることができる。

【バリエーション】
①まず，画面の左右（あるいは上下）のどちらかに1人の子どもが絵を描き，もう1人の子どもが逆のサイド（絵が描かれていない場所）に描き足していくと決めておくやり方もある。この方法だと，あとから描き足すときに描きやすい。しかし，イメージが固定しやすくなる場合もあるので配慮が必要である。

右のスペースに他の子どもが絵を描き足す

②複数の子どもが同時に（順番に），1枚の絵を少しずつ完成させる方法もある。
1人目の子どもが「ヒーロー」を描いたら，そこにもう1人の子どもが「怪獣」を描き，最初の子どもがそこに「怪獣を倒すための光線」を足し，2人目の子どもが怪獣が倒れる要素を描き……と，ストーリー性のある絵をつくっていく可能性もある。この方法は紙のお絵描きでもできるが，コンピュータだと最初の場面を消して次の場面を描けるので，場面転換のある遊びが展開できることが特長である（この場合，保育者は「完成」とか「保存」ということにこだわらないほうがよい）。最近は，お絵描きのプロセスを再現してくれるソフトもある。再現しながら相手に「ここで光線が出てね……」などと説明でき，言葉による表現への意欲や能力の向上も期待できる。

❺ デジカメで楽しむ

該当年齢 0 1 2 3 4 **5** 歳児

デジカメ（デジタルカメラ）は，子ども達にとっても当たり前の道具になってきています。うまく使いこなして，子ども達の表現や環境に対する認識を高めましょう。

【ねらい】
①自分が興味を持った場所を撮影することにより，漠然とした興味をはっきりと認識する。
②自分が撮影した場所やものを友達にわかってもらうように説明することで，コミュニケーションの能力を高める。
③友達が撮影した場所やものを見ることで，友達とイメージを共有したり，友達のイメージに感動したりする。
④自分が生活している環境にあらためて興味を持ち直したり，新たな発見をし，さまざまな事象に興味を深め広げる。

【準備・環境づくり】
①子どもの数だけデジカメを用意するのが理想ではあるが，費用がかさみすぎるので，クラスに1台程度でもよい。
②ほとんどのデジカメはオートフォーカスで，シャッターボタンを半分押すとフォーカス（焦点距離）が合い，そのままボタンを押し込むことで撮影できる。しかしこの方式だと子どもには難しい。「半分押す」という感覚は，巧緻性が発達していなければ困難だからである。
③できれば「パンフォーカス」という固定焦点距離のモードを持つカメラか，もとからパンフォーカスのみのカメラ（低価格のものに多い）を選ぶと，撮影の失敗が少ない。
④最低限デジカメとプリンタさえあれば，撮影と発表はできるが，さまざまな遊びへの発展を考えるのであれば，コンピュータがあったほうがより楽しめる。
⑤撮影枚数はそれほど大量にならないので，メモリカードは大容量でなくてもよい（128MB程度でも十分である）が，パソコンに取り込んだり印刷したりする間も撮影したい子どもが出てくる可能性があるので，予備のメモリカードは用意しておきたい。

【遊び方・プロセス】
①デジカメの台数にもよるが，その日撮影する子どもをあらかじめ決めておいたり，子どもから予約したりする約束にしておく。場合によっては撮影枚数も取り決めておいたほうがよい。
②子どもはデジカメをもらったら自分が撮影したい場所で撮影してきて保育者に渡す。保育者はメモリカード内の写真をパソコンに取り込むか，カードをプリンタに取りつけて印刷する。その間，予備のメモリカードをカメラに取りつけて他の子どもが撮影に出かける。
③最初は撮りたいものを決めかねてシャッターを押せずに戸惑ったり，レンズに指がかかって撮影に失敗したりするが，だんだん慣れてくると，ありきたりの被写体だけでなく，大人から見るととてもユニークな被写体やアングルの写真を撮り始める。たとえば，トンネル状になった遊具の向こう側に子どもを立たせてこちら側から撮影するとか，ボールを蹴っている友達の足もとだけを撮ったり，ジャングルジムの下から空を撮ったりするなど，驚かされる。

④それらの写真を保育者が印刷して，保育室の壁面に貼り出してあげたり，プロジェクターで発表会をすると，他の友達の写真に興味を持つようになる。
⑤撮影した子どもがその写真について説明する機会を設けると，一生懸命説明するし，写真があることで言葉だけでは伝わりづらいイメージを伝えられることに気づく。
⑥説明されている子どもも，その説明でますますさまざまなものに興味を持ち，イメージを共有したり刺激し合うようになっていく。
⑦デジカメの多くはビデオ撮影もできる。保育者が手伝えば，デジカメとはひと味違う表現もできる。

【援助のポイント】
①長めのネックストラップで首からかけることにより，落としたりなくしたりすることは防げるが，デジカメがぶらぶらしてしまい，ぶつけてしまうことがある。そのような場合はストラップを長めにして，そのままポケットに入れるようにアドバイスするとトラブルを防ぐことができる。ただし，ストラップが突起物に巻きつくと首が絞められてしまうので，提げたままで高いところに登らないように注意しておくべきである。
②子どもが撮影してきた写真が，大人から見てよいと思えないアングル，被写体であっても，子どもの気持ちやイメージを大切にし，その写真についての説明や，撮影時の気持ちなどをよく聞くことが大切である。

⑥ デジカメ撮影画像をもとにお絵描きする

該当年齢 ０１２３４⑤歳児

子どもがデジカメで撮影した写真はイメージの宝庫。ただ見せ合って楽しむだけでなく，お絵描きに生かしてみましょう。また，さまざまな表現方法にも関心を持つようになってくるでしょう。

【ねらい】
①自分のイメージを大切にして，撮影した写真をもとに，そのイメージをもっとふくらませていく。
②写真を組み合わせてイメージを広げたり，新たなイメージを発見したりして楽しむ。
③絵だけでは表現しきれないイメージを，写真を組み合わせることで実現できることに気づき，さまざまな表現方法に関心を持つ。

【準備・環境づくり】
①前項「❺デジカメで楽しむ」と同様，デジカメとプリンタを用意する。
②保育者は子どもの要求に沿えるよう，写真画像の縮小・拡大をマスターしておくと，子どもの望みどおりの大きさの画像を提供できる。
③写真を画用紙などに貼るような遊びなら，はさみとのりさえ用意しておけばよい。パソコン上で写真画像を取り込んで加工していくのなら，パソコン，お絵描きソフト，画像閲覧ソフトが必要となる（「❷コンピュータで紙芝居（個人）」参照）。
④「遊び方・プロセス」や「バリエーション」で説明するように，クレヨンや色鉛筆だけでなく，さまざまな素材を組み合わせていくこともあるので，できるだけ多くの素材を用意しておくと，遊びも豊かに発展していく。

【遊び方・プロセス】
①デジカメで撮影することを楽しんで，印刷された写真を見せ合ったりしているうちに，その写真を画用紙に貼ってスクラップブックのようにする子どもが出始める。
②最初はそのまま写真帳のように持っているが，そのうち，その写真にクレヨンや色鉛筆で何かを描き足したりし始める。いろいろな写真を組み合わせて，コラージュのようにしたり，それをもとに絵を描き足して，新たな作品にしていく子どももいる。
そうしているうちに，「こういう絵を描きたいからデジカメで撮影する」という子どもも出てきて，デジカメでの撮影も新たな方向が生まれてくる。
③たとえば，「ロケットに乗った自分が宇宙を旅行する」というイメージを持った子どもは，ヘルメットを自作してかぶり，友達に撮影してもらって，その写真を画用紙に貼りつけてロケットを描き足していくし，自分の写真に折り紙などでつくったドレスを重ねて貼っていく子どもも現れる。
④背景だけ描いておいて，切った写真をそこで動かしてお話をつくる子どももいる。

【援助のポイント】
①子どもが主体的に行ってほしい遊びではあるが，子どもだけではどうしても遊びの発展が見込めない種類の遊びであることも否めない。
②そこで，保育者がちょっとしたアドバイスとかヒントを与えたり，保育者自身が新たな作品をつくっておくなどの配慮が必要かと思う。
③たとえば，反転印刷できるプリンタであれば，同じ写真（子どもの横顔など）をふつうに印刷したものと反転印刷したものを使って，同じ子どもが対面するというような作品をつくっておいておくと，驚いたり感動したりして，新たな遊びに発展していくかもしれない。

【バリエーション】
①画用紙に貼るだけでなく，紙パックや段ボールなどに貼って立体製作をするのも楽しい。
②ペープサートやパネルシアターをつくることもできる。ペープサートの場合，回転させると裏が見えることに気づき，デジカメで反対側を撮影するといった活動も出てきて，対象物をさまざまな角度から眺めるという心の育ちも期待できる。
③アイロンプリント用紙を使えば，布にも貼りつけられるし，透明シールに印刷すれば，窓ガラスやアクリル板に貼りつけられる。印刷したものにアイロンなどで熱を加えると，印刷部分が盛り上がってくるような用紙もある。店でいろいろな用紙を探してみるのもおもしろい。
④描き足して完成した作品をもう１度デジカメで撮影したりスキャナで取り込んで，それをまた印刷して新たな作品の部品にすることもできる。
⑤大きな模造紙にグループやクラスの友達が自分の写真を貼りつけていくことで，共同製作作品もつくることができる。あらかじめ園の地図を描いておいて，園内で撮影したものをその実際の場所と同じように貼りつけていくと，オリジナルの園内地図ができる。
また，この遊びは年中，年少児でも楽しめるが，その場合は子ども達の巧緻性に配慮して，シール用紙に写真を印刷すると，のりがべたつかなくてスムーズに遊びを進められる場合もある。
⑥慣れてきたら，❿のデジタル図鑑に応用できる。

コンピュータ

通年

❼ メールごっこ

該当年齢 0 1 2 3 4 **5** 歳児

メールは「コミュニケーション能力を低める」と，評判がよくないようですが，その長所と短所を子どもなりに理解し，さまざまなコミュニケーション手段を知ることも大切です。

【ねらい】
①メールの特性を知り，コミュニケーションの方法にもさまざまなものがあることに気づく。
②相手に通じるコミュニケーションの仕方とはどのようなものかを子どもなりに理解する。
③コミュニケーションのエチケットやマナーを知り，日常の生活に生かす。

【準備・環境づくり】
①この遊びはさまざまな機器や環境を必要とするので，ふつうの園ではかなり困難なものである。以下に記すような環境に近ければ挑戦してみて欲しい。
ア）メールのやりとりをするので，最低２台のパソコン。
イ）それぞれのパソコンがLANでつながっており，インターネット接続が可能なこと。
ウ）それぞれのパソコンに，子どもでも扱えるメールソフトがインストールされていること。
エ）無料か安価のメールアドレスを取得すること。園が独自ドメインを持っていれば，メールアドレスをいくつか持てることもある。
②メールソフトは，パソコンに最初からインストールされているものでも十分であるが，子どもが使いやすいソフトもある。
③無料メールアドレスは，インターネットで検索すればたくさん見つかるが，メール本文に広告が入るものも多いので注意が必要である。有料でも安価なメールアドレスもあるので，探してみてほしい。子ども１人ひとりにメールアドレスを割り振るのもよいが，メールソフトの設定が非常に煩雑になるので，クラスごとにアドレスを持てばよい。
④クラスや，メールごっこに参加する保育者のアドレスはアドレス帳に登録しておき，子どもがアドレスを入力しなくてもよいように準備しておく。
⑤キーボードは，できれば五十音順のものを用意したいが，現在ではほとんど販売されていない。そこで，ひらがな入力のために大きなキーボード表をつくってコンピュータのそばに貼ったり置いておくとよい。
あるいは，「ソフトウェアキーボード」という，画面上に表示させるキーボードには，50音のものもあるので，それを利用するのもよい。「50音ソフトウェアキーボード」で検索するといくつか見つかる。

【遊び方・プロセス】
①唐突にメールごっこをするのは望ましくない。「お手紙ごっこ」「郵便ごっこ」が盛んになったときを見計らって，メールでのやりとりもできることを伝えれば，コミュニケーションのおもしろさに関心を持った子ども達は，ぜひやりたいと思うだろう。
②最初のうちから長い文章を送ろうとすると入力が大変なので，おもしろさを味わう前に飽きてしまう。「こんにちは」「おはよう」のように短い文章を送り合って，メールの特徴（瞬時に相手に届く，声や自筆のようにニュアンスは通じにくい，など）に気づくことから始める。
③次第におもしろくなり，長い文章を書いたり描いた絵やデジカメ画像を添付したりして楽しむようになる。
④メールを他のクラスに送ると，相手のクラスに走っていって「メール出したよ，着いた!?」と確認する姿が見られる。子ども達にとって，メールは単独のバーチャルコミュニケーションではなく，直接のコミュニケーションを補ったり豊かなものにするものととらえているようである。

【援助のポイント】
①それにしてもやはり，メールはバーチャルコミュニケーションである。このメールごっこによって直接のコミュニケーションが減ってしまっては問題である。そこで，保育者はよく見守り，必要なアドバイスを行うことが大切である。
②たとえば，メールばかり書いている子どもがいれば，その子どもが作成したり受信したりしたメールや画像を印刷して友達に見せたり，壁面に貼るよう促したりする。
③メールがもとでトラブルが起きたときはよいチャンスと受け止め，どのようにしたらよいかをクラスのみんなで考える場を設けるなどするのもよい。
④メールごっこはあくまでも「コミュニケーションにはさまざまな手段があり，それぞれによいところと悪いところがあるので，使い分け，組み合わせていくのが良いのだ」ということを知るものである。決して「メール送受信のスキルアップ」などと考えず，情報リテラシーの芽生えを培うというスタンスで臨みたい。
⑤最近，ネット犯罪に子どもが巻き込まれたり，ネット掲示板やコミュニティでの子ども同士のトラブル，ひいては傷害・殺人事件やいじめという事態も起こっている。携帯電話やパソコンを禁止しても，将来は使わなければならない機器・機能であるから，ルールやマナー，トラブルへの対処の仕方などは伝えていきたい。

コンピュータ　通年

❽ 放送局ごっこ

該当年齢 0 1 2 3 4 **5** 歳児

小学校では昼休みなどに，児童自身が校内放送を行っています。そこまでの取り組みを幼児に要求してはいけませんが，表現遊びのひとつとして取り入れてみるのもよいでしょう。

【ねらい】
①放送することで，多くの友達に何かを伝えることのおもしろさ，難しさを実感する。
②放送内容を考えるプロセスで，自分が興味を持っていることを明確にしたり，友達の興味，イメージに驚いたり共有したりする。
③子ども達なりにシナリオをつくることで，全体を見とおす能力を高める。

【準備・環境づくり】
さまざまな機材を必要とする遊びなので，以下に記す機材や環境をある程度用意できる態勢があるなら挑戦してみたい。

＜ビデオカメラ＞
音声だけの放送でもよいが，幼児にとってはビジュアルな情報でないととっつきにくく，イメージしにくい。ビデオカメラは必須である。

＜ビデオレコーダーまたはビデオ信号を取り込み，送信できるパソコン＞
ビデオカメラだけでは放送できない。ビデオカメラからの信号を取り込み，放送できる機器が必要である。ビデオレコーダーの場合は，カメラからの信号を取り込み「ビデオアウト」から有線あるいは無線（ＵＨＦ変換器やＦＭトランスミッターなど）で放送することになる。最近ではビデオカメラに取りつけられるＵＨＦ・ＦＭトランスミッターも販売されているが，かなり重い機器なので，子どもには扱いにくい。

パソコンの場合はＬＡＮを経由して視聴側のパソコンに流すことになるので，ビデオ信号を取り込んで「ストリーミング」という形式で送出できるソフトウェアが必要になる。高価なものが多く，設定や操作にはある程度の知識が必要となるので，あまりおすすめできる方法ではない。

上記の機器と，視聴側にテレビあるいはパソコンが必要となる。

複数のビデオカメラの信号を切り替える「スイッチャー」と呼ばれる装置があれば，より発展した遊びができる。

ただし，生放送を考えないのであれば，ビデオカメラとテレビだけで十分だし，それでもかなりおもしろい遊びができる。

【遊び方・プロセス】
①アイデアや工夫次第でさまざまな遊びができる。たとえば，グループやクラスでうたったりダンスをしたり，絵本や紙芝居を読んだりするのを撮影し，各クラスに放送する。
②いろいろな友達や先生たちにインタビューして番組にする。
③園内のさまざまな場所に行き，興味を持ったものなどを撮影し放送する。
④アイデアを考えたり友達同士で話し合ったりすることで，いままで漠然と興味を持っていた事柄が明確になったり，友達のアイデアや興味のある物事に共感したり感動したりする。
⑤視聴する子ども達も，撮影，放送した友達のイメージに驚いたりして，自分でもやってみようと思う子どもも出てくる。そうやって，「伝えることのおもしろさ」「表現を工夫することの大切さ」を実感でき，豊かな遊びに発展していく。

【援助のポイント】
①撮影や放送という作業は，幼児にはかなり難しいものである。そこで，保育者のアドバイスや手助けは，他の遊びよりもはるかに必要になってくるであろう。
②ビデオカメラは静止画のデジカメとは違い，撮影中はずっと被写体に向かって構えていなければならない。しかし，子どもは撮影中であることを忘れてカメラを下に向けたり，揺すってしまったりする。失敗の経験から学ぶこともよいが，あまりにも致命的な失敗だと，この遊びに意欲をなくしてしまうことも考えられるので，事前に失敗例を見せたりして意識を持てるように促すことが必要である。
③視聴者がいるので，見ている側がどう見えるか，どう感じるか，わかりやすいか，楽しめるものかなどを話し合い，アドバイスすることも大切だろう。

【バリエーション】
①子どもが撮影・放送するだけでなく，保育者達が撮影して子ども達に向けて放送するのもおもしろい。
②園内だけでなく，保育者が旅行先などで撮影したものを放送し，説明するのも楽しい。動画のよさをよく研究し，お手本になる番組をつくってみたい。
③最近は，放送中に視聴者側もビデオ画像で参加できるサービスも出てきた。
「スティッカム」（http://www.stickam.jp/）など上手に使えば意見交換や感想の発表など，双方向ならではの豊かな表現の経験になり得る。

コンピュータ 通年

⑨ 顕微鏡でいろいろなものを観察する

該当年齢 0 1 2 3 4 5 歳児

昔は顕微鏡というと高価なイメージがありましたが、最近は安価なものも出てきています。ふつうには見られないものを見たときの感動は、イメージを豊かなものにすることでしょう。

【ねらい】
① ふだん見慣れているものを顕微鏡で観察することで、いろいろなものの構造や仕組みに感動し、不思議だと思う心を培う。
② 顕微鏡観察の経験によって、何気なく見ているものも拡大してみると違って見えることに気づき、いままで興味を持たなかったものにも関心を示すようになる。

【準備・環境づくり】
① 幼児が使用するには、本格的な顕微鏡（反射鏡やプレパラートなどを使うもの）よりも、望遠鏡のような形をした手軽なもののほうが使い勝手がよい。そのような顕微鏡は、反射鏡で光の調節をしたり、プレパラートにはさむために対象物をスライスする必要もなく、立体物でも見ることができる。
② ただし、対象物に光が当たりづらく、暗くて見えにくいことがある。そこで、対象物に光を当てる「対物ライト」つきのものを選ぶことをおすすめする。また、素材によって最適な倍率が違うので、倍率を何段階かに切り替えられるものがあれば、そちらを選びたい。
③ 顕微鏡で見る素材は子どもが選ぶのが基本であるが、最初のうちはどういうものを観察したらよいのかわからないこともあるので、あらかじめ、拡大するとおもしろそうなものを用意しておくとよい。

【遊び方・プロセス】
① 最初から顕微鏡を渡してもよいが、その前に虫眼鏡を使ってさまざまなものを観察する経験をしていると、顕微鏡でより拡大した世界に対する驚きやイメージが深まりやすい。
② 保育室にあるさまざまなものを顕微鏡で見ると、新たな発見がある。布や脱脂綿のようなざらざらしたものは拡大するとさまざまな模様が見えるが、折り紙やコップなどつるつるしたものは、ほとんど模様らしきものが見えないなど、材質の触感と構造の関係も感じるかもしれない。
③ 自分や友達、保育者の皮膚などを観察すると、しわや汚れ、ほこりなどが見える。同じ皮膚でも、手のひらと手の甲、顔、足など場所による違いも発見できる。
④ 外に出て砂や葉っぱ、ダンゴムシなどの立体物を見てみると、角度や部位によって見え方が違うことを発見できる。虫の足などは毛におおわれていて、ちょっと不気味な気持ちになるのもよい経験である。

【援助のポイント】
① まず、顕微鏡はレンズを使っているので虫眼鏡と同様、強い光に向けて見てはいけない。太陽や電球、蛍光灯などである。事前にしっかりと約束をしておく。
② レンズを傷つけたり水分に接触しないように伝えることも必要である。
③ 最初は拡大して見るとおもしろいもの、意外なものを素材として用意しておき、子ども達が素材を選ぶときのヒントになるようにしたい。
④ ただ単に拡大した世界を楽しむだけでなく、なぜそういうふうに見えるのか、なぜそういう構造になっているのかを考えてみるような言葉かけも大切である。
⑤ たとえば、乾麺やインスタントラーメンの麺や具を観察すると、たくさんの穴が開いている。これは、ゆでる際に水分を内部に含みやすくするためのものである。また、虫の足の毛は葉っぱや枝などにつかまりやすくするのも理由のひとつである。
⑥ 子どもが正解に行き着くとは限らないが、そのような「不思議」「わからない」ことを楽しむ態度も育みたい。

【バリエーション】
① 最近は、パソコンやテレビに簡単に接続できる顕微鏡がある。これを使うと友達と一緒に同じものを見ることができる。拡大して見た感動を共有でき、かなり楽しい遊びになる。
② 顕微鏡とプロジェクターを組み合わせれば、大人数で観察することもできる。これを応用すると「顕微鏡写真クイズ」遊びができる。
出題する子ども達はあらかじめ素材を用意しておき、他の子ども達から見えないところで顕微鏡のプレパラート部分に素材を載せる。他の子ども達はプロジェクターの画面に映った顕微鏡写真を見て、何を映しているのかを当てる。
③ 小さいものを拡大して観察するのが顕微鏡であるが、遠くのものを大きくして見る双眼鏡、望遠鏡も活用してみたい。園では星の観察はできないが、木の上にいる鳥などは格好の観察対象である。

> **Column ─ デジカメで顕微鏡観察**
> 直接パソコンにつなげない顕微鏡でも、デジカメで撮影して取り込むことは可能。ちょっとしたコツが必要だが、慣れれば難しくありません。一眼レフなどの大口径レンズのカメラより、コンパクトデジカメのほうが大きな画像を撮影できるし、液晶画面で確認できるので適しています。

コンピュータ　通年

❿ デジタル図鑑づくり

該当年齢 5歳児

子ども達は園内のこと，生活する場のことを，案外知らないものです。デジタル図鑑づくりで楽しむことによって，身の回りの事柄に興味・関心を持てるようにしましょう。

【ねらい】
① 園内のさまざまなものや環境を図鑑にすることで，さまざまなことに関心を持つ。
② 生活の場の全体像をイメージすることで，遊びや生活をより豊かなものにしていく。
③ 友達の撮影したものや場所に驚き，協力して遊んだり活動したりすることの大切さを知る。

【準備・環境づくり】
① デジタルカメラは必須。
② ふつうの図鑑のようなスタイルをとるなら，録音機器やビデオカメラがあると豊かなものになる。
③ 園内地図スタイルなら，地図を紙で作成する場合，大きな模造紙など。パソコン上で作成するなら，グラフィックソフトウェアが必要になる。グラフィックソフトウェアは子ども用のものでもよいが，広い範囲に写真を貼っていくことになるので，大きな（スペースの広い）画像を扱えるソフトウェアのほうがスムーズに行える。
④ ある程度知識のある大人がいるのであれば，ホームページ形式にするといろいろな仕掛けがつくれるので，ホームページ作成用ソフト（「クリッカブルマップ」を作成できるもの）があると便利である。

【遊び方・プロセス】
① 導入として，「新しく園に入ってくる，まだ何も知らない小さなお友達に教えてあげられるような図鑑をつくろう」と提案すると，子ども達のイメージもはっきりしやすい。
② デジタル図鑑として，2種類のものが考えられる。
1つは，ふつうの図鑑のように「園内の動物や植物，遊具，先生などの写真とその説明」というスタイルであり，もう1つは「園内の地図のそれぞれの場所に写真を貼りつけていき（実際の場所と同じところ），それぞれの写真に説明をつける」というスタイルである。
③ 1つめのスタイルなら，ワープロソフトに写真を貼り，その説明を横や下に書けばできあがる。撮影する対象は動植物に限らない。子ども達が興味があるもの，好きなもの，新しい友達に知ってもらいたいものなら何でもよい。たとえば固定遊具を撮影して，その遊び方を紹介してもよいし，折り紙を折った作品の写真を説明するのもおもしろい。大好きな先生を撮影する子どももいるだろう。
④ もう少し発展させるなら，「写真をクリックすると，音を聞けたりビデオを見られる」という図鑑をつくることもできる。実際には，ホームページのリンク機能を使うのがいちばんつくりやすいが，現時点では子どもが作成するのは困難であるので，素材だけは子ども達が用意し，保育者が図鑑に仕上げることになる。
⑤ もう1つの「園内地図」スタイルの図鑑は，まず園内地図を用意しておく。子ども達がつくれるようならつくってもよいが，保育者が用意しておいてもよい。
⑥ 紙の園内地図の場合，それぞれの子どもが思い思いの場所，物，人などを撮影してきたら，写真画像をプリンタで印刷する。地図の大きさに合わせて印刷すればよいが，L版のサイズくらいがよいだろう。
⑦ これを地図上の，実際と同じ場所に貼っていく。これは，子どもが行うほうが楽しい。そしてその脇に，撮影した子どもが説明を書く。同じ場所を撮影してきた子どもがいたら，矢印で少し離れた場所に貼ったりと工夫する。
⑧ 最初は「新しい友達への説明」を目的としていても，次第に自分達のイメージに広がりや深まりが感じられ，大変楽しい遊びになってくる。それとともに，友達とのイメージの共有や，協力して作業していくことの楽しさや意義を感じることができる。
⑨ パソコン上で地図を作成する場合も，紙の地図とほぼ同様である。パソコンで取り込んだ写真をグラフィックソフト上の地図に貼りつけていく。説明文については，子どもが書いたものを保育者が入力してもよいし，スキャナやデジカメでそのまま取り込んで貼りつけてもよい。
⑩ ホームページ作成ソフトを使って，「地図上の写真をクリックすると音を聞けたり動画が見られる」ようにすると大変楽しく，インターネット上のサイトにアップすれば保護者などにも見てもらうこともできる。

【援助のポイント】
撮影したり説明文を書いたりすることも楽しい作業だが，他の友達の写真や説明を見たり読んだりすることも，また違った楽しみがあることを感じてもらえるような援助をしたい。

【バリエーション】
① 遠足や園外保育の際にも応用することができる遊びである。
② 自宅から園までの道のりの地図に応用できる。小学生になると自分の地域の地図づくりにも役立つ。

コンピュータ 通年

⓫ 市販ソフトで遊ぶ

該当年齢 0 1 2 3 4 5 歳児

市販ソフトといっても，用途に応じてさまざまあります。インターネットなどで内容や評価を見て，園や保育者の保育に合ったソフトが見つかれば，遊びの幅が広がることでしょう。

【ねらい】
① パソコンのソフトはたしかにバーチャルな体験ではあるが，実体験では味わえない世界を経験できる。保育者の教材研究，配慮が適切であれば，実体験を豊かにするきっかけともなる。
② 数人の友達同士で遊ぶと，ふつうの遊びよりも豊かな協力関係がつくられる。

【準備・環境づくり】
① 市販のソフトウェアには大きく分けて2種類の入手方法がある。1つは，CD-ROMの形で店で販売されているもの。もう1つは，オンラインソフトと呼ばれる，インターネットからダウンロードして入手するものである。後者は，料金を払うものと無料のものとがあるが，有料のものでもCD-ROM形式よりも安価である。
② オンラインソフトは一般的に，限定された機能だが，ふつうに使えたり，機能はすべて使えるが期間が限定されているような「試用版」があり，試してみて気に入れば購入するという形をとることができる。

【遊び方・プロセス】
市販ソフトといっても幅広い分野で，その内容も操作性もそれぞれ違う。そこで，代表的なソフトの種類を挙げ，その内容や楽しみ方を述べておく。

＜お絵描きソフト＞
① これについては「❶コンピュータでお絵描き」や「❷コンピュータで紙芝居（個人）」で紹介しているので，参照していただきたい。
② 最初は機能の使い方に戸惑う様子があるが，次第になれてくると，大人が思いもよらなかった使い方でのびのびと表現するようになっていく。

＜絵本ソフト＞
① 絵本ソフトといってもその機能や内容はさまざまである。ただ読み上げて，ページをめくってくれるだけのものから，ページ内のいろいろな場所をクリックすると動いたり音がするような仕掛けを組み込んだものもある。
② ただ読み上げるだけならば保育者が読み聞かせするのと同じ，あるいは，子ども達の様子を見ながらではないために，かえってマイナスという場合もあるが，優れた読み手であったり，子どものペースでページめくりができるというよさもある。
③ クリックするとイベント（仕掛け）が起動する絵本は大変楽しいものであり，コンピュータならではのものであるが，子どもがそのイベントばかりに気をとられ，ストーリーに関心を示さない場合もある。

＜知育ソフト＞
① 知育ソフトというと「お勉強」のイメージが強く拒否感があるが，遊びながら物事の仕組みに気づいたり，実際の遊びのきっかけになるようなソフトもある。
② たとえば，画面に木琴が出てきて，マウスでクリックすると音階やメロディを奏でられるソフトがあるが，モードを切り替えると，木琴の鍵盤が，「2本の釘の間に輪ゴムを引っかけたもの」に変化する。それをクリックすると，輪ゴムをはじいたような「ビョーン」という音が出る。子ども達はそれを見て，実際に輪ゴムと釘で同じものをつくって楽しんだりする。
③ 画面上のロボットに「前へ2歩，右，前へ3歩，左……」などと指示して，目的の場所に進ませるようなソフトがある。
④ ひとつの指示ごとにリアルタイムに動くモードもあるが，目的地にたどり着くようにいくつかの指示をまとめて与え，最後にロボットが動いて指示を順次実行していくモードもあり，後者のモードでは，子どもの「見とおす力」が必要になってくる。このような経験は年長の時期には大変重要なものであるといえる。

【援助のポイント】
「遊び方・プロセス」でも述べたが，市販ソフトといってもそれぞれ遊び方が違うので，一言で「このように援助する」ということは言えない。

しかし，どのようなソフトにも共通した配慮点がある。それは，

ア）なるべく，1人だけで遊ぶ環境をつくらず，何人かでおしゃべりしながら遊ぶ状況をつくりたい。

イ）なかにはコンピュータソフトばかりに熱中してしまう子どももいるが，無理に引き離すのではなく，その遊びから実際の遊びに移行するような言葉かけ，働きかけが大切である。それ以上に，ソフト導入時に，実体験への導入になるようなソフトを選択する配慮が必要である。

ウ）「ねらい」にも述べたが，市販ソフトでの遊びで終わってしまうのではなく，その経験や成果が現実の遊びに反映されるように配慮したい。そのためには，保育者自らが市販ソフトで遊び込み，この遊びでなにが得られるのか，現実の遊びで役立つヒントがないかを常に考えてほしい。

コンピュータ　通年

⑫ 録音遊び

該当年齢 0 1 2 3 4 **5** 歳児

最近のパソコンソフトでは，録音した音をさまざまに加工する機能があるものがあります。いろいろな効果を楽しみながら，音に対する興味・関心を培いましょう。

【ねらい】

① いろいろな音を加工し，その変化を楽しみ，友達とイメージを共有する。

② 音や声の仕組みに興味を持ち，音遊び，言葉遊びなどのきっかけにする。

【準備・環境づくり】

① 音楽編集ソフトはインターネットで発見できるオンラインソフト（無料のフリーウェアと有料のシェアウェアがある）で十分だが，できれば「リバーブやエコー，音量レベル変更，ピッチシフト（音程変更），タイムシフト（音の長さの変更），リバース（音データの反転）」などの機能を持っているものを選びたい。とくに，リバース機能は遊びをより豊かにし，発展も望めるものである。

② 園内のさまざまな場所の音を取り込みたい場合は，パソコンとの連携のよいレコーダー（録音機）があるとよい。その場合，音声編集ソフトの側に外部入力に対応した機能が必要である。あるいは外部音声入力を取り込んで保存するソフトを別に用意してもよい。これもオンラインソフトで十分である。

【遊び方・プロセス】

① 音声編集ソフトは，やや複雑な操作を必要とするものが多いので，子どもが録音したものを保育者が加工してあげるのがよい。子どもはその操作を見ているうちにだんだんとやり方を覚えていくので，時期を見て少しずつ子どもに操作を渡していく。

② はじめは主要な加工（イフェクトという）をひととおり聞いてもらうことを繰り返し，だんだんと子どものリクエストに応じてイフェクトをかけていく。

③ 重いものを落としたときの「ドン」という低音をピッチシフトして高音にすると，「カン」というかわいい音になるのを楽しんだり，逆に鈴やトライアングルのような高音の音を低音にして驚いたりと，それだけでも楽しい。

④ 表現発表会の劇遊びなどに使う効果音をつくるために，いろいろな音を録音してイフェクトをかけて試してみたりするのも充実した活動になる。たとえば，積み木をカタカタと鳴らしたものをピッチシフトで低音にし，タイムシフトでゆっくりにする。それにエコーをかけたり強弱をつけていくと，怪獣がゆっくりと歩くような音にすることもできる。

⑤ 子ども達自身がつくり出した効果音を使うことで，劇遊びへの意欲をさらに高めることもでき，達成感も高まることが望める。

⑥ 聞き慣れた音楽を加工しても，新鮮な驚きがある。ピッチシフトすることで曲の雰囲気がまったく変わってしまうし，エコーを強くかけると何の曲だかわからなくなる。このような遊びは友達とアイデアを出し合って試行錯誤していくと楽しいし，思わぬ発見もあり充実する。

⑦ こうして，いろいろな音に興味を持ったり，目的の音を探してさまざまなもので音を出してみるようになり，音遊びの幅も広がっていく。

⑧ 同じように声の加工も楽しい。自分の声をピッチシフトで低音にすると，大人の男性のようになったりするし，赤ちゃんの泣き声をまねして録音し，低音にしてエコーをかければ怪物の叫び声になる。逆に，保育者の声を高音にすると子どものような声になり，だれの声に似ているかを言い合って楽しむこともできる。

⑨ 言葉を録音して反転再生（逆再生）すると，まったく別の言葉になる。たとえば「あかさか」をふつうに逆さま言葉で言うと「かさかあ」だが，反転再生すると，イントネーションは異なるが「あかさか」と聞こえる（これは「あかさか」の音素が「akasaka」で，これを反対から並べても「akasaka」になることが理由である）。このように，「言葉」と「音声」の関係に興味を持ち，不思議だと思う気持ちが芽生えていく。

【援助のポイント】

① さまざまな音を録音しようとするあまり，叩いてはいけないものを叩いてしまうようになる可能性もあるので，十分注意して見守る。

② イフェクトをかけたら，望みの変化にならないことがあるが，多くの音楽編集ソフトでは1手順だけ元に戻せる。しかしそれ以上は元に戻せないソフトが多いので，ときどき保存（別のファイル名で保存しておけば元のデータは残せる）しておくよう配慮する。

③ 実際の遊びにつながるように配慮して，言葉かけをするなり，保育者が実際にやってみせるなどの援助が大切である。

④ 音だけでなく，ビデオをパソコンで編集するのも簡単で高機能になってきている。逆再生，スロー・早回しなどは画像が加わることにより，ますます効果が大きくなる。とくにスロー再生は動きがよく観察でき，走ったりジャンプしたものを観察すると，動きに対する興味が広がる。

コンピュータ　通年

第 2 部・実践編

7

障碍児の遊び

❶ フィンガーペインティング

該当年齢 0 1 2 3 4 5 歳児

小麦粉なら，もし子どもが口に含んでも大丈夫です。粉がどんな素材になるのかも楽しみながら，子ども達と一緒に内容を発展させることができる遊びです。

【ねらい】
① 小麦粉の素材を楽しみながら触感覚を刺激する。
② 汚れを気にせず遊ぶことで，遊びをダイナミックにする。
③ 自由に表現できることで，開放感を高め，創造力や自己表現能力を養う。
④ 絵描き遊びに発展させることにより，想像力を養う。

【準備・環境づくり】
① 小麦粉，水，食紅（数種類），ざる，じょうろ。
② 大きめの机を用意し，汚れてもいいようにポリ袋などをガムテープでしっかりと留める。小麦粉の色をひきたたせるために，できれば黒などの色ポリ袋が望ましい。室内で行う場合は床が汚れてもいいようにビニールシートなどを敷いておく。
③ 汚れてもいい軽装で行う。
④ できるだけ屋外で夏など，軽装や水着でできる季節に行う。

【遊び方・プロセス】
① 机のまわりに子どもが座ったら，保育者はざるに入れた小麦粉を机の上に降らせ，子どもが小麦粉（なにか不思議なもの，雪みたいなもの）に関心を持つようにする。
② 机の上が小麦粉で一面覆われたら，触ってみたり，円を描くなど小麦粉自体で遊ぶ。
③ じょうろで水を少しずつ降らせ，子どもと一緒に小麦粉をかき混ぜる。
④ 食紅を降らせる。1色でもよいが，場所に分けて数種類にしたほうが後の絵描き遊びが発展しやすい。
⑤ 子どもに好きな絵を描かせる。なかなか描けない子どもには，保育者が絵描き歌などに合わせて絵を描く。

【援助のポイント】
① 遊びを行う前に，「今日は洋服が汚れてもいいからいっぱい遊ぼうね」などと，思いきり遊べるような雰囲気をつくる。
② 小麦粉を降らせるときは「ゆきやこんこ」，水を降らせるときは「あめふり」などの曲をうたいながら行うと，リズムに乗って楽しい雰囲気がつくれる。
③ この活動への自発性が乏しい子どもには，保育者が両手を持って一緒にかき混ぜてみる。
④ 小麦粉粘土のねっとりとした感触が嫌いな子どもには，無理強いしない。
⑤ 子どもが小麦粉を口に含んでも害はないが，なるべく保育者が注意し，遊びのなかに引き込むことができるように工夫する。

【バリエーション】
① 小麦粉粘土を顔やからだにつけるボディペインティングにすれば，より開放感がある遊びに発展させることができる。 
② 箱を積んだものや壁に模造紙を貼り，そこに自由に手で色をつけるようにすれば，立体造形となり，よりダイナミックな遊びとなる。

❷ 水遊び

該当年齢 0 1 2 3 4 5 歳児

障碍児のなかには水にとても興味を持っている子どももいます。夏の暑い日に水遊びをすれば、子ども達も大盛り上がり。日ごろ緊張感が高い障碍児にはうってつけの遊びです。

【ねらい】
① 水の心地よい感覚を体験する。
② 日光による反射（キラキラ感）を味わう。
③ 水の不思議（浮く・沈む・泡立つ）な感覚を体感する。
④ 全身を使って遊ぶことで、からだの緊張を緩和する。

【準備・環境づくり】
① ホース、（ホースにつける）シャワー、（カラー）ボール、おたまや大きめのスプーンなどすくえるもの、ビニールプール。
② 食紅（数種類）、濡れてもいい服装。

【遊び方・プロセス】
① 水くぐり→ホースで水のトンネルをつくり、水の流れやしぶきを見て、水に慣れたらそのなかをくぐる。

② 水またぎ→ホースで子ども達の足首より下に水を出し、それをまたぐ。

③ シャワー→子ども達の上にシャワーを降りそそぐ。
④ ボール遊び→ビニールプールにボールを浮かせて手で取ったり、容器ですくったりする。
⑤ 色水遊び→ビニールプールやたらいなどに水を入れ、その中に食紅を加え、手でかき混ぜて色水をつくって遊ぶ。

【援助のポイント】
① 水を怖がる子どももいる。見る→触れてみたいと思う→自分で触れる、という順序を追って水に慣れるようにしていく。見る（水くぐり、水またぎ）のころは、保育者が子どもを抱いて一緒にくぐったり、水またぎのときは、保育者が後ろから子どもの両脇を支えてジャンプしやすくするなどの援助を行い、安心感をつけることから始める。
② シャワーのときは、水しぶきのキラキラ感を十分に楽しめるようにする。保育者は「キラキラしてるね」、「きれいだね」などの言葉かけを行う。
③ 色水遊びのときは数種類の色水をつくり、ペットボトルなどの容器を用意して子どもにくませる。くめない子どもには保育者が援助する。入れたものは振ったり、光に透かしたりして楽しむ。

④ 水遊びは一瞬でも気を抜くと、大事故に繋がる。常に安全管理を怠らず、子どもから目を離さないことが大切である。

【バリエーション】
① 近くに木がある場合は、木にホースの水をかけると、葉っぱから落ちるキラキラしたしずくを感じることができる。
② 色水遊びから、水鉄砲遊びなどに発展させることもできる。

障碍児の遊び　夏

❸ お馬に乗ろう

該当年齢 0 1 2 3 4 5 歳児

木馬でゆらゆら，パカパカ。保育者との1対1のコミュニケーションとともに，揺れの楽しさが実感できます。いつでも行うことができる，とても楽しい遊びです。

【ねらい】
① 揺れの楽しさが実感でき，感覚機能の発達を促す。
② 障碍児の緊張を取ることで，からだのバランス機能の発達を促す。
③ 一定のリズムを取ることにより，リズム感の発達を促す。
④ 保育者との1対1のふれあいのなかで，コミュニケーション能力の発達を促す。

【準備・環境づくり】
いつでも行うことができる。

【遊び方・プロセス】
① 保育者は膝を少し曲げて座る。
② 子どもを膝の上に乗せる。子どもが落ちないように脇を手で持つ。
③ 膝を上下することにより，子どもに馬に乗っているような感覚をつくる。

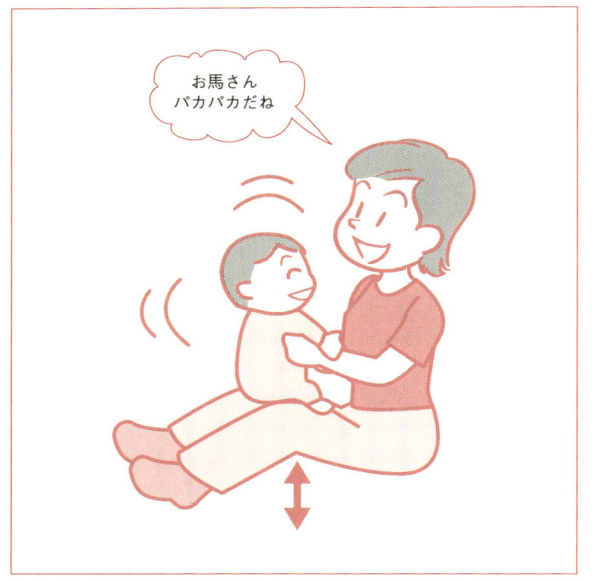

【援助のポイント】
① ほほえみながら，やさしく子どものからだを触るようにする。
② はじめはゆっくりと，慣れてきたらテンポを早くする。

【バリエーション】
①「おうまのおやこ」などの歌をうたいながら行うとリズム感も出て，子どもはさらに楽しめる。
② 膝を平らにした状態からだんだんに上げていき，また平らにすることを繰り返す。上がるときは「ドンドン……」と声をかけながら上げていき，もう上がらないところまで上げたら，しばらく（1〜2秒）そのままにして，「ザァー」と言いながら平らにする。それを何度か繰り返したら，上に行ったときに平らにせずに「高い高い」をして子どもを上にあげる。
③ 子どもの脇を「こちょこちょ」とくすぐったりすると，子どもの期待はさらに高まる。

お馬さんパカパカだね

バリエーション①　「ドンドン…」と言って少しずつ膝を上げていく

ドンドン…

バリエーション②　高い高いをする

バリエーション③　からだをくすぐる

❹ ゆらゆらブランコ

該当年齢 0 1 2 3 4 5 歳児

大きな布でふわりふわり。子どもの感覚機能の発達を促します。障碍を持った子どもは，この遊びが大好きで，何度でも要求することが多い遊びのひとつです。

【ねらい】
①揺さぶりの心地よい感覚を体感する。
②一定の間隔での揺さぶりによりリズム感を養う。

【準備・環境づくり】
①大きな布（シーツやバスタオルなど）。保育者が四方を持つので，結び目をつくっておくとストッパーになって，手からすべり落ちる危険性が減る。
②周囲には遊具など，危険なものがないように安全を確かめる。

【遊び方・プロセス】
①大きな布を置き，子どもは仰向けに寝る。
②2人の保育者が2か所ずつ持ち，持ち上げる。
③子どもの好きな歌をうたいながら，布をゆっくりと揺らす。

左右にゆっくりとふる
「○ちゃん，気持ちいいネ～」

【援助のポイント】
①遊びに入る前に布を上下にひらひらさせると，子どもは布に興味を持って寄ってくる。
②寄ってきた子どもに，最初は布を上下にして子どもが風を感じるように扇いだり，また，布の下を潜らせるなどの導入を行うと，遊びに入っていきやすい。

【バリエーション】
①ゆらゆら遊びをした後に，布を布団などのやわらかいものの上に置き，子どもをくすぐるなどのくすぐり遊びに発展してもよい。

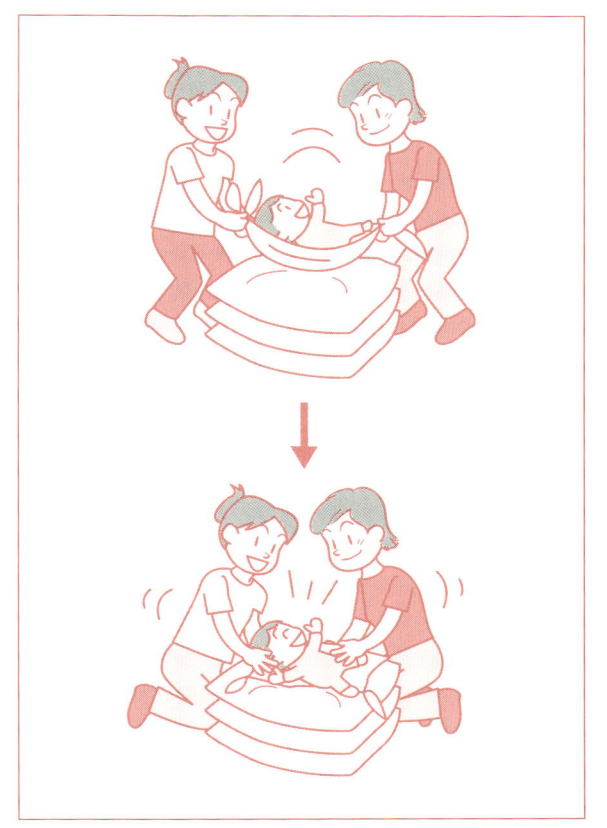

②ゆらゆら遊びをした後，子どもを床に降ろし，子どもの頭の上でゆっくりと布を動かすなど，トンネルごっこのように遊ぶこともできる。

障碍児の遊び

通年

❺ いない・いないばぁ

該当年齢 0 1 2 3 4 5 歳児

見えていたものが突然消えて、また出てくる。どんなものが出てくるのか、どこから出てくるのか……同じことを繰り返しても、子どもには興味が尽きることがないふれあい遊びです。

【ねらい】
① なかったものが突然現れる期待感を創出し、情緒の表出を促す。
② 「いないいないばぁ」という言葉と同時に、見えなかったものが現れることにより、言葉の発達を促す。
③ あったものが消え、また出現するという繰り返しにより、認知の発達を促す。
④ 子どもからも保育者の模倣をするようになることで、コミュニケーション能力の向上を促す。

【準備・環境づくり】
手で顔を隠す場合は、いつでもどこでも行うことができる。発達に伴い、ハンカチで隠したり、カーテンに隠れたり、何か所かに穴を開けたボードなどを用いるとよい。

【遊び方・プロセス】
① 子どもと向かい合って座り、名前などを呼んでこちらに注目させる。
② 手で顔を覆い、「いないいない」と言う。
③ 「ばぁ」という言葉とともに顔を出す。

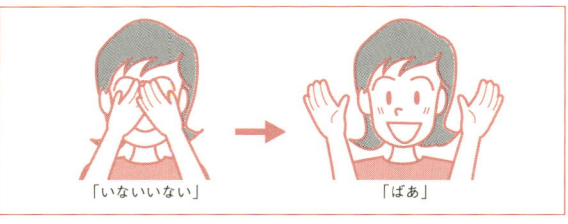

【援助のポイント】
① 1度、保育者に注目させてから行う。
② 子どものほうから保育者に「いないいないばぁ」をしたときには、少しおおげさに驚くようにする。

【バリエーション】
発達に応じて、次の段階でも楽しめる。
① 他の保育者に抱かれている子どもに向かって、いろいろな方向から顔を出す。

② ハンカチなどの布で顔を隠し、いろいろな方向から顔を出す。

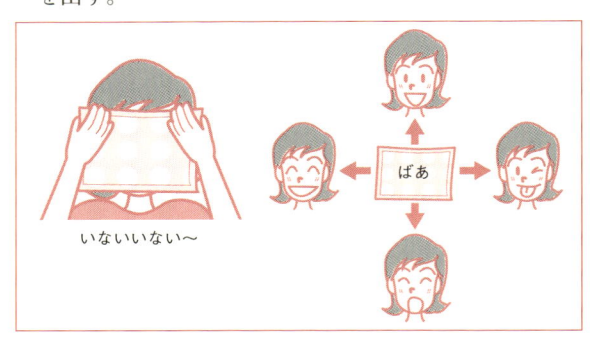

③ 何か所かに穴を開けたボードを用意して、「いないいない」と言ってから、ボードの後ろに隠れ、いろいろなところから顔を出す。

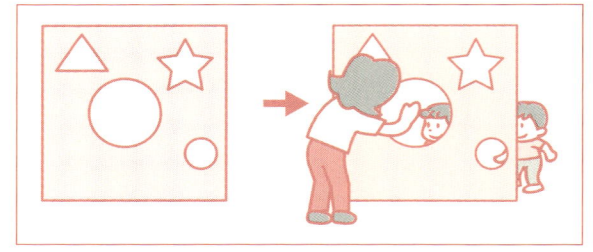

④ 子どもの顔にハンカチなどの布をかけ、子どもがそれを取ったときに「ばぁ」と声をかける。

⑤ 移動ができるようになった子どもには、カーテンなどに隠れて行う。

障碍児の遊び　通年

6 ゴロゴロころがり遊び

該当年齢 0 1 2 歳児

運動能力の発達が未熟で，まだ立ったり這ったりできない子どもでも，ゴロゴロ遊びなら大丈夫。保育者と一緒に行えばコミュニケーションづくりにも役立ちます。

【ねらい】
①腹筋や背筋などの筋肉の発達を促す。
②自分で移動するという意欲を高め，行動範囲の広がりを感じることによる喜びを感じる。

【準備・環境づくり】
①マット（斜面をつくる場合には，ひとつのマットをまるめ，その上と床にもうひとつのマットを置く）。マットの下にはマットレスを敷く。

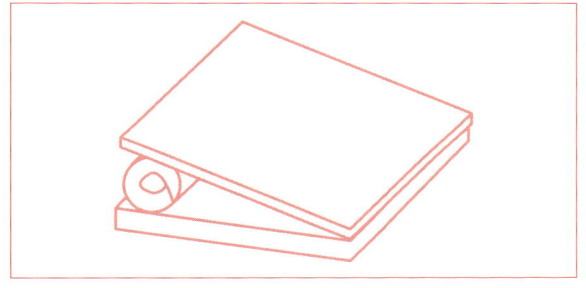

②周囲には遊具など，危険なものがないように安全を確かめる。

【遊び方・プロセス】
①斜面をつけたマットに子どもは仰向けに寝る。大人は両手で子どもを支え，最初は左右にゴロンゴロンと揺らす。
②慣れてきたら，「行くよ〜」と言って1回転できるように援助する。
③回転のおもしろさが理解できるようになったら，下までころがるように促す。

【援助のポイント】
①慣れるまでは子どもが恐がらないように，保育者は子どもの伸ばした手を引いてから，からだの下にもっていくなどの援助を行うとよい。
②子どもがころがるときは，「どんぐりころころ」などの歌をうたって楽しい雰囲気をつくるとともに，「おもしろいね」，「楽しいね」などの言葉かけを行う。

【バリエーション】
①うまくころがれるようになったら，保育者と競争してみる。
②斜面でうまくころがれるようになったら平面でも遊ぶ。
③マットを2列に敷き，一定の間隔で子どもを寝かせ，ころがりリレーにしてもよい。
④保育者と一緒に転がってもよい。

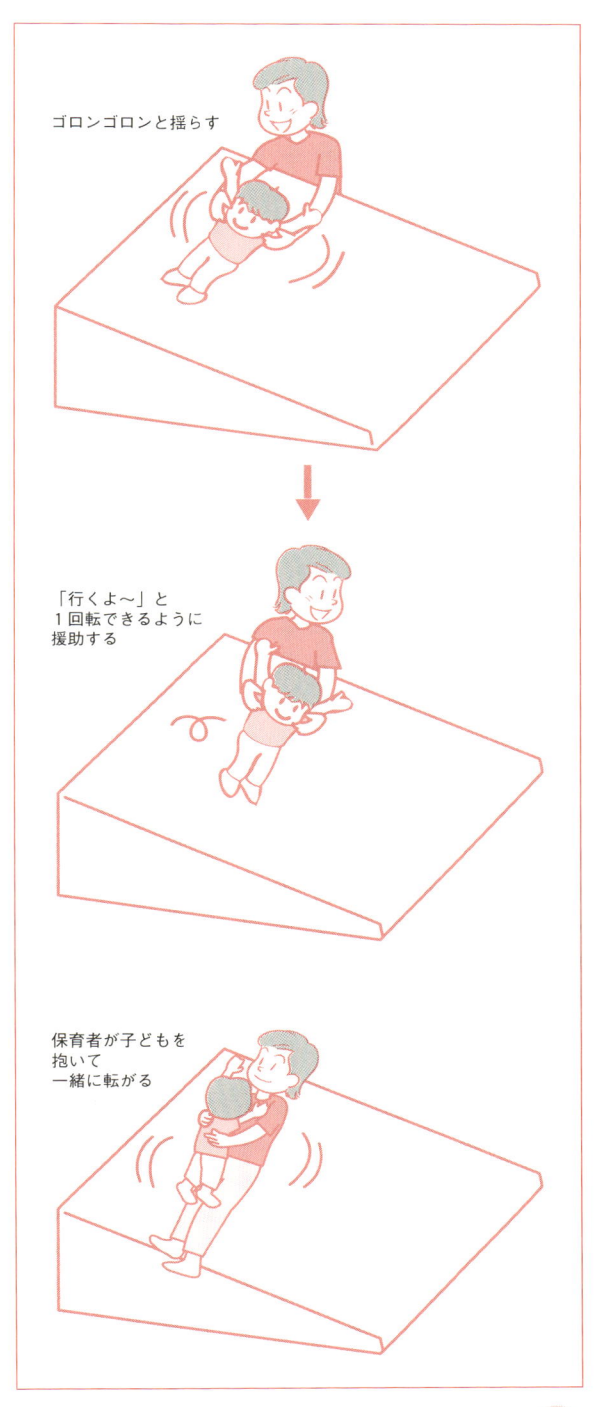

ゴロンゴロンと揺らす

「行くよ〜」と1回転できるように援助する

保育者が子どもを抱いて一緒に転がる

障碍児の遊び

通年

367

❼ 一緒に叩こう

該当年齢 0 1 2 3 4 5 歳児

はいはいができるようになったら、子どもは自由に動くことができる喜びを味わいます。そこにおもしろいおもちゃがあったら大喜び!! 保育者も一緒に楽しみましょう。

【ねらい】
① はいはいをすることにより、大腿筋などの筋力の発達を促す。
② 音に対する興味を抱くとともに、感覚機能の発達を促す。
③ 「叩く」という動作により、手先の運動機能や目と手の協応性の発達などを促す。
③ 保育者への信頼感やコミュニケーションの発達を促す。

【準備・環境づくり】
① 広い空間。這うことができるように、危険物がないように環境を整える。
② タンバリンやカスタネットなど、叩くことができる楽器。

【遊び方・プロセス】
① 子どもがいる場所から1mほど先に楽器を置き、保育者が叩いて見せ、「○○ちゃんも一緒に叩こう！」と呼びかける。
② 子どもと一緒にタンバリンやカスタネットなどを叩いて楽しむ。
③ 一緒に叩いて楽しんだ後は、抱き上げてスキンシップを図る。

【援助のポイント】
① 子どもが安心して這うことができるように、保育者は子どもをしっかりと見つめ、楽しく楽器を叩いてみせる。
② 一緒に叩いて楽しんだ後は、保育者は大きく手を広げて子どもを迎え入れ、十分にスキンシップを取ること。これにより、子どもは達成感と充実感を感じることができ、「またやろう」という意欲を持つ。

【バリエーション】
① スキンシップを取った後に、個々の子どもが好きな遊び（くすぐり遊びや高い高いなど）を行うと、子どもは期待感を持って遊びを行うことができる。
② 慣れてきたら、保育者2人が子ども2人に呼びかけ、2人が同時に叩く。他の子ども達を意識することによって他者意識を高めるとともに、みんなと一緒に叩く楽しさを味わうことができる。

○○ちゃん ほ～ら こんなのがあるよ!!

障碍児の遊び

通年

❽ はいはい追いかけっこ

該当年齢 0 1 2 3 4 5 歳児

子どもはボール遊びが大好きです。追いかけることにより筋力を成長させるとともに，保育者のやさしい言葉かけは，言葉とコミュニケーションの発達にも役立ちます。

【ねらい】
①ボールを追う，ボールを投げることにより，手足の筋力の発達を促す。
②保育者の「待て待て」という言葉により，言葉の発達を促す。
③保育者がやさしいスキンスップを取ることにより，コミュニケーションの発達を促す。

【準備・環境づくり】
カラーボールを数個用意して，子どもに好きな色を選択させる。はいはいをするため，周囲に危険物がないかチェックする。

【遊び方・プロセス】
①何色かのカラーボールを子どもの前にころがし，短い距離でころがすなど興味を持たせる。
②子どもが手に取ったら，他のボールは１か所にまとめる。子どもが取ったボールを少し遠めにころがし，はいはいで追う動作をする。
③子どもがその行動に興味を持ち，自分からボールを追うようになったら，保育者は後ろから「待て待て」と言って追いかける。
④子どもが保育者の言葉に気づき，待てるようになったら，追いついたときに背中などをやさしくなでてスキンシップを図る。
⑤保育者が子どものからだから手を離すと，またボールをころがし，追いかけるように促す。
⑥ボールのところまで行ったら，もう１度同じ動作を繰り返す。

【援助のポイント】
①慣れるまでは保育者がボールを追いかけ，子どもに興味を持たせる。
②子どもが興味を持つようになったら一緒に追いかけて，競争をする。その際，保育者は子どもの少し後からついていくようにする。

【バリエーション】
①歩けるようになった子どもには，歩いてボールを追わせる。
②子どもがボールのところまで行ったとき，保育者は止まって，ボールをこちらにころがすように促してみてもよい。
③ころがすことができるようになったら投げるように促していく。

❾ ゆらゆら抱っこ

該当年齢 0 1 2 3 4 5 歳児

視線が合わなかったり笑ってくれない子どもや，障碍のため緊張感が強い子どもでも，笑顔などの反応が返ってきやすいため，保育者や保護者との信頼関係を築く第１歩と言える遊びです。

【ねらい】
①子どもの緊張感を緩和する。
②ゆさぶられることによる「快い」感覚を養う。
③保育者の「暖かい」体感を伝える。

【準備・環境づくり】
　危険がないように，周囲にある遊具などは整理しておく。

【遊び方・プロセス】
①保育者は座って子どもを膝に乗せる。
②歌をうたいながら子どもをゆらし，「ぎゅ～」のところで子どものからだを軽く抱きしめたり，「ほっぺ」や「あたま」など，からだの一部を言い，その部分をなでるなどスキンシップを図る。

【援助のポイント】
①ほほえみながら，やさしく子どものからだを触るようにする。
②抱きしめられることを嫌がる子どもには無理強いはしない。

【バリエーション】
①向かい合って座り，「ぎゅー」とするところを「高い高い」にする。

②年齢が高い子どもには，寝そべって抱き，「ゆらゆら～」のところを「ゴロゴロころがり」にしてもよい。

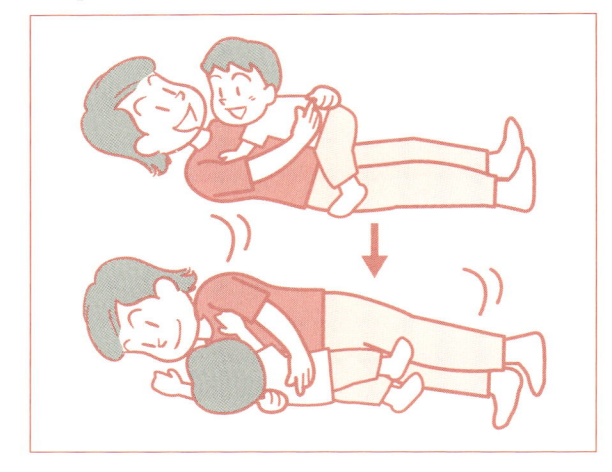

ゆらゆら抱っこ　　作詞・作曲　足立里美

ゆらゆらゆらゆら　ゆらゆらぎゅ～
　　　　　　　　　たか～　い
ゆらゆらゆらゆら　ゆらゆらぎゅ～
　　　　　　　　　たか～　い
かわいいほっぺよ
ごろごろしよう
かわいいおはなよ
ごろごろしよう
かわいいあたーのーしー
かわいいあんよなー

障碍児の遊び　通年

⑩ ボールでポイッ！

該当年齢 0 **1 2** 3 4 5 歳児

ころころころがるボールは魅力がいっぱい。ボールにはころがしたり投げたりする他にも、握ったり、出したりなど身体発達に関するさまざまな遊びを促すことができます。障碍のため、手先が不器用な子どもも多いです。ボールに関心を持ったらLet's try！

【ねらい】
①ボールに興味を持つことで、つかむ、握るなどの手先の発達を促す。
②ころがる、投げる、出すなどのボール遊びの楽しさを味わうとともに、基本的運動能力の習得を目指す。
③大人のまねをすることから、自分でできるという自己満足や自己達成感の獲得を促す。

【準備・環境づくり】
①カラーゴムボール（容器がいっぱいになる個数）
②容器：バケツやカゴなど（入れたときに音が出るものがよい）。

【遊び方・プロセス】
①保育者と子どもは向かい合って座り、保育者は容器のなかに「いっこ、にこ……」と言いながらボールを入れていく。
②ボールが入りきらなくなったら「いっぱいになったから○○ちゃんどうぞ」と容器を子どもに近づける。子どもの手先の発達がまだ十分でない場合は、容器を押すなどして倒す。この場合はころがるボールを楽しむ。 
③少し慣れてきたら、バケツのなかにボールを入れた後、今度は保育者がなかのボールを取り、「ポイッ！」と言って小さく投げてみる。次に「はいどうぞ」と言いながら子どもにボールを手渡しする。「ほら、○○ちゃんも投げてみよう！」と言いながら、子どもが投げられるように促す。
④子どもが投げることができるようになったら、今度は容器のなかにボールを見せて、「ほら、○○ちゃんはどのボールが好きかな？取ってみようか」と取りやすいように援助し、子どもが自由にボールを選び、それを投げることを楽しむように促す。

【援助のポイント】
①子どもがボールのころがりに興味を持ったら、「すごいね。きれいね」などの楽しい雰囲気を、またボールを投げたり出すことができるようになったときには「上手、上手」と大げさに褒めます。そうすることで子どもの自信と意欲に繋がります。
②子どもがまだ投げたり出したりすることができないときには、保育者がやさしく子どもの手を取って援助する。
③見る→つかむ→投げる→出す、と段階を踏む。

【バリエーション】
①子どもが投げるごとに「いっこ、にこ……」などと言い、数量の感覚や数字の感覚の発達に繋がるように促す。
②うまく投げることができるようになったら、保育者と投げる競争を行う。

障碍児の遊び　通年

371

⑪ ぴょんぴょんとんで何になる？

該当年齢 0 1 **2 3 4 5** 歳児

3歳くらいになって足の筋肉が発達してくると、ぴょんぴょんとび跳ねることができるようになります。まだできない子どもには、保育者が手を取って遊びましょう。子ども達はそれだけでとても楽しそうです。

【ねらい】
①とぶことにより、足の筋肉の発達を促す。
②足を踏んばる力、バランス力などを促す。
③空をとぶ浮遊感を味わう。
④動物をイメージすることにより、想像力を養う。

【準備・環境づくり】
比較的広く、安全な空間。

【遊び方・プロセス】
①子どもと保育者が2人組になる。
②「ぴょーんぴょーん、ぴょんぴょんぴょん」→保育者は子どもの両手を取り、とべるように援助する。とぶことに慣れてきたら、子どもは好きなとび方をする。 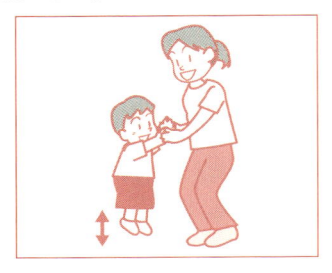
③「くるりとまわってみよう」→小さな子どもであれば、保育者が子どもの両手を取り、宙に浮かせてまわす。大きな子どもであれば、子どもと保育者は手をつないだまま、その場を一周する。 
④「ぴょーんぴょーん、ぴょんぴょんぴょん」→②と同じ。
⑤「今度の動物なんだ。はい！」→この歌詞が終わるまでに、子どもは自分が好きな動物をイメージしてその動物になってみるように促す（できればぴょんぴょんとぶ動物をイメージするように促す）。保育者は「さぁ、ぴょんぴょんするものになってね」などの言葉かけを行う。

（ボクはカエルだよ／先生はウサギさん）

【援助のポイント】
①慣れるまでは始まる前に「ぴょんぴょんとぶ動物って何がいると思う？」などとイメージづけを行ってから始める。
②動きに慣れるまでは保育者が先導し、積極的に声かけを行う。
③きちんとイメージできている子どもには「○○君とっても素敵！」などとほめ、子どもに自信を持たせるとともに、他の子どもへのモデリングとなるようにする。

【バリエーション】
①「ぴょーんぴょーんぴょんぴょんぴょん」のところを「お空をとんで」→「お空をとぶものなんだ」や、「海を泳ごう」→「海を泳ぐものなんだ」などと対象を変えてもよい。
②最後は「みんなで眠ってみよう」とし、静の動作を入れると遊びにメリハリがつくとともに障碍児の休憩の時間となる。

ぴょんぴょんとんで何になる？　作詞・作曲 足立里美

ぴょーん　ぴょーん　ぴょんぴょんぴょん　くるりとまわって　みよう　ぴょーん　ぴょーん　ぴょんぴょんぴょん
お　そらを　とんで

こんどのどうぶつ　なんだ　ハイ！
おそらをとぶもの　なんだう
みんなでねむって　みよ

障碍児の遊び　通年

⑫ 一本橋こちょこちょ

該当年齢 0 1 2 3 4 5 歳児

大人と子どもが対面し，1対1でコミュニュケーションが図れます。くすぐられることで心地よさを感じたり，動作の中から期待感を持つようになったりします。

【ねらい】
①「くすぐられる」ことの心地よさ，期待感を創出する。
②歌に合わせたリズム感の発達を促す。
③最初は保育者とのやりとりからはじめ，子ども同士のコミュニケーションに繋げていく。

【準備・環境づくり】
いつでも行うことができるが，午睡前など，あまり興奮すべきでない時間帯は避けるほうが望ましい。

【遊び方・プロセス】
①2人で向かい合い，保育者が子どもの片手を持つ。
②「いっぽんばーしー」→手のひらの中央に1本の線を手首から指に向かってひく。
③「こーちょこちょー」→手のひらをくすぐる。
④「たたいて」→手のひらを叩く。
⑤「つねって」→手のひら，あるいは手の甲をやさしくつねる。
⑥「なでてー」→手のひら，あるいは手の甲をなでる。
⑦「かいだんのぼって」→手首からわきの下まで，人差し指と中指を交互に上がっていく。
⑧「こちょこちょー」→わきの下やおなかなど子どもの好きそうな部分をくすぐる。

【援助のポイント】
①ほほえみながら，やさしく子どものからだを触るようにする。
②触られることを嫌がる子どもには無理強いはしない。

【バリエーション】
①「かいだんのぼって」のところを昇ったり降りたりしながらじらして，子どもの期待感を高める。
②子どもは楽しさが理解できるようになると，人形相手での遊び→子ども同士でのくすぐり遊びに発展していきます。

いっぽんばし　わらべうた

いっぽん ばし／こ ちょこ ちょ／たたいて つねって／なでて／かいだん のぼって／こ ちょこ ちょ
① ② ③ ④ ⑤ ⑥ ⑦

①・②　③たたいて（軽くポンポンとする）　④つねって　⑤なでて　⑥　⑦

障碍児の遊び

通年

⑬ トランポリンで遊ぼう

該当年齢 0 1 2 3 4 5 歳児

トランポリンの上にうまく乗れるかな？どんな感覚かな？うまく立てるかな？まだうまく立てなかったりとべない子どもでも，乗るだけで身体感覚を養うことができます。

【ねらい】
① トランポリンに乗ることにより，上下の揺さぶりの感覚を知る。
② 保育者につかまって立ち上がり，身体バランスを養う。
③ 立つことができるようになったら保育者と一緒に少し上にとび，身体リズムの感覚を養う。

【準備・環境づくり】
トランポリン。まだ初期で慣れていない段階の場合は，まわりにマットなどを敷き，落ちてもよいようにしておく。

【遊び方・プロセス】
① まだ慣れていない場合は，保育者は子どもを抱いてトランポリンに乗り，座って上下に揺れる感覚を伝える。
② 慣れてきたら保育者は立ち上がり，揺れる感覚を伝える。
③ 子どもをトランポリンに立たせ，つかまり立ちをさせる。慣れたら少し上下の揺れを感じさせる。

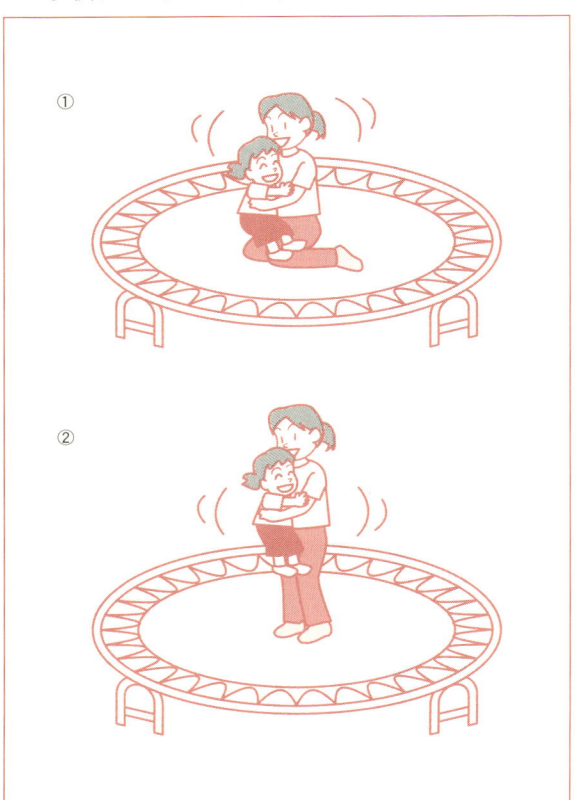

【援助のポイント】
① 最初にトランポリンの上にボールや子どもが好きな遊具を置き，少し揺らすなどしてトランポリンに興味を持たせる。
② 子どもを抱いて乗ったときは「ゆらゆらして楽しいね」，「お空をとんでいるみたいだね」など"楽しい"という言葉かけを行い，決して恐怖心が起こらないようにする。
③ トランポリンに乗っているときは音楽をかけ，リズムを取りやすいようにするとよい。

【バリエーション】
① 子どもが保育者に支えられて立てるようになったら，1人で立てるように支援していく。その際，トランポリンのなかにバーを入れ，それにつかまることができるようにしておくのもよい。
② 1人である程度遊べるようになったら，複数の子どもも一緒に乗せ，寝かせてトランポリンを揺らす→座って揺らす→子ども同士で支えあいながら立つなど，段階を追って発展させていく。
※ 複数の子どもを一緒に乗せるときは，ぶつからないように，安全面にとくに配慮することが必要である。

⑭ キラキラ紙ふぶき

該当年齢 0 1 2 3 4 5 歳児

障碍を持った子どものなかには、キラキラと光るものに強い関心を持つことがあります。もちろん雪のような紙ふぶきは、健常の子どもにとっても、とても魅力的な遊びです。

【ねらい】
① キラキラと落ちてくる紙に対して関心を持ち、感触を楽しむ。
② 切り紙を撒いたり、触ったりすることにより、創造性や身体表現などの能力を高める。
③ 落ちてくる紙を触ったり捕まえようとすることにより、集中力を高め、手先の動作の訓練になる。

【準備・環境づくり】
① できるだけ大きなビニールシートを敷いておく。
② たくさんの切り紙（新聞紙などの廃棄物を活用するほか、折り紙や色紙テープなど、鮮やかな色や光る色が混じっていたほうが子どもの関心は強くなる）。
③ たらい（紙を入れておく）。

【遊び方・プロセス】
① 切り紙が入ったたらいを床に置く。
② たらいの前に子どもと保育者が座り、保育者は切り紙を両手いっぱいに取って上に向かって撒く。紙ふぶきが舞い落ちてくる様子を見て、「きれいだね」などの言葉かけを行う。
③ 子どもが関心を持ったら、子どもにも自分で撒くことを促す。

【援助のポイント】
① 保育者が最初に紙ふぶきを撒くことによって、子どもは切り紙に関心を持つようになる。
② 撒いた切り紙を保育者が「すごーい」などと言って取ることにより、子どもも自分から手を伸ばして取ろうとするようになる。
③ 紙ふぶきが舞っているときに「雪やこんこ」などの歌をうたえば、「雪」がイメージできる。障碍児は身体的に弱く、冬の雪のなかで遊ぶことが難しい場合も多い。そのようなときに、この遊びを行うこともひとつの方法である。

【バリエーション】
① 切り紙を撒いた後にビニールシートを持って前後左右に動かせば、紙がすべるので流れを楽しむことができる。

バリエーション①　いくよ～！

② 傘のなかに切り紙を入れ、逆さにしてクルクルとまわせば、また違った舞い方になりおもしろい。

バリエーション②

③ たらいの中に入れば、また異なった感覚も与えられる。

障碍児の遊び　通年

⑮ 2人リレー

該当年齢 0 1 **2** **3** **4** **5** 歳児

ちょっとそこまでよーいドン！走ることが苦手な子どもでも，保育者の言葉かけや応援で気軽に走ることができます。2人で走ることで意欲が生まれてきます。

【ねらい】
①2人で走ることにより，「頑張ろう」という意欲が生まれる。
②他の子ども達の模倣をすることにより，走る感覚を養う。

【準備・環境づくり】
①安全に走れる場所。
②スタートの位置がわかるようにする。折り返し地点がわかるもの（コーンなど）を準備する。

【遊び方・プロセス】
①スタートの位置に線などを引く。
②子どもを2人のペアにする。
③よーいドン！でスタートし，2人で競争する。途中でコーンなどを置き，スタート地点に返ってくるようにしてもよい。

【援助のポイント】
①走るペアは発達年齢が同じくらいの子どもが望ましい。
②みんなで一斉にするのではなく，最初は保育者と子どもが軽く「競争ごっこ」をするような感覚で始め，他の子ども達に広げていく。

【バリエーション】
①走ることが苦手な子どもには，前段階として，紙で風車をつくって一緒に走るなど，走る楽しさを伝えるとよい。

②ペアが増えたら，「今度は飛行機（両手を翼に見立てて走る）で走ってみよう！」など，楽しみながら走れるように工夫する。

> どっちがよく回るのかかけっこして，競争だよ！

⑯ こんなポーズできるかな？

該当年齢：0 1 2 **3 4 5** 歳児

こんなポーズはできるかな？保育者のポーズに合わせて，子どもが保育者のまねをします。保育者と同じポーズができた子どもは，得意満面の笑顔です。

【ねらい】
①集中力，模倣力を養う。
②どんなポーズがあるかな？という期待感を味わう。
③同じポーズができたときの達成感を味わう。

【準備・環境づくり】
　どこでもすることができるが，人数に応じた広い空間で行うほうが望ましい。

【遊び方・プロセス】
①子どもは安全な空間に，ある程度の間隔を空けて座る。
②保育者の合図に合わせて，子どもも一緒に歌をうたう。
③保育者は「ハイ，ポーズ」という言葉とともに，おもしろそうなポーズをつくる。子どもはそれを見て同じポーズをまねる。

【援助のポイント】
①障碍児は模倣をするのに時間がかかる場合がある。慣れるまでは保育者が障碍児について，近くで同じポーズを示したり，「こうだよ」と支援する。
②慣れてくると障碍児も他の子ども達を見て模倣するようになる。その場合は少し時間がかかっても待つようにする。

【バリエーション】
①ポーズを決めてしまわないで，「寝るポーズ」や「ご飯を食べるポーズ」などと保育者が言い，子どもが主体的にそのポーズを決めるようにする。
②広い空間がある場合は，ポーズをしたら（たとえば両手を横に水平にあげる）→「このまま飛行機になりましょう」と言い，「ブーン」と走ってまわるなど，動きを加えるとより楽しさがます。

こんなポーズできるかな？
作詞・作曲　足立里美

1) みんな じゅんびは いいですか きょうはこーんな ポーズだよ
2) みんな じょうずに できました こんどはこーんな ポーズだよ

こんなポーズ こんなポーズ できるかな　ハイ ポーズ

⑰ どれに当たるかな？（的当てゲーム）

該当年齢 0 1 2 3 4 5 歳児

的当ては保育者でもハラハラドキドキのゲーム。当たったときは子どもも大喜び。身体バランスを養ったり，集中力をつけるだけでなく自信にも繋がります。

【ねらい】
① ボールをころがしたり，投げたりすることにより全身の筋肉の発達を促す。
② ボールを投げることにより，身体バランスを養う。
③ 的を狙うことにより，注意力や集中力を養う。

【準備・環境づくり】
① 的になるもの（当てるもの：コーンや空き缶・水が入ったペットボトルなど）。
② カラーゴムボールなどのやわらかいボール（発達に合わせて大〜小）。

【遊び方・プロセス】
① 最初は床をころがして的に当てる。
② ボールが投げられる子どもには，コーンや空き缶などの的に向かって投げて当てる。
③ ボールをある程度投げられるようになったら，何人かでチームを組み，何かを怪獣に見立てて倒す「怪獣退治ごっこ」などに発展させてもよい。
④ 保育者が的（鬼）になり，少し動くことにより，「動く的当て」に発展させてもよい。

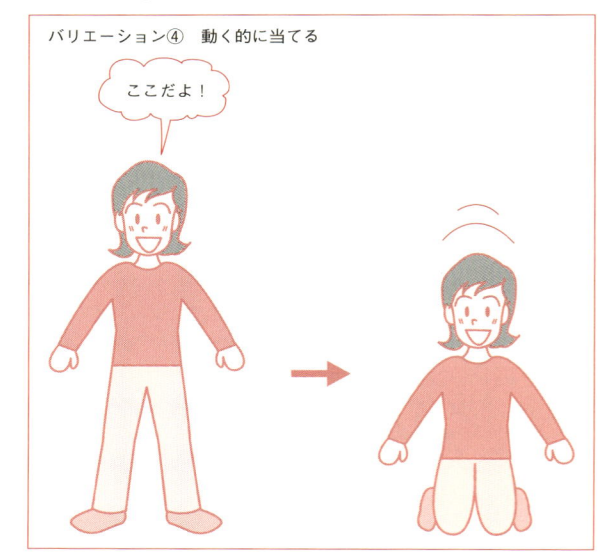

【援助のポイント】
① 最初は手のなかに入るくらいの小さなボールや大きな的など，当たりやすいものから始める。
② 投げるものに音が出るものを使うと興味を持ちやすい。
③ 周囲に人がいるときは投げない，順番を守って投げるなどの安全面を子ども達が理解してから行う。

【バリエーション】
① 床にきちんところがせるようになったら，1か所に的を集めて，ボーリングのようにしてもよい。
② 何人かでチームを組んで順番に倒していくこともできる。

バリエーション②　ボーリングゲーム

バリエーション④　動く的に当てる

⑱ くっつき鬼ごっこ

該当年齢 0 1 2 3 4 5 歳児

最初からペアになって走るので、ルールがわからなくても大丈夫。ペアで力を合わせてどこまで逃げられるかを競います。ルールのなかで遊ぶ楽しさを味わうことができます。

【ねらい】
①簡単なルールのなかで楽しく遊ぶ雰囲気を味わう。
②手をつないで走ることにより、急な停止などに対応する、身体的なバランスを養う。
③2人で走る、くっつき合うことにより、友達の温かみを感じ協調性を高める。

【準備・環境づくり】
広くて安全な場所。最初は長方形から始め、残りの人数に合わせて大きさを小さくしていく。また、ひょうたん型などの変形にしてもおもしろい。

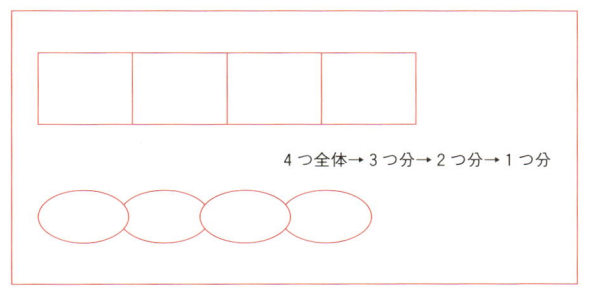

4つ全体→3つ分→2つ分→1つ分

【遊び方・プロセス】
①大きな形を書く。
②鬼を1人、ないし2人決める。
③2人ずつペアになって形のなかに入り、手をつなぐ。
④子ども達は形のなかを逃げる。鬼は形のなかに入らないように追いかけ、なかの子どもをタッチする。タッチされたり手を離してしまった子どもは、ペアで輪の外に出て、鬼役となってなかの子どもを捕まえる。
⑤だんだんと形を小さく区切っていく（4つ全体→3つ分→2つ分→1つ分）。
⑥最後まで残ったペアが優勝！

【援助のポイント】
①慣れるまでは保育者が鬼になる。障碍児とペアになることで、見本を見せるとよい。
②なるべくくっつき合っていたほうがつかまりにくいことや、声を出してタイミングを合わせるようにすることを事前に説明しておく。
③園庭で行う場合はラインカーで線を引く。室内で行う場合は事前にカラービニールテープで形をつくっておく。なお、室内は滑りやすいので、滑らないように注意を促す（上履を履く、靴下を脱ぐなど）。

【バリエーション】
①いくつかの形（円、三角、四角など）を書き、細い道を書いてつなぎ合わせ、それらを移動してもいいようにすればさらに遊びはダイナミックになる。

最後まで残った2人がチャンピオン！

障碍児の遊び

通年

⑲ バルーンで遊ぼう

該当年齢　0 1 2 **3 4 5** 歳児

バルーンはトランポリンと違って、上下の揺れはありません。でも、上手に活用すればいろいろなバリエーションで遊べます。1か所に集まって遊ぶことで一体感を味わえるようになります。

【ねらい】
① バルーンの上でとぶ、歩くことにより身体バランスを養う。
② とんだり、跳ねたり、歩いたり、自分の好きな動作を自己表現する。
③ 1か所に集まったり、子ども同士で下に潜るなどの動作をすることにより一体感を感じるとともに、同じ空間にいることに慣れさせる。

【準備・環境づくり】
バルーン（なるべく大きなもの）

【遊び方・プロセス】
① バルーンを広げてみて、どのように遊びたいか子ども達に聞いてみる。
② 子ども達が何人か乗っても大丈夫なように、バルーンの何か所かを保育者が持つ。
③ 子どもはバルーンの上に乗り、自由にとんだり歩いたりする。
④ 保育者はバルーンを上下させたり、少し中心に寄って子どもを集めたりなどの変化を工夫する。

【援助のポイント】
① 子どもの人数が多すぎると持ち上がらなくなってしまうので、あらかじめ人数を設定しておくとよい。
② 子どもが上に乗っているときにバルーンの下に子どもが潜ってしまわないように注意する。

【バリエーション】
① 子どもと保育者が一緒にバルーンを持ち、合図（笛など）に合わせて「手を上げて」「座って」などと、指示を行い、みんなで同じ動作をする。
② 保育者はバルーンの高さを少し上げて、子どもを下に潜らせ、バルーンを上下させる。その際、バルーンを小さくしたりして、中央に集める。

③ バルーンを元の大きさ、位置に戻し、「みんな外に出ておいで」と言葉かけをし、外に出させる。集中できるようになったら、「音のするところから出ておいで」と太鼓などを叩いてその方向を感じさせるなど、音に対する感覚を養うなどの工夫も可能である。

⑳ 手つなぎ鬼ごっこ

該当年齢 0 1 2 3 4 5 歳児

鬼は手をつなぐので、ルールがあまり理解できない障碍児でも、なんとなくついていくことができます。ふれあい遊びの延長線で考えてもよいでしょう。

【ねらい】
①簡単なルールのなかで遊ぶ雰囲気を楽しむ。
②手をつないで走ることによる急な停止に対応するなど、身体的なバランスを養う。
③鬼同士、あるいは鬼でない者同士が協力し、どのようにつかまえるか、逃げられるかの状況判断を行い、協調性を養う。

【準備・環境づくり】
広くて安全な場所。あまり広すぎると集中力に欠けてしまう場合があるので、あらかじめ逃げられる範囲を決めておくほうがよい。

【遊び方・プロセス】
①鬼を2人決め、手をつなぐ。
②鬼は他の子どものからだを触ると、つかまえたことになる。つかまえたら3人で鬼になる。
③もう1人つかまえて4人になったら、2人ずつの鬼に分かれる。
④鬼はこのように2人ずつに分かれて増えていく。最後の1人をいずれかの鬼がつかまえると終了となる。

【援助のポイント】
①障碍児には最初は保育者が一緒に鬼となり、他の子ども達に見本を見せるとよい。
②障碍児と他児が一緒の鬼になった場合は、逃げる子どもはケンケンをするなどの特別なルールをつくるなどの配慮が必要な場合もある。

【バリエーション】
鬼は分裂しないで、最後までみんなで手をつなぐ方法もある。人数が多い場合は最初の鬼を2組にしておくとよい。

障碍児の遊び　通年

21 合図でぴったり止まれるかな？

該当年齢 0 1 2 3 4 5 歳児

太鼓の音，ピアノの音，CDから流れる音楽……なにかの音が流れたらゆっくり歩き，合図で止まります。いつ合図が出るかちょっとハラハラドキドキです。

【ねらい】
①音楽の流れのなかでリズム感を養うことができる。
②集中力を高める。また，緊張・弛緩の連続で，リラックス効果を促す。
③足を踏んばることから，筋肉（とくに足）の発達と全身のバランスの発達を促す。

【準備・環境づくり】
①自由に動くことができる広い空間。
②保育者は太鼓やピアノなど，音が出る楽器などを準備する。あるいはCDなどの曲を準備してもよい。ひとつの音だけでなく，いろいろな音を準備したほうが，バリエーションがあって楽しめる。

【遊び方・プロセス】
①子どもは広い空間のなかで自由に立つ。
②保育者は太鼓を鳴らしたり，ピアノを弾くなどして，子どもを自由に歩かせる。

③合図（太鼓を2回連続して鳴らす，ピアノをジャンと叩くなど）で止まる。

【援助のポイント】
①最初はゆっくりと歩くことから始めて，早歩き，かけ足などとステップアップする。
②合図は子どもがわかりやすいものにする。
③子ども同士ぶつからないよう，安全に配慮する。

【バリエーション】
①音楽を流す前に「今度止まったときはウサギのまねをしてね」など動物や植物を指示したり，「今度止まったときは好きなポーズをしてね」などと言うと，子どもの集中力はさらに高められ，想像力も養うことができる。
②前に先生役の子どもを歩かせ，「止まったら〇〇君の同じポーズをまねてね」，と言うと，先生役の子どもは意欲を高め，周囲の子どもも集中する。

障碍児の遊び

通年

㉒ 何の動物？

該当年齢 0 1 2 3 4 5 歳児

どんな動物かな？音楽を流すことにより，楽しい雰囲気のなかで動物に対する想像力も養うことができます。自己表現することによって達成感や満足感が得られる遊びです。

【ねらい】
①音楽の流れのなかでリズム感を養うことができる。
②楽しい雰囲気のなかで自由に自己を表現することができる。
③動物を想像し，それを表現することにより，達成感や成功感などの満足感を感じることができる。

【準備・環境づくり】
①自由に動くことができる広い空間。
②ピアノなどの楽器。あるいはCDなどの機器。
　曲目としては以下のようなものがある。
　　サル→「アイアイ」
　　ウサギ→「うさぎ」
　　昆虫→「赤とんぼ」「ちょうちょ」
　　イヌ→「いぬのおまわりさん」
　　ウマ→「おうま」
　　魚→「こいのぼり」「めだかのがっこう」
　　鳥→「かもめのすいへいさん」「ことりのうた」「はと」
　　ゾウ→「ぞうさん」
　　クマ→「雨ふりくまの子」

【遊び方・プロセス】
①子どもは広い空間に立つ。
②保育者はピアノなどの楽器を弾くかCDを流す。
③子どもはその曲のなかにどのような動物が出てくるかを想像し，曲に合わせて自由にその動物をからだで表現する。

【援助のポイント】
①慣れるまでは最初に曲を弾き（流し），どのような動物が出てくるかを当ててから，表現活動を行うようにする。
②最初は保育者が「○○だよ〜」などと，その動物になって動いて，モデルとなる。
③保育者は，動物の表現はどんな形でもいいということを子どもに伝え，子どもに恥ずかしいという気持ちが起こらないように配慮する。
④音楽は音量，強弱，速さなどに注意し，状況に応じて強弱をつけるなどの配慮をするとよい。

【バリエーション】
　子どもに好きな動物を発表してもらい，曲はそれに合わせて流すようにする。

㉓ お買い物に出かけよう！

該当年齢：0 1 2 3 **4 5** 歳児

子どもはお店屋さんごっこが大好きです。「何を買おうかな？」と楽しみながら、歩行やリズム感覚の発達につなげることができる遊びです。買い物バッグを持つと雰囲気がでます。

【ねらい】
① 音楽のリズムに合わせて歩行することにより、リズム感覚を養う。
② 保育者の指示を待つことにより、集中力を高める。
③ 保育者の指示を理解し、記憶するという認知の能力を養う。
④ 保育者の指示に合わせて動きを変化させることにより、からだ全体のバランス、反射性、敏捷性などを養う。

【準備・環境づくり】
① 自由に動くことができる広く安全な空間。
② 空間の中心に大きめの机を店の数だけ準備する。机に「くだものや」「パンや」「やさいや」「はなや」などとわかりやすく書いた看板を貼りつける。机に店の商品（「くだものや」なら果物）の絵カードを多めに置く。
③ 子どもに持たせる買い物バッグ（画用紙などで制作したのもでもよい）。
④ 曲を弾くための楽器（ピアノ・オルガンなどが望ましい）。あるいはCDを用意して曲をかけてもよい。

【遊び方・プロセス】
① 子どもは机のまわりに円になり、適当な間隔を開けて立つ。
② 保育者は「さぁ今日はお買い物に行こうね」などと子どもに意識づけし、保育者がお店の名前を言ったらそのお店に行き、絵カードを取るように説明する。
③ 保育者は曲を弾く。曲は「さんぽ」などの歩きやすい曲にする。
④ 子どもは曲に合わせて歩く。
⑤ 保育者は「じゃあまずお野菜を買いに行きましょう」などと、お店の名前を言い、子どもにお店の机にある絵カードを取るように促す。
⑥ 子どもはそのお店に行き、好きな絵カードを取って、自分の買い物バッグに入れる。
⑦ 子どもは買い物が終わったら、また最初の円形に戻る。

【援助のポイント】
① 保育者は導入の部分で「お買い物は楽しいね」という雰囲気づくりを行うと、子どもは楽しんで遊びを行うことができる。
② 慣れるまでは「ここに野菜やさんがあるね」などど、あらかじめ子どもが店の場所を理解してから行う。
③ 絵カードはたくさんあることを伝え、焦ったり、走ったりしないように伝える。
④ 買い方が理解できない子どもには、友達をよく見てまねるように伝える。

【バリエーション】
① お店での買い物を1つのもの→2つのものと、増やしていく。
② 1つのお店→2つのお店で買い物と、2つ以上のお店で買う。

さんぽ　　　　　作詞　中川季枝子　作曲　久石譲

[楽譜：「さんぽ」歌詞　あるこう あるこう わたしは げんき あるくのー だいすき どんどん いこう / さかみちー トンネルー / みつばちー ぶんぶんー くさっぱら / はなばたけー いっぽんばしにー でこぼこじゃりみち / ひなたにとかげー へびはひる / ね くものすくぐってー くだりみち / ばったがとんーで まがりみち]

障碍児の遊び　通年

新版 遊びの指導

2009年5月15日　第一版第1刷発行
2024年8月1日　第一版第11刷発行

編著者　公益財団法人　幼少年教育研究所
発行者　宇野文博
発行所　株式会社　同文書院
　　　　〒112-0002
　　　　東京都文京区小石川 5-24-3
　　　　TEL (03)3812-7777
　　　　FAX (03)3812-7792
　　　　振替　00100-4-1316
印刷・製本　中央精版印刷株式会社

JASRAC　出0904260-408
©幼少年教育研究所，2009
Printed in Japan　ISBN978-4-8103-0037-6
●落丁・乱丁本はお取り替えいたします